P9-DUY-272

Am Anfang von Dantes ›Göttlicher Komödie‹ sieht sich der Dichter im finstern Wald, unwissend und zweifelnd, von drei wilden Tieren umgeben. Von hier aus beginnt er die mühevolle Reise einer verirrten Seele zur himmlischen Glückseligkeit: Von dem römischen Dichter Virgil durch alle Stationen der Hölle bis zum eisigen Mittelpunkt der Erde begleitet, dann durch das Fegefeuer geläutert, erwartet den reuigen Sünder an der Pforte des Paradieses die Geliebte Beatrice, die ihn durch die neun Sphären des Himmels hinauf zur göttlichen Liebe geleitet.

Eine Fülle menschlicher Gestalten und Schicksale aus der Geschichte und seiner Gegenwart hat Dante auf seiner visionären Wanderung lebendig und unsterblich gemacht. Mit realistischer Eindringlichkeit hat er das Grauen und die Düsternis der neun Höllenkreise gezeichnet, auf dem ›Läuterungsberg‹ die Vielfarbigkeit irdischen Lebens entfaltet, um dann im Paradies, im Reich der Seligen, in unerhört klang- und lichtvoller Sprache auch den dichterischen Höhepunkt zu erreichen.

Dante hat mit seiner ›Göttlichen Komödie‹ die erste große Dichtung der italienischen Sprache geschaffen, die bis heute einer ihrer bedeutendsten Beiträge zur Weltliteratur geblieben ist. Durch die Harmonie und Geschlossenheit des Aufbaus, die dramatische Vielfalt und die Schönheit des Ausdrucks hat das Werk in den sechshundert Jahren seit seiner Entstehung nichts eingebüßt.

Literatur · Philosophie · Wissenschaft

Dante Alighieri

Die Göttliche Komödie

Deutscher Taschenbuch Verlag

Vollständige Ausgabe. Aus dem Italienischen übertragen von
Wilhelm G. Hertz. Mit einem Nachwort von Hans Rhein-
felder sowie Anmerkungen und Literaturhinweisen von Peter
Amelung.
Titel der Originalausgabe:
›La Comedia‹ (Erstdruck Mantua 1472)

Von Dante Alighieri
ist im Deutschen Taschenbuch Verlag erschienen:

La Divina Comedia – Die Göttliche Komödie (5916)

Juli 1978
7. Auflage Juni 1994
Deutscher Taschenbuch Verlag & Co. KG, München
Lizenzausgabe des Winkler Verlages, München
ISBN 3-538-05027-9
Umschlaggestaltung: Celestino Piatti
Umschlagbild: William Blake, 1824–1827
Gesamtherstellung: Friedrich Pustet,
Graphischer Großbetrieb, Regensburg
Printed in Germany · ISBN 3-423-02107-1

HÖLLE

I. GESANG

Als unseres Lebens Mitte ich erklommen,
Befand ich mich in einem dunklen Wald,
Da ich vom rechten Wege abgekommen.

Wie schwer ist's, zu beschreiben die Gestalt
Der dichten, wilden, dornigen Waldeshallen,
Die, denk ich dran, erneun der Furcht Gewalt!

Kaum bittrer ist es in des Todes Krallen;
Des Guten wegen, das er mir erwies,
Bericht ich, was im Wald sonst vorgefallen.

Ich weiß nicht recht mehr, wie auf ihn ich stieß;
War ich doch zu der Zeit so schlafbenommen,
Zu der die wahre Straße ich verließ.

Als ich zu eines Hügels Fuß gekommen,
Der als ein Abschluß aus dem Boden trat
Des Tales, drin die Angst mich mitgenommen,

Schaut ich empor und sah des Berges Grat
Bereits in des Planeten Strahlenkleide,
Der recht uns führt auf einem jeden Pfad.

Die Furcht schwand etwas bei der Augenweide,
Sie, die gedauert in des Herzens Schoß
Zur Nacht, die ich erlebt in solchem Leide.

Und so, wie einer, der ganz atemlos,
Dem Meer entronnen, auf des Ufers Zinnen
Zum Wasser umschaut, das an Fährnis groß,

So schaut ich um, die Flucht noch in den Sinnen;
Wollt ich doch ansehn das durchzogene Land,
Das niemals leben ließ ein Wesen drinnen.

Als ich mich dann ein wenig ausgespannt,
Da ging ich weiter auf der öden Stelle,
So, daß der feste Fuß stets tiefer stand.

Und siehe, beinah am Beginn der Schwelle
Schien sich ein flinker Pardel zu ergehn,
Bedeckt von einem ganz gescheckten Felle:

Er wollte nicht mir aus den Augen gehn
Und hinderte mich so auf meinem Grunde,
Daß ich mir öfters vornahm umzudrehn.

Es war bereits die erste Morgenstunde;
Die Sonne stieg empor mit dem Geleit,
Mit dem sie aufging, als zur ersten Runde

Die Gottesliebe stieß das Sterngeschmeid;
Schon fühlt ich einer neuen Hoffnung Regen
Auf Rettung vor dem Tier im bunten Kleid,

Der Tages- und der Jahresstunde wegen;
Doch eine neue Angst nahm mir die Ruh:
Denn plötzlich kam ein Löwe mir entgegen.

Es sah so aus, als käm er auf mich zu,
Und als er hungrig schüttelte die Mähne,
Da bebte, schien es, selbst die Luft dazu.

Auch eine Wölfin trat jetzt auf die Szene,
Von allen Lüsten schwer und doch so dünn;
Um ihretwillen rollte manche Träne;

Sie lastete so schwer auf meinem Sinn;
Ich fühlte ihrem Anblick Furcht entströmen;
Da schwand die Hoffnung auf die Höh dahin.

So wie es Leute gibt, die gern nur nehmen
Und, wenn sich des Verlustes Stunde neigt,
Ganz in Gedanken weinen und sich grämen,

So ich, als sich die Ruhelose zeigt';
Sie trieb mich langsam über jene Fläche
So weit hinunter, bis die Sonne schweigt.

Als ich so stürzte in der tiefen Zeche,
Erschien ein Anblick mir mit einem Mal,
Der mir durch langes Schweigen schien voll Schwäche.

Als ich ihn schaute in dem öden Tal,
Rief ich ihm zu: »Kannst du mich nicht erlösen,
Wer du auch seist, ob Schatten, ob real!«

»Kein Mensch bin ich, doch hatt ich menschlich Wesen,
Von Eltern, welche einst lombardisch waren,
Da beider Heimat Mantua gewesen.

Erzeugt sub Julio, in späten Jahren,
Lebt ich zu Rom dann unter August's Thron,
Zur Zeit der falschen, lügnerischen Laren.

Ein Dichter, sang ich von Anchises' Sohn;
Ich sang, wie er von Troja mußte scheiden,
Als Asche ward das stolze Ilion.

Doch du, warum kehrst du zu solchen Leiden?
Warum besteigst du nicht den Berg der Wonnen,
Der Anfang ist und Urgrund aller Freuden?«

»So bist du denn Virgil und jener Bronnen«,
Erwidert ich mit scheuem Angesicht,
«Aus dem des Wortes breiter Strom geronnen?

Du, aller anderen Dichter Ruhm und Licht,
Vergilt die Liebe und die lange Lehre,
In welcher ich durchforschte dein Gedicht!

Du, den ich als den Herrn und Meister ehre,
Du bist es ganz allein, bei dem ich fand
Den schönen Stil, der mir gewann viel Ehre.

Sieh dort das Vieh, darum ich mich gewandt:
O steh mir bei, der ruhmreich du und weise,
Da es mich zittern macht an Herz und Hand.«

»Jetzt ziemt's zu gehn auf eine andere Reise«,
So sprach auf meine Tränen hin der Geist,
»Willst heil entfliehn du diesem wilden Kreise:

Denn dieses Vieh, darum du gar so schreist,
Läßt keinen ruhig ziehn auf seiner Straße,
Nein, sperrt den Weg ihm, bis es ihn zerreißt:

Verderbt und böse ist es in dem Maße,
Daß nie das Feuer seiner Gier verglimmt,
Und mehr es hungert nach als vor dem Fraße.

Gar zahlreich sind die Wesen, die es nimmt,
Und ihre Zahl wächst an, bis einst der Veltro
Zum qualenreichen Tode es bestimmt.

Nicht Erde noch Metalle speist der Veltro,
Nur Weisheit, Liebe, Tugend wird ihm munden;
Herkommen wird er zwischen Feltr' und Feltro.

Italien, jetzt erniedrigt, wird gesunden,
Das Land, für das den Tod Camilla fand,
Euryalus, Turnus, Nisus, reich an Wunden.

Der wird es jagen durch das ganze Land,
Bis er es wieder brachte in die Hölle,
Aus der der erste Neid es ausgesandt.

Am besten scheint es mir an deiner Stelle,
Daß du mir folgst; ich will dein Führer sein
Und mit dir wandern durch die ewige Schwelle:

Dort wirst du hören der Verzweiflung Pein
Und sehn, wie sich der Vorzeit Geister quälen,
So daß sie nach dem zweiten Tode schrein.

Du siehst auch sie, die froh im Feuer schwelen,
Der Hoffnung voll, dereinst sich zu entwinden,
Wann es auch sein mag, zu den seligen Seelen.

Und denkst du dann, auch dort dich einzufinden,
So naht dir eine Würdigere als ich;
Mit ihr werd ich dich lassen und verschwinden.

Der Kaiser, der dort Herr ist ewiglich,
Will nicht, da ich mich gegen ihn erhoben,
Daß man in seine Stadt gelangt durch mich.

Allenthalben herrscht er und regiert dort oben;
Dort seine Stadt und seines Thrones Höhe:
O glücklich, wen er sich erwählte droben!«

Und ich zu ihm: »O Dichter, ich erflehe
Bei jenem Gott, den einst du nicht erkanntest –
Daß diesem Leid und schlimmerem ich entgehe –,

Daß du mich führst zum Orte, den du nanntest,
Damit ich Petri Tor beschauen kann
Und jene, die du in die Trübsal banntest.«

Dann ging er weg, und ich schloß mich ihm an.

II. GESANG

Der Tag verging; das Dunkel brach herein
Und nahm auf Erden den lebendigen Seelen
Die Last des Tages ab; nur ich allein

Begann mich für den heißen Kampf zu stählen
Mit des Erbarmens, mit des Weges Qual;
Gedächtnis, das nicht abschweift, soll's erzählen.

O Musen, helft mir! hilf mir, Ideal!
Gedächtnis, das du registrierst mein Leben,
Hier weist es sich, ob du aus gutem Stahl.

Ich sagte: »Dichter, dem ich mich ergeben,
Erwäg, ob ich besitze genügend Kraft,
Bevor du mich vertraust dem steilen Streben!

Des Silvius Vater, sagst du, hat's geschafft,
Als er, noch unterworfen dem Verwesen,
Ins Wesenhafte einging, sinnenhaft.

Ließ dieses zu der Gegner alles Bösen,
So scheint, zieht man die Wirkung in Betracht,
Die, quis und qualis, sein Effekt gewesen,

Er unwert nicht dem Manne von Bedacht;
Ward er doch ausersehn im höchsten Äther
Zum Ahnherrn Roms und seiner Kaisermacht:

Was ja, gibt man der Wahrheit Ehre, später
Zur heiligen Stätte auserkoren war,
In der der Erbe thront des größten Peter.

Auf diesem Gang, den du stellst preisend dar,
Erfuhr er vom italischen Gestade,
Was Anlaß gab zum Sieg und Papsttalar.

Danach ging hin auch das Gefäß der Gnade,
Um Stärkung zu gewinnen für den Glauben,
Der ja der Anfang zum Erlösungspfade.

Doch ich, wozu? wer soll es mir erlauben?
Da ich Aeneas nicht, nicht Paulus bin,
Nicht ich noch sonstwer kann mich würdig glauben!

Drum, willige ich ein und geh ich hin,
So handelt' ich, fürcht ich, als ob von Sinnen;
Du Weiser kennst dich besser aus darin.«

Wie wer nicht will, was er gewollt, und innen
An Neues denkt und ändert seinen Plan,
So daß er völlig absteht vom Beginnen,

So ging es mir auf jener finsteren Bahn:
Durch Grübeln machte ich die Tat zuschanden,
Die erst auf solche flinke Art begann.

»Sofern ich recht des Wortes Sinn verstanden«,
Gab dann des Edlen Schatten mir Bescheid,
»Ist deine Seele in des Kleinmuts Banden,

Der häufig so des Menschen Geist bedräut,
Daß er ihn hemmt im rechten Unterfangen,
Wie falsches Sehn ein Tier hemmt, wenn es scheut.

Ich sag, auf daß du los wirst dieses Bangen,
Warum ich kam, wer mir entgegentrat,
Da, als mein Schmerz um dich hat angefangen.

Ich weilte in der Sehnsuchtsvollen Grad,
Da rief ein Weib, so schön und so voll Wonnen,
Daß ich's von mir aus um Befehle bat.

Ihr Auge überstrahlt den Glanz der Sonnen:
Auf einmal hat sie himmlisch zart und leise
Mit ihrer Engelsstimme da begonnen:

,O Mantuanergeist von hohem Preise,
Von dem der Ruhm erschallt im Augenblick
Und schallen wird, solang die Welt im Kreise,

Mein Freund, der nicht zum Freunde das Geschick,
Ist auf dem öden Hange so benommen,
Daß er aus Furcht geht seinen Weg zurück;

Ich fürchte, daß er schon so abgekommen,
Daß ich zur Hilfe dich zu spät geschickt,
Nach dem, was ich im Himmel erst vernommen.

Nun gehe, und mit deinem Wort geschmückt
Und dem, was er bedarf für seine Schwächen,
Hilf ihm, daß sein Geschick mich nicht mehr drückt.

Ich, Beatrice, heiß dich aufzubrechen;
Aus Höhn, wohin's mich zieht, komm ich zu dir;
Und Liebe trieb mich, Liebe läßt mich sprechen.

Gelang ich wieder zu dem Herrn von hier,
Ein gutes Wort leg ich für dich oft ein.'
Sie schwieg sodann, und ich begann zu ihr:

,O Weib, an Tugend reich, durch die allein
Die Menschen allen Inhalt überragen
Des Himmels, der den kleinsten Kreis nennt sein,

So sehr gefällt mir, was du aufgetragen,
Daß mir Gehorsam selbst zu säumig ist:
Du brauchst mir deine Wünsche nur zu sagen.

Doch sage mir, warum du dich so mühst,
Zu diesem Mittelpunkte dich zu schwingen
Vom weiten Raum, wohin zu drehn du glühst?'

,Weil dich's so sehr verlangt herauszubringen,
Sag ich in Kürze', sprach sie mir entgegen,
,Warum ich wage, bis hier vorzudringen.

Scheu braucht man vor den Dingen nur zu hegen,
Solange sie zum Schadenantun Macht;
Sonst können sie uns keine Furcht erregen.

Gott, seine Gnade, hat mich so gemacht:
Mich rührt das Elend nicht im Höllenkranze,
Noch sengt die Flamme mich, die hier entfacht.

Ein Weib, so lieblich in des Himmels Glanze,
Beklagt den Fall, zu dem ich dich entsende,
Und bricht für seinen Freispruch eine Lanze.

Sie rief Lucia, daß sie sich verwende,
Und sprach: >Nun braucht dich dein getreuer Freund,
Und ich empfehle ihn in deine Hände.<

Lucia, allen Grausamkeiten feind,
Ging fort und kam zum Sitz, auf dem ich enge
Mit der antiken Rachel saß vereint.

Sprach: >Beatrice, Gottes Lobgepränge,
Hilf ihm, des Herz so sehr für dich geschlagen,
Daß er sich ausgezeichnet aus der Menge!

Vernimmst du nicht den Jammer seiner Klagen?
Nimmst du nicht wahr, wie mit dem Tod er ficht
Auf jenem Fluß, vor dem die Meere zagen?<

Kein Mensch auf Erden je war so erpicht,
Sein Heil zu suchen, Schaden abzuwehren,
Wie ich, als ich vernommen den Bericht,

Hinunterstieg von meinen seligen Sphären,
Vertrauend deines edlen Wortes Kraft,
Das Ehr dir bringt und allen, die es hören!'

Kaum hatt sie diese Arbeit mir verschafft,
Als ihr die Träne aus den Augen rollte,
Wodurch sie mich geschwinder noch entrafft:

Und ich kam dann zu dir, wie sie es wollte;
Entrückte dich sodann dem grimmen Tier,
Das kurzem Weg zum schönen Berge grollte.

Was ist? warum, warum verweilst du hier?
Was herbergst du im Herzen solches Grauen?
Warum ist Mut und Kühnheit nicht in dir?

Sah ich doch drei gebenedeite Frauen
Im Himmelshofe so um dich bedacht
Und konnte solches Heil dir anvertrauen?«

Gleichwie die Blümlein, von dem Frost der Nacht
Geschlossen und geknickt, sich schnell erheben,
Wenn sie vom Strahl der Sonne aufgewacht,

So hat mich aufgeweckt zu neuem Leben
Die Rede, die mir bis zum Herzen drang,
Daß ich begann, ganz furchtlos anzuheben:

»O Gnadenreiche, die mir Hilf errang!
Du Edler, der du folgtest unverdrossen
Dem wahren Worte, das aus ihr erklang!

Du hast so Sehnsucht mir ins Herz gegossen
Mit deinem Wort, zum Gang mich zu entscheiden,
Daß ich zum ersten Vorsatz mich entschlossen.

Voran! ein Wollen nur sei in uns beiden:
Du, der du Führer, Herr und Meister bist.«
So sagt ich ihm; und als es ging ans Scheiden,

Schritt ich den Weg, der steil und steinig ist.

III. GESANG

»Durch mich gelangt man zu der Stadt der Schmerzen,
Durch mich zu wandellosen Bitternissen,
Durch mich erreicht man die verlorenen Herzen.

Gerechtigkeit hat mich dem Nichts entrissen;
Mich schuf die Kraft, die sich durch alles breitet,
Die erste Liebe und das höchste Wissen.

Vor mir ward nichts Geschaffenes bereitet,
Nur ewges Sein, so wie ich ewig bin:
Laßt jede Hoffnung, die ihr mich durchschreitet.«

Der Spruch – in dunklen Lettern stand er drin –
Schien mir aus eines Tores Sims zu treten;
Darum ich: »Meister, schwer ist mir sein Sinn.«

Und er, bewandert wohl in solchen Nöten:
»Hier sei ein jeglicher Verdacht gebannt;
Hier muß man jede Bangigkeit ertöten.

Wir sind am Ort, von dem ich dir gestand,
Daß er die Schmerzensvollen in sich eine,
Sie, denen der Erkenntnis Gut entwandt.«

Und als er seine Hand gelegt in meine,
So heiter, daß ich voller Zuversicht,
Führt' er mich ein in die geheimen Schreine.

Durch Lüfte hört ich ohne Sternenlicht
Viel Seufzer, Klagen, und viel Jammerweise,
Daß Tränen rollten über mein Gesicht.

Es stöhnt' und lallt' gar fürchterlich im Kreise,
Den Klatschen, Stimmgewirr, Geschrei durchschwirrt',
Und Weh- und Wutgeheul, bald laut, bald leise,

Im Aufruhr, welcher endlos und verwirrt
Die Luft umkreist in zeitlos schwarzen Landen,
Dem Sande gleich, der umgewirbelt wird.

Ich, dem die Haare schon zu Berge standen,
Ich sagte: »Meister, was ist's, das ich höre?
Was für ein Volk, so in des Schmerzes Banden?«

Und er zu mir: »In dieser Jammersphäre
Nimmst du die traurigen Seelen jener wahr,
Die ohne Schmach gelebt und ohne Ehre.

Vermischt sind sie der schlimmen Engelschar,
Die einstmals nicht gewagt zu rebellieren,
Noch treu zu bleiben, die für sich nur war.

Die Himmel jagten sie, nicht zu verlieren,
Noch auch empfängt sie dieser tiefe Schlund,
Die Bösen möchten sich mit ihnen zieren.«

Und ich: »O Meister, sprich, was ist der Grund,
Warum sie so bejammern ihre Leiden?«
»Ich fasse mich ganz kurz«, tat er mir kund.

»Sie haben keine Hoffnung, zu verscheiden;
Ihr Leben ist so trostlos, blind und wehe,
Daß jedes andere Schicksal sie beneiden.

Die Welt spricht nicht von ihnen, und ich sehe,
Dem Recht und Mitleid sind sie gleich verhaßt:
Kein Wort mehr drüber, sondern schau und gehe!«

Ich schaute eine Fahne so in Hast
Im Kreise schwirren um die Unglücksstätte,
Daß sie mir abhold schien der kleinsten Rast,

Dahinter zogen in so langer Kette
Der Geister Scharen hin: ich glaubte nicht,
Daß Tod so viele abgetan schon hätte.

Nachdem erkannt ich hatte manch Gesicht,
Sah und erkannte ich den Schatten dessen,
Der feige tat den großen Amtsverzicht.

Da konnte ich sofort daran ermessen,
Daß hier die Menge jener Schlimmen steckt,
Von Gott und seinen Feinden gleich vergessen.

Die Armen, die zum Leben nie erweckt,
Sie sind ganz nackt auf diesem Weg gegangen,
Von Fliegen und von Wespen sehr gesteckt.

Es träufte Blut herab von ihren Wangen;
Vermischt mit Tränen, ward es auf dem Grunde
Von ekelhaften Würmern aufgefangen.

Und als ich weiter schaute in die Runde,
Sah ich an eines großen Stromes Rand
Viel Volk; drum sprach ich: »Meister, gib mir Kunde,

Wer jene sind; was treibt sie weg vom Strand
Ins Boot hinein so schnell zum Übersetzen,
Soweit ich's bei dem schwachen Schein erkannt?«

Und er: »Das werd ich auseinandersetzen,
Wenn unser Fuß am Ufer halten muß,
Das Acherons Gewässer trüb benetzen.«

Die Augen tief vor Scham und vor Verdruß,
Aus Furcht, daß ich zur Last zu fallen drohte,
Enthielt ich mich des Redens bis zum Fluß.

Da schoß zu uns heran auf einem Boote
Ein Greis, dem Alter weiß das Haar gemacht,
Und rief uns zu: »Weh euch, verdorbene Tote;

Hofft nicht zu schauen je des Himmels Pracht:
Hinüber setz ich euch, auf daß euch quäle
Die Kälte, Hitze und die ewige Nacht.

Doch du, die du dort stehst, lebendige Seele,
Trenn dich von jenen, die den Tod schon sahn.«
Doch als er sah, daß ich zu bleiben wähle:

»Auf andrem Fahrzeug«, er, »auf andrer Bahn,
Nicht hier, wirst du zum Ufer hingetragen;
Es ziemt sich, daß dich trage leichtrer Kahn.«

Da hörte ich den Führer: »Charon!« sagen;
»Erzürne nicht, da man ja dort es will,
Wo man auch kann; drum höre auf zu fragen.«

Die zotteligen Wangen wurden still
Des Lotsen, dem ums Auge Flammenborte,
Und der sich plackt im fahlen Sumpfidyll.

Die Seelen, nackt und müde an dem Orte,
Sah ich erbleichen, klappern mit den Zähnen,
Sobald vernommen sie die wilden Worte.

Gott und den Eltern ward geflucht von jenen,
Der Menschheit, Ort und Stunde, und dem Samen
Der Sippe und Geburten unter Tränen.

Dann sammelten sich alle, die dort kamen,
Laut weinend an dem niederträchtigen Strand,
Der aller harrt, die schmähen Gottes Namen.

Charon, der Dämon mit der Augen Brand,
Versammelt sie, ein Zeichen gebend allen;
Schlägt mit dem Ruder, wer nicht kommt gerannt.

Gleichwie im Herbste, wenn die Blätter fallen,
Das eine nach dem andern, bis der Ast
Dem Grunde abgibt alle seine Schalen,

So sah ich Adams schlimme Saat voll Hast
Sich stürzen nacheinander von der Schwelle,
Gleich Vögeln, welche ihren Pfiff erfaßt.

So gleiten sie dahin die braune Welle,
Und ehe sie erreicht die andere Seite,
Ist wieder schon ein neuer Schwarm zur Stelle.

»Mein Sohn«, sprach dann mein höfliches Geleite,
»Sie, die im Zorne Gottes abgegangen,
Vereinen sich sodann aus jeder Breite

Und eilen her, zum Ufer zu gelangen;
Gerechtigkeit ist's, die hierher sie weist,
So daß die Angst sich wandelt in Verlangen.

Und niemals kommt hierher ein guter Geist;
Wenn Charon über dich so klagte gerade,
So weißt du nun in Zukunft, was das heißt.«

Dann bebte so das finstere Gestade,
Daß, in Erinnerung an den Schrecken dort,
Ich mich in meinem Schweiß noch heute bade.

Ein Sturm brach los dann an dem Tränenort;
Und ich sah einen roten Blitzesfunken,
Der mir nahm jegliche Empfindung fort;

Ich fiel wie einer, der vom Schlafe trunken.

IV. GESANG

Aus tiefem Schlummer ward ich aufgeschreckt
Durch lautes Tosen, daß ich aufgefahren
Wie jemand, den man unsanft aufgeweckt.

Den Blick wandt ich ringsum, den wieder klaren,
Grad aufgereckt, und schaute angespannt,
Die Örtlichkeit zu kennen, wo wir waren.

Fest steht es, daß ich weilte an dem Rand
Des tiefen Abgrunds und des Tals der Leiden,
Das grenzenlosen Jammers Tosen bannt.

In Nacht und Nebel lagen seine Weiden:
Wie ich es mit den Blicken auch durchstach,
Ich konnte nichts darinnen unterscheiden.

»Hier geht's zur Welt der Blinden ein«; so sprach
Der Dichter dann, wobei er jäh erbleichte;
»Ich geh voran, und du, du folgst mir nach.«

Und ich, den seine Farbe nicht mehr täuschte:
»Du zeigst ja selber Furcht; was soll es frommen,
Wenn bang, wer mir die Angst bisher verscheuchte?«

»Die Angst, die ich an ihnen wahrgenommen«,
Sprach er zu mir, »sie malt mir ins Gesicht
Das Mitleid, das wie Angst dir vorgekommen.

Voran! der lange Weg macht's uns zur Pflicht!«
So zog er los, so ließ er mich betreten
Den ersten Kreis, der diesen Schlund umflicht.

Dort gab's nach allem, was wir drin erspähten,
Kein Klagen, aber Seufzer allzumal,
Die dort, die ewige Luft erzitternd, wehten.

Das kam von einem Schmerze ohne Qual,
Der dort die Scharen hat in Bann geschlagen
Der Kinder, Frauen, Männer ohne Zahl.

Der gute Meister mir: »Willst du nicht fragen,
Wer diese Geisterschar, der du erschienst?
Bevor du weitergehst, will ich dir sagen,

Daß sie nicht sündigten, daß ihr Verdienst
Nicht ausreicht, da sie keine Taufe kannten,
Die Pforte jenes Glaubens, dem du dienst.

Und lebten sie bevor dem Gottgesandten,
Verehrten Gott sie unzulänglich bloß,
Und ich bin selber unter den Genannten.

Durch dies Versäumnis nur, nicht durch Verstoß
Sind wir verdammt, doch nur zu solcher Wunde,
Daß wir in Sehnsucht leben, hoffnungslos.«

Es krampfte sich mein Herz ob solcher Kunde,
Da ich Gestalten hohen Werts erkannt,
Sehnsuchtsbefangen, auf des Limbus Grunde.

»O sag, mein Herr, gib, Meister, mir bekannt«,
Begann ich wieder, um im Christentume
Gewiß zu sein, das jeden Irrtum bannt,

»Entkam hier je, sei es zu eigenem Ruhme,
Sei es durch fremd Verdienst, wer dann beglückt?«
Und er, verstehend, daß ich durch die Blume

Gesprochen, dann: »Kaum ward ich herentrückt,
Als ein Gewaltiger nach hier gekommen,
Der mit dem Siegeszeichen war geschmückt.

Des Urahns Schatten hat er mitgenommen,
Abel, den Sohn, den Noah, als er kam,
Und Moses, den Gesetzgeber und Frommen;

Den David, Isaak und den Abraham;
Israel, seine Söhne im Geleit
Und Rachel, drum soviel er unternahm;

Und viele noch, hob sie zur Seligkeit;
Und wissen sollst du, daß vor dieser Stunde
Der Menschen Geister wurden nie befreit.«

Doch standen wir nicht still bei solcher Kunde;
Und durch ein Dickicht führte uns der Gang,
Durchs Geisterdickicht, sage ich, im Grunde.

Noch waren wir gegangen nicht so lang
Vom Ort des Schlafs, da sah ich eine Helle,
Die durch die Nacht halbkugelförmig drang.

Wir waren ziemlich fern noch von der Stelle;
Doch merkt ich, eine auserwählte Rasse
Erging sich dort und zierte jene Schwelle.

»Der Wissenschaft und Kunst du eine Gasse
Gebahnt, wer ist's, die solche Ehre schmückt,
Daß es sie abhebt von der großen Masse?«

Und er zu mir: »Der Ruhm, den sie gepflückt
Und der in deiner Zeit noch nicht verfallen,
Ist Grund, daß sie des Himmels Gunst beglückt.«

Da hört ich eine Stimme laut erschallen:
»O ehrt den größten Dichter, der nach Haus
Zurückgekehrt von seinem Erdenwallen!«

Es wurde still, nachdem das Wort heraus;
Vier hohe Schatten sind uns da erschienen;
Sie sahen weder trüb noch heiter aus.

Da hörte ich den Meister: »Sieh den Hünen!
Mit seinem Schwert in Händen wandelt er
Den drein voran, gleichwie der Herr von ihnen.

Das ist der Dichtersouverän Homer;
Horaz der andre, in Satiren weise,
Ovid der dritte, Lucan hinterher.

Da jeder sich mit mir teilt in dem Preise
Des Namens, der der Stimme teuer war,
So ehren sie mich, und gerechterweise.«

Vereinigt nahm ich so die Jünger wahr
Des Fürsten vom erhabensten Gesange,
Der über alle hinschwebt wie ein Aar.

Sie sprachen miteinander nicht zu lange;
Dann grüßten sie sehr freundlich zu mir hin;
Mein Meister lächelt ob dem Überschwange.

Sie gaben mir noch größeren Gewinn,
Da zugelassen ich zu ihrem Kreise,
So daß ich Sechster zwischen solchem Sinn.

Zum Lichte führte uns sodann die Reise;
Wir sprachen, was ich hier verschweigen muß,
So wie das Wort an seinem Platz war weise.

Wir nahten eines stolzen Schlosses Fuß,
Von hohen Mauern siebenmal umfangen,
Geschützt ringsum von einem schönen Fluß.

Der ward wie feste Erde übergangen:
Ich, nebst den Weisen, schritt durch sieben Pforten
Zu Wiesen, die in frischem Grüne prangen.

Mit ernsten Augen sah ich Wesen dorten,
Die in ihr Los sich würdevoll geschickt;
Sie sprachen selten und mit sanften Worten.

Wir sind dann seitwärts davon abgerückt
Auf eine freie, hohe, lichte Stelle,
So daß ich alle da vor mir erblickt.

Da grade vor mir auf der grünen Schwelle
Ward mir die große Geisterschar erschlossen,
So daß vom Schaun ich in mir selbst noch schwelle.

Ich sah Elektra dort mit den Genossen;
Aeneas, Hektor drunter, Caesar dran
In Waffen, dessen Augen Blitze schossen.

Camilla und Penthesilea dann
Zur anderen Seite, und ich sah Latin,
Der mit Lavinia, seiner Tochter, sann.

Den Brutus sah ich, der verjagt Tarquin;
Lucrezia, Julia und die Marzia,
Cornelia und abseits Saladin.

Den Blick erhob ich etwas, und ich sah
Den Herrn und Meister derer, die verstehen;
Inmitten Philosophen stand er da.

Sie alle ehren ihn, sie alle spähen:
Und Plato war dabei und Sokrates,
Die vor den andern ihm am nächsten stehen.

Anaxagoras, Thales und Diogenes
Und Demokrit, der Zufallswelterklärer;
Zeno und Heraklit, Empedokles.

Der Pflanzenkenner und der Sammler derer,
Dioskorid; mit Orpheus, Tullius war
Der Linus, Seneca, der Sittenlehrer,

Euklid, der Messer, Ptolemäus gar,
Hippokrates, Avicenna und Galen;
Averroes, der schuf den Kommentar.

Aufzählen kann ich nicht, was ich gesehn;
Das lange Thema jagt mich so erbittert,
Daß oft das Wort bleibt hinter dem Geschehn.

Die Schar der sechs hat sich in zwei zersplittert;
Auf anderen Weg hat mich Virgil gebracht,
Aus stiller Luft in eine Luft, die zittert,

Dorthin, wo nichts mehr leuchtet in der Nacht.

V. GESANG

So ging's hinunter von den ersten Kammern
Zum zweiten Kreis, der weniger Raum umzingelt,
Doch größere Qual, die sie spornt an, zu jammern.

Es steht dort Minos fürchterlich und züngelt,
Examiniert die Sünden an der Schwelle,
Verurteilt und verschickt, wie er sich ringelt.

Ich sage, wenn die schlecht geborene Seele
Vor ihm erscheint, gesteht sie alles ein,
Und der intime Kenner aller Fehle

Vermag sogleich sie richtig einzureihn;
Er hält den Schweif so oft um sich gewunden,
Wie es entspricht dem Grade ihrer Pein.

Unzählige drängen sich zu allen Stunden
Und lassen sich hier nacheinander richten,
Gestehn, vernehmen, stürzen, sind verschwunden.

»Du, der du herkommst zu den Schmerzensschichten«,
Rief Minos aus, sobald er mich erschaut,
Und unterbrach die Übung solcher Pflichten,

»Sieh, wie du herkommst, wem du dich vertraut:
Laß dich nicht täuschen von des Eingangs Weiten!«
Mein Führer dann: »Was schreist du denn so laut?

Verhindere nicht sein schicksalhaftes Schreiten:
Man will es dort, wo Können ist gleich Wollen;
Drum höre auf, mit Worten hier zu streiten.«

Jetzt war es, wo der Wehelaute Grollen
Vernehmbar wird; wo ich mich jetzt befinde,
Trifft vieler Jammer mich der Schmerzensvollen.

Ich kam sodann in lichtverstummte Gründe,
Wo's aufbrüllt, wie im Sturm die Meeresflut,
Wenn diese aufgepeitscht vom Streit der Winde.

Die Höllenwindsbraut, welche niemals ruht,
Verschont mit ihrer Wucht die Geister nimmer
Und stößt und wirbelt sie herum voll Wut.

Gelangt dann einer vor die Felsentrümmer,
Beginnt ein Jammern, Weheklagen, Schrein:
Sie fluchen dort der Kraft des Höchsten immer.

Ich merkte, daß mit einer solchen Pein
Die Fleischessünder hier gepeinigt waren,
Die die Vernunft dem Trieb zulieb entweihn.

Wie auf den Fittichen schwebt ein Schwarm von Staren
In breitem, dichtem Zug zur kalten Zeit,
So hier, wo dieser Hauch die bösen Scharen

Bald hierhin, dorthin, auf- und abwärts speit;
Kein Hoffen stärkt sie, jemals zu erjagen
Den Frieden, selbst auch nur ein kleineres Leid.

Und wie die Kraniche mit ihren Klagen
Die Luft durchziehn, in langem Zug gereiht,
So zogen hier entlang mit Weheklagen

Schatten, getragen vom besagten Streit.
Ich sagte: »Meister, sprich, wer sind die Wesen,
Die dort so peitscht der Lüfte Dunkelheit?«

»Die erste dort, davon das Siegel lösen
Du möchtest«, sagte er zu mir sodann,
»Ist vieler Zungen Kaiserin gewesen.

Der Wollust wurde sie so untertan,
Daß ihr Gesetz gestattet das Begehren,
Dem Tadel zu entgehn, den sie gewann.

Semiramis, von der die Bücher lehren,
Daß sie dem Ninus folgte, ihrem Mann,
Im Land, das jetzt dem Sultan spendet Ehren.

Die zweite tat aus Liebe sich was an,
Sie, welche Sicheus' Asche brach die Treue;
Kleopatra, wollüstig, folgt sodann.

Sieh Helena, drum man solch schlimme Reihe
Von Jahren litt; Achill sieh, groß gesinnt,
Der mit der Liebe stritt am Schluß aufs neue.

Sieh Paris, Tristan!« und er wies im Wind
Auf mehr als tausend, die im Erdenwallen
Für ihre Liebe einst gestorben sind.

Die Namen gab mein Lehrer mir von allen
Den Frauen alter Zeiten und den Herrn,
Und Mitleid griff mich, daß ich fast gefallen.

Ich sagte: »Dichter, ach, ich spräche gern
Die beiden Schatten dort, die nie sich trennen
Und die dem Winde scheinen leicht von fern!«

»Von nahem«, sprach er, »wirst du sie erkennen;
Wenn bei der Liebe, die sie treibt, befragt,
So werden sie nicht widerstehen können.«

Sobald wie sie der Sturm zu uns gejagt,
Rief ich sie an: »O Seelen, so im Schweren,
Kommt, sprecht mit uns, wenn Gott es nicht versagt.«

Wie Tauben, wenn gerufen vom Begehren,
Die Schwingen breit und unbewegt, vom Drang
Getragen, zu dem Nest die Luft durchqueren,

So kamen sie von dort, wo Dido schwang,
Zu uns geflogen durch der Lüfte Wut;
So mächtig zog sie her der Liebe Klang.

»O Wesen, voller Gnade du und gut,
Das du uns aufsuchst in der Nacht hienieden,
Uns, die die Welt wir färbten einst mit Blut,

Wär nur der Herr der Welt mit uns zufrieden,
So flehten wir, da Mitleid du gezollt
Mit unserem argen Leid, um deinen Frieden.

Was ihr jetzt hören oder sprechen wollt,
Das hören wir und sprechen wir geschwinde,
Solang der Wind, wie gerade jetzt, uns hold.

Es liegt die Ortschaft, wo ich ward zum Kinde,
Am Meeresstrand, wohin der Po sich kehrt,
Daß er und sein Gefolge Ruhe finde.

Liebe, die edlem Herzen schnell sich lehrt,
Ließ ihn sich in den schönen Leib verlieben,
Den ich verlor, daß noch die Art mich sehrt.

Liebe, die den Geliebten zwingt zu lieben,
Ließ mich an seiner Schönheit so entzünden,
Daß sie, wie du ersiehst, mir noch geblieben.

Liebe ließ uns das gleiche Sterben finden:
Caina harret des, der uns erstach.«
Ich hörte diese Worte sie uns künden.

Als ich vernahm der armen Seelen Schmach,
Neigt ich das Haupt und hielt es tief so lang,
Bis daß der Dichter sprach: »Was denkst du nach?«

Als ich dann sprach, begann ich: »Ach, wie sprang
Aus den Gedanken, diesem süßen Sehnen
Für diese beiden dieser Todesgang?«

Dann wandt ich mich mit meinem Wort zu jenen,
Und ich begann: »Francesca, deine Leiden
Entlocken mir vor Schmerz und Mitleid Tränen.

Doch sprich: Wie und woran hat Lieb euch beiden,
Als einstmals war der süßen Seufzer Zeit,
Gebracht die dunklen Wünsche zum Entscheiden?«

Und jene dann zu mir: »Kein größeres Leid,
Als sich erinnern in den Unglückstagen
Der guten Zeit; dein Lehrer weiß Bescheid.

Doch drängt es dich so mächtig, zu erfragen,
Wie einst die Liebe kam in unsere Brust,
So will ich unter Tränen dir es sagen.

Wir lasen eines Tages, uns zur Lust,
Von Lanzelot, wie Liebe ihn durchdrungen;
Wir waren einsam, keines Args bewußt.

Obwohl das Lesen öfters uns verschlungen
Die Augen und entfärbt uns das Gesicht,
War eine Stelle nur, die uns bezwungen:

Wo vom ersehnten Lächeln der Bericht,
Daß der Geliebte es geküßt, gibt Kunde,
Hat er, auf den ich leiste nie Verzicht,

Den Mund geküßt mir bebend mit dem Munde;
Galeotto war das Buch, und der's geschrieben:
Wir lasen weiter nicht in jener Stunde.«

So sprach der eine Geist von seinem Lieben;
Der andre weinte so, daß ich vor Not
Die Sinne fühlte wie beim Tod sich trüben,

Und fiel, wie Körper fallen, wenn sie tot.

VI. GESANG

Als wieder zur Besinnung ich erwacht,
Die mir geraubt das Mitleid mit den beiden,
Das mich vor Trauer ganz verwirrt gemacht,

Erblickt ich neue Leidende und Leiden;
Auf allen Seiten werden sie geplackt,
Gleichviel, wohin wir drehen, spähen, schreiten.

Im dritten Kreise strömt, ein Katarakt,
Der Regen nieder, kalt, im monotonen
Ununterbrochenen, argen, gleichen Takt.

Da sich ergießt durch diese finsteren Zonen
Des Hagels, Schnees und schmutzigen Wassers Fluß,
So stinkt die Erde in den Sumpfregionen.

Das arge Ungeheuer Cerberus
Bellt da auf hündische Weise mit drei Kehlen
Auf alle, die versunken im Genuß.

Mit schmutzgem, fettgem Bart und Augenhöhlen,
Rot angelaufen, dickem Bauch und Kralle
Zerfleischt und kratzt und schindet er die Seelen.

Wie Hunde heulen sie im Wasserfalle;
Daß eine Seite ihre andere deckt,
So wälzen sie sich unaufhörlich alle.

Als Cerberus, der Wurm, uns da entdeckt',
Fletscht' er die Zähn und öffnete den Rachen;
Kein Glied war da an ihm, das nicht gebleckt.

Mein Führer, flink, die Hände aufzumachen,
Nahm Erde auf, und was die Hand nur hält,
Warf er hinein ins gierige Maul des Drachen.

Gleichwie ein Hund, wenn er aus Freßsucht bellt,
Sich erst beruhigt, wenn er am Verspeisen,
Da er nur aufs Verschlingen eingestellt,

So hier die schmutzige Fratze durch den Weisen
Des Dämons Cerberus, der so begreint
Die Seelen hier, daß sie die Taubheit preisen.

Wir traten auf die Schatten, denen feind
Der schwere Regen; unsere Sohlen schritten
Auf ihre Nichtigkeit, die leibhaft scheint.

Sie blieben liegen unter unseren Tritten;
Da hat zum Sitzen einer sich erhoben,
Als gerade wir an ihm vorüberglitten.

»Der du durch diese Hölle kommst von oben,
Erkennst du mich?« so redet er mich an;
»Du warst geschaffen, ehe ich zerstoben.«

»Der Kummer, der dich quält«, sagt ich sodann,
»Vermochte wohl, dein Bild mir auszumerzen,
So daß ich dich nicht mehr erkennen kann.

Doch wer bist du, der du in solchen Schmerzen
Hier wohnen mußt, und solchem schweren Leid,
Daß uns selbst größeres geht nicht mehr zu Herzen?«

Und er: »In deiner Stadt, die so voll Neid,
Daß dort der Sack bereits am Überlaufen,
Verbrachte ich des Lebens heitere Zeit.

Ihr Bürger pfleget Ciacco mich zu taufen;
Jetzt muß ich für die schlimme Schuld der Kehle
Hier, wie du siehst, von diesem Regen saufen.

Der einzige bin ich nicht mit solchem Fehle,
Da alle hier zu gleicher Strafe stehn
Für gleiche Schuld.« Kein Wort mehr sprach die Seele.

Ich sagte: »Ciacco, leiden dich zu sehn,
Macht, daß auch ich den Tränen gebe statt;
Doch weißt du es, so sprich, was wird geschehn

Den Bürgern der parteizerrissenen Stadt?
Ist ein Gerechter da? gib mir Bescheid,
Warum sie solcher Zwist befallen hat.«

Und er zu mir: »Nach einem langen Streit
Gelangen sie zum Blut; die Waldpartei
Verjagt die andere mit gewaltigem Leid;

Dann muß sie fallen innerhalb von drei;
Die andere wird durch dessen Kraft sie schlagen,
Der jetzt laviert, wem hier zu helfen sei.

Hoch wird sie lange Zeit die Stirne tragen;
Dann fühlt die andere ihre schwere Hand,
Mag sie darüber schimpfen und auch klagen.

Gerecht sind zwei; doch sind sie unbekannt;
Sind Habsucht, Stolz und Neid doch Feuerbrände,
Die alle Herzen setzten dort in Brand!«

Die Schmerzensbotschaft war hiermit zu Ende.
Und ich zu ihm: »Nun wolle mir noch raten,
Belehre mich durch weitere Redespende!

Den Tegghiaio, Mosca, Farinaten,
Arrigo, Rusticucci wolle nennen,
Und andere, die gestrebt nach rechten Taten;

Den Aufenthalt von ihnen möcht ich kennen;
Ich wüßte gern, ob sie im Himmelslicht
Erstrahlen oder in der Hölle brennen.«

Und er: »Sie stehn im schwärzesten Gericht;
Verschiedene Schuld zieht sie hinab zum Schlunde;
Wer tief genug steigt, der verfehlt sie nicht.

Doch kommst du einst zurück zum süßen Grunde,
So sprich von mir, ich lasse mich empfehlen;
Mehr sag ich nicht, noch geb ich weitere Kunde.«

Die geraden Augen wurden dann zu scheelen,
Er sah mich an; dann senkt’ er das Gesicht
Und fiel hinunter zu den blinden Seelen.

Der Führer sagte: »Der erhebt sich nicht,
Bis einst die himmlischen Drommeten schallen
Und kommen wird das feindliche Gericht:

Ein jeder wird zum traurigen Grabe wallen,
Mit Form und Fleisch sich wieder zu umgeben,
Und hören, was wird ewig widerhallen.«

Dann ging der Meister langsam, ich daneben,
In diesen Brei aus Naß und Schatten ein,
Berührend etwas das zukünftige Leben.

Ich sagte: »Meister, wird einst diese Pein
Noch wachsen nach dem großen Endverhöre;
Wird sie so groß, wird sie geringer sein?«

Und er zu mir: »Kehr dich zu deiner Lehre,
Die will, daß, je vollkommener ein Sein,
Sich seine Lust- und Schmerzempfindung mehre.

Kann dieses Volk auch, maledeit zur Pein,
In wirklicher Vollendung niemals prangen,
So denkt’s doch künftig mehr als jetzt zu sein.«

Wir sind im Kreise dann herumgegangen,
Und sprachen sehr viel mehr, als hier erscheint,
Bis dorthin, wo der Abstieg angefangen:

Dort fanden Pluto wir, den großen Feind.

VII. GESANG

»Pape Satan, pape aleph Satan!«
Begann dann Pluto mit dem heisern Schrein.
Der edle, weise, vielerfahrene Mann

Begann zum Trost: »Du brauchst nicht bang zu sein;
Welch eine Macht auch haben mag der Schlimme,
Er stört nicht deinen Abstieg am Gestein.«

Dann wandt er sich zu der geschwollenen Stimme
Und schrie sie an: »Verdammte Wölfin, schweig
Und friß dich selber auf in deinem Grimme.

Nicht ohne Grund geht es den tiefen Steig
Dort oben machte man es uns zur Regel,
Wo Michael gerächt die Hochmutsstreich.«

Wie die von einem Wind geschwollenen Segel
Zusammenfallen, wenn der Mastbaum bricht,
So fiel zur Erde hin der wilde Flegel.

So stiegen ab wir in die vierte Schicht,
Ergreifend immer mehr vom Schmerzensstrande,
Darin sich alles Weh des Weltalls mischt.

Gerechter Gott, wer häuft hier auf im Lande
Die neue Qual und Marter, die mir kund?
Warum vergiftet so uns unsere Schande?

Der Woge gleich in der Charybdis Schlund,
Wenn sie sich bricht an einer Gegenwelle,
So dreht sich hier das Volk im Tanze rund.

Mehr Volk als je sah ich auf dieser Schwelle,
Auf beiden Seiten; ihr Geschrei war groß;
So wälzen sie Gewichte von der Stelle.

Als es gekommen zum Zusammenstoß,
Da ging nach rückwärts wieder ihre Reise:
»Was hältst du fest?« schrien sie, »was läßt du los?«

So drehten sie sich in dem dunklen Kreise,
Zu jeder Hand, zum Gegenpunkte hin,
Und schrieen ihre schmachbeladene Weise;

Dann wandten sie sich wieder am Beginn,
Den Halbkreis durch, zu einem neuen Streite.
Und ich, dem fast daran zerbrach der Sinn,

Rief aus: »Sag mir, mein Meister und Geleite,
Ob diese Leute drüben Priester sind,
Die Kahlen dort auf unserer linken Seite.«

Und er zu mir: »Sie waren geistesblind,
Da jeder in des ersten Lebens Rennen
Zu maßlos gab, zu langsam, zu geschwind.

Sehr klar läßt es sich am Gebell erkennen,
Wenn sie an die zwei Kreisespunkte kommen,
Wo sie die gegenteiligen Sünden trennen.

Sie waren Priester, denen fortgenommen
Des Haupthaars Decke, Päpste, Kardinäle,
In denen Geiz die Klimax einst erklommen.«

Und ich: »Mein Meister du, gar manche Seele
Dürft ich erkennen unter diesem Leid,
Die einstmals schmutzig war von diesem Fehle.«

Und er zu mir: »Du bist nicht recht gescheit,
Das blöde Leben, das sie einst gelitten,
Verfinstert sie bis zur Unkenntlichkeit.

Den beiden Stößen ewig zugeschritten,
Erheben sich die einen aus dem Grab,
Die Fäuste zu, die anderen kahlgeschnitten.

Weil schlecht der eine nahm, der andere gab,
Schloß sich der Himmel, kam's zu diesem Streit,
Davon noch mehr zu sagen ich steh ab.

Du siehst, mein Sohn, die Unbeständigkeit
Der Güter, die Fortuna auserlesen,
Um welche sich die Menschheit so entzweit.

Das ganze Gold, das unterm Mond gewesen,
Läßt keine müde Seele dieser Aun
Von ihrer Ruhelosigkeit genesen.«

»Mein Meister«, sprach ich, »willst du mir vertraun,
Wer die Fortuna ist, dazu erkoren,
Das Gut der Welt zu halten in den Klaun?«

Und er zu mir sodann: »Ihr blöden Toren,
Was führt euch irre für ein Truggespenst!
Laß eingehn dir mein Wort in deine Ohren.

Er, dessen Weisheit ist ganz unbegrenzt,
Erschuf die Himmel und gab ihnen Leiter,
Daß jeder Teil dem anderen Teil erglänzt,

Und dieser Glanz im Gleichmaß ströme weiter;
So hat er auch dem irdischen Glanz bestimmt
Ein Wesen zum Verweser und Begleiter,

Das, wenn es Zeit, die eitlen Güter nimmt,
Daß sie ein anderes Volk und Blut empfange,
Und dem der Menschengeist sich wehrlos krümmt.

Ein Volk ist herrschend, eins im Niedergange,
Befolgend alle beide ihr Gericht,
Das so versteckt ist wie im Gras die Schlange.

Denn eure Weisheit widersteht ihr nicht;
Sie sagt, beurteilt, tut in ihrem Reiche,
Wie jeder Gott in seinem, ihre Pflicht.

Sie wendet rastlos weiter ihre Speiche;
Notwendigkeit treibt sie auf ihrer Bahn;
So bringen häufigen Wandel ihre Streiche.

Sie ist es, die so oft ans Kreuz getan;
Und viele, welche Anlaß, sie zu loben,
Tun Unrecht ihr und schwärzen falsch sie an.

Doch sie ist selig, hört sie nicht dort oben;
Ihr Rad rollt heiter sie in Seligkeit
Mit anderen, erstgeschaffenen Geistern droben.

Nun laß uns steigen zu noch größerem Leid!
Die Sterne sinken, die sich aufgeschwungen,
Als ich brach auf; zu weilen ist nicht Zeit!«

Wir sind jetzt quer zum anderen Hang gedrungen,
Bis dort, wo kochend ausströmt eine Quelle,
Durch einen Graben, der von ihr entsprungen.

Viel dunkler noch als Purpur war die Welle,
Und wir, von dieser schwarzen Flut begleitet,
Marschierten abwärts auf der steilen Stelle.

Dort, wo zum Sumpfe namens Styx sich weitet
Der trübe Bach, sobald er in das Feld
Am Fuß der argen, grauen Hänge gleitet,

Sah ich, als ich zum Schaun mich hingestellt,
Viel schlammbedecktes Volk im Sumpfe stöhnen,
Ganz nackt sie alle und vom Zorn entstellt.

Nicht nur die Hände schlugen sich bei jenen,
Auch Kopf und Brust und Füße, hinten, vorne,
Sich Stück um Stück zerfleischend mit den Zähnen.

Der gute Meister sprach: »Du siehst vom Zorne
Besiegte Seelen dort, und daß du's weißt
Ganz ohne Zweifel, höre, daß im Borne

Da unter Wasser seufzt gar mancher Geist
Und sendet Blasen auf aus seinem Schaden,
Wie dir das Auge zeigt, wo es auch kreist.

,Schon als die Sonne schien noch unseren Pfaden,
Erfüllte Trauer uns', so schrein sie kläglich,
,Da uns verfinsterte ein träger Schwaden;

Nun trauern wir im schwarzen Schlamm unsäglich.'
So gurgeln aus der Kehle sie den Sang:
Ein ganzes Wort ist ihnen ja nicht möglich.«

Wir kreisten zwischen Sumpf und trockenem Hang
Die schmutzige Lache lang in weiter Wende,
Das Volk vor Augen, das den Schlamm verschlang,

Und nahten eines Turmes Fuß am Ende.

VIII. GESANG

Ich fahre fort und sage jetzt: Bevor
Wir an des hohen Turmes Fuß gekommen,
Da schauten wir zu seinem Dach empor:

Zwei Lichter sahn wir da, wie sie erglommen,
Ein drittes dann, das ihnen von weither
Ein Zeichen macht, daß wir's kaum wahrgenommen.

Ich wandte mich zu aller Weisheit Meer
Und sagte dann: »Was ist mit diesen Feuern,
Und die sie machten, was ist ihr Begehr?«

Und er zu mir: »Auf jenen schmutzgen Weihern
Siehst du schon das, was man erwartet, nahn,
Wenn dir's des Sumpfes Dünste nicht verschleiern.«

Wohl niemals flog ein Pfeil auf seiner Bahn
Vom Strang zum Ziele hin mit solcher Schnelle,
Wie sich uns da genaht ein kleiner Kahn

In jenem Augenblicke, auf der Welle;
Nur einen Ruderer hab ich drin gewahrt,
Der schrie: »Verruchter Geist, bist du zur Stelle?«

Der Meister sprach: »Umsonst schreist du derart,
Phlegias, Phlegias, mit solcher Stimme;
Denn wir sind dein nur auf der Überfahrt.«

Wie einer, der erfahren eine schlimme
Enttäuschung, und in Groll sich drum verzehrt,
So hier der Phlegias in verhaltenem Grimme.

Mein Führer ging ins Boot, als er's erklärt;
Dann ließ er mich hinein an seine Seite;
Erst als ich dringestanden, schien's beschwert.

Sobald im Schiff ich war mit dem Geleite,
Enteilt der alte Kiel und schneidet mehr
Ins Wasser ein als üblich in der Breite.

Als wir so glitten durch das tote Meer,
Wies sich ein Schlammbedeckter meinen Sinnen
Und sprach: »Wer kommt vorm letzten Stündlein her?«

Und ich: »Komm ich, so bleib ich doch nicht drinnen;
Doch sag, du so Entstellter, wie du heißt!«
Er sagte: »Einer, dessen Tränen rinnen.«

Und ich zu ihm: »Vermaledeiter Geist,
Verbleibe nur mit Tränen und mit Wunden;
Ich kenn dich doch, wie schlammig du auch seist.«

Dann hat ums Boot die Hände er gewunden;
Der Meister stieß ihn weg, dem nichts entgangen,
Und rief: »Hinweg da zu den andern Hunden!«

Dann fühlt ich, wie er meinen Hals umfangen;
Er küßte mich und rief: »O zorniger Held;
Gepriesen sei, die einstmals dich empfangen.

Voll Hoffart war er einst in dieser Welt
Und wollte weder gütig sein noch dienen;
Sein Schatten hier ist drum von Wut entstellt.

Wie viele, die einst große Herren schienen,
Siehst du den Säuen gleich im Kote stehn,
Und nichts als Schimpf und Schande bleibt von ihnen!«

Und ich: »Mein Meister, gern möcht ich noch sehn,
Wie er ersticken wird in dieser Schande,
Noch ehe wir aus diesem Sumpfe gehn.«

Und er zu mir: »Bevor wir noch vom Strande
Den Umriß sehn, bist du bereits geletzt;
Ist's doch nur recht, daß solches kommt zustande!«

Ganz kurz darauf sah ich ihn so zerfetzt,
Da er von Schlammesseelen so zerrissen,
Daß Gott ich spende Lob und Dank noch jetzt.

»Auf Philipp Argenti!« schrien sie beflissen;
Die ungebärdige Florentiner Seele
Sah ich von eigenen Zähnen dann zerbissen.

Nun fort von ihm, daß nichts mehr ich erzähle;
Doch in das Ohr drang mir ein Schmerzenston;
Ich schaue hin, damit ich nichts verfehle.

Der gute Meister sagte dann: »Mein Sohn,
Wir nahn uns jetzt der Dis genannten Stätte,
Mit bittern Bürgern, großer Garnison.«

Und ich: »Mein Meister, ihre Minarette
Erkenn ich schon im Wall, da sie so rot,
Als ob dem Feur man sie entnommen hätte.«

Und er zu mir: »Der Brand, der ewig loht,
Hat ihnen diese Röte hier gegeben,
Wie du es siehst in diesem tiefen Kot.«

Dann kamen wir zu jenen tiefen Gräben,
Umzingelnd jenes trostberaubte Land;
Wie Eisen sind die Mauern, die's umgeben.

Nachdem wir uns im weiten Kreis gewandt,
Drang uns der Ruf des Steuermanns zu Ohren:
»Hier ist die Eingangspforte; geht ans Land.«

Ich schaute über tausend auf den Toren,
Gefallene Engel, welche zornig schrien:
»Wer ist's, der ohne Tod sich herverloren

Und sich's vermißt, durchs Totenreich zu fliehn?«
Mein weiser Meister machte dann ein Zeichen,
Als wollt er heimlich ins Vertraun sie ziehn.

Da schien mir etwas ihre Wut zu weichen;
Ich hört sie sagen: »Komm! doch er geh weg,
Der kühn gezogen ist zu diesen Reichen!

Allein geh er zurück den tollen Weg;
Versuch er's nur; du bleib in dieser Sphäre,
Der du ihn führtest auf so düsterem Steg.«

Denk, Leser, ob ich meinen Mut verlöre
Bei der vermaledeiten Worte Schall,
Da ich nicht glaubte, daß ich heim je kehre.

»Mein teurer Führer, der du siebenmal
Bis jetzt Gewißheit mir zurückgegeben
In hoher Not, die mir so sehr fatal,

O laß mich nicht«, sprach ich, »so preisgegeben;
Wird unserem Weiterwandern hier gegrollt,
So laß schnell heimwärts unsere Spuren streben!«

Und jener Herr, der mit mir hergesollt,
Sprach: »Fürchte nichts; denn unsere Weiterreise
Hemmt keiner, da so Hoher sie gewollt.

Drum warte hier und gib der Hoffnung Speise
Dem müden Geist und leg zum Trost ihm nah,
Daß ich dich lasse nicht im tiefen Kreise!«

So geht er fort und läßt allein mich da,
Der süße Vater, mich, den Zweifel plagte,
So daß im Kopf mir streitet Nein und Ja.

Vernehmen konnt ich nicht, was er da sagte;
Die Unterredung dauerte nicht lang,
Als jeder um die Wette rückwärts jagte.

Die Tore schlossen sich mit einem Pang!
Dicht vor dem Herrn, der draußen stehn geblieben,
Und er ging auf mich zu mit trägem Gang.

Den Blick zum Boden, allen Mut vertrieben
Aus seinen Brauen, seufzte laut der Geist:
»Wer hat versperrt die Häuser mir, die trüben!«

Und er zu mir: »Wie sich mein Zorn auch weist,
Verzage nicht, ich werde überwinden,
Was auch da drinnen zur Verteidigung kreist!

Ihr Trotz ist ja nicht neu in diesen Gründen;
Sie zeigten ihn schon an bekannterer Pforte,
Die heute ohne Schloß noch ist zu finden.

Drauf sahst geschrieben du die toten Worte:
Von ihr steigt einer schon den Hang hernieder,
Die Kreise durch, ganz ohne Wegeskorte,

Daß sich durch ihn die Feste öffne wieder!«

IX. GESANG

Die Farbe, die aus Feigheit ich gewiesen,
Bemerkend, daß mein Führer wieder kam,
Ließ seine neue ihn in sich verschließen.

Als ob er lauschte, stand er aufmerksam;
Des Auges Spielraum ging nicht in die Weite,
Da dichter Nebel ihm die Aussicht nahm.

»Der Sieg ist unser ja«, sprach er, »im Streite,
Wenn nicht . . . Mir ward ja Hilfe angetragen:
Ach, stände einer bald mir doch zur Seite!«

Ich merkte wohl, wie er sein erstes Sagen
Mit Worten, die er folgen ließ, verdeckte,
Die mit dem Satzbeginn sich nicht vertragen;

Doch blieb nicht aus, daß mich sein Wort erschreckte,
Da ich im abgebrochenen Satz gesucht
Viel schlimmere Meinung, als darin wohl steckte.

»Steigt je auf diesen Grund der trüben Schlucht
Ein Wesen abwärts aus dem ersten Kreise,
Der welke Hoffnung birgt als einzige Zucht?«

So fragte ich. »Nur selten«, gab der Weise
Zur Antwort, »kam es vor, daß schon durchlief
Von uns ein Geist die Straße, die ich reise.

Zwar war ich schon ein anderes Mal so tief,
Von furchtbarer Erichtho hinbeschworen,
Die in die Leiber ihre Schatten rief.

Vor kurzem hatt ich erst mein Fleisch verloren,
Als sie mich treten hieß in jene Wälle,
Zu holen einen Geist aus Judas' Toren.

Das ist die dunkelste und tiefste Hölle,
Zufernst dem Himmel, welcher alles dreht;
Den Weg kenn ich; drum wank nicht von der Stelle.

Der Sumpf, aus dem Gestank so heftig weht,
Umwindet rings herum die Schmerzenssitze,
Die unser Fuß nicht ohne Zorn begeht.«

Was sonst er sprach, entfiel mir in der Hitze,
Da meine Augen hingerissen waren
Vom hohen Turme mit der Glutenspitze;

Dort sind auf einmal hurtig aufgefahren
Drei Furien der Hölle, blutbefleckt,
Die Weibern gleich an Gliedern und Gebaren;

Mit grünsten Hydern sah ich sie umsteckt,
Sah Nattern statt des Haars vom Haupte rinnen,
Damit die wilde Schläfe sich bedeckt.

Und er, der wohl erkannt die Dienerinnen
Der Königin dort, wo ewiger Jammer steigt,
Begann: »Sieh an die schrecklichen Erynnen.

Megäre ist's, die sich zur Linken zeigt,
Und rechts kannst du Alekto jammernd schauen,
Tisiphone dazwischen«; und er schweigt.

Die Brust zerrissen sie sich mit den Klauen
Und schlugen sich da unter solchem Schrein,
Daß ich zum Dichter drängte mich voll Grauen.

»Medusa, komm: wir machen ihn zu Stein!«
So riefen sie und blickten auf uns nieder:
»Ach, daß wir Theseus straflos ließen ein!«

»Jetzt dreh dich um und schließe deine Lider;
Denn wenn erst Gorgo deinen Blick gebannt,
So kehrtest du nach oben niemals wieder!«

So sprach der Herr, hat selbst mich umgewandt;
Mißtrauend meiner Zuverlässigkeit,
Bedeckte er mich noch mit seiner Hand.

O ihr, die ihr gesunden Geistes seid,
Bedenkt die Lehre, die sich angezogen
Der gar so sonderbaren Verse Kleid!

Und schon kam her auf jenen trüben Wogen
Getöse einer Stimme, so voll Grausen,
Daß drob erbebten beider Ufer Bogen;

So ist es auch, wenn eines Windes Brausen
Sich stürmisch gegnerischer Glut erweist
Und Wälder niederstürzt und ohne Pausen

Die Äste knickt und bricht und mit sich reißt;
So mächtig naht er, staubig im Gesichte,
Daß Vieh und Hirten er zu flüchten heißt.

Die Augen gab er frei und sprach: »Nun richte
Den Blick, daß er im alten Schaum sich fange,
Dorthin, wo jener Dunst die größte Dichte.«

Wie Frösche wohl vor ihrer Feindin Schlange
Nach allen Seiten durch das Wasser schießen,
Um sich zu klammern an des Ufers Hange,

So sah ich von den Seelen, die hier büßen,
Wohl tausend fliehn vor einem, der im Schritt
Gewandelt auf dem Styx mit trockenen Füßen.

Die dicke Luft, die ihm ums Antlitz glitt,
Sich fernzuhalten, hob er oft die Linke,
Als nähme ihn nur die Bedrängnis mit.

Wohl merkte ich, daß er vom Himmel sinke,
Und bog zum Herrn; der gab mir zu verstehn,
Daß ich jetzt still und vor ihm niedersinke.

In vollem Zorne schien er herzuwehn!
Zur Pforte kam er, und mit einer Rute
Stieß er sie auf; da gab's kein Widerstehn.

»Verworfene ihr, verjagt vom Himmelsgute«,
Begann er auf der fürchterlichen Fährte;
»Woher kommt ihr zu solchem Übermute?

Ihr wagt, zu widerstehen seinem Schwerte,
Ihm, dem das Ziel doch niemand wehren kann
Und der schon mehrmals euren Schmerz vermehrte!

Was rennt ihr gegen das Verhängnis an!
Dem Cerberus, wenn ihr es nicht vergessen,
Sieht man es noch an Kinn und Kehle an.«

Auf schmutziger Straße schwenkte er indessen
Und war zu keinem Worte mehr bereit,
Dem Manne gleich, von anderer Not besessen,

Als dessen, der vor ihm in Schwierigkeit;
Wir fingen an, zur Stadt hineinzuschreiten,
Nach seinem heiligen Wort in Sicherheit.

Hinein ging es sodann ganz ohne Streiten;
Und ich, der anzuschauen trug Begehr
Den Zustand der in ihrem Wall Bedräuten,

Ich sende, kaum darin, den Blick umher,
Und seh auf allen Seiten große Auen,
Von Schmerz erfüllt und wilder Qual Beschwer.

So wie bei Arles, wo Rhodans Wogen stauen,
Bei Pola auch, wo die Carnarobucht
Italien einschließt, seinen Leib zu tauen,

Der Boden hügelig von der Gräber Flucht,
So überall auch hier in diesen Kreisen,
Nur daß hier noch viel bitterer ist die Zucht:

Denn unter Gräbern sah ich Flammen kreisen,
Von denen sie erglüht in solchem Brand,
Daß wohl kein Handwerk braucht ein heißeres Eisen.

Die Deckel lagen alle aufgespannt;
Und aus den Gräbern klang zu uns ein Weinen,
Das offenbar aus Qual und Pein entstand.

Und ich: »Mein Herr, wer liegt in diesen Schreinen,
Aus deren Tiefen eben zu mir scholl
Ein solches Seufzen und ein solches Greinen?«

Und er: »Erzketzer zahlen darin Zoll
Mit ihrem Troß, von allen Sekten; reicher
Sind sie, als man's für möglich halten soll.

Mit Gleichen ist begraben hier ein Gleicher;
Verschieden heiß ist jedes Totenmal.«
Wir drehten rechts in diesem Totenspeicher

Und schritten zwischen Zinnen hin und Qual.

X. GESANG

Jetzt wandelt zwischen Festungswall und Buße
Auf einem abgelegenen Pfade fort
Mein Meister, und ich folgt ihm auf dem Fuße.

»Erhabene Kraft, die du den Lasterort
Entlang mich leitest«, sprach ich, »nach Behagen
Befriedige meinen Wunsch mit deinem Wort.

Das Volk, gelegen in den Sarkophagen,
Kann man es schaun? sie sind ja unbewacht,
Und alle Deckel sind ja aufgeschlagen.«

Und er zu mir: »Sie werden zugemacht,
Wenn sie von Josaphat nach hier sich wenden
Mit ihrem Leib, den sie nicht mitgebracht.

Es liegen zwischen diesen Friedhofswänden
Mit Epikur die Jünger, die geneigt,
Die Seele mit dem Leibe zu beenden.

Drum auf die Frage, die du mir erzeigt,
Kannst du in kurzem hier die Antwort holen,
Auch auf den Wunsch, den mir dein Mund verschweigt.«

Und ich: »Mein guter Führer, unverhohlen
Ist dir mein Herz; doch war ich karg im Sprechen,
Da du mir dies nicht eben erst empfohlen.«

»Toskaner, der du durch die Feuerflächen
Lebendig gehst und sprichst so voll Respekt,
Belieb es dir, den Gang zu unterbrechen.

Ganz sonnenklar zeigt es dein Dialekt,
Daß du der edlen Vaterstadt entsprungen,
Die ich vielleicht zu heftig einst erschreckt.«

Ganz plötzlich kam der Laut hervorgedrungen
Aus einer Leichentruh; drum schmieg ich mich
Noch mehr an meinen Führer, furchtbezwungen.

Er sagte: »Wende dich; was zierst du dich?
Sieh Farinata, ragend aus dem Schachte;
Von seinem Gürtel aufwärts zeigt er sich.«

Ich starrt in sein Gesicht; als ich dies machte,
Reckt' er mit Brust und Stirne sich hinan,
Als ob die ganze Hölle er verachte.

Der Führer stieß mit flinker Hand mich an,
Mir zwischen Gräbern meinen Weg zu bahnen;
»Dein Wort sei klar!« so sagte er sodann.

Am Fuße seines Grabs, des aufgetanen,
Besah er etwas mich und stieß hervor,
Wegwerfend fast: »Wer waren deine Ahnen?«

Ich, der ich dem Gebote völlig Ohr,
Verbarg ihm nichts und gab ihm voll Bescheid;
Da hob die Brauen etwas er empor

Und sprach: »Sie lagen einst im grimmigen Streit
Mit mir, den Ahnen und Parteigenossen,
So daß ich zweimal sie bereits zerstreut.«

»Doch zweimal kam für sie, die ausgeschlossen«,
Gab ich zur Antwort dann, »der Rückkehr Tag;
Den Eurigen blieb diese Kunst verschlossen.«

Da hob sich in dem deckellosen Schlag
Ein Geist daneben, bis zum Kinne bloß;
Ich glaube, daß er auf den Knien lag.

Er sah um mich, und sein Begehr schien groß,
Zu sehen, wer sich neben mir befinde;
Doch schien er mir dann völlig hoffnungslos

Und sagte weinend: »Der du durch dies blinde
Gefängnis ziehst, gelenkt durch Geistesmacht,
Wie kommt's, daß ich den Sohn nicht bei dir finde?«

Und ich zu ihm: »Nicht ich hab dies vollbracht;
Er, der dort harrt, führt mich durch diese Kreise;
Auf ihn gab Euer Guido wohl nicht acht.«

Sowohl die Rede wie der Strafe Weise,
Sie brachten seinen Namen mir ans Licht;
Darum war meine Antwort auch so weise.

Emporgeschnellt schrie er: »Wie? lebt er nicht?
Du sagtest: gab? wie soll ich das verstehn?
Trifft seine Augen nicht das süße Licht?«

Ich zauderte ganz kurz auf dieses Flehn,
Um mir die Antwort gut zu überlegen:
Da fiel er um und war nicht mehr zu sehn.

Doch jener Hochgemute, dessentwegen
Ich haltgemacht, verzog nicht das Gesicht,
Noch sah ich Hals und Seite ihn bewegen;

Doch setzte er dann fort den Kampfbericht:
»Wenn diese Kunst sie nicht ihr eigen nennen,
So quält mich das noch mehr als dies Gericht.

Doch keine fünfzigmal mehr wird entbrennen
Das Angesicht der Herrin dieser Kufe,
Bis du die Schwierigkeit der Kunst wirst kennen.

So wahr du umkehrst je zur süßen Stufe,
Sprich: Weshalb zu den Meinen ist so schlecht
Dein Volk in einem jeglichen Behufe?«

Drauf ich zu ihm: »Das Blutbad und Gefecht,
Das einstmals rot gefärbt der Arbia Wogen,
Läßt sprechen in dem Tempel solches Recht.«

Er seufzte, schüttelte den Kopf: »Bewogen
Ward ich doch nicht allein zu diesem Schritt;
Gewiß wär ich nicht grundlos mitgezogen.

Doch da war ich allein, wo jeder litt,
Florenz zu tilgen von der Erde Gründen,
Und offenen Visiers ich für sie stritt.«

»Wenn euer Samen je soll Ruhe finden«,
So bat ich ihn, »dann löst den Knoten zart,
Dem sich mein Urteil nicht mehr kann entwinden.

Ihr scheint zu sehen, wenn ich recht gewahrt,
Im voraus schon, was bringen wird die Zeit;
Jedoch dies gilt nicht für die Gegenwart.«

»Wir sehn die Dinge, welche uns noch weit,
Gleich einem, dessen Auge schlecht kann sehen;
So glänzt uns noch das höchste Weggeleit.

Wenn sie sich nähern oder vor uns stehen,
Bleibt unser Sinn ganz leer; und ohne Kunde
Erfahren nichts wir von dem Weltgeschehen.

So kannst verstehn du, daß in jener Stunde,
An der verschlossen wird der Zukunft Tor,
Uns die Erkenntnis völlig geht zugrunde.«

Dann, wie von Schuld gequält, stieß ich hervor:
»Sagt dem Gestürzten, seinem Wunsch zu genügen,
Daß noch das Leben nicht sein Sohn verlor;

Und wenn ich vor der Antwort erst geschwiegen,
So teilt ihm mit: ich tat's, weil ich im Sinn
Den Zweifel, den Ihr halft mir zu besiegen.«

Doch schon rief mich mein Meister zu sich hin;
Voll Hast bat ich den Geist drum, mir zu gnügen
Und sagen, wer mit ihm im Grabe drin.

Er: »Hier muß ich mit mehr als tausend liegen;
Der zweite Friedrich und der Kardinal
Sind beide hier; vom Reste sei geschwiegen.«

Dann barg er sich; da lenkt ich von dem Mal
Zum Dichter alter Tage hin die Schritte,
Das Wort bedenkend, das mir so fatal.

Er brach dann auf; und auf des Weges Mitte
Sprach er zu mir: »Warum denn so erschreckt?«
Und ich tat dann Genüge seiner Bitte.

»Dein Geist behalte, was man dir entdeckt
An Widrigem!« befahl mir da der Weise;
»Paß auf«; und hielt den Finger hochgestreckt,

»Triffst du in ihrem süßen Strahlenkreise
Sie, deren schönes Auge alles sieht,
So hörst von ihr du deines Lebens Reise.«

Dann wandte er nach links den Fuß und schied
Vom Wall hinweg zur Mitte auf der Straße,
Die sich bis hin zu einem Tale zieht,

Aus dem Gestank bis oben reizt die Nase.

XI. GESANG

Am oberen Rande einer hohen Klippe,
Aus großen Trümmern rings herausgebrochen,
Befanden wir uns über grauserer Sippe;

Da hier es übermäßig schlecht gerochen
Nach Düften, die die Tiefe hochgesandt,
Sind hinter einen Deckel wir gekrochen

Des großen Sargs, auf dem geschrieben stand:
»Hier drinnen muß Papst Anastasius siechen,
Den Photin von dem rechten Pfad gewandt.«

»Wir müssen langsam hier hinunterkriechen
Und etwas unseren Sinn gewöhnen an
Den eklen Hauch, um dann nichts mehr zu riechen.«

So sprach der Meister, und ich sagte dann:
»Ersetze uns, damit wir nichts verpassen,
Den Zeitverlust.« Und er: »Ich denke dran.«

»Mein Sohn, es sind in diesen Felsenmassen«,
Begann er dann, »von Grad zu Grad gesenkt,
Drei Kreise, denen gleich, die du verlassen.

Verfluchte Geister sind darin gedrängt;
Damit dir dann der Anblick nur genüge,
Vernimm, wie und warum sie so gezwängt.

Der Bosheit, die im Himmel findet Rüge,
Ist Unrecht Endzweck; jeder solche Zweck
Betrübt den Nächsten durch Gewalt und Lüge.

Doch da Betrug des Menschen sondrer Fleck,
Haßt Gott ihn meist; drum müssen unten ringen
Betrüger und erleiden schlimmsten Schreck.

Im ersten Kreis sind, die Gewalt begingen;
Doch da Gewalt man dreien antun kann,
Zerfällt und baut sich auf er aus drei Ringen.

Gott, sich, dem Nächsten tut Gewalt man an;
Ich sage, ihnen und auch ihrem Gute,
Wie du vernimmst mit klaren Gründen dann.

Gewalt fügt Tod und Wunden zu dem Blute
Des Nebenmenschen; ferner bringt sie Schaden
Durch Raub, Zerstörung, Feuer seinem Gute.

Wer Mord, wer böswillig auf sich geladen
Verletzung, Raub, Zerstörung, büßt deswegen
Im ersten Kreise auf verschiedenen Pfaden.

Es kann der Mensch Hand an sich selber legen
Und an sein Gut; drum muß im zweiten Feld
Ein jeder so vergeblich Reue hegen,

Der freiwillig entsagt der süßen Welt,
Sein Hab und Gut verspielt und es verschwendet,
Und sich, statt froh zu sein, die Lust vergällt.

Gewalt ist's auch, die gegen Gott sich wendet,
Wenn ihn das Herz verleugnet und verhöhnt
Und in Natur auch seine Güte schändet.

Der kleinste Kreis drum, drin Gewalttat stöhnt,
Pflegt sich um Sodom und Cahors zu legen,
Und den, der Gotteslästerungen frönt.

Betrug, darum sich die Gewissen regen,
Kann dem sowohl man antun, der uns traut,
Wie denen auch, die kein Vertrauen hegen.

Die letzte Weise nur, so scheint's, zerhaut
Die von Natur geknüpfte Liebesschlinge,
So daß sich Heuchelei ein Nestchen baut,

Verhexung, Schmeichelei im zweiten Ringe,
Und Fälschung, Diebstahl, Trug und Ämterkauf
Und Kuppelei und solche schmutzigen Dinge.

Die andere Art gibt jene Liebe auf,
Die von Natur entsteht, mit der verbunden,
Aus der besondere Treue nimmt den Lauf.

Drum wird, wer je verräterisch befunden,
Im kleinsten Kreis, dort, wo der Punkt der Welt,
Drauf Dis sich lagert, immerdar geschunden.«

Und ich: »Mein Meister, dein Gespräch erhellt,
Da gut dir ist die Einteilung gelungen,
Den Abgrund und das Volk, das er enthält.

Doch sprich, sie, die vom zähen Schlamm verschlungen,
Die Regen peitscht, und die der Sturmwind jagt,
Und die sich treffen mit so rauhen Zungen,

Warum sie nicht die Stadt des Feuers plagt,
Sofern sie unter Gottes Zorne stehen?
Wenn nicht, warum sind derart sie verzagt?«

Und er zu mir: »Warum muß soweit gehen
Dein Geist vom Wege, der ihm angepaßt?
Was für ein anderes Ziel will er erspähen?

Sind jene Worte dir denn ganz verblaßt,
Dort, wo in deiner Ethik ist die Rede
Von drei Gebrechen, die der Himmel haßt.

Unmäßigkeit und Bosheit und die blöde
Vertierung, und wie die Unmäßigkeit
Mit Gott steht noch in der geringsten Fehde?

Betrachtest diesen Satz du einige Zeit,
Und sinnst im Geiste du, wer sie gewesen,
Die oben außerhalb ertrugen Leid,

So siehst du, was sie trennt von diesen Bösen,
Und auch, warum viel weniger aufgebracht
Der Hammer Gottes peinigt diese Wesen.«

»O Sonne, die du aufhellst jede Nacht,
So sehr erfreust du mich durch deine Lehren,
Daß mir, wie Wissen, Zweifeln Freude macht.

Noch etwas bitt ich dich, dich umzukehren«,
Sprach ich, »nach dorthin, wo der Wucher kränkt
Die Güte Gottes, und mich zu belehren.«

»Philosophie lehrt den, der sie bedenkt«,
Sprach er, »nicht nur allein an einer Stelle,
Wie die Natur in ihrem Lauf sich senkt

Aus Gottes Kunst und seiner Weisheitsquelle;
Läßt du dir die Physik gehn durch den Sinn,
Triffst du nach kurzem Blättern auf die Stelle,

Wo sich die Kunst ihr, wie sie kann, gibt hin,
Wie Schüler sich vom Lehrer lassen leiten;
So ist sie gleichsam Gottes Enkelin.

Aus diesen zwein, wenn du den ersten Seiten
Der Genesis denkst nach, muß in der Welt
Der Mensch sein Leben ziehn und weiterschreiten:

Und da der Wucherer andere Wege hält,
Schmäht er Natur und ihre Jüngerin,
Da er auf anderes sein Hoffnung stellt.

Doch komme nun, auf Wandern steht mein Sinn;
Die Fische glitzern schon im Osten wieder;
Der Wagen liegt ganz nach dem Caurus hin,

Und weit von hier sinkt erst die Felswand nieder.«

XII. GESANG

Dort, wo der Abstieg anfing, war die Stätte
Gebirgig und enthielt ein Element,
Vor dem ein jeder Blick geschaudert hätte.

Gleichwie der Felssturz, welcher bei Trient
Der Etsch sich in die Flanke eingeschoben,
Durch Erdstoß oder wankes Fundament

Vom Felsengipfel, wo er angehoben,
So abgefallen ist zum flachen Lande,
Daß einen Fußweg er geformt von oben,

So hier der Abstieg von dem Felsenrande;
Und auf der Spitze der geborstenen Fluh
Sah ausgestreckt ich liegen Kretas Schande,

Empfangen einstmals in der falschen Kuh;
Als er uns schaute, hat er sich zerfleischt,
Als stachelte ihn innere Wut dazu.

Mein Weiser rief ihm zu: »Du glaubst vielleicht,
Daß dieser sei der Herrscher von Athen,
Der oben einst dein Leben hat geheischt?

Entweiche, Untier! ihn hieß nicht zu gehn
Die Schwester, die's ihn lehrte zu vollbringen;
Doch kommt er, eure Qualen anzusehn.«

Gleichwie ein Stier, der sich entzieht den Schlingen,
Wenn er empfangen hat den Todesstoß,
Nicht laufen kann, nur hin und her noch springen,

So sah ich hier den Minotaurus los;
Der Weise rief: »Vorbei an dieser Stelle:
Wenn er in Wut, gelingt der Abstieg bloß!«

So nahmen wir den Weg durchs Steingerölle;
Und unter meinen Füßen gab's oft nach,
Da ungewohnt die Last war für die Hölle.

Ich ging ganz in Gedanken, und er sprach:
»Du denkst wohl an den Sturz, wo Wacht gehalten
Der Zorn des Untiers, den ich eben brach.

Erfahre nun, als meine Füße wallten
Das erstemal zum tiefen Höllenschlund,
War noch der Felsen nicht wie jetzt gespalten.

Doch sicher kurz bevor, wenn recht ich kund,
Derjenige kam, der Dis hat fortgetragen
Die große Beute aus dem höchsten Rund,

Erzitterte derart in allen Lagen
Der garstige Schlund, daß ich gedacht, das All
Empfände Liebe, die, wie manche sagen,

Gebracht die Welt schon mehrmals zum Zerfall;
Da war es auch, als diese alte Höhe
Hier und auch anderswo tat solchen Fall.

Doch schau ins Tal; wir kommen in die Nähe
Des Blutstroms nun; dort kocht in seinem Blut,
Wer durch Gewalt dem Nächsten einst tat wehe.«

O blinde Gier der Menschen, tolle Wut,
Die du uns anspornst so im kurzen Leben,
Und uns im ewigen eintauchst in die Flut!

Ein weiter Graben schien sich abzuheben,
Des Bogen hier die Ebene ganz umhegt
Nach dem, was mir mein Meister angegeben;

Und zwischen Hang und ihm hat sich bewegt
Ein Zug Zentauren weiter, pfeilversehen,
Wie in der Welt zur Jagd zu gehn man pflegt.

Als sie uns kommen sahn, blieb jeder stehen,
Doch drei sind aus dem Haufen losgezogen,
Nachdem sie Pfeil und Bogen ausersehen.

»Zu was für einer Qual kommt ihr gezogen
Den Hang herab?« schrie einer schon von weit;
»Sagt es von dort; sonst schieß ich ab den Bogen!«

Mein Meister gab zur Antwort: »Den Bescheid
Wird Chiron, wenn wir bei euch sind, bekommen,
Dein schnelles Handeln brachte stets dir Leid . . .«

Dann sprach er: »Nessus hast du da vernommen,
Der für die schöne Dejanir verschied
Und mit sich selber Rache hat genommen.

Der mittlere, der auf die Brust sich sieht,
Ist Chiron, der Achilles aufgezogen;
Der dritte Pholus, zornig von Geblüt.

Zu Tausenden umschwärmen sie die Wogen,
Beschießend jeden, der dem blutigen Bade
Sich mehr, als seine Schuld bestimmt, entzogen.«

Den schnellen Rossen zu ging's auf dem Pfade;
Und einen Pfeil nahm Chiron aus dem Bund
Und strich den Bart zurück zur Kinneslade.

Nachdem er bloßgelegt den großen Mund,
Sprach er die Seinen an: »Euch sei entboten,
Daß jener hintere noch bewegt den Grund.

So schreiten nicht die Füße bei den Toten.«
Mein guter Führer, der ihm ging zur Brust,
Da, wo die zwei Naturen sich verknoten,

Gab ihm Bescheid: »Wohl lebt er, und den Dust
Des Tals durchzieh ich einsam ihm zuliebe:
Notwendigkeit führt uns dazu, nicht Lust.

Vom Hallelujasang schied jene Liebe,
Die mich zu diesem neuen Amte weihte;
Er ist kein Räuber, ich von keinem Diebe.

Jedoch bei jener Kraft, durch die ich schreite
Mit meinen Schritten auf so wildem Pfad,
Gib einen von den Deinen uns zur Seite;

Er zeige uns, wo man die Furt durchwat,
Und diesen soll er tragen auf der Kruppe;
Er ist kein Geist, der durch die Lüfte naht.«

Chiron bog sich zur Rechten seiner Gruppe
Und sprach zu Nessus: »Kehre und geleit,
Doch weiche aus jedwedem andern Truppe.«

Nun zogen los wir mit dem Treugeleit,
Den Strand entlang der roten Siedeglut,
Drin laut der Haufen der Gesottenen schreit.

Bis zu den Brauen staken sie im Sud;
Der große Zentaur rief: »Das sind Tyrannen,
Die sich vergriffen einst an Gut und Blut.

Du hörst beklagen sie, was sie ersannen,
Nimmst Alexander, Dionysus wahr,
Um den Siziliens Tränen lange rannen.

Und jene Stirne mit so schwarzem Haar
Ist Ezzelin; das blonde ihm zur Seite
Gehört Obizzo d'Este; es ist wahr,

Daß ihn sein Bastard brachte auf die Seite!«
Dann wandt ich mich zum Dichter und er sprach:
»Er sei dir nun der Erste, ich der Zweite!«

Und der Zentaur stand stille kurz hernach
Ob einer Schar, die bis zum Hals umflutet,
Wie mir es deuchte, jener Sprudelbach.

Er wies uns einen abseits, so durchglutet,
Und sagte: »Er durchstieß in Gottes Schoß
Das Herz, das an der Themse jetzt noch blutet.«

Dann sah ich Schatten, die den Kopf nicht bloß,
Den ganzen Rumpf da hielten aus der Welle;
Die Zahl, die ich erkannte, war sehr groß.

Und immer seichter ward des Blutes Quelle,
Bis daß es nur die Füße hat umbraust;
Und dort bot sich des Grabens Durchgangsstelle.

»So wie du es auf dieser Seite schaust,
Wie immer mehr der Sprudelbach verschwindet«,
Sprach der Zentaur, »will ich, daß du vertraust,

Daß auf der anderen man ihn tiefer findet,
Bis wieder er gelangt zu jenem Ort,
Wo Tyrannei sich unter Seufzern windet.

Die göttliche Gerechtigkeit quält dort
Den Attila, der Geißel einst auf Erden,
Und Pyrrhus, Sextus, und melkt ewig fort

Die Tränen, die entlockt dem Rinier werden,
Dem Corneter und Pazzo durch das Bad,
Sie, die den Straßen machten einst Beschwerden.«

Dann wandt er sich und schritt zurück den Pfad.

XIII. GESANG

Als Nessus kaum aufs andere Ufer trat,
Sind wir bereits in einen Wald gedrungen,
In dem nicht vorbezeichnet war ein Pfad.

Die Äste waren knorrig und verschlungen,
Der Blätter Farbe eher schwarz als grün;
Statt Früchten sproßten giftiger Dornen Zungen.

Solch dichtes Dorngestrüpp, wie hier erschien,
Bewohnen nicht die Tiere, die vermeiden
Die Äcker zwischen Cornet und Cecin.

Harpyien nisten hier im Wald und weiden;
Sie zwangen einst Trojaner zum Verzicht
Auf die Strophaden, kündend künftige Leiden.

Mit weiten Schwingen, menschlichem Gesicht
Und Federn an dem Riesenbauch und Krallen,
So jammern seltsam sie im Walddickicht.

Der gute Meister: »Eh wir weiterwallen,
Vernimm, im zweiten Kreis liegt dieses Land;
Dort wirst du bleiben in des Waldes Hallen,

Bis du gelangst zum fürchterlichen Sand:
Und paßt du auf, so wirst du Dinge sehen,
Die wohl den Glauben meinem Wort entwandt.«

Ich hörte allenthalben Seufzer wehen,
Und doch erblickt ich niemanden im Laube;
So blieb ich ganz verwirrt am Wege stehen.

Ich glaube, daß er glaubte, daß ich glaube,
Die Töne kämen aus des Dickichts Ranken,
Von Wesen, deren Anblick es uns raube.

Drum sprach der Meister: »Brich jetzt ohne Wanken
Ein Zweiglein ab, von einem Baum gereicht,
So kämest du auf andere Gedanken.«

Ich streckte aus die Hand, wie er geheischt,
Und brach vom großen Dornstrauch eine Rute:
Da rief sein Stumpf: »Warum mich so zerfleischt?«

Nachdem gerötet er von dunklem Blute,
Begann er wieder: »Warum knickst du mich?
Ist dir denn gar nicht mitleidig zumute?

Wir waren Menschen einst, sind nun Gebüsch;
Selbst dann geziemte dir 'ne zartere Hand,
Wenn Schlangenseelen wir statt Menschenich.«

Wie grünes Holz, wenn man es angebrannt
An einem Ende, durch entfliehnde Winde
Vertropft und zischt an seinem anderen Rand,

So drangen Blut und Worte aus der Rinde;
Darauf fiel mir des Zweigleins Spitze hin,
Und ich blieb stehn gleich einem bangen Kinde.

»Hätt er zuvor gezogen nur Gewinn,
O wunde Seele«, sprach mein Herr beflissen,
»Aus dem, was darbot meines Reimes Sinn,

So hätt er dich gewiß nicht so zerrissen;
Doch weil's so unglaubhaft, hielt ich ihn an
Zur Tat, die nun belastet mein Gewissen.

Doch sag ihm, was du warst, auf daß er dann
Zur Buße deinen Namen oben heile
Auf Erden einst, wohin er kehren kann.«

Der Stumpf: »Mich ködert deine süße Zeile;
Ich kann nicht schweigen; laßt's euch nicht verdrießen,
Wenn ich beim Reden etwas nun verweile.

Ich hielt die beiden Schlüssel, welche schließen
Des Friedrichs Herz, und wußte sie zu drehen
So vorsichtig beim Öffnen und Verschließen,

Daß ich in seinen Rat ließ niemand gehen;
Da mich die Treue nicht beim Dienst verdroß,
War es um Schlaf und Pulse bald geschehen.

Die feile Metze, die vom Kaiserschloß
Die buhlerischen Augen nie verwandte,
Der allgemeine Tod, der Höfe Troß,

War's, die die Herzen wider mich entbrannte;
Selbst den August entflammten die Beschwerden,
So daß in Kummer sich die Ehre wandte.

Mein Geist sodann, mit trotzigen Gebärden,
Im Glauben, daß der Tod dem Schimpfe wehre,
Ließ schuldig mich an meiner Unschuld werden.

Bei dieses Baumes neuen Wurzeln schwöre
Ich euch, daß ich gebrochen nie den Eid
Dem Herrn, der ja so würdig war der Ehre.

Und wenn von euch kehrt einer in die Zeit,
So mög er mein Gedenken wieder stärken
Vom Schlage, den versetzt ihm einst der Neid.«

Der Dichter schwieg etwas, dann zu bemerken:
»Da er jetzt schweigt, so nutze aus die Stunde;
Sprich jetzt und frag ihn, willst du mehr dir merken.«

Drauf ich zu ihm: »Erbitte du die Kunde,
Wovon du glaubst, es werde not mir tun;
Ich könnt es nicht; so schmerzt mich seine Wunde.«

So fing er wieder an: »Soll man dir tun
Aus eigenem Antrieb, was dein Wort gebeten,
Gefangener Geist, gefalle es dir nun,

Und sag: wie kann die Seele sich so kneten
In diese Knoten? sag, wenn sein es kann,
Ob einer aus den Zweigen je getreten?«

Es atmete der Baumstamm stark, und dann
Verwandelte der Wind sich in die Kunde:
»Ganz kurz geb ich euch das Gewünschte an!

Löst sich die wilde Seele aus dem Bunde
Mit ihrem Leib so eigenmächtig los,
Verschickt sie Minos zu dem siebten Schlunde;

Sie fällt zum Wald; wohin, ist Zufall bloß;
Wo sie Fortuna derart hinverschlagen,
Keimt auf sie wie ein Speltkorn und wird groß,

Ein Schößling erst, um dann als Baum zu ragen;
Harpyien sättigen sich von seinem Laub
Und schaffen Schmerz, dem Schmerz ein Loch, zu klagen.

Wie alle, wandern wir zu unserem Staub,
Doch nicht, auf daß damit sich einer kleide;
Denn man soll nicht besitzen seinen Raub.

Hier ziehen wir denn hin mit unserem Kleide,
Daß jeder seinen Dorn damit beschwert,
Darin der Schatten, der ihm war zu Leide.«

Wir waren noch dem Stamme zugekehrt,
Gedanken mit ihm weiter auszutauschen,
Als Laute überraschend wir gehört,

Wie Jäger auf dem Anstand sie erlauschen,
Wenn sich der Eber nähert und die Meute
So nahe kläfft, daß schon die Zweige rauschen.

Schon kamen zwei heran zur linken Seite,
Zerzaust und nackt, und waren so in Not,
Daß alles Laubwerk ihnen fiel zur Beute.

Der vordere: »Nun eile, eile, Tod!«
Der zweite, der schien allzusehr zu säumen,
Schrie dann: »Solch Eile, Lano, hätte not

Getan, als Toppos Feld du mußtest räumen!«
Als ob der Atem dann versagt ihm hätte,
Verschlang er sich in einem von den Bäumen.

Doch hinter ihnen war des Waldes Stätte
Ganz voll von schwarzen, gierigen, flinken Hunden,
Den Bracken gleich, die los von ihrer Kette.

Sie bissen den, der sich am Grund gewunden,
Und sie zerfleischten Stück um Stück ihn dann
Und schleppten fort die Glieder, voller Wunden.

Mich faßte an der Hand der Führer an,
Zog mich zum Strauche, der mit eitlen Klagen
Um seine blutigen Risse dann begann:

»Jacob von Sankt Andrea!« hört ich sagen;
»Was half dir's, daß du mich als Schirm verwandt?
Soll ich die Schuld für deine Sünden tragen?«

Und als darauf mein Meister bei ihm stand,
Sprach er: »Wer warst du, der aus so viel Wunden
Zusammen Blut und Klage ausgesandt?«

Und er zu uns: »O Seelen ihr, verbunden
Zu schauen, wie sie ehrlos mich behandeln
Und meine Blätter völlig abgeschunden:

Häuft sie am Fuß des Strauchs vorm Weiterwandeln!
Der Stadt entstammt ich, die den Schutzpatron,
Den ersten, in den Täufer ließ verwandeln.

Dafür wird stets sie seine Kunst bedrohn;
Und würde heute nicht sein Bildnis prangen
Noch auf der Arnobrücke, hätten schon

Die Bürger, die einst an den Bau gegangen,
Als Attila zurückließ Asch und Graus,
Vergebens mit der Arbeit angefangen:

Ich schuf zu einem Galgen mir mein Haus.«

XIV. GESANG

Da Liebe zu der Heimat an mir nagte,
Nahm ich die losen Blätter mit der Hand
Und gab sie ihm, dem schon das Wort versagte.

Wir kamen zu des zweiten Kreises Rand,
Der diesen scheidet von der dritten Runde,
Wo des Gerichtes Folterwerkzeug stand.

Ich gebe von den Neuigkeiten Kunde
Und sage: wir erreichten ein Stück Lands,
Das jede Pflanze tilgt von seinem Grunde.

Der Schmerzenswald umschließt es wie ein Kranz,
Der selbst umzingelt ist vom traurigen Graben;
Da hielten wir die Schritte längs des Rands.

Es lag in dichtem, dürrem Sand begraben;
Und dieser Sand schien gleicher Art zu sein,
Wie Catos Füße ihn getreten haben.

O Rache Gottes, ach, wie muß dich scheun
Jedweder, der, dies lesend, wird erfahren,
Was meinen Augen sichtbar ward an Pein!

Der nackten Seelen sah ich große Scharen
Und hörte jämmerlich sie alle weinen;
Verschiedenes Gesetz schien sie zu paaren.

Rücklings am Boden schaute ich die einen,
In sich geduckt die andren dort zumal;
Die dritten waren ständig auf den Beinen.

Es lief herum die allergrößte Zahl,
Die kleinste hat am Boden flach gelegen,
Mit loserer Zunge doch für ihre Qual.

Rings auf den Sand fiel träg hinab ein Regen
Aus Feuerflocken; ähnlich sah ich schon
Den Alpenschnee, wenn's windstill, sich bewegen.

Genauso wie in Indiens Glutregion
Auf Alexanders Heerschar einst gefallen
Die Feuerflammen, ohne zu verlohn,

So daß den Grund er stampfen ließ von allen,
Damit verlösche ja des Feuers Flut,
Bevor die Flocken sich zusammenballen,

So trieb hinunter hier die ewige Glut;
Den Schmerz zu doppeln, flammte das Gelände,
Wie unterm Stahle es der Zunder tut.

Rastlos ging fort der Tanz der armen Hände,
Die ich sah hierhin bald, bald dorthin schwingen,
Um abzuschütteln so die frischen Brände.

Ich sagte: »Meister, Herr von allen Dingen,
Nur nicht von jener Teufel Niedertracht,
Die bei dem Tore uns entgegengingen,

Wer ist's, der dort aufs Feuer nicht gibt acht,
Der Große, dessen trotziges Widerstreben
Der Regen, scheint es, gar nicht mürbe macht?«

Und er, der merkte, da er achtgegeben,
Daß ihm gegolten hatte meine Frage,
Schrie: »So bin ich im Tod wie einst im Leben.

Ob Jupiter auch seinen Schmied jetzt plage,
Von dem er nahm den spitzen Blitz so scheu,
Davon durchbohrt ich ward am letzten Tage,

Ob er die anderen müde nach der Reih
In Mongibels geschwärzter Schmiede mache,
Wenn er ‚Vulkan' ruft, ‚stehe, stehe bei!',

Wie einst bei Phlegra, als für seine Sache
Er stritt, und treff er mich mit ganzer Kraft,
So hätt er keine Freude an der Rache!«

Auf dies sprach mein Geleit mit solcher Kraft
Wie niemals je zuvor zu jenem Dreisten:
»O Kapaneus, da nie dein Stolz erschlafft,

Dadurch bist du bestraft am allermeisten;
Kein Schmerz vermöchte außer deiner Wut
Dem Grimme angemessene Pein zu leisten.«

Dann wandt er sich zu mir mit besserem Mut:
»Einst zog er mit den Sieben gegen Theben
Und zeigte Gott, wie scheinbar noch er's tut,

Verachtung und scheint nichts auf ihn zu geben;
Wie ich's ihm schon gesagt: des Hohns Gewalt
Genügt, seiner Brust den richtigen Schmuck zu weben.

Nun achte drauf, wenn du mir nachgewallt,
Daß in den Feuersand dein Fuß nicht trete,
Und halte immer eng dich an den Wald!«

Wir gingen schweigend, bis ich dann erspähte,
Wie aus dem Walde dort ein Flüßchen kam,
Das mich noch schaudern macht ob seiner Röte.

Gleichwie ein Bach entfließt dem Bulicam,
Darin sich abgeteilt die Buhlerinnen,
So jener Fluß, der seinen Lauf hier nahm.

Sein Grund nebst seinen beiden Ufern innen
War Stein, und auch die Ränder an der Seite;
So daß ich merkte: hier ging es von hinnen.

»Was alles ich gezeigt als dein Geleite,
Seitdem wir durch die Pforte hergekommen,
Die jeden durchläßt, wer sie auch durchschreite,

Nichts hat bisher dein Auge wahrgenommen
Bemerkenswertres als den Fluß vor dir,
Darüber alle Flämmchen so verglommen.«

Die Worte sprach mein Weggeleit zu mir;
Drum bat ich, daß er nun das Mahl mir schnitte,
Nach dem gewandt er hatte meine Gier.

»Ein wüstes Land liegt in des Meeres Mitte«,
Sprach er sodann zu mir, »das Kreta heißt;
Sein König sah die Welt noch keuscher Sitte.

Dort ragt der Ida, der einst froh gegleißt
Von Laub und Wasser, eines Bergs Gefüge;
Nun ist vor Altersschwäche er verwaist.

Er war's, den Rhea einst zur treuen Wiege
Des Sohns erwählte, und wo sie ließ schrein,
Wenn er geweint, auf daß es ihn verschwiege.

Ein hoher Greis ragt in des Berges Schrein;
Er pflegt den Rücken gen Damiette zu wenden,
Den Blick gen Rom, das ihm soll Spiegel sein.

Am Kopf fand feines Gold allein Verwenden,
Und reines Silber nur für Arm und Brust;
Dann ist aus Kupfer er bis zu den Lenden,

Erlesenes Eisen bis hinab zum Dust;
Doch Ton war in dem rechten Fuß enthalten,
Auf dem er mehr als auf dem anderen fußt.

Vom Golde abgesehn, ist er zerspalten
Von einem Riß, dem Tränen sich entwinden,
Die dann, gesammelt, jenen Felsen spalten.

Vom Felse geht ihr Lauf zu diesen Gründen
Und bildet Acheron, Styx, Phlegethon;
Durch diese Rinne siehst du sie sich winden,

Bis man gelangt zur untersten Region;
Cocytus bilden sie; doch diese Lache
Siehst du ja selbst, drum sprech ich nicht davon.«

Und ich zu ihm sodann: »Wenn von dem Bache
Der Quell in unserer Welt, so gib mir kund,
Warum er erst erscheint in diesem Fache.«

Und er zu mir: »Du weißt, der Ort ist rund;
Und bist du auch sehr weit schon vorgedrungen,
Zur Linken stets, beim Abstieg zu dem Grund,

So ist der Kreis dir noch nicht ganz gelungen;
Drum, kommt dir etwas Neues noch entgegen,
Sei dein Gesicht von Staunen unbezwungen.«

Und ich dann: »Meister, sprich, wo sind gelegen
Denn Phlegethon und Lethe; warum schweigst
Von dem du, sagst, der sei von diesem Regen?«

»Wie gut, daß du so dein Interesse zeigst!«
So sprach er; »doch der rote Siedebach
Löst ein Problem, zu dem du dich versteigst.

Die Lethe siehst du, fern von hier, hernach,
Dort, wo die Seelen zu dem Bade rennen,
Wenn sie bereut und abgetan die Schmach.

Nun ist es Zeit, vom Walde sich zu trennen«,
So sprach er dann; »nun folge mir voll Mut;
Die Ränder bilden Wege, die nicht brennen,

Und über denen auslöscht jede Glut!«

XV. GESANG

Jetzt trägt uns weiter eins der harten Ränder;
Des Wassers Dünste, die nach oben streichen,
Bewahren vor dem Feuer Bach und Bänder.

Wie es die Flamen halten mit den Deichen
Von Brügge bis nach Wissant, daß die Flut
Aufs Land nicht stürze und die Wasser weichen,

Und wie die Paduaner auch, zur Hut
Der Dörfer an der Brenta und Kastelle,
Noch ehe Kärnten spürt der Sonne Glut:

So waren konstruiert hier diese Wälle;
Nur hat sie nicht gebaut so hoch und dick,
Wer es auch war, der Meister in der Hölle.

Schon ließen wir den Wald so weit zurück,
Daß ich nicht mehr gesehn, wo er gelegen,
Hätt ich auch hingewandt nach ihm den Blick,

Da kam uns eine Seelenschar entgegen;
Sie zogen längs des festen Damms einher
Und blickten so, wie abends Wanderer pflegen,

Wenn Neumond ist und das Erkennen schwer;
Da schärften sie so sehr nach uns die Brauen,
Gleichwie ein alter Schneider blickt ins Öhr.

Die Sippschaft war dabei, uns zu beschauen,
Als einer mich erkannt und mit der Hand
Am Saum gefaßt: »Welch Wunder darf ich schauen!«

Und ich, als seinen Arm er mir gespannt,
Sah durchs gedörrte Äußere nach innen,
So daß sein Antlitz, wenn auch arg verbrannt,

Erkenntnis nicht verbarg vor meinen Sinnen;
Das meine neigt ich seinem Angesicht
Und rief: »Seid, Ser Brunetto, Ihr hier drinnen?«

Und er sodann: »Mein Sohn, mißfall's dir nicht,
Daß Brunetto Latini zu dir drehe
Und seinen Zug verläßt und mit dir spricht!«

Und ich sodann: »Das ist's, was ich erflehe;
Und wollt Ihr's, setzen wir uns auf die Erde,
Sofern es ihm gefällt, mit dem ich gehe.«

»O Sohn, da einer, der von dieser Herde
Hier stillsteht, hundert Jahre liegen muß,
Ganz ohne wegzufächeln die Beschwerde,

So gehe nur; ich folge auf dem Fuß;
Dann eine ich mich wieder meinem Reigen,
Der stets beweint den ewigen Verdruß.«

Nicht wagt ich's, von der Straße abzusteigen,
Um gleich mit ihm zu gehn; das Haupt gesenkt,
Schritt ich jedoch, ihm Ehrfurcht zu bezeigen.

Er fing dann an: »Ist's Zufall, gottverhängt,
Daß du vorm Letzten Tag dich herbegeben?
Wer ist denn er, der deine Schritte lenkt?«

»Dort oben«, sprach ich, »in dem heiteren Leben,
Fand ich in einem Tal nicht ein noch aus,
Bevor des Lebens Fülle mir gegeben.

Erst gestern morgen fand ich mich heraus;
Er kam, als ich mich suchte zu entfernen,
Und führt auf dieser Straße mich nach Haus.«

Und er zu mir: »Folgst du nur deinen Sternen,
So wirst du zu dem Port des Ruhms gelangen,
Wenn recht im schönen Leben war mein Lernen.

Und hätt ich nicht so früh den Streich empfangen,
So wär ich, der dir sah den Himmel gut,
Bei deinem Werke dir zur Hand gegangen.

Doch jene undankbare, schnöde Brut,
Von Fiesole vor alters schon verschlagen,
Der Berg und Felsgesteine noch im Blut,

Wird für dein Wohltun dich mit Feindschaft plagen;
Mit Recht! wo herbe Spierlinge nur sind,
Dort kann die süße Feige Frucht nicht tragen.

Ein altes Wort nennt in der Welt sie blind,
Von Habsucht, Übermut und Neid besessen;
Von ihren Sitten halt dich rein, mein Kind.

Dein Glück hat so viel Ruhm dir zugemessen,
Daß nach dir hungert jegliche Partei;
Doch weit ist dieses Mal vom Bock das Fressen.

Es mache aus sich selber seine Streu
Das Vieh von Fiesole; fern bleib's der Pflanze,
Läßt eine sich zu ihrem Mist herbei,

Drin wieder aufersteht zu neuem Glanze
Die heilige Saat der Römer, die geblieben,
Als aufgerichtet solcher Bosheit Schanze.«

»Wenn meine Bitte nur gut angeschrieben«,
So sagt ich ihm, »so wärt Ihr aus dem Feld
Der menschlichen Natur noch nicht vertrieben;

Im Herzen steckt mir, wenn auch nun vergällt,
Euer liebes, väterliches Antlitz drinnen,
Wie Ihr mich dann und wann einst in der Welt

Belehrtet, wie man Ruhm sich muß gewinnen:
Und wie ich's ehre, soll sich lebenslang
Dartun in jedem Worte und Beginnen.

Was Ihr erzählt von meinem Lebensgang,
Bewahr ich, daß mit Glossen es versehe
Die Frau, die weiß, wenn ich zu ihr gelang.

Nur das will ich, daß man es klar verstehe,
Daß ich, wenn's mein Gewissen nicht vergällt,
Zu der Fortuna, wie sie sei auch, stehe.

Nicht neu ist meinen Ohren solches Geld;
Fortuna halte drum ihr Rad im Gange
– Der Bauer seinen Karst – wie ihr's gefällt.«

Es beugte dann sich mit der rechten Wange
Zu mir zurück und sah mich an mein Leiter
Und rief darauf: »Gut hört, wer's merkt sich lange!«

Nichtsdestoweniger geh ich sprechend weiter
Mit Ser Brunetto, bitt ihn, mir zu nennen
Die besten und bekanntesten Begleiter.

Und er: »Gut ist es, einige zu kennen,
Doch löblich, still zu sein im anderen Falle,
Da ja zu kurz die Zeit, sie zu benennen.

Vernimm denn schnell: Sie waren Priester alle,
Gelehrte auch von großem Ruf und Rang;
Die gleiche Sünde brachte sie zu Falle.

Priscian geht mit der Unglücksschar entlang,
Franz von Accorso; falls nach solcher Flechte
In dir gehabt du hättest einen Drang,

So sähst du ihn, der von dem Knecht der Knechte
Vom Arno ward zum Bacchiglion verbannt,
Wo er die Kraft zurückließ, die geschwächte.

Ich sagte mehr, bin aber nicht imstand,
Noch weiter mitzugehen, da ich sehe
Dort neuen Dampf erheben sich vom Sand.

Ich darf nicht weilen in des Haufens Nähe:
Empfohlen sei dir endlich noch mein ‚Schatz‘;
Der ist mein Leben; das, was ich erflehe.«

Dann wandt er sich zurück in einem Satz;
Gleich jenen, die ums grüne Tuch gelaufen
Durchs Feld Veronas, rennt er auf den Platz,

Dem Sieger gleich, nicht dem besiegten Haufen.

XVI. GESANG

Schon war ich, wo erklang des Wassers Dröhnen,
Das zu dem anderen Kreise stürzte ab
Und gleich der Bienen Summen schien zu tönen,

Als sich zugleich drei Schatten trennten ab,
Im vollen Lauf, vom Schwarm, der unterm Regen
Der bösen Marter ständig lief im Trab.

Sie kamen uns mit diesem Schrei entgegen:
»O stehe still, du siehst wie einer aus
Von unserer bösen Stadt, des Kleides wegen.«

O welche Leibeswunden, welch ein Graus,
Von jetzt und früher, durch die Flammenzungen!
Beim Denken rinnen Tränen schon heraus.

Mein Lehrer horchte, als sie so gesungen,
Bog das Gesicht zu mir und sprach: »Verweile
Und ehre sie, die so dahergesprungen!

Und wären hier nicht diese Feuerpfeile
Des Ortes Wesen, sagte ich, es sei
Dir ziemlicher als ihnen diese Eile.«

Sie hoben wieder an die Litanei,
Sobald wir standen; als sie bei uns waren,
Vereinten sich zum Rade alle drei;

So pflegen sich die Kämpen zu gebaren,
Um ihren Griff und Vorteil zu erspähn,
Bevor sie sich noch liegen in den Haaren;

Ein jeder wandte das Gesicht beim Drehn
Zu mir hin da, so daß bei ihnen Hals
Und Füße niemals schienen stillzustehn.

Der eine: »Macht die Pein des lockeren Stalls
Uns auch verächtlich wie auch unsere Bitten,
Die brandgeschwärzte Nacktheit ebenfalls,

So neige unser Ruhm dich unseren Bitten
Und sage, wer du bist, der vor der Frist
So sicher durch die Hölle kommst geschritten.

Er, dessen Spuren du mich treten siehst,
Wie nackt und wie versengt er hier auch wate,
War höheren Rangs, als es nun glaubhaft ist.

Ein Enkel war's der trefflichen Waldrade,
Und Guido Guerra ward er einst genannt;
Er tat im Leben viel im Feld und Rate.

Der andere, der nach mir zerstampft den Sand:
Tegghiaio Aldobrand' ist's, dessen Stimme
Auf Erden viel zu wenig anerkannt.

Ich, der ich mich am Kreuz mit ihnen krümme,
War Jakob Rusticucci, und gewiß
Ist schuld daran zumeist das Weib, das schlimme.«

Hätt ich mich sicher vor des Feuers Biß
Gefühlt, wär ich gesprungen dann vom Rande,
Wohl ohne daß Virgil ein Hindernis;

Doch da versengt ich wäre von dem Brande,
So überwand die Furcht in meinem Herzen
Den Willen, zu umarmen sie im Sande.

Dann fing ich an: »Verachtung nicht, nein, Schmerzen
Grub ein mir eures Geists Beschaffenheit,
So daß es lange braucht, sie auszumerzen;

Es sagte mir ja dieser, mein Geleit,
Derartige Worte, daß ich mir's schon dachte,
Daß solche Wesen kämen, wie ihr seid.

Von eurer Stadt komm ich zu diesem Schachte,
Der eueren Taten, eures Ruhms Berichten
Voll Liebe stets ich lauschte und gedachte.

Die Galle laß ich, geh zu süßen Früchten,
Versprochen mir vom wahren Weggeleite;
Doch erst muß ich den Weg zum Zentrum richten.«

»Auf daß noch lange deine Seele leite
Des Körpers Glieder«, sprach er unumwunden,
»Und daß dein Ruhm sich noch nach dir verbreite,

Wird Milde noch und Tapferkeit gefunden
In unserer Stadt, wie sie sie einst beseelt?
Sind sie vielleicht schon gänzlich draus entschwunden?

Denn Wilhelm Borsier, der hier sich quält
Seit kurzem und geht dort im Zuge drinnen,
Kränkt uns durch das, was er davon erzählt.«

»Die neuen Reichen, mit den Schnellgewinnen,
Sie haben Stolz und Übermaß erzeugt,
Florenz, bei dir, daß schon die Tränen rinnen!«

So rief ich, meinen Kopf emporgebeugt;
Sie, denen dies als Antwort zugefallen,
Sahn sich einander an, ganz überzeugt.

Sie riefen dann: »Mag stets so leicht dir's fallen,
Die anderen zu befriedigen durch dein Wort,
Heil dir, der du so sprichst ganz nach Gefallen!

Entrinnst du jemals diesem finsteren Ort,
Um zu den schönen Sternen dich zu schwingen,
Wenn's dich zu sagen freut: ,Ich war einst dort!',

So mögest du von uns dort Kunde bringen!«
Sie flohn dann so, nachdem sie 's Rad gebrochen,
Daß ihre schnellen Beine schienen Schwingen.

Ein Amen wird so hurtig nie gesprochen,
Wie sie vor unseren Blicken dann verschwanden;
Darum ist auch der Meister aufgebrochen.

Ich nach; als wir uns unterwegs befanden,
Scholl bald des Falls Gebraus so nahehin,
Daß unser eigen Wort wir kaum verstanden.

Dem Fluß gleich, der, geht man vom Viso hin,
Gen Osten fließt zuerst im eigenen Bette
Am linken Abhange des Apennin

Und Acquacheta heißt noch auf der Kette,
Eh er ins tiefe Bett hinunterbraust,
Und anders wird genannt in Forlis Stätte,

Und ob Sankt Benedikt am Berg erbraust,
Weil in den Abgrund er sich dort läßt fallen,
Wo es erwünscht, daß tausend man behaust:

So hörten wir das farbige Wasser schallen,
Das eine Felswand hier hinabgefegt,
So daß zum Opfer bald das Ohr gefallen.

Ich hatte einen Strick um mich gelegt;
Mit dem hatt ich den Pardel einst, den bunten,
Mir einmal einzufangen überlegt.

Als ich ihn gänzlich von mir losgebunden,
Wie mir befohlen hatte mein Geleite,
Reicht ich ihn hin, zu einem Knäul gewunden.

Dann wandte er sich nach der rechten Seite
Und warf, entfernt ein wenig von dem Rand,
Hinab ihn in des tiefen Abgrunds Weite.

Gewiß bringt etwas Neues er zustand,
So sagt ich zu mir selbst, aufs neue Zeichen,
Darauf der Meister blickt jetzt unverwandt.

Ach, welche Vorsicht scheint es zu erheischen
Bei jenen, die nicht sehn das Tun allein,
Die die Gedanken auch in uns erreichen!

Er sprach zu mir: »Bald trifft hier oben ein,
Was ich erharrt, dein Phantasiegefüge;
Bald wird's enthüllt vor deinen Augen sein!«

Der Wahrheit, welche trägt des Luges Züge,
Muß man die Lippen schließen; das ist Pflicht;
Sonst werden schuldlos wir geziehn der Lüge:

Ich kann nicht schweigen und will beim Gedicht,
O Leser, der Komödie dir geloben,
Auf daß es lange Gunst verfehle nicht,

Daß ich ein Wesen schwimmen sah nach oben,
Selbst einem festen Herzen staunenswert,
Das sich durchs dichte Dunkel hier erhoben;

Gleich einem Taucher, der vom Grunde kehrt,
Wo er gelöst den Anker, sei's von Klippen,
Sei's von sonst etwas, das im Meere währt,

Zieht es den Fuß an und reckt Arm und Rippen.

XVII. GESANG

»Da kommt das Untier mit dem spitzen Schwanz:
Die Berge nimmt's, pflegt Wall und Wehr zu brechen;
Da kommt es, das die Welt verpestet ganz.«

So fing mein Führer an zu mir zu sprechen
Und winkte es heran an jenen Rand,
Dem Ende nah durchzogener Marmorflächen.

Da kam und legte Haupt und Rumpf an Land
Das schauderhafte Ebenbild der Lüge,
Doch zog es seinen Schwanz nicht an den Strand;

Sein Antlitz trug ganz richtige Menschenzüge,
Und seine Haut war außen glatt und fein;
Doch Schlange war das übrige Gefüge,

Zwei Pfoten, haarig bis zum Schulterbein,
Die Brust, die beiden Flanken und der Rücken
Bemalt mit Knoten und mit Ringelein.

Nicht sind der Türken Tücher, der Kalmücken
So reich gewirkt noch ihre Farben krasser,
Noch wollte solches Zeug Arachnen glücken!

Wie manchmal teils am Land und teils im Wasser
Die Boote bei dem Uferrand gedockt,
Und so, wie in dem Land der deutschen Prasser

Am Strand der Biber, um zu fangen, hockt:
So hielt der Tiere ärgstes an den Wehren,
Die, ganz von Stein gebaut, den Sand umblockt.

Mit seinem Schwanze schwang er ganz im Leeren
Und hielt die giftigen Gabeln in die Höhe,
Die, wie beim Skorpion, den Schwanz bewehren.

Der Führer sprach: »Zeit ist's nun, daß sich drehe
Ein wenig unser Weg zum Ungeheuer,
Das dort sich hingelagert in der Nähe.«

Drum stiegen wir nach rechts auf dem Gemäuer
Und machten auf dem Rand zehn Schritte jetzt,
Um zu entgehn dem Sande und dem Feuer.

Und als wir dann zu jenem hingehetzt,
Da konnten auf dem Sand wir Volk gewahren,
Das nahe bei dem Absturz sich gesetzt.

Der Meister sprach: »Auf daß du mögst erfahren,
Wen alles diese Sphäre hält in Haft,
So gehe und beschau dir ihr Gebaren.

Doch sprich nur kurz mit der Genossenschaft;
Mit ihm will ich, bis du dann umkehrst, sprechen,
Daß er uns gebe seiner Schultern Kraft.«

So ging ich auf dem innern Rand der Flächen
Des siebten Höllenkreises ganz allein
Dorthin, wo jene, deren Herzen brechen.

Aus ihren Augen sprang heraus die Pein;
Bald vor den Flammen, bald vorm Glutengrunde
Mußt ihre Hand für sie der Helfer sein:

Nicht anders machen sommers es die Hunde,
Wenn Bremse, Fliege oder Floh sie sticht,
Sei's mit den Füßen, sei es mit dem Munde.

Dann sah ich einigen in ihr Gesicht,
Die stets das wehe Feuer aufgefangen;
Ich kannte keinen, doch entging mir nicht,

Daß jedem hier am Hals ein Sack gehangen
– Gezeichnet anders jeder und bemalt –,
Worin sich ihre Blicke ganz verfangen.

Ich sah, als ich dann spähend dort gewallt,
Ein Blau auf einem gelben Sacke schwanken,
Von eines Löwen Aussehn und Gestalt.

Dann als ich weiter ließ die Blicke ranken,
Kam rot wie Blut ein zweiter mir zur Schau,
Mit einer Gans, die weißer war als Anken.

Und einer, dem 'ne blaue, dicke Sau
Auf einem weißen Beutel war gegeben,
Sprach dann: »Was tust denn du in diesem Bau?

Heb dich hinweg, und da du noch am Leben,
So wisse, meinem Landsmann Vitalian
Wird einst der Platz gehören links daneben.

Bei Florentinern ich paduanscher Mann:
Oft brüllen mir ins Ohr die edlen Recken:
,O möchte doch der Fürst der Ritter nahn,

Der einen Beutel anhat mit drei Böcken!'«
Den Mund verzog er, und die Zunge weist er,
Den Ochsen ähnlich, die die Nase lecken.

Und ich, aus Furcht, Verzug erzürn den Meister,
Der mir geraten, nicht mehr zu verziehn,
Kehrt um und ließ zurück die müden Geister.

Ich fand den Führer dort, und schaute ihn
Schon auf des Untiers Kruppe aufgestiegen,
Und jener sprach zu mir: »Sei stark und kühn!

Von jetzt an steigen wir auf solchen Stiegen:
Steig vorne auf, ich sitz inmitten da,
Daß dir der Schwanz nicht schaden kann beim Fliegen.«

Wie einer, der dem Schüttelfrost so nah,
Beim Wechselfieber, daß die Nägel bleichen,
Schon ganz erbebt, wenn er nur Schatten sah,

So ward mir, als die Worte zu mir streichen;
Sie, die vorm guten Herrn macht stark den Knecht,
Die Scham, sie drohte mir, mich zu beschleichen.

Auf jene Schultern setzt ich mich zurecht:
»Umarme mich!« so wollte ich da sagen;
Doch meine Stimme bracht's heraus nur schlecht.

Doch er, der mir bei manchen anderen Plagen
Schon durchhalf, hat, kaum daß ich auf dem Schoß,
Den Arm zu meinem Halt um mich geschlagen,

Und sagte: »Geryon, nun ziehe los:
Doch sinke langsam nur, in weiten Runden;
Bedenke jetzt die neue Bürde bloß.«

Wie rückwärts, wenn vom Strande losgebunden,
Ein Nachen abfährt, glitt er von dem Kranz,
Und als er freien Spielraum dann empfunden,

Wandt er, wo erst die Brust war, hin den Schwanz;
Er reckte ihn und regt ihn gleich dem Aale
Und zog die Luft an mit der Pfoten Tanz.

Nicht größere Furcht entstand einst, nicht so fahle,
Als Phaethon der Zaum glitt aus den Händen,
Wovon der Himmel jetzt noch trägt die Male,

Noch auch, als Ikarus sich seine Lenden
Entfedern fühlte, wie das Wachs zerflossen,
Da, als der Vater rief: »Schlecht muß das enden!«,

Wie meine Angst, als ich von Luft umflossen
Mich allenthalben sah, und wie zerrann
Ein jeder Anblick außerhalb der Flossen.

Er schwimmt und schwimmt ganz langsam nur voran
Und kreist und sinkt; doch nichts davon gibt Kunde;
Nur weht es mich von vorn und unten an.

Ich höre, wie zur Rechten aus dem Schlunde
Ein schrecklich Tosen unter uns brach los;
Drum steckt ich Kopf und Blick heraus zum Grunde.

Da ward die Angst mir bei dem Spreizen groß;
Denn Feuer und Gebrüll hat angefangen,
Daß zitternd ich die Schenkel enger schloß.

Da sah ich erst, was mir bisher entgangen:
Ich sank und kreiste in der Qualen Nähe,
Die von verschiedenen Seiten zu mir drangen.

Gleichwie der Falk, der lange in der Höhe,
Und, da er Lockung nicht und Vogel sieht,
Den Falkner sagen läßt: »Du sinkst, o wehe!«,

Nach schnellem Aufstieg matt nach unten zieht
In hundert Kreisen und, setzt er sich nieder,
Des Meisters Nähe dumpf und zornig flieht,

So setzte Geryon auf den Grund uns wieder,
Da unter dem geborstenen Felsenhang,
Und als er abgesetzt dann unsere Glieder,

Entschwand er wieder wie ein Pfeil dem Strang.

XVIII. GESANG

Ein Ort ist in der Hölle, Malebolge
Genannt, aus Stein gebaut und eisengrau,
Gleichwie um ihn herum der Felsen Folge.

Grad in dem Mittelpunkt der bösen Au
War's, wo ein weiter tiefer Brunnen gähnte;
An seinem Platz beschreibe ich den Bau.

Rund also ist der Gürtel, der sich dehnte
Vom Brunnen bis zum Fuß der Felsenmauern,
Und eingeteilt ist er in zehn Segmente.

Gleichwie die Stätte, wo, zum Schutz der Mauern,
Ein Graben nach dem andern die Kastelle
Umgürtet, sich darbietet den Beschauern,

So bot sich dar dem Blicke diese Stelle:
Wie solche Festen ihren Außenrand
Verbinden mittels Brücken mit der Schwelle,

So führten Klippen von dem Fuß der Wand,
Indem sie Dämm und Gräben überschnitten,
Zum Brunnen, der sie abbrach und verband.

Hier war's, wo wir vom Rücken abgeglitten
Des Geryon; der Dichter bog dann ein
Zur Linken, und ich folgte seinen Schritten.

Zur rechten Hand gewahrt ich neue Pein
Und neuen Jammer wie auch neue Schinder,
Davon gefüllt war ganz der erste Schrein.

Am Grunde waren nackt und bloß die Sünder;
Sie zogen von der Mitte uns entgegen,
Mit uns zu ihr; doch war ihr Schritt geschwinder,

Gleichwie die Römer, des Gedränges wegen,
Im Jubeljahr bestimmt, daß sich die Leute
Geordnet auf der Brücke fortbewegen,

Derart, daß alle auf der einen Seite
Sankt Peter zugehn und zur Burg hinschaun,
Und daß die andere zu dem Berg hin schreite.

Hier, sowie dort, sah ich am Fels, dem graun,
Gehörnte Teufel mit der Peitsche toben
Und fürchterlich von hinten auf sie haun.

O weh, wie ihre Fersen sich da hoben
Beim ersten Schlag, und ich sah davon keinen
Den zweiten oder dritten mehr erproben.

Als ich so wandelte, da sah ich einen,
An dem ich haften blieb, und ich begann:
»An ihm sah ich mich satt schon, sollt ich meinen.«

Ihn zu erkennen, hielt den Fuß ich an;
Mit mir der süße Führer, der erlaubte,
Daß etwas ich zurückging zu dem Mann.

Weil er damit sich zu verbergen glaubte,
Senkt er das Antlitz: wenig sollt's ihm dienen!
So sprach ich: »Du dort mit gesenktem Haupte,

Du bist, wenn nicht verfälscht sind deine Mienen,
Venedico Caccianimico, gelt?
Was läßt dich in so scharfen Saucen sühnen?«

Und er zu mir: »Wenn mir's auch nicht gefällt,
Die klare Sprache zwingt mich, dir's zu deuten,
Sie, die mich denken läßt der alten Welt.

Durch mich ließ sich Schön Ghisola verleiten,
Zu handeln nach dem Willen des Marchese,
Wie sie die schmutzige Märe auch verbreiten.

Nicht klag ich hier als einziger Bolognese,
Da noch so viele hier am Orte sind,
Daß nicht von sipa tönte solch Getöse

Im Land, wo Savena und Reno rinnt;
Ist dir an Zeugnis und Beweis gelegen,
Bedenk die Geldgier, denk, wie wir gesinnt.«

Da traf ein Teufel ihn mit Peitschenschlägen
Und rief dazwischen: »Kuppler, geh entlang;
Hier gibt es keine Weiber mehr zu prägen!«

Ich lenkte zu dem Führer hin den Gang;
Mit wenig Schritten sind wir angekommen,
Wo eine Klippe aus dem Felsen sprang.

Die haben wir ganz mühelos erklommen,
Und rechtshin haben wir auf dieser Brücke
Vom äußern Kreise Abschied dann genommen.

Als wir dort waren, wo sich ihre Lücke
Zum Durchgang, unten, der Gestäupten fand,
Da sprach der Führer: »Halt und lenk die Blicke

Der andern auf dich, die das Unglück bannt,
Und die du nicht von Angesicht gesehen,
Da sie mit uns zusammen sind gerannt.«

Wir konnten von der alten Brücke sehen
Den Zug, der andrerseits auf uns zu jagt
Und den die Peitsche ähnlich treibt zum Gehen.

Der gute Meister sagte ungefragt:
»Oh, sieh uns nahen jenes große Schemen,
Das trotz des Schmerzes weder weint noch klagt.

Wie königlich ist hier noch sein Benehmen!
's ist Jason, der mit List und Tapferkeit
Das Vlies den Kolchern wußte abzunehmen.

Er kam zur Insel Lemnos zu der Zeit,
Als deren kühne, mitleidslose Frauen
Die Männer allesamt dem Tod geweiht.

Mit Wort und Zeichen, werbend um Vertrauen,
Fing er Hypsipyle, die Maid, sich ein,
Die erst die andern übers Ohr gehauen.

Er ließ zurück sie, schwanger und allein;
Dafür ist solche Qual ihm zugewogen,
Und auch Medeas wegen trägt er Pein.

Mit ihm muß wandern, wer derart betrogen;
Und dies genüge dir vom ersten Loch
Und denen, die es in sich eingesogen.«

Schon waren dort wir, wo das schmale Joch
Den zweiten Damm kreuzt, der zur Unterlage
Dann dient zu einem anderen Bogen noch.

Von dort vernahm man einer Menge Klage
Im zweiten Tal und mit dem Maule Schnaufen
Und wie sie sich mit Händen schlägt zur Plage.

Die Hänge waren schimmlig angelaufen
Vom Dunst der Tiefe, der daran geklebt,
Und der mit Aug und Nase war am Raufen.

Der Abgrund ist so tief, daß, wer erstrebt
Hineinzuschaun, besteigen muß den Rücken
Des Bogens, wo die Klippe meist sich hebt.

Wir langten an; dort bot sich meinen Blicken
Im Graben Volk, erstickt in einem Brei,
Den die Kloaken schienen herzuschicken.

Und als ich nachsah, wer dort wohl dabei,
Sah einen Kopf ich, so von Kot zerfressen,
Daß nicht zu sehn, ob's Pfaff, ob's Laie sei.

Er schrie mir zu: »Was bist du so versessen,
Mich grade von den Schmutzgen anzusehn?«
Und ich zu ihm: »Weil, wenn ich's nicht vergessen,

Ich dich mit trockenen Haaren schon gesehn,
Alex Interminei, in früheren Tagen;
Drum will ich unter allen dich erspähn.«

Und er fing an, den Kürbis sich zu schlagen:
»Es brachten mich nach hier die Schmeichelein,
Drin mir die Zunge wollte nie versagen.«

Darauf der Führer: »Noch etwas dring ein,
Bis daß du weiter vorne kannst gewahren
Das Antlitz, das dir dann wird sichtbar sein,

Der schmutzigen Dirne mit zerzausten Haaren,
Die sich dort kratzt mit ihren kotigen Klaun,
Bald sich zu kauern pflegt, bald aufzufahren.

Die Hure Thais ist da anzuschaun.
‚Weißt du mir großen Dank?‘ so frug ihr Buhle;
Da sagte sie: ‚Ganz wunderbaren, traun!‘

Damit sahn wir genug von diesem Pfuhle!«

XIX. GESANG

O Simon Magus, o armselige Seelen,
Die ihr die Gaben, die uns Gott verleiht,
Anstatt sie mit der Güte zu vermählen,

Für Gold und Silber räuberisch entweiht;
Nun gilt der Tuba Ton für eure Sitte,
Die in dem dritten Grabenloch ihr seid!

Wir hatten in der nächsten Gruft die Schritte
Bereits gelenkt zu jenem Klippenteil,
Der lotrecht über dieses Grabens Mitte.

Wie kunstvoll, Weisheit, bietest du dich feil,
Im Himmel, in der Welt, im Höllenschlunde,
Und wie gerecht gibst jedem du sein Teil!

Ich sah da an den Hängen und am Grunde
Unzählige Löcher in dem fahlen Stein,
Von gleicher Weite alle, lauter runde.

Die schienen mir nicht minder groß noch klein
Wie die in meinem schönen Sankt Johanne,
Bestimmt, der Platz der Taufenden zu sein.

Eins brach ich auf vor kurzer Zeitenspanne,
Da einen, der erstickt, ich drin entdeckt;
Dies reiße jeden aus des Irrtums Banne!

Aus jeder Öffnung hat herausgestreckt
Ein Sünder seine Füße und die Beine
Bis hin zum Schenkel; sonst war er versteckt.

Die Sohlen glühten all im Flammenscheine;
Drum sah ich die Gelenke sie verdrehn,
Daß sie zerrissen hätten Tau und Leine.

Wie Feuer wir auf öligen Dingen sehn,
Wo auf der Oberfläche nur es jagt,
So war es von den Fersen zu den Zehn.

»Wer ist es, Meister, den das Zappeln plagt
Mehr als die übrigen, die dort verschlagen«,
Sprach ich, »und den noch rötere Flamme nagt?«

Und er mir: »Soll ich dich hinuntertragen
Auf jenem Felsenhang, der minder steigt,
Wird er von sich und seinen Sünden sagen.«

Und ich: »Lieb ist mir, wozu du geneigt,
Du bist der Herr, weißt, wie ich mich geselle
Zu deinem Wunsch, weißt, was mein Mund verschweigt.«

Dann kamen auf den vierten wir der Wälle;
Wir drehten und wir stiegen links hinab
Auf jene löchrige und enge Schwelle.

Der gute Meister setzte mich nicht ab,
Bis er mich zu dem Spalte hingeschoben,
Drin mit dem Bein man Klagen von sich gab.

»Wer du auch seist, der unten hält nach oben,
Du traurige Seele, wie ein Pfahl gekehrt,
Sprich, wenn du kannst!« so hab ich angehoben.

Wie einer stand ich, der die Beichte hört
Des Meuchelmörders, der, schon eingegraben,
Ihn ruft, daß noch das Leben etwas währt.

Und er rief aus: »Steckst du bereits im Graben,
Steckst du bereits im Graben, Bonifaz?
Wir sollten dich doch Jahre später haben!

Hast du so bald genug von jenem Schatz,
Für den du wagtest, trügerisch zu minnen
Das schöne Weib, zu späterem Versatz?«

Ich schien sodann gleich einem nachzusinnen,
Der nicht begreift, was an das Ohr ihm schlägt,
Gleichsam beschämt, nicht wissend, was beginnen.

Da sprach Virgil zu mir: »Sprich unentwegt:
Ich bin nicht der, nicht der, der ich dir scheine!«
Und ich gab Antwort, wie mir auferlegt.

Der Geist verrenkte völlig seine Beine
Und seufzte mit erstickter Stimme hin:
»Was willst du denn von mir, der ich hier weine?

Willst du so gerne wissen, wer ich bin,
Daß du hinabgeeilt des Hanges Sprossen,
Vernimm, ich stak im großen Mantel drin,

Wahrhaftig von der Bärin einst entsprossen;
Ganz gierig, daß die Bärlein nur gedeihn,
Hab ich dort Geld und hier mich selbst verschlossen,

Wo unter meinem Kopf noch duldet Pein,
Wer Ämterschacher trieb, in gleicher Lage,
Verborgen im zerrissenen Gestein.

Hinunter fall auch ich an jenem Tage,
Wenn er kommt, den ich glaubte zu begrüßen,
Als ich so plötzlich stellte meine Frage.

Doch länger mußt ich an den Füßen büßen
Und so kopfüber in dem Loche stecken,
Als er gepflanzt sein wird mit roten Füßen;

Nach ihm wird kommen mit noch schlimmeren Flecken
Ein Hirt von Westen her, nichts untertänig,
Dem es geziemt, so ihn wie mich zu decken.

Ein neuer Jason ist es, dem so wenig,
Wie dem der Makkabäer einst gegrollt
Sein König, grollt einst der Franzosenkönig.«

Ich weiß nicht, ob ich nicht zu sehr getollt,
Als ich zu ihm in diesem Tone sprach:
»Ach, sage mir, welch einen Schatz gewollt

Der Herr von Petrus – wie der ihn bestach –,
Eh er ihn nahm zu seinem Stellvertreter?
Gewiß verlangt er nichts als: ‚Folge nach!'

Nicht nahmen die Apostel, nicht nahm Peter
Matthias Gold und Silber ab fürs Amt,
Das eingenommen hatte der Verräter.

Drum stehe: denn du bist zu Recht verdammt,
Und achte auf das schlecht erworbene Geld,
Das einst dich gegen Karl so sehr entflammt.

Und würd es mir aus Ehrfurcht nicht vergällt
Vor jenen höchsten Schlüsseln, dich zu ächten,
Die einst du hieltest in der heiteren Welt,

So würde ich noch ernster mit dir rechten;
Denn eure Habsucht tritt der Welt zu nah,
Zertritt die Guten und erhöht die Schlechten.

Euch Hirten meinte Sankt Johannes ja,
Als sie, die auf den Wassern hat gesessen,
Er mit den Königen einst huren sah;

Ihr waren sieben Köpfe zugemessen;
Zehn Hörner kündeten von ihrer Macht,
Bis ihr Gemahl die Tugend dann vergessen.

Aus Gold und Silber habt ihr Gott gemacht;
Was ist's, das euch von Götzendienern scheidet,
Als daß ihr ein Idol verhundertfacht!

O Konstantin, welch Übel, das ihr leidet,
Entsprang der Taufe nicht, der Mitgift doch,
Die einst der erste reiche Papst erbeutet.«

Als ich so sang in solchen Tönen noch,
Ob es Gewissen war, ob Zorneswallen,
Zuckt er mit beiden Füßen in dem Loch.

Ich glaube, meinem Führer hat's gefallen;
Mit froher Miene lauscht er aufmerksam
Dem, was ich wahrhaft ließ aus mir erschallen.

So kam es, daß er an die Brust mich nahm;
Als er die Arme so um mich geschlungen,
Stieg auf den Weg er, den hinab er kam.

Nicht müde ward er, daß er mich umschlungen,
Bis er am First des Bogens machte Rast,
Der zu dem fünften Damme sich geschwungen.

Dort setzte er ganz sacht ab seine Last,
Ganz sacht der steilen, wilden Klippe wegen,
Die selbst den Ziegen hätte kaum gepaßt.

Dort war ein anderes Tal vor mir gelegen.

XX. GESANG

Ganz neue Pein muß ich im Reim nun meistern
Und Stoff verleihn dem zwanzigsten Gesang
Des ersten Lieds von den versenkten Geistern.

Ich war bereit, in jeglichem Belang
Zu schauen in die aufgetanen Zonen,
Benetzt vom angsterfüllten Weheklang.

Im runden Tale sah ich dann Personen,
Die still und weinend da im Takt geschritten,
Gleichwie in unserer Welt die Prozessionen.

Als dann mein Blick noch mehr hinabgeglitten,
Schien dran mir jeder wunderbar verkehrt,
Was zwischen Kinn und Brustbeginn inmitten;

Denn nach den Lenden war ihr Blick gekehrt;
Und rückwärts ging's so auf der Tränenwiese,
Da ihnen ja das Vorwärtsschaun verwehrt.

Vielleicht hat einen schon die Paralyse
So ganz und gar in seinem Bau verrenkt;
Doch sah ich's nie, noch glaub ich, so wie diese.

Daß Gott vom Lesen jetzt dir Früchte schenkt,
Bedenke, Leser, dir's ganz ungezwungen,
Ob meine Augen da sich nicht getränkt,

Als unser Bild so nah ich sah verschlungen,
Daß Tränen, welche ihre Augen weinen,
Den Arsch hinunter durch den Schlitz gedrungen.

Auch ich, gelehnt an einen von den Steinen
Der Klippe, weinte, bis mein Herr gedroht:
»Auch du so töricht noch, darum zu greinen!

Hier lebt das Mitleid erst, wenn's völlig tot!
Wird wer vermeßner denn als der befunden,
Der Mitleid fühlt beim göttlichen Gebot?

Richt auf das Haupt, richt auf, und schau den Wunden,
Dem sich vor Theben aufgetan der Schacht,
So daß sie schrien: ‚Wohin bist du entschwunden,

Amphiaraus? warum läßt du die Schlacht?'
Doch er entglitt stets weiter ihren Blicken
Bis Minos, welcher jeden dingfest macht.

Sieh, wie zur Brust er wandelte den Rücken!
Er lenkte seinen Blick zu weit voran;
Drum muß er rückwärts schreiten, rückwärts blicken.

Tiresias sieh, der sich sah anders an,
Als er verwandelt alle seine Glieder
Und sich zur Frau gemacht aus einem Mann;

Erst mußt er mit dem Stab berühren wieder
Die zwei verschlungenen Schlangen, so entstellt,
Eh er zurückgewann des Manns Gefieder.

Arun sieh, der zum Bauch den Rücken hält;
In Lunis Bergwelt, wo die Carraresen,
Die in dem Tale hausen, baun ihr Feld,

Ist Wohnung eine Höhle ihm gewesen
Im weißen Marmor, die er sich erkiest,
Zum Meer zu sehn und im Gestirn zu lesen.

Sie, die die Brüste da, die du nicht siehst,
Mit ihren losen Flechten siehst bedecken,
Und der das ganze Haar nach vorne sprießt,

War Manto, die einst zog durch weite Strecken;
Am Orte hielt sie an, der mich gebar,
Hör drüber kurz, was ich dir zu entdecken:

Nachdem der Vater ihr gestorben war,
Und in der Sklaverei des Bacchus Stätte,
Durchzog sie einst die Welt gar manches Jahr.

Im schönen Welschland, an der Alpenkette,
Wo diese bei Tirol nach Deutschland schaut,
Dort liegt der Benacus in seinem Bette.

Von Val Camonica bis Garda taut
Den Apennin, glaub ich, aus tausend Quellen
Das Naß, das im genannten See sich staut.

Ein Ort liegt mitten drin in seinen Wellen,
Wo Brescias, Trentos und Veronas Hirt
Zugleich zum Segnen hin sich könnten stellen.

Peschiera, ihm als Harnisch angeschirrt,
Um Bergamo und Brescia abzuwehren,
Liegt dort, wo rings das Ufer flacher wird.

Dorthin muß alles Wasser sich entleeren,
Was Benacus nicht in sich fassen kann,
Als Fluß dann grüne Wiesen zu durchqueren.

Wenn so das Wasser seinen Lauf fängt an,
Muß man statt Benacus nun Mincio sagen,
Bis bei Governo er zum Po fällt dann.

Nicht lange fließt's, bis es hinweggetragen
Zur Ebene, die zum Sumpfe es geweiht;
Und manchmal bringt's Verdruß in Sommertagen.

Als hier vorüberkam die wilde Maid,
Nahm festes Land sie wahr im Sumpfbereiche,
Ganz unbebaut und einsam weit und breit.

Zu fliehn dort Menschenumgang, Menschenbräuche,
Blieb sie und zauberte mit ihrer Schar,
Und lebte dort und ließ dort ihre Leiche;

Das Volk, das überall verstreut hier war,
Verzog zum Ort, um sicher abzuschlagen
Im Schutz des Sumpfes jegliche Gefahr.

Die Stadt ward auf der Leiche aufgetragen,
Und ihretwegen, die den Ort einst fand,
Hieß man sie Mantua ohne Losbefragen.

Einst war von mehr Bewohnern sie bemannt,
Eh sich von Pinamonte ließ betrügen
Zum Unheil Casalodis Unverstand.

Drum lehr ich dich: sollt es sich jemals fügen,
Daß sie dich Mantuas Ursprung anders lehren,
So laß entstellen Wahrheit nicht durch Lügen!«

Und ich sodann: »O Meister, deinen Lehren
Bin ich so zugetan, wie sich's gebührt,
Daß andre mir wie tote Asche wären.

Doch bei dem Volke, welches hier passiert,
Sprich, siehst du einen, der bemerkenswert,
Da mich so etwas nur noch interessiert?«

Da sprach er: »Er, dem von dem Mund verkehrt
Der Bart hinabwallt auf den braunen Rücken,
War, als von Männern Hellas so entleert,

Daß kaum die Wiegen blieben ohne Lücken,
Augur, und wies mit Kalchas den Moment,
Das erste Seil in Aulis zu zerstücken.

Eurypylus hieß er, und so benennt
Mein tragisch Lied ihn auch an einer Stelle;
Wohl weißt du's, dessen Geist es völlig kennt.

Der andere, so hagere Geselle
War Michel Scotus, der es nicht verschmäht',
Zu treiben einst das Gaukelspiel der Hölle.

Sieh, wie Bonatti, wie Asdente geht;
Er wünscht, er wäre stets beim Draht geblieben
Und Leder; doch bereut er allzu spät.

Sieh jene Hexen, die sich nun betrüben,
Daß sie verlassen Nadel, Spule, Rad
Und Zauberei mit Bild und Kräutern trieben.

Doch komme nun: Kain mit den Dornen naht
Der beiden Hemisphären Grenze und
Berührt die Woge bei Sevillas Grad:

Schon gestern nacht war ja der Mond ganz rund;
Du denkst gewiß dran, wie als dein Begleiter
Er dir nicht schadete im Waldesgrund.«

So sprach er, und wir schritten indes weiter.

XXI. GESANG

So ging's von Steg zu Steg, mit andern Reden,
Die die Komödie nicht widerhallt,
Und als wir endlich auf den Kulm getreten,

Da hielten wir, zu sehn den andern Spalt
Der Malebolge, andere eitle Zähren;
Ich sah das Dunkel seltsam drin geballt.

Als ob wir in Venedigs Zeughaus wären,
Wo man das zähe Pech im Winter braut,
Die seeuntüchtigen Schiffe auszuteeren,

Sie können jetzt nicht fahren; dafür baut
Der eine neu sein Fahrzeug; der verstopft
Des Schiffes Lecke, das die Welt geschaut:

Am Achter und am Bug wird da geklopft;
Der legt ans Ruder, der ans Seil die Hände;
Am Besan und am Klüver wird gestopft;

So sott durch Gottes Kunst und nicht durch Brände
Ganz unten eines dicken Pechs Gewühl,
Das überall verklebt die Seitenwände.

Ich sah's, jedoch ich sah darin nicht viel,
Als daß der Sud beständig Blasen braute,
Daß er erst anschwoll, dann zusammenfiel.

Indes ich unverwandt nach unten schaute,
Rief mir mein Führer zu: »Gib acht, gib acht!«
Und zog vom Platze mich, wo ich mich staute.

Da wandt ich mich, gleichwie es jener macht,
Der sehen möchte, was er fliehen müßte;
Von jäher Furcht um seine Kraft gebracht,

Schiebt er die Flucht nicht auf, trotz dem Gelüste:
Ein schwarzer Teufel kam daher im Lauf,
Von hinten auf der Klippe Steingerüste.

Wie wild er blickte, als er kam herauf!
In welchem Grimme schien er herzusprengen
Auf leichten Füßen und die Flügel auf!

Auf spitzer Schulter hatt er einen hängen
Mit beiden Hüften, den er trug hinweg;
Er hielt gepackt ihn an den Fußgelenken.

»Malpranken!« sagte er, auf unserem Steg;
»Hier könnt ihr Sancta Zitas Ratsherrn sehen!
Hinab mit ihm! ich geh zurück den Weg

Zu jener Stadt, die damit wohl versehen:
Bis auf Bontur ist feil die ganze Sippe
Und läßt für Geld ein Nein in Ja sich drehen.«

Er schmiß ihn ab, und auf der harten Klippe
Wandt er sich weg; ein Hund verfolgte nicht
So schnell den Dieb, wenn los er von der Strippe.

Er sank und kam verkrümmt zurück zum Licht;
Doch unterm Stege schrieen Teufelsstimmen:
»Hier hilft dir nicht das heilige Angesicht!

Hier muß man anders als im Serchio schwimmen!
Ist dir's mit unserm Kratzen nicht getan,
So hüte dich, dich übers Pech zu krümmen!«

Mit hundert Haken packten sie ihn an:
»Hier wird das Tanzbein nur verdeckt geschwungen
Und heimlich nur errafft, wenn man es kann!«

Nicht anders läßt der Koch die Küchenjungen
Mit ihren Haken in den Topf das Fleisch
Hinunterstochern, wenn's emporgedrungen.

Der gute Meister dann: »Daß man nicht gleich
Dich hier bemerkt, mußt du dich niederlegen
In Deckung jetzt in eines Steins Bereich;

Und was sie mir auch alles antun mögen,
Erschrick nicht; denn ich kenne ihre Stücke
Und war hier schon solch eines Handels wegen.«

Dann stieg hinunter er den Kopf der Brücke,
Und wie den sechsten Damm er dann erreicht,
War feste Stirn ihm nötig gegen Tücke.

Die Hunde machen solchen Lärm vielleicht,
Die hinter einem Armen auf dem Wege,
Der plötzlich, wo er anhält, etwas heischt;

So kamen sie hervor dann unterm Stege
Und traten ihm entgegen mit den Spießen;
Jedoch er schrie: »Daß keiner Schlimmes hege!

Bevor ihr dran geht, mich hier aufzuspießen,
Komm einer von euch vor und höre mich,
Und dann mag man zu haken mich beschließen.«

Sie schrieen alle: »Schlimmschwanz, pack Er sich!«
Und einer ging – die andern blieben stehen –
Und kam und sprach zu ihm: »Was nützt es dich?«

»Meinst, Schlimmschwanz, du, du könntest mich wohl sehen«,
So sprach mein Meister, »hier auf diesem Grad,
Ganz ohne daß mir was von euch geschehen,

Entgegen Schicksalsfügung, Gottes Rat?
Man mach uns Platz; der Himmel trägt Verlangen,
Daß ich weis einem diesen wilden Pfad!«

Sein Übermut ist jenem ganz vergangen;
Der Spieß fiel nieder ihm vor lauter Schreck;
Dann warnte er: »Tut nichts ihm mit den Stangen!«

Mein Führer mir: »Der du auf einem Fleck
Geduckt sitzt zwischen Steinen auf der Brücke,
Komm sicher nun zu mir aus dem Versteck!«

Ich lief zu ihm in einem Augenblicke;
Doch da die Teufel mir entgegentraten,
So fürchtet ich, der Pakt ging schon in Stücke:

So auch verging dem Haufen der Soldaten,
Der nach Vertrag Caprona ließ, der Mut,
Als zwischen so viel Feinde sie geraten!

Ich schmiegte eng mich in des Führers Hut,
Mit ganzem Leib, und schaute unverdrossen
Auf diesen Anblick vor mir, der nicht gut.

Die Haken senkten sie, und zum Genossen
Sprach einer dann: »Ins Kreuz ihm eins versetzt?«
»Jawohl«, kam der Bescheid, »spiel ihm den Possen!«

Doch er, der auseinander sich gesetzt
Mit meinem Führer, wandte schnell die Blicke
Und sagte: »Wirrkopf, Ruhe, Ruhe jetzt!«

Sodann zu uns: »Man kann auf diesem Stücke
Nicht weiterkommen; liegt doch ganz zerschellt
Am Grunde tief die sechste Bogenbrücke.

Sofern die Weiterwanderung euch gefällt,
So geht hinauf auf diesem Felsengrunde;
Ganz nah ist noch ein Riff zum Weg bestellt.

Fünf Stunden gestern mehr als diese Stunde,
Zwölfhundertsechsundsechzig Jahre schon,
Ist hier der Weg verschwunden in dem Schlunde.

Ich geb euch einge mit aus der Region,
Ob Luft im Pech sie einen schnappen sehn!
Geht mit; sie werden niemals euch bedrohn!«

»Schwinghupf und Reifestampfer sollen gehn!«
Fing er zu rufen an; »und Hunderachen
Und Krausbart, gehe, führe an die zehn!

Lustgockel, komme vor, und Schuppendrachen,
Sauhauer, Hanswurst, Rötel, Hundekralle
Und Irrwisch; ihr sollt mit die Reise machen!

Sucht ab die siedeheiße Mausefalle;
Laßt heil sie kommen zu der Klippe Nähe,
Durch die die Löcher überwölbt hier alle!«

»O weh, mein Herr, was ist's, das ich hier sehe?«
Sprach ich, »kennst du den Weg, gehn wir allein,
Da ich für mich nicht solch Geleit erflehe.

Wenn du so klug bist, wie du pflegst zu sein,
Siehst du denn nicht, wie ihre Zähne blecken
Und ihre Brauen uns bedrohn mit Pein?«

Und er zu mir: »Das braucht dich nicht zu schrecken;
Sie mögen fletschen ganz nach ihrem Sinn;
Sie tun es denen, die im Peche stecken.«

Sie wandten sich zum linken Damme hin;
Jedoch sie streckten, als Signal zum Marsche,
Zum Hauptmann ihre Zunge am Beginn,

Und der trompetete mit seinem Arsche.

XXII. GESANG

Ich sah schon Ritter aus dem Lager ziehn,
Parade halten und zum Sturme brechen,
Zuweilen auch zu ihrer Rettung fliehn!

Auch Läufer sah ich schon auf euren Flächen,
O Aretiner, und Patrouillengänge;
Ich sah Turniere schon und Lanzenstechen!

Da gab's Drommetenschall, da Glockenklänge,
Da Trommelwirbel, da ein Burgsignal,
Nach fremdem und nach heimischem Gepränge!

Nach solcher Flöte doch kein einziges Mal
Sah ich Soldaten oder Reisige schwenken!
Noch Schiffe nach dem Sternlicht und Fanal!

Wir ließen uns von den zehn Teufeln lenken:
O wilde Kumpanei! doch mit den Frommen
Zur Kirche, mit den Schlemmern in die Schenken!

Nichts als das Pech hab ich aufs Korn genommen,
Der Bolge Eigenschaften zu erblicken
Und die Bewohner, die darin geschwommen.

Delphine lassen die gebogenen Rücken
Zuweilen Schiffern eine Warnung sein,
Ihr Schiff zu bergen vor des Meeres Tücken:

So sah ich manchmal, lindernd seine Pein,
Den Rücken einen aus dem Wasser strecken;
Dann tauchte wie der Blitz er wieder ein.

Und wie ihr Maul heraus die Frösche recken,
Am Rande eines Wassers, aus der Flut,
Doch Rumpf und Füße unterm Wasser stecken,

So überall die Sünder in der Glut;
Doch als sie Krausbart näher sahen ziehn,
Da duckten sie sofort sich in den Sud.

Ich sah – daß Schauder noch mein Herz durchziehn –
Verweilen einen, wie's geschieht im Teich,
Daß ein Frosch hocken bleibt, die andern fliehen;

Und da er gerad in Hundekralls Bereich,
So hakt er ihn an den verpichten Haaren
Und zog ihn hoch dann, einer Otter gleich.

Ich wußte schon, was ihre Namen waren;
Ich merkt es mir nicht bei der Wahl allein;
Ihr Rufen auch ließ später mich's erfahren.

»Zieh ihm das Fell ab, Rötel, schlage ein,
Ihn hinterrücks zu schinden, deine Krallen!«
So hört ich alle die Verfluchten schrein.

Und ich: »Mein Meister, tu mir den Gefallen,
Sofern du's kannst, forsch nach dem Armen, der
In seiner Gegner Hände scheint gefallen!«

Mein Führer ging zur Seite ihm und er
Hat auf die Frage, wer er sei, berichtet:
»Vom Königreich Navarra bin ich her;

Zum Herrendienst hat Mutter mich verpflichtet;
Denn einen Schurken nahm sie sich zum Mann,
Der sich und seine Habe dann vernichtet.

Im Dienst des guten Königs Thibaut dann
Ließ ich mich durch das schmutzige Geld bestechen;
Drum leid ich noch in dieser Glut daran.«

Schweinshauer, dem ich aus dem Maul sah brechen
Auf beiden Seiten Hauer, wie beim Schwein,
Begann sodann mit einem ihn zu stechen.

Bei schlimmen Katzen litt die Maus nun Pein;
Doch Krausbart schloß die Arme um den Wicht
Und sprach: »Wenn ich ihn klemme, haltet ein!«

Zu meinem Meister wandt er das Gesicht:
»O frage ihn, trägst du danach Verlangen«,
So sagte er, »bevor ihn einer sticht!«

Der Führer also: »Sprich, sind hier gefangen
Lateinische Sünder in dem heißen Teer?«
Und jener: »Eben bin ich fortgegangen

Von einem, welcher aus der Nähe her;
Wär ich bedeckt wie er, statt in der Zange,
So fürchtet ich nicht Klau noch Haken mehr.«

Lustgockel rief: »Wir litten's schon zu lange!«
Und riß ihm aus dem Arm heraus ein Stück,
Das ihm dann hängen blieb an seiner Stange.

Und Drachenschuppe wollte mit Geschick
Am Bein ihn packen; doch ihr Oberleiter
Bog völlig sich herum mit bösem Blick.

Als etwas sich besänftigt die Begleiter,
Befragte ihn, der sich besah die Wunde,
Mein Führer, ohne noch zu zögern, weiter:

»Wer war es, den du so zu schlimmer Stunde
Verließest, um zu kommen an den Strand?«
»Der Fra Gomita war's!« gab er mir Kunde:

»Der von Gallura, im Betrug gewandt;
Die Feinde seines Herrn hielt er in Händen
Und war zu ihnen, daß ihr Lob er fand,

Nahm Geld, ließ sie ,summarisch' sich entwenden,
Wie er es nennt, ein Gaunersouverän,
Der's nie bei Kleinem sonst auch ließ bewenden.

Herr Michel Zanche ist bei ihm zu sehn,
Von Logodor; vom Sardenland zu schwatzen,
Läßt ihre Zungen niemals stillestehn.

O weh, wie jener fletscht und hebt die Tatzen:
Ich sagte mehr; jedoch es macht mir Pein,
Daß er sich anschickt, mir den Schorf zu kratzen.«

Der große Hauptmann bog zum Irrwisch ein,
Der schon die Augen rollte, zuzuhauen,
Und sprach dann: »Schlimmer Vogel, laß es sein!«

»Wollt ihr Lombarden oder Tuszer schauen«,
Nahm der Verängstigte darauf das Wort,
»So könnt auf mich dabei ihr völlig bauen;

Doch müssen die Malpranken etwas fort,
Daß jene sich nicht fürchten vor den Hieben,
Und ich, verweilend an dem gleichen Ort,

Bestelle euch für einen deren sieben,
Indem ich pfeife, ganz nach unserem Brauche,
Wenn einen wir herauszulocken lieben.«

Hundsrachen hob das Maul bei diesem Hauche;
Kopfschüttelnd sprach er: »Merkt die Tücken euch,
Die er erdacht, auf daß er wieder tauche!«

Drauf jener, welcher so an Ränken reich,
Zur Antwort: »Tückisch bin ich allzusehr,
Verüb ich an den Meinen diesen Streich!«

Der Schwinghupf konnte sich nicht halten mehr,
Den andern widersprechend, dann zu sagen:
»Ich komme im Galopp nicht hinterher,

Nein, übers Pech werd ich die Flügel schlagen;
Gehn wir vom Damm, der Abhang sei uns Schild,
Zu sehn, ob du kannst mehr als wir wohl wagen.«

Du, der dies liest, siehst jetzt ein neues Bild:
Die Augen wandte jetzt die ganze Runde
Und der zuerst, der im Beginn so wild.

Der Navarrese nutzte wohl die Stunde,
Setzt seine Füße auf, sprang ab im Nu,
Vom Hauptmann los sich machend, hin zum Grunde.

Da setzte jedem seine Mitschuld zu,
Und ihm zumeist, der schuldig am Mißlingen;
Drum stürzt er nach und schrie: »Gefaßt wirst du!«

Vergebens! denn es kamen seine Schwingen
Der Furcht nicht gleich, und jener tauchte munter;
Doch er begann sich wieder aufzuschwingen.

Genauso hurtig taucht die Ente unter,
Sobald der Falke kommt hinabgeschossen,
Und der kehrt um ganz zornig und herunter.

Reifstampfer, zornig über diese Possen,
Flog gierig, er entweiche, hinterdrein,
Zu suchen Händel dann mit dem Genossen:

Sobald als der Halunke tauchte ein,
Schlug seine Klaun er ein in den Gesellen;
Sie wurden überm Graben handgemein.

Denn auch der andere ließ sich's nicht vergällen,
Mit wilden Sperberklaun ihn zu umschlingen,
Und beide stürzten mitten in die Wellen.

Die Hitze endete gar bald das Ringen;
Doch als sie wieder aufwärts dann gewollt,
Versagten, ganz verkleistert, ihre Schwingen.

Der Krausbart, der den andern gleich gegrollt,
Ließ vier davon zum andern Ufer fliegen
Mit ihren Haken, die, wie sie gesollt,

Geschwind zu ihrem Posten abgestiegen,
Die Haken dort den Teufeln, die vom Matsche
Versengt schon völlig waren, zuzubiegen.

Wir beide ließen so sie in der Patsche.

XXIII. GESANG

Wir kamen nacheinander dann geschritten,
Allein und schweigsam, ohne ein Geleit,
Wie ihres Weges wandern Minoriten.

Mich hat im Geist der miterlebte Streit
In jene Fabel des Aesop versetzt,
Wo er von Frosch und Maus uns gibt Bescheid:

Intertextualität

Denn mehr gleicht sich auch »eben« nicht und »jetzt«,
Als Rauferei und Fabel hier sich decken,
Wenn man Beginn und Schluß vergleichend schätzt.

Und wie Gedanken immer neue hecken,
Entsprang dem ersten noch ein zweiter dann,
Der mir verdoppelte den ersten Schrecken.

Das Argument: »Da es durch uns begann,
Daß sie zu ihrem Schaden Spott zu tragen,
So nehmen sie wohl Ärgernis daran.

Wird Wut zur Bosheit noch hinzugeschlagen,
So folgen sie uns wilder sicherlich
Als Hunde, welche hinterm Hasen jagen.«

Vor Furcht schon alle Haare sträubten sich,
Und aufmerksam lauscht ich nach rückwärts lange;
Dann sprach ich: »Meister, wenn du dich und mich

Nicht bald verbirgst, so werd ich wirklich bange
Vor den Malpranken; ziehn sie doch herbei;
Schon hör ich sie, bild ich mir ein, am Hange.«

Und er: »Wär ich aus glasbedecktem Blei,
So könnte mir geschwinder nicht erscheinen
Dein äußeres als dein inneres Konterfei.

Just jetzt kam dein Gedanke zu dem meinen,
Der ihm so gleich an Form und Ausdruck schien,
Daß sich die zwei verwandelten in einen.

Und sollte sich der rechte Hang so ziehn,
Daß man zur andern Bolge kann gelangen da,
So laßt die vorgeahnte Jagd uns fliehn!«

Noch nicht zu Ende war sein Rat gegangen da,
Als ich sie sah, die Flügel aufgespannt,
Nicht sehr entfernt von uns, um uns zu fangen da.

Mein Führer griff mich schnell, als er's erkannt,
Gleich einer Mutter, die der Lärm erweckte
Und um sich sieht das ganze Haus in Brand,

Den Sohn nimmt, flieht und, da sie sich erschreckte
Um ihn mehr als um sich, nicht harrt so lang,
Daß sie sich nur mit einem Hemd bedeckte.

Und rücklings ließ er sich vom harten Hang
Den Felsen dann hinab zum andern Tale,
Um dessen eine Seite er sich schlang.

Nie ist so schnell ein Bächlein im Kanale
Der oberschlächtgen Mühle zugeflossen,
Wenn es den Schaufeln naht mit seinem Strahle,

Wie hier den Saum mein Herr hinabgeschossen;
Er hat an seiner Brust mich weggetragen,
Wie seinen Sohn und nicht wie den Genossen.

Kaum daß sein Fuß am Boden aufgeschlagen
Des Grundes, als sie auf dem Hang erschienen,
Just über uns; jedoch war da kein Zagen!

Ließ höchste Weisheit sie doch einzig dienen
Im fünften Grabenloch und hat die Kraft,
Es zu verlassen, nicht gelassen ihnen.

Ein übertünchtes Volk war hier in Haft,
Das trägen Schrittes wallt in seinem Putze,
Wehklagend, matt im Anblick und erschlafft.

Ein jeder trug hier Kutte und Kapuze
Vor seinen Augen, nach dem Schnitt gewendet,
Den Clugnys Mönche machen sich zunutze.

Von außen golden so, daß es geblendet;
Von innen Blei, das im Gewicht so schwer,
Daß Friedrich einst für seine Stroh verwendet.

O Mantel, dessen Qual nie endet mehr!
Wir wandten wieder uns zur linken Seite
Zusammen mit dem jammervollen Heer.

Doch das Gewicht ließ jene müden Leute
So langsam schreiten, daß man uns gesehn
Bei jedem Schritt an eines andern Seite.

Drum ich zu meinem Herrn: »Willst du nicht spähn
Nach einem, den nach Tat und Ruf man kennte,
O laß die Blicke bei der Wanderung drehn!«

Und einer, bei dem tuszischen Akzente,
Rief hinter uns: »O haltet ein die Schritte,
Die ihr durcheilt die dunklen Elemente!

Vielleicht kann ich erfüllen deine Bitte.«
Der Herr sprach dann, gewandt zu mir: »Mach Rast
Und gehe dann mit ihm im gleichen Tritte.«

Ich hielt, und zwei erzeigten große Hast
In ihren Zügen, sich zu mir zu schlagen;
Doch hemmte sie die Enge und die Last.

Als ihre Füße sie zu mir getragen,
Da schielten sie mich an, ganz still jedoch;
Dann hörte ich sie zueinander sagen:

»Nach seiner Kehle lebt der eine noch;
Doch wenn sie tot, nach welchem Privilege
Ziehn unbedeckt sie von dem schweren Joch?«

Zu mir: »Toskaner, der du zum Kollege
Der jämmerlichen Heuchler bist gekommen,
Zu sagen, wer du bist, sei nicht zu träge!«

»Geburt und Wachstum«, ich: »hab ich genommen
Am schönen Arno in der großen Stadt,
Und bin im Leib noch, den ich erst bekommen.

Doch wer seid ihr, an denen Rinnen hat,
So wie es scheint, der Schmerz entlang den Wangen?
Welch eine Pein ist's, die ergleißt so glatt?«

Der eine sprach: »Die Kutten, die so prangen,
Sind so voll Blei und dick, daß diesen Wesen
Die Wagen so zu kreischen angefangen.

Wir waren lustige Brüder, Bolognesen;
Ich Catalano, Loderingo er
Genannt; zugleich aus deiner Stadt erlesen

Zum Amt, das einer nur versehn bisher,
Als Friedenswahrer, und noch jetzt erzählen
Die Straßen am Gardingo unsere Mär.«

Ich sagte: »Brüder, eure sündigen Seelen . . .«
Und sprach nicht mehr; denn einen nahm ich wahr
Gekreuzigt auf dem Boden mit drei Pfählen.

Als er mich sah, wand er sich ganz und gar
Und seufzte in den Bart dann mit Beschwerde;
Der Bruder Catalan, der dies nahm wahr,

Sprach: »Den du so durchbohrt siehst auf der Erde,
Er gab den Pharisäern einst den Rat,
Daß einer für das Volk geopfert werde.

Im Weg liegt er und nackt auf diesem Pfad,
Wie du es siehst, und muß die Last ertragen
Von einem jeden Schatten, der sich naht.

Der Schwiegervater leidet gleiche Plagen
In diesem Grab und alle vom Konzil,
Das für die Juden schlimme Frucht getragen.«

Darauf sah ich erstaunen auch Virgil
Ob diesem, der gekreuzigt lag am Orte,
So jämmerlich im ewigen Exil.

Dann richtet an den Bruder er die Worte:
»O gebt uns, wenn's erlaubt ist, zu verstehn,
Ob rechter Hand sich findet eine Pforte,

Durch die hinaus wir beide könnten gehn,
Auch ohne daß wir schwarze Engel zwingen,
Zu kommen, uns aus diesem Grund zu drehn.«

Er gab Bescheid: »Hervor wird schneller springen,
Als du es ahnst, ein Riff, das sich als Brücke
Vom großen Kreis spannt über allen Ringen;

Nur hier, wo's brach, weist auf es eine Lücke;
Doch könnt ihr steigen auf dem Schutt hinan;
Am Hang und unten lagern seine Stücke.«

Der Führer stand, den Kopf gesenkt, sodann;
Dann sprach er: »Für den Rat verdiente Rüge
Er, der die Sünder drüben haken kann.«

Der Bruder: »Ich vernahm schon schlimme Züge
Vom Teufel in Bologna, auch dies Wort:
Er sei voll Lug und Vater aller Lüge.«

Dann ging der Führer mächtigen Schrittes fort,
Ein wenig Zorn bekundend unverhohlen;
Drauf schied ich von der Schwerbeladenen Ort,

Den Spuren folgend der geliebten Sohlen.

XXIV. GESANG

Zu jener Zeit im jugendlichen Jahre,
Wenn schon die Nacht am halben Tag passiert
Und Sol im Wassermanne stählt die Haare,

Wenn noch der Reif uns abmalt und kopiert
Der weißen Schwester Bild auf dem Gelände,
Doch seiner Feder Härte schnell verliert,

Steht auf der Bauersmann, bei dem zu Ende
Das Futter geht, und schaut: da das Gefild
Ihm weiß erscheint, schlägt er sich auf die Lende,

Worauf ins Haus er geht und klagt und schilt,
Dem Armen gleich: er fragt sich, was wohl werde;
Dann kehrt er um, und neue Hoffnung quillt,

Da anders ausschaut das Gesicht der Erde
Nach kurzer Zeit bereits; er nimmt den Stecken
Und jagt hinaus zur Weide seine Herde:

So setzte mich der Meister da in Schrecken;
Die Stirne runzeln sah ich erst ihn ja;
Dann gab er schnell ein Mittel für den Flecken:

Denn als wir der verdorbenen Brücke nah,
Sah mich der Führer an mit milden Blicken,
Wie erst ich sie am Fuß des Berges sah.

Er schaute auf dann zu den Trümmerstücken
Und ging nachdenklich so mit sich zu Rat,
Tat dann die Arme auf, mich hochzudrücken.

Wie einer, welcher nachsinnt bei der Tat,
Als ob ihn schon im Geist die nächste plage,
So hob er mich auf eines Felsens Grat

Und maß dabei der nächsten Klippe Lage;
Er sprach dazu: »Halt fest dich wie ein Pflock!
Jedoch versuch erst, ob der Stein dich trage!«

Kein Weg war das für einen Kuttenrock!
Kaum konnten wir, er leicht und ich geschoben,
Die Höh ersteigen da, von Block zu Block.

Und hätte sich in diesem Ring erhoben
Der Hang wie in dem vorigen, wäre ich,
Vielleicht auch er, gekommen nie nach oben.

Doch da der Malebolge ganzer Strich
Sich nach dem tiefsten Brunnen hin ja neige,
So bringt's die Lage jeden Tals mit sich,

Daß ein Hang höher, einer tiefer steige;
Doch bot sich endlich jener Punkt uns dar,
Wo auch die letzten Steine gehn zur Neige.

Die Lunge war des Atems völlig bar,
Als ich hinaufkam; so blieb dort ich stecken
Und setzte mich, kaum daß ich oben war.

»Du mußt dich aus der Faulheit Schlaf erwecken!«
So sprach der Meister; »denn im weichen Flaum
Kommt man zu Ruhm nicht, noch auch unter Decken!

Wer ruhmlos hinkommt zu des Lebens Saum,
Läßt solche Spuren nur von seinem Leben,
Wie Rauch in Luft und wie in Wasser Schaum!

Steh auf: die Atemnot läßt sich beheben,
Ist Sieger doch der Geist in jedem Strauß,
Sofern der schwere Leib nicht hemmt sein Streben!

Die Stiege, die du steigst, ist noch nicht aus;
Genug ist's nicht, zu lassen diese Kreise:
Verstehst du mich, so ziehe Nutzen draus!«

Auf sprang ich dann und fühlte, daß ich weise
Mehr Atem jetzt, als ich zuvor empfand,
Und sprach: »Geh! ich bin stark und kühn zur Reise!«

Die Klippe haben wir uns hochgewandt,
Die eng und mühsam war und voll von Steinen
Und sehr viel steiler als die vorige stand.

Beim Sprechen ging ich, um nicht schwach zu scheinen,
Als eine Stimme kam vom nächsten Loch,
Ganz ungeeignet, sich zum Wort zu einen.

Obwohl ich oben auf der Brücke Joch,
Die sich darüber schwingt, ward mir nicht Kunde;
Der Rufer schien zum Zorn bewegt jedoch.

Ich beugte mich hinab; doch bis zum Grunde
Gelang's mir nicht, die Dunkelheit zu trennen:
Drum ich: »O Meister, erst zur anderen Runde,

Und laß die Mauer uns hinunterrennen;
Denn wie ich höre und verstehe nicht,
Seh ich hinab und kann doch nichts erkennen.«

Er sagte dann zu mir: »Der Antwort Licht
Geb ich im Tun; ein billiges Verlangen
Durch Handeln wortlos zu vollziehn ist Pflicht.«

Die Brücke ist's vom Kamm hinabgegangen,
Wo auf dem achten Felsendamm sie ruht,
Und dann ist mir die Bolge aufgegangen:

Ich sah darinnen grause Schlangenbrut,
Ganz ungeheuerlich und ohnegleichen,
So daß beim Denken dran noch stockt das Blut,

Der libysche Sand ist ihr nicht zu vergleichen;
Die Ottern, Vipern, Hydern dort in Sicht,
Und seine Lanzennattern, Doppelschleichen

Sind nicht solch schlimmes, giftiges Gezücht;
Auch in Äthiopien wird's nicht angetroffen
Und auch im Land am Roten Meere nicht!

Durch diesen argen Knäuel, diesen schroffen,
Sah nackte Körper laufen ich voll Bangen;
Auf Loch und Heliotrop war nicht zu hoffen:

Die Hände hinten ganz verschnürt mit Schlangen,
Die durch die Lenden Kopf und Schwanz gestochen
Und vorne sich zu einem Knoten schlangen.

Und eine Schlange kam herangekrochen,
Bei uns, zu einem, den sie dann durchstieß,
Wo sich der Hals knüpft an die Schulterknochen.

So schnell schrieb man die O's nie und die I's,
Als Feuer fing und brannte der Geselle
Und fallend nichts als Asche übrigließ.

Und als er so zerstört lag auf der Schwelle,
Vereinte sich zur früheren Gestalt
Der Staub dann ganz von selber auf der Stelle.

So wie es von den großen Weisen hallt,
Stirbt auch der Phönix nur, um neu zu leben,
Sobald er die fünfhundert Jahre alt.

Er nährt sich nicht von Korn und Kraut im Leben,
Von Balsam einzig und von Weihrauchzähren;
Im Tod ist er von Nard und Myrrh umgeben.

Wie einer fällt und kann sich's nicht erklären,
Sei's, daß ein Dämon ihn zu Boden zieht,
Sei's, daß ihn sonstige Stockungen beschweren,

Und, wenn er aufsteht, in die Runde sieht,
Noch ganz verängstigt von des Schreckens Toben,
Den er erlitt, und seufzt beim Umsehn müd;

So hat sich auch der Sünder dann erhoben.
Wie bist du streng, o Gott, in deiner Macht!
Wie führst du rächend Schlag auf Schlag von oben!

Mein Führer fragte, was er einst gemacht,
Und er gab Antwort: »Von Toskanas Sprossen
Fiel kürzlich ich in diesen grausen Schacht.

Als Tier und nicht als Mensch hab ich genossen;
Ich Maultier, Vanni Fucci, ich, das Tier,
Das würdig einst Pistojas Stall umschlossen.«

Und ich zum Führer: »Laß ihn nicht von hier
Und frage ihn, warum er hergekommen;
Als Mann von Blut und Wut erschien er mir.«

Nicht heuchelte der Sünder, der's vernommen,
Und wandte aufmerksam zu mir sich hin
Und sagte dann, in schlechter Scham erglommen:

»Mehr Schmerz bereitet's mir in meinem Sinn,
Daß man in diesem Elend mich erspähte,
Als daß ich aus der Welt geschieden bin.

Ich kann dir nicht verweigern das Erflehte:
So tief sank ich, weil ich der Sakristei
Gestohlen habe ihre Prunkgeräte;

Ein fälschlich Angeklagter war dabei.
Doch daß dich solche Schau nicht kann erfreuen,
Falls je das Dunkel dich läßt wieder frei,

Tu auf die Ohren meinen Litaneien:
Pistoja wird zuerst von Schwarzen kahl;
Dann wird Florenz das Regiment erneuen!

Es leitet Mars den Blitz vom Magratal,
Mit dunklen Wolkenzügen zum Geleite!
Mit einem heftigen Sturm voll bitterer Qual

Gelangt man an Picenos Feld zum Streite:
Darauf zerreißt den Nebel er im Nu,
So daß ein jeder Weiße fällt zur Beute!

Gesagt hab ich's! nun setze es dir zu!«

XXV. GESANG

Am Ende seiner Worte hob der Dieb
Die Hände hoch und wies die beiden Feigen
Und schrie: »Nimm, Gott, ich tu es dir zulieb!«

Es ließ in meiner Gunst die Schlangen steigen,
Daß eine um den Hals dann ihm sich wand,
Als sagte sie: »Ich will, du sollst nun schweigen!«,

Und eine seine Arme wieder band
Dadurch, daß sie sich vorne so verschlungen,
Daß er sich nicht zu rühren mehr imstand.

Pistoja, hättest du darauf gedrungen,
Dich einzuäschern statt so fortzudauern;
Du, schlimmer als die Saat, der du entsprungen!

Durch aller dunklen Höllenkreise Schauern
Verhöhnte keiner Gott so wie hierin,
Auch er nicht, der gestürzt von Thebens Mauern!

Er sprach nicht mehr und machte sich dann dünn;
Ich sah, wie ein Zentaur dahergegangen
Und wütend rief: »Wo ist der Schlimme hin?«

Maremme birgt wohl nicht so viele Schlangen,
Als er auf seinem Rücken da verstaut,
Bis dort, wo Menschenform hat angefangen.

Auf seinen Schultern lag, hält ihn umklaut
Am Hinterkopf, die Schwingen auf, ein Drachen,
Und jeden flammt er an, wenn er ihn schaut.

»Mit Cacus kannst du hier Bekanntschaft machen,
Der unterm Fels des Berges Aventin
Des Bluts vergoß gar häufig ganze Lachen.

Er darf nicht seiner Brüder Straße ziehn,
Des Diebstahls an der großen Herde wegen,
Des trügerischen, als sie ihm erschien.

Drum gab ihm wohl, das Handwerk ihm zu legen,
Mit seiner Keule Hundert Herkules;
Doch spürte er nichts mehr nach zehen Schlägen.«

So sprach der Meister, jener ging indes.
Drei Geister kamen unten angeschoben:
Mein Führer wie auch ich bemerkten es

Erst, als sie dann »Wer seid Ihr?« angehoben.
So kam's, daß das Gespräch ein Ende fand,
Da nur auf sie gelauert wir von oben.

Ich habe alle drei sie nicht erkannt;
Doch wie's zuweg der Zufall bringt zuweilen,
Geschah's, daß eines Namen ward genannt,

Und ich vernahm: »Wo mag denn Cianfa weilen?«
Ich legte den Finger zwischen Nas und Kinn,
Auf daß der Herr nicht möge weiter eilen.

Nicht wundert's mich, wenn mit ungläubigem Sinn
Du, Leser, hörst, was ich dir will vertrauen,
Da ich, der's sah, kaum einverstanden bin.

Wie ich erhoben hielt auf sie die Brauen,
Stürzt sich sechsfüßig eine von den Schlangen
Vor einen hin und packt ihn mit den Klauen.

Der Bauch ward mit den Mittelfüß umfangen;
Die vordern dienten als der Arme Band;
Dann biß sie ihn in seine beiden Wangen;

Der Schenkel mit den hintern ward umspannt,
Der Schwanz gesteckt durch seine beiden Beine
Und dann entlang dem Rücken aufgewandt.

Den Efeu sah man nie so im Vereine
Mit einem Baum, wie dieses garstige Tier
Gewunden um die fremden Glieder seine.

Zusammen klebten da die beiden schier,
Wie heißes Wachs, die Farben ganz vermengend,
Und keiner war wie vorher, schien es mir!

So läuft beim Feuer, das Papier versengend,
Die braune Farbe vor der Flamme her,
Nicht völlig schwarz, jedoch das Weiß verdrängend.

Die beiden sahen es und schrieen sehr:
»O weh, Agnel, was ist aus dir entstanden?
Du bist ja weder zwei noch einer mehr!«

Wie sich die beiden Köpfe so verbanden,
Sah ich die zwei Gesichter untergehn
In ein Gesicht, worin die zwei verschwanden.

Zwei Arme sah ich dann aus vier entstehn;
Und Bauch und Rumpf, die Schenkel mit den Beinen
Bekamen Glieder, wie man nie gesehn.

Nichts mehr war da vom früheren Erscheinen;
Als er sich träg erhob von seinem Sitze,
Wies das verkehrte Bild nicht zwei noch einen.

Dem Eidechs gleich, der in der großen Hitze
Der Hundstag, wenn er flitzt von Dorn zu Dorn,
Die Straße überquert gleich einem Blitze,

Sah ich ein Schlänglein feuerspeiend vorn
Zu der zwei andern Bäuchen hin sich regen,
So schwarz und gräulich wie ein Pfefferkorn;

Durch jenen Teil, wo wir zu nehmen pflegten
Zuerst die Nahrung, stach es einen dann;
Da fiel er hin und war vor ihm gelegen.

Ganz wortlos sah es der Durchbohrte an;
Fest auf den Füßen stehend, gähnt' er lange,
Als hielt ihn Fieber oder Schlaf in Bann.

Er sah die Schlange an und ihn die Schlange,
Sie rauchte aus dem Maul, er aus der Wunde
Gewaltig, und der Rauch traf sich im Gange.

Es schweige still Lucan, der uns gibt Kunde
Vom Elend des Sabell und des Nassid,
Und lausche, was entfährt jetzt meinem Munde!

Von Cadmus, Arethusa schweig Ovid!
Ich neid ihm nicht, wenn sie zu einer Quelle,
Zu einer Schlange ihn gemacht sein Lied.

Tauscht' er doch miteinander auf der Stelle
Zwei Wesen nie derart, daß beider Sein
Den Stoff gewechselt hätte je so schnelle!

Sie wirkten derart aufeinander ein,
Daß sich der Schlange Schwanz begann zu trennen,
Und des Durchbohrten Sohle eins zu sein.

Was Bein und Schenkel eben noch zu nennen,
Vereinigte sich so, daß bald vom Spalt
Nicht die geringste Spur mehr zu erkennen.

Und der gespaltene Schwanz nahm die Gestalt,
Die so verloren ging; die Haut des einen
Ward weicher, die des andern härter bald.

Die Arme sah ich sich der Achsel einen;
Des Tieres Füße wurden dann so lang,
Wie sich der Mensch verkürzte an den Beinen.

Aus seinen Hinterfüßen, die's verschlang,
Entstand sodann des Mannes heimlich Glied,
Indes des Armen Glied in zwei zersprang.

Und während Rauch die beiden überzieht
Mit neuer Farbe, während Haar die Glieder
Des einen deckte und vom andern schied,

Stand einer auf, der andere stürzte nieder;
Sie wandten nicht den bösen Blick solange,
Als sie ihr Maul vertauschten hin und wider.

Der stand, zog zu den Schläfen das der Schlange,
Und von dem Überfluß, der dorthin trieb,
Entsprangen Ohren aus der glatten Wange;

Was nicht zurückwich, sondern vorne blieb,
Begann sodann zur Nase sich zu strecken,
Und auch die Lippe nahm mit ihm vorlieb.

Und er, den ich den Boden sah bedecken,
Jagt vor das Maul, zieht ein die Ohren auch,
Gleichwie es mit den Hörnern tun die Schnecken.

Die Zunge, eins und flink zum Wortgebrauch
Erst, spaltet sich; doch die gespaltet zuckte,
Vereinigt sich, indes entweicht der Rauch.

Der Geist, der sich nunmehr als Schlange duckte,
Kroch unter Zischen in dem Graben drin,
Indes der andere schwatzend nach ihm spuckte.

Die neuen Schultern dann zum andern hin,
Sprach er zu ihm: »Mag doch Buoso laufen
Auf allen vieren, wie ich's tat vorhin!«

Sich wandeln sah ich so den siebten Haufen
Und sich verwandeln; sei mir hier verziehn
Der Neuheit halber dieses Überlaufen.

Wenn meinem Blick verwirrt auch alles schien,
Was er geschaut, wenn auch mein Geist benommen,
So konnten sie doch hier nicht heimlich fliehn:

Puccio Sciancato hab ich wahrgenommen:
Er hat nicht umgewandelt seine Hülle
Als einzger von den drein, die erst gekommen;

Und um den andern weinst du noch, Gaville!

XXVI. GESANG

Freu dich, Florenz, denn du bist ja so groß,
Daß über Land und Meer du schlägst die Schwingen:
Dein Name schallt selbst in der Hölle Schoß!

Ich sah als Diebe mit den Schlangen ringen
Fünf deiner Bürger; drum ergreift mich Scham
Und dir kann es nur wenig Ehre bringen!

Wenn Wahrheit ich im Morgentraum vernahm,
Erhältst du schon in kurzer Zeit die Kunde,
Wie Prato, und die andern, dir so gram.

Und wär's geschehn, so wär's die rechte Stunde:
O wär's geschehn: es muß ja einmal sein!
Je mehr ich altre, schmerzt mich mehr die Wunde.

Wir schieden, und auf jenem Felsgestein,
Das uns beim Abstieg erst gedient als Leiter,
Stieg auf mein Herr und zog mich hinterdrein.

Auf öder Straße folgt ich dem Begleiter,
Auf dem Gerölle und dem Felsenstege
Half sich der Fuß nur mit den Händen weiter.

Da spürt ich Schmerz, und jetzt noch wird er rege,
Wenn ich im Geist, was ich da sah, vergleiche
Und ihn mehr zügle, als ich sonst es pflege,

Daß er nicht von dem Pfad der Tugend weiche,
Auf daß, wenn guter Stern und Gottes Hut
Das Gut mir lieh, ich selbst es nicht verscheuche.

Gleichwie der Bauer, der am Hügel ruht,
Zur Zeit, da sie, die aller Welt gibt Helle,
Uns weniger verborgen hält die Glut,

Wenn Schnaken kommen an der Mücken Stelle,
Glühwürmchen wahrnimmt in des Tales Grund,
Wo Wein er baut und pflügt des Ackers Schwelle,

So wurden überall mir Flammen kund
Im achten Tal; so konnte ich's gewahren,
Als dort ich war, wo mir erschien der Schlund.

Und gleichwie er, dem Bären Rächer waren,
Den Wagen des Elias sah entfliehn,
Als steil die Rosse himmelwärts gefahren,

Und, wie auch, ihn zu suchen, sein Bemühn,
Er nur die Flamme zu erspähn imstande,
Die wie ein Wölkchen aufzusteigen schien,

So wandelte ein jeder hierzulande:
Und keine zeigt den Raub in ihrem Schoß,
Den Sünder, der sich birgt in jedem Brande.

Zu schaun begierig, macht ich mich ganz groß;
Hätt ich mich mit der Hand nicht festgehalten,
So wäre ich gefallen ohne Stoß.

Als ich beobachtete die Gestalten,
Da sprach der Führer: »Geister siehst du dort,
Die sich verhüllen in des Feuers Falten.«

»Mein Meister«, sprach ich dann, »dein wahres Wort
Bestärkt mich sehr in dem, was ich erkannte;
Ich wollte dich schon fragen, wer verdorrt

In diesem oben aufgespaltenen Brande;
Er könnte von dem Scheiterhaufen sein,
Drauf Eteokles und sein Bruder brannte.«

Er sprach: »In diesen Flammen leiden Pein
Ulyß und Diomedes als Genossen;
Zur Strafe wie zum Zorne im Verein:

Darinnen werden Tränen auch vergossen,
Des Pferdes wegen, das die Pforte bot
Dem Samen, dem die Römer einst entsprossen.

Beweint wird auch die List, drum noch im Tod
Deidamia um Achill gelitten;
Auch des Palladiums wegen trägt man Not.«

»Wenn ihnen in den Funken nicht bestritten
Das Recht zu reden«, sprach ich, »laß dich flehn,
Als gält es zu gewähren tausend Bitten,

Daß du mir nicht versagst, jetzt stillzustehn,
Bis die gehörnte Flamme hierher schreitet,
Zu der du mich siehst vor Verlangen drehn.«

Und er zu mir: »Was du mir unterbreitet,
Ist lobenswert; drum sei es konzediert!
Doch rat ich, daß dein Mund das Sprechen meidet,

Und mich laß reden, hab ich doch kapiert,
Was du gern möchtest; denn es kann ja sein,
Daß Griechen dein Gespräch nicht imponiert.«

Als jene Flamme dann bei uns traf ein,
Da sprach, als Ort und Zeitpunkt ihm geheuer,
In dieser Art mein Führer zu den zwein:

»O ihr, die ihr zu zweit seid in dem Feuer,
Tat ich was, als ich lebte, euch zulieb,
Ob wenig oder viel, durch meine Leier,

Als ich im Licht die hehren Verse schrieb:
So weilet hier, und einer möge sagen,
Wo's auf der Irrfahrt in den Tod ihn trieb!«

Das größere Flammenhorn aus alten Tagen
Begann zu flackern und zu knistern da,
Als ob's im Winde hin und her geschlagen;

Indes ich nun die Spitze schwanken sah,
Woran ich die Funktion der Zung erkannte,
Stieß sie heraus das Wort: »Als es geschah,

Daß ich mich von der Zaubrin Kirke wandte,
Die übers Jahr mich in Gaetas Näh
Verbarg, eh es Aeneas also nannte,

Da konnte nicht die Lust am Sohn, das Weh
Des alten Vaters, noch die schuldige Liebe,
Die wohltun sollte der Penelope,

Den Durst nach Kenntnis von dem Weltgetriebe
In mir verlöschen, noch auch von der Art
Der guten und der bösen Menschentriebe!

So ging aufs hohe, offene Meer die Fahrt
Mit einem Schiff und wenigen Kameraden,
Von denen ich nicht mehr verlassen ward.

Mein Blick drang zu den beiden Seegestaden
Bis Spanien und Marok, zum Sardenstrand
Und andern Inseln, die im Meer sich baden.

Wir waren alle alt und abgespannt,
Als wir gekommen sind zur Meeresenge,
Wo Herkules die Grenzen, die er fand,

Bezeichnet, daß der Mensch nicht weiter dränge;
Dort, wo Sevilla rechts man liegen läßt,
Nachdem man links gelassen Ceutas Hänge,

Sprach ich: ‚O Brüder, die ihr bis zum West
Gekommen seid durch tausende Gefahren,
Braucht eures Lebensabends kleinen Rest,

Den ihr noch habt im Sinnlich-Offenbaren,
Zur Welt, wo kein Bewohner weit und breit,
Dem Gang der Sonne folgend, hinzufahren!

Bedenkt doch euren Ursprung, denkt, ihr seid
Nicht wie das Vieh! und nie dürft ihr erkalten
Bei dem Erwerb von Kenntnis, Tüchtigkeit.‘

Als diese kleine Rede ich gehalten,
Da setzt ich die Genossen so in Brand,
Daß ich sie kaum dann mehr zurückgehalten!

Zum Osten hin ward unser Heck gewandt;
Die Ruder: Schwingen zu dem tollen Fliegen!
So hielten wir uns immer linker Hand.

Die Nacht sah alle Sterne aufgestiegen
Am andern Pol, und unserer war so tief,
Daß er ins Meer hinein schon kam zu liegen.

Fünfmal entflammte schon, fünfmal entschlief
Das Licht des untern Teils der Mondessphäre,
Seitdem das Schiff die hohe Straße lief,

Als ein Gebirge tauchte aus dem Meere,
In grauer Ferne noch; mir schien's im Dust,
Als ob's der höchste aller Berge wäre.

In Trauer wandelte sich bald die Lust,
Da von dem neuen Land ein Wirbel grollte
Und aufstieß dann auf unseres Fahrzeugs Brust:

Und dreimal es mit allen Wassern rollte;
Beim vierten Male hob er hoch das Heck:
Der Steven sank, wie man es oben wollte,

Bis über uns die Wogen rollten weg.«

XXVII. GESANG

Schon stieg die Flamme still zur Höhe wieder,
Da sie jetzt schwieg; schon war sie auf dem Gang,
Beurlaubt von dem Dichter süßer Lieder,

Als eine andere Flamme kam entlang:
Sie zog den Blick auf sich, zum oberen Teile,
Aus dem verworrenes Geräusch erklang.

Wie der sizilsche Stier einst, des Geheule
Mit dem Gebrüll begonnen – das war gut –
Des Manns, der ihn erschuf mit seiner Feile,

Mit des Gequälten Stimme hat gemuht,
So daß es schien, obwohl sein Stoff metallen,
Als ob ihn selber peinige die Glut,

So wandelte sich hier im Flammenwallen,
Da's ja im Feuer gab nicht Loch noch Schacht,
In seine Sprache um das traurige Lallen.

Doch als zur Spitze es den Weg gemacht
Und ihr die gleiche Schwingung dann gespendet,
Wie sie die Zunge erst hervorgebracht,

Vernahmen wir: »Du, dran ich mich gewendet,
Der auf lombardisch eben erst bekannt:
‚Jetzt gehe; das Gespräch ist nun beendet!',

Wenn ich auch etwas spät mich hergewandt,
Mit mir zu sprechen, möge dir gefallen!
Sprech ich ja auch mit dir, obwohl in Brand!

Bist du in diese blinde Welt gefallen
Aus süßem italienischen Land erst jetzt,
Aus dem ich kam mit meinen Sünden allen,

Sprich, ob Romagna Krieg, ob Frieden letzt?
Von jenen Bergen stamm ich bei Urbinen
Und dem Joch, das des Tibers Quelle netzt.«

Und ich stand vorgebeugt, mit emsigen Mienen;
Da stieß mich in die Seite mein Geleit:
»Sprich du! diesmal muß ein Lateiner sühnen!«

Und ich, der schon die Antwort hielt bereit,
Begann zu sprechen ohne Federlesen:
»O Seele, drunten in Verborgenheit,

Romagna ist und ist noch nie gewesen
In der Tyrannen Herz des Streites müd,
Doch ist vom offnen sie zur Zeit genesen.

Ravenna ist, wie man es lang schon sieht:
Polentas Aar ist's, der darüber brütet
Und bis nach Cervia die Flügel zieht.

Die Stadt, drum die Belagerung lang gewütet,
Und wo sich blutig häufte der Franzos,
Wird von dem grünen Klauenpaar behütet.

Der alte Fleischerhund Verrucchios
Bohrt ein den Zahn, wo üblich, mit dem Sohne,
Nachdem sie schuldig an Montagnas Los.

Die Städte am Santerno und Lamone
Führt an der junge Leu im weißen Nest,
Der die Partei verändert nach der Zone.

Und sie, der Savio die Flanke näßt,
Ist, wie sie daliegt zwischen Berg und Felde,
Halb frei und halb von Tyrannei gepreßt.

Nun bitt ich, sag uns, wer du bist, in Bälde,
Und sei nicht spröder als ein anderer auch,
Daß in der Welt dein Name weiter gelte.«

Nachdem gezischt der Brand nach seinem Brauch,
Bewegt er hin und her die scharfe Spitze,
Und stieß aus sich heraus dann diesen Hauch:

»Glaubt ich, daß meine Antwort jemand nütze,
Der wieder drehen darf zur Welt hernach,
So bliebe ohne Zucken diese Hitze;

Doch da noch lebend keiner jemals brach
Aus diesem Grund, sofern ich recht vernommen,
So geb ich Antwort ohne Furcht vor Schmach.

Ein Kriegsmann war ich, der den Strick genommen,
Wodurch ich hoffte Buße zu erstehen,
Und wie ich glaubte, wär es auch gekommen,

Hätt mich der Großpfaff, übel mög's ihm gehen,
Gedrängt nicht in die alte Schuld hinein;
Wie und quare, will ich dir jetzt gestehen.

Solang ich noch Gestalt von Fleisch und Bein,
Die mir die Mutter gab, hat mir gelegen
Die Art des Fuchses mehr als die des Leun.

In Schlichen wie auch in verdeckten Wegen
Wußt ich Bescheid mit solcher Meisterschaft,
Daß überall mein Ruf erscholl deswegen.

Als ich zum Alter kam, das alle Kraft,
Anstatt zu handeln, so verwenden sollte,
Daß es die Taue holt, die Segel rafft,

Geschah's, daß dem, was erst gefiel, ich grollte:
Ich büßt und beichtet und ward Mönch, und näher
War nie dem Heil ich Armer, das ich wollte.

Der Fürst jedoch der neuen Pharisäer,
Der Krieg nur führte bei dem Lateran –
Nicht gegen Sarazenen und Hebräer:

Er griff ja immer nur die Christen an,
Nicht die, die halfen, Acri zu bedräuen,
Und keinen, der beim Sultan Handelsmann –,

Beachtete nicht höchstes Amt noch Weihen,
Wie er sich auch an meinem Strick nicht stieß,
Mit dem man einst sich pflegte zu kasteien.

Wie Konstantin Silvester rufen ließ,
Er mache ihn von seinem Aussatz rein,
So rief er mich, daß ich als Arzt mich wies,

Ihn von dem Hochmutsfieber zu befrein:
Er fragte mich um Rat: ich schwieg zur Frage,
Da trunken seine Rede schien zu sein;

Dann fing er wieder an: ‚Sei nur nicht zage:
Von nun an lös ich dich! du sollst mich lehren,
Wie Penestrino ich zu Boden schlage.

Den Himmel kann ich auftun und verwehren,
Wie du es weißt; drum sind der Schlüssel zwei,
Die der, der vor mir war, nicht hielt in Ehren.‘

Mit wuchtigen Gründen kam er so mir bei,
Bis mir es schlimmer deuchte, wenn ich schwiege,
Und sagte: ‚Vater, da du sprichst mich frei

Von jener Sünde, der ich nun erliege:
Versprich nur lang, doch halte kurz es dann!
Das führt dich auf dem hohen Sitz zum Siege.‘

Franziskus kam nach meinem Tod heran;
Doch siegte einer von des Satans Scharen:
‚Trag ihn nicht fort, tu mir kein Unrecht an!

Hinab muß er zu meinen Knechten fahren,
Da er den trügerischen Rat gegeben,
Seit dem ich ihn gehalten an den Haaren:

Wer nicht bereut, dem kann man nicht vergeben!
Bereun und wollen, hat gar keinen Sinn;
Der Widerspruch ist gar nicht aufzuheben!‘

Wie Schuppen fiel’s mir da von meinem Sinn,
Als er mich griff und zu mir sprach: ‚Vielleicht
Vergaßest du, daß Logiker ich bin!‘

Zu Minos ging's, und als ich ihn erreicht,
Umschlang achtmal sein Schweif den harten Rücken,
Und als er sich in großer Wut zerfleischt,

Sprach er: ‚Den soll die Diebesflamme schmücken!'
Drum bin ich so verloren an dem Ort
Und traure, wenn die Flammen mich umzücken.«

Als er vollendet hatte so sein Wort,
Da ging die Flamme unter Schmerzen weiter
Und wand und schlug das spitze Horn hinfort.

Wir gingen weiter auch, ich und mein Leiter,
Die Klipp hinauf, bis wir die Brück erfaßt,
Darunter Buße zahlen jene Streiter,

Die, Zwietracht stiftend, mehren ihre Last.

XXVIII. GESANG

Wer könnte wohl, selbst wenn er Prosa wählte,
Von allem Blut und allen Wunden sagen,
Die ich erblickt, wie oft er's auch erzählte!

Es würde jede Zunge hier versagen,
Zu schwach ist Menschengeist und Menschenwort,
So etwas Ungeheures zu ertragen!

Wenn sich das ganze Volk auch einfänd dort,
Das auf Apuliens schicksalschwangerer Wiege
Sein Blut beweint, nebst jenem, das verdorrt

Im Trojerkampf und in dem langen Kriege,
Der eingebracht viel Gold und Edelstein,
Wie Livius schreibt, der nie sagt eine Lüge;

Das Volk dazu, dem Schläge schufen Pein,
Als einstmals Robert Guiscard es bekriegte;
Nebst dem, davon man jetzt noch das Gebein

Bei Ceperan erblickt, wo sich's ja fügte,
Daß ganz Apulien treulos ward im Strauß,
Dort auch, wo ohne Schwertstreich Allard siegte:

Säh's auch durchlöchert und verstümmelt aus,
Es käme beim Vergleiche viel zu kurz
Mit dieser neunten Bolge wüstem Graus!

Kein Faß, das Daub und Boden ließ im Sturz,
Wies solchen Anblick je, wie einer bot
Vom Kinn zerspalten bis hinab zum Furz.

Inzwischen Beinen schien der Därme Rot,
Und das Gekrös quoll mit dem schmutzgen Sacke,
Der alles, was er einschluckt, macht zu Kot.

Indes ich so ihn fest ins Auge packe,
Riß er die Brust sich auf, zu mir gedreht,
Und sprach: »Nun sieh, wie ich mich hier zerhacke!

Sieh, wie verstümmelt ausschaut Mahomet!
Gespalten im Gesicht vom Schopf zum Kinn
Ist Ali, welcher weinend vor mir geht.

Die andern alle, die in gleichem Sinn
Von Streit und Zwist gelebt, der Welt zum Harme,
Sind so zerspalten deshalb auch hierin.

Ein Teufel richtet hinten zu uns Arme
So fürchterlich mit seines Schwertes Schnitt,
Zerhackend jeden wiederum vom Schwarme,

Sooft den Leidensweg durchmaß sein Schritt:
Sind doch schon seine Wunden wieder heil,
Noch eh er wieder vor den Teufel tritt.

Doch wer bist du und hältst Maulaffen feil,
Wohl doch, daß Aufschub deine Sühne finde,
Die dir auf dein Geständnis ward zuteil?«

»Kein Tod traf ihn, noch führt ihn her die Sünde«,
So sprach mein Meister, »daß er sich hier quäle;
Doch daß die Hölle völlig er ergründe,

Muß ich ihn führen, ich, die tote Seele,
Den Höllenschlund hinab, von Tal zu Tal;
Gewiß ist's wahr, so wie ich's dir erzähle!«

Da blieben mehr als hundert an der Zahl,
Sobald sie's hörten, in dem Graben stehen,
Vor Staunen paff, vergessend ihre Qual.

»Berede Fra Dolcin, sich zu versehen –
Du, den die Sonne bald wohl wieder sengt –,
Will er den gleichen Weg wie ich nicht gehen,

Mit Proviant, daß er, vom Schnee bedrängt,
Vom Novaresen nicht bezwungen werde,
Da dieser anders ihn so leicht nicht fängt!«

Den Fuß erhoben zu des Gehns Gebärde,
Stieß Mahomet zu mir hervor das Wort,
Und setzt ihn dann zum Gehen auf die Erde.

Den andern, dem die Kehle ganz durchbohrt,
Die Nase abgeschlitzt bis zu den Brauen,
Und dem von seinen Ohren eins war fort,

Sah ich sich mit den anderen dort stauen;
Dann tat er vor den andern auf den Schlund,
Der außen völlig blutrot anzuschauen,

Und sprach: »Du, welchen keine Schuld macht wund
Und der im Latierland mir schon erschien,
Sofern nicht Ähnlichkeit der Täuschung Grund,

Erinnere dich an Peter Medicin,
Kehrst je zurück du zu den süßen Auen,
Die von Vercell' nach Marcabo sich ziehn.

Zwei Besten Fanos sollst du anvertrauen,
Dem Messer Guido und dem Angiolelle,
Daß, wenn's nicht eitel hier, vorauszuschauen,

Man aus dem Schiff sie schleudert in die Welle,
Fest eingesackt, nah bei Cattolica:
Verrat übt ein ganz tückischer Geselle,

Daß zwischen Cypern und Majolica
Neptun noch nie bisher solch ein Vergehen
Piraten und Argiver üben sah.

Der Schuft, der nur ein Auge hat zum Sehen
Und herrscht im Land, das einer, der hier geht,
Viel lieber hätte nicht als ja gesehen,

Ist's, der sie dort zur Unterredung lädt;
Dann tut er so, daß, wenn Focara windet,
Nicht not mehr tut Gelübde und Gebet.«

Und ich zu ihm: »Nun sei mir noch verkündet,
Soll oben geben ich von dir Bericht,
Wer denn das Sehen gar so bitter findet!«

Da packt er an den Kiefern einen Wicht,
Der bei ihm stand, daß auf sein Mund geblieben,
Und schrie dazu: »Der ist es, der nicht spricht!

Den Zweifel unterdrückte er, vertrieben,
In Caesar, sagend, daß, wer erst bereit,
Zu seinem Schaden könne nur verschieben.«

O weh, wie er von Schmerzen schien bedräut,
Die Zunge abgeschnitten bis zum Ende,
Curio, der sich zu sprechen nicht gescheut!

Und einer, dem verstümmelt beide Hände,
Die Stummeln aufgereckt in finstere Nacht,
Daß zum Gesicht das Blut nahm seine Wende,

Rief aus: »Des Mosca ferner sei gedacht:
Er sagte, ach: ‚Kopf hat nur, was geschehn!'
Und hat so den Toskanern Leid gebracht.«

Ich fügte bei: »Und für dein Haus Vergehn!«
Dann ging er, sich mit Schmerz auf Schmerz zu quälen,
Ganz toll und traurig dabei anzusehn.

Doch ich verblieb, mir zu besehn die Seelen,
Und sah ein Ding: doch hätt ich mich gescheut,
Es ohne weitere Prüfung zu erzählen,

Wenn nicht Gewissen mir gäb Sicherheit,
Der gute Freund, der frei uns macht im Leben
Unter dem Harnisch seiner Lauterkeit.

Gewiß sah ich, als säh ich es noch eben,
Ein Rumpfstück ohne Kopf in meiner Nähe
Und vorwärts wie die andern sich begeben:

Am Haar hielt seinen Kopf es in die Höhe;
Gleich einer Lampe hing er an der Hand
Und sah uns an und sagte nichts als: »Wehe!«

Sich selbst hat so zur Leuchte er verwandt,
So zwei in einem, eins in zwei gespalten:
Wie's möglich, das ist nur dem Herrn bekannt!

Als er am Fuß der Brücke angehalten,
Hob er den Arm, an dem der Kopf hing, bloß,
Damit uns seine Worte näher schallten:

»O siehe an dir mein beschwerlich Los,
Du, der du atmend aufsuchst hier die Toten!
Ist sonst wohl eine Strafe noch so groß?

Und daß ich dich verwenden kann als Boten,
So wisse denn: ich bin Bertran de Born,
Der schlimmen Rat dem jungen Fürst geboten.

Denn zwischen Sohn und Vater sät ich Zorn,
Daß zwischen David nicht und Absalone
Ahitophel verwandte schlimmern Sporn!

Weil ich den Vater trennte von dem Sohne,
Trag ich von seinem Ursprung, ach, getrennt,
Der ist in diesem Rumpf, mein Hirn zum Lohne,

Daß die Vergeltung man an mir erkennt!«

XXIX. GESANG

Die grausen Wunden und die Völkerscharen
Berauschten meine Augen so zuletzt,
Daß sie zum Weinen ganz begierig waren.

Virgil sprach dann zu mir: »Was schaust du jetzt?
Warum läßt deine Blicke du verweilen
Auf jenen Schatten, traurig und zerfetzt?

So tatest du doch nicht in andern Teilen:
Willst du den Haufen zählen, der hier wohnt,
Bedenk, das Tal faßt zweiundzwanzig Meilen.

Schon unter unsern Füßen liegt der Mond
Und kurz ist nur die Zeit, die uns geblieben;
Es bleibt noch vieles, was zu schaun sich lohnt!«

Zur Antwort gab ich: »Wär es dein Belieben,
Erst zu erforschen meines Schauens Grund,
So hättest du mich kaum so angetrieben.«

Er eilte weiter, ich dahinter, und
Nachdem ihm meine Antwort so geschehen,
Fügt ich hinzu: »Da drinnen in dem Schlund,

Darein du sahst mich wie auf Posten spähen,
Beweint ein Geist wohl meines Bluts den Tort,
Der uns so teuer unten kommt zu stehen.«

Der Meister sprach sodann: »Zerbrich hinfort
Nicht weiter deinen Kopf dir über diesen;
Auf anderes achte, und er bleibe dort!

Am Kopf des Stegs hat er auf dich gewiesen:
Ich sah ihn mit dem Finger heftig drohn,
Und wie sie ihn Geri del Bello hießen.

Von ihm war so dein Blick gefesselt schon,
Der Altaforte hielt im Frankenlande,
Daß du ihn sahst nicht, bis er ging davon.«

»Mein Führer, weil noch keiner dort imstande,
Den Mord an ihm zu rächen«, sagte ich,
»Von denen, die beteiligt an der Schande,

Deshalb war er so zornig und entwich,
Wenn recht ich habe, wortlos von der Schwelle,
Das macht ihn nur sympathischer für mich.«

So sprachen wir bis zu der ersten Stelle,
Von der ein Ausblick auf den nächsten Gau,
Bis auf den Grund, läg er in größerer Helle.

Als Malebolges letzter Klosterbau
So nah uns war, daß seine Mönchsgenossen
Zu unterscheiden waren unserer Schau,

Geschah's, daß arge Klagen mich beschossen,
Die ihre Pfeile so mit Schmerz gefeit,
Daß ich die Ohren mit der Hand verschlossen.

Wie wenn man allen Schmerz zur Sommerszeit
Aus Valdichianas vollen Lazaretten,
Nebst der Maremme und Sardiniens Leid,

In einer einzigen Grube würde betten,
So war es hier, und ein Gestank entsprang,
Gleich faulem Fleisch, aus diesen Leidensstätten.

Wir stiegen ab dann auf dem letzten Hang
Vom langen Riffe, stets zur linken Seite,
Bis klarer dann mein Blick hinunterdrang

Bis auf den Grund, auf dem die Fälschermeute
Der Magd des Herrn, untrüglichem Gericht,
Das sie hier eingetragen, fällt zur Beute.

Daß größeres Leid es schuf, das glaub ich nicht,
Das ganze Volk Aeginas krank zu sehen,
Als so die Luft mit Krankheitsstoff gemischt,

Daß alle Wesen mußten untergehen
Bis auf den Wurm, doch später wiederkamen,
Wie nach der Dichter Zeugnis es geschehen,

Die alten Völker aus Ameisensamen, –
Als uns es schuf, zu sehn im düsteren Schlund,
Wie drin die Geister haufenweis verkamen.

Sie lagen aufeinander kunterbunt:
Der auf dem Bauch, der auf des andern Rücken;
Der kroch auf allen vieren auf dem Grund.

Nur Schritt auf Schritt gelang's uns vorzurücken;
Wir sahn und hörten still die Kranken an,
Die ewig sich am Boden mußten drücken.

Wie Topf an Topf am Herd man sehen kann,
Sah angelehnt ich sitzen zwei Gestalten;
Von Kopf zu ihren Füßen Grind daran.

Nie sah ich so den Bursch des Striegels walten,
Der, sei's von seinem Herrn erwartet, sei's,
Daß es nur schwer für ihn, sich wach zu halten,

Wie jeder hier sich gab den Nägeln preis,
Das Jucken sich zu lindern dort durchs Schaben,
Da sonst er sich nicht mehr zu helfen weiß;

Ich sah die Nägel in den Grind sich graben,
Gleichwie das Messer ins Geschupp des Blei'n
Und andrer Fische, die noch größeres haben.

»Du, dessen Finger sich vom Schorf befrein«,
Begann mein Herr zu einem dann von ihnen,
»Und dem sie manchmal Zangen müssen sein,

Sprich, ob darunter auch Lateiner sühnen,
Soll dir zu dieser Arbeit nun als Magd
In alle Ewigkeit dein Nagel dienen!«

»Lateiner sind wir zwei, die so geplagt«,
Brach einer unter Tränen dann das Schweigen,
»Doch wer bist du, der uns danach gefragt?«

Der Führer sprach: »Ich muß herniedersteigen
Mit diesem Lebenden von Hang zu Hang
Und bin gewillt, die Hölle ihm zu zeigen.«

Da brachen beide den Zusammenhang,
Worauf sich zitternd jeder zu mir kehrte,
Und andre auch, wohin die Kunde drang.

Es wandte ganz zu mir sich mein Gefährte
Und sprach: »Sag ihnen, was du willst erfahren!«
Und ich begann sodann, wie er es lehrte:

»O soll Erinnerung an euch bewahren
Des Menschen Sinn in jener Welt der Zeit,
Und soll sie leben noch nach vielen Jahren,

Sagt, welchen Namens, welchen Stamms ihr seid!
Durch eure schmutzigen und eklen Peine
Laßt euch nicht schrecken, daß ihr gebt Bescheid.«

»Ich war einst von Arezzo«, sprach der eine;
»Albert von Siena warf mich in den Brand;
Doch diese Schuld ist's nicht, weshalb ich weine;

's ist wahr, daß ich im Scherz darauf bestand,
Im Flug mich in der Luft ergehn zu können!
Er, der voll Neugier, ohne viel Verstand,

Wollt eine Probe meiner Künste kennen;
Nur weil er ward durch mich kein Daedalus,
Ließ er mich, der als Sohn ihn hielt, verbrennen.

Es stürzte mich zu der zehn Bolgen Schluß,
Weil in der Welt ich trieb die Alchemie,
Minos, der stets die Wahrheit sagen muß.«

Ich sprach zum Dichter: »Sicher war noch nie
Ein Volk so eitel wie die Sienesen;
Selbst die Franzosen sind nichts gegen sie!«

Da sprach der andre, der voll Grind gewesen,
Mein Wort vernehmend: »Nimm den Stricca aus,
Der sich verstanden auf geringe Spesen.

Nimm ferner aus auch jenen Nikolaus,
Der den Gebrauch der Nelke erstmals fand
Im Garten, wo solch Samen ist zu Haus;

Und die Gesellschaft, drin mit offener Hand
Caccia d'Ascian verstreute Laub und Reben,
Und Abbagliato kundtat den Verstand.

Doch daß du weißt, wer Hilfe dir gegeben,
Siena auszuschmähn, sieh, wer ich bin,
Daß meine Züge dir die Antwort geben;

So siehst du, daß Capocchios Geist ich bin,
Beim Fälschen des Metalles anzutreffen,
Und schau ich recht, ist dir gewiß im Sinn,

Wie gut ich wußte die Natur zu äffen.«

XXX. GESANG

Als Juno gegen das Geschlecht von Theben
Aus Eifersucht auf Semele entbrannt,
Wovon sie mehrmals Proben abgegeben,

Ward Athamas vom Wahnsinn übermannt:
Sein Weib sah er mit beiden Söhnen wallen,
Davon sie einen trug an jeder Hand,

Und schrie: »Spannt auf die Netze, daß als Fallen
Sie dienen für die Löwin und die Brut«;
Dann griff er mit den mitleidslosen Krallen

Den einen, der Learch hieß, voller Wut,
Und schwang und brach am Stein ihm seine Knochen,
Doch sie ging mit dem andern in die Flut.

Als über Troja das Geschick gesprochen,
Das ihren Stolz, der alles wagte, brach,
Und mit dem Reich der König ward zerbrochen,

Ward Hekuba, in Feindeshand und Schmach,
Als tot Polyxena sie wahrgenommen
Und ihren Polydor, die Arme, ach,

Am Meeresstrande zu Gesicht bekommen,
Von Sinnen, und sie bellte wie ein Hund:
Vor Schmerz war sie um den Verstand gekommen.

Doch nicht auf Thebens noch auf Trojas Grund
Sah man den Wahnsinn je so schrecklich toben
In Tier und Mensch, wie hier im Höllenschlund

Zwei Schatten, nackt und bleich, vorüberschnoben
Und laufend um sich bissen, gleich dem Schwein,
Wenn es heraus sich stürzt aus seinem Koben.

Der eine schlug den Zahn Capocchio ein
In das Genick, und riß ihn so hernieder,
Daß es den Bauch ihm kratzt am harten Stein.

Der Aretiner, dem gebebt die Glieder,
Sprach: »Gianni Schicchi war der Poltergeist,
Der wütig so ihn anfiel eben wieder.«

»Oh«, sprach ich, »daß der andere dich nicht beißt
In das Genick, so mög es dir belieben
Zu sagen, eh er fortgeht, wie er heißt!«

Und er zu mir: »Der Myrrha ist's, der trüben,
Antike Seele, die sich so vergaß,
Daß sie den Vater unrecht wollte lieben;

Zur Sünde kam sie mit ihm derart, daß
In falscher Form gewußt sie ihn zu minnen,
Wie jener, der dort forteilt, sich vermaß,

Um des Gestütes Herrin zu gewinnen,
Zu fälschen des Buos Donati Glieder,
Um Rechtens das Testieren zu beginnen.«

Als weggemacht sich die zwei Tollen wieder,
Die ich so starren Blickes da beschaute,
Sah ich dann auf die andern Armen nieder.

Ich schaute einen, ähnlich einer Laute,
Wenn man die Leiste dort, wo fest sie hält
Der Oberschenkel Gabel, nur durchhaute.

Die schwere Wassersucht, die so entstellt
Den Leib, wenn schlecht die Säfte übergehen,
Daß das Gesicht sich nicht zum Bauch verhält,

Ließ ihm vor Durst die Lippen offen stehen,
Wie eine man den Hektiker zum Kinn,
Die andere aufwärts kann verziehen sehen.

»Ihr, die ihr ohne Strafe kommt hierhin,
Warum, ich weiß nicht, in die Welt der Tränen«,
Sprach er zu uns, »gebt acht und schauet hin

Zu Meister Adams gar armselgem Stöhnen:
Im Leben war mit allem ich versehn:
Nun geht nach einem Tröpfchen, ach, mein Sehnen.

Die Bächlein, welche von den grünen Höhn
Des Casentin zum Arno abwärts rinnen
Und kühl und feucht durch ihre Betten gehn,

Stehn stets, und nicht umsonst, vor meinen Sinnen;
Ihr Bild dörrt mehr mich als die Wassersucht,
Die mir die Wangen schwinden läßt hierinnen.

Gerechtigkeit, die hier übt strenge Zucht,
Benutzt den Ort, wo mich traf das Verschulden,
Zu schlagen heißere Seufzer in die Flucht.

Dort ist Romena, wo ich falsche Gulden
Verfertigte, das Bild des Täufers drauf;
Drüm mußte ich den Feuertod erdulden.

Hätt Alexander ich in diesem Hauf,
Den Guido und den Bruder vorgefunden,
Gäb ich sie nicht für Brandas Quell in Kauf.

Drin ist der eine schon, wenn recht bekunden
Die Schatten, die wie toll herum sich drehn;
Was hilft es mir, des Glieder festgebunden?

Und könnte ich auch nicht geschwinder gehn
Als einen Zoll in ganzen hundert Jahren,
So würdest du mich auf dem Weg schon sehn,

Zu suchen ihn in den entstellten Scharen,
Wenn hier der Umfang auch elf Meilen hat,
Und eine halbe breit ist zu gewahren.

Durch sie hab ich in solcher Sippe Statt,
Die mich verführten einst zum Guldenprägen
Mit einem Zusatze von drei Karat.«

Und ich: »Wer sind die zwei, die sich nicht regen,
Dort dampfend, wie im Winter nasse Hand,
Und eng an deiner Rechten sind gelegen?«

»Sie wandten sich noch nicht, seit ich sie fand«,
Sprach er, »als ich in diesen Schlund einst jagte,
Und ewig bleiben sie wohl so gebannt.

Die Falsche ist's, die Joseph einst verklagte;
Sie dampft vor Fieber, so wie Sinon auch,
Der Grieche, der in Troja Falsches sagte.«

Der eine, der vielleicht ihm den Gebrauch
Des Worts verübelt, das ihn wenig zierte,
Stieß mit der Faust ihn in den strammen Bauch;

Es klang, als ob man eine Trommel rührte;
Doch Meister Adam schlug ihm ins Gesicht
Mit seinem Arm, der gleiche Streiche führte,

Und sprach zu ihm: »Ist's mir erlaubt auch nicht,
Die Glieder, die so schwer sind, zu bewegen,
Hab ich den Arm doch frei zu solcher Pflicht.«

Der andere dann: »Dem Feuertod entgegen
Hast du dich nicht so sehr wie jetzt geplagt;
Doch so und mehr noch, als du warst am Prägen.«

Der Wassersüchtige: »Wahr hast du gesagt;
Doch kannst auf solche Wahrheit du nicht pochen,
Als man in Troja dich danach gefragt.«

»Du prägtest falsch, wenn ich auch falsch gesprochen«,
Sprach Sinon; »ein Vergehn nur bin ich wert:
Kein Teufel hat so viel wie du verbrochen.«

»Erinnere dich, Meineidiger, an das Pferd!«
So sprach der mit dem Schwellbauch ihm entgegen,
»Und platze, weil es alle Welt erfährt!«

»Und du«, der Grieche, »deines Durstes wegen,
Drum dir die Zunge birst, und weil das Naß
Den Bauch dich läßt vor deine Augen legen.«

Der Münzer drauf: »Wie bei dir üblich das,
Sperrt sich dein Maul auf, Übles nachzusagen;
Denn hab ich Durst, und schwell ich wie ein Faß,

Pflegt Hitz und Kopfweh dich dafür zu plagen;
Auf daß du leckst den Spiegel des Narziß,
Braucht man nicht viele Worte dir zu sagen.«

Ich lauschte ganz vertieft den Worten, bis
Der Meister zu mir sprach: »Ununterbrochen
Glotz nur! so streit ich bald mit dir gewiß.«

Als so im Zorne er zu mir gesprochen,
Da wandte ich mich zu ihm hin voll Scheu:
Das Herz fühl ich noch beim Gedenken pochen.

Wie, wer von seiner Schmach träumt allerlei,
Im Traum nichts anderes wünscht, als daß er träumte,
So daß er will, was ist, als ob's nicht sei,

So ich, der ich noch mit dem Sprechen säumte,
Entschuldigen wollt ich mich, wozu's auch kam,
Obwohl ich meinte, daß ich es versäumte.

»Noch größere Sünde tilgt geringere Scham,
Als deine war!« so sprach jetzt mein Geleite;
»Darum erleichtere dich von jedem Gram!

Bedenke: stets bin ich dir ja zur Seite,
Will es der Zufall, daß du wallen mußt,
Wo Menschen sind in einem gleichen Streite:

Ihm lauschen wollen, ist gemeine Lust!«

XXXI. GESANG

Die gleiche Zunge, die zuerst mich stach
Und mir gerötet meine Wangen beide,
Hat mir gereicht die Medizin hernach;

So hört ich auch, es folgte allem Leide,
Das angetan die Lanze des Achill
Und seines Vaters, durch sie selber Freude.

Den Rücken wandten wir dem Schmerzgewühl
Das Riff hinan, durch das es rings umschlungen,
Und wir durchquerten es sodann ganz still.

Mein Blick ist hier nur wenig vorgedrungen,
Da weniger als Nacht und Tag es dort:
Da ist ein lauter Hörnerruf erklungen,

Daß jeder Donner wohl dabei verdorrt,
Der meine Augen, welche seine Lage
Verfolgten, ganz gelenkt auf einen Ort.

Nach jener schmerzensreichen Niederlage,
Als Kaiser Karl verlor die heilige Schar,
Erklang so schrecklich nicht des Rolands Klage!

Kaum daß ich dorthin schaund gegangen war,
Da sah ich viele hohe Türme stehen;
Drauf ich: »Wie heißt die Stadt, die ich nehm wahr?«

Und er zu mir: »Du willst zu früh erspähen
Im Finstern, was noch in der Ferne ist;
So kann dein Sinn nur schlecht die Dinge sehen.

Du wirst erkennen, wenn du näher bist,
Daß zu mißtraun von fern dem Augenscheine;
Drum sporne dich und kürze ab die Frist.«

Dann griff er huldreich mit der Hand die meine
Und sprach: »Vernimm, eh wir uns vorgewandt,
Daß dir die Wahrheit nicht so seltsam scheine:

Nicht Türme sind's, ein jeder ist Gigant;
Im Brunnen stecken alle aufgerichtet,
Vom Nabel abwärts, rings um seinen Rand.«

Wie dann, wenn sich die Nebeldecke lichtet,
Der Blick nur nach und nach erkennen kann,
Was durch die Schwaden erst blieb ungesichtet,

So drang ich durch das dichte Dunkel dann;
Doch als ich nah und näher kam dem Schlunde,
Floh mich der Irrtum und die Furcht wuchs an.

Denn wie sich über seiner Mauerrunde
Montereggion mit seinen Türmen krönt,
So übertürmten hier die Brunnenrunde,

Mit halbem Leibe drüber ausgedehnt,
Die schrecklichen Giganten, und zuzeiten
Droht Zeus am Himmel ihnen, wenn es dröhnt.

Ich konnte ein Gesicht schon unterscheiden,
Nebst Schultern, Brust und Bauch bis fast zur Scham,
Und beide Arme abwärts, längs den Seiten.

Natur tat sicher recht, als sie ward gram,
Noch weiter solche Wesen zu gestalten,
Daß sie dem Mars dann diese Diener nahm.

Wenn Elefant und Wal sie beibehalten,
Dafür ist sie, wie mir's beim Zusehn scheint,
Für klüger und gerechter nur zu halten;

Denn wenn das Werkzeug des Verstands sich eint
Der Mißgunst und der Kraft, dann gibt es keine
Verteidigung entgegen solchem Feind.

Sein Antlitz war so dick und lang, ich meine,
Wie es in Rom Sankt Peters Zapfen war,
Proportionell die übrigen Gebeine,

So daß der Felsen stellt sein Schurzfell dar
Von seiner Mitte abwärts, und vom Riesen
So viel uns sehn ließ, daß, ihm bis zum Haar

Zu kommen, kaum sich rühmten selbst drei Friesen,
Da er von da, wo man den Mantel schnallt,
Wohl dreißig große Spannen aufgewiesen.

»Raphel may amech zabi almi!« schallt
Es da aus seiner fürchterlichen Kehle,
Die niemals zartere Psalmodieen hallt.

Zu ihm mein Führer: »O du Narrenseele,
Halt dich ans Horn, wenn du verblasen mußt
Den Ärger, oder was dich sonst noch quäle.

Such doch am Hals, wo du ja finden mußt
Den Riemen, der es hält, du Geist voll Schwächen,
Und sieh es, das dir streift die große Brust.«

Zu mir dann: »Er verrät so sein Gebrechen;
's ist Nimrod, wegen dessen Unverstand
Wir auf der Erde mehrere Sprachen sprechen.

Laß stehn ihn, und kein Wort an ihn verwandt!
Denn jede Sprache ist ihm gleicherweise
Wie allen sonst die seine unbekannt.«

Wir machten also eine längere Reise,
Stets links gewandt; in Pfeilschußweite stand
Ein sehr viel Wilderer, Größerer noch im Kreise.

Den Meister, der zu binden ihn verstand,
Kann ich nicht nennen; doch ihm ward gebunden
Ein Arm nach vorn; den rechten aber band

So eine Kette, die ihn hielt umwunden
Vom Halse abwärts hinten, daß sie schon
Sich fünfmal ums Entblößte nur gewunden.

»Der Stolze wollte gegen Jovis Thron
Vor Zeiten seine Körperkraft erproben!«
So sprach mein Führer, »nun hat er den Lohn.

Ephialtes ist's: er wirkte große Proben,
Als die Giganten Göttern Furcht gemacht;
Den Arm regt er nicht mehr, den er erhoben.«

Und ich zu ihm: »Wenn es in deiner Macht,
So möchte ich, daß meine Augen künden
Den Briareus, der gar so ungeschlacht!«

Bescheid gab er: »Antaeus wirst du finden
Nicht weit von hier; frei ist er, und er spricht
Und wird uns setzen auf den Grund der Sünden.

Viel weiter steht er, drauf du bist erpicht;
Gefesselt, sonst wie dieser Spießgeselle,
Nur daß er wilder scheint von Angesicht.«

So mächtig bebte wohl noch nicht die Schwelle,
Daß sie so heftig einen Turm bedroht,
Wie Ephialtes sich zu schütteln schnelle.

Da fürchtete ich mehr als je den Tod;
Hätt ich die Fesseln nicht erblickt zur Stunde,
So wär ich einzig durch die Angst schon tot.

Wir wandelten dann weiter auf dem Grunde
Bis zu Antaeus hin: fünf Ellen stand,
Vom Kopfe abgesehn, er aus dem Schlunde.

»O du, der du im schicksalhaften Sand,
Den Scipio zum Ruhmeserben weihte,
Als Hannibal nebst Heer zur Flucht gewandt,

Wohl tausend Löwen dir gewannst zur Beute,
Wenn du geholfen einst im großen Kriege
Den Brüdern, hättest du, glaubt man noch heute,

Die Erdensöhne wohl geführt zum Siege;
Setz ab uns unten – davon drück dich nicht! –,
Wo den Cocytus ganz vereist die Lüge.

Titius und Typhon wären drauf erpicht;
Er kann dir geben, was wir so erstreben,
Drum beuge dich und schneide kein Gesicht.

Noch kann er auf der Erde Ruhm dir geben!
Er lebt, und wird er nicht zuvor begnadet,
So hat er vor sich noch ein langes Leben.«

So sprach der Meister da; und jener ladet
Die Arme aus und griff ihn so voll Hast,
Wodurch er Herkules schon so geschadet.

Virgil, als er sich fühlte so umfaßt,
Sprach da zu mir: »Komm, daß ich dich umstricke!«
Da wurden er und ich zu einer Last.

Wie Garisenda dann erscheint dem Blicke
Von dort, wo schief er, wenn wir drüber sehn
Ein Wölkchen gleiten, als ob er sich bücke,

Sah ich Antaeus – den ich starr besehn –,
Wie er sich bückte; derart war die Stunde,
Daß ich auf andrer Straße wollte gehn.

Doch leicht setzt er uns nieder dann im Schlunde,
Der Luzifer nebst Judas hält umfaßt,
Und kaum hat er sich so gebückt zum Grunde,

Hob er sich wieder, wie im Schiff der Mast.

XXXII. GESANG

Hätt ich, wie sie zum finstern Loche paßten,
Zu Versen, rauhen, holprigen, die Kraft,
Auf welchem alle andern Felsen lasten,

So preßt ich voller aus des Stoffes Saft;
Kaum bring ich mich dazu, daß ich es mache,
Aus Angst, es fehle mir die Eigenschaft.

Es ist ja wirklich keine leichte Sache,
Zu künden, was am Grund der Welt geschieht,
Noch ist es was für eine Kindersprache.

Die Frauen mögen helfen meinem Lied,
Die Amphion die Steine aufgelesen,
Daß zwischen Wort und Sein kein Unterschied.

Ihr über alles unheilschwangere Wesen
Am Orte, den zu nennen krank schon macht,
Wärt Schafe oder Ziegen ihr gewesen!

Als wir uns fanden so im finstern Schacht
Weit unter des Giganten Füßen wieder,
Und ich gab auf die hohe Wand noch acht,

Da hört ich: »Blick auf deine Füße nieder,
Daß du nicht mit den Sohlen machst Beschwer
Den Köpfen deiner armen, armen Brüder.«

Dann wandt ich mich, und sah da vor mir her
Zu meinen Füßen einen See sich breiten;
Vor Frost schien Glas er; nicht wie Wasser mehr.

Der Donau Rinde war in Winterszeiten
Auf ihrem Lauf durch Österreich nie so dick,
Noch Tanais dort unter kalten Breiten,

Wie diese hier; denn wenn der Tambernic
Und Pietrapana drauf gefallen wären,
So machte es am Rande selbst nicht: Krick!

Gleichwie die Frösche, um zu quaken, kehren
Die Mäuler aus dem Wasser, was geschieht,
Wenn schon die Bäurin träumt von reifen Ähren,

So staken blau bis wo die Scham man sieht,
Die schmerzenreichen Schatten in dem Eise;
Die Zähne klapperten das Storchenlied.

Sie alle schauten abwärts gleicherweise;
Ihr Mund hat laut die Kälte ausgedrückt;
Ihr Herzeleid bezeugt der Augen Weise.

Als ich ein wenig ringsumher geblickt,
Wandt ich mich abwärts, sah so zwei verwoben,
Daß ihres Hauptes Haare sich verstrickt.

»Wer seid ihr, Brust an Brust?« sprach ich von oben.
Da bogen sie die Hälse aus dem Teich,
Und als die Blicke sie zu mir erhoben,

Quoll's aus den Augen ihnen, drin's erst weich,
Und floß bis zu den Lippen, bis der Jammer
Dazwischen fror und sie verschloß sogleich.

Wohl nie war Holz an Holz von einer Klammer
So stark gepreßt; wie Böcke, die im Streite,
So stießen sie sich, unter Zornes Hammer.

Und einer, der vor Frost die Ohren beide
Verloren, sprach und sah hinab dabei:
»Was spiegelst du dich so in unserm Leide?

Doch willst du wissen, wer das Pärchen sei:
Das Tal, wo der Bisenzio fällt hernieder,
War ihrem Vater Albert und den zwei.

Von einem Leibe kamen sie als Brüder!
Du findest in der Kain nicht einen Schatten,
Dem mehr Gallerte zukommt um die Glieder,

Auch ihm nicht, dem durchbohrte Brust und Schatten
Mit einem Stoße Artus einst, der Held;
Focaccia nicht, und auch nicht jenem Schatten,

Der mir mit seinem Haupt den Blick verstellt,
Und der genannt wird Sassol Mascherone;
Als Tuszer, weißt du, war er in der Welt.

Daß man mit weitern Fragen mich verschone:
Camicion dei Pazzi nannt ich mich
Und warte drauf, daß mich Carlin entthrone.«

Und tausend Fratzen sah ich bläulich sich
Vor Frost verziehn, so daß ich Schauder fühle
Vor den vereisten Pfützen ewiglich.

Und während es zur Mitte ging, dem Ziele,
Auf welchem lastet jegliches Gewicht,
Und ich erbebte in der ewigen Kühle –

War's Wille, Fügung, Zufall, weiß ich nicht:
Als ich so zwischen diesen Köpfen gehe,
Stieß einem mit dem Fuß ich ins Gesicht.

»Was trittst du mich?« schrie's weinend aus der Nähe;
»Falls du nicht kommst, die Qual mir zu erhöhn
Für Montaperti, tu mir nicht so wehe!«

Und ich: »Mein Meister, bleibe etwas stehn,
Daß er mir meinen Zweifel erst verjage;
So schnell du willst, will ich dann mit dir gehn.«

Der Führer hielt; ich stellte meine Frage
An ihn, der weiter schalt: »Sag mir zuerst,
Wer bist du, der du führst so bittere Klage?«

»Wer du, der du die Antenor durchquerst«,
So rief er aus, »und andern stößt die Wangen?
Zu arg wär's, selbst wenn du noch lebend wärst.«

»Ich lebe noch: wenn du nach Ruhm Verlangen«,
Beschied ich ihn, »so bin ich gern dein Knecht:
Dein Name soll in den Bericht gelangen.«

Und er zu mir: »Das Gegenteil ist recht!
Laß mich in Ruh, geh weg von meinem Kopfe;
Du schmeichelst mir für dieses Loch zu schlecht!«

Sodann packt ich ihn fest an seinem Schopfe
Und sprach: »Du wirst mir sagen, wie du hießest;
Sonst lasse ich kein Haar an deinem Zopfe!«

Dann er zu mir: »Wenn du kein Haar mir ließest,
Nennt ich mich nicht, du sollst mich nicht erkunden,
Wenn du auch tausendmal den Kopf mir stießest.«

Schon hatt ich um die Hand sein Haar gewunden
Und ausgerauft ihm manchen Busch im Nu,
Indes er bellte, mit dem Blick nach unten,

Als einer ausrief: »Bocca, was hast du?
Genügt dir's nicht, zu klappern mit den Zähnen,
Und bellst du noch? setzt dir ein Teufel zu?«

»Nun«, sagte ich, »ist nichts mehr zu erwähnen,
Du schändlicher Verräter; dir zur Schmach
Bring wahre Kunde ich von deinen Tränen.«

»Hinweg!« sprach er; »tu, was du willst, hernach!
Doch schweige nicht, verläßt du diese Welt,
Von dem, der eben so geläufig sprach!

Er weint hier über das Franzosengeld!
,Ich sah den von Duera!' kannst du sagen,
,Dort, wo die Sünder sind so kaltgestellt.'

Und sollte man: ,Wer sonst war da?' dich fragen,
Zur Seit' ist dir, den sie Beccheria riefen,
Und dem Florenz die Gurgel abgeschlagen.

Hans Soldanier ist noch in diesen Tiefen,
In Ganellons und Telbaldellos Hut,
Der einst Faenza aufschloß, als sie schliefen.«

Schon waren wir geschieden von der Brut,
Als zwei vereist in einem Loche staken,
So daß des einen Kopf des andern Hut.

Und wie die Hungrigen die Brote packen,
So schlug der Obere ein da seinen Zahn,
Wo das Gehirn sich anfügt an den Nacken.

So machte Tydeus einst in gleichem Wahn
Aus Menalippus' Schläfe seine Speise,
Wie er's dem Schädel und, was drin, getan.

»Du, der du auf so eine tierische Weise
Den Haß an dem erzeigst, an dem du zehrst,
Sag mir, warum!« sprach ich, »und zu dem Preise,

Daß, wenn du recht dich über ihn beschwerst,
Ich, weiß ich, wer ihr seid, und sein Verbrechen,
Dir's lohne, wenn auch auf der Erde erst,

Falls sie mir nicht verdorrt, mit der wir sprechen.«

XXXIII. GESANG

Der Sünder hob das Maul vom grausen Essen,
Das Blut sich wischend an den Haaren dann
Des Hauptes, das er hinten ganz zerfressen.

»So muß ich denn erneun«, so fing er an,
»Den hoffnungslosen Schmerz, will 's Herz auch brechen,
Eh ich noch spreche, schon beim Denken dran.

Doch soll ich mich durch meine Worte rächen
An dem Verräter, den ich hier verspeise,
So will ich weinen und dabei doch sprechen.

Ich weiß nicht, wer du bist, auf welche Weise
Du hergelangt; doch bist du, hör ich hin,
Ein Florentiner nach der Redeweise.

Erfahre denn: ich war Graf Ugolin,
Er: Erzbischof Ruggier; ich will dir sagen,
Warum ich ihm ein solcher Nachbar bin.

Daß er mich einst in Banden hat geschlagen
Und mein Vertrauen trog durch Hinterlist,
Mich dann gemordet, brauch ich nicht zu klagen;

Das aber, dessen du nicht kundig bist,
Wie grausam mich ereilte mein Verhängnis,
Vernimm, ob es mir arg ergangen ist.

Durch eine kleine Luke im Gefängnis,
Das man den Hungerturm nach mir dann hieß
Und worin andre leiden noch Bedrängnis,

Schien mancher Mond bereits in das Verlies,
Als ich den bösen Traum geträumt vom Rennen,
Der mich der Zukunft Schleier heben ließ.

Als Jagdherrn glaubt ich diesen zu erkennen,
Der Wolf und Wölflein an dem Berg bedräute,
Drum die Pisaner Lucca sehn nicht können.

Mit einer magern, scharfen, kundgen Meute
Ließ er Gualanden, Sismonden, Lanfranken
Vorangehn an der Spitze seiner Leute.

Ich sah den Vater und die Söhne wanken
Nach kurzem Laufe schon, und sah ganz rot
Vom Biß der scharfen Zähne ihre Flanken.

Als wach ich wurde dann vor Morgenrot,
Hört ich im Schlafe weinen meine Kleinen,
Die bei mir waren, und verlangen Brot.

Fühlst noch du keine Rührung, gleichst du Steinen,
Bedenkend, was ich schon im Herzen ahnte,
Und weinst du nicht, wann pflegst du denn zu weinen?

Als sie schon wach, und uns die Stunde mahnte,
Daß Essenszeit schon nahte, an dem Orte,
Was jedem auch nach seinem Traume schwante,

Hört ich vernageln sie die untere Pforte
Des grauenvollen Turms; da schaute ich
Ins Antlitz meinen Söhnen ohne Worte.

Ich weinte nicht; mein Herz versteinte sich;
Sie weinten, und mein Anselmuccio fragte:
‚Du schaust so, Vater; ach, was hast du, sprich?'

Doch weint ich nicht, wie ich auch nichts mehr sagte
Den ganzen Tag, die ganze Nacht hernach,
Bis in der Welt die nächste Sonne tagte.

Als dann in diesen trüben Kerker brach
Ein karger Schein, und schaun ich habe müssen
In vier Gesichtern meine eigene Schmach,

Hab ich in beide Hände mir gebissen;
Sie, wähnend, daß ich's tat aus Essensgier,
Erhoben sich und sprachen dann beflissen:

‚O Vater, viel geringer litten wir,
Wenn du uns äßest, da wir ja erhalten
Dies arme Fleisch von dir, so nimm es dir!'

Ich faßte mich, um sie im Zaum zu halten;
Zwei Tage redeten wir alle nicht:
Warum hast du dich, Erde, nicht gespalten?

Als dann erschien des vierten Tages Licht,
Fiel Gaddo mir zu Füßen mit der Klage:
,Mein lieber Vater, warum hilfst du nicht?'

Er starb; wie du mich siehst in dieser Lage,
Sah ich sie niedersinken bodenwärts,
Die drei, am fünften und am sechsten Tage;

Schon blind, betastete ich jedes Herz;
Zwei Tage rief ich sie, nachdem's gebrochen;
Dann ward das Fasten stärker als der Schmerz.«

Die Augen dreht' er, als er dies gesprochen;
Am Schädel wieder nagte er danach
Mit Zähnen, wie beim Hunde stark am Knochen.

O Pisa, du, des schönen Landes Schmach,
Wo man im Mund der Leute »si« hört schallen;
Es hinkt zu sehr der Nachbarn Rache nach:

Capraia und Gorgona, laßt euch wallen
Und zäumt den Arno bei der Mündung ein,
Daß du ersaufen mußt in ihm mit allen!

Beim Grafen Ugolin kann es ja sein,
Daß dieser die Kastelle preisgegeben:
Den Schmerz der Kinder kann man nicht verzeihn.

Die Jugend wusch ja, o du neues Theben,
Brigat und Uguccione völlig weiß,
Die andern zwei auch, die ich nannte eben.

Wir gingen weiter, wo sich arg das Eis
Um andre preßt, die nicht sich abwärts kehren:
Sie liegen auf dem Rücken rudelweis.

Die Zähren lassen hier nicht durch die Zähren;
Die Tränen, die sich an den Augen staun,
Drehn sich dann rückwärts, um die Not zu mehren:

Die ersten Tränen ballen sich zum Zaun,
Um gleich Kristallvisieren auszufüllen
Die ganzen Augenhöhlen unter'n Braun.

Und wenn sich auch verlor, gleichwie bei Schwielen,
Vorm ewgen Froste in der Höllenbai
Aus meinem Angesichte jedes Fühlen,

Kam's doch mir vor, als ob es windig sei:
Drum ich: »Mein Meister, sag, wer läßt's so wehen?
Ist's nicht hier unten mit dem Dunst vorbei?«

Und er zu mir: »Du wirst bald dort schon stehen,
Wo dich das Auge zu bescheiden weiß,
Da es vermag, den Grund des Hauchs zu sehen.«

Und einer von den Traurigen aus dem Eis
Rief uns dann zu: »Oh, ihr verruchten Tiere,
So daß euch zuerkannt der letzte Kreis,

Nehmt mir vom Angesicht die Eisvisiere,
So daß das Leid, wodurch das Herz mir bricht,
Sich etwas löse, eh es wieder friere.«

Drum ich zu ihm: »Soll ich dir helfen, Wicht,
Sag, wer du bist; mög ich hinuntersteigen
Zum Eisesgrund, befreie ich dich nicht!«

»Fra Alberich«, sprach er, »will sich dir zeigen,
Der von des bösen Gartens Frucht ließ essen;
Hier nehm ich wieder Datteln an für Feigen.«

»Du hast des Todes Schwelle schon durchmessen?«
Und er zu mir: »Was mit dem Leibe los
Auf Erden oben, habe ich vergessen.

Solch Privileg hat Ptolemäa bloß,
Daß häufig schon die Seele hingefallen,
Bevor noch Atropos ihr gibt den Stoß.

Auf daß du lieber tust mir den Gefallen
Und pflückst die glasigen Tränen vom Gesicht:
Vernimm, man läßt dort den Verrätern allen,

Die so wie ich sind, ihren Körper nicht;
Ein Dämon schlüpft hinein, ihn zu regieren,
Bis seine Zeit vollendet ist im Licht.

Sie stürzt hinab zu diesen Qualrevieren;
Vielleicht erscheint noch auf der Erde oben
Des Schattens Leib, der hinter mir muß frieren.

Du mußt es wissen, kommst du doch von droben:
Herr Branca d'Oria ist's, und schon verstrich
Gar manches Jahr, seit er so aufgehoben.«

»Ich glaube«, sagt ich ihm, »du täuschest mich;
Er überschritt noch nicht des Todes Schranken:
Er ißt und trinkt und schläft und kleidet sich.«

»Im Graben«, sagte er, »der Malepranken,
In dem des Peches Sieden findet statt,
Erblickte man noch nicht Herrn Michel Zanchen,

Als einen Teufel er an seiner Statt
In seinen Körper ließ, wie sein Verwandter,
Der den Verrat mit ihm begangen hat.

Doch reich die Hand mir her, du Unbekannter,
Und öffne mir das Lid!« Ich tat es nicht:
Denn grob zu ihm zu sein, war hier galanter.

O genuesisch, sittenlos Gezücht,
Das aus sich noch ein jedes Laster kreißte,
Warum seid ihr nicht aus der Welt gewischt?

Denn mit dem schlimmsten Romagnolengeiste
Sah einen ich der Deinen in Beschwerden,
Des Seele im Cocytus schon vereiste,

Und dessen Leib noch sichtbar lebt auf Erden.

XXXIV. GESANG

»Vexilla inferni regis prodeunt
Auf uns jetzt zu! darum nach vorn gespäht«,
So sprach mein Meister, »ob dir etwas kund!«

Wie aus Distanz, wenn dichter Nebel weht,
Und wenn die Nacht beginnt in unseren Landen,
Die Mühle ausschaut, wenn der Wind sie dreht,

So ist vor mir ein Bauwerk auferstanden!
Dann drängt ich hintern Führer mich etwas
Vorm Wind; da sonst kein Schirm dort war vorhanden.

Schon war ich – und mit Furcht setz ich's ins Maß –
Dort, wo die Schatten ganz von Eis umwoben;
Sie schienen durch, wie Splitter tun im Glas.

Der eine lag, der andre stand erhoben,
Der mit dem Kopf, der mit dem Fuß empor,
Der hielt, im Bogen, Kopf an Fuß geschoben.

Wir schritten eine solche Strecke vor,
Daß meinem Herrn gefiel, ich möchte sehen
Die Kreatur, die herrlich war zuvor.

Er wich vor mir und ließ mich stille stehen.
»Sieh Dis«, sprach er, »und sieh dir an den Ort,
Wo's nötig ist, mit Kraft sich zu versehen.«

Wie ich erstarrte und verstummte dort,
O frage nicht! ich kann's nicht wiedergeben;
Ungenügend wiese sich ja jedes Wort.

Da starb ich nicht und konnte auch nicht leben;
Bedenk für dich, wenn du ein Gran Verstand,
Was aus mir wurde ohne Tod und Leben.

Den Kaiser, welcher lenkt dies wehe Land,
Sah ich dem Eis zur Hälfte sich entpressen;
Und eher paßt zu mir noch ein Gigant

Als der zum Arm, den jener hat besessen;
Bedenk, wie muß da wohl das Ganze sein,
Das einem solchen Teile angemessen!

Wenn er so schön war, wie er jetzt gemein,
Und gegen seinen Schöpfer hob die Brauen,
So muß von ihm entspringen jede Pein.

Ich wollte meinen Augen nicht mehr trauen!
Am Kopfe waren drei Gesichter dran;
Eins vorn, von Farbe rötlich anzuschauen,

Und zwei noch, die sich angeschlossen dann,
Ein jedes oberhalb der Schultermitte,
Und sich am Hinterkopfe rührten an;

Und zwischen weiß und gelb im Kolorite
War 's rechte, und das linke so, wie wer
Vom Nil kommt, wo er abwärts lenkt die Schritte.

Drei Flügelpaare kamen drunter her,
Die solchem Vogel sich entsprechend weisen:
Nie sah ich solche Segel auf dem Meer.

Sie waren, gleichwie bei den Fledermäusen,
Der Federn bar und flatterten voll Eifer,
So daß drei Winde sich davon entschleusen;

Davon ward der Cocytus steif und steifer;
Sechs Augen weinten, dreimal tropften Tränen
Von Kinnen nieder und ein blutiger Geifer,

Und jedes seiner Mäuler brach mit Zähnen
Je einen, wie die Breche Flachs zerbricht,
So daß ich hier vernahm ein dreifach Stöhnen.

Das Beißen schien so schlimm dem Vordern nicht
Wie das Zerkratzen; manchmal sah ich scheinen
Sein Rückgrat bloß von jeder Oberschicht.

»Die Seele, die den meisten Grund zum Weinen,
Ist Judas oben!« fuhr der Meister fort;
»Drin mit dem Kopf und zappelnd mit den Beinen.

Die andern zwei, kopfabwärts baumelnd dort,
Sind Brutus, der vom schwarzen Maul hängt nieder
– Sieh, wie er sich verdreht und spricht kein Wort –,

Und Cassius, Eigentümer mächtger Glieder.
Doch laßt uns weitergehn: 's ist an der Zeit;
Wir sahen alles und die Nacht kommt wieder!«

Den Hals umschlang ich ihm dann auf Bescheid,
Und Zeit und Örtlichkeit nahm er dann wahr,
Sich haltend, als die Flügel klafften weit,

An seinen Flanken, wo viel Haar dran war;
Von Busch zu Busch stieg ab er immer weiter
Durch Eiseskruste und das dichte Haar.

Als wir bis dort gelangt auf solcher Leiter,
Wo sich der Schenkel dreht, der Hüfte Schwelle,
Da wandte mühsam keuchend mein Begleiter

Sein Haupt herum an seiner Beine Stelle
Und hielt sich an dem Haar, als ob er stiege,
Und mir erschien's, als ging's zurück zur Hölle.

»Nun halt dich fest, auf einer solchen Stiege«,
So sprach der Meister, mühsam keuchend noch,
»Nimmt Abschied man von solcher Übel Wiege!«

Dann kroch hinaus er durch ein Felsenloch,
Mich setzend auf den Rand; als es geschehen,
Kam er mir nach, ganz sichern Schritts jedoch.

Ich hob die Augen, meinend da zu sehen
Den Luzifer, wie ich von ihm gekehrt,
Und sah ihn seine Beine aufwärts drehen;

Wenn dieser Anblick mich so sehr versehrt,
Bedenk der Pöbel, der nicht sehen kann,
Was mit dem Punkte los, den ich durchquert!

»Auf deine Füße!« sprach der Meister dann;
»Der Weg ist lang; die Straße eine Gosse;
Die Sonne zeigt die halbe Terze an.«

Es war kein' Kemenat in einem Schlosse,
Dort wo ich war, ein Kerker der Natur,
Mit schlechtem Boden, finsterem Geschosse.

»Noch eh ich, Herr, entrinne dieser Flur«,
Hab ich, indem ich aufstand, angefangen,
»Sag zur Erklärung mir ein Wörtchen nur.

Wo ist das Eis? wieso seh ich ihn hangen
Kopfüber da? wie ist die Sonne doch
So schnell von West nach Osten hingegangen?«

Und er zu mir: »Du bildest ein dich noch
Jenseits des Zentrums, wo am Fell wir faßten
Den Wurm, der durch die Welt sich bohrt ein Loch.

Dort weiltest du noch beim Hinuntertasten;
Als ich mich kehrte, warst am Punkt du dran,
Zu dem hinunterstreben alle Lasten.

Nun kamst du unter jener Wölbung an,
Entgegen der, die überm festen Lande
Und unter deren Kulm starb jener Mann,

Der ward und lebte fern dem Sündenstande,
So daß dein Fuß am kleinen Kreise steht,
Der 's andere Antlitz von Giudeccas Schande.

Hier ist es frühe, wenn es dort schon spät;
Und er, der Stiege durch des Haares Fülle,
Steckt so noch drin, wie du ihn erst erspäht.

Nach hier warf ihn hinab des Himmels Wille;
Das Land, das noch vorher stak aus dem Meere,
Bedeckte sich aus Furcht mit seiner Hülle

Und wich hinauf zu unserer Hemisphäre:
Wohl, ihn zu meiden, stieg empor sodann,
Was hier erscheint, so lassend diese Leere.«

Entfernt von Beelzebub ein Ort fängt an,
So weit davon, wie sich die Höhle breitet,
Den man nicht sehen, aber hören kann

Vom Bächlein, welches dort hinuntergleitet
Durchs Loch, das seinem Nagen selbst entsprang
In seinem krummen Lauf, der langsam gleitet.

Wir schlugen ein dann den verborgenen Gang,
Der Herr und ich, zur lichten Weltenseite,
Und ohne uns noch auszuruhen lang,

So ging es, er der erste, ich der zweite,
So lang, bis ich dann blickte in der Ferne
Des Himmels Schmuck durch eines Loches Weite:

Dort schritten wir hinaus, zu schaun die Sterne!

LÄUTERUNGSBERG

I. GESANG

Zu fahren bessere Wasser, hebt die Segel
Nunmehr von neuem meines Geistes Kahn,
Der hinter sich gebracht so grausen Pegel.

Besingen werd ich jetzt den zweiten Plan:
Hier läutert sich des Menschengeistes Streben,
Bis daß er würdig für des Himmels Bahn.

Der toten Poesie gebt neues Leben,
Ihr heiligen Musen, da ich euer Sohn;
Kalliope mög etwas sich erheben,

Begleitend meinen Sang mit jenem Ton,
Der schon den armen Elstern solche Lehre,
Daß sie verzweifelten einst am Pardon.

An Farbe schien die heitere Atmosphäre
Gleich östlichem Saphir, und frei von Dust
Erhob sie sich bis zu der ersten Sphäre

Und gab dadurch den Augen neue Lust,
Sobald die Totenluft zurückgeblieben,
Die mir bekümmert hatte Blick und Brust.

Der schöne Stern, der Kraft verleiht zu lieben,
Erfüllte ganz mit Glanz den Orient,
Die Fische bergend, welche mit ihm trieben.

Ich wandte mich nach rechts am Firmament
Zum andren Pol und schaute da vier Sterne,
Die niemand als die ersten Menschen kennt.

Der Himmel hatte, schien's, ihr Flammen gerne:
Wie bist du doch verwitwet, nordisch Land,
Da dir ihr Anblick ja auf ewig ferne!

Als ich von ihrem Anblick mich gewandt,
Um etwas mich zum andern Pol zu halten,
An dem bereits des Wagens Licht verschwand,

Erblickt ich nah mir einsam einen Alten:
Ehrfurchtgebietend so durchs Aussehn schon,
Daß Väter niemals mehr bei Söhnen galten.

Sein Bart war lang, mit Weiß gemischt im Ton,
Das Haupthaar ebenfalls, das ihn umsträhnte;
Zwei Büschel fielen ihm zur Brust davon.

Der Strahl des heiligen Viergestirns belehnte
Sein Angesicht mit solchem lichten Saum,
Daß ich bereits die Sonne vorne wähnte.

»Wer seid ihr, die entgegen blindem Schaum
Geflohn seid aus des Kerkers ewgem Schmerze?«
Sprach er, bewegend seinen würdigen Flaum.

»Wer führte euch und wer war eure Kerze,
Als ihr getreten seid aus tiefer Nacht,
Die stets das Höllental erfüllt mit Schwärze?

Ist denn gebrochen so des Abgrunds Macht?
Hob auf der Himmel sein Gesetz denn wieder?
Kommt ihr zu meinem Fels, obwohl in Acht?«

Der Führer packte mich und zwang mich nieder,
Bewegend mich mit Zeichen, Hand und Wort,
Der Ehrfurcht anzupassen Bein und Lider.

Dann sagte er: »Aus mir zog ich nicht fort:
Vom Himmel kam ein Weib, auf des Begehren
Ich ihn begleitete von Ort zu Ort.

Doch da's dein Wille ist, noch mehr zu hören,
Wie es mit uns denn steht in Wirklichkeit,
Kann's meiner nicht sein, dir es zu verwehren.

Er weiß vom letzten Abend nicht Bescheid,
Doch kam er ihm so nahe, ganz verblendet,
Daß ihm zur Umkehr blieb nur wenig Zeit;

Wie ich schon sagte, ward ich hergesendet,
Ihn zu befrein; kein anderer Weg bestand
Als dieser hier, auf den ich mich gewendet.

Ich zeigte ganz ihm der Verworfenen Land;
Nun soll er sich zu jenen Geistern schlagen,
Die hier sich läutern unter deiner Hand.

Wie ich ihn mitzog, wäre lang zu sagen;
Von oben sinkt die Kraft, die bei mir steht,
Zu führen ihn, zu sehn dich und zu fragen.

Gefall's dir nun, daß er auch hierher geht;
Er sucht die Freiheit, wertvoll zu erlangen,
Wie's weiß, wer 's Leben ihrethalb verschmäht.

Du weißt's, der dafür in den Tod gegangen
In Utica, wo dir einst abgeglitten
Das Kleid, das einst am großen Tag wird prangen.

Das ewige Recht hat nicht von uns gelitten;
Denn dieser lebt; mich hält nicht Minos da;
Ich bin vom Kreis, wo dich beharrlich bitten

Die keuschen Augen deiner Marzia,
Daß du sie haltest, heilge Brust, als eigen:
Bei ihrer Liebe, sage jetzt uns ja!

Laß uns durch deine sieben Reiche steigen;
Ich werde Dank ihr deinetwegen sagen,
Wenn unten dir nicht lieber ist mein Schweigen.«

»Marzia verschaffte mir solch ein Behagen,
Solang ich drüben war«, so sprach er dann,
»Daß ich ihr konnte keinen Wunsch versagen.

Doch seit sie in des schlimmen Flusses Bann,
Kann sie nach dem Gesetz mich nicht mehr rühren,
Das einst erlassen ward, als ich entrann.

Doch wenn ein himmlisch Weib dich pflegt zu führen,
Wie du es sagst, braucht's keine Schmeichelein;
Flehst du bei ihm, so werd ich mich nicht zieren.

Geh hin und lasse ihn umgürtet sein
Mit schlichtem Schilf, und wasche ihm die Züge
Von allem Unflat des Inferno rein!

Es ziemt sich nicht, die Augen noch voll Lüge,
Zu treten vor des ersten Dieners Schwelle,
Der einer von des Paradieses Riege.

Die Insel trägt an ihrer tiefsten Stelle
Ringsum viel Rohr auf ihrem weichen Schlamm,
Am Grunde, wo sie schlägt des Meeres Welle;

Kein anderes Gewächs mit Laub und Stamm
Kann dort in seinem Leben lange währen,
Da es sich gegen Wellen hält zu stramm.

Hierher dürft ihr dann nicht zurück mehr kehren;
Die Sonne, die bereits am Rand erschien,
Wird euch den besten Weg des Aufstiegs lehren.«

So schwand er, und ich hob mich von den Knien
Und drängte eng mich, ohne mehr zu sprechen,
An meinen Führer und beschaute ihn.

Und er begann: »Zeit ist es, aufzubrechen;
Wir müssen kehren; denn hier senken sich
Zu ihrer größten Tiefe hin die Flächen.«

Bezwungen von der Tageshelle wich
Das Morgengraun; da blinkte mir entgegen
Des Meeres Funkeln wie ein ferner Strich.

Wir schritten auf den menschenleeren Wegen,
Wie man sich zur verlorenen Straße kehrt,
Und bis dorthin glaubt, sich umsonst zu regen.

Als wir dort waren, wo sich noch erwehrt
Der Tau der Sonne, und, da im Gelände
Ein kühler Wind weht, wenig sich verzehrt,

Da nahm ich wahr, wie offen beide Hände
Mein Meister sachte zu dem Gras hin streckte,
Bis ich, der wohl gewußt, zu welchem Ende,

Die tränenfeuchten Wangen zu ihm reckte;
Dort legte er mir völlig frei daran
Die Farbe, die die Hölle mir versteckte.

Wir kamen an dem leeren Ufer an,
Auf dessen Wellen niemand schiffen sollte,
Der jemals wieder heimgefunden dann.

Dort gürtet er mich, so wie jener wollte;
Wie wunderbar, daß, kaum, daß er gepflückt
Die schlichte Pflanze, sie sich neu entrollte

An gleicher Stelle, wo er sie zerstückt!

II. GESANG

Da schon am Horizont die Sonne funkte,
Des Meridiankreis gerade überdacht
Jerusalem mit seinem höchsten Punkte,

Und jenseits kreisend schon stieg auf die Nacht,
Vom Ganges mit der Waage aufgegangen,
Die aus der Hand ihr fällt bei Übermacht,

Sah ich die weißen und die roten Wangen
Der schönen Morgenröte, wo ich stand,
Vom Alter schon vergilbt am Himmel prangen.

Wir waren noch ganz dicht am Meeresstrand,
Gleich dem, der überdenkt, wie er wohl gehe,
Im Herzen wandernd, doch im Leib gebannt.

Doch siehe, wie man in des Morgens Nähe
Durch dichten Dunst das Rot des Mars gewahrt
Im Westen unten, in der Meereshöhe,

So sah ich – wär's mir nochmals offenbart! –
Ein Licht sich nahen übers Meer so schnelle,
Daß schneller als ein Fliegen seine Fahrt.

Als meinen Blick gewandt ich von der Stelle,
Zu fragen meinen Führer schnell danach,
Sah ich's gewachsen und in größerer Helle.

Dann sah ich, wie auf beiden Seiten brach,
Ich weiß nicht, was für Weißes aus dem Roten,
Und dann ein andres unten nach und nach.

Mein Meister schwieg, als sich's dem Blick geboten,
Bis aus dem ersten Weiß ward dann Gefieder.
Sobald er wohl erkannte den Piloten,

Rief er: »O beuge, beug die Kniee nieder!
Sieh Gottes Engel, falte deine Hände!
Jetzt siehst du solche Diener immer wieder.

Sieh, er verschmäht das Werk der Menschenhände;
Kein Ruder, keine Segel nimmst du wahr,
Nur seine Flügel trotz so ferner Strände.

Wie er zum Himmel spreizt sein Flügelpaar,
Die Luft bewegend mit den ewigen Schwingen,
Die sich nicht ändern wie verweslich Haar!«

Wie ich dann näher auf uns zu sah schwingen
Den Gottesvogel, schien er so in Brand,
Daß mir die Augen davon übergingen:

Da senkt ich sie, und er kam dann zum Strand
Mit solchem leichten und geschwinden Boote,
Daß keine Spur davon im Meer entstand.

Auf seinem Buge stand der Himmelsbote,
So voller Lust, als sei's ihm eingeschrieben,
Und drinnen saßen mehr als hundert Tote.

»Als Israel aus Ägypten ward getrieben!«
So sangen unisono sie, desgleichen,
Was dann in jenem Psalme noch geschrieben.

Er machte dann des heiligen Kreuzes Zeichen,
Woraufhin jeder sich zum Strand gewandt;
Ich sah ihn dann, schnell wie er kam, entweichen.

Der Haufen, der zurückblieb an dem Strand,
Sah fremd umher, wohin er nun wohl schritte,
Dem gleich, der etwas probt, was unbekannt.

Nach allen Seiten schoß auf seinem Ritte
Sol Strahlen aus, und vor dem Taggestirn
War Steinbock schon entflohn aus Himmelsmitte,

Als diese Neuen hoben ihre Stirn
Uns zu und sprachen: »Seid ihr wohl imstande,
Den Weg uns anzugeben hin zum Firn?«

»Ihr glaubt wohl, scheint's, wir seien mit dem Strande
Nicht unbekannt?« so gab Bescheid Virgil;
»Doch wir, wie ihr, sind Fremde hier im Lande.

Wir kamen zwar vor euch, vor euch nicht viel,
Auf andrem Weg, auf dem so schwer zu schleichen,
Daß jetzt das Steigen scheint uns nur ein Spiel.«

Die Seelen, welche an des Atems Zeichen
Erkannt, daß ich das Leben noch gehegt,
Sah vor Erstaunen ich sodann erbleichen.

Und wie zum Boten, der den Ölzweig trägt,
Die Menge zieht, auf Nachricht ganz versessen,
Von keiner Scheu vor dem Gedräng bewegt,

So starrten mir ins Antlitz unterdessen
Die Glückbestimmten, die mir da erschienen,
Als ob, zum Licht zu schreiten, sie vergessen.

Es löste sich dann einer ab von ihnen,
Mich zu umarmen mit so großer Lust,
Daß ich bewegt, mit Gleichem ihm zu dienen.

O eitle Schatten, nur dem Blick bewußt!
Dreimal versucht ich, diesen zu umfangen:
Dreimal zog ich die Arme bis zur Brust!!

Vor Staunen färbten sich mir wohl die Wangen;
Drum lächelte der Geist beim Rückwärtsgehen;
Und ich, ihm folgend, bin dann vorgegangen.

Er bat ganz sacht, ich möge stille stehen:
Da wußt ich, wer er war, und wünschte mir,
Er möge halten, Rede mir zu stehen.

Er sprach: »Wie ich im Körper hing an dir,
Lieb ich dich ohne ihn in gleichem Drange;
Drum steh ich still: doch du, was suchst du hier?«

»O mein Casella, ich bin auf dem Gange,
Um noch einmal nach hier zurückzugehn!«
So ich; »doch du, was brauchtest du so lange?«

Und er zu mir: »Kein Fehlgriff ist geschehn,
Wenn er, der mitnimmt, die hier landen sollen,
Mich mehrmals ließ am andren Ufer stehn;

Sein Wille formt sich nach gerechtem Wollen;
Doch seit drei Monden ließ er hier an Land
In Gnaden alle, die hier eingehn wollen.

So ward auch ich, der ich zum Meer gewandt,
Wo sich mit Salz des Tibers Wellen tränken,
Gern von ihm mitgenommen an den Strand.

Dorthin siehst jetzt du seine Flügel lenken:
Denn alle sammelt er in seinem Boot,
Die nicht zum Acheron die Schritte senken.«

Und ich: »Wenn dir nicht nimmt ein neu Gebot
Erinnerung und Kunst der Minnelieder,
Die einst mir stillten alle meine Not,

Gib Kraft damit jetzt meiner Seele wieder!
Sie kommt ja her mit meines Leibs Gewicht,
Und große Angst und Sorge drückt sie nieder.«

»Die Liebe, die im Geiste zu mir spricht!«
Begann er dann so süß, daß ich die Klänge
Und ihre Süße noch vergesse nicht.

Mein Meister und ich selbst und jene Menge
Sahn so zufrieden aus mit unserm Los,
Als ob an gar nichts sonst der Sinn uns hänge.

Wir alle lauschten stumm dem Sange bloß,
Als wir vernahmen unsern würdigen Alten:
»O träge Geister ihr, was ist denn los?

Warum denn dieses Säumen, dieses Halten?
O lauft zum Berg, und seid der Schuppe feind,
Die euch verwehrt, zu schauen Gottes Walten!«

Wie Tauben, die erst, auf dem Feld vereint,
Sich ruhig Korn und Kräuter lassen schmecken,
Ganz ohne daß ihr Übermut erscheint,

Pflegt nur Geringes ihre Furcht zu wecken,
Sich von dem Futter unversehens trennen,
Da nunmehr größere Sorgen sie erschrecken,

So sah ich die frisch Eingetroffenen rennen
Vom Sange weg und fliehn zum Bergeshang,
Gleich Wanderern, die das Ziel noch nicht erkennen:

Auch unser Aufbruch dauerte nicht lang!

III. GESANG

Indes die jählings eingetretene Flucht
Die andern über das Gefild verstreute,
Dem Berge zu, wo uns Vernunft durchsucht,

Schmiegt ich mich an des treuen Meisters Seite.
Wie hätt ich auch allein den Weg gewagt?
Wer gäbe sonst zum Berg mir das Geleite?

Er schien mit Reue über sich geplagt:
O würdiges und lauteres Gewissen,
An dem solch kleiner Fehltritt bitter nagt!

Als er sich nicht der Eile mehr beflissen,
Die jeder Haltung ihre Würde nimmt,
Da fühlt ich, daß mein Geist, dem Bann entrissen,

Sich größerem Blickfeld jetzt zu weihn gestimmt,
So daß ich meinen Blick zum Berge wandte,
Der himmelwärts zuhöchst dem Meer entklimmt.

Die Sonne, die im Rücken rötlich brannte,
Brach sich vor mir, da ich sie aufgefangen
Mit meinem Leib, der ihre Strahlen bannte.

Ich wandte mich zur Seite hin, vor Bangen,
Ich sei allein, als ich erblickte hier
Allein vor mir den Grund so schwarz verhangen.

Mein Tröster sprach: »Warum mißtraust du mir?«
So fing er an, ganz zu mir hingewendet:
»Glaubst du denn deinen Führer nicht bei dir?

Im Grabe liegt, dort, wo der Tag schon endet,
Der Körper drin, der Schatten warf im Licht;
Neapel hat ihn Brindisi entwendet.

Drum, kommt vor mir kein Schatten dir in Sicht,
Bestaun's nicht mehr als jene Himmelssphären,
Wo eine hemmt den Strahl der andern nicht.

Um Qual und Glut und Frost uns zu bescheren,
Macht Gott uns solchen Leib, darin zu wohnen;
Doch wie er's schafft, will er uns nicht erklären.

Zu dumm, zu hoffen, die endlosen Zonen
Zu messen je mit des Verstandes Maß,
Darin die Einheit haust in drei Personen,

Sei, Menschenvolk, zufrieden mit dem Daß!
Maria brauchte gar nicht zu empfangen,
Sofern ihr alles sähet ohne das!

Und solche Sterblichen saht ihr verlangen
Ganz fruchtlos, deren Sehnen sonst erhört,
Das ewig sie zur Trauer nun empfangen,

Wozu auch Aristoteles gehört,
Nebst Plato, und manch anderer Geselle.«
Hier beugte er sein Haupt und schwieg verstört.

Indes gelangten wir zur Bergesschwelle:
So steil war hier der Felsen, den ich sah,
Daß ganz vergebens hier die Beine schnelle.

Inzwischen Lerici und Turbia
Der schroffste Absturz ist nur eine Stiege,
Bequem und zugänglich dagegen ja.

»Wer weiß wohl, wo so flach das Felsgefüge«,
So sprach mein Herr, indem er stille stand,
»Daß man ganz ohne Flügel es erstiege?«

Und während er den Blick hinabgewandt,
Den Weg im Geiste sich zu überlegen,
Und ich geblickt hinauf zur Felsenwand,

Kam links ein Geisterhaufe mir entgegen,
Der seinen Fuß so langsam vorgesetzt,
Daß er sich nicht vom Fleck schien zu bewegen.

Ich sprach: »O Meister, heb die Augen jetzt:
Ratgeber haben wir nun angetroffen,
Sofern du dich nicht selber fähig schätzt.«

Er sah und sprach, den Blick nun frei und offen:
»Gehn wir, da sie zu kriechen nur imstand,
Und laß, mein süßer Sohn, nicht ab zu hoffen!«

Als jenes Volk nach tausend Schritt noch stand,
So fern getrennt von uns durch eine Strecke,
Wie guter Schleuderer würfe mit der Hand,

Da drängten sie sich alle an die Blöcke
Des hohen Hangs und rührten dort sich nicht:
So steht der Wanderer zweifelnd auf dem Flecke.

»Gottselige Geister ihr, erwählt zum Licht«,
Begann Virgil sodann, »bei jenem Frieden,
Der, glaub ich, für euch alle ist in Sicht,

Sagt uns, wo solcher Anstieg uns beschieden,
Daß es uns möglich wird, hinaufzugehn,
Da Zeitverlust vom Kundigen gern vermieden!«

Gleichwie die Schafe aus dem Pferche gehn,
Zu eins, zu zwei, zu drei, und ganz verlegen
Die andern, Blick und Maul zur Erde, stehn

Und sich zu richten nach dem ersten pflegen,
Und, wenn es hält, ihm nahe rücken bang,
Einfältig stumm, und wissen nicht weswegen,

So kamen uns entgegen auf dem Hang
Die ersten dieser glückhaften Gemeine,
Mit keuschem Blick und einem züchtigen Gang.

Die Vorderen sahn gebrochen jetzt im Scheine
Das Licht am Boden, rechts von mir ein Stück,
Und mich den Schatten werfen bis zum Steine.

Da hielten sie und wichen noch zurück;
Der Rest, der hinter ihnen kam gegangen,
Tat ganz genau das gleiche auf gut Glück.

»Ich beichte dieses ohne eur Verlangen,
Daß dieser hier im Menschenleibe ist:
Drum hat das Sonnenlicht er aufgefangen.

Erstaunt nicht drüber, bitte, sondern wißt,
Daß ohne Kraft nicht, die des Himmels Spende,
Er diese Wand zu steigen sich vermißt.«

Der Meister so, und diese Würdigen: »Wende
Und gehe vor uns mit dem andern dann!«
Uns winkend mit den Rücken ihrer Hände.

Sodann fing einer von den Geistern an:
»Wer du auch seist, schau her im Weitergehen:
Denk nach, ob du mich sahst schon irgendwann!«

Ich wandte mich, um ihn mir anzusehen:
Er schien so blond und schön und ritterlich,
Mit einer Narbe an der Stirn versehen.

Doch ich ganz demütig verwahrte mich,
Daß ich ihn je gesehn. »Schau, kannst du lesen?«
So wies er auf der Brust mir einen Stich.

Dann lächelnd: »Ich bin Manfred einst gewesen,
Konstanzens Enkelkind, der Kaiserin;
Geh, bitte, wenn zur Heimkehr du erlesen,

Zur schönen Tochter mir, Gebärerin
Von Aragoniens und Siziliens Ehren,
Und sag ihr, wenn man lügt, wo ich jetzt bin!

Sobald ich fühlte meinen Leib versehren
Zwei Todesstreiche, traut ich seiner Huld,
Der uns verzeiht so gerne, ganz in Zähren.

Ganz fürchterlich war meine Sündenschuld;
Doch hat der Arm der Güte solche Weite,
Daß er die Reue annimmt voll Geduld.

Sofern Cosenzas Hirt, den Clemens dräute,
Auf mich zur Jagd zu ziehn, gelesen gut
In Gottes Evangelium diese Seite,

So hätte länger mein Gebein geruht
Am Brückenkopf, bei Benevent gelegen,
In des so schweren Trümmermales Hut.

Nun stößt der Wind es, badet es der Regen,
Ganz außerhalb des Reichs, beim Verde dicht,
Wohin er's bei verlöschtem Licht ließ legen.

Durch ihren Fluch verdirbt so sehr man nicht,
Daß es die ewige Liebe nicht kann wenden,
Solang die Hoffnung noch nicht ganz verlischt.

Die im Verruf der heiligen Kirche enden,
Bereun sie auch vorm Tod, daß sie geirrt,
Sie dürfen sich zu diesem Fels nicht wenden,

Bis dreißigmal die Zeit vorüberschwirrt,
Die sie getrotzt, sofern durch frommes Flehen
Die so bestimmte Frist verkürzt nicht wird.

Kannst du mir helfend nicht zur Seite stehen,
Enthüllend meiner gütigen Konstanze,
Wie dies Verbot, und wie du mich gesehen?

Ihr helft uns, brecht für uns ihr eine Lanze.«

IV. GESANG

Falls sich, von Lust und Unlust affiziert,
Wenn eine unserer Kräfte sie empfindet,
Die Seele auf die Regung konzentriert,

So scheint sie sonst für jede Kraft erblindet:
Ein Faktum, das dem Irrtum widerspricht,
Daß Seele sich auf Seel in uns entzündet.

Kommt etwas zu Gehör uns und Gesicht,
Das fest mit sich die Seele hält verwunden,
Vergeht die Zeit, und wir bemerken's nicht:

Denn ein Vermögen registriert die Stunden;
Doch eines hält die Seele ganz in Bann,
Gebunden dieses, jenes ungebunden:

So lauschte ich dem Geist und staunt ihn an,
Und obige Erfahrung kam zutage;
Denn fünfzig Grade war gestiegen dann

Die Sonne, und ich sah nicht ihre Lage,
Als wir nach dorthin kamen, wo vereint
Die Seelen riefen: »Hier ist eure Frage!«

Mit einer Gabelvoll des Dorns verzäunt
Gar häufig eine Öffnung größerer Weite
Der Dorfbewohner, wenn die Traube bräunt,

Als die des Durchgangs war, den mein Geleite
Emporstieg, ich nach ihm, ganz einsam wieder,
Als sich die Schar entfernt von unserer Seite.

San Leo steigt man auf und Noli nieder;
Nach Bismantova hin reicht unser Schritt,
Zum Gipfel hin; doch hier braucht man Gefieder!

Der großen Sehnsucht Flug mein ich damit,
Dem Führer nach, mit welchem ich im Bunde,
Der Trost mir gab und Rat auf Schritt und Tritt.

Wir stiegen auf sodann im Felsenschrunde,
Und beiderseits bedrängte uns die Wand,
Und Fuß und Hand war nötig auf dem Grunde.

Als wir gelangten dann zum oberen Rand
Der Felswand, wo der Blick ging in die Weiten,
Sprach ich: »Mein Meister, wohin nun gewandt?«

Und er zu mir: »Du darfst nicht abwärts schreiten;
Bergauf geht's immer, du stets hinterher,
Bis einer kommt, um weiter uns zu leiten!«

Der Blick drang nicht empor zum Gipfel mehr,
Und steiler war der Hang, als bis zur Mitte
Die Grade geht vom Halbquadranten her.

Ich war ganz matt, als ich begann die Bitte:
»Mein süßer Vater, dreh und blick auf mich;
Ich bleib allein, hältst du nicht an die Schritte.«

»Mein Sohn«, sprach er, »bis dorthin schleppe dich!«
Und wies mir etwas höher eine Borte,
Die auf der Seite hier den Berg umstrich.

So mächtig spornten an mich seine Worte,
Daß ich ihm nach auf allen vieren bin,
Bis mit dem Fuß ich am erwähnten Orte.

Wir setzten alle beide uns dann hin,
Gekehrt nach Osten, wo wir aufgestiegen:
Zurückzuschaun erfreut des Wanderers Sinn.

Zur tiefen Küste ließ den Blick ich fliegen;
Empor hob ich ihn zu der Sonne Brand
Und staunte, daß ganz links ich sie sah liegen.

Wohl nahm der Dichter wahr, wie dort ich stand,
Von jenem Sonnenwagen ganz geblendet,
Weil er sich zwischen uns und Norden wand.

Dann sagte er: »Wenn sich bereits gewendet
Zum Zwillingspaare jenes Spiegels Rad,
Der seine Strahlen auf- und abwärts sendet,

Sähst du den rötlichen Zodiak genaht
Noch mehr den Bären dann in seinem Drehen,
Wenn er nicht träte aus dem alten Pfad.

Willst du versuchen, dieses zu verstehen,
Denk scharf, daß Zion auf der einen Seite
Und dieser Berg so auf der Erde stehen,

Daß nur ein Horizont besteht für beide,
Doch andere Hemisphären, und die Au,
Die Phaethon befuhr zu seinem Leide,

Kommt hier auf einer Seite stets zur Schau,
Und auf der andern steht sie drüben immer,
Sofern's betrachtet dein Verstand genau!«

»Gewiß, mein Meister«, sagte ich, »wohl nimmer
Sah ich so klar, wie nun ich mir's erkläre,
Wovon mein Geist am Anfang keinen Schimmer.

Der Mittelkreis der höchsten Sternensphäre,
Der zwischen Sonn und Winter bleibt gespannt –
Äquator heißt er nach der Sternenlehre –,

Entfernt sich aus dem Grund, den du genannt,
Soweit nach Norden hier, wie die Hebräer
Ihn wahrgenommen in des Südens Brand.

Doch, wenn es dir gefällt, wüßt ich gern näher,
Wie weit wir noch zu gehn; der Abhang steigt
So hoch, daß mir der Blick versagt noch eher.«

Und er zu mir: »Der Berg ist so geneigt,
Daß unten er pflegt Mühe zu bereiten,
Je mehr man steigt jedoch, sich sanfter zeigt.

Drum, wenn so leicht dir's deucht, auf ihm zu schreiten,
Daß dir das Aufwärtswandern nicht mehr Plage,
Als mit dem Schiffe das Stromabwärtsgleiten,

Bist du am Ende deiner Reisetage!
Du kannst erst ruhn, wenn du dich durchgerungen!
Mehr sag ich nicht, und wahr ist, was ich sage!«

Kaum waren seine Worte ausgeklungen,
Als eine nahe Stimme rief: »Vorher
Wirst du vielleicht zum Sitzen noch gezwungen!«

Beim Klange drehten wir uns hin und her:
Da trat uns links ein großer Block entgegen,
Den weder ich vorher bemerkt noch er.

Wir gingen hin und sahn, wo er gelegen,
Im Schatten Seelen, kauernd hinterm Stein,
Wie man es in der Welt sieht bei den Trägen.

Und einer, der mir müde schien zu sein,
Umschlang die Kniee, steckend in die Leere
Dazwischen tief sein Angesicht hinein.

»Mein süßer Herr«, sagt ich sodann, »o kehre
Zu ihm dich hin: er sieht sich träger an,
Als wenn die Trägheit seine Schwester wäre.«

Und jener sah uns an, sich drehend dann,
Das Antlitz überm Schenkel kaum erhoben,
Und sprach: »Nun steig empor, du tüchtiger Mann!«

Da wußt ich, wer er war; der Gang nach oben,
Durch den mein Herz mir schneller dort geschlagen,
Hat mir zu ihm die Reise nicht verschoben.

Dann hat kaum höher er sein Haupt getragen
Und sagte: »Sahst du, wie die Sonne dort
Zur linken Schulter leitet ihren Wagen?«

Sein träges Wesen und sein kurzes Wort
Bewegten meinen Mund zum Lächeln leise:
»Belaqua«, sprach ich, »nicht mehr dauert fort

Mein Schmerz um dich! warum stockt deine Reise
An diesem Platz? erwartest du Eskorte?
Fielst du zurück in deine alte Weise?«

Und er: »O Bruder, warum ziehn vom Orte?
Mich ließe doch nicht zu der Qual Genuß
Der Engel Gottes, sitzend an der Pforte.

Da sich der Himmel draußen drehen muß,
So oft er sich im Leben mir gewendet,
Weil ich die guten Seufzer schob zum Schluß,

Wird mir nicht ein Gebet zuvor gespendet,
Das aufwärts steigt aus Herzen in der Gnade:
Hilft mir doch keins, das nicht im Himmel endet!«

Schon stieg der Dichter vor mir auf dem Pfade
Und sprach: »Jetzt komme! siehe, wie schon steckt
Am Meridian die Sonn, und am Gestade

Die Nacht schon mit dem Fuß Marocco deckt!«

V. GESANG

Hinweggegangen war ich schon von diesen
Und zog jetzt hinter meinem Führer her,
Als einer hinter mir auf mich gewiesen

Und ausrief: »Seht! es glänzt der Strahl nicht mehr
Links von dem Untern, der da hergekrochen:
Er geht ja wie ein Lebender einher!«

Die Blicke wandt ich, als er so gesprochen:
Da sah ich, wie sie ansahn voller Staunen
Nur mich, nur mich, und wo das Licht gebrochen.

»Warum verstrickst du dich in solchen Launen«,
So sprach mein Meister, »daß du stockst voll Zagen?
Was macht es dir denn aus, daß sie so raunen?

O folg mir nach und laß die Leute sagen!
Ein Turm sei, dessen Zinnen niemals schwanken,
Wie heftig auch die Stürme an ihn schlagen!

Wenn uns Gedanken keimen auf Gedanken,
Läuft immer wieder uns das Ziel davon,
Da einer bringt den anderen zum Wanken!«

Was wollt ich sagen als »Ich komme schon!«?
Ich sprach's, die Farbe etwas auf den Wangen,
Die manchmal uns gibt Anspruch auf Pardon.

Indessen kamen quer den Hang gegangen,
Ein wenig vor uns, Geister, welche so
Des Miserere Verse wechselnd sangen.

Als sie bemerkten, daß das Licht entfloh,
Dort, wo mein Leib den Durchgang ihm verboten,
Ward ihr Gesang zum langen, heisern Oh!

Dann sah ich zwei von ihnen dort als Boten
Zu uns hin rennen, und sie fragten gleich:
»Von eurem Zustand redet zu uns Toten!«

Darauf mein Meister ihnen: »Wendet euch,
Den Geistern, die euch sandten, mitzuteilen,
Der Leib von diesem sei ganz richtiges Fleisch.

Wenn sie um seinen Schatten so verweilen
– Mir scheint es so –, so stillt ich ihre Lust:
Laßt sie ihn ehren, denn er kann sie heilen!«

Nie spaltete den Himmel Feuerdust,
Wenn Nacht beginnt, mit so geschwindem Flügel,
Noch jemals abends Wolken im August,

Wie jene aufwärts liefen dann den Hügel
Und, oben kaum, auf uns dann schwenkten los,
Wie Reiter jagen mit verhängtem Zügel.

»Die Anzahl derer, die uns nahn, ist groß!«
So sprach der Dichter, »und sie nahn zu Bitte;
Drum gehe nur und lausche gehend bloß.«

»Der du zur Läuterung ziehst durch unsere Mitte
Mit jenem Leib, mit dem du kamst zum Licht«,
So kamen rufend sie, »hemm deine Schritte.

Kam schon von uns dir einer zu Gesicht,
Auf daß du Kunde dort von ihm kannst geben?
Ach, warum gehst du, warum hältst du nicht?

Gewalt riß einst uns alle aus dem Leben;
Wir waren Sünder bis zur letzten Not:
Da ward ein Licht vom Himmel uns gegeben!

Bereuend und vergebend vor dem Tod,
Verließen wir die Welt, mit Gott im Bunde,
Nach dessen Anblick unsere Sehnsucht loht.«

Und ich: »Wie ich auch schaue in die Runde,
Ich kenne keinen! doch seid ihr zufrieden,
Zum Heil Geborene, daß ich bringe Kunde,

So sagt es, und ich tu's bei jenem Frieden,
Den hinter eines solchen Führers Spur
Von Welt zu Welt zu suchen mir beschieden.«

Und einer fing dann an: »Auch ohne Schwur
Vertrauen alle wir auf dein Versprechen,
Sofern dem Wollen gleich das Können nur.

Ich, der ich vor den andern hier am Sprechen,
Erflehe, daß, kommst je im Land du an,
Von Karl begrenzt und der Romagna Flächen,

Du mir stehst bei mit deinen Bitten dann
In Fano, daß sie dort die Hände falten,
Und ich von schwerer Schuld mich läutern kann.

Ich war von dort; jedoch die tiefen Spalten,
Aus denen floß mein Blut, der Seele Kleid,
Hab unter Antenoren ich erhalten,

Wo ich mich glaubte ganz in Sicherheit;
Der Este ließ es tun, von Zorn verblendet,
Mehr, als es zuließ die Gerechtigkeit.

Doch hätt ich mich nach Mira hingewendet,
Als Häscher nach Oriago er geschickt,
So wär ich dort noch, wo man Atem sendet.

Ich lief zum Sumpfe, wo ich mich verstrickt
In Moor und Rohr, so daß ich hingefallen
Und blutige Lachen auf dem Grund erblickt.«

Ein andrer drauf: »O bei des Sehnens Wallen
Nach des erhabenen Berges Horizonte,
Sei mir mit guten Bitten zu Gefallen!

Aus Montefeltro war ich, Buonconte:
Ich kann hier meine Stirne hoch nicht tragen,
Weil mich Giovanna selbst vergessen konnte.«

»Welch Zufall, welcher Zwang hat dich verschlagen«,
So fragt ich ihn, »so weit aus Campaldin,
Daß nichts man weiß von deinem Grab zu sagen?«

»Oh«, sagte er, »am Fuß des Casentin
Durchquert ein Bach, der Archian, die Fluren,
Der ob der Klause kommt im Apennin;

Da, wo verliert sein Name die Konturen,
Gelangt ich hin einst mit durchbohrter Kehle;
Ich floh zu Fuß und ließ viel blutige Spuren.

Dort schwand Gesicht und Wort mir, und die Seele
Gab auf ich unter Anruf von Marie:
Ich fiel und ließ zurück die Leibeshöhle

Sag meine Worte weiter! wahr sind sie:
Der Engel riß mich aus des Teufels Krallen,
Der drauf: ,Warum entführst du ihn mir?' schrie.

,Das Ewige von ihm sei dir verfallen;
Ein Tränlein gibt dir über ihn Gewalt,
Doch mit dem andren schalt ich nach Gefallen.

Du weißt es wohl, wie in der Luft sich ballt
Der feuchte Dunst, der sich in Wasser kehret,
Sobald er dorthin aufsteigt, wo es kalt . . .

Mit bösem Willen, der nur bös begehret,
Verband er Witz, ließ Dunst und Winde frei
Durch jene Kraft, die ihm Natur gewähret.

Das Tal umzog er, als der Tag vorbei,
Von Pratomagno bis zum Höhenzug
Mit Nebel, und den Himmel einerlei,

So daß die trächtige Luft sich niederschlug;
Der Regen fiel und stürzte zu den Gräben,
Soweit der Boden ihn nicht mehr vertrug.

Als er zu großen Flüssen sich begeben,
Stürzt er zum Königsstrom in solchem Lauf,
Daß nichts vermochte ihm zu widerstreben.

Der Archian fand an der Mündung drauf
Den starren Leib, zum Arno ihn zu jagen,
Und löste auf der Brust das Kreuz mir auf,

Das ich, besiegt vom Schmerze, noch geschlagen;
Er wälzte mich dann über Stock und Stein;
Drauf deckte zu mich, was er hergetragen.«

»Ach, wenn zur Welt du heimgekehrt wirst sein
Und von dem langen Wege bist genesen«,
So warf ein dritter nach dem zweiten ein,

»Gedenke mein, die Pia ich gewesen:
Siena schuf mich; Tod gab mir Maremme,
Wie weiß, wer mir, die er zur Frau erlesen,

Als Ehering gegeben seine Gemme.«

VI. GESANG

Wie wenn man von dem Spiel der Würfel scheidet
Und der Verlierer sitzen bleibt voll Harm,
Die Würfe wiederholt und lernt und leidet,

Jedoch der Sieger fortgeht mit dem Schwarm –
Der geht voraus, der folgt ihm voll Begehren,
Der macht bemerkbar sich an seinem Arm;

Er hält nicht an, um einen anzuhören,
Doch wem die Hand er reicht, drängt nicht mehr mit:
So sucht er des Gewühls sich zu erwehren –:

So ging es mir, der durchs Gedränge schritt:
Nach hier und dort hab ich mich da gewunden,
Und durch Versprechen wurde ich sie quitt.

Dort war der Aretiner, der gefunden
Den Tod von Ghin de Taccos starkem Arm,
Und er, der auf der Jagd im Fluß verschwunden.

Hier bat mit vorgestreckten Händen warm
Friedrich Novello neben Pisas Kinde,
Bei dem Marzucco stark sich wies im Harm.

Ich sah Graf Orso, und den Geist, der Rinde
Des Leibs entrückt durch Mißgunst und durch Neid,
So sagte er, und nicht durch eigene Sünde,

Peter von Brosse mein ich; es sei gescheit
Die Herrin von Brabant, weil sie auf Erden,
Daß sie sich nicht in schlimmere Horde reiht.

Als ich nun frei ward von den Schattenherden,
Die immer baten nur, für sie zu bitten,
Daß sich befördere ihr Heiligwerden,

Begann ich so: »Mir scheint von dir bestritten,
An einer Stelle deutlich, o mein Hort,
Daß den Beschluß des Himmels beugen Bitten.

Und nur um dieses flehen diese dort:
So hoffen sie umsonst in ihrer Lage,
Sag, oder mißverstehe ich dein Wort?«

Und er zu mir: »Ganz klar ist, was ich sage;
Die Hoffnung, die sie hegen, täuscht sie nicht,
Betrachtet man vernünftig diese Frage.

Dadurch erniedrigt sich nicht das Gericht,
Daß Liebesfeuer jenes wirkt so schnelle,
Dem hier durch Warten gnugzutun ist Pflicht!

Dort, wo ich festgesetzt einst diese Stelle,
Da heilte man durch Beten kein Vergehn,
Da das Gebet nicht drang bis Gottes Schwelle.

Doch bleib nicht bei so hohem Zweifel stehn,
Bis du durch sie dereinst wirst seiner ledig,
Die Licht ist zwischen Wahrheit und Verstehn.

Verstehst du mich? von Beatrice red ich;
Du wirst sie bald schon oben wiedersehn,
Auf dieses Berges Kuppe, froh und gnädig!«

Und ich: »Mein Herr, jetzt laß uns schneller gehn,
Da ich mich nicht mehr so wie vorher plage!
Es werfen ihre Schatten schon die Höhn!«

»Wir schreiten weiter noch an diesem Tage,
So weit es möglich sein wird«, sagte er;
»Doch anders, als du denkst, ist unsere Lage.

Eh oben du, siehst du die Wiederkehr
Von ihr, die schon verschwunden hinterm Hange,
So daß du ihre Strahlen brichst nicht mehr.

Doch dort ist eine Seele auf dem Gange:
Sie blickt auf uns und sitzt dort ganz verwaist;
Sie lehrt uns, wie man schnellstens fortgelange.«

Wir kamen hin. O du Lombardengeist,
Wie hehr und trotzig scheinst du uns entgegen!
Wie ernst und würdevoll dein Auge kreist!

Er sprach kein Wort zu uns auf unsern Wegen
Und ließ uns ziehn und schaute auf den Pfad,
Den Löwen gleich, die sich zur Ruhe legen!

Jedoch Virgil ging hin zu ihm und bat,
Den besten Aufstieg uns bekanntzugeben;
Doch gab er auf die Frage keinen Rat!

Er fragte nur nach unserm Land und Leben.
Der süße Führer sagte: »Mantua . . . !«,
Als schon der Schatten, kauernd noch soeben,

Vom Platz sprang, wo ich erst ihn sitzen sah:
»Mantuaner«, sagte er; »ich bin Sordell,
Aus deiner Stadt!« und man umschlang sich da.

Ach Magd Italien, großen Leids Kastell!
Schiff ohne Steuermann im Wehn der Winde!
Nicht Herrin von Provinzen, nein, Bordell!

Die edle Seele war hier so geschwinde,
Allein bei ihrer Heimat süßem Schall
Willkommen darzubieten ihrem Kinde.

Auf dir bekriegen sich jetzt überall
Die Lebenden und möchten sich verzehren,
Sie, die umschließt ein Graben und ein Wall.

Such, Arme, ab ringsum an deinen Meeren
Die Küsten erst, schau dann in deinen Schoß,
Ob du siehst irgendwo dort Frieden währen.

Was hilft's, daß Justinian gerichtet bloß
Den Zaum, wenn doch der Sattel unbemannt?
Die Schmach wär ohne ihn ja minder groß!

Der du voll Demut solltest leben, Stand,
Und Caesar solltest in den Sattel lassen,
Wenn du verstehst, was Gott dir gibt bekannt,

Sieh, wie mit diesem Pferd ist nicht zu spaßen,
Weil es die Sporen nicht mehr hat gefühlt,
Seitdem du es bekamst am Zaum zu fassen.

O deutscher Albert, ungezähmt und wild
Ward es, davon du dich pflegst zu entfernen,
Wo in den Sattel sich's zu schwingen gilt!

Gerechtes Urteil falle von den Sternen
Auf dein Geschlecht, so klar und unerhört,
Auf daß dein Erbe mag die Furcht draus lernen!

Dich und den Vater hat es nicht gestört,
Da euch die Habsucht drüben festgehalten,
Daß man des Reiches Garten hat zerstört.

Sieh der Montecchi, Capulets Gestalten,
Monaldi, Filipeschi, Sorgenfreier!
Voll Weh schon die, und die voll Sorgenfalten!

Komm, Arger, komm und sieh, wie ungeheuer
Der Edelleute Druck, und heil die Deinen!
O sieh, wie Santafior ist nicht geheuer!

O komm und siehe deine Roma weinen,
Verwitwet, Tag und Nacht zum Ruf getrieben:
»Mein Caesar, willst du dich nicht mir vereinen?«

O siehe, wie sich deine Völker lieben!
Und führt dich Mitleid nicht in unsern Kreis,
Des Leumunds dich zu schämen, komm von drüben!

Wenn mir's gestattet ist, erhabener Zeus,
Gekreuzigt du, daß wir das Heil erkennen,
Weshalb gibt uns dein Richterauge preis?

Ist's eine Vorbereitung nur zu nennen
In deines Rates Schacht, draus Gutes reift,
Das wir jedoch noch nicht erkennen können?

Denn von Tyrannen sind ja voll gehäuft
Italiens Städte; wie Marcell geachtet
Wird jeder Bauer, der Partei ergreift.

O mein Florenz, du fühlst dich nicht betrachtet
In dem Appell; er bringt dich nicht in Hitze,
Dank deinem Volke, das so ernsthaft trachtet!

Gar manches Herz hegt Recht; jedoch der Schütze
Schießt spät erst los, nachdem er nachgedacht:
Dein Volk jedoch trägt's auf der Zungenspitze.

Gar viele weigern die gemeine Fracht;
Jedoch dein Volk bricht ungefragt sein Schweigen
Und ruft: »Ich unterziehe mich der Tracht.«

Sei froh drum! du hast Grund, dich so zu zeigen!
Du hast ja Frieden und Verstand und Schätze!
Ob wahr ich spreche, kann die Frucht bezeugen!

Athen und Sparta gaben sich Gesetze,
Und gute Sitten waren ihr Gewinst!
Doch, wenn ich in Vergleich mit dir sie setze,

Verlieren sie, da du so Feines sinnst,
Daß überleben nicht Novembermitte
Die Pläne, die du im Oktober spinnst!

Du tauschtest oft Gesetz, Geld, Amt und Sitte
Zu einer Zeit, die noch verschwunden kaum,
Ersetztest Glieder, wandtest um die Schritte!

Und wenn du die Gedanken hältst im Zaum,
Wirst du dich ähnlich einer Kranken finden,
Die Ruhe sucht umsonst in ihrem Flaum,

Und die sich wälzt, daß ihre Schmerzen schwinden.

VII. GESANG

Nachdem sie ausgetauscht drei Mal und vier
So froh und höflich das Willkommen haben,
Stand ab Sordell und sprach: »Wer seid denn Ihr?«

»Bevor zu diesem Berge sich begaben
Die Seelen, wert, zu tragen Gottes Kleid,
Ward mein Gebein von Oktavian begraben.

Ich bin Virgil; weil ohne Gläubigkeit,
Drum nur muß auf den Himmel ich verzichten.«
So gab Bescheid sodann mein Weggeleit.

Wie einer, dessen Blicke etwas sichten,
Das ihn veranlaßt, staunend hinzuschaun:
Er glaubt, glaubt nicht: »es ist . . . es ist mitnichten . . .«,

So sah er aus; dann senkte er die Braun;
Bescheiden trat er wieder ihm entgegen
Und faßte ihn, wo Niedere sich getraun.

»Ruhm der Lateiner«, sprach er, »dessentwegen
Die Muttersprache vorwies ihre Macht!
O meines Heimatlandes ewiger Segen,

Hat Gnade, hat Verdienst dich mir gebracht?
Bin ich es wert, zu hören deine Weise,
Sprich, schickt die Hölle dich und welcher Schacht?«

»Durchs Schmerzensreich, durch alle seine Kreise«,
Gab er Bescheid, »bin ich hierher gekommen;
Vom Himmel kam die Kraft mir zu der Reise.

Um Nichttun, nicht um Tun ward mir genommen
Dein Sehnsuchtsziel, der hehren Sonne Schein,
Der allzu spät von mir ward wahrgenommen.

Ein Ort ist unten ohne Körperpein,
Ein Ort des Dunkels nur, in dessen Gründen
Nicht laut gejammert wird, geseufzt allein.

Dort bin ich mit den Kindern aufzufinden,
Mit deren Leben eher es vorbei,
Als frei sie waren von der Menschheit Sünden;

Mit ihnen auch, die nicht die heilige Drei
Der Tugenden gekannt, doch frei von Sünden
Die andern alle und geübt sie treu.

Doch wenn du's weißt und es vermagst, verkünde,
Wie man nach dort gelangt in schnellster Zeit,
Wo sich der Reinigung wahres Tor befinde.«

»Kein Ort ist uns bestimmt!« gab er Bescheid;
»Ich darf den Schritt herum und aufwärts lenken;
So weit ich gehn kann, bin ich dein Geleit!

Doch sieh, der Tag beginnt schon sich zu senken,
Und steigt man nachts, erhebt sich Widerstand:
Drum ist es gut, an schöne Rast zu denken.

Es weilen Seelen abseits, rechter Hand;
Willst du, so komme, daß ich dir sie zeige!
Nicht ohne Lust wirst du damit bekannt.«

»Wie ist's«, hieß es zur Antwort, »wenn ich steige
Des Nachts hinauf, hemmt mich dann fremder Zwang,
Sprich, oder geht die eigene Kraft zur Neige?«

Den Finger rieb Sordell am Grund entlang
Und sprach: »Du könntest selbst nicht überschreiten
So einen Strich nach Sonnenuntergang!

Nicht weil sonst etwas könnte widerstreiten
Dem Aufstieg als allein die finstere Nacht:
Sie schlägt mit Ohnmacht unseren Drang zu schreiten.

Es bliebe uns, zu sinken, nur die Macht,
Und quer um diesen Hang herum zu eilen,
Solang am Horizont kein Tag entfacht.«

Erstaunen schien dem Herrn sich mitzuteilen:
»So führe uns«, sprach er, »zu jenem Hain,
Drauf, wie du sagst, es schön ist zu verweilen!«

Entfernt ein wenig mochten wir schon sein,
Als eine Bucht ich sah im Berg verborgen;
So buchten sich bei uns die Täler ein!

»Dorthin«, sprach er, »müßt ihr zu kommen sorgen,
Wo sich der Hang zum Sattel ausgespannt,
Um dort zu harren auf den neuen Morgen.«

Ein schräger Pfad, nicht steil noch flach gewandt,
Geleitete uns zu der Mulde Seite,
Wo mehr als halb der Böschung Höhe schwand.

Indigo, Leuchtholz, Blau der Himmelsweite,
Gold, feines Silber, Bleiweiß, Scharlachrot,
Smaragd beim Brechen kämen wohl beim Streite

Mit Gras und Blumen jenes Tals in Not!
Sie würden so ins Hintertreffen kommen,
Gleichwie sein Größres ist des Kleinern Tod.

Natur hat nicht nur Farbe hergenommen:
Aus tausend süßen Düften ließ sie taun
Ein Duften, unbekannt ganz und verschwommen.

»Salve Regina!« klang's von Blum und Aun;
Dann sah ich Seelen sitzen da und singen,
Die außerhalb des Tales nicht zu schaun.

»Bis reif die Sonne, sich ins Nest zu schwingen«,
So sprach Sordell, der uns riet herzugehn,
»Kann ich euch nicht bei diesen unterbringen.

Von diesem Vorsprung könnt ihr besser sehn
Gebärd und Mienen aller dort im Grunde,
Als ließe ich euch tief darunter stehn.

Der Oberste, der durch sein Aussehn Kunde
Uns gibt, daß er vergessen seine Pflicht,
Und der nicht einen Ton läßt aus dem Munde,

War Kaiser Rudolf einst: er heilte nicht
Italiens Wunden, dran es nun verendet,
Daß es zu spät durch andern sich erfrischt.

Der andere, welcher Trost ihm sichtlich spendet,
Regierte in dem Ursprung der Gewässer,
Die Moldau elbwärts, Elbe meerwärts sendet.

Der Ottokar, der in den Windeln besser
Als Wenzislaus, mit seinem Bart geschmückt,
Sein Sohn, ein Müßiggänger und ein Fresser.

Die Stumpfnas, zur Beratung nah gerückt
An jenen, der viel Güte scheint zu hegen,
Starb fliehend, hat die Lilie zerpflückt.

Schaut, wie er sich bearbeitet mit Schlägen!
Den andern seht, wie er aufs Bett der Hand
Die Wange unter Seufzern sich läßt legen.

Vater und Schwäher sind's von Frankreichs Brand;
Sie kennen seiner Laster Schmutz und Plagen
Und sind vor Schmerz drum außer Rand und Band.

Der Starke, der den Ton scheint anzuschlagen
Im Einklang mit der kühnen Mannesnase,
Hat einst den Gürtel jeden Werts getragen.

Und wenn der Jüngling hinter ihm im Grase
Geblieben König wäre, statt zu sterben,
So ginge wohl der Wert von Vas in Vase.

Doch gilt dies nicht für seine andern Erben!
Jakob und Friedrich sind die Reiche eigen:
Jedoch das Beste konnten sie nicht erben!

Nur selten lebt ja weiter in den Zweigen
Der Menschen Rechtlichkeit, und dies will Er,
Der gibt, daß wir ihm dankbar uns erzeigen.

Auch für den Nasenstarken gilt dies sehr;
Für Peter auch, der mit ihm singt im Kranze;
Apulien und Provence drückt es schon schwer!

Soviel geringer als die Saat ist Pflanze,
Als mehr denn Beatrix und Margaret
Sich ihres Gatten rühmen kann Konstanze.

Den König simpeln Lebenswandels seht,
Heinrich von England, abseits dort gelegen,
Um dessen Zweige es viel besser steht.

Am tiefsten lagert dort von allen Degen
Und schaut nach oben: Wilhelm der Marchese,
Den Alexandrias und des Krieges wegen

Beweint jetzt Montferrat und Canavese.«

VIII. GESANG

Schon war die Stunde, welche das Verlangen
Der Schiffer wendet und ihr Herz erweicht,
Am Tag, da sie von Freunden weggegangen,

Und wo den neuen Wanderer beschleicht
Das Heimweh, wenn von fern er läuten höret,
Als ob es klage, daß der Tag verbleicht:

Als jeden Schalles sich mein Ohr entleeret,
Und sich ein Geist, der mir kam zu Gesicht,
Erhob und mit der Hand Gehör begehret.

Gefaltet hob die Hände er zum Licht,
Wie seine Augen er gen Osten wandte,
Als sagte er zu Gott: »Mehr will ich nicht!«

So andächtig erscholl: »Te lucis ante!«
Aus seinem Munde, was so süß sich wies,
Daß das Bewußtsein ganz es mir entwandte.

Die andern folgten nach so fromm und süß,
Bis mit dem Hymnus sie zu Ende waren,
Die Augen hebend auf zum Paradies.

Hier schärfe, Leser, deinen Blick zum Wahren,
Da jetzt der Schleier ist so dicht nicht mehr,
Daß es nicht leicht darunter zu gewahren!

Ich sah sodann das ritterliche Heer
Voll Demut, bleich und scheu nach oben spähen,
Als harr's auf etwas, das von dort käm her:

Da sah hinab ich aus des Himmels Höhen
Zwei Engel mit zwei Flammenschwertern schießen,
Ganz stumpf und nicht mit Spitzen mehr versehn.

So grün, wie wenn die jungen Blätter sprießen,
War ihr Gewand, das grüne Flügel da
Mit ihren Schlägen rückwärts flattern ließen.

Der eine hielt dann über uns ganz nah,
Ihm vis-à-vis der andere von den beiden,
So daß die Schar man in der Mitte sah.

Ihr blondes Haupt konnt ich noch unterscheiden;
Doch von dem Antlitz war ich so geblendet,
Wie sinnverwirrt vom Überfluß der Freuden.

»Die beiden hat Marias Schoß entsendet«,
Begann Sordell, »zu dieses Tales Hut,
Der Schlange wegen, die gleich her sich wendet.«

Ich, der ich kannte nicht den Weg der Brut,
Ich spähte rings herum nach allen Seiten,
Mich an die Schultern schmiegend, ohne Mut.

Sordell fuhr fort: »Nun laßt hinab uns schreiten
Zu diesen Großen, sprechen dann damit:
Ihr werdet ihnen Lust dadurch bereiten!«

Ich ging, glaub ich, hinunter nur drei Schritt,
Als ich schon unten war und einen schaute,
Der mich besah, als ob er Neugier litt.

Zwar war die Stunde, wo die Luft ergraute;
Nicht so jedoch, daß klar nicht wurde dort,
Was erst die Ferne unserm Blick verbaute.

Er trat zu mir und ich zu ihm sofort:
»O Richter Nin, wie schön, daß du zur Buße
Dich nicht begeben an der Sünder Ort!«

Wir grüßten uns mit jedem schönen Gruße;
»Wann kamst du denn«, so sprach er zum Beginne,
»Auf weiten Wassern zu des Berges Fuße?«

»Oh«, sagte ich, »hin in des Jammers Rinne
Kam ich am Morgen, noch im ersten Leben,
Wenn ich dadurch das zweite auch gewinne.«

Kaum hatt ich meine Antwort so gegeben,
Da wich Sordell und er auf ihren Beinen,
Wie Menschen, die vor etwas jählings beben.

Der eine sah Virgil, der andre einen,
Der dort saß, an und rief: »Auf, Konrad, auf!
Komm sehn, wen Gott aus Gnade ließ erscheinen!«

»O beim besondern Dank«, zu mir darauf,
»Den Ihm du schuldest, der uns so entzogen
Sein Urwarum, daß zu ihm führt kein Lauf,

Sobald du jenseits bist der weiten Wogen,
Sag meiner Hanna, daß sie dort mich nennt,
Wo den Unschuldigen man ist so gewogen.

Nicht glaub ich, daß die Mutter mich noch kennt,
Da sie bereits vertauscht die weißen Schnüren,
Nach denen sie im Elend einst noch flennt;

Bei ihr kann man sehr leicht die Wahrheit spüren,
Wie lang beim Weib das Liebesfeuer dauert,
Wenn es Gefühl und Blick nicht häufig schüren!

Mit keinem solchen schönen Grabmal trauert
Die Viper, die in Mailands Felde wacht,
Wie es Galluras Hahn gewiß gemauert!«

So sprach er, und sein Antlitz wies die Macht
Des Eifers, welcher kommt aus guter Quelle,
Und der im Herzen glüht nur mit Bedacht.

Mein Blick ging sehnsuchtsvoll zur Himmelsstelle,
An der am trägsten sich die Sterne drehn,
Gleichwie das Rad am nächsten seiner Welle.

Mein Führer dann: »Mein Sohn, was ist zu sehn?«
Und ich zu ihm: »Drei Lichter dort im Klaren,
Davon der Pol scheint ganz in Brand zu stehn.«

Und er zu mir: »Zur Tiefe ist gefahren
Das helle Viergestirn, das morgens schien;
Sie sind gestiegen, wo erst jene waren!«

Doch zog Sordell Virgil drauf zu sich hin
Und sprach: »Sieh, unser Feind ist auf der Lauer!«
Und wies den Finger, daß ich schaue ihn.

Dort, wo das kleine Tal ganz ohne Mauer,
Sah ich sich plötzlich eine Schlange recken,
Wie sie, die Eva gab das Mahl der Trauer.

Durch Gras und Blumen kam der böse Stecken,
Den Kopf zuweilen drehend, um den Rücken
Sich, als ob er sich putze da, zu lecken.

Ich sah's nicht und vermag's nicht auszudrücken,
Wie sich zum Flug die Himmelsfalken hoben;
Nur daß sie flogen, wies sich meinen Blicken.

Kaum daß sie sah die grünen Schwingen droben,
Entfloh die Schlange, und zu seinem Stand
Flog jeder Engel gleichen Flugs nach oben.

Der Schatten, der zum Richter sich gewandt,
Als der ihn rief, sah in des Angriffs Hitze
Mich an mit seinen Blicken unverwandt.

»So wahr das Licht, das hoch dich führt zur Spitze,
Find solches Wachs in deinem Willen bloß,
Wie not es tut bis auf zum höchsten Sitze,

Weißt du, was jetzt in Valdimagra los«,
Begann er, »und den Landen, die's umrahmen,
So sag es, da ich dort dereinst war groß!

Ich war einst Konrad Malaspin mit Namen:
Hier läutert sich die Liebe zu den Meinen!
Der Alte bin ich nicht, doch von dem Samen.«

»Von Euren Staaten«, sprach ich, »sah ich keinen;
Doch wo lebt einer, welcher sie nicht preist?
Ich kenn in ganz Europa noch nicht einen!

Der Ruhm, der so von Eurem Hause kreist,
Ruft Herrn und Gegend aus auf allen Wegen,
Daß sie auch kennt, wer nie dorthin gereist.

Ich schwöre Euch, soll ich empor mich regen,
Daß Euren edlen Stamm die Ehre ziert,
Errungen von der Börse und dem Degen.

Natur und Brauch hat ihn privilegiert:
Wenn auch das böse Haupt die Welt verdrehet,
Besorgt er, daß den Weg er nicht verliert.«

Und er: »Nun geh! bevor die Sonne gehet
Ins Bette siebenmal, das Widder deckt,
Und drauf ihr ihn mit allen vieren sehet,

Wird diese gute Meinung dir gesteckt
Mit größern Nägeln in des Hauptes Mitte,
Als wie durch das, was Reden dir entdeckt,

Falls das Gericht nicht anhält seine Schritte!«

IX. GESANG

Schon leuchtete des alten Tithon Buhle
Vom Saum des Ostens her in weißem Licht,
Entfernt von ihres süßen Freundes Pfuhle;

Die Stirne ward ihr von Juwelen licht,
Die die Figur des kalten Tieres zeigen,
Das Menschenleiber mit dem Schwanze sticht.

Die Nacht war von den Schritten, welche steigen,
Zwei vorgerückt am Platze unserer Rast,
Und ließ den dritten schon die Schwingen neigen,

Als ich, der ich noch schleppte Adams Last,
Vom Schlaf bezwungen, sank aufs grüne Linnen,
Auf dem wir alle fünf schon Fuß gefaßt.

Zur Stunde, da ihr Klagelied beginnen
Die Schwalben, ehe sich der Morgen klärt,
Wohl weil sie sich aufs alte Weh besinnen,

Wenn unser Geist, vom Fleische unbeschwert
Und der Gedanken ledig, aufgestiegen,
Und Zukunft uns in seinen Bildern lehrt,

Schien mir im Traum am Himmel sich zu wiegen
Ein Adler, welcher goldene Schwingen hat,
Die Flügel offen und am Niederfliegen;

Ich glaubte, zu verweilen auf dem Grat,
Wo Ganymed verlassen einst die Seinen,
Als er entrissen ward zum Götterrat.

Ich dachte mir: »Es will beinah so scheinen,
Als stoß er nieder nur an diesem Ort,
Und weis es ab, zu rauben sonstwo einen.«

Dann schien es mir, als kreis er etwas dort,
Stoß schrecklich dann, dem Blitze gleich, hernieder
Und risse mich bis in das Feuer fort.

Zu brennen schienen seine, meine Glieder;
So sehr versengte der geträumte Brand,
Daß er mich weckte aus dem Schlafe wieder.

Genauso schreckte auf Achill am Strand
Und sah erwacht sich um am Ankunftshafen,
Da er nicht wußte, wo er sich befand,

Nachdem die Mutter, während er geschlafen,
Mit ihm im Arm nach Scyrus war gereist,
Wo ihn dann doch die Griechen später trafen,

Wie ich, als mir der Schlummer aus dem Geist
Entwich, erblaßte, gleich als ob ich fröre,
Wie einer, den der Schrecken ganz vereist.

Zur Seite war mir nur noch meine Lehre;
Mehr als zwei Stunden stand Sol höher dann,
Die Augen waren hingedreht zum Meere.

»O fürchte nichts!« so fing mein Meister an,
»Und sei getrost; wir sind am rechten Orte!
Faß Mut und schüttle ab von dir den Bann!

Du bist nun an des Purgatoriums Borte;
Dort ist der Felsenvorsprung, der's umschließt,
Und an der Lücke ist die Eingangspforte!

Vorhin, beim Grauen, das vorm Tage fließt,
Als deine Seele noch vom Schlaf getragen,
Kam auf dem Blumenflor, der unten sprießt,

Ein Weib; ich hört's ‚Lucia bin ich!‘ sagen:
‚Ergreifen will ich jenen, der dort ruht,
Daß ich ihm so erleichtere seine Plagen.‘

Sordell verblieb, und 's andere edle Blut:
Doch nahm sie dich, und bei des Tages Sprießen
Stieg sie empor, und ich in ihrer Hut.

Sie setzte dich hier ab; doch erst noch wiesen
Die schönen Augen auf den offenen Spalt,
Bevor dich Schlaf und sie zugleich verließen.«

Wie einer, der im Zweifel findet Halt,
Zur Zuversicht wohl aus der Furcht gelange,
Nachdem die Wahrheit ihm zuvor erschallt,

So ging es mir, und als mich gar nicht bange
Der Führer sah, da brach er auf zur Höhe,
Ich hinter ihm den Weg zum Felsenhange.

Du siehst nun, Leser, wie ich da erhöhe
Mein Material! darum erstaune nicht,
Sofern ich es mit größerer Kunst versehe.

Wir kamen näher, und heran so dicht,
Daß dort, wo erst die Lücke schien zu liegen,
Dem Spalt nur gleich, der eine Wand durchbricht,

Ein Tor erschien, zu dem drei Stufen stiegen,
Verschiedenfarbig, zu ihm aufzugehn,
Mit einem Pförtner, der bisher geschwiegen.

Und wie ich immer schärfer hingesehn,
Sah ich ihn oben, wo die Stufen enden:
Des Angesichtes Glanz ließ mich vergehn.

Ein nacktes Schwert hielt er in seinen Händen,
Das so die Strahlen auf uns reflektiert,
Daß ich umsonst versucht, mich hinzuwenden.

»Sagt mir von dort, was euch hierhergeführt!«
So fing er an: »Wo ist denn die Eskorte?
Sorgt, daß der Aufstieg euch nicht schädlich wird!«

»Ein Weib vom Himmel, kundig dieser Orte«,
Beschied ihn dann mein Meister, »sprach zuvor:
,Geht da! denn dort befindet sich die Pforte!'«

»Sie fördere euch auf eurem Weg empor!«
Begann der edle Pförtner dieser Schreine:
»Kommt also nun zu unsern Stufen vor.«

Wir gingen vor bis zu dem ersten Steine;
Aus weißem Marmor war er, glatt und klar:
Ich spiegelte mich drin, so wie ich scheine.

Die zweite, deren Purpur dunkel, war
Aus einem rauhen, brandigen Stein gehauen
Und längs und quer geborsten ganz und gar.

Die dritte sah ich sich darüber bauen,
Massiv und funkelnd, gleich des Porphyrs Brand;
Wie Blut, das aus der Ader spritzt, zu schauen.

Auf dieser war's, worauf der Engel stand
Mit beiden Füßen, sitzend auf der Schwelle,
Die mir erschien wie Stein aus Diamant.

Die Stufen hoch zog mich mein Weggeselle,
Den Willigen, indem er sprach: »Bitt ihn
Bescheiden, daß das Schloß er dir verstelle.«

Fromm sank ich vor die heiligen Füße hin;
Aus Mitleid aufzutun, mög ihm belieben:
Ich schlug die Brust mir dreimal zu Beginn.

Sieben P hat er mir in die Stirn geschrieben
Mit Schwertes Spitze, und er sagte: »Wasche
Dir diese Wunden ab, wenn du erst drüben.«

Dürr ausgegrabene Erde oder Asche
Gleicht wohl in ihrer Farbe seinem Kleide!
Zwei Schlüssel zog er dann aus seiner Tasche,

Aus Gold der eine, einer silbern; beide,
Den weißen Schlüssel erst, den gelben dann,
Dreht er im Schloß, daß es mir Augenweide.

»Packt einer von den Schlüsseln nicht recht an,
So daß er in dem Loch nicht richtig kreist,
Folgt«, sprach er, »daß der Pfad nicht aufgehn kann.

Mehr Wert hat jener; doch mehr Kunst und Geist
Erfordert dieser, daß er es erschließe:
Denn dieser ist es, der den Knoten reißt.

Von Petrus hab ich beide: ,Lieber schieße
Beim Auftun noch daneben als beim Schluß!'
So sprach er, ,fällt man dir nur vor die Füße.'«

Dann stieß er auf den heiligen Verschluß
Und sagte: »Tretet ein! doch wohlverstanden,
Daß, wer zurückschaut, wieder umdrehn muß!«

Und als darauf sich in den Angeln wanden
Die Pfosten an dem heiligen Eingangstor,
Die aus gediegenem, dröhnendem Erz bestanden,

Da ächzte nicht noch ging so schwer zuvor
Tarpeia, als geraubt ihr der nicht bange
Metellus, und sie ihren Schatz verlor.

Ich horchte auf das erste Knarren lange,
Bis es in ein Te Deum sich verlor,
Wo Stimmen sich gemischt mit süßem Klange:

Den gleichen Eindruck rief's in mir hervor,
Den man genießt an einem heiligen Orte,
Wenn Sang und Orgel dringt an unser Ohr,

Und man erfaßt und nicht erfaßt die Worte.

X. GESANG

Als wir uns innen fanden im Portal,
Dem sich die Seelen pflegen fernzuhalten,
Da ihnen richtig scheint die falsche Wahl,

Vernahm ich, wie ins Schloß die Flügel schallten:
Hätt ich nach rückwärts noch einmal gespäht,
Was könnte solcher Schuld die Waage halten?

Der Pfad, der durch geborstenen Fels gedreht,
Schien hierhin bald, bald dorthin sich zu wiegen,
Der Woge gleichend, wenn sie kommt und geht.

»Nur mit Geschick läßt sich der Weg besiegen«,
Begann mein Führer, »dadurch, daß man pflegt
Der Seite, welche weicht, sich anzuschmiegen.«

Dadurch hat unser Fuß sich kaum geregt,
So daß der Mond, der gerade abgenommen,
Sich eher auf sein Lager noch gelegt,

Als wir aus jenem Nadelöhr geklommen:
Dann sind wir oben, offen und ganz frei,
Wo sich der Berg zurückzieht, angekommen.

Ich müde, ungewiß wir alle zwei,
Wohin des Wegs; dort war es völlig eben
Und leerer als in einer Wüstenei.

Vom Rand des Abgrunds, welcher gähnt daneben,
Zum Fuß des Hangs, der weiter aufgestiegen,
Würd es drei Menschenlängen wohl ergeben!

So weit des Auges Flügel konnten fliegen,
Ob ich's nach rechts, ob ich's nach links bewegt,
Schien gleicherweis der Sims herum zu liegen.

Noch hatten wir uns oben nicht geregt,
Da sah ich, daß der Hang, den rings ich blickte,
Und wo ein jeder Aufstieg war verlegt,

Von weißem Marmor war, und daß ihn schmückte
Solch Bildwerk, daß da nicht nur Polyklet,
Selbst die Natur an zweite Stelle rückte.

Der Engel, der zur Welt mit dem Dekret
Des lang erweinten Friedens sich geneigt,
Das uns das Paradies erschloß so spät,

Hat sich so wirklich da vor uns gezeigt,
Gemeißelt in so lieblicher Gebärde,
Daß er kein Bildwerk mir erschien, das schweigt.

Man schwörte, daß er »Ave« sagen werde,
Da sie dort abgebildet war in Stein,
Die einst der Liebe Tor erschloß der Erde.

Aus ihrem Wesen schien herauszuschrein:
»Ecce ancilla Dei!« eingegraben:
So gräbt ein Siegel in das Wachs sich ein.

»Mögst du dich nicht an einem Werk nur laben!«
So sprach der süße Herr, dem ich geblieben
Zur Seite, wo das Herz die Menschen haben.

Dann regte ich den Blick und schaute drüben,
Im Rücken von Maria, rechter Hand,
Wo jener schritt, der mich voran getrieben,

Ein andres Bildnis an der Felsenwand;
Virgil vorüber schritt ich, es zu schauen,
Bis es sich gerad vor meinem Blick befand.

Ich sah, in gleichem Marmor ausgehauen,
Das Rindsgespann die heilige Lade bringen,
Sie, die vorm angemaßten Amt weckt Grauen.

Voraus sah ich die sieben Chöre springen:
Von meinen beiden Sinnen sagte da
Der eine: nein, der andere: ja! sie singen!

Beim Weihrauchsdampfe, den ich dort noch sah,
Da waren Nas und Auge auch nicht wenig
In einem Zwiespalt zwischen Nein und Ja.

Dort tanzte aufgeschürzt und untertänig
Vor heiliger Bundeslade der Psalmist:
Und er war mehr und weniger als König

Gegenüber staunte Michal, wie man liest,
Vom Fenster des Palastes, wie er kreiste:
Man sieht, daß höhnisch sie und traurig ist!

Nun ging ich weiter, daß ich mich im Geiste
An jenem anderen Gebild vergnüge,
Das hinter Michal mir entgegengleißte.

Es waren abgebildet dort die Züge
Des Römerfürsten, dessen hoher Wert
Den Gregor trieb zu seinem großen Siege.

Den Kaiser Trajan mein ich, dessen Pferd
Die Witwe hielt am Zaum, die ihrem Kinde
Mit kummervollen Tränen Recht begehrt.

Um ihn sah ich sich drängen das Gesinde
Zu Pferde, und auf ihrem goldenen Grund
Die Adler scheinbar drüber wehn im Winde.

In ihrer Mitte schien der Armen Mund
Ihn anzuflehn: »O Herr und Meister, Rache!
Des Sohnes Mord macht mir das Herz so wund!«

Er gab zur Antwort ihr: »Verschieb die Sache
Bis zu der Heimkehr!« Dann hört ich von ihr,
Als ob der Kummer sie zur Eile fache:

»Mein Herr, wenn du nicht heimkehrst?« »Der nach mir
Wird's tun!« Und sie darauf: »Der andern Gutes,
Versäumst du deine Pflicht, was hilft es dir?«

Und er darauf zu ihr: »Sei guten Mutes!
Bevor ich gehe, tu ich meine Pflicht,
Aus Mitleid und zur Sühn vergossenen Blutes.«

Er, dem nichts Neues je kommt zu Gesicht,
Ließ dieses Sprechen sichtbar hier geschehen,
Uns neu, da man's auf Erden findet nicht!

Noch freute ich mich dran, mir anzusehen
So viele Bilder zu der Demut Preise,
Die ihres Schmiedes wegen wert zu sehen:

»Sieh da!« so murmelte der Dichter leise,
»Die große Menge, die so langsam geht!
Sie wird uns leiten zu dem nächsten Kreise!«

Ich hatte aufmerksam umhergespäht,
Da ich begierig stets nach neuen Zeichen;
Doch hab ich gleich zu ihm mich umgedreht.

O mög es, Leser, niemals dich erweichen
Im guten Vorsatz, geb ich dir Bericht,
Wie Gott begehrt, daß wir die Schuld begleichen!

O achte auf die Form der Marter nicht!
Denk an die Folge! denk, daß alles Wehe
Im schlimmsten Fall nur währt bis zum Gericht!

Ich sagte: »Meister, was ich hier jetzt sehe,
Scheint nicht von menschlicher Gestalt zu sein:
Ich weiß nicht was? da ich mich so versehe!«

Und er zu mir: »Die schwere Art der Pein
Beugt sie so tief bis auf den Boden nieder:
Die Augen wußten erst nicht aus noch ein.

Doch schaust du immer dann auf diese wieder,
Entwirrst du bald, worauf die Felsen reiten;
Du siehst jetzt, wie man züchtigt ihre Glieder.«

Ihr laßt euch, stolze Christen, so verleiten,
Daß ihr, am Auge eures Geistes blind,
Vertrauen habt allein beim Rückwärtsschreiten.

Seht ihr nicht, daß wir alle Würmer sind
Für eines Himmelsschmetterlings Entfaltung,
Der wehrlos zum Gericht den Flug beginnt!

Warum tragt ihr zur Schau so stolze Haltung?
Seid ihr doch ein unfertiges Insekt!
Ein Wurm von mangelhafter Ausgestaltung!

Wie man als Träger wohl an Häuser steckt,
Um Decke oder Dach zu unterbauen,
Figuren, bis zur Brust die Knie gestreckt,

Die aus nicht wahrem bringen wahres Grauen,
Wenn man sie ansieht: ebenso gestaltet,
Als ich scharf hinsah, waren sie zu schauen!

Sie waren mehr und minder zwar gefaltet –
Trug ja ihr Rücken auch verschieden schwer –:
Selbst der Geduldigste, der nie erkaltet,

Schien weinend noch zu flehn: »Ich kann nicht mehr!«

XI. GESANG

»O Vater, der du in den Himmeln bist,
Aus Liebe nur – denn du bist ohne Schranke –,
Die dir zu Urgeschöpfen eigen ist,

Gepriesen sei dein Wert und dein Gedanke
Von jeder Kreatur! ihr kommt's auch zu,
Daß deinem süßen Liebeshauch sie danke.

Zu uns gelange deines Reiches Ruh!
Wir können aus uns selbst sie nicht erringen
Mit aller unserer Kunst, gibst sie nicht du!

Wie deine Engel mit Hosannasingen
Dir ihren Willen weihn auf dein Gebot,
So mögen dir die Menschen ihren bringen.

Gib heut uns unser täglich Himmelsbrot!
Wir gehen ohne es mit Rückwärtsschritten
Durch diese Wüste hin trotz Müh und Not.

Wie wir das Übel, welches wir erlitten,
Vergeben jedem, so vergib auch du!
Und sieh nicht aufs Verdienst, wenn wir dich bitten!

Und unsere Tugend, welche wankt im Nu,
Versuche nicht mit unserm alten Feinde!
Befreie uns von ihm, der uns setzt zu!

Nicht nötig ist für unsere Gemeinde
Die letzte Bitte, lieber Herr; verspart
Sei sie für die zurückgebliebenen Freunde!«

So wünschten sich und uns sie gute Fahrt,
Die Schatten, stöhnend unter ihrem Pfunde:
Zuweilen träumt man's in der gleichen Art!

Ungleich belastet jeder in der Runde
Und auf dem ersten Simse oben matt,
Auf daß er von dem Dunst der Welt gesunde!

Wenn stets für uns dort findet Fürsprach statt,
Kann man nicht Tun und Beten für sie lernen,
Wenn unser Wille gute Wurzel hat?

Ja, helfen muß man ihnen zu entfernen
Des Diesseits Male, bis sie rein und leicht
Vermögen aufzusteigen zu den Sternen!

»Daß Recht und Liebe eure Last erweicht,
So daß sich eure Schwingen wieder regen
Und eurer Sehnsucht Endziel ihr erreicht,

So führt der Treppe schnellstens uns entgegen,
Und wenn sich mehr als ein Pfad zu ihr flicht,
So zeigt uns, wo der ebenste gelegen!

Denn ihn, der mit mir geht, läßt das Gewicht
Von Adams Fleisch, das noch um seine Knochen,
Nur langsam steigen, wie es ihn auch sticht!«

Es ward nicht deutlich, wer sodann gesprochen
Auf diese Bitte hin, die ihm entsprang,
Mit welchem ich zusammen aufgebrochen;

Doch ward gesagt: »Folgt uns den Hang entlang
Zur Rechten hin! so kommt ihr zu dem Passe,
Der gangbar ist für eines Menschen Gang.

Und hemmte mich nicht so die Felsenmasse,
Die mir den stolzen Nacken so gebeugt,
Daß ich die Blicke nicht vom Boden lasse,

So säh ich ihn mir an, der lebt und schweigt!
Ich stellte gerne fest: kenn ich ihn schon?
Auch daß zum Mitleid ihn die Bürde neigt.

Lateiner bin ich, großen Tuszers Sohn,
Wilhelm Aldebrandescos, stolz geraten!
Ich weiß nicht, ob ihr hörtet schon davon.

Das edle Blut, der Ahnen Ruhmestaten,
Sie machten mich des Übermuts so froh,
Daß unser aller Mutter ich verraten!

Und ich verachtete die Menschen so,
Daß ich dran starb, wie die Sienesen wissen
Und jedermann in Campagnatico.

Humbert bin ich, aus Stolz in Kümmernissen!
Die Meinen alle hat solch ein Benehmen
Ins Unglück auch mit sich hinabgerissen.

Drum muß ich diese Last hier auf mich nehmen
So lange noch, bis Gott mich ledig spricht,
Da ich's nicht lebend tat, hier bei den Schemen.«

Wie ich so lauschte, senkt ich das Gesicht,
Als einer, doch nicht der, der dies bekannte,
Sich krümmte unterm drückenden Gewicht,

Mich sah, erkannte, seinen Namen nannte,
Mich, trotz der Müh, nicht aus den Augen ließ,
Der ich mich ganz gebückt mit ihnen wandte.

»Oh«, sagte ich; »bist du nicht Oderis,
Agobbios Ehre und der Ruhm der Kunst:
‚Illuminieren' sagt man in Paris?«

Er sagte: »Bruder, mehr steht jetzt in Gunst
Des Francos Malerei, des Bolognesen!
Die Ehr ist sein, und meine teils schon Dunst!

So höflich wäre ich wohl nicht gewesen,
Solang ich lebte, da ich so begehrt
Nach Auszeichnung, nach der gelechzt mein Wesen.

Für solchen Hochmut zahlt man hier den Wert!
Ich wäre nicht einmal in dieser Sphäre,
Hätt ich mich zeitig nicht zu Gott gekehrt!

O eitle Eitelkeit der Menschenehre!
Wie schnell wär's mit des Wipfels Grün vorbei,
Wenn Stümperei nicht oft die Folge wäre!

Es glaubte Cimabue in Malerei
Den Platz zu halten; doch es sank die Feste
Des Ruhms und Giotto hat nun das Geschrei!

Ein Guido nahm dem anderen das Beste
Vom Ruhm des Worts; er ist wohl schon geboren,
Der beide jagen wird aus ihrem Neste!

Der Ruhm der Welt streift wie ein Hauch die Ohren,
Ein Hauch, der hierher bald, bald dorther wallt,
Und mit der Richtung geht der Nam verloren.

Wirst du berühmter sein, wenn du erst alt
Dein Fleisch verlierst, als wenn du eine Leiche,
Schon als du: ‚Papa, Mama!‘ hast gelallt,

In tausend Jahren, kürzer im Vergleiche
Zur Ewigkeit, als Augenblinzeln ist,
Verglichen mit dem trägsten Himmelreiche?

Er, der vor mir den Weg so langsam mißt,
Von ihm hat ganz Toskana einst geklungen;
Nun raunt man kaum, wenn du in Siena bist,

Wo er einst Herr, als nieder ward gerungen
Die florentinische Wut, die einst so kühn,
Wie sie jetzt feil geworden und gedungen.

Denn euer Ruf ist gleich des Grases Grün!
Es kommt und geht, und sie nimmt ihm das Leben,
Die erst es aus der Erde ließ erglühn.«

Und ich zu ihm: »Du hast mir eingegeben
Die rechte Demut, nahmst mir hohlen Wahn!
Doch wer ist er, von dem du sprachst soeben?«

»Der«, sprach er, »ist Salvani Provenzan;
Und er ist hier, weil ihm daran gelegen,
Daß ihm ganz Siena werde untertan.

So muß er ruhelos sich hier bewegen,
Seitdem er starb: und er hat den Verdruß,
Weil er einst unten war allzu verwegen!«

Und ich: »Wenn einer, der des Lebens Schluß
Erwartet, bis er sich zu Gott gewendet,
Nicht steigen darf und unten bleiben muß,

Wenn gutes Beten ihm nicht Hilfe sendet,
Bis gleiche Zeit, wie er gelebt, verrann,
Warum ward ihm der Aufstieg denn gespendet?«

»Als er im Ruhme lebte«, sprach er dann,
»Bestimmte keine falsche Scham sein Leben:
Er ging auf Sienas Kamp und hielt dort an;

Daß seinem Freund die Freiheit möchte geben
Karl, der ihn eingesperrt, stellt' er sich hin,
Und jede Fiber ließ er dort erbeben.

Mehr sag ich nicht, wenn ich auch dunkel bin!
Doch bald kannst du's mit Glossen dir ergänzen:
Denn deine Nachbarn deuten dir den Sinn!

Er überschritt zum Lohn hierfür die Grenzen!«

XII. GESANG

Den Ochsen gleich im Joch, in gleichen Schritten,
Ging ich mit jenem schwer beladenen Mann,
Solang der süße Lehrer es gelitten.

Doch als er sagte: »Laß sie, geh voran!
Hier gilt es jetzt mit Segel und mit Stange
Das Boot zu stoßen, jeder, wie er kann!«,

Da streck ich mich, wie nötig es beim Gange;
Jedoch allein der Mensch von Blut und Fleisch;
Denn in Gedanken krümmt ich mich noch lange.

Ich schritt nun weiter, folgend gern und gleich
Des Meisters Schritt; an unser beider Gehen
Erkannte man, wie leicht wir im Vergleich.

Und er zu mir: »Jetzt gilt's hinabzuspähen!
Den Weg zu stillen dir, wirst gut du fahren,
Das Lager deiner Sohlen zu besehen!«

Gleichwie, um die Erinnerung zu bewahren,
Die Erdengräber zeigen auf den Steinen
Die Züge des Begrabenen, wie sie waren,

Weshalb oft Trauernde vor ihnen weinen,
Vom Schmerze der Erinnerung bezwungen,
Der nur die Sporen gibt den treuen Seinen,

So sah ich dort, nur edler noch geschwungen,
Gemäß der Fertigkeit, verziert die Flur,
Die sich als Straße um den Berg geschlungen.

Ich sah ihn, der vor aller Kreatur
Voll Glanz und Adel war, auf einer Seite,
Wie blitzgleich er vom Himmel niederfuhr!

Ich sah den Briareus, vom Himmelsscheite
Getroffen, gegenüber schon sich straffen,
Schwer auf dem Grund, des Todesfrostes Beute!

Sah den Thymbreer, Pallas, Mars in Waffen
Um ihren Vater stehen, um die Schar
Der hingestürzten Riesen zu begaffen;

Nahm Nimrod an des Turmes Fuße wahr:
Den Blick ließ er verstört zu jenen streichen,
Die sich empört wie er in Sennahar.

O Niobe, mit Augen, schmerzensreichen,
Sah ich dich eingemeißelt auf der Fährte
Inzwischen deiner vierzehn Kinder Leichen.

O Saul, wie du erschienst, vom eigenen Schwerte
Getötet, dort im Bild, am Gilboa,
Der Tau und Regen seit der Zeit entbehrte!

O törichte Arachne, die ich sah
Halb Spinne schon und traurig auf den Fetzen
Des Werkes, das zum Leid für dich geschah!

Rehabeam, es zeigt sich voll Entsetzen
Dein Bild, und droht nicht mehr; du fliehst ja schon
Am Tor im Wagen, ehe sie dich hetzen.

Der harte Boden sprach sodann davon,
Wie einst Alkmäon ließ die Mutter fühlen,
Des Unglücksschmuckes wegen, ihren Lohn.

Er zeigte, wie die Söhne überfielen
Im Innern eines Tempels Sanherib
Und wie sie tot ihn ließen auf den Dielen.

Er zeigte des Gemetzels Hochbetrieb,
Als einst Tomyris sprach zum Perserführer:
»Du dürstetest nach Blut; hier nimm vorlieb!«

Er zeigte, wie geschlagen die Assyrer
Sich flüchteten nach Holofernes' Tod,
Und auch, was übrig blieb von dem Märtyrer.

Ich sah in Trümmern Troja und verloht!
Ach Ilion, wie gar armselig weist er
Dein Bild, das hier sich unsern Blicken bot!

Wo ist des Pinsels und des Griffels Meister,
Der Blick und Umriß könnte wiedergeben,
Darüber selbst erstaunten feinste Geister?

Tot schienen Tote, Lebende zu leben!
Nicht mehr als ich, der auf die Bilder trat,
Den Kopf gesenkt, säh man davon im Leben!

Stolziert einher, den Nacken haltet grad,
Ihr Söhne Evas, laßt den Kopf nicht hangen!
Ihr könntet sehn sonst euren schlechten Pfad!

Mehr hatten wir vom Berge schon umgangen,
Und weiter war gerückt der Sonne Drehn,
Als ich vermeinte, dessen Geist befangen,

Da er, der immer nur nach vorn gesehn,
Zu mir begann: »Erheb den Blick vom Grunde!
Nicht mehr ist Zeit, versunken so zu gehn!

Sieh einen Engel dort, der eilige Kunde
Zu bringen scheint! O sieh, wie unterbricht
Den Dienst des Tags die Magd der sechsten Stunde!

Mit Ehrfurcht ziere Gesten und Gesicht,
Daß froh er führe uns zu hohen Taten!
Bedenke, dieser Tag tagt nochmals nicht!«

So hatt ich mich gewöhnt schon an sein Raten,
Nicht Zeit mehr zu verlieren, daß nicht fern
Verständnis für mich war, ihn zu erraten!

Es nahte uns das schöne Werk des Herrn
Im weißen Kleid; des Angesichtes Spiegel
Erschien mir zitternd wie der Morgenstern!

Die Arme tat er auf und dann die Flügel,
Und sagte: »Kommt, da nah die Stiegen sind,
Und leicht ist nun der Aufstieg auf den Hügel.

Nur wenige nahn auf diesen Ruf geschwind!
O Menschenvolk, zum Fluge aufgebrochen,
Sag, warum fällst du schon bei wenig Wind?«

Er brachte hin uns, wo der Fels zerbrochen,
Und schlug um meine Stirne dort die Flügel,
Dann hat er sichern Eingang uns versprochen.

Wie rechts, wo man hinaufsteigt zu dem Hügel,
Auf dem die Kirche thront, die überragt
Am Rubaconte sie, die fest am Zügel,

Der Steigung Wut zu brechen man gewagt
Durch Treppen einst, entstanden in den Zeiten,
Wo über Daub und Heft man nicht geklagt,

So mildert sich auch hier des Felsens Gleiten,
Der abfällt jäh vom zweiten Kreise dort;
Doch steile Wand streift man zu beiden Seiten!

Wir wandten hin sodann uns zu dem Ort:
»Beati pauperes spiritu!« sangen
Nun Töne über jedem Menschenwort!

Wie anders uns die Pforten hier empfangen
Als in der Hölle! Drang doch an mein Ohr
Gesang, nicht Schreie, wie sie dort erklangen!

Die heiligen Stufen stiegen wir empor:
Da war's mir, als ob ich viel leichter wäre,
Als auf der Ebene es mir schien zuvor.

Darum ich: »Meister, sage, welche Schwere
Ward mir genommen, daß ich mich beim Gehn
Jetzt aller Müdigkeit fast ganz erwehre?«

Er sagte: »Wenn die P's, die jetzt noch stehn
Auf deiner Stirn, wenn sie auch fast verschwinden,
Wie dieses eine ganz und gar vergehn,

Wird Eifer deine Füße überwinden,
Daß nicht allein sie nichts mehr müde macht,
Nein, vorwärts eilend, wirst du Lust empfinden!«

Darauf tat ich, so wie es einer macht,
Der was am Kopfe hat und kann's nicht sehen,
Bis er aus Zeichen andrer schöpft Verdacht:

Die Hand, sich fragend, was mag vor sich gehen,
Versucht und fühlt, zu einem Dienst verwandt,
Den ihm die Augen konnten nicht versehen.

Und mit der Rechten Finger sodann fand
Zu sechs die Lettern ich verkürzt, die drückte
Auf meine Stirn des Schlüsselhalters Hand:

Mein Führer lächelte, als er es blickte.

XIII. GESANG

Die Treppenspitze hatten wir erreicht,
Wo sich zum zweitenmal ein Einschnitt findet
Am Berg, darauf die Schuld beim Steigen weicht!

Auch dort gibt es ein Band, das rings umbindet
Den Berg, genauso wie das erstemal,
Nur daß sein Bogen hier sich schneller windet.

Kein Schatten ist hier und kein einziges Mal:
Am Weg und Hang scheint jede Zier zu fehlen,
Und wie des Felsens Farbe alles fahl.

»Wenn man hier harrte auf Bescheid der Seelen,
So sorgte ich«, fing dann der Dichter an,
»Daß zuviel Aufschub litte unser Wählen.«

Zur Sonne sah er dann ganz starr hinan
Und nahm als Drehpunkt seine rechte Seite:
Darum schwang er die linke Seite dann.

»O süßes Licht, auf das vertraund ich schreite
Die neue Straße, führe du uns hier,
So wie es wünschenswert!« sprach mein Geleite.

»Du wärmst die Welt, du leuchtest über ihr!
Bestimmt nichts andres uns zum Gegenteile,
So folgen deiner Strahlen Führung wir!«

So weit, wie sich erstreckt hier eine Meile,
Sind so marschiert wir dort auf dem Gestein
In kurzer Zeit durch unseres Willens Eile:

Da flogen, ohne sichtbar uns zu sein,
Ans Ohr uns Stimmen aus dem Geisterreiche,
Die uns zum Tisch der Liebe luden ein.

Die erste, die ich hörte im Bereiche,
Sprach lauten Tones: »Vinum habent non!«
Und uns im Rücken sagte sie das gleiche.

Doch ehe noch verklungen ganz der Ton
In der Entfernung, hat die Luft durchschnitten:
»Ich bin Orest!« und war vorüber schon.

»O Vater«, sprach ich, »welche Töne glitten
An unser Ohr?« Doch kaum gefragt, erklang:
»Liebt sie, von denen Böses ihr erlitten!«

Der gute Meister: »Dieses Simses Gang
Peitscht Neidesschuld; und deshalb ist's vonnöten,
Daß hier die Liebe schwingt der Geißel Strang.

Der Zaum verlangt das umgekehrte Beten;
Du wirst es hören, wenn ich's recht erkannt,
Bevor wir der Vergebung Gang betreten.

Nun achtsam durch die Luft den Blick gewandt:
Es werden Sitzende vor uns getroffen,
Die alle kauern längs der Felsenwand.«

Die Augen machte ich dann weiter offen
Und schaute vor mich: Schatten sah ich dran
In Kutten stehn, an Farbe gleich dem Schroffen.

Wir gingen einige Schritte dann voran;
Da hört ich: »Bitt für uns, Maria!« sagen
Und: »Michael! Peter! alle Heiligen!« dann.

Auf Erden kann solch hartes Herz nicht schlagen,
Das gegen Mitleid wäre ganz gefeit
Bei dem, was meine Augen da ertragen.

Als ihnen ich mich dann genaht so weit,
Daß ich erkannt die Haltung der Gestalten,
Entquollen Tränen mir vor bitterm Leid.

Ihr Kleid bestand aus ganz armseligen Falten:
Mit ihren Schultern hielten sie sich fest
Und wurden alle von der Wand gehalten.

So stehen arme Blinde wohl beim Fest
Am Gnadenorte, heischend milde Gaben,
Die Köpfe aufeinander fest gepreßt,

Daß rascher einer Mitleid möge haben,
Und zwar nicht durch den Klang des Worts allein,
Auch durch die Züge, die ins Herz sich graben.

Und wie den Blinden hilft kein Sonnenschein,
So will den Schatten, die ich so beschrieben,
Des Himmels Licht nicht seinen Schimmer weihn.

Die Lider sind von Eisendraht durchtrieben,
Wie man die wilden Sperber näht mit Draht,
Da ohne das sie niemals ruhig blieben.

Ich glaube, daß ich, gehend, Unrecht tat,
Da ich hier sah und wurde nicht gesehen;
Drum wandt ich mich an meinen weisen Rat.

Den Sinn des Stummen konnt er wohl verstehen;
Er wartete nicht ab, bis ich bekannt,
Und sprach: »Laß kurz und deutlich es geschehen!«

Virgil ging neben mir an jenem Rand,
An dem es galt, vorm Fall sich zu bewahren,
Da er von keiner Brüstung war umspannt.

Zur andern Seite standen jene Scharen,
Die durch die arge Naht die Kümmernis
Gepreßt, daß naß davon die Wangen waren.

Ich wandte mich zu ihnen: »Volk, gewiß«,
So fing ich an, »das hehre Licht zu sehen,
Nach dem euch ewig drängt der Sehnsucht Biß,

Soll Gnade bald die Schäume so verwehen,
Die euch 's Gewissen trüben, daß ganz klar
Der Strom des Geists vermag hindurchzugehen,

So sagt mir jetzt, ich dank es euch fürwahr,
Ob eine Seele hier Lateinerin!
Ihr kommt es wohl zugut, wenn's offenbar!«

»Mein Bruder, jede ist nur Bürgerin
Von einer wahren Stadt; du willst wohl fragen,
Ob einst sie in Italien Pilgerin?«

Zur Antwort schien dies jemand mir zu sagen,
Der nah mir war, nur etwas weiter vor:
Drum ließ ich meine Stimme weiter tragen.

Ein Geist, der unter andern sich verlor,
Stand wartend dort; wie konnte er's wohl zeigen?
Das Kinn hob er nach Blindenart empor.

Ich sagte: »Geist, kasteiend dich, zu steigen,
Warst du es, der mir eben gab die Lehre,
So darfst du Land und Namen nicht verschweigen!«

»Ich war von Siena, und mit diesem Heere
Verkläre ich die sündige Lebensweise
Und fleh ihn an, daß er sich uns gewähre.

Sapia hieß ich und war doch nicht weise!
Der Schaden, den sich andre zugezogen,
Ward mehr als eigenes Glück mir Grund zum Preise.

Daß du nicht argwöhnst, daß ich dich belogen,
Hör, ob ich einstmals wirklich war die Tolle,
Als schon hinabging meiner Jahre Bogen.

Als einstmals meine Stadt nicht weit von Colle
Im Felde schon vor ihren Gegnern stand,
Erflehte ich von Gott das, was Er wolle.

Geschlagen waren sie und schon gewandt
Zum bittern Tritt der Flucht; zu sehn das Jagen,
War Freude mir, wie ich sie nie empfand,

So daß das Antlitz kühn ich hochgetragen
Und rief: ‚O Gott, ich fürchte dich nicht mehr!‘,
Der Amsel gleich bei kurzem Wohlbehagen.

Mit Gott versöhnt zu sein, war mein Begehr
Am Ende meines Lebens; doch es bliebe
Trotz Reue meine Schuld nicht minder schwer,

Wär's nicht der Fall, daß man zugut mir schriebe
Pier Pettinaios heiliges Gebet,
Der Mitleid mit mir trug aus Nächstenliebe.

Wer bist du, der du fragst, wie es uns geht,
Und wanderst und die Augen hältst ganz offen,
So glaub ich, und aus dem der Atem weht?«

»Am Auge«, sprach ich, »werd ich noch getroffen,
Doch kurze Zeit nur! Da mich kaum besiegt
Der scheele Neid, so darf darauf ich hoffen.

Die Furcht, darin mir meine Seele liegt,
Vorm Schmerze unten pflegt mich mehr zu plagen,
So daß schon schwer die Last von unten wiegt!«

Und sie zu mir: »Wer hat dich hergetragen,
Wenn du an Rückkehr glaubst, zu unserm Strich?«
Und ich: »Der bei mir, ohne was zu sagen.

Ich lebe noch, und darum bitte mich,
Erlesener Geist, soll ich die irdischen Schritte
Dereinst bewegen drüben noch für dich!«

»Oh, dies zu hören, ist so neue Sitte«,
Sprach sie, »daß es dir Gottes Liebe weist!
Drum hilf zuweilen mir mit deiner Bitte!

Bei dem erbitt ich, das du wünschst zumeist,
Wirst je Toskanas Boden du begehen,
Daß sehr du mich bei den Verwandten preist!

Du wirst sie unterm Narrenvolke sehen:
Mehr Hoffnung wird für Talamon es zahlen,
Als beim Dianasuchen es geschehen!

Am meisten schadet es den Admiralen!«

XIV. GESANG

»Wer ist es, der um unsern Felsen schreitet,
Eh ihn beschwingt des Todes Majestät,
Und dessen Lid noch auf und nieder gleitet?«

»Ich weiß nur, daß noch jemand mit ihm geht!
Da du ihm näher stehst, magst du ihn fragen!
Sei freundlich nur zu ihm, daß er gesteht!«

So hörte ich zwei Geister von mir sagen,
Einander zugeneigt, zur rechten Hand;
Dann hoben sie den Kopf, um mich zu fragen,

Und einer sprach: »Der du noch im Gewand
Des Körpers himmelwärts bist aufgeklommen,
Aus Liebe tröste uns und gib bekannt,

Wer du denn bist und woher du gekommen,
Es wundert so uns deiner Gnade Sicht,
Da so etwas noch niemals vorgekommen.«

Und ich: »Inmitten durch Toskana bricht
Ein Bächlein von des Falterones Rande,
Und hundert Meilen Lauf genügt ihm nicht.

Bei ihm kam ich in dieses Leibes Bande;
Umsonst wär es, zu sagen, wer ich bin,
Da noch nicht viel mein Name gilt im Lande.«

»Du sprichst vom Arno, wenn ich deinen Sinn
Erfasse richtig mit dem Intellekte«,
So sagte er, der mich gefragt vorhin.

Der andere sprach zu ihm: »Warum versteckte
Den Namen jenes Flusses er so bang,
Als ob ihm seine Nennung Grauen weckte?«

Der Schatten, welchem diese Frage klang,
Entlud sich so: »Ich weiß es nicht, doch dächt ich,
Daß reif sein Name sei zum Untergang!

Von seinem Ursprung ja, dort, wo so trächtig
Der Alpenberg, davon Pelorum schied,
Daß er an wenig Stellen ist so mächtig,

Bis dort, wohin er zum Ersatze flieht
Für alles, was der Himmel schöpft im Meere,
Daß er den Flüssen gibt, was sie versieht,

Fliehn alle dort die Tugend so, als wäre
Sie eine Natter, sei's, daß auf der Flur
Ein Unstern waltet, sei es Sündenschwere.

Darum verwandelt haben die Natur
Des Unglückstals Bewohner in dem Maße,
Als ob geweidet sie auf Kirkes Spur.

An garstigen Schweinen hin, zum Eichelfraße
Geschickter als zu einem Menschenmahl,
Führt ihn zuerst die gar armselige Straße.

Dann trifft er Kläffer an auf seinem Fall,
Die lauter knurren als sie Kräfte haben,
Und zornig dreht er 's Maul von diesem Schall.

Je mehr er anwächst beim Hinuntertraben,
Sieht mehr zu Wölfen wandeln sich die Hunde
Der elende, vermaledeite Graben.

Erfaßt sodann von manchem tiefen Schlunde,
Stößt er auf Füchse, so von Lug erfüllt,
Daß fremde List sie richtet nie zugrunde.

Weil einer zuhört, bin ich nicht gewillt
Zu schweigen; jener wird's zu wissen schätzen,
Was mir der Geist der Wahrheit jetzt enthüllt.

Ich sehe deinen Neffen einstmals hetzen
Als Jäger jene Wölfe dort am Lauf
Des wilden Stroms, und alle sie entsetzen!

Ihr Fleisch bringt er noch lebend zum Verkauf;
Dann würgt er diese so wie alte Tiere,
Frißt seinen Ruhm und vieler Leben auf,

Zieht blutig aus dem traurigen Reviere
Und läßt es so, daß noch nach tausend Jahren
Den früheren Zustand es nicht mehr verspüre.«

Wie wir, wenn üble Nachricht wir erfahren,
Verziehn die Mienen, kaum daß wir's vernommen,
Gleichviel, woher uns drohen die Gefahren,

Sah ich ganz traurig werden und beklommen
Die andere Seele jetzt auf den Bericht,
Als sie die Rede in sich aufgenommen.

Des einen Wort, des anderen Gesicht
Ließ jetzt nach ihrem Namen mich nicht ruhn:
So fragte ich, mit Bitten untermischt.

Der Geist, der erst gesprochen, sagte nun:
»Dazu hast du mich also auserlesen,
Was du mir tun nicht willst, dir anzutun.

Da Gott will, daß erstrahl aus deinem Wesen
So eine Gnade, sei es dir entdeckt:
Guido del Duca bin ich einst gewesen!

So sehr hat mir der Neid im Blut gesteckt,
Daß ich, wenn einer etwas froh genossen,
Sogleich von Neidesblässe ward gefleckt.

Von meiner Saat ist solches Stroh entsprossen!
Warum, o Mensch, dahin dein Herz gekehrt,
Wo Teilung sich verbietet mit Genossen?

Rinier ist dieser, der so ziert und ehrt
Die Calboli, daß, als er ward begraben,
Kein einziger erbte seinen großen Wert!

Und nicht sein Blut allein entbehrt der Gaben
Inzwischen Reno, Po, Gebirg und Meer,
Die Wirklichkeit und Spiel gleich nötig haben!

Denn hier in dieser Gegend wuchert sehr
Ein Giftgestrüpp, davon so voll der Garten,
Daß Roden selbst wohl hülfe hier nicht mehr!

Wo könnten Lizio, Heinrich Manarden,
Carpigna, Traversaro noch gedeihn?
Ihr Romagnolen wurdet zu Bastarden!

Wann wird ein Fabbro in Bologna sein,
Ein Bernhard Fosco in Faenza leben,
Ein edles Reis, wenn auch der Stamm nur klein?

Nicht soll's dir Grund zum Staunen, Tuszer, geben,
Denk ich mit Guido Prata mir, voll Harm,
Ugolin d'Azzo, teilend unser Leben!

Friedrich Tignoso noch und seinen Schwarm,
Haus Traversar und Anastagi: beiden
Geht ab die Erbschaft, da an Erben arm!

Die Fraun und Herrn, die Freuden und die Leiden,
Die Liebe dort geweckt und Ritterpflicht,
Wo nicht das Böse jetzt die Herzen meiden.

O Bertinoro, schwindest du noch nicht,
Dem dein Geschlecht den Rücken mußte kehren
Und dem viel Volk, weil es nicht schlecht, entwischt?

Wohl tut Bagnacaval, sich nicht zu mehren!
Doch übel Castrocaro, Conio schlimmer,
Uns solche Grafen jetzt noch zu gebären.

Wohl werden die Pagani tun, wenn nimmer
Ihr Dämon lebt, wenn's auch dazu nichts nutzt,
Daß je ihr Schild erglänzt in lauterem Schimmer!

O Ugolin dei Fantolin, es trutzt
Dein Name allem! wird doch keiner kommen,
Der, aus der Art geschlagen, ihn beschmutzt!

Doch gehe, Tuscer! mehr will mir's jetzt frommen,
Zu weinen, als Geschichten zu erzählen!
So ist mein Geist mir vom Gespräch benommen!«

Daß fortgehn hörten uns die teuren Seelen,
War uns bekannt; daß keiner 's Schweigen brach,
War uns Gewähr, den Weg nicht zu verfehlen.

Es wurde einsam um uns nach und nach!
Dem Blitze gleich, der durch die Lüfte zündet,
Kam eine Stimme auf uns zu und sprach:

»Ein jeder wird mich töten, der mich findet!«
Und floh vorüber wie des Donners Ton,
Der plötzlich eine Wolke bricht und schwindet.

Das Ohr war gerade ausgeruht davon,
Als mit Getöse wieder herkam eine,
Wie auf den Donner folgt ein neuer schon.

»Ich bin Aglauros und ward einst zum Steine!«
Um nah zu sein dem Dichter beim Gebrüll,
Lenkt ich nach rechts anstatt nach vorn die Beine.

Schon waren alle Lüfte ringsum still,
Da sagte er: »Dies war der harte Zügel,
Der uns in unseren Grenzen halten will!

Ihr schnappt den Köder, daß euch aus dem Bügel
Des alten Widersachers Angel reißt;
Drum hilft nicht Zaum, noch gibt der Lockruf Flügel!

Der Himmel ruft euch, der euch rings umkreist,
Und weist euch hin auf seine ewigen Lichter!
Und doch blickt nur zu Boden euer Geist!

Darum bestraft euch auch der Weltenrichter!«

XV. GESANG

So viel, als bis zum Schluß der dritten Stunde
Vom Tagbeginn die Sphäre sichtbar macht,
Die immer wie ein Kind scherzt in der Runde,

Schien bis zum Abend hin noch unvollbracht
Vom Weg, auf welchem Sol vollführt die Tritte:
Dort war es Vesper, hier war's Mitternacht.

Die Strahlen trafen auch die Nasenmitte,
Da wir uns derart um den Berg gewandt,
Daß gegen Westen wir gelenkt die Schritte,

Als plötzlich meine Stirn hinabgebannt
Noch eines sehr viel stärkeren Glanzes Blenden!
Ich staunte, da der Grund mir unbekannt.

Drum griff ich an die Brauen mit den Händen,
Darüber mir sie wölbend wie zum Dach,
Das Übermaß des Lichtes abzuwenden.

Wie, reflektiert vom Spiegel oder Bach,
Die Strahlen umgekehrt zur Höhe steigen,
Im Winkel, wie hinein ein jeder brach,

So daß die Ablenkung, die ihnen eigen,
Vom Fall des Steines sich genau entspricht,
Wie es uns Lehre und Erfahrung zeigen,

So glaubt ich, daß uns reflektiertes Licht
Getroffen, welches vor uns aufgeglommen:
Drum wich ihm aus geschwind mein Angesicht.

»Was ist es, Vater, davor mir zu frommen
Kein Schirm scheint, mir zu helfen vor dem Schein«,
So sprach ich, »der auf uns scheint zuzukommen?«

»Nicht wundere dich, geblendet noch zu sein
Von Gottes Troß!« gab er mir zu verstehen;
»Sein Abgesandter lädt zum Aufstieg ein!

Bald wird, in solchen Glanz hineinzusehen,
Dir keine Last mehr sein; nur Lust ist's dann,
Je wie Natur mit Kraft dich hat versehen.«

Wir kamen dann beim seligen Engel an;
Da rief er froh: »Hier tretet auf die Stiegen,
So steil nicht mehr wie dort, wo man begann!«

Wir stiegen, ließen hinter uns ihn liegen,
Als: »Beati misericordes!« klang
In unserm Rücken, und: »Sei froh, zu siegen!«

Mein Herr und ich, wir stiegen auf den Hang,
Allein wir zwei; doch was herauszuschlagen
Dacht ich aus seinen Worten mir beim Gang,

So daß ich mich gewandt zu ihm zu fragen:
»Was wollte denn die Romagnolenseele
Mit ‚sich verbietet‘ und ‚Genossen‘ sagen?«

So er zu mir: »Von seinem größten Fehle
Kennt er den Schaden; darum staune nicht,
Wenn er ihn rügt, daß er euch minder quäle!

Weil euer Wollen nur darauf erpicht,
Wo sich der Anteil mindert durch Genossen,
Schont Neid des Blasebalgs zu Seufzern nicht.

Doch wenn aus Liebe zu den höchsten Sprossen
Ihr euer Sehnen aufwärts nur ließt wallen,
So machte solche Furcht euch nicht verdrossen.

Je größere Zahl dort ‚unser' läßt erschallen,
Um so viel mehr hat jeder von dem Gut;
Um so viel Liebe mehr brennt in den Hallen!«

»Noch ungestillter ist des Sehnens Glut«,
Sprach ich, »als hättest du den Mund gehalten,
Und größer noch in mir des Zweifels Wut.

Wie ist es möglich, daß ein Gut zerspalten
Die mehreren Besitzer reicher macht,
Als wenn nur wenige davon erhalten?«

Und er zu mir: »Weil einzig nur bedacht
Dein Geist auf dieser Erdendinge Fluten,
So lösest du vom wahren Licht nur Nacht.

Die Kraft des endlos unaussprechlich Guten
Dort oben strömt derart zur Liebe hin
Wie zu dem lichten Ding des Strahles Gluten.

So viel gibt sie, wie sie trifft an darin,
So daß, wie auch die Liebe mag sich dehnen,
Der ewige Wert wächst an in gleichem Sinn.

Je größere Mengen sich dort oben sehnen,
Je mehr an Liebe wie an Liebesgut,
Und wie ein Spiegel gibt es der an jenen.

Und wenn mein Wort dir nicht Genüge tut,
Löscht Beatrice aus in deinem Herzen
Dir diese und auch jede andere Glut.

Nun trachte ohne Säumen, auszumerzen,
Wie schon die zwei, auch die fünf andren Wunden,
Die sich nur wieder schließen, weil sie schmerzen!«

Ich wollte sagen: »Du läßt mich gesunden!«,
Als ich vor mir den nächsten Kreis gesehen,
So daß vor Schaulust ich kein Wort gefunden.

Dort schien in mir ganz plötzlich zu entstehen
In der Ekstase eine Vision:
In einem Tempel sah ich Leute stehen,

Und eine Frau am Eingange davon,
Ganz sanft und mütterlich in ihrem Wesen:
»Warum hast du uns dies getan, mein Sohn?

O sieh, wie hinter dir wir her gewesen,
Voll Schmerz dich suchend!« Kaum geäußert das,
Begann sie schon, sich wieder aufzulösen.

Dann sah ich eine Frau mit jenem Naß
Auf ihren Wangen, als ob Schmerz sie hätte,
Geboren aus gar großem Zorn und Haß,

Und sagen dann: »Bist du der Herr der Stätte,
Um deren Namen stritt der Götter Schwarm,
Und wo das Wissen leuchtet um die Wette,

Räch dich, Pisistratus, am kühnen Arm,
Der unsere Tochter wagte zu umfassen!«
Der Herrscher schien ihr mild und ohne Harm

Zu sagen, und sein Antlitz schien gelassen:
»Was tuen wir an dem, der Böses droht,
Wenn den wir, der uns liebt, deswegen hassen?«

Dann sah ich Volk, im Zornesbrand entloht,
Mit seinen Steinen einen Jüngling töten,
Laut zueinander schreiend: »Tod ihm, Tod!«

Und ihn sah ich, der sich in Todesnöten,
Die schwer schon drückten, bis zum Grund gebückt,
Obwohl die Augen stets zum Himmel spähten;

Er bat den hohen Herrn, so arg bedrückt,
Er möge doch verzeihen seinen Sbirren,
Mit jenem Blicke, den Erbarmen schickt.

Dann fing die Seele an, sich zu entwirren
Zu Dingen hin, die außer ihr bestehn,
Und ich erkannte mein nicht falsches Irren.

Mein Herr, für den ich so war anzusehn,
Als ob ich wach zu werden angefangen,
Sprach: »Was ist los, daß du nicht grad kannst stehn?

Die halbe Meile kamst du schon gegangen
Verhüllten Blickes und mit schwankem Schritt,
Als wenn von Schlaf und Wein du wärst umfangen.«

»Mein holder Vater, du, dir teil ich's mit,
Wenn du mich hörst«, sprach ich, »was mir erschienen,
Als so ich meiner Beine wurde quitt.«

»Zögst hundert Larven du vor deine Mienen,
Ich sähe die Gedanken unverschlossen«,
So sprach er, »selbst die kleinsten unter ihnen!

Dies schautest du, auf daß du nicht verdrossen,
Das Herz den Friedenswassern aufzutun,
Die von der ewigen Quelle sind geflossen.

Nicht fragte ich: ‚Was hast du denn?‘, wie tun,
Die nur mit Augen schauen, die nicht sehen,
Wenn ohne Seele ihre Glieder ruhn!

Doch fragte ich, zu stärken dir das Gehen!
So muß die Sporen geben man den Trägen,
Zu faul, wenn sie erwachen, aufzustehen.«

Wir gingen durch den Abend auf den Wegen
Und sahn, so weit den Augen es erschien,
Dem abendlichen, lichten Strahl entgegen.

Und nach und nach sah einen Rauch ich ziehn,
Der auf uns dunkel, wie die Nacht, gekommen;
Es war kein Platz mehr da, ihm zu entfliehn!

Er hat uns Blick und reine Luft genommen.

XVI. GESANG

Der Hölle Dunkel und der Nacht, da funkelt
Nicht ein Planet und eng begrenzt die Sicht
Des Himmels, der von Wolken ganz verdunkelt,

Zog nie mir solche Hülle vors Gesicht
Wie dort der Rauch, der völlig uns umbleckte,
Noch auch ein Fell, wie heftig es auch sticht,

So daß ich 's Auge mit dem Lide deckte
Und mir mein Führer, der mich klug betreut,
Zur Seite ging und mir die Schulter reckte.

Gleichwie ein Blinder nachfolgt dem Geleit,
Nicht fehlzugehn und an nichts anzurennen,
Das ihm ein Weh, vielleicht den Tod entbeut,

So schritt ich durch des schmutzigen Qualmes Brennen,
Dem Führer lauschend, als er unentwegt
Mir sagte: »Hüt dich, dich von mir zu trennen!«

Ich hörte Stimmen, deren jede pflegt
Um Mitleid und um Frieden nur zu beten
Das Gotteslamm, das unsere Sünde trägt.

Mit »Agnus Dei« nur begann ihr Beten;
Ein Wort war nur in allen und ein Klang,
So daß kein Mißklang zwischen sie getreten.

»Ist es von Geistern, Meister, ein Gesang?«
Sprach ich, und er: »So hat es sein Bewenden!
Sie möchten lösen ihres Zornes Strang.«

»Wer mag sich durch den Rauch, ihn spaltend, wenden,
Der spricht, als ob er noch den Zeitverlauf
Sich teilte ein nach Wochen und Kalenden?«

So fragte eine Stimme uns darauf;
Mein Meister sagte dann: »Erklär dich schleunigst,
Und frage dann, ob hier es geht hinauf!«

Und ich: »O Kreatur, die du dich reinigst,
Um schön zu drehn in deines Schöpfers Stadt,
Du hörst noch Wunder, wenn du mir dich einigst!«

»Ich folge dir, wie Gott erlaubt es hat!
Und hindert uns am Sehn des Rauches Fülle,
Wird das Gehör vereinen uns anstatt!«

Darauf begann ich so: »Mit jener Hülle
Stieg ich empor, die einst der Tod zerstreut,
Und kam hierher aus höllischem Gebrülle.

Und wenn mir solche Gnade Gott verleiht,
Den Anblick seines Hofes mir zu geben,
Zuwider allem Brauch der heutigen Zeit,

So birg mir nicht, wer einst du warst im Leben!
O sag's und sage: bin ich recht gewandt?
Nach deinem Rate laß uns weiter streben!«

»Lombarde war ich; Marcus einst genannt!
Von Welt war ich und liebte jene Sitten,
Davon den Bogen jeder nun entspannt.

Um aufzusteigen, bist du recht geschritten!«
So sprach er, und so fing er an aufs neue:
»Ich bitte, oben auch für mich zu bitten!«

Und ich zu ihm sodann: »Bei meiner Treue;
Ich tu, was du erflehst! jedoch mich narrt
Ein Zweifel, wenn ich mich nicht draus befreie.

Erst war er einfach, bis er doppelt ward
Bei deinem Wort, das klar stellt an den Pranger,
Hier wie vorhin, womit ich ihn gepaart.

Die Welt ist solch ein tugendloser Anger,
Wie du sie schilderst, und ein wüstes Feld,
Bedeckt von Bosheit ganz und mit ihr schwanger!

Doch nenn den Grund mir, dem zur Last es fällt,
Auf daß von mir er einst verbreitet werde:
Der sucht im Himmel ihn, der in der Welt.«

Ein lautes »Ach!«, wie's uns erpreßt Beschwerde,
Drang her erst: »Bruder!« gab er dann Bescheid;
»Die Welt ist blind, und du kommst von der Erde!

Ihr Lebenden schreibt alles schnell bereit
Dem Himmel zu, als ob sich alle Dinge
Bewegten einzig nach Notwendigkeit.

Wenn's an dem wäre, bräch's in euch die Schwinge
Der Willensfreiheit; nicht wär's dann gerecht,
Daß Tugend Lust und Sünde Kummer bringe.

Euch anzustoßen, ist der Sterne Recht;
Nicht immer, sag ich! doch gesetzt, es wäre:
Ein Licht ist euch verliehn für gut und schlecht

Und freier Wille; hält er aus die Schwere
Der ersten Kämpfe mit dem Himmel nur,
Besiegt er alles, falls er gut sich nähre.

Denn größerer Kraft und besserer Natur
Seid frei ihr unterstellt; sie läßt entstehen
Den Geist in euch ganz ohne Sternenspur.

Drum, wenn die Welt vom Weg pflegt abzugehen,
So liegt dies ganz allein in eurer Macht,
Und ganz getreu laß ich es jetzt dich sehen:

Aus dessen Hand, der liebend sie gedacht,
Bevor er sie ins Leben ruft, entgleitet,
Gleich einem Kind, das kindisch weint und lacht,

Die Seele, die nur weiß, daß sie geleitet
Vom heitern Schöpfer, und, bei Sinnen kaum,
Zu dem sich gerne dreht, was Lust bereitet.

Nach Kleinem kitzelt ihr zuerst der Gaum;
Das trügt sie und sie pflegt ihm nachzurennen,
Dreht ihren Trieb nicht Führer oder Zaum.

So kam der Zaum, den wir Gesetze nennen!
So kam der König auch, für den es galt,
Den Turm der Stadt der Wahrheit zu erkennen.

Gesetze gibt's! wer hat sie in Gewalt?
Keiner! Der Hirte, der pflegt vorzutraben,
Kann wiederkäun, hat Hufe ohne Spalt.

Die Menge, die den Führer sieht sich laben
Am gleichen Gute, das auch sie umworben,
Nährt sich davon und will nichts weiter haben.

Nur weil die gute Führung ausgestorben,
Entkeimte in der Welt der Sünde Saat,
Und nicht, weil die Natur in euch verdorben!

Rom, das die Welt so gut geordnet hat,
Besaß zwei Sonnen einst, die beiden Wegen
Erstrahlten, dem der Welt und Gottes Pfad.

Eins hat das andere Licht verlöscht; der Degen
Verband dem Stab sich; sind sie nicht getrennt,
So können sie sich kraftvoll nicht mehr regen,

Da keiner vor dem andern Furcht mehr kennt;
Glaubst du mir nicht, so blicke auf die Ähren,
Da an der Saat man jedes Kraut erkennt.

In jenem Land, das Etsch und Po durchqueren,
Fand man, bevor dort Friedrich hatte Streit,
Den Mut und höfische Sitte noch in Ehren.

Doch kann's durchziehen sicher nur zur Zeit,
Wer davon absteht, weil er wackere Helden
Dort anzusprechen, anzutreffen scheut.

Drei Alte seh ich dort, in denen schelten
Die alten Zeiten unsre, und sie warten,
Gott rufe bald sie ab in bessere Welten:

Konrad Palazz', den trefflichen Gherarden,
Guid' Castel, den man besser nennen würde
Auf fränksche Art, den ehrlichen Lombarden.

So schließ, die Kirche Roms wälzt ihre Würde,
Da sie in sich verschmolz die zwei Gewalten,
Im Schlamme und beschmutzt sich und die Bürde.«

»Mein Marcus«, sprach ich, »du hast recht behalten;
Nun seh ich auch, warum vom Erbenrecht
Die Söhne Levis ausgeschlossen galten.

Doch welcher Gerhard lebt noch so gerecht,
Daß er als Muster früherer Zeit zu nennen,
Zum Vorwurf fürs barbarische Geschlecht?«

»Versucht mich oder täuscht mich dein Bekennen?«
Gab er zur Antwort; »tuszisch sprachst du mir
Und scheinst vom guten Gerhard nichts zu kennen!

Kein Name sonst ist mir bekannt dafür,
Soll ich nicht von der Gaia leihen einen!
O sei jetzt Gott mit euch! ich bleibe hier!

Sieh durch den Rauch den Schimmer dort, den reinen;
Sein weißer Glanz zwingt hier mich, umzukehren!
Denn vor dem Engel darf ich nicht erscheinen!«

So ging er um und wollte nichts mehr hören.

XVII. GESANG

Erwäg, o Leser, wenn du je geschaut
Durch einen Nebel auf den Alpenhöhen,
Nicht anders als ein Maulwurf durch die Haut,

Wie, wenn der Dunst begonnen zu verwehen,
Der dich zuvor so feucht und dicht umfing,
Der Sonnenball nur schwach erst ist zu sehen:

Dann ist des Geistes Mühe nur gering,
Dir vorzustellen, wie zu mir gedrungen
Die Sonne anfangs, die schon unterging.

So als ich mich in gleichen Schritt geschwungen
Mit meinem Meister, ging ich dunstentwallt
Den Strahlen zu, schon tot den Niederungen.

O Phantasie, die du hast oft Gewalt,
Uns zu entrücken, so daß nichts wir spüren,
Selbst wenn der Ton von tausend Tuben schallt,

Was reizt dich, wenn die Sinne dich nicht rühren?
Ein Lichtschein reizt dich aus des Himmels Flur,
Sei es von selber, sei's durch höheres Führen!

Vom Frevel jener, die einst die Natur
Des Vogels annahm, den's meist freut zu singen,
Erschien in meiner Phantasie die Spur.

Mein Geist ward so verengt von diesen Dingen,
Daß nichts von allem, was den Raum erfüllt,
Hinunter in sein Inneres konnte dringen.

Dann floß zur hohen Phantasie das Bild
Von einem, der am Kreuz verwirkt sein Leben
Und dessen Auge blickte stolz und wild:

Assuerus, der große, stand daneben,
Esther, sein Weib, der gute Mardochai;
In Wort und Tat war rechtlich stets sein Streben.

Sobald auch dieses Traumbild ging vorbei,
Ganz aus sich selbst, gleich einer Wasserblase,
Die, wenn das Wasser mangelt, bricht entzwei,

Sah ich ein Mädchen dann in der Ekstase;
Es weinte laut und rief: »O Königin,
Warum gingst du aus Zorn die Todesstraße?

Lavinia nicht zu missen, starbst du hin!
Nun missest du mich, Mutter! diese Wende
Beklag ich mehr als anderen Ruin!«

Gleichwie der Schlaf, wenn plötzlich auf die Wände
Der Lider neues Licht gefallen, bricht,
Und bei dem Brechen zuckt noch vor dem Ende,

So auch zerfloß jetzt hier mein Traumgesicht,
Als Strahlen in mein Angesicht mir drangen,
Viel heller, als das uns gewohnte Licht.

Ich wandte mich, wohin ich wohl gegangen,
Als jemand sprach: »Hier ist es, wo man steigt!«,
Erstickend jedes andere Verlangen!

Dies machte meinen Willen so geneigt,
Zu schauen, wer die Worte wohl entsendet,
Daß er nicht ruht, bis er sich mir gezeigt.

Doch wie vor Sol der Blick hinab sich wendet,
Und er durch Übermaß verbirgt sein Bild,
So wurde auch mein Auge hier geblendet.

»Dies ist ein Himmelsgeist, der nun gewillt,
Den Weg uns hochzuweisen ohne Fragen,
Und der sich selbst in seinem Licht verhüllt.

Er tut uns, wie wir uns zu uns betragen;
Denn wer auf Bitten harrt und sieht die Not,
Beginnt schon böswillig, sich zu versagen.

Gewähren wir den Fuß dem Angebot
Und steigen eilends, eh der Tag verglommen:
Dann geht es nicht mehr, bis der Morgen loht!«

So sprach mein Führer, und es ward genommen
Der Weg auf eine Treppe zu, geschwind;
Die erste Stufe hatt ich kaum erklommen,

Da fühlt ich, wie von Flügeln, einen Wind
Im Antlitz, und: »Beati«, hört ich loben,
»Pacifici, die schlechten Zorns nicht sind!«

Schon waren über uns so hoch erhoben
Die letzten Strahlen, dran die Nacht sich reiht,
Daß viele Sterne schon erschienen oben.

»O meine Kraft, was hat dich so zerstreut?«
So sagte ich, sobald ich wahrgenommen,
Wie nachließ meiner Beine Regsamkeit.

Wir standen dort, wo nicht mehr aufgeklommen
Die Treppe weiter, und wir hielten an,
Ganz wie ein Schiff, das an den Strand gekommen.

Erst lauschte ich ein wenig noch sodann,
Ob ich nichts hörte auf den neuen Flächen;
Dann wandt ich mich zum Meister und begann:

»Mein süßer Vater, sprich, welch ein Verbrechen
Straft sich im Kreis, der uns kommt hier in Sicht?
Ruhn auch die Füße, ruhe nicht das Sprechen!«

Und er zu mir: »Der Trieb, der in der Pflicht
Zum Guten lau gewesen, muß hier eilen;
Hier schlägt man säumige Ruder in den Gischt!

Doch laß mich klarer Auskunft noch erteilen!
Kehr dich zu mir, und ziehn wirst du als Lohn
Noch gute Frucht aus unserem Verweilen! –

Nicht Schöpfer noch Geschöpf war je, mein Sohn«,
Begann er also, »ohne Drang der Liebe!
Natur und Geist ihr Quell, du weißt es schon.

Die der Natur irrt nie in ihrem Triebe;
Die andre irrt, in ihrem Gegenstand,
Sei's, daß zu viel sie, sei's, zu wenig liebe.

Solang sie nur aufs erste Gut gewandt,
Und sich mit Maß sucht zweite zu verschaffen,
Setzt sie uns nicht durch böse Lust in Brand.

Sucht Böses sie, sucht Gutes sie zu raffen
In allzu großem oder kleinem Grad,
So trotzt dem Schöpfer das, was er geschaffen.

Daraus kannst du entnehmen noch den Rat,
Daß jeder Tugend Saat aus Lieb entspringe,
Und auch der Samen jeder schlechten Tat.

Nun weil es einmal wirklich gar nicht ginge,
Daß jemand nicht sein Wohl ins Auge faßt,
So sind vom Eigenhasse frei die Dinge!

Da auch kein einzig Wesen man erfaßt,
Das, für sich, frei vom ersten Wesen bliebe,
So wird auch dies von keinem je gehaßt!

Es bleibt, sofern ich 's Schließen richtig übe,
Daß Liebe zu des Nächsten Weh gelingt.
In eurem Schlamm wächst dreifach diese Liebe:

Der eine hofft, wenn nur sein Nachbar sinkt,
Erhöhung, und so ist sein ganz Begehren,
Daß aus der Höhe er zur Tiefe schwingt.

Der zweite fürchtet Ruhm, Gunst, Macht und Ehren
Dann zu verlieren, wenn ein anderer steigt;
Voll Trauer will er 's Gegenteil beschwören.

Der dritte wird, weil Unbill ihm erzeigt,
Nach Rache lüstern dann, vor allen Dingen;
So kommt's, daß andren weh zu tun er neigt.

Der dreigeteilte Trieb klagt in den Ringen
Hier unten; jetzt zu jener Liebe Spiel,
Die nach dem Guten fälschlich pflegt zu ringen.

Verworren hat ein Gut man im Gefühl,
Das sich zur Sättigung pflegt der Geist zu wählen:
So kommt's, daß jeder strebt nach diesem Ziel.

Pflegt allzu träg der Trieb in euch zu schwelen,
Zu sehn es, zu besitzen, quält die Zucht,
Nach rechter Reue, hier im Kreis die Seelen.

Dann gibt's ein Gut: es stillt nicht unsere Sucht;
Nicht ist es Glück, nicht ist es alles Guten
Essenz, nicht seine Wurzel, seine Frucht.

Wenn man es liebt in allzu heißen Gluten,
Weint über uns dafür man in drei Kreisen!
Doch wie man dreigeteilt dafür muß bluten,

Verschweig ich; such es selber zu erweisen!«

XVIII. GESANG

Gesetzt ein Ende hatte seiner Lehre
Der hohe Lehrer und erwählt zum Ziel
Mein Antlitz dann, ob ich zufrieden wäre;

Und ich, gequält von neuem Durstgefühl,
Schwieg äußerlich, doch drin begann's zu grollen:
»Vielleicht wird ihm mein Fragen doch zu viel?«

Der wahre Vater, der mein zages Wollen,
Trotzdem ich es nicht offenbart, erkannt,
Gab durch sein Wort mir Mut, auch meins zu zollen.

So ich: »Mein Herr, mein Schaun ist so entbrannt
An deinem Licht, daß klar ich jede Zeile
Von dem erkenne, was du mir benannt.

So bitt ich, süßer, teurer Vater, teile
Mir mit, was Liebe ist, aus der entrinnt
Die gute Tat nebst ihrem Gegenteile.«

»Lenk deiner Einsicht scharfen Blick, mein Kind,
Auf mich«, so sagte er; »ihn soll nicht trüben
Der Blinden Irrtum, welche Führer sind!

Die Seele, die geschaffen ist, zu lieben,
Kehrt sich zu allem hin, das ihr gefällt,
Wenn vom Gefallen sie zur Tat getrieben.

Erkenntnis zieht vom wahren Sein der Welt
Das Bild ab, das sie eurem Innern kündet,
So daß der Geist auf es hin eingestellt;

Wenn er's getan und sich für es entzündet,
Ist dies Entzünden Liebe, ist Natur,
Die aus Gefallen neu in euch sich bindet.

Denn wie das Feuer lodert aufwärts nur,
Weil es die Aufwärtsrichtung einst empfangen,
Und dorthin eilt, wo Dauer seiner Spur,

So muß auch der ergriffene Geist verlangen
Und geistig lodern,was so lange währt,
Bis die geliebte Sache er umfangen.

Nun kannst erkennen du, wie ganz verwehrt
Die Wahrheit denen, die die Meinung hegen,
An sich sei jede Liebe lobenswert,

Weil uns ihr Stoff tritt stets als gut entgegen:
Nicht jedes Siegel wird schon dadurch gut,
Daß wir in gutes Wachs hinein es prägen.«

»Dein Reden und mein Geist, der nicht geruht«,
So sagt ich, »haben Liebe mir gedeutet;
Doch schwoll dadurch auch meines Zweifels Glut;

Wenn Liebe nur von außen abgeleitet,
Und wenn die Seele gleichen Fußes geht,
So ist's nicht ihr Verdienst, wie sie auch schreitet.«

Und er zu mir: »Was die Vernunft erspäht,
Sag ich dir; Beatrice wird entfalten
Das Weitere, das der Glauben nur versteht.

Jedwede Wesensform, die abgespalten
Vom Stoffe und zugleich mit ihm verbunden,
Verbirgt besondere Kraft in ihren Falten,

Die außer in der Tat wird nicht empfunden,
Und nur durchs Wirken Kunde von sich schafft,
Wie grüne Blätter Baumeskraft bekunden.

Woher den Menschen kommt die Wissenschaft
Von Urbegriffen, ist verborgen ihnen,
Und auch, woher der ersten Triebe Kraft!

Sie sind in euch, wie der Instinkt in Bienen
Zum Honigsammeln; Wollen an der Quelle
Verdient nicht Lob und braucht auch nichts zu sühnen;

Daß jedes andere sich dazu geselle,
Ist eingeboren euch die Kraft, die rät,
Und die behütet des Consensus Schwelle.

Dies das Prinzip, daraus für euch entsteht
Verdienstes Zurechnung; dies wird errungen,
Gemäß der Liebe, der ihr offensteht.

Die, welche denkend bis zum Grund gedrungen,
Sahn diese eingeborene Freiheit bald:
So ist von ihnen die Moral entsprungen.

Gesetzt, daß aus Notwendigkeit entwallt
Jedwede Liebe, die in euch entzündet,
So habt ihr sie doch immer in Gewalt.

Die edle Kraft ist's, die benannt ihr findet
Von Beatrice freie Wahl! gib acht,
Daß du dran denkst, wenn sie sie dir verkündet!«

Der Mond, der säumte fast bis Mitternacht,
Ließ ringsherum schon manche Sterne schwinden,
Dem Eimer gleichend, der von Glut entfacht,

Und eilte dann gen Himmel auf den Gründen,
Die Sol entflammt, wenn zwischen Korsika
Und Sarden man von Rom ihn sieht verschwinden.

Der edle Schatten, darum Pietola
Mehr Ruhm gebührt als seinem Mutterorte,
Hat mich so meiner Last entledigt da,

Worauf ich, der ich offene, klare Worte
Auf meine Fragen hatte mitbekommen,
Erschien, als ständ ich an des Schlafes Pforte.

Doch diese Schlafsucht ward mir jäh genommen
Durch eine Menge, die auf ihrer Bahn
In unserem Rücken war herangekommen.

Und wie Ismenus und Asopus sahn
Am Ufer nachts ein Rasen und Getriebe,
Als den Thebanern Bacchus notgetan,

So schien's, als ob hier springend um sich triebe,
Soweit ich in der Nacht vermocht zu spähn,
Wen guter Wille spornt und rechte Liebe.

Bald kamen sie zur Stelle, wo wir stehn,
Da jene große Schar lief schnell wie Pfeile;
Zwei vorne hört ich unter Tränen flehn:

»Maria lief auf des Gebirges Steile!
Und Caesar lief, Ilerda zu gewinnen,
Marseille belagernd, Spanien zu in Eile!«

»Geschwind, geschwind, laßt keine Zeit verrinnen
Aus Liebesmangel«, schrien die andern jetzt,
»Daß wir durch Eifer neue Gunst gewinnen!«

»O Schatten, die die Inbrunst ständig hetzt,
Zu tilgen Aufenthalt und Ungenüge,
Die eure Lauheit gutem Tun versetzt:

Der hier, der lebt, und das ist keine Lüge,
Will steigen, wenn die Sonne wieder wallt;
Drum sagt uns, wo das Loch ist und die Stiege!«

Das waren Worte, die mein Herr geschallt;
Von einem Geist hab ich darauf vernommen:
»Wenn du uns folgst, so findest du den Spalt!

Wir sind so voll des Triebes, vorzukommen,
Daß nie wir stehn; verzeihe, wenn du meinst,
Wir seien grob, weil wir fürs Recht erglommen.

Abt von Sankt Zeno, von Verona einst,
Lebt ich noch unter guten Rotbarts Stabe,
Darüber, Mailand, du noch immer weinst.

Mit einem Fuß steht einer schon im Grabe,
Der weinen wird um dieses Kloster bald
Und trauern, daß die Macht gehabt er habe,

Da er dem Sohn, der schlecht war an Gestalt
Und schlechter noch an Geist, und schlecht geboren,
Gab, statt dem rechten Hirten, Amtsgewalt.«

Sprach er nichts mehr? entging es meinen Ohren?
So weit war er von uns sodann schon fort;
Nur dies hört ich und hab es nicht verloren.

Er, der in allen Nöten war mein Hort,
Sprach: »Wende dich! zwei kommen, zu erwerben
Durch ihrer Trägheit Spornen höhern Ort!«

Nach allen schrien sie: »Ach, es mußte sterben
Das Volk, vor dem das Meer zur Seite wich,
Bevor der Jordan blickte seine Erben.

Und jenes, welches war zu jämmerlich,
Zu tragen mit Aeneas die Gefahren,
Erwählte Los, unrühmliches, für sich!«

Dann, als von uns so weit entfernt schon waren
Die Schatten, daß ihr Bild vor mir zerfloß,
Ist wieder ein Gedank in mich gefahren,

Aus dem entstanden dann ein ganzer Troß;
Von einem mußte ich zum andern wanken,
So daß die Augen ich aus Sehnsucht schloß

Und sich zum Traum verwandelt die Gedanken.

XIX. GESANG

Zur Stunde, wenn des Tages Glut verschwunden
Und nicht mehr wärmen kann des Mondes Frost,
Von Erde, manchmal Saturn überwunden,

Und wenn die Geomanten fern im Ost
Ihr Großes Glück erschaun vor Morgengrauen,
Auf einem Pfad, den bald die Sonne kost,

Sah ich im Traum die seltsamste der Frauen:
Krummbeinig, stotternd, blaß ist sie gewesen;
An Händen krüpplig, schielend an den Brauen.

Ich sah sie an, und wie an Sol genesen
Die Glieder, die erstarrt vom Frost der Nacht,
Vermochte ihre Zunge ich zu lösen,

Und gab ihr über ihre Glieder Macht,
Im Augenblick, und des Gesichtes Blässe
Erglänzte in der Liebe Farbenpracht.

Als ihr gelockert sich der Sprache Esse,
Ertönte ihr Gesang, daß nur mit Plage
Ich von ihr abgewendet mein Interesse.

»Sirene bin ich!« tönte ihre Sage;
»Die Schiffer blende ich auf hohem Meer,
So daß sie allem lauschen, was ich sage.

Ulysses spendete mir schon Gehör
Auf seiner Irrfahrt; wer von mir genossen,
Der ist befriedigt, läßt mich selten mehr!«

Noch waren ihre Lippen nicht geschlossen,
Als ich ein heiliges, eiliges Weib erschau,
Bei mir, sie zu verwirren, fest entschlossen.

»Virgil, Virgil, wer ist denn diese, schau?«
So sprach sie heftig; und er kam beflissen,
Mit Augen nur für diese züchtige Frau.

Er packte jene, hat ihr dann zerrissen
Die Kleider vorn und auf den Bauch gezeigt,
Bis sein Gestank mich aus dem Schlaf gerissen.

Ich blickte um, bis mir Virgil bezeugt:
»Wohl dreimal rief ich dich! Steh auf und eile:
Laß finden uns den Spalt, durch den man steigt!«

Da sprang ich auf, und sah dann alle Teile
Des heiligen Bergs vom hohen Tag umzogen:
Die neue Sonne hinten, ging's in Eile.

Ihm folgend, hielt ich meine Stirn gebogen,
Gleich einem Menschen, der gedankenschwer
Sich selber macht zum halben Brückenbogen.

Da hörte ich: »O kommt! hier geht es her!«
So süß und gütig von den Stimmen eine,
Wie in der Mark des Todes nimmermehr.

Mit offenen Schwingen, schwanenhafter Reine
Sah ich, wie er uns wies, der so begann,
Zwei Wände seitwärts, aus ganz hartem Steine.

Die Federn regte er und schwang sodann!
Qui lugent, werden Seligkeit erlangen,
Da ihre Seele Trost erringen kann!

»Was läßt den Blick du stets am Boden hangen?«
Begann mein Führer dann zu mir zu sagen,
Als wir vom Engel kaum emporgegangen.

Und ich: »In solcher Weise läßt mich zagen
Ein neu Gesicht: es krümmt mich zu sich hin,
So daß ich's mir nicht aus dem Kopf kann schlagen.«

»Du sahst«, sprach er, »die alte Zauberin,
Worüber über uns sie sich beschweren;
Du sahst, wie man sie schlägt sich aus dem Sinn!

Genug! die Hacken laß den Grund versehren!
Zum Federspiel des ewigen Herrn gedreht
Die Augen hin, mit seinen großen Sphären!«

Wie erst der Falk auf seine Füße späht,
Dem Ruf dann folgt und sich zum Flug entfaltet,
Vom Mahl gelockt, darauf der Sinn ihm steht,

So tat ich, und soweit der Fels zerspaltet,
Der jeden, der hier steigt, passieren läßt,
Ging ich bis dorthin, wo das Kreisen waltet.

Gelangt war ich zum fünften Kreispodest,
Auf dessen Grund ein Volk ich weinen sah:
Sie lagen auf dem Bauch, hinabgepreßt.

»Adhaesit pavimento anima!«
Hört ich sie unter lauten Seufzern rufen,
So daß ich kaum ein Wort verstanden da.

»O Gotterwählte, da ja Linderung schufen
Gerechtigkeit und Hoffnung eurem Brand,
O zeigt den Weg uns zu den andern Stufen!«

»Wenn auf dem Boden ihr nicht ausgespannt
Und auf dem schnellsten Weg wollt vorwärts streben,
So haltet auswärts stets die rechte Hand!«

So bat der Dichter, so ward uns gegeben
Bescheid vor uns; daß ein versteckter Kern
Sich barg, merkt ich, im Worte von soeben,

Und wandte meinen Blick zu meinem Herrn,
Der mir gewährte das mit heiterer Miene,
Was ich, wie er mir ansah, hatte gern.

Da konnte handeln ich nach meinem Sinne;
Ich nahte mich, gebeugt dann über jenen,
Des ich zuerst ward durch sein Reden inne,

Und sagte: »Geist, in dem reift unter Tränen
Das, ohne das zu Gott noch keiner ging,
Hemm etwas meinethalb dein größeres Sehnen!

Wer warst du? weshalb dreht ihr hier im Ring
Den Rücken aufwärts? soll ich dir erlesen
Etwas von dort, von wo ich lebend ging?«

Und er: »Erfahr, warum hier alle Wesen
Den Rücken aufwärts drehn! jedoch vorher
Scias, daß Petri Erbe ich gewesen.

Inzwischen Siestri fällt und Chiaver
Ein schöner Fluß hinab; von dem hat eben
Der Name meines Bluts die Spitze her.

Ich fühlte einen Mond und mehr im Leben,
Wie schwer der Mantel, wenn dem Schlamm man wehrt,
Daß Flaum mir deuchte jede Last daneben.

Doch, wehe! reichlich spät ward ich bekehrt;
Doch als ich ward als römischer Hirt verkündet,
Entdeckte ich des Lügenlebens Wert.

Ich sah, daß dort des Herzens Ruhe schwindet;
Nicht höher ging's in jenem Element,
So daß zu diesem Liebe sich entzündet.

Bis dahin war von Gott ich abgetrennt
Und elend, völlig in des Geizes Klauen;
Hier werde ich bestraft, wie man erkennt.

Das, was die Habsucht tut, das kannst du schauen
An der bekehrten Seelen Pein und Leid:
Kennt dieser Fels hier doch kein schlimmeres Grauen!

Wie unser Blick sich hob nicht in der Zeit
Zur Höhe, haftend an den Erdendingen,
So warf uns in den Staub Gerechtigkeit.

Wie keine Tat uns wollte da gelingen,
Da Geiz uns jeden guten Trieb verdeckt,
Hält hier Gerechtigkeit uns in den Schlingen,

An Händen und an Füßen festgesteckt;
So lang es des gerechten Herrn Begehren,
Sind wir hier unbeweglich ausgestreckt.«

Da kniet ich hin und wollte mich erklären;
Doch als ich kaum begann, nahm er durchs Ohr,
Und durch sonst gar nichts, wahr mein ihn Verehren.

»Was bog dich so hinab?« sprach er empor.
Und ich zu ihm: »Dank Eurem hohen Grade
Warf mein Gewissen mir das Gradstehn vor.«

»Steh auf, mein Bruder, richt die Beine grade;
Mit dir und andern dien ich einem Hort«,
So sprach er dann; »drum irr nicht ab vom Pfade.

Wenn dir das heilige evangelische Wort,
Das ,neque nubent' sagt, zeigt seine Fülle,
Merkst du, warum ich spreche so, sofort.

Jetzt geh! und stehe hier nicht länger stille,
Da mich dein Bleiben aus der Buße reißt,
Mit der ich, was du mir gesagt, erfülle.

Nur eine Nichte, die Alagia heißt,
Ganz gut an sich, wenn sie nur nicht gefährde
Das Beispiel, das gibt unser Haus zumeist,

Ist mir zurückgeblieben auf der Erde.«

XX. GESANG

Vorm bessern Willen wird der Wille matt,
Und ungern, seinen Beifall zu gewinnen,
Zog aus dem Wasser ich den Schwamm, nicht satt.

Ich schritt einher; mein Führer zog von hinnen,
Wo Platz zum Gehn war, längs der Felsenwand,
Wie man auf Mauern wandelt längs den Zinnen.

Denn sie, die tropfenweis durchs Aug entsandt
Das Übel, das die ganze Welt besessen,
Befanden sich zu nah am Außenrand.

Verflucht, o alte Wölfin, die gefressen
An Beute mehr, als je ein Tier zerfleischt,
Da unersättlich ist dein Drang, zu essen!

O Himmel, dessen Kreisen ist erheischt
Als Grund des Wechsels bei den Erdendingen,
Wann wird Er nahn, vor dem sie endlich weicht?

Indes wir nun ganz langsam weitergingen
Und ich gelauscht, den Schatten zugekehrt,
Die kläglich jammerten bei ihrem Ringen,

Ward ich daraus ganz plötzlich aufgestört:
»Maria!« rief's so klagend, »süßes Wesen!«,
Als käm's von einem Weibe, das gebärt;

Und weiter rief's: »Du bist so arm gewesen,
Wie aus der Herberge man schließen muß,
Wo du von deiner heiligen Frucht genesen!«

Sodann hört ich: »Guter Fabricius!
Bei Armut Tugend wollte mehr dir frommen
Als lasterhaft erworbener Überfluß!«

Die Worte habe ich so gern vernommen,
Daß ich herantrat, nach dem Geiste lugend,
Aus dessen Munde sie wohl hergekommen.

Er sprach darauf noch von des Schenkens Tugend,
Damit die Mädchen Nikolaus erfreut,
Zur Ehrbarkeit zu führen ihre Jugend.

»Geist, der du aussprichst solche Frömmigkeit,
Sprich, wer du warst«, sprach ich; »woran mag's liegen,
Daß du allein dies würdige Lob erneut?

Ich lohn es dir, willst du dem Wunsch dich fügen,
Wenn heim ich, bis der kurze Weg verloht
Des Lebens, das zum Ziele scheint zu fliegen.«

Und er: »Ich sag es nicht, weil mir tut not
Fürsprach dort drüben; deshalb will ich's sagen,
Weil so in Gunst du stehst, bevor du tot!

Die böse Pflanze ist aus mir geschlagen,
Die Schatten spendet allem Christenland,
So daß es selten gute Frucht getragen.

Und wären Douai, Lille, Gent, Bruges imstand,
So würden sie die Rache bald bereiten,
Und ich erfleh es von des Richters Hand.

Genannt war Hugo Capet ich vorzeiten!
Von mir entstammt, wer Ludwig, Philipp hieß,
Die neuerdings das Land der Franken leiten.

Sohn eines Fleischers war ich von Paris!
Als mit den alten Königen ging's zu Ende,
Nimmt aus man den, der grau sich kleiden ließ,

Fand ich das Heft gedrückt in meine Hände
Der Reichsgewalt, und dann so große Macht
Durch Freunde, neu erworbenes Gelände,

Daß meines Sohnes Stirne ward bedacht
Mit der verwaisten Krone: dies Erhöhen
Begann der heiligen Gebeine Pracht.

Solang das große provenzalische Lehen
Von meinem Blute nahm noch nicht die Scham,
Wog's wenig, doch nichts Schlechtes ist geschehen.

Da war's, wo es zu seiner Raubsucht kam
Mit Lüge und Gewalt, wo's dann zur Buße
Ponthieu, Gascogne, Normandie sich nahm.

Karl kam dann nach Italien, und zur Buße
Bracht er zum Opfer Konradin und dann
Sandt er zum Himmel Thomas noch, zur Buße!

Die Zeit seh ich und bald naht sie heran,
Da zieht ein zweiter Karl aus Frankreichs Grenzen,
Daß ihn man und die Seinen kennen kann:

Allein und waffenlos läßt er dann glänzen
Die Lanze, damit Judas focht, und sticht,
Daß er zerbersten läßt den Bauch Florenzen.

Hierfür wird Sünd und Schmach er, Länder nicht
Gewinnen, ihm von um so größerer Schwere,
Je leichter für ihn zählt ein solch Gericht!

Noch einen, der gefangen auf dem Meere,
Seh schachern ich mit seinem eigenen Blut,
Als wenn es der Korsaren Sklavin wäre.

Ach, Habsucht, wohin dringt noch deine Wut,
Nachdem mein Blut so sehr an dir gehangen,
Daß für das eigene Fleisch es nichts mehr tut!

Es wird, daß bleicht, was künftig und vergangen,
Die Lilie nach Alagna einst verbracht,
In seinem Stellvertreter Christ gefangen.

Ich sehe ihn ein zweites Mal verlacht;
Ich seh erneuern Essig sich und Galle,
Ihn bei lebendigen Schächern tot gemacht.

So hart seh ich Pilatus in dem Falle,
Daß ihn's nicht sättigt; ohne Rechtsbescheid
Führt gierige Segel er zur Tempelhalle!

O du mein Herr, wann werd ich so erfreut,
Zu schaun die Rache, die, in dir verschlossen,
Den Zorn dir dämpft in deiner Heimlichkeit?

Was von der einzigen Braut ich dir erschlossen
Des Heiligen Geistes, was dich jetzt gekrümmt
Zu mir hin, daß ich mache meine Glossen,

Das ist für unser Beten hier bestimmt,
Solang es Tag ist, während man im Dunkeln
An dessen Statt das Gegenteil vernimmt.

Dann hört man uns von dem Pygmalion munkeln,
Den zum Verräter, Mörder, Dieb gemacht
Sein Hunger, einstmals, nach des Goldes Funkeln!

Des geizigen Midas Elend wird gedacht,
Das Folge war von seiner gierigen Bitte,
Um derentwillen man noch immer lacht!

Des Achan zu gedenken, ist hier Sitte,
Wie er die Beute stahl, so daß es scheint,
Als ob er unter Josuas Zorn noch litte.

Man ruft Saphira, dem Gemahl vereint!
Die Hufe, die Heliodor getreten;
Die Schande wird rings um den Berg beweint

Polymnestors, der Polydor ließ töten!
,Von welchem Schmack ist Gold? o Crassus, sprich!
Du weißt es ja!' wird hier zuletzt gebeten.

Bald äußert laut man und bald leise sich,
Danach, wie Eifer pflegt zum Gang zu stechen,
Mit größerem bald und bald mit kleinerem Stich!

So bei dem Guten, das am Tag wir sprechen,
War erst ich nicht allein; doch hier am Ort
Erhob die Stimme keiner sonst zum Sprechen.«

Wir waren schon ein wenig von ihm fort
Und trachteten, die Straße dann zu wallen
Mit aller Kraft, die uns gestattet dort:

Da fühlte ich, als ob er eingefallen,
Den Berg erzittern, und ich hatte Frost,
Davon, wer in den Tod geht, wird befallen.

Gewiß hat Delos einst nicht so getost,
Bevor Latona ließ ein Nest bereiten
Für die zwei Himmelslichter, ihr entsproßt.

Alsdann erscholl ein Rufen aller Seiten,
So daß der Meister zu mir hingetreten
Und sprach: »Verzweifele nicht und laß dich leiten!«

»Gloria in excelsis Deo!« beten
Vernahm ich dann, soweit ich es verstanden,
Von denen, die in meiner Nähe flehten.

Wir standen unbeweglich, wie einst standen
Die Hirten, die vernommen den Gesang,
Bis dann das Beben wie auch er verschwanden.

Dann nahmen auf wir unsern heiligen Gang:
Wir spähten auf die Schatten an dem Grunde,
Schon wieder beim gewohnten Jammerklang.

Nie hat Unwissenheit den Drang nach Kunde
In mir in einem solchen Maß geweckt,
Täuscht die Erinnerung nicht an diese Stunde,

Wie, reflektierend, ich in mir entdeckt;
Denn in der Eile wagt ich's nicht, zu fragen,
Und sah auch selber nicht, was mich erschreckt:

So schritt ich in Gedanken und voll Zagen!

XXI. GESANG

Die von Natur in uns gepflanzte Brunst,
Die nur das Wasser stillt, das sich zum Heile
Die Samariterin erbat als Gunst,

Verzehrte mich und trieb mich an zur Eile
Auf vollgedrängtem Pfad, nach meinem Stabe,
Und mich erbarmten des Gerichtes Pfeile.

Und siehe, so wie Lukas schreibt, es habe
Den zwein gezeigt sich Christus auf dem Pfad,
Nachdem er auferstanden aus dem Grabe,

Erschien ein Geist, der hinten sich genaht,
Sich hütend, hinzutreten auf die Müden;
Wir nahmen ihn erst wahr, als er uns bat:

»O meine Brüder, gebe Gott euch Frieden!«
Da wandten wir uns plötzlich, und Virgil
Gab seinen Gruß ihm wieder, nicht verschieden.

Dann fing er an: »Zum seligen Konzil
Sei dir der Hof der Wahrheit Wegbereiter,
Der mich verbannt ins ewige Exil!«

»Wie?« sagte er, indes wir gingen weiter;
»Wenn Schatten ihr, von Gottes Thron verbannt,
Wer führte euch so hoch auf seiner Leiter?«

Mein Lehrer: »Wenn die Male dir bekannt,
Die diesen ließ des Engels Schwert gewinnen,
So sähst du: bei den Guten ist sein Stand.

Da sie, die Tag und Nacht nicht läßt vom Spinnen,
Ihm noch nicht abspann seines Rockens Zier,
Den Klotho schlichtend aufgelegt zum Linnen,

Kann seine Seele, Schwester mir und dir,
Allein nicht steigen auf zu Gottes Stuhle,
Da sie noch andere Augen hat als wir.

So kam ich aus dem weiten Höllenpfuhle,
Den Weg zu zeigen, und ich zeigte ihn,
So weit ihn hoch kann bringen meine Schule.

Doch sag mir, wenn du kannst, warum vorhin
Der Berg gebebt? warum mit einem Schlage
Sie bis zu seinem feuchten Fuß geschrien!«

So traf er in das Öhr mit seiner Frage
Mein Wünschen, daß nur von der Hoffnung schon
Mein Durst bereits gemacht geringere Plage.

Er fing dann an: »Des Berges Religion
Kennt nichts, drum nicht der Ordnung Band geschlungen,
Noch etwas gegen seine Tradition.

Frei ist es hier von allen Änderungen;
Nur was der Himmel Eignes in sich hält,
Erscheint hier, nicht was sonstwoher entsprungen.

Denn Regen nicht, noch Schnee, noch Hagel fällt,
Noch Tau und Reif je über jene Schwelle,
Wo die dreistufige Treppe aufgestellt.

Gewölk zeigt sich nicht dunkel hier noch helle,
Nicht Wetterleuchten, nicht des Thaumas Kind,
Das drüben häufig wechselt seine Stelle;

Wie höher aufwärts auch nie steigt der Wind
Als zu den Stufen, die ich nannte eben,
Drauf des Vertreters Petri Füße sind.

Mehr unten mag es mehr und minder beben;
Durch Wind, verborgen in der Erde Schrein,
Ich weiß nicht wie, gab's oben nie ein Beben.

Hier bebt es nur, wenn eine Seele rein
Und sich erhebt und strebt aus ihrem Kreise
Nach aufwärts, und dem folgt sodann das Schrei'n.

Der Reinheit dient nur Wollen zum Beweise,
Das fähig, zu verändern seinen Saal,
Die Seele packt und ihr verhilft zur Reise.

Erst will sie wohl: der Trieb läßt ihr nicht Wahl,
Den göttlich Recht, dem Willenszug zuwider,
Wie er zur Sünde war, setzt dann zur Qual.

Und ich, der ich in diesem Leid lag nieder
Fünfhundert Jahr und mehr, verspürt erst eben
Zur bessern Schwelle freien Willen wieder.

Darum vernahmst du eben auf das Beben
Der Frommen Loblied um des Berges Flanke,
Zum Herrn empor, der bald sie möge heben.«

So sprach er, und da man sich an dem Tranke
Genau nach seines Durstes Größe letzt,
Könnt ich nicht sagen, was ich ihm verdanke.

Der weise Führer dann: »Ich sehe jetzt,
Welch Netz euch hält, und wie ihr löst die Schlingen,
Warum es bebt, warum ihr euch ergötzt.

Nun sage, wer du warst, vor allen Dingen!
Warum du manch Jahrhundert hier geruht!
Davon laß deine Worte Kunde bringen!«

»Als einst der gute Titus, in der Hut
Des Allerhöchsten, rächte jene Wunden,
Draus austrat das dem Judas feile Blut,

Trug drüben ich«, hört ich den Geist bekunden,
»Den Namen, der am meisten währt und ehrt;
Doch hatt ich noch den Glauben nicht gefunden.

So süßer Hauch des Worts ward mir beschert,
Daß Rom nach mir Toulouser voll Begierde;
Und dort ward meine Stirn der Myrte wert.

Noch jetzt gilt Statius dort als eine Zierde;
Ich sang von Theben und Achill; gesunken
Bin ich am Wege mit der zweiten Bürde.

Es waren Samen meiner Glut die Funken,
Die mich erwärmten, von der heiligen Flamme,
An der einst viele Tausende getrunken.

Von der Aeneis red ich, die mir Amme
Und Mutter war beim Dichten: denn es fiel
Von mir kein Quentchen ohne sie vom Stamme.

Und um gelebt zu haben mit Virgil,
Wär ich imstand, noch einer Sonne Rollen
Zu warten auf Befreiung vom Exil!«

Virgil, als diese Worte ihm erschollen,
Sprach zu mir schweigend: Schweig! mit einem Blick.
Jedoch nicht alles kann die Kraft zu wollen,

Da Weinen und Gelächter im Genick
Der Regung sitzen, die sie läßt entfachen,
Und grad der Wahrste hält sie nicht zurück.

Solang wie einer blinzelt, mußt ich lachen;
Da schwieg der Geist, und sah ins Auge mir,
Das sich zum Seelenspiegel pflegt zu machen,

Und sprach: »Soll sich die Mühe lohnen dir,
Warum ist über dein Gesicht gegangen
Der Schimmer eines Lächelns eben hier?«

Ich bin von beiden Seiten jetzt gefangen:
Der macht mir Schweigen, Reden der zur Pflicht!
Drum seufze ich, und kund ward so mein Bangen

Dem Meister, und er sagte: »Fürcht dich nicht,
Zu sprechen, sondern sprich, um ihm zu sagen
Das, was zu fragen er ist so erpicht!«

Drum ich: »Du staunst wohl, Geist aus alten Tagen,
Des Lachens wegen, das sich mir entrang:
Jedoch noch mehr Erstaunen soll dich plagen.

Er, der mein Auge führt den Berg entlang,
Ist der Virgil, von dem du einst bekommen
Die Kraft, zu preisen Mensch und Gott im Sang.

Falls du als Grund was andres angenommen,
So stehe ab! denn es ist ohne Sinn!
Die Worte sind nur schuld, die ich vernommen.«

Schon kniet' er zu des Lehrers Füßen hin,
Sie zu umfangen: dieser sprach indessen:
»Laß, Bruder! du bist Schatten, wie ich's bin!«

Und er, sich hebend: »Nun kannst du ermessen
Die Liebesglut, mit der ich an dir hing,
Als unsere Nichtigkeit ich so vergessen,

Behandelnd Schatten wie ein festes Ding!«

XXII. GESANG

Schon war der Engel hinter uns geblieben,
Der uns gewiesen zu dem sechsten Rund
Und von der Stirne mir ein Mal gerieben;

Und sie, die nach Gerechtigkeit sind wund,
Pries selig er und ließ die Worte künden
Nicht etwas anderes als »sitiunt«.

Und leichter schon als in den andern Schründen
Schritt ich einher, so daß ich mühelos
Den schnellen Geistern konnte nach mich finden.

Virgil begann sodann: »Der Liebe Los,
Entflammt von Tugend, war stets Gegenliebe;
Die Flamme mußte sichtbar werden bloß.

Drum von dem Tag, an dem vom Weltgetriebe
Zum Höllenlimbus hinsank Juvenal,
Der mir dann kundgegeben deine Liebe,

Warst du so sehr der Günstling meiner Wahl,
Wie sonst nie ist zu Ungesehnem Sitte,
So daß mir kurz erscheint der Stiegen Zahl.

Doch sag und wie ein Freund verzeihe bitte,
Wenn Zutraun lockert mir den Zaum zu kühn,
Und wie ein Freund sprich nun in unserer Mitte,

Wie konnte denn in deinem Busen glühn
Die Habsucht bei dem Geiste ohnegleichen,
Den du erworben dir durch dein Bemühn?«

Die Worte sah ich Statius dann begleichen
Mit kurzem Lachen erst; dann sprach sein Mund:
»Stets ist dein Wort mir teures Liebeszeichen.

Es werden wahrlich oft uns Dinge kund,
Die falscher Weise Zweifel in uns lösen,
Indes verborgen bleibt der wahre Grund.

Aus deiner Frage läßt heraus sich's lesen:
Du glaubst, ich lebte in der Habsucht Fron,
Des Kreises halber wohl, drin ich gewesen.

Nein! Habgier habe ich zu sehr geflohn;
Für dieses Übermaß empfing ich Sünder
In Tausenden von Monden meinen Lohn.

Wär ich geworden nicht ihr Überwinder,
Als mir zu Ohren drang das Wort von dir,
Voll Zorn auf die Natur der Menschenkinder:

‚Warum nicht zügelst du, o heilige Gier
Nach Gold, der Erdenwohner eitles Ringen?‘,
So wälzt auch ich im elenden Turnier!

Da merkt ich, daß zum Spenden ihre Schwingen
Die Hand zu sehr kann auftun: dies Versehn
Bereut ich mit den andern schlimmen Dingen.

Wie viele werden kahl einst auferstehn,
Weil Unkenntnis sie abhält, zu verdammen
Im Leben wie am Ende dies Vergehn!

Und wisse, daß zwei Sünden, die entstammen
Aus einem gegensätzlichen Vergehn,
Ihr Grün hier dörren müssen stets zusammen;

Drum, war ich unter jenem Volk zu sehn,
Das Habsucht büßt, um mich dort aufzuraffen,
So ist es mir ums Gegenteil geschehn.«

»Als du besangst die fürchterlichen Waffen,
Die Iokaste brachten Doppelleid«,
Sprach er, der die Bucolica geschaffen,

»War dir, nach dem, was Klio dir gebeut,
Anscheinend nicht bekannt die Glaubensregel,
Sie, ohne die kein rechtes Tun gedeiht.

Sprich, welche Sonne, welcher Kerze Kegel
Entdüsterten dich so, daß du gewandt
Sodann der Spur des Fischers nach die Segel?«

Und er zu ihm: »Du hast mich erst entsandt
Zu einem Trunk aus des Parnasses Quelle
Und dann erleuchtet mich, daß Gott ich fand!

Du tatest so, wie wenn nachts ein Geselle
Die Lampe rückwärts hält und selbst sieht schlecht,
Doch denen, die ihm folgen, spendet Helle,

Als du gesagt: ,Die Welt wird neu, und Recht
Und Goldenes Alter wird auf Erden nisten,
Und von dem Himmel steigt ein neu Geschlecht!'

Durch dich ward ich zum Dichter und zum Christen!
Daß meine Zeichnung dich noch mehr erfreut,
So will ich jetzt mich noch zum Malen rüsten.

Schon war die Welt geschwängert weit und breit
Vom wahren Glauben, der der Saat entklommen,
Gesät von Botschaftern der Ewigkeit,

Und dein erwähntes Wort, das ich vernommen,
Klang mit den neuen Predigern überein,
So daß ich an dem Dienst oft teilgenommen.

Sie schienen bald so heilig mir zu sein,
Daß, als sie Domitian mit Blut befleckte,
Ich tränenlos nicht blieb bei ihrer Pein.

Ich hielt, solang ich 's Erdenleben schmeckte,
Zu ihnen; da sie recht sich aufgeführt,
Mißfiel mir eine jede andere Sekte.

Und eh im Lied die Griechen ich geführt
Zu Thebens Flüssen, ließ ich mich erst taufen,
Doch heimlich nur, aus Angst, die ich verspürt;

Und lange galt als Heide ich dem Haufen,
Und diese Lauheit ließ den vierten Reigen
Mich mehr als vier Jahrhunderte durchlaufen.

Der du den Deckel hobst, um mir zu zeigen,
Wie groß des vorerwähnten Guts Genuß,
Sprich, während Zeit uns bleibt, hinaufzusteigen,

Wo unser Alter ist, Terentius,
Caecilius, Plautus, Varius, wenn du's weißt?
Ob sie verdammt und wo sie in Verschluß!«

»Sie, Persius, ich und mancher andere Geist«,
So sprach mein Führer, »sind mit jenem Griechen,
Der an der Brust der Musen saugte meist,

Im ersten Kreis des Kerkers aller Siechen!
Wir sprechen häufig von der Bergregion,
Wo unsere Ammen haben ihre Nischen.

Euripides ist bei uns, Antiphon,
Simonides, Agathon, viele Wesen
Aus Hellas, denen Lorbeer ward zum Lohn.

Dort sind, von denen man bei dir kann lesen,
Antigone, Deiphile, Argia,
Ismene auch so trüb, wie sie gewesen.

Man sieht auch jene, die gezeigt Langia,
Tiresias' Tochter, Thetis, im Gelände,
Und mit den Schwestern auch Deidamia.«

Der Dichter Unterredung war zu Ende,
Da sie den Umkreis suchten zu erkunden,
Vom Steigen frei und ohne Felsenwände.

Vier Sonnenmägde waren schon verschwunden;
Die fünfte sah ich an der Deichsel dran,
Und aufwärts nur ihr lichtes Horn gewunden,

Als mein Geleit: »Zum äußern Rand der Bahn,
Glaub ich, muß man die rechte Schulter wenden
Um diesen Berg, wie wir es stets getan!«

Bei der Gewohnheit ließen wir's bewenden;
Und schritten mit geringrem Argwohn drein,
Da uns der Würdige Beifall schien zu spenden.

Sie gingen vor, und ich ging hinterdrein,
Den Worten lauschend, welche sie gesprochen
Und die mich lehrten, ein Poet zu sein,

Als jäh das süße Reden unterbrochen
Von einem Baume, mitten auf dem Steige,
Mit Äpfeln, welche gut und lieblich rochen,

Der, wie die Tanne, die von Zweig zu Zweige
Nach oben abnimmt, es nach unten tat,
Ich glaube, auf daß keiner ihn ersteige.

Zur Seite, wo verschlossen unser Pfad,
Ist von der Höh ein klarer Quell geflossen,
Der auf das Laub von oben goß sein Bad.

Als die zwei Dichter, wo der Baum gesprossen,
Kam eine Stimme aus dem Laube her
Und schrie: »Die Kost wird nicht von euch genossen!«

Dann sagte sie: »Maria dachte mehr,
Daß auf der Hochzeit gar nichts zu vermissen,
Als an den Mund, der jetzt für euch spricht sehr!

Die Römerinnen haben sich beflissen
In alter Zeit des Wassers! Daniel
Verschmähte Speise und erwarb sich Wissen!

Das erste Alter, schönen Goldes hell,
Ließ sich durch Hunger selbst die Eicheln schmecken,
Und Nektar schien durch Durst ein jeder Quell!

Als Speise haben Honig und Heuschrecken
Dem Täufer in der Wüste einst behagt;
Drum ist er groß, sein Ruhm ganz ohne Flecken,

Wie es das Evangelium besagt.«

XXIII. GESANG

Indes ich ließ den Blick ins Grüne stieren,
Wie ich es häufig sah schon jene tun,
Die hinter Vögeln ihre Zeit verlieren,

Sprach er, der mehr als Vater: »Komme nun,
Mein Sohn! die Zeit, bestimmt für diese Schwelle,
Darf man so unnütz nicht wie du vertun!«

Das Antlitz und den Schritt nicht minder schnelle
Wandt ich dem Paare nach, das derart sprach,
Daß ich ganz mühelos kam von der Stelle.

Gesang und Weinen hörte ich danach
»Labia mea, Domine« so künden,
Daß mir daraus geboren Lust und Ach.

»Oh, Vater, sprich, was hör ich in den Gründen?«
So ich. Und er: »Wohl Schatten, welche gehn,
Den Knoten aufzulösen ihrer Sünden.«

Wie wir gedankenvolle Pilger sehn,
Wenn sie am Weg zu Unbekannten kommen,
Daß sie sich umdrehn, ohne stillzustehn,

So ist uns nach, geschwinder nur, gekommen
Und staunte beim Vorübergehn uns an
Ein Schwarm von Seelen, schweigenden und frommen.

Die Augen waren hohl und finster dran,
Das Antlitz bleich und so beraubt der Fülle,
Daß nichts als Haut und Knochen war daran.

Nicht war wohl ausgedörrt zur Außenhülle
Erysichthon vom Fasten so wie die,
Als größte Furcht empfand sein Lebenswille.

Ich sagte bei mir grübelnd: »Siehe sie,
Die von Jerusalem sich mußten trennen,
Als in den Sohn die Zähne grub Marie!

Die Augen: Ringe ohne Stein zu nennen!
Und wer im Menschenantlitz: OMO sucht,
Der hätte dort das M erkennen können!«

Wer glaubte, daß dies Duft so einer Frucht
Und Wassers, Gier erzeugend, fertig brächte,
Bevor er wüßte, wie gewirkt die Zucht?

Schon staunte ich, wie sie der Hunger schwächte,
Da völlig ungeklärt mir war der Grund
Der Magerkeit und ihrer bösen Flechte;

Da bog zu mir aus seines Hauptes Schlund
Ein Geist den Blick und ließ ihn auf mir liegen;
Dann schrie er: »Welche Gnade wird mir kund?«

Zwar ich erkannte ihn nicht an den Zügen;
Doch seine Stimme barg mir länger nicht
Das, was das Antlitz mir bisher verschwiegen.

Der Funke zündete in mir solch Licht,
Daß ich im Antlitz, ganz entstellt vom Leide,
Erkannte da Foreses Angesicht.

»Oh, nimm nicht Anstoß an der trockenen Räude,
Die mir die Haut entfärbt!« so bat er mich;
»Und nicht am Fleischesschwund, an dem ich leide!

Nein, sage mir die Wahrheit über dich,
Und wer das Geisterpaar in deiner Nähe!
Nicht laß mich ohne Antwort, sondern sprich!«

»Dein Antlitz, das im Tod mir schon so wehe,
Entpreßt mir jetzt noch heißerer Tränen Zoll«,
So sagte ich, »weil so entstellt ich's sehe.

Drum sprich, bei Gott, was euch entlaubt so toll,
Und heiß mich reden nicht, indes ich sinne!
Spricht doch nur schlecht, wer anderen Willens voll!«

Und er zu mir darauf: »Vom ewigen Sinne
Fällt eine Kraft ins Wasser, in den Baum
Dort hinter uns, drum ich mich so verdünne.

Dies Volk, das weinend singt auf diesem Saum,
Da es am Schlund im Übermaß gehangen,
Heilt hier durch Durst und Hunger seinen Gaum.

Nach Speise und nach Trank weckt hier Verlangen
Der Duft vom Apfel und vom Wasserdust,
Der von des Baumes Grün wird aufgefangen.

Nicht einmal nur wird hier in meiner Brust
Die Qual erneut, wenn ich den Berg umschreite –
Ich sage Qual und müßte sagen: Lust! –

Der Wunsch treibt hin uns zu den Bäumen heute,
Der Christus fröhlich ‚Eli‘ sagen ließ,
Als er mit seinem Blute uns befreite!«

Und ich: »Forese, seit dein Geist verließ
Die Erde und ein besseres Leben wählte,
Sind's nicht fünf Jahre, bis auf dich ich stieß.

Wenn dir die Kraft zu weiterer Sünde fehlte,
Bevor noch dir die Stunde war bereit
Des guten Schmerzes, der dich Gott vermählte,

Wie bist emporgestiegen du so weit?
Ich dachte dich zu finden in den Sphären,
Wo wir ersetzen müssen Zeit für Zeit!«

Und er zu mir: »So schnell ließ her mich kehren,
Wo mich der Qualen süßer Wermut freut,
Ach, meine Nella nur! mit bittern Zähren,

Mit frommen Bitten und der Seufzer Leid
Hat sie vom Strand des Harrens mich vertrieben
Und von den anderen Kreisen mich befreit.

Gott wird ja schätzen um so mehr und lieben
Die, ach, so heiß geliebte Witwe mein,
Als sie im Rechttun einsamer geblieben.

Sardiniens Barbagia scheint zu sein
Von einer größeren Zucht in ihren Frauen,
Als die Barbagia, wo sie blieb allein!

Oh, Bruder, was muß ich dir anvertrauen?
Die Zukunft ist mir jetzt schon aufgeschlagen,
Die weit von dieser Stunde nicht wird grauen,

Wo von der Kanzel man muß untersagen
Den frechen Florentinerinnen noch,
Die Warzen offen an der Brust zu tragen.

Gibt's keine Heidin, keine Maurin doch,
Die's nötig hätte, um bedeckt zu gehen,
Der Welt Gesetze und der Kirche Joch!

Doch wenn die schamvergessenen Weiber sähen,
Was bald der Himmel schon für sie gefügt,
So würde auf ihr Mund zum Heulen stehen;

Denn, wenn der Blick der Zukunft mich nicht trügt,
So trifft sie's, eh der Flaum noch auf den Wangen
Bei dem, den Eia in den Schlaf noch wiegt.

Ach, Bruder, sprich jetzt, wie du's angefangen!
Du siehst, nicht ich nur, alle im Revier
Sehn dorthin, wo das Licht du aufgefangen.«

Drum ich ihm: »Rufst du ins Gedächtnis dir,
Wie wir zusammen trieben unser Wesen,
Wird drücken die Erinnerung dich noch hier!

Von jenem Leben bin ich jetzt genesen,
Weil kürzlich er mir half, der vor mir schreitet,
Als rund die Schwester dieser ist gewesen« –

Zur Sonne wies ich –; »er hat mich geleitet
Erst durch der wahren Toten tiefe Nacht
Mit diesem wahren Fleisch, das ihn begleitet.

Darauf hat mich sein Trost hinauf gebracht,
Durch Kreisen und Besteigen mancher Leiter,
Den Berg, der, wen die Welt krümmt, gerade macht.

So lange, sagt er, bleibt er mein Begleiter,
Bis mich zu Beatrice bringt der Gang;
Dann mach ich ohne ihn die Reise weiter.

Virgil ist es, der solches zu mir sang!«
Ich wies auf ihn. »Der andere ist der Schatten,
Darum vorhin gebebt ein jeder Hang

Der Reiche, als sie ihn entlassen hatten!«

XXIV. GESANG

Das Reden war dem Gehn, und umgekehrt
Nicht hinderlich; wir redeten und gingen,
Schnell wie ein Schiff, das mit dem Winde fährt.

Der Schatten Schar, gleich zweimal toten Dingen,
Sah ich sich wundern durch der Augen Gräben,
Als Kunde, daß ich lebte, sie empfingen.

Und ich, fortsetzend mein Gespräch von eben,
Sprach dann: »Es scheint, daß er langsamer ist,
Als sonst er's wäre, wegen dem daneben.

Doch, wenn du's weißt, sag, wo Piccarda ist;
Sag, ob es einen sich zu merken lohne
Von diesem Volk, das mich mit Blicken mißt?«

»Es trägt die Schwester, in der Erdenzone
So schön und gut, was mehr, ich weiß es nicht,
Hoch im Olympe selig ihre Krone.«

So sprach er erst und dann: »Hier ist es Pflicht,
Wohl jeglichen zu nennen, da vom Fehle
Uns völlig abgezehrt das Angesicht.

Das ist« – er wies sie – »Bonagiuntas Seele,
Von Lucca, und das Antlitz in der Zahl,
Das hier von allen zeigt die tiefste Höhle,

Hielt einst im Arm die Kirche als Gemahl;
Von Tours war er und reinigt sich aufs beste
Vom süßen Wein und von Bolsenas Aal.«

Noch viele nannte er mir von dem Reste,
Und jeder schien davon gar sehr erfreut,
So daß ich sah nicht eine finstere Geste.

Ich sah, wie dort umsonst vor Hunger käut
Ubaldin Pil' und Bonifaz zur Buße,
Der mit dem Rochen viele hat betreut;

Marchese, der zu Forli hatte Muße
Zum Trunk, von Dürre weniger zwar gequält,
War so, daß nie er satt war vom Genusse.

Wie einer, welcher schaut und eins sich wählt
Aus allem aus, so tat ich's beim Lucchesen,
Der meist zu wünschen schien, daß ich erzählt.

Er raunte: wie »Gentucca« ist's gewesen:
Von dort hört ich's, wo er gefühlt den Stich
Des Rechtes, das ihn so hier abgelesen.

»O Seele«, sprach ich, »die so eifrig mich
Zu sprechen wünscht, daß ich dich recht verstehe,
Tu dir und mir Genüge jetzt und sprich!«

»Es lebt ein Weib noch ohne Band der Ehe«,
Begann er dann, »drum einstmals dich erfreut
Mein Heimatboden, wie man ihn auch schmähe.

Du gehst dorthin, mit diesem Vorbescheid!
Wenn dir mein Raunen unklar noch geblieben,
So bringt dir Klärung einst die Wirklichkeit.

Doch sprich, seh ihn ich, der zuerst geschrieben
Die neuen Reime, die er so begann:
,Fraun, die ihr wisset, was es heißt zu lieben'?«

Und ich ihm: »Ich bin einer, der ich, wann
Die Liebe weht, es merke, und ich singe,
Wie sie mir innen vorspricht, alles dann.«

»O Bruder«, sprach er, »nun seh ich die Schlinge,
Abhaltend den Notar, Guitton und mich,
Daß uns der neue, süße Stil gelinge.

Ich sehe wohl, wie eurer Federn Strich
Sich eng an den, der vorspricht, weiß zu schmiegen:
Nie taten das die unsern sicherlich!

Und wer noch mehr versucht herauszukriegen,
Sieht anders nicht verschieden beider Stil!«
Gleichwie befriedigt, hat er dann geschwiegen.

Wie Vögel, welche wintern längs dem Nil,
Im Schwarme einmal in den Lüften schweben,
Dann schneller und in Reihen ziehn zum Ziel,

So gingen alle, die es dort gegeben,
Die Blicke wendend, schneller als bisher,
Durch Magerkeit so leicht wie durch ihr Streben.

Und wie ein Wanderer, dem's Marschieren schwer,
Die andern vorläßt, um gemach zu gehen,
Bis seine Lunge nicht mehr keucht so sehr,

So ließ die heilige Herde weitergehen
Forese, und er sprach, zu mir gewandt,
Dahinter gehnd: »Wann gibt's ein Wiedersehen?«

»Wie lang ich lebe, ist mir unbekannt!
So bald ich mich auch werde herbegeben,
Ich käme vorher gern noch an den Strand;

Der Ort, wohin gestellt ich bin im Leben,
Wird Tag für Tag des Guten mehr entseelt
Und scheint mir dem Verderben preisgegeben!«

»Sei ruhig!« sprach er; »den, der meist gefehlt,
Seh ich am Schwanze eines Tieres biegen
In jenes Tal, wo Sünde ewig quält.

Das Tier scheint schneller Schritt für Schritt zu fliegen
Und immer schneller, und zerstampft ihn dann,
Und läßt die Leiche ganz entstellt dann liegen.

Nicht oft mehr drehn die Räder sich fortan«,
Er sah zum Himmel, »bis du hörst die Kunde
Von dem, was ich nicht mehr erklären kann.

Bleib nun zurück! denn wertvoll ist die Stunde
In diesem Reich, und mein Verlust ist groß,
Geh ich so gleichen Schritts mit dir im Bunde.«

Wie sich zuweilen im Galopp löst los
Von einem Reiterhaufen ein Geselle,
Um sich zu ehren mit dem ersten Stoß,

So schied er jetzt von uns mit größerer Schnelle!
Ich blieb am Wege mit den zweien dort,
Die einst auf Erden waren Großmarschälle.

Und als von uns er eine Strecke fort,
Daß ihm mein Auge so gefolgt im Raume,
Wie mein Verständnis eben seinem Wort,

Stand ich vor einem zweiten Apfelbaume,
Mit Ästen, voll von Früchten und von Leben,
Da ich mich gerade jetzt gedreht im Saume.

Hinauf sah viele ich die Hände heben,
Und etwas schrein ins Laub, was, weiß ich nicht,
Wie Kinder, die umsonst nach etwas streben

Und einen bitten, der dem nicht entspricht,
Doch, daß sie sich noch heißer danach sehnen,
Den Wunsch hält hoch und ihnen birgt ihn nicht.

Dann ging man, wie geheilt von seinem Wähnen;
Wir sind indes zum großen Baum gekommen,
Der so viel Bitten abweist, so viel Tränen.

»Geht weiter, ohne mir zu nah zu kommen!
Ein Stamm steht höher, davon Eva nagte,
Und diese Pflanze ward davon genommen!«

Ich weiß nicht, wer dies in den Zweigen sagte!
Virgil, Statius und ich, wir mußten schreiten,
Gedrängt am Rande, wo der Felsen ragte.

»Gedenkt«, so sprach es, »des vermaledeiten
Geschlechts der Wolke, das, sobald es trunken,
Mit Theseus, doppelbrüstig, kam ins Streiten!

Und der Hebräer, die voll Gier getrunken,
So daß sie Gideon geschickt von hinnen,
Als er gen Midian hügelab gesunken!«

So schritten nahe wir dem Rande innen
Und hörten die Vergehn der Kehle dort,
Gefolgt bereits von elenden Gewinnen.

Dann ging es auf der öden Straße fort,
Wohl tausend Schritt und mehr, und mehr im Freien,
Versunken in Gedanken ohne Wort.

»Was geht ihr grüblerisch allein zu dreien?«
Sprach plötzlich einer; und ich fuhr zusammen,
Wie wilde Füllen beim Erschrecken scheuen.

Ich hob den Kopf, woher es möchte stammen:
So licht und rot sah nie ich auf der Welt
Metalle oder Gläser in den Flammen,

Wie einen hier, der sprach: »Wenn's euch gefällt,
Emporzusteigen, müßt ihr hierher kommen!
Hier wandelt, wer dem Frieden sich gesellt!«

Sein Anblick hatte mir die Sicht genommen,
Daß ich den Lehrern nachgewandelt bin
Wie jemand, der so geht, wie er vernommen.

Und wie, der Dämmerung Verkünderin,
Die Mailuft pflegt mit süßem Duft zu wehen,
Von Gras und Blüten schwer, am Tagbeginn,

So schien zur Stirne hier ein Hauch zu gehen:
Ich fühlte wohl, wie sich die Flügel schwangen,
Von denen mir Ambrosiaduft geschehen,

Und hörte sagen: »Selig, wer empfangen
Die Gunst, die gegen Gaumenlust so feit,
Daß ihn zu sehr nicht peinigt das Verlangen,

Und stets er hungert nach Gerechtigkeit!«

XXV. GESANG

Es war jetzt keine Zeit mehr zu verpassen;
Die Sonne hatte schon den Meridian
Dem Stier, die Nacht dem Skorpion überlassen:

Gleich einem, welcher hineilt seine Bahn
Und nicht verweilt, was sonst er auch erblicke,
Gespornt zur Eile von der Notdurft Zahn,

So traten wir sodann durch diese Lücke,
Hintereinander, auf den Steig gedrängt,
Der ob der Enge Paare reißt in Stücke.

Dem Störchlein gleichend, das den Flügel schwenkt,
Aus Drang zu fliegen, ohne doch zu wagen,
Das Nest zu lassen, und ihn wieder senkt,

So glühte und verlosch mein Trieb zu fragen;
Nur die Bewegung brachte ich zustand
Des Mannes, der sich anschickt, was zu sagen.

Nicht schwieg dazu, wie schnell wir auch gerannt,
Mein süßer Vater, sagend: »Abgeschossen
Den Bogen, den zum Eisen du gespannt!«

Den Mund tat auf ich, nicht mehr unentschlossen,
Und fing so an: »Wie wird man denn so mager,
Wo keine Speise sowieso genossen?«

»O dächtest du daran, wie Meleager
Sich einst verzehrt mit einem Scheit zugleich,
So quälte dich's nicht«, sprach er, »daß sie hager;

Und dächtest du, wie ganz zugleich mit euch
Im Spiegel zuckte euer Konterfei,
So schiene dir die harte Nuß schon weich.

Doch daß du ganz von deinem Zweifel frei,
Sieh Statius dort; ich ruf ihn, um zu fragen,
Daß er der Heiler deiner Wunden sei.«

»Wag ich's, von ewiger Vorsehung zu sagen«,
Versetzte Statius, »wo du dabei,
Verzeih mir drum, ich kann dir nichts versagen!«

Dann fing er an: »Wenn du bewahrst getreu
Im Geist mein Wort, daß es sich nicht verwische,
Wird's Licht dafür dir sein, wie's möglich sei.

Vollkommenes Blut, das niemals je erfrische
Die durstigen Adern, sondern übrig bleibt,
Wie Nahrung, die man abnimmt von dem Tische,

Empfängt die Formkraft für was lebt und leibt
Als Mensch, im Herzen, gleich dem, dessen Welle,
Zum Leib sich wandelnd, durch die Adern treibt.

Nochmals verdaut, sinkt es zu jener Stelle,
Die besser man verschweigt, von wo es träuft
Auf fremdes in naturgeschaffener Zelle.

Dort ist's, wo dies und jenes sich ergreift,
Eins leidensfähig, aktiv eines drinnen
Von dem vollkommnen Ort, dem es entträuft.

Vereint sehn wir sein Wirken dann beginnen;
Zuerst verdickt's, sodann belebt's den Saft,
Den es als Unterlage ließ gerinnen.

Zur Seele wird alsdann die tätige Kraft,
Wie die der Pflanze, nur daß die sich findet
Am Ufer schon, und sie auf Wanderschaft;

Sie wirkt dann weiter, bis sich's regt, empfindet,
Dem Seeschwamm gleich, und bis sie dann davon
Die Kräfte, deren Keim sie ist, entbindet.

Nun dehnt sich und entfaltet sich, mein Sohn,
Die Kraft, die des Erzeugers Herz entflossen,
Wo vorbedenkt Natur die Glieder schon;

Wie aus dem Tiere dann ein Mensch entsprossen,
Siehst du noch nicht, und dies ist ein Moment,
Das Weiserem als dir gespielt schon Possen,

Ihm, welcher unsere Seele abgetrennt
Vom möglichen Verstande angenommen,
Da diesem kein Organ er zuerkennt.

Die Brust der Wahrheit auf, die nun soll kommen!
Erfahre, daß, wenn bei dem Embryo
Die Gliederung des Gehirnes ist vollkommen,

Der Urbeweger sich ihm zudreht, froh
Des Kunstwerks der Natur, und neuen Geist,
Von Kraft erfüllt, ihm darauf einhaucht so,

Daß, was er wirksam sieht, er an sich reißt,
Und dann in einer einzigen Seele endet,
Die lebt und fühlt und in sich selber kreist.

Doch daß mein Wort dich nicht so sehr mehr blendet,
So sieh als Wein die Glut der Sonne rinnen,
Vereint dem Safte, den die Rebe spendet.

Und wenn es Lachesis dann fehlt an Linnen,
Läßt sie das Fleisch und führt dann potentiell
Das Menschliche und Göttliche von hinnen.

Die andern Kräfte all verstummen schnell;
Verstand, Gedächtnis, Wille sind jetzt gerade
Viel wirksamer als in des Leibs Gestell.

Sie fällt von selbst zu einem der Gestade
In wunderbarer Weise ohne Halt;
Dort lernt zuerst sie kennen ihre Pfade.

Sobald sie dann in eines Orts Gewalt,
So strahlt die Formkraft ringsumher, ganz mächtig,
Genau, wie sie den Gliedern gab Gestalt.

Und wie die Luft, wenn sie ist regenträchtig,
Von fremden Strahles Widerscheine prangt
In mannigfacher Tönung, farbenprächtig,

So nimmt die Luft, die in der Nähe hangt,
Die Form an, deren Linien all entstammen
Der Kraft der Seele, wenn sie angelangt.

Es geht sodann, ganz ähnlich wie die Fiammen
Dem Feuer folgen stets, gleichviel, wohin,
Mit seiner neuen Form der Geist zusammen:

Und weil er Sichtbarkeit gewinnt darin,
Heißt Schatten er und läßt aus sich entfalten
Organe, bis zum Sehn, für jeden Sinn:

So sprechen wir und lachen und gestalten
Die Tränen und die Seufzer unserer Brust,
Wie auf dem Berg der Läuterung sie hallten.

Wie affiziert wir werden von der Lust
Und anderen Trieben, bildet sich der Schatten;
Dies klärt, worüber staunen du gemußt.«

Schon hatten wir der Marter letzte Platten
Erreicht und uns gewandt zur rechten Hand,
Da kam uns eine neue Sicht zustatten.

Dort sendet Flammen aus die Felsenwand:
Doch weht ein Lufthauch von dem Sims nach oben
Und biegt sie um und hält ihn frei vom Brand;

So sind wir an den offenen Saum geschoben,
Hintereinander, und ich scheute dort,
Hinabzufallen, hier des Feuers Toben.

Mein Führer sprach sodann: »An diesem Ort
Muß man die Augen fest im Zaume halten,
Da sonst man kommt vom Wege ab sofort!«

»Summae Deus clementiae« erschallten
Vom Schoß des großen Feuers Stimmen her,
Die mich zum Schaun nicht minder angehalten.

Es gingen Geister durch das Feuermeer,
Und bald sah ich auf sie, bald auf die Reise,
Verteilend so die Blicke hin und her.

Nachdem zu Ende war des Hymnus Weise,
Hat's: »Virum non cognosco!« laut geschallt;
Dann sangen wieder sie den Hymnus leise.

Ihn endend, schrien sie noch: »Es blieb im Wald
Dian' und hat Helike draus verwiesen,
Da sie verspürt des Venusgifts Gewalt!«

Dann wieder sangen sie, dann ward gepriesen
Manch eine Frau, die keusch, und manch Gemahl,
Wie Ehe es und Tugend angewiesen.

Und diese Art scheint ihnen nicht zu schal
Für all die Zeit, die in der Glut sie büßen!
Bei solcher Pflege und bei solchem Mahl

Muß sich zuletzt die Wunde doch noch schließen!

XXVI. GESANG

Indes wir, einer nach dem andern, traten
Den Rand entlang, und häufig mein Geleite
Mir zusprach: »Achtung! laß dir von mir raten!«,

Traf mich die Sonne auf die rechte Seite,
Sie, deren Strahlen schon in Weiß gewandt
Des Westens Blau in seiner ganzen Breite.

Mein Schatten machte rötlicher den Brand;
Da merkte ich, wie nur auf dieses Zeichen
Im Gehn gar viele schauten unverwandt.

Dies ließen sie zum Anlaß sich gereichen,
Von mir zu reden, und sie fingen an:
»Der scheint den Schattenleibern nicht zu gleichen!«

Dann kamen einige zu mir heran,
So sehr sie konnten, immer sich bemühend,
Sich nicht zu lösen aus des Feuers Bann.

»Der du, nicht weil vor weniger Eifer sprühend,
Aus Ehrfurcht wohl, die andern lässest vor,
Sprich mir, der ich vor Durst und Feuer glühend!

Nach deiner Antwort lechzt nicht nur mein Ohr!
Sie alle haben größeren Durst zu letzen,
Als je nach Wasser Inder oder Mohr!

Sag uns, wie kannst du dich als Wand hinsetzen
Den Sonnenstrahlen, so, als ob du dich
Noch nicht gefangen in des Todes Netzen!«

So sprach der eine, und ich hätte mich
Schon offenbart, hätt ich da nicht gesehen
Noch etwas Neues, das dann zeigte sich;

Sah ich doch Wesen dort entgegengehen
Den nahen Schatten mitten durch das Feuer,
Die mich veranlaßt, starr sie anzusehen.

Dort sah ich eilen sich im Flammenschleier
Die Schatten und sich küssen dann zu zwein,
Doch keiner rastet, froh der kurzen Feier:

So auch beschnuppert in den dunklen Reihn
Die Ameise sich Paar für Paar gleich jenen,
Wohl zu erfahren Wegziel und Gedeihn.

Wenn sie den Willkomm enden dann, den schönen,
Will jeder dann, eh er gesetzt zum Laufe
Den ersten Schritt, den andern übertönen.

»Sodom, Gomorrha!« schreit der neue Haufe;
»Pasiphae, die in der Kuh einst stand«,
Der andere, »daß der Stier zur Lust ihr laufe!«

Wie Kran'che, die zum Teil zum Wüstensand,
Teils zu Riphäens Höhn den Flug genommen,
Den Frost hier fliehend, dort den Sonnenbrand,

Gehn weg die einen, und die andern kommen
Und kehren weinend zu dem ersten Chor
Und zu den Rufen, welche ihnen frommen;

Es drängten sich zu mir, wie schon zuvor,
Die gleichen, die bereits mich angegangen,
Und sahen aus, als wären sie ganz Ohr.

Ich, der gesehn schon zweimal ihr Verlangen,
Begann sodann: »O Seelen, sicher ihr,
Den Frieden, wann es sei auch, zu erlangen,

Nicht reif noch unreif sind die Glieder mir
Zurückgeblieben; mit dem Blut und Fleische
Und den Gelenken sind sie bei mir hier.

Ich steig hier hoch, daß mir die Blindheit weiche;
Und da in Frauengunst mein Schicksal steht,
Führ ich mein sterblich Teil durch eure Reiche!

So wahr sich das, worum zumeist ihr fleht,
Erfülle bald: zum Himmel zu entrücken,
Der, voll von Liebe, sich am weitsten dreht,

Sagt mir, daß ich's Papier damit kann schmücken,
Wer ihr und wer die Schar, die ich sich so
Entfernen sehe hinter eurem Rücken?«

Verwundert und verwirrt steht ebenso
Der Bergbewohner und verstummt beim Gaffen,
Wenn er die Stadt betritt ganz scheu und roh,

Wie eines jeden Anblick hier beschaffen;
Doch als sie dann vom Staunen sich befreit,
Das bald in edlen Herzen streckt die Waffen,

Sprach er, der erst gefragt mich um Bescheid:
»Heil dir, der auflädst du an unsern Stufen
Zu besserem Tod Erfahrung, Tüchtigkeit!

Sie, die nicht mit uns kommen, sind verrufen
Der Sünde halb, drum Caesar schon vernahm,
Daß beim Triumph ,regina' sie gerufen.

Drum gehn sie, ,Sodom' schreiend, weg voll Gram,
Beschuldigend sich, wie du vernommen eben,
Und helfen diesem Brande nach durch Scham.

Hermaphroditisch war einst unser Streben!
Doch da wir Menschensatzung nicht gewahrt,
Um unserem Triebe, wie das Tier, zu leben,

So müssen, ehe weitergeht die Fahrt,
Zu unserer Schande wir den Namen nennen,
Der in den tierischen Splittern tierisch ward.

Nun weißt du unsere Schuld, warum wir brennen!
Willst du mit Namen wissen, wer hier loht,
So fehlt die Zeit! auch würd ich sie nicht kennen.

Doch will nach mir ich mindern deine Not:
Bin Guido Guinizelli, darf schon büßen,
Da ich bereute zeitig vor dem Tod.«

Wie bei Lykurgens Trauer sich gewiesen
Zwei Söhne einst, als sie die Mutter fanden,
So tat auch ich – doch steh ich nach wohl diesen –,

Als seinen Namen selber mir gestanden
Mein Vater und der Vater beßrer noch,
Die zierlich süße Liebesreime wanden;

Und taub und stumm und ganz versunken kroch
Ich weiter, lange Zeit ihn zu beschauen:
Des Brandes halb blieb ich ihm fern jedoch;

Als ich dann satt, an ihm mich zu erbauen,
Weiht ich mich seinem Dienste ganz und schwur
Mit der Bekräftigung, die uns wirkt Vertrauen.

Und er zu mir: »Du lässest solche Spur
Mit deinen Worten, die so klar im Wesen,
Daß Lethe sie nicht tilgt, noch trübt auch nur!

Doch warst du wahr in deinen Exegesen,
So sprich, warum erweisest du mir dort
In Blick und Wort, daß ich dir lieb gewesen?«

Und ich zu ihm: »Für Euer süßes Wort,
Darum man seine Tinten selbst wird preisen,
Solang der neue Sprachgebrauch geht fort.«

»O Bruder!« sprach er, »den du siehst mich weisen«,
Er wies nach vorn, »der wußte einst zu schmieden
Noch besser seiner Muttersprache Eisen!

In Liebessang und Mär war er entschieden
Der Allererste! laß das Wort den Toren,
Die mehr der Limousiner stellt zufrieden.

Dem Ruf mehr als der Wahrheit zugeschworen,
So treffen sie schon eher ihre Wahl,
Als Kunst und Einsicht öffnen ihre Ohren.

So gaben viele früher auch einmal
Von Mund zu Mund den Vorrang dem Guittone,
Bis ihn die Wahrheit schlug und größere Zahl.

Wenn solches Vorrecht du errangst zum Lohne,
Daß zugelassen du zum Kloster bist,
Dem vorgestanden wird vom Gottessohne,

Daß du mir's Vaterunser nicht vergißt,
Soweit es nötig ist für diese Breiten,
Wo Sündgenkönnen nicht mehr unser ist!«

Dann, wohl, um Platz zu machen einem Zweiten,
Der nahe war, verschwand er in dem Brand,
Wie Fische, die zum Grund des Wassers gleiten.

Als zum Bezeichneten ich mich gewandt,
Sagt ich, daß seinem Namen aufgeschlagen
Anmutge Statt der Wunsch, den ich empfand.

Und er begann gefällig dann zu sagen:
»Ich liebe Euer höflich Bitten so,
Daß ich nicht kann noch will mich Euch versagen!

Ich weine, singe, und ich bin Arnaut!
Ich grüble, frühere Torheit auszumerzen,
Und seh den Tag der Hoffnung vor mir froh!

Jetzt bitt ich Euch, bei jener Kraft, von Herzen,
Durch die Ihr auf dem Weg empor nicht scheitert,
Erinnert Euch zuzeiten meiner Schmerzen!«

Dann barg er sich im Feuer, das sie läutert.

XXVII. GESANG

Gleichwie, wenn sie die ersten Strahlen schwingt,
Dort, wo ihr Schöpfer einstmals hat geblutet,
Wenn Ebro unter Libras Scheitel sinkt,

Und Ganges von der None wird durchglutet,
So stand die Sonne, und der Tag verklang,
Als Gottes Engel grüßte frohgemutet.

Frei von der Flamme stand er auf dem Hang
Und sang dabei: »Beati mundo corde!«
In einem Ton, der übermenschlich klang.

Sodann: »Will weiterschreiten man am Borde,
Ihr heiligen Seelen, muß man durch den Brand;
Geht ein und lauscht jenseitigem Akkorde«,

Rief er uns zu, als nah wir ihm gewandt:
Wer in die Grube kommt, wenn es zu Ende,
Ist blasser nicht als ich, wie ich's verstand.

Ich streckte mich und rang die beiden Hände,
Ins Feuer schaund, mir lebhaft bildend ein,
Wie ich gesehn einst Menschenleiberbrände.

Die guten Führer wandten sich zu zwein;
Virgil sprach dann zu mir: »Mein Sohn, zum Lohne
Kann hier zwar Qual, doch Tod kann niemals sein.

Bedenk, bedenk, wenn auf dem Geryone
Ich sicher dich geführt durch die Gefahren,
Wie werd ich's jetzt tun, näher Gottes Throne?

Du kannst mir glauben, wenn nach tausend Jahren
Du wieder kämest aus dem Feuerbrande,
Verlörest du nicht eins von deinen Haaren.

Und hieltest du zum Truge mich imstande,
So tritt heran, probiere nur den Bissen
Mit eigener Hand an deines Kleides Rande.

Leg ab, leg ab jedwede Furcht beflissen:
Kehr dich hinein, geh sicher durch den Brand!«
Doch ich blieb stehen, gegen mein Gewissen.

Als ich so starr und unbeweglich stand,
Sprach er bestürzt ein wenig: »Sapperlot:
Von Beatrice trennt dich diese Wand.«

Wie bei dem Namen Thisbe vor dem Tod
Zum Schauen aufschlug Pyramus die Lider,
Als einst der Maulbeerbaum sich färbte rot,

So, kaum gelöst die Starrheit meiner Glieder,
Bog ich zum weisen Führer, ganz im Bann
Des Namens, der im Geist sproßt immer wieder.

Er schüttelte den Kopf und sagte dann:
»Wir bleiben?« lächelnd wie beim Kinde gerade,
Das nicht dem Apfel widerstehen kann.

Dann ging vor mir er zu dem Feuerbade,
Ließ Statius gehn als letzten, zum Verlaß,
Ihn, der uns schied bisher auf langem Pfade.

Kaum drinnen, hätt ich mich in siedend Glas
Gern werfen mögen, um mich zu erquicken;
So war die Feuersbrunst dort ohne Maß!

Mein süßer Vater, um mich zu beglücken,
Sprach nur von Beatrice auf dem Gang
Und rief: »Schon ist ihr Auge zu erblicken!«

Uns führte eine Stimme hin, die sang
Von drüben, und nur achtend ihres Klanges,
Ging es hinaus, wo man empor sich schwang.

»Venite, benedicti Patris!« sang es
In einem Lichte, das ins Aug uns trat:
Doch sah ich nichts ob seines Überschwanges!

»Die Sonne sinkt!« sang es; »der Abend naht:
Steht nicht mehr still und geht mit flinkern Schritten,
Bevor noch dunkel wird des Westens Pfad!«

Grad stieg die Straße, die den Fels durchschnitten,
In einer Richtung, daß ich vor mir fing
Der Sonne Strahlen, die schon tief geglitten.

Als wenige Stufen unser Fuß erst ging,
Erfuhren wir am Schatten, der verschwunden,
Daß hinter uns die Sonne unterging.

Und eh in seinen ungeheuren Runden
Der Horizont erschien in gleichem Dust,
Und Nacht die ganze Erde hielt umwunden,

Hat dienen uns zum Bette da gemußt
Je eine Stufe, da des Berges Wesen
Die Kraft uns nahm, zu steigen, und die Lust.

Gleichwie ganz zahm beim Wiederkäuen dösen
Die Ziegen, die erst eben flink und kühn
Auf Bergeshöhn, eh fertig sie gegessen,

Im Schatten still nun, bei der Sonne Glühn,
Vom Hirten, der am Stabe lehnt, bewacht,
So daß sie finden ihre Rast durch ihn:

Und wie der Hirt, der draußen bleibt die Nacht,
Bei seiner Herde Wacht hält unverdrossen,
Damit kein Raubtier ihr den Garaus macht,

So ich nunmehr mit meinen zwei Genossen!
Wie Hirten sie, und ich wie eine Geiß,
Von hohen Felsen hier und da umschlossen.

Gar wenig gab sich mir von draußen preis;
Durchs wenige jedoch sah ich die Sterne,
Die mehr als sonst erstrahlten groß und weiß.

So wiederkäund und schauend in die Ferne,
Fiel ich in Schlaf, in Schlaf, der häufig kennt
Die Dinge, ehe sie geschehn, im Kerne.

Zur Stunde, glaub ich, da im Orient
Zum Berg Cytherens erste Strahlen drangen,
Die ewiglich im Liebesfeuer brennt,

Träumt ich, daß jung und schön ein Weib gegangen
Auf einer Wiese, sich zum Angebinde
Da Blumen pflückend; seine Lippen sangen:

»Wer hier nach meinem Namen fragt, der finde:
Ich heiße Lea, und die schönen Hände
Rühr ich beim Gehn, daß einen Kranz ich winde.

Ich schmück mich für den Spiegel im Gelände;
Doch meine Schwester Rachel will nicht gehn
Und sitzt den ganzen Tag vor seiner Blende.

Sie freut's, mit schönen Augen nur zu sehn,
Und mich, zu schmücken mich mit meinen Händen;
Mir macht das Handeln Freude, ihr das Sehn!«

Bereits ist vor dem vortaglichen Blenden,
Das desto mehr die Pilgersleute loben,
Je minder weit sie herbergen beim Wenden,

Nach allen Seiten hin die Nacht zerstoben;
Mein Schlaf mit ihr, und ich stand auf, zu steigen,
Und sah die großen Meister schon erhoben.

»Die süße Frucht, die von so vielen Zweigen
Die Sorge absucht in der Menschen Reich,
Wird bringen deinen Hunger bald zum Schweigen!«

Virgil beschenkte mich hiermit so reich,
Dem besten Angebinde, das zu bringen,
Und dem kein andres je an Freude gleich.

So kam mir Wunsch auf Wunsch, mich aufzuschwingen;
Bei einem jeden Schritte fühlte ich
Zum Fluge größer werden meine Schwingen.

Als unser Fuß die Treppe hinter sich,
Dabei, sich von der höchsten Stuf zu trennen,
Da heftete Virgil den Blick auf mich

Und sprach: »Das zeitliche und ewige Brennen
Hast, Sohn, gesehen du! nun bist du hier,
Wo ich aus mir nichts weiter kann erkennen.

Mit Geist und Kunst nahm ich dich her mit mir;
Jetzt nimm dir dein Belieben zum Genossen!
Der steile, enge Pfad liegt hinter dir!

Von Sonnenglanz ist deine Stirn umflossen;
Du siehst hier Gras mit Blumen und mit Büschen,
Die aus der Erde samenlos gesprossen.

Bis einst die schönen Augen dich erfrischen,
Die mich zu dir befohlen unter Zähren,
Magst sitzen du, magst wandeln du dazwischen!

Nicht harre auf mein Zeichen, mein Erklären!
Frei, recht und heil ist deines Willens Zone,
Und Mangel wär's, ihm etwas zu verwehren!

Drum schmück ich dich mit Mitra und mit Krone!«

XXVIII. GESANG

Zu streifen lüstern schon im Gotteshag
Und seiner dichten, immergrünen Zelle,
Durch die gedämpft nur drang der neue Tag,

Verließ ich ohne Aufenthalt die Schwelle
Und zog gemächlich durch die ebenen Gründe,
Darin es duftete an jeder Stelle.

Ein Luftzug traf auf meine Stirne linde,
Der stets der gleiche war in dieser Welt,
Von keiner größeren Kraft als sanfte Winde,

Durch den das Laub, aufs Zittern eingestellt,
Sich pflegte jener Seite zuzuneigen,
Wohin des Berges erster Schatten fällt;

Doch nicht so fern der Lage, die ihm eigen,
Um in den Wipfeln davon abzubringen
Die Vöglein, ihre ganze Kunst zu zeigen.

Im Laube, hört ich, wie sie da empfingen
Des Tags Beginn mit Jubel und Applaus,
Und zum Gesang ließ es den Brummbaß klingen;

So tönt von Ast zu Ast auch das Gebraus
Im Pinienwalde bei Chiassis Strande,
Wenn Aeolus läßt den Scirocco aus.

Schon brachte mich der träge Schritt vom Rande
So tief hinein dann in den alten Wald,
Daß ich den Eingang nicht zu sehn imstande;

Da bot ein Bach dem Weitergehen Halt,
Der hier nach links mit seinen kleinen Wellen
Die Halme bog, die seinem Rand entwallt.

Selbst unsere allerklarsten Wasserquellen
Erschienen hier am Platze nicht mehr rein,
Verglichen diesem Lauteren und Hellen,

Mag auch sein Lauf hier noch so dunkel sein,
Im ewigen Schatten, wohin nie getreten
Der Sonne Schimmer und des Mondes Schein.

Die Füße standen still, die Augen spähten
Zum anderen Bachesufer, das geziert
Der frischen Maien große Varietäten;

Dort sah ich, wie uns plötzlich etwas rührt,
Das unser ganzes Denken nimmt gefangen
Vor Staunen über das, was uns passiert,

Ein einsam Weib, das singend kam gegangen,
Und Blume sich aus Blume ausgelesen,
Davon der ganze Boden war behangen.

»Ach, schöne Frau, von Lieb umstrahltes Wesen,
Sofern ich deine Züge recht gesehn,
Draus man des Herzens Zeugnis pflegt zu lesen,

Gefall es dir, so weit nach vorn zu gehn«,
So sagt ich ihr, »zu dieses Flusses Grenze,
Daß ich imstand, dein Singen zu verstehn.

Du machst, daß im Gedächtnis mir erglänze
Proserpina, als man sie fortgestohlen
Sowohl der Mutter Arm als auch dem Lenze.«

Wie wenn sich dreht mit angepreßten Sohlen
Und fest am Boden eine Tänzerin
Und Fuß vor Fuß kaum hinsetzt auf die Bohlen,

Glitt sie auf rot' und gelben Blümlein hin
Auf mich zu, gleich der Jungfrau anzusehen,
Die niederschlägt den Blick mit züchtgem Sinn;

Und dann erfüllte sie mir all mein Flehen
Und kam so nah mir, daß der süße Ton
Zu mir hin drang zugleich mit dem Verstehen.

Sobald ich dorten, wo die Gräser schon
Gebadet von des schönen Stromes Wogen,
Schlug sie mir ihre Augen auf zum Lohn;

Nicht glaub ich, daß ein solcher Glanz entflogen
Dem Blick der Venus, den sie ausgesandt,
Als achtlos sie geritzt des Sohnes Bogen.

Sie lachte aufrecht her vom andern Strand
Und wand in ihrer Hand den Farbensaum,
Der samenlos gesproßt im hohen Land.

Drei Schritte sind wir auseinander kaum,
Doch Hellespont, den Xerxes einst durchschritten,
Noch jetzt für allen Menschenstolz ein Zaum,

Hat mehr Haß von Leander nicht erlitten,
Weil Sestos von Abydos fern er macht,
Als dieser Bach, der nicht zurückgeglitten.

»Ihr seid hier fremd! vielleicht, daß ich gelacht«,
So fing sie darauf an; »in diesem Lande,
Das als ihr Nest der Menschheit zugedacht,

Verstrickt vor Staunen euch in Zweifels Bande!
Vom Psalme ‚Delectasti!‘ kommt das Licht,
Das euch die Nebel jagt aus dem Verstande!

Der du vorangehst und mich hörtest nicht,
Willst mehr du wissen, will ich schnell mich regen
Auf deine Fragen, daß der Durst verlischt.«

»Das Wasser«, sprach ich, »und des Waldes Regen
Sind mit dem neuen Glauben hier im Streit
An etwas, das ich hörte ganz entgegen.«

Drauf sie: »Vom Hergang geb ich dir Bescheid
Des Phänomens, drum Staunen dir beschieden,
Und lichte dir den Dunst, der dich bedräut.

Das höchste Gut, das nur mit sich zufrieden,
Erschuf den Menschen gut, und dies Asyl
Gab's ihm zum Pfande für den ewigen Frieden.

Er weilte hier nicht lange, da er fiel;
Sein Fall verwandelte in Angst und Beben
Ein züchtiges Lachen und ein süßes Spiel.

Damit die Störungen, die unten weben
Die Ausdünstungen Wassers wie der Erde,
Die, wie sie können, nach der Wärme streben,

Den Menschen machen keinerlei Beschwerde,
Stieg dieser Berg so sehr zum Himmel auf,
Daß frei davon vom Tore an er werde.

Und weil sich überall im Kreisumlauf
Die Lüfte drehen mit den ersten Ringen,
Sofern nichts unterbricht des Kreises Lauf,

So trifft auf diese Höhn, die auf sich schwingen
In die lebendge Luft, dies Drehn im Kreise
Und läßt den Wald, weil dicht er ist, erklingen.

Die Pflanze, angeweht auf solche Weise,
Befruchtet dann die Luft mit ihrer Kraft,
Und diese läßt sie fallen auf der Reise.

Das andre Land, nach Klima, Eigenschaft,
Pflegt zu empfangen und hervorzubringen
Verschiedene Bäume von verschiedenem Saft.

Es geht ganz sicher zu mit rechten Dingen,
Falls Pflanzen dort, wenn dieses klargestellt,
Ganz ohne sichtbarliche Saat entspringen.

Und wisse, daß auf diesem heiligen Feld,
Darauf du stehst, die Samen alle quellen,
Und Früchte, die man nicht pflückt in der Welt.

Das Wasser, das du siehst, kommt nicht aus Quellen,
Die Dünste speisen, die der Frost geronnen,
Den Flüssen gleich, die sinken oder schwellen;

Es fließt aus einem ewig gleichen Bronnen,
Der wiedergibt nach Gottes Rat den Saft,
Der nach zwei Seiten ist herausgeronnen.

Nach dieser Seite fällt er mit der Kraft,
Die Schulderinnern auslöscht auf der Stelle,
Indes die andere das der Guttat schafft.

Hier ist er Lethe: und die andere Quelle
Heißt Eunoe, zum Wirken nur zu wecken
Dadurch, daß man genippt an beider Welle!

Hoch steht sie über anderen Geschmäcken.
Und könnte ganz gestillt dein Durst auch sein,
Wenn ich dir sonst nichts würde mehr entdecken.

So soll dich doch ein Zusatz noch erfreun:
Nicht glaub ich, daß es gleichgültig dich lasse,
Geb ich noch über mein Versprechen drein!

Es hat im Traum die alte Dichterrasse,
Die einst des goldenen Alters selige Lage
Besang, hiervon geträumt wohl im Parnasse!

Hier sind der Menschenwurzel Unschuldstage!
Hier jede Frucht und steter Frühlingsglanz,
Und dies ist auch der Nektar ihrer Sage!«

Ich wandte mich darauf nach rückwärts ganz
Und sah, daß sich die Dichter schöner Lieder
Ganz lächelnd angehört der Rede Schwanz.

Dann blickte ich zum schönen Weibe wieder.

XXIX. GESANG

Verliebtem Weib gleich fuhr nach diesen Data
Sie singend fort, ganz ohne zu verziehn:
»Beati, quorum tecta sunt peccata!«

Wie Nymphen pflegten einsam zu durchziehn
Der Wälder Schatten, im Verlangen streitend,
Den Sonnenschein zu suchen und zu fliehn,

So ging sie jetzt, dem Strom entgegenschreitend,
Am Ufer hin: ich ging genauso mit,
Den kleinen Schritt mit kleinem fortbegleitend.

Zusammen gingen wir nicht hundert Tritt,
Da machten beide Ufer eine Kehre,
So daß ich gegen Sonnenaufgang schritt.

Wir zogen noch nicht lang so in die Quere,
Als sich die Frau ganz zu mir hin gewendet,
Versetzend: »Oh, mein Bruder, schau und höre.«

Und plötzlich hat ein Schimmer mich geblendet,
Durchzuckend überall den großen Hain,
Daß ich gezweifelt, ob ein Blitz ihn sendet.

Doch schwindet, wie er kommt, des Blitzes Schein:
Da dieser stets uns heller schien entgegen,
Sagt ich im Geist zu mir: »Was mag es sein?«

Da hört ich eine Weise süß sich regen
Durch diese lichte Luft, so daß ich grollte
In rechtem Zorn, daß Eva so verwegen,

Die, als Gehorsam Welt und Himmel zollte,
Als Weib allein, zum Leben erst erweckt,
Nicht einen einzgen Schleier tragen wollte!

Falls sie sich hätte fromm mit ihm bedeckt,
So hätt ich diese herrlichen Gesichte
Schon früher und viel länger noch geschmeckt.

Indes ich schritt durch solche Erstlingsfrüchte
Der ewgen Freude, ganz davon gebannt,
Begierig auf noch frohere Gerichte,

Da glühte vor uns wie ein Feuersbrand
Der Luftraum unterm grünen Blätterdache!
Schon ward als Sang der süße Ton erkannt.

O heilige Jungfraun, wenn ich Hunger, Wache
Und Kälte litt für euch, hab ich um Lohn
Zu bitten euch jetzt Grund und Ursache.

Nun möge fließen mir der Helikon!
Urania soll mir mit den Ihren dienen,
Den Stoff zu reimen, schwer zu denken schon!

Sieben goldne Bäume log bald meinen Mienen
Des Zwischenraumes langer Abstand vor,
Der sich befand noch zwischen uns und ihnen;

Doch als ich dann so nahe Aug und Ohr,
Daß das Gemeinobjekt, leicht zu verkennen,
Vor Ferne nicht mehr einen Zug verlor,

Da fand die Kraft, die Stoff gibt zum Erkennen,
Daß Leuchter waren, was sie ausgespäht,
Und im Gesang »Hosianna« zu erkennen.

Und oben flammte auf das Prachtgerät
Viel heller als der Mond, wenn er im Klaren
Der Mitternacht in Monatsmitte steht.

Erstaunt wandt ich mich dann, dies zu gewahren,
Virgil, dem guten, zu; er gab Bescheid
Mit Blicken, die erstaunt nicht minder waren.

Dann blickt ich zu der hohen Sichtbarkeit,
Die hier so langsam nur uns kam entgegen,
Daß junge Bräute brauchten weniger Zeit.

Das Weib rief daraufhin mir zu: »Weswegen
Willst du nur die lebendigen Leuchter sehn,
Als ob dir am Dahinter nichts gelegen?«

Ich sah, wie hinter ihren Führern, gehn
In weißen Stoff gekleidet eine Gilde,
In einem Glanz, wie hier er nie geschehn.

Das Wasser glänzte links in dem Gefilde
Und zeigte mir die linke Seite dann,
Wenn ich hineinsah, wie im Spiegelbilde.

Als an mein Ufer ich ging so heran,
Daß nur der Fluß schien zwischen uns zu stehen,
Hielt ich den Schritt, um mehr zu sehen, an

Und sah die Flämmchen weiter vorwärts gehen;
Die farbige Luft, die ich sie nachziehn sah,
War ganz wie Pinselstriche anzusehen;

Geschmückt verblieb mit sieben Streifen da
Die Luft dort oben, farbig wie der Bogen
Der Sonne und der Hof der Delia.

Noch weiter, als die Blicke trugen, flogen
Die Fahnen rückwärts, deren äußere Grenzen
Im Abstand von zehn Schritt ich sah gezogen.

Dann sah ich unter solchem Himmel glänzen
Noch vierundzwanzig Greise, aufgereiht
Zu zwei und zwei, geschmückt mit Lilienkränzen.

Sie sangen alle: »Sei gebenedeit
Du unter Adams Töchtern, und gepriesen
Sei'n deine Schönheiten in Ewigkeit!«

Als dann die Blumen und die frischen Wiesen,
Die gegenüber an dem Strand geglänzt,
Sich frei von den erlesenen Wesen wiesen,

Sah ich, wie Licht an Licht am Himmel grenzt,
Sodann nach ihnen kommen noch vier Tiere,
Mit grünem Laube allesamt bekränzt.

Sechs Schwingen wiesen auf sie alle viere,
Besetzt mit Augen: Argusaugen wären,
Wenn sie noch lebten, ganz genau wie ihre.

Nicht weih ich, ihre Bilder zu erklären,
Mehr Reime, Leser! andres ist mir teuer,
So daß dafür ich nichts mehr darf gewähren.

Ezechiel lies, der sie beschreibt getreuer,
Wie sie aus Norden kamen einst heran,
Im Winde, in der Wolke und im Feuer;

Genau wie man im Buch sie finden kann,
Sah ich sie jetzt an diesen Ort gelangen,
Nur an den Flügeln wie bei Sankt Johann.

Im Raum, um den herum die vier gegangen,
Kam auf zwei Rädern ein Triumphgefährt,
Am Halse eines Greifen angehangen.

Die beiden Flügel hielt er hochgekehrt,
Durch Mittelstreif und drei und drei gewunden,
Doch ohne daß er spaltend sie versehrt.

So aufwärts stiegen sie, daß sie verschwunden;
Sein Leib war Gold, soweit er Vogel war,
Und weiß das übrige, mit Rot verbunden.

Nicht nur bot Rom nicht solchen Wagen dar,
Um Scipio und Augustus zu erfrischen,
Auch der des Sol erschiene arm sogar,

Der einst verbrannt, als er vom Weg gewichen
Auf das Gebet der frommen Erde hin,
Als Zeus die Schuld geheimnisvoll beglichen.

Drei Fraun sah ich im Kreise tanzend ziehn
Am rechten Rad: so rot davon die eine,
Daß kaum im Feuer sie dem Blick erschien.

Die zweite war, als wären Fleisch und Beine
Bereitet ihr aus schimmerndem Smaragd;
Die dritte wies des frischen Schnees Reine.

Bald war's die weiße, bald die rote Magd,
Die führte; wie der roten Sang geschehen,
Hat man sich schnell und langsam vorgewagt.

Zur Linken sah ich vier im Zuge gehen,
Im Purpurkleide, einer nach von ihnen,
Die mit drei Augen auf der Stirn versehen.

Nach dieser ganzen Schar, die mir erschienen,
Sah in verschiedner Kleidung ich zwei Greise,
Doch gleich an ehrbaren und ernsten Mienen.

Der eine schien mir einer von dem Kreise
Des großen Hippokrat, den die Natur
Den Wesen schuf, geliebt in stärkster Weise.

Ich las des gegenteilgen Wunsches Spur
Beim zweiten, mit dem Schwert, so scharf und licht,
Daß mich ein Schreck am andern Strand durchfuhr.

Dann sah ich weiter vier, demütig-schlicht;
Dahinter einen Greis, zurückgeblieben,
Der schlafend ging mit sinnigem Gesicht.

Ganz wie die ersten waren diese sieben
Gekleidet, wenn auch nicht mit Lilienblüten
Im Kranz ums Haupt, als sie so vorwärts trieben,

Mit Rosen und mit anderen roten Blüten!
Ein nicht sehr ferner Blick wohl schwörte gar,
Daß alle über ihren Brauen glühten.

Als mir der Wagen gegenüber war,
Scholl Donner, der zum Stillstand schien zu mahnen
Durch seinen Schall die ganze würdige Schar:

Da stand sie still mitsamt den ersten Fahnen.

XXX. GESANG

Kaum hat des ersten Himmels Siebenfeuer –
Das Untergang und Aufgang kannte nicht
Noch andere Nebel als der Sünde Schleier,

Und oben jeden lehrte seine Pflicht,
Gleichwie das untere Sternbild lenkt hienieden
Den Steuermann zum Hafen durch sein Licht –

Gehalten, als die Wahren, die geschieden
Den Greifen erst und dieses, sich gewandt
Zum Wagen hin, gleichwie zu ihrem Frieden.

Davon hat einer, wie von Gott gesandt:
»Veni, sponsa de Libano« gesungen,
Dreimal, und dann die Schar, die bei ihm stand.

Gleichwie, sobald der jüngste Ruf erklungen,
Die Seligen schnell sich aus dem Grab erheben,
Das Fleisch lobsingend, das sie neu umschlungen,

Erhoben auf der Gottessänfte eben
Sich hundert da ad vocem tanti senis,
Knechte und Sendlinge vom ewigen Leben.

Sie riefen all: »Benedicta, qui venis!«
Und, Blumen werfend in die Höh und Runde:
»Manibus o date lilia plenis!«

Ich sah schon in der ersten Tagesstunde
Den Osten ganz in rosenfarbenem Licht
Und schöne Klarheit sonst am Himmelsgrunde;

Und ganz beschattet aufgehn Sols Gesicht,
So daß es möglich lange Zeit den Sinnen,
Hineinzustarren durch die Nebelschicht:

So steht in einer Blumenwolke drinnen,
Die aus den Engelshänden stieg empor
Und wieder hinsank, draußen wie auch innen,

Mit dem Olivenkranz um weißen Flor,
Ein Weib, im grünen Mantel, der umfangen
Das Kleid, das feuerrot geflammt hervor.

Und meinem Geiste, dem indes vergangen
So lange Zeit, seit ihre Gegenwart
Erfüllte ihn mit Zittern und mit Bangen,

Ward, ohne daß die Augen mehr gewahrt,
Durch die geheime Kraft, die ihr entsprossen,
Der alten Liebe Kraft geoffenbart.

Sobald als ins Gesicht mich dann geschossen
Die hehre Kraft, die einst mich schon bestrickt,
Noch ehe mir die Knabenzeit verflossen,

Hab ich zur Linken hin dann aufgeblickt,
Wie es ein Kind, zur Mutter rennend, tut,
Wenn es betrübt ist oder wenn's erschrickt,

Virgil zu sagen dann: »Kein Quentchen Blut
Wird ohne Beben jetzt bei mir gefunden!
Die Zeichen spür ich schon der alten Glut«;

Jedoch Virgil war uns indes entschwunden,
Virgil, der liebste Vater, den ich kor,
Virgil, dem ich zum Heile mich verbunden;

So viel galt nicht, was Eva auch verlor,
Daß es den taugewaschenen Wangen wehrte,
Mit Tränen sich zu trüben wie zuvor.

»Dante, ob auch Virgil hinweg sich kehrte,
Nicht weine mehr, nicht wein ob dieser Tat;
Du mußt nun weinen unterm anderen Schwerte.«

Gleichwie der Admiral von Bug und Gat
Auf anderen Schiffen, daß sie nicht verzagen,
Den Leuten Mut zuspricht und spendet Rat,

So ließ am linken Rand, auf ihrem Wagen,
Als ich gedreht bei meines Namens Ton,
Der, weil es sein muß, hier wird eingetragen,

Die Frau, die vorher mir erschienen schon,
Verschleiert unter jenem Engelreigen,
Die Augen von dem Ufer zu mir lohn,

Obschon der Flor, der, von Minervas Zweigen
Umgürtet, ihr vom Haupte niederfiel,
Sie noch nicht unverhüllt sich mir ließ zeigen.

Sie fuhr in stolzem, königlichem Stil
Wie einer fort, der wohl was sagt ausdrücklich,
Jedoch sich vorbehält ein heißeres Spiel:

»Schau, Beatrice bin ich! Schien dir's schicklich,
Daß du zu diesem Berge hinbegehrt?
Du wußtest wohl nicht, daß der Mensch hier glücklich?«

Mein Blick hat sich zum klaren Quell gekehrt;
Mein Bild erspähend sah ich weg geschwinde,
Da mir so große Scham die Stirn beschwert.

So scheint die Mutter machtvoll ihrem Kinde,
Wie es mir jetzt mit dieser hier gegangen;
Denn eine herbe Liebe schmeckt nicht linde.

Sie war dann stille, und die Engel sangen
Alsbald: »In te speravi, Domine!«;
Doch nur bis »pedes meos« ist's gegangen.

Wie zwischen den lebendgen Stämmen Schnee
Zu frieren pflegt wohl auf Italiens Kamme,
Gefegt und fest von der slawonschen Bö,

Dann schmilzt, versickert in dem eigenen Schlamme,
Wenn's dorther bläst, wo kleinre Schatten währen,
So wie die Kerze hinschmilzt vor der Flamme,

So war ich ohne Seufzen, ohne Zähren
Vor ihrem Sange, deren Melodien
Stets nach den Klängen gehn der ewigen Sphären;

Doch als ich in den süßen Harmonien
Ihr Mitleid spürte, als ob sie's bewegte,
Zu sagen: »Herrin, warum schwächst du ihn?«,

Da ward der Frost, der mir ums Herz sich legte,
Zu Hauch und Wasser, und den Ausweg fand
Durch Mund und Augen schwer das dort Gehegte.

Noch stehend am erwähnten Wagenrand
Sprach sie dann zu den frommen Wesenheiten
Die Worte derart, ihnen zugewandt:

»Ihr wachet in dem Tag der Ewigkeiten,
So daß euch weder Nacht noch Schlaf entreißt
Den Schritt, den gehn auf ihrem Pfad die Zeiten;

Drum sorg ich mich in meiner Antwort meist,
Daß er mich hört, der dort vergießt die Zähren,
Auf daß im Gleichmaß Schuld und Schmerz sich weist.

Nicht durch die Wirkung nur der großen Sphären,
Die auf ein Ziel hin lenken jede Saat,
Je nach den Sternen, die Geleit gewähren,

Nein, auch durch Gottes reiche Gnadentat,
Die aus so hohen Wolken spendet Regen,
Daß unser Geistesblick ihr niemals naht,

Hat, als er jung, in ihm die Kraft gelegen,
Daß herrlich jede gute Eigenschaft
Gespendet hätte wundersamen Segen.

Doch desto schlimmer wird des Feldes Saft
Bei schlechtem Samen und bei schlechter Pflege,
Je reicher es an guter Erdenkraft.

Für einige Zeit hielt ihn mein Antlitz rege!
Ihm weisend meiner jungen Augen Glanz,
Führt ich ihn mit mir auf dem rechten Wege.

Als ich dann angekommen auf dem Kranz
Des zweiten Alters und mein Leib zerstieb,
Da wählte er sich andere Instanz!

Als ich vom Fleisch zum Geiste aufwärts trieb,
Und Schönheit mir und Kraft gewachsen waren,
War ich ihm minder wert und minder lieb!

Unwahren Pfad begann er zu befahren,
Des Guten falsche Bilder zu erstreben,
Die nie Erfüllung lassen uns erfahren.

Noch half es mir, ihm etwas einzugeben,
Damit ich ihn im Traum und sonstwie mahnte!
So wenig hat er da darum gegeben!

So tief fiel er, daß alles, was ich plante
Zu seinem Heil, ihn führte nicht empor,
Bis daß ich der Verlorenen Weg ihm bahnte.

Darum besuchte ich der Toten Tor,
Und ihm, der ihn geführt zu dieser Fläche,
Trug weinend ich dann meine Bitte vor.

Denn Gottes hohe Weltenordnung bräche,
Würd er durchschreiten Lethe und genießen
Derartige Speise völlig ohne Zeche

Der Reue, welche Tränen läßt vergießen!«

XXXI. GESANG

»Du auf des heiligen Flusses anderer Seite«,
So wandte mit der Spitze sie das Wort,
Von dem mir bitter schon erschien die Schneide,

An mich und fuhr dann ohne Pause fort:
»Sprich, sprich, ob dies ist wahr: daß solcher Klage
Die Beichte folgt, das ist wohl ganz am Ort.«

Es war da meine Kraft so wirr und zage,
Daß meine Stimme anhob, aber brach,
Bevor aus dem Organ sie kam zutage.

Sie harrte kurz und sprach: »Was denkst du nach?
Gib mir Bescheid; hat die Erinnerungen,
Die trüben, ja noch nicht verlöscht der Bach.«

Beschämung, die sich mit der Furcht verschlungen,
Entpreßten solches »Ja« der Lippen Rand,
Daß, um zu hören, man zum Sehn gezwungen.

So wie die Armbrust birst, wenn zu gespannt
Bei seinem Abschuß Bogen nebst dem Strange,
Und schwächer nur zum Ziel der Pfeil gesandt,

So barst ich unter des Gewichtes Drange,
Verhauchend Seufzer und vergießend Tränen,
Und meine Stimme stockte mir im Gange.

Drum sie zu mir: »Als nach mir ging dein Sehnen,
Das dich geführt zur Lust am Guten hin,
Darüber man hinaus kann nichts ersehnen,

Sag, welche Gräben, welche Ketten drin
Du fandest, daß du dir aufs Vorwärtsschreiten
Die Hoffnung schlagen mußtest aus dem Sinn?

Und welche Vorteil' und Gefälligkeiten
Schien' auf der Stirn der anderen dir so groß,
Daß du zu ihnen ließest dich verleiten?«

Nach eines bittern, tiefen Seufzers Stoß
Vermocht ich kaum ein Wort hervorzubringen:
Die Lippen formten es mit Mühe bloß.

Und weinend ich: »An gegenwärtigen Dingen
Verlockte mich die falsche Lust dazu,
Sobald Eur Antlitz in des Todes Schlingen.«

Und sie: »Verneintest oder schwiegest du,
Wo du gestehst, so würde dein Vergehen
Trotzdem bekannt: es sieht solch Richter zu!

Doch wenn die eigenen Wangen eingestehen
Die Sündenschuld, dann pflegt in unserem Rang
Der Schneid entgegen sich das Rad zu drehen.

Gleichwohl, daß du dich schämst ob deinem Hang
Zum Irrtum und sich kräftigt dein Gewissen
Für einen späteren Sirenensang,

Tu ab der Tränen Saat und lausch beflissen:
Vernimm, wie du dich gerade umgekehrt
Nach meinem Tod bewegen hättest müssen.

Nie hat dir ja Natur und Kunst gewährt
Solch große Lust, wie jene schönen Glieder,
Die, jetzt im Grund verstreut, einst mir gehört:

Und ging selbst höchste Lust verloren wieder
Durch meinen Tod, wie konnte da die Welt
Noch dein Verlangen zu sich ziehen nieder?

Du mußtest, als den ersten Pfeil geschnellt
Der Dinge Trug, mir nach empor dich heben,
Die solcher Täuschung nicht mehr zugesellt.

Du durftest länger nicht am Staube kleben,
Der Streiche harrend, für ein Mägdelein
Und eitle Freuden von so kurzem Leben!

Ein Vogeljungs hört auf bei zwein und drein;
Doch die Gefiederten fängt man noch minder
Durch Vogelnetze oder Pfeile ein.«

Gleichwie vor Scham verstummen oft die Kinder
Und lauschend ihren Blick zu Boden kehren,
Ein Einsehn habend, ganz als reuige Sünder,

So ich; und sie: »Wann du schon weh vom Hören
Dich fühlst, erheb den Bart und laß den Brand
Des Schmerzes durch den Anblick dir vermehren.«

Entwurzelt wird mit weniger Widerstand
Die starke Eiche, ob nun ihre Zinne
Der Heimwind beugt, ob der von Jarbas Land,

Als ich auf ihren Ruf tat mit dem Kinne;
Und als mit Bart sie das Gesicht genannt,
Erkannt ich wohl das Gift, das sie im Sinne.

Und kaum hatt ich das Antlitz so entspannt,
Als ich, daß jene ersten Kreaturen
Mit Blumenwerfen aufgehört, verstand:

Und meine Augen, noch mit Tränenspuren,
Sahn Beatrice zugewandt dem Tier,
Das eins ist von Person in zwei Naturen.

Am andern Strand, im Schleier, schien sie mir
Noch mehr ihr früheres Selbst zu überragen,
Als dies die andern Fraun auf Erden hier.

Der Reue Nessel fing mich an zu plagen,
Daß allen Dingen desto mehr ich gram,
Je mehr sie mich in ihren Bann geschlagen.

Erkenntnis war's, die mich da überkam,
So daß ich fiel betäubt, und mein Verhalten
Kennt jene, die die Ursach meiner Scham.

Als mir das Herz die Sinne einzuschalten
Begann, stand über mir die Wanderin,
Die Einsame, und sagte: »Festgehalten!«

Ich stak jetzt bis zum Hals im Strome drin;
Sie zog mich nach, und ohne sich zu plagen,
Glitt sie, wie 's Schiffchen, übers Wasser hin.

Als wir zum seligen Ufer fast verschlagen,
Hört ich: »Asperges me« so süß darauf,
Daß ich's nicht denken kann, geschweige sagen.

Die schöne Frau tat ihre Arme auf,
Umschlang mein Haupt und taucht' es in die Wogen,
So daß ich manchen Schluck nahm mit in Kauf.

Dann hat sie mich aus meinem Bad gezogen
Und mich geführt zum Tanz der schönen vier,
Die alle über mich den Arm gebogen.

»Am Himmel sind wir Sterne, Nymphen hier:
Und noch vor Beatrices Erdengehen
Bestellte man uns schon zu Mägden ihr.

Vor ihren heiteren Augen wirst du stehen;
Die deinen schärfen dann in ihrem Brand
Die dreie drüben, welche tiefer sehen.«

So sangen sie – dann ging es übers Land
Zur Brust des Greifen hin, bis dort wir waren,
Wo Beatrice stand, uns zugewandt –

Und sprachen: »Jetzt darfst Blicke du nicht sparen:
Du kamst an die Smaragden nun heran,
Aus denen Amors Pfeile du erfahren.«

Wohl tausend flammendheiße Wünsche dann
Vereinten ihren Augen mein Gesicht,
Die immer starr den Greifen sahen an.

Gleichwie die Sonn im Spiegel, anders nicht,
Erstrahlte drinnen dann das Doppelwesen
In einer oder in der anderen Sicht.

Denk, Leser, ob vom Staunen ich genesen,
Als ruhend ich das Ding in sich entdeckt,
Doch daß es wandelbar im Bild gewesen.

Und während meine Seele noch geschmeckt
In Staunen und in Wonne jene Speise,
Die, sättigend, nach sich den Hunger weckt,

Da lenkten vorwärts, sich aus höherem Kreise
Erweisend, jene anderen drei die Tritte
Und tanzten da zu ihrer Engelsweise.

»Oh, richte, Beatrice, richte, bitte,
Die heiligen Augen jetzt auf deinen Treu'n,
Der, dich zu sehen, gemacht so viele Schritte!

Aus Huld sei hold zu uns, ihm zu befrein
Vom Schleier deinen Mund, daß sich erhelle
Die zweite Schönheit ihm, die du hüllst ein.«

O ewig lichten Schimmers Glanz und Helle,
Wer hat sich jemals, sei's gebleicht im Schatten
Parnassens, sei's geletzt an seiner Quelle,

Um beim Versuche doch nicht zu ermatten,
Zu schildern, wie harmonisch dort dein Bild,
Wo es die Himmel angedeutet hatten,

Als du den offenen Lüften dich enthüllt?

XXXII. GESANG

So waren meine Augen hingerichtet,
Zehnjähriges Dürsten endlich mir zu letzen,
Daß mir die anderen Sinne ganz vernichtet.

Scheuklappen schien mir rechts und links zu setzen
Unachtsamkeit, da mich des Lachens Fest,
Des heilgen, an sich zog mit alten Netzen, –

Bis mit Gewalt mir dann den Blick gepreßt
Nach meiner Linken hin die heiligen Frauen,
Da ich von ihnen hörte: »Allzu fest!«

Die Anlage, die man behält beim Schauen
In Augen, die zur Sonne hingewandt,
Ließ kurze Zeit mich blind für diese Auen.

Als zum Geringen ich Genesung fand
(»Gering«, verglichen mit dem großen Lichte,
Von welchem ich aus Zwang mich abgewandt),

Sah rechts ich nehmen eine andere Richte
Die selige Prozession, um umzugehn,
Die Sonn und sieben Leuchter im Gesichte.

Wie unterm Schild, dem Feinde zu entgehn,
Ein Haufe mit der Fahne angefangen,
Zu kehren, eh er ganz vermag zu drehn,

So war vom Heerbann, der vorausgegangen,
Auch hier vorbeigezogen schon ein jeder,
Bevor gebogen sich die Deichselstangen.

Dann wandten sich die Frauen an die Räder;
Vom Greifen ward die heilige Last gezogen,
So, daß darum sich rührte keine Feder.

Die Schöne, die geschleppt mich durch die Wogen,
Nebst Statius und mir ging hinterm Rad,
Das seine Kreisbahn zog mit kleinerem Bogen.

So ging durch öden Hochwald unser Pfad,
Dank ihr, die einst geglaubt der Schlange Lügen,
Wobei man nach der Engelsweise trat.

Vielleicht nähm solche Strecke in drei Flügen
Geschnellter Pfeil, wie wir geeilt voran,
Als Beatrice vom Gefährt gestiegen.

Ich hörte seufzen alle »Adam« dann;
Dann stellten sie sich um der Bäume einen,
An dem nicht Blätter mehr noch Blüten dran.

Sein Haar, statt sich nach oben zu verkleinen,
Wird immer breiter, und es würde auch
Ob seiner Höh bestaunt in Indiens Hainen.

»Glückselig, Greif, der du von diesem Strauch,
Der köstlich schmeckt, nichts abpflückst mit dem Munde,
Da sich nachher vor Schmerzen krümmt der Bauch!«

So schrien am starken Baume in der Runde
Die andern alle, und das Zwillingstier:
»So geht des Rechtes Samen nicht zugrunde.«

Zur Deichsel hin, die es gebracht nach hier,
Zog es zum Fuß sie der verwaisten Pflanze
Und band an sie den Wagen dann mit ihr.

Wie unsere Pflanzen, wenn, mit jenem Glanze
Vermischt, das große Licht hinunterfällt,
Der oben leuchtet hinterm Piscesschwanze,

Von Knospen schwellen, und sodann erhält
Erneute Farbe jedes ihrer Teilchen,
Eh anderem Stern die Renner Sol gesellt,

So, minder als die Rose, mehr als Veilchen
Gefärbt, erneute sich die Pflanze, die
An Zweigen blattlos noch vor einem Weilchen.

Ich faßte nicht, man hört auf Erden nie
Die Hymne, welche jene Scharen sangen,
Noch hielt ich stand der ganzen Melodie.

Könnt ich beschreiben, wie von Schlaf befangen
Die harten Augen, hörend von Syringe,
Sie, denen Wachen übel ausgegangen,

Wie Maler nach Modellen malen Dinge,
So würd ich es mit dem Einschlafen machen,
Doch das Entschlafen male, wem's gelinge.

So will ich übergehen gleich zum Wachen
Und sag, ein Strahl zerriß des Schlummers Nacht,
Ein Ruf: »Steh auf! was machst du denn für Sachen?«

Wie, um zu sehn des Baumes Blütenpracht,
Nach dessen Äpfeln Engel selbst verlangen
Und der im Himmel ewig Hochzeit macht,

Jakobus, Petrus und Johann gegangen,
Entschliefen, zu sich kamen bei dem Wort,
Vor welchem größerer Schlummer noch vergangen,

Und sahen, daß aus ihrer Schule fort
Elias, wie auch Moses, war genommen,
Und ihren Herrn in anderer Stole dort,

So wacht ich auf und ward gewahr der Frommen
Zu meinen Häupten, die als Führerin
Der Schritte vorher bei dem Bach gekommen.

Ich angstvoll: »Wo kam Beatrice hin?«
Drauf sie: »Dort unterm neu gesproßten Reise
Sitzt sie auf seiner Wurzel, sieh dahin:

Dort siehst du sie, umringt von ihrem Kreise:
Der Greif, ihm nach die anderen Genossen,
Zieht himmelwärts mit süßrer, tieferer Weise.«

Ich weiß nicht, ob ihr Wort noch mehr geflossen,
Da jene wieder in den Augen mir,
Die anderer Erkenntnis mich verschlossen.

Allein, auf bloßer Erde saß sie hier,
Als Wächter dem Gefährte beigegeben,
Das angebunden ward vom Zwillingstier.

Die sieben Nymphen sah ich sie umgeben,
Die Leuchter haltend, die zu keiner Frist
Vom Nordwind, noch vom Südwind dort erbeben.

»Kurz wird's nur sein, daß du im Walde bist;
Doch endlos wirst du mit mir Bürger bleiben
Von jenem Rom, wo Christus Römer ist.

Drum für die Welt in ihrem schlimmen Treiben
Wend aufs Gefährt den Blick! was sich entrollt,
Sollst du nach deiner Rückkehr dann beschreiben!«

So Beatrice; ich, in ihrem Sold
Und ganz zu ihrer Worte Fuß gelegen,
Hielt Geist und Augen, wie sie es gewollt.

So schnell sah niemals man hinunterfegen
Aus dichter Wolkenschicht den Wetterstrahl,
Wenn aus der fernsten Zone quillt der Regen,

Wie Jovis Vogel niederschoß zu Tal,
Den Stamm hinunter, abriß seine Rinde,
Und frische Blüten, Blätter ohne Zahl,

Mit ganzer Kraft traf dann das Angebinde,
Das wie ein Schiff sich bog im stürmischen Meer,
Wenn rechts und links gepeitscht es wird vom Winde.

Dann sah ich einen Fuchs: er schlich sich her,
Und stürzend in den Siegeswagen gleich,
Schien er mir jeder guten Speise leer;

Doch, scheltend ihn für manchen garstigen Streich,
Schlug meine Herrin in die Flucht ihn wieder,
Wie es nur litten Knochen ohne Fleisch.

Dann schoß auf seinem ersten Weg hernieder
Der Adler noch einmal in das Gefährt
Und ließ darin vom eigenen Gefieder:

Und wie vom Herzen, das der Gram verzehrt,
Hört eine Stimm ich dann vom Himmel sprechen:
»O Schiff, mit welcher Fracht bist du beschwert!«

Dann schien mir unterm Wagen aufzubrechen
Die Erde, und ein Drache kam hinan,
Den ich den Schwanz sah durch den Wagen stechen;

Wie eine Wespe zieht den Stachel an,
Zog er den bösen Schwanz mit einem Stücke
Des Grunds zurück, und ging weit fort sodann.

Den Rest bedeckte dann im Augenblicke,
Wie Quecken üppigen Grund, der Flaum, gewährt
Vielleicht zu gutem Zwecke ohne Tücke;

Bedeckt sah ferner ich an dem Gefährt
Sowohl die Deichsel, wie die Räder beide,
So schnell, wie Seufzen nie dem Mund entfährt.

So umgeformt, entsprossen dem Gebäude
An allen Stellen Köpfe dort vor mir,
Drei auf der Deichsel, eins auf jeder Seite:

Die ersten hatten Hörner wie ein Stier,
Die vier jedoch nur eins auf ihrer Stirne:
Noch niemals ward gesehn ein gleiches Tier.

So sicher wie ein Schloß auf hohem Firne,
Sah ich sodann auf dem Gefährte stehn,
Die Augen rollend, eine lose Dirne.

Daß sie ihm möge nicht verloren gehn,
Stand neben ihr ein Riese, und voll Muße
Konnt ich die beiden oft sich küssen sehn.

Doch da sie mich mit buhlerischem Gruße
Beschaute, peitschte sie der Kerl, der wilde,
Zur Strafe dann vom Kopfe bis zum Fuße.

Voll Zorn und Argwohn band er das Gebilde
Vom Baume los und zog es durch den Wald,
So weit, daß dieser wurde mir zum Schilde

Der Dirne und der neuen Tiergestalt.

XXXIII. GESANG

»Deus, venerunt gentes«, so begannen
Bald drei, bald vier die süße Psalmodie
Im Wechselsang, und ihre Tränen rannen:

Und Beatrice hörte seufzend sie
Vor Mitleid an, gepackt so ungeheuer,
Wie auch kaum mehr am Kreuze schien Marie.

Doch als die andern Jungfraun nach der Feier
Das Wort ihr ließen, sprang sie in die Höh
Und gab dann den Bescheid, gefärbt wie Feuer:

»Modicum et non videbitis me;
Et iterum, ihr Schwestern, meine lieben,
Modicum, et vos videbitis me.«

Dann ordnete sie vor sich alle sieben
Und stellte hinter sich, durch Wink alleine,
Mich und die Frau, den Weisen, der geblieben.

So ging sie fort; ich glaube, daß sie keine
Zehn Schritte hingesetzt hat auf die Erde,
Als ihre Augen bohrten sich in meine;

Dann sagte sie mit ruhiger Gebärde:
»Komm schneller, so daß, spreche ich mit dir,
Mein Wort von dir genau verstanden werde!«

Sobald ich, wie ich sollte, neben ihr,
Da sprach sie: »Bruder, wagst du nicht zu fragen,
Solange du so schreitest neben mir?«

Wie die, die zu devot sind, es nicht wagen,
Den Mund nur aufzutun vor höherem Rang,
So daß man kaum versteht, was sie zu sagen,

So ging es mir, da ohne vollen Klang
Ich angefangen: »Herrin, mein Gebrechen,
Und was ihm helfen kann, das kennt Ihr lang.«

Und sie zu mir: »Von Furcht und Scham und Schwächen
Dich zu befrein mach ich dir jetzt zur Pflicht,
Auf daß du nicht mehr sprichst, wie Träumer sprechen.

Wisse, der Wagen, den der Wurm zerbricht,
War und ist nicht; doch wer dran schuld hat, glaube,
Daß Gottes Rache fürchtet Suppen nicht.

Nicht immer erblos liegt der Aar im Staube,
Der seine Federn ließ im Wagen währen,
Drum er ein Untier ward und dann zum Raube;

Ich kann schon klar, und drum will ich es lehren,
Die Zeit, herbeigeführt von Sternen, sehn,
Ganz aller Schranken ledig und Barrieren,

Zu der ein Fünfhundert und Fünf und Zehn
Die Diebin töten wird, von Gott gesendet,
Den Riesen auch, mit dem die Schuld geschehn.

Vielleicht bleibt dir das Wort, das ich gespendet,
Gleich Sphinx und Themis, dunkelheitbeladen,
Weil es gleich diesen den Verstand dir blendet;

Doch werden bald Geschehnisse Najaden,
Die lösen werden dieses Rätsels Not,
Und doch dem Korne und dem Vieh nicht schaden.

Merk dir's; und wie du hörtest mein Gebot,
Erzähl es später den Lebendigen wieder
Des Lebens, das ein Rennen ist zum Tod.

Und halt im Sinne, wenn du es schreibst nieder,
Nicht zu verbergen, wie du sahst den Strauch,
Dem zweimal man gerupft hier das Gefieder.

Wer ihn beraubt, wer von ihm abreißt auch,
Hat Lästerung durch Tat an Gott begangen,
Der ihn schuf heilig sich nur zum Gebrauch.

Weil er dran biß, litt Strafe und Verlangen
Fünftausend Jahr und mehr der erste Mann
Nach ihm, der dafür in den Tod gegangen.

Es schläft dein Geist, wenn er nicht fassen kann,
Daß er aus eigenem Grunde so sein muß:
Verkehrt am Gipfel und so hoch hinan.

Und wäre hart nicht wie vom Elsafluß
Vom eitlen Denken deines Geistes Hülle,
Nicht Lust daran: am Maulbeer Pyramus,

So sähst du schon nach solcher Zeichen Fülle
Im Interdikt am Baum moralisch ein,
Wie voll Gerechtigkeit hier Gottes Wille.

Doch da ich im Verstand dich ganz zu Stein
Geworden sehe und ganz schwarz geblieben,
So daß dich blendet meines Wortes Schein,

So will ich, daß gemalt, wenn nicht geschrieben,
In dir du's trägst, aus einem Grund, dem gleich,
Aus dem umpalmten Stab die Pilger lieben.«

Und ich: »So wie im Wachs die Form bleibt gleich,
Wie sie das Siegel eingedrückt, bestehen,
Ist jetzt geprägt auch mein Gehirn von Euch!

Jedoch warum schwebt über meinem Sehen
So hoch Eur heißersehntes Wort, sag an,
Daß es entgleitet, such ich's zu verstehen?«

»Daß du durchschaust die Schule«, sprach sie dann,
»Der du gefolgt, und ob wohl ihre Lehre
Je meinem Worte nachgelangen kann;

Und wie vom Weg des Himmels eure Schwere
So fern ist wie der Erde Angesicht
Die sich zuoberst eilnde Himmelssphäre.«

Drauf sprach ich: »Ich erinnere mich nicht,
Daß jemals ich von Euch hinweggesunken,
Wie mein Gewissen auch davon nicht spricht.«

»Losch dir von der Erinnerung jeder Funken«,
So sprach sie lächelnd, »denke nur daran,
Daß heute du vom Lethefluß getrunken;

Und wie bei Rauch auf Brand man schließen kann,
Zeigt dies Vergessen klar mir ein Vergehen
In deinem abgeirrten Willen an.

Jedoch von nun wird nackt zu dir hin gehen
Mein Wort, soweit ich es notwendig fand,
Es aufzudecken deinem stumpfen Sehen.«

Noch funkelnder, mit trägeren Schritten stand
Die Sonne schon an ihrem Mittagskreise,
Der hier und dort ist je nach unserem Stand,

Als stillestanden ganz in gleicher Weise,
Wie, wer als Führer vorgeht, halten muß,
Wenn etwas Neues auftaucht auf der Reise,

Die sieben Fraun an bleichen Schattens Schluß,
Wie in grünlaubgem, schwarzästgem Gehege
Die Alp ihn trägt an ihrem kalten Fluß.

Davor entflossen, wie mir schien, am Wege
Der Euphrat und der Tigris einer Quelle,
Und schieden, wie der Freund vom Freunde, träge.

»Des menschlichen Geschlechtes Ruhm und Helle,
Was für ein Wasser quillt denn hier herab
Aus einem Borne, spaltend seine Welle?«

Auf solches Bitten ward Bescheid mir knapp:
»Matelda frage drum.« Und dann erklärte,
Als ob sie wehrte einen Vorwurf ab,

Die schöne Frau: »Das, und die anderen Werte
Erklärte ich ihm schon und weiß genau,
Daß das ihm Lethes Wasser nicht verzehrte.«

Und Beatrice: »Größerer Sorge Schau,
Die häufig die Erinnerung läßt vergehen,
Umhüllte seines Geistes Blick mit Grau.

Du kannst dort Eunoe sich spalten sehen:
Führ ihn dorthin, und wie du's sonst gewohnt,
Laß die betäubte Kraft ihm neu erstehen.«

So wie ein Edler, welcher sich nicht schont,
Sobald er ihn durch Zeichen wahrgenommen,
Dem Willen fremder Menschen gerne front,

So schritt, als sie mich an der Hand genommen,
Die schöne Frau, und sprach zu Statius dann
Mit Frauenanmut: »Du magst mit ihm kommen.«

Böt sich, o Leser, größerer Raum mir an
Zum Schreiben, würd ich teilweis auch besingen
Den süßen Trank, der nie uns sättigen kann;

Doch da schon alle Blätter voll von Dingen,
Die ich zum zweiten Sange ausgesonnen,
Läßt mich der Zaum der Kunst nicht weiter dringen.

Ich kehrte wieder von dem heiligen Bronnen,
Verjüngt, wie's junge Pflanzen sind im Kerne,
Die, sich erneuernd, neues Laub gewonnen,

Bereit und rein, zu steigen in die Sterne!

PARADIES

I. GESANG

Die Glorie dessen, der mit seinem Finger
Bewegung schafft, durchdringt das All und gleißt
An einer Stelle mehr und sonst geringer.

Im Himmel, der ihr Licht am klarsten weist,
Hab ich geweilt; und Dinge sah ich viele,
Die wiedersagt kein heimgekehrter Geist.

Denn unser Intellekt, wenn seinem Ziele
Er näher kommt, dringt dann in Tiefen ein,
Wohin Erinnerung folgt nicht seinem Kiele.

Jedoch, was ich in meines Geistes Schrein
Mir eingeprägt vom heiligen Gelände,
Das soll nun Stoff zu meinem Sange sein.

Apoll, du Guter, für der Mühe Ende
Form so mich zum Gefäß für deinen Trieb,
Wie du's begehrst für deines Lorbeers Spende.

Bisher nahm ich mit einem Joch vorlieb
Parnassens, während beide ich gebrauche
Für die Arena, die mir übrig blieb.

Komm du hinein in meine Brust und hauche,
Wie du getan, als du den Marsyas
Herausgezerrt aus seiner Glieder Schlauche.

O Gotteskraft, kommst du in mein Gelaß,
Daß ich das Schattenbild vom seligen Raume,
Ins Haupt mir eingezeichnet, sehen laß,

Wirst du mich ziehn sehn zum geliebten Baume:
Ich kränze mich aus seinem Blätterdach,
Vom Stoff geadelt und von deinem Zaume.

So selten, Vater, greift man noch danach,
Poet und Kaiser im Triumph zu ehren,
Dem menschlichen Begehr zur Schuld und Schmach,

Daß Delphis froher Gottheit sollten mehren
Peneische Blätter Lust und Seligkeit,
Wenn einer danach dürstet vor Begehren.

An kleinen Funken großer Brand sich reiht!
Vielleicht wird nach mir man in besserer Weise
Von Cirrhas Joch erbitten den Bescheid.

Den Sterblichen steigt aus verschiedenem Gleise
Das Licht der Welt; doch ist's, wenn's dorthin fällt,
Wo den drei Kreuzen einen sich vier Kreise,

Zu bestem Lauf, zu bestem Stern gesellt,
Und siegelt und vermag dort mehr zu borgen
Von ihrer Eigenart dem Wachs der Welt.

Es hatte Abend hier gewirkt, dort Morgen
Besagtes Gleis; die Hemisphäre stand
Fast ganz in Weiß dort, hier in Schwarz verborgen,

Als Beatrice ich sah, links gewandt,
Hineinschaun in der Sonne Flammenkrause:
Kein Adler blickte je so angespannt!

Und wie ein zweiter Strahl geht ohne Pause
Vom ersten aus, indem er aufsteigt dann,
Ganz wie ein Pilger, welcher will nach Hause,

Glich meine Haltung ich der ihren an,
Der Phantasie durchs Auge kundgegeben!
Zur Sonne starrt ich, mehr als sonst man kann!

Viel darf man dort, was nicht in unserem Leben
Des Menschen Kraft vermag, dank jenem Land,
Zum Eigentum der Menschheit einst gegeben.

Ich hielt nicht lange, doch so kurz nicht, stand,
Daß ich's nicht ringsum konnte funkeln sehen
Wie Eisen, welches siedend kommt vom Brand;

Und plötzlich schien mir Tag an Tag zu stehen,
Als hätte jetzt den Himmel er, der kann,
Mit einer zweiten Sonne noch versehen.

Beatrice in die ewigen Sphären dann
Sah starren Blickes auf zum Himmelszelte;
Von oben weg sah ich und sah sie an.

Im Innern, als ihr Anblick mich erhellte,
Ward ich wie Glaucus, der genoß das Kraut,
Das ihn im Meer den Göttern zugesellte.

Entwerden schildern kann der Worte Laut
Unmöglich! Laß sich's genügen am Vergleiche,
Wem Gnade einst Erfahrung anvertraut.

Ob nur im Letztgeschaffnen, ob im Fleische,
O Liebe, die du in den Himmeln glimmst,
Du weißt's, die du mich hobst zu deinem Reiche!

Als das Getriebe, dem du stets bestimmst,
Der Sehnsucht voll zu sein, auf sich mich bannte,
Durch Harmonien, die du teilst und stimmst,

Da schien mir, als ob jetzt der Himmel brannte
Von Sonnenglut, daß Fluß und Regen nicht
Solch eines Sees Fläche je entspannte.

Des Klanges Neuheit und das große Licht
Entflammten mich so sehr nach ihrem Grunde,
Daß ich in solcher Schärfe nie erpicht.

Und sie, die las, wie ich, auf meinem Grunde,
Begann, zu stillen die Erregung dann,
Noch eh ich sie gefragt, mit ihrem Munde

Zu sprechen so: »Es ist ein falscher Wahn,
Der dich so abstumpft, daß du nicht im reinen,
Was du schon wärst, hättst du ihn abgetan.

Du bist auf Erden nicht, nach deinem Meinen!
Kein Blitz, wenn er aus seiner Heimat zückt,
Schoß je hinab, wie du empor zur deinen.«

Ward ich dem ersten Zweifel so entrückt
Durch kurze Worte, lächelnd kundgegeben,
So ward in einen neuen ich verstrickt,

Und sagte dann: »Zufrieden ruht ich eben
Vom großen Staunen aus, nun staun ich blind,
Daß ich die leichten Körper kann durchschweben.«

Nach eines mitleidsvollen Seufzers Wind
Sah ich sie mit dem Ausdruck auf mich spähen,
Wie eine Mutter auf ihr fiebernd Kind,

Und sie begann: »Die Dinge alle stehen
In Ordnung unter sich; die Form ist's nur,
Die Gott und Weltall läßt sich ähnlich sehen.

Die höheren Wesen sehen hier die Spur
Des ewigen Werts; er ist des Zieles Schwelle,
Zu dem besagte Norm in der Natur.

In dieser Ordnung haben ihre Stelle
Der Wesen Neigungen nach ihrem Los,
Mehr oder weniger nahe ihrer Quelle:

Es zieht so auf verschiedene Häfen los
Ein jedes auf des Seins gewaltigem Meere!
Instinkt, verliehen ihm, gibt ihm den Stoß.

Er treibt das Feuer bis zur Mondensphäre!
Er ist in sterblich Herzen das Getriebe;
Er preßt die Erde und verleiht ihr Schwere!

Nicht die Geschöpfe nur mit bloßem Triebe,
Ganz ohne Einsicht, schießt der Bogen, nein!
Auch sie, die Einsicht paaren mit der Liebe!

Die Vorsehung, die alles richtet ein,
Läßt durch ihr Licht den Himmel stille stehen,
Drin der sich dreht, der größte Hast nennt sein!

Und dorthin, als zum Sitz, uns ausersehen,
Trägt uns die Kraft besagter Sehne fort,
Die, was sie schnellt, zum heitern Ziel läßt drehen.

Zwar, wie die Form zeigt häufig nur verdorrt,
Was in des Künstlers Absicht hat gelegen,
Weil taub der Stoff sich zeigte seinem Wort,

So weicht zuweilen ab von seinen Wegen
Auch das Geschöpf, da ihm die Macht geschenkt,
Trotz seines Triebs, sich abseits zu bewegen,

Gleichwie aus Wolken ja hinunterdrängt
Das Feuer, wird die ursprüngliche Regung
Durch falsche Lust zur Erde abgelenkt.

Nicht staune mehr, wenn recht ist die Erwägung,
Daß du steigst auf, als wenn des Baches Lauf
Den Berg hinunter richtet die Bewegung.

Solch Wunder wär es, stiegst du nicht hinauf,
Der Fesseln ledig, sondern hocktest nieder,
Als loderte das Feuer nicht mehr auf!«

Zum Himmel wandte jetzt den Blick sie wieder.

II. GESANG

O ihr, die ihr in einem kleinen Kahn
Begleitet habt mit wißbegierigen Ohren
Mein Schiff, das singend zieht auf seiner Bahn,

Kehrt um zum Strand, für den ihr seid geboren,
Und wagt euch nicht hinaus aufs hohe Meer!
Verliert ihr mich, seid ihr vielleicht verloren.

Noch nie durchfuhr dies Wasser irgendwer:
Minerva haucht und Apollo leitet,
Und die neun Musen weisen mir den Bär!

Ihr wenigen anderen aber, die ihr spreitet
Beizeit zum Brot der Engel euren Hals,
Das nährt, doch nie hier Sättigung bereitet,

Ihr könnt wohl lenken durch das tiefe Salz
Das Fahrzeug, dicht zu folgen meinem Buge,
Bevor die Furche glatt vom Schaum des Schwalls.

Die Ruhmbedeckten auf dem Kolcherzuge
Erstaunten nicht, wie Staunen euch verzehrt,
Als sie den Jason blickten hinterm Pfluge!

Der anerschaffene Durst, der ewig währt,
Zum gottesförmigen Reich, trug uns nach oben,
So schnell, wie sich vor euch der Himmel kehrt.

Ich sah auf Beatrice, sie nach droben:
Solang, als wohl ein Pfeil im Ziele steckt
Und fliegt und von des Bogens Nuß gestoben,

Gebraucht ich, bis ein Wunder ich entdeckt,
Das mir den Blick gebannt zu seinem Kerne;
Und sie, der meine Sorge nie versteckt,

Sprach dann zu mir gewandt, so schön wie gerne:
»Richt dankbar jetzt den Geist auf Gott als Ziel,
Der uns verbunden mit dem ersten Sterne!«

Hell leuchtend, dicht und blank und ganz stabil
Schien eine Wolke um uns zu verweilen,
Dem Diamant gleich, drauf die Sonne fiel.

Die ewige Perle, in den innern Teilen,
Empfing uns, gleichwie durch das Wasser dreht
Der Strahl des Lichtes, ohne es zu teilen.

Wenn ich war Leib, und man es nicht versteht,
Wie sich die Dimensionen hier durchdrangen,
Gleichwie wenn Körper durch den Körper geht,

So sollt's uns mehr entzünden das Verlangen,
Zu sehen jenes Sein, worin wir schaun,
Wie unsere Art und Gottheit sich umschlangen.

Dort wird man schaun, worauf wir hier vertraun,
Nicht demonstriert, doch aus sich selbst gegeben,
Wie auf die Grundwahrheiten hier wir baun.

Ich sagte: »Meine Herrin, so ergeben,
Wie ich's nur sein kann, dank ich Ihm allein,
Der aus der Welt des Todes mich ließ streben!

Was mögen nur die dunklen Flecken sein
An diesem Körper, deshalb sie verfassen
Auf Erden unten Fabeln wohl von Kain?«

Sie lächelte; dann: »Wenn sich täuschen lassen
Die Sterblichen«, sprach sie, »in jenem Teil,
Darin der Sinne Schlüssel nicht mehr passen,

Darf dich nicht stechen des Erstaunens Pfeil,
Jetzt wo du siehst, daß schon die Spur der Sinne
Den Schwingen der Vernunft ist allzu steil.

Doch sage, wessen du von dir aus inne?«
Und ich: »Was uns hier oben scheint gefleckt,
Kommt von der Körper Dichtigkeit und Dünne.«

Und sie: »Fürwahr, vom Irrtum ganz verdeckt
Siehst du dein Wähnen, lauschst du den Beweisen,
Wie ich sie ihm entgegen ausgeheckt.

Die achte Sphäre ist besät mit Kreisen,
Die leuchten, und nach Stärk und Art dem Sinn
Von ganz verschiedenem Aussehn sich erweisen.

Wenn dies bewirkte einzig dicht und dünn,
So wäre eine einzige Kraft in allen,
Mehr oder minder oder gleich darin.

Verschiedene Kräfte können nur sich ballen
Aus Formprinzipien, welche deiner Lehre,
Von einem abgesehn, zum Opfer fallen.

Zudem, wenn Dünne Grund des Dunkels wäre,
Nach dem du fragst, in diesem Stern, so hätt er
An manchen Stellen durch und durch die Leere:

Sonst müßte, wie in ‚magerer‘ und ‚fetter‘
Ein Körper eingeteilt, auch dieses Feld
Gleich einem Buche wechseln seine Blätter.

Im ersten Falle würd es klargestellt
Bei Sonnenfinsternis: durch würde scheinen
Das Licht, wie sonst, wenn es in Dünnes fällt.

Dies trifft nicht zu und ist drum zu verneinen!
Nun noch zum zweiten! bleibe hier ich fest,
Hab ich als völlig falsch erzeigt dein Meinen.

Gehts Dünn’ nicht durch, so daß verbleibt ein Rest,
Muß eine Grenze sein, an der es endet,
Und wo sein Gegenteil nichts durch mehr läßt,

So daß der fremde Strahl zurück sich wendet,
Sowie die Farbe sich vom Glase neigt,
Das hinter sich mit Blei ward abgeblendet.

Nun wirst du sagen, daß sich dunkler zeigt
Der Strahl nur deshalb als an anderen Stellen,
Weil dort er weiter rückwärts wird gebeugt.

Doch diesen Einwand weiß dir aufzuhellen
Erfahrung, wenn du je sie wendest an,
Aus der die Ströme eurer Künste quellen.

Drei Spiegel nimm, und zwei sollst du sodann
Gleich weit von dir, den dritten weiter rücken,
Daß ihn dein Blick dazwischen finden kann.

Gewandt zu ihnen, stelle hinterm Rücken
Ein Licht, das in die drei dann fällt hinein
Und das sie alle zu dir rückwärts schicken.

Obwohl an Größe nicht der fernste Schein
Heranreicht an die zwei, tritt doch zutage,
Wie gleich er glänzen muß in allen drein.

Wie wenn bei Sonnenglut, mit einem Schlage,
Von Frost und Farbe, die geherrscht im Land,
Entblößet wird des Schnees Unterlage,

So bist geworden du nun im Verstand!
Ich will mit solchem Licht in dir gestalten,
Daß es dir flimmern wird bei seinem Brand.

Im Kreis, drin Gott läßt seinen Frieden walten,
Dreht sich ein Körper, dessen Kraft enthält
Das Sein von allem, was in ihm enthalten.

Das nächste, sternbesetzte Himmelszelt
Zerteilt dies Sein in einzelne Wesenheiten,
Von ihm geschieden, doch hineingestellt.

Den Sphären dann, nach den Verschiedenheiten,
Liegt's ob, die Unterschiede, die drin schweben,
Zu ihrem Ziel und Samen hinzuleiten.

Der Welt Organe haben so ihr Leben,
Wie du nun siehst, daß sie von Grad zu Grad
Von oben nehmen und nach unten geben.

Betrachte gut nunmehr dir meinen Pfad
Durch diese Stelle zum ersehnten Wahren,
So daß du selbst dir auf dem Weg weißt Rat.

Die Schwingung und die Kraft der heiligen Scharen
Erhalten, wie des Hammers Kraft vom Schmied,
Von seligen Bewegern ihr Gebaren.

Der Himmel, dran den Sternenschmuck man sieht,
Empfängt vom tiefen Geist, der ihn läßt regen,
Das Abbild, das er einprägt jedem Glied.

Wie man in eurem Staub sich sieht zerlegen
Die Seel in Glieder, und wie sie sich weist
Gestaltet nach verschiedenen Vermögen,

Entfaltet seine Güte hier der Geist,
Vervielfältigt in jenem Sternenweben,
Indes er über seiner Einheit kreist.

Verschiedene Kraft folgt anderer Bindung eben
Mit jenem edlen Leib, den sie durchglühet,
Und dem sie sich vermählt, wie euch das Leben.

Des freudigen Wesens halb, daraus sie blühet,
Entstrahlt dem Körper die gemischte Kraft,
Wie Freude aus lebendigem Auge sprühet.

Licht hat vom Licht verschiedene Eigenschaft!
Darum, und nicht weil dicht und dünn die Stelle,
Ist sie der schöpferische Grund, der schafft

Nach ihrer Güte Dunkelheit und Helle.«

III. GESANG

Die Sonne, die gewärmt mir erst die Brust,
Hat durch Bestreiten und durch Gründenennen
Enthüllt der schönen Wahrheit Augenlust;

Um mich verbessert und gewiß zu nennen,
Hob ich sodann, soweit erforderlich,
Den Kopf empor, um aufrecht zu bekennen:

Jedoch ein Schauspiel kam, das mich an sich
Gefesselt hielt so mächtig durch sein Treiben,
Daß das Bekenntnis mir dadurch verblich.

Was von den blanken und durchsichtigen Scheiben
Und von den lautern, stillen Wassern gilt,
So tief nicht, daß am Grund sie dunkel bleiben:

Daß schwach sie reflektieren unser Bild,
Wie eine Perle auch nicht weniger schnelle
Dem Hintergrund der weißen Stirn entquillt,

So sah ich Redelustige auf der Schwelle,
Daß mir des Irrtums Gegenteil passiert,
Der Lieb entzündet zwischen Mensch und Quelle.

Denn kaum, daß ich sie dort hab aufgespürt,
Schaut ich mich um, als ob's nur Bilder wären,
Nach den Gestalten, die sie reflektiert!

Da ich nichts sah, ließ vor den Blick ich kehren
Gerade in des süßen Führers Licht,
Das lächelnd in den Augen schien, den hehren.

»Nicht wundre dich, daß lächelt mein Gesicht«,
Sprach sie, »bei deinem kindischen Gedanken,
Der seinen Fuß vertraut dem Wahren nicht,

Und dich, wie üblich, läßt ins Eitle schwanken;
Reale Wesen sind es sicherlich,
Ob des Gelübdes Bruch in diesen Schranken.

So hör und glaube ihnen nur und sprich!
Das wahre Licht, darin sie jetzt hier zechen,
Läßt sie die Füße drehen nicht von sich.«

Zum Schatten, der am meisten hier zu sprechen
Gewillt schien, wandt ich mich, und ich begann,
Wie einer, den zu große Wünsche schwächen:

»Du wohl erschaffener Geist, der spüren kann
Die Süße in den Strahlen ewigen Lebens,
Die nie begreift, wer nicht geschmeckt daran,

Mir wär es lieb, bät ich dich nicht vergebens
Nach deinem Namen und nach eurem Los!«
Sie strahlend dann vor Lust des Antwortgebens:

»Hier schließt die Liebe niemals ihren Schoß
Dem rechten Trieb; sie will gleich ihr erlösen,
Die sich will ihren ganzen Hof gleich groß.

Auf Erden bin ich Nonne einst gewesen,
Und wenn sich's treulich überlegt dein Sinn,
Wird mich dir bergen nicht mein schöneres Wesen,

Und sehn wirst du, daß ich Piccarda bin!
Mit diesen andern Seligen zusammen
Treib selig ich im trägsten Balle hin.

Und unsere Triebe, die sich nur entflammen
An Wonnen, die am Heilgen Geiste teil,
Freun sich der Ordnungen, die von ihm stammen.

Dies Los, das uns gestellt so wenig steil,
Ward uns gewährt, weil wir, statt zu genügen,
Versprachen, und versprachen uns zum Teil.«

Drauf ich zu ihr: »In euren Wunderzügen
Scheint irgend etwas Göttliches zu brennen,
Dazu die ersten Bilder sich nicht fügen;

Drum konnt ich erst nicht euren Namen nennen;
Doch hilft's mir, daß du mir geschenkt Vertraun,
So daß mir's leichter wird, euch zu erkennen.

Doch sage mir: Ihr Seligen dieser Aun,
Habt Sehnsucht ihr nach einem höheren Kreise,
Um Freunde mehr zu werden, mehr zu schaun?«

Sie lächelte erst mit den andern leise
Und gab dann Antwort mir, so lusterfüllt,
Als ob in erster Liebesglut sie gleiße:

»O Bruder, unsere Begierde stillt
Die Liebeskraft, die nur uns läßt verlangen,
Was wir besitzen, nichts was unerfüllt.

Wenn wir uns sehnten, höher zu gelangen,
So stimmte unser Wunsch nicht überein
Mit Seinem diesbezüglichen Verlangen;

In diesen Kreisen kann das niemals sein,
Da ja, in Liebe sein, hier ist necesse,
Wenn du dringst tiefer in ihr Wesen ein.

Denn wesentlich ist diesem selig esse,
Daß man sich halte fest an Gottes Rat,
Drum unsere Willen werden ein Interesse,

So daß, wie hier wir sind von Grad zu Grad,
Das Reich mitsamt dem König ist zufrieden,
Der unsern Willen eint mit seinem Pfad.

In seinem Willen ist ja unser Frieden;
Er ist das Meer, dem zudrängt jedes Reich,
Das, was er schafft, was er Natur beschieden.«

Klar sah ich: überall ist Himmelreich
Im Himmel, auch wenn nicht in allen Kreisen
Des höchsten Gutes Gnade hinströmt gleich.

Wie wenn wir satt sind einer Art von Speisen,
Doch nach der andern noch die Kehle dorrt,
Wir eine wollen, Dank für eine weisen,

So tat ich mit Gebärden und mit Wort,
Von ihr zu lernen, was mit dem Gespinste,
Drin sie zum Schluß nicht zog das Schiffchen fort:

»Vollkommenes Leben, herrliche Verdienste
Reihn höher ein ein Weib, des Schleier, Tracht
In eurer Welt man trägt in ihrem Dienste,

Auf daß man bis zum Tode schläft und wacht
Beim Freier, der Gelübde nimmt entgegen,
Die Liebe seinem Wunsch gleichförmig macht.

Der Welt entfloh ich jung noch ihretwegen!
Ich folgte ihr, tat ihre Kleidung an,
Und ich versprach, zu gehn auf ihren Wegen.

Und schlechte, mehr als gute Menschen dann
Entrissen mich der süßen Klosterzelle:
Gott weiß, wie dann mein Leben noch verrann!

Es kann dir auch die andere Strahlenquelle,
Die du zur Rechten mir sich siehst entzünden
An unserer Himmelssphäre ganzer Helle,

Was du gehört von mir, von sich verkünden!
Auch sie war Schwester, und man nahm der Frommen
Von ihrem Haupt den Schatten heiliger Binden.

Doch, war sie auch zur Welt zurückgekommen,
Entgegen ihrem Wunsch, entgegen Brauch:
Der Herzensschleier ward ihr nie genommen!

Dies ist der prächtigen Konstanze Hauch,
Aus ihr ließ Schwabens zweiter Sturm entspringen
Den dritten, der der letzte Kaiser auch.«

So sprach sie mir; dann fing sie an zu singen:
»Ave Maria!« und schwand hin beim Sang,
Wie's geht im tiefen See, bei schweren Dingen.

Mein Blick, der sie verfolgte dann so lang,
Wie er es konnte, bog, als sie verschwunden,
Zum Ziel, nach dem ihn trieb sein stärkster Drang,

Und hat in Beatrice sich gefunden!
Doch diese blitzte so in meinen Blick,
Daß es zuerst das Auge nicht verwunden:

Das brachte mich im Fragen sehr zurück.

IV. GESANG

Vor gleich entfernten und gleich leckern Speisen
Verstürben Hungers eher freie Seelen,
Als eine ihren Zähnen vorzuweisen!

So ständ ein Lamm auch vor den gierigen Kehlen
Zwei wilder Wölfe, die gleich grimm und nah!
So vor zwei Hinden käm kein Hund zum Wählen:

Drum kann ich mich nicht tadeln, schwieg ich da,
Von meinen Zweifeln gleicherweis getrieben,
Noch lob ich mich: notwendig war es ja!

Ich schwieg; doch war gemalt mir mein Belieben
Ins Antlitz samt den Fragen, ohne Hehl,
Und heißer als mit Worten drin geschrieben.

Und Beatrice tat, wie Daniel
Getan, Nebukadnezars Zorn zu wehren,
Der diesen trieb zum grausamen Befehl,

Und sprach: »Ich sehe wohl, wie zwei Begehren
An dir jetzt zerren in der Weise, daß
Dein Wunsch sich fesselt, statt sich zu erklären.

Du folgerst: ,Dauert ohne Unterlaß
Der gute Wille an, warum muß schwinden
Vor fremdem Zwange des Verdienstes Maß?'

Noch etwas läßt dich Zweifel hier empfinden:
Die Seelen scheinen sich nach Platos Schrift
Zu ihren Sternen wieder heimzufinden.

Dies sind die Fragen, die in dir man trifft,
Dein velle gleich belastend! laß uns kommen
Zuerst zu jener mit dem meisten Gift.

Der Seraphine göttlichsten, die Frommen,
Wie Moses, Samuel, und dann die beiden
Johannesse, Marie nicht ausgenommen,

Siehst du in keinem andern Himmel weiden
Als diese Geister, die du grad gesehen;
Noch sind an Jahren sie zu unterscheiden.

Sie zieren all des ersten Kreises Höhen;
Des Lebens Wonne ist verschieden groß,
Gemäß der Fähigkeit fürs ewige Wehen.

Hier zeigten sie sich, nicht, weil es ihr Los,
In diesem Kreis zu weilen, doch zum Zeichen
Des Himmlischen geringrer Höhe bloß.

Notwendig ist's, sich euch so anzugleichen,
Da euer Geist nur von den Sinnen leiht,
Um dem Verstand es dann zu überreichen.

So spricht die Schrift zu eurer Fähigkeit,
Wenn drin von Gottes Hand und Fuß zu lesen,
Und sie meint andres unter diesem Kleid;

Die heilge Kirche stellt als Menschenwesen
Den Gabriel und Michael vor euch hin,
Und jenen, der Tobias ließ genesen.

Was im Timaeus steht von Seelen drin,
Vereint sich nicht mit dem, was hier zu sehen,
Da seinem Worte wohl entspricht der Sinn.

Er läßt zu ihrem Stern die Seele drehen
Und glaubt, daß sie von dort sich aufgemacht,
Als sie Natur zur Seinsform ausersehen;

Vielleicht hat er sich's anders auch gedacht,
Als seine Worte klingen; mag ja sein
In seiner Absicht nichts, das man verlacht.

Sofern er diesen Sphären will allein
Der Wirkung Schimpf und Ehre zuerkennen,
So trifft sein Bogen wohl ein wahres Sein.

Der Grundsatz, falsch verstanden, ließ verkennen
Den Sinn fast alle Welt und riß sie hin,
Sie Merkur, Mars und Jupiter zu nennen.

Der andere Zweifel, der dir liegt im Sinn,
Hat weniger Gift, da seine Schlechtigkeit
Dich nicht von mir kann führen sonstwohin.

Scheint unrecht euch unsere Gerechtigkeit,
So sollte das zum Glauben nur bekehren,
Und nicht zur Ketzerniederträchtigkeit.

Da euch's die Geisteskräfte nicht verwehren,
Zu dringen wohl in dieser Wahrheit Sein,
So werde ich befriedigen dein Begehren.

Heißt das Gewalt, wenn der, der leidet Pein,
Nicht dem, der sie verursacht, Hilfe spendet,
Kann's diese hier nicht von der Schuld befrein,

Da Wille, der nicht will, auch niemals endet:
Er handelt wie Natur im Feuersbrand,
Wenn ihn Gewalt auch tausend Male wendet.

Drum, hält er, wenig oder viel, nicht stand,
Folgt er Gewalt, und so geschah's bei diesen,
Die flüchten konnten dort zum heiligen Stand.

Wenn sich ihr Wollen so intakt bewiesen,
Wie es Laurentius, auf den Rost gepreßt,
Und Mucius die Kraft gab eines Riesen,

So hätt es sie zurückgebracht ins Nest,
Draus sie vertrieben, als sie freigekommen;
Doch Wollen ist zu selten nur so fest!

Durch diese Worte, hast du sie genommen
So, wie du mußt, ist widerlegt der Schluß,
Aus dem noch manchmal dir Verdruß gekommen.

Nun kommt dir in die Quere eine Nuß
Und zeigt sich dir; doch du kennst kein Verfahren,
Wie man sie, nicht zu müde, knacken muß.

Mit Sicherheit konnt ich dir offenbaren:
Die selige Seele ist der Lüge Feind,
Da immer nah sie ist dem ersten Wahren;

Und dann hat ja Piccarda doch gemeint,
Daß stets dem Flor Konstanze Liebe zollte,
So daß sie mir zu widersprechen scheint.

Schon häufig, Bruder, ohne daß man wollte,
Geschah es, zu entgehen der Gefahr,
Daß man verübte, was man tun nicht sollte.

Gleichwie Alkmäon, der gebeten war
Vom Vater, seine Mutter zu erschlagen,
Aus Ehrfurcht handelte, der Ehrfurcht bar.

Bei diesem Punkte will ich dir nun sagen,
Daß sich Gewalt hier mit dem Willen mischt,
Und drum ist nicht entschuldbar ihr Betragen.

Der reine Wille will das Böse nicht,
Doch stimmt ihm bei, soweit vor schlimmeren Plagen
Er Furcht hat bei Erfüllung seiner Pflicht.

Drum, wie Piccarda es dir vorgetragen,
Meint sie den reinen Willen, aber ich
Den andren, so daß beide Wahres sagen.«

So goß des heiligen Flusses Wogen sich
Aus jener Quelle alles Wahren eben;
So setzte zweimal sie in Frieden mich!

»O göttliche Geliebte, gottgegeben«,
So sprach ich, »deren Rede mich durchglüht,
Mich überströmt, mir mehr und mehr gibt Leben,

Nicht ist so tief und würdig mein Gemüt,
Daß Gnade es für Gnade Euch erweise!
Doch Er vergelte es, der kann und sieht!

Ich sehe wohl, nie satt wird von der Speise
Des Menschen Einsicht, birgt sich Wahrheit ihr,
Der fern, ein Wahres gibt's in keiner Weise.

Sie ruht in ihm, wie in der Höhl ein Tier,
Sofern sie es erreicht! sie kann's erreichen,
Da ja umsonst sonst jegliche Begier.

Daraus entsteht, dem Schößling zu vergleichen,
Am Fuß der Wahrheit Zweifel, und Natur
Läßt über Berg um Berg empor uns streichen.

Dies lädt mich ein, macht mich gewisser nur,
Voll Ehrerbietung, Herrin, Euch zu fragen
Nach einer Wahrheit, wo mir fehlt die Spur.

Kann man genügen, möchte ich Euch fragen,
Bei Fehlgelübden auch mit anderem Gut,
Das zu gering nicht ist für eure Waagen?«

Und Beatrice sah mich an voll Glut,
Die aus den hehren Augen blitzte wider,
Daß meine Kraft, besiegt, verließ der Mut,

Und fast verlor ich mich, die Augen nieder.

V. GESANG

»Wenn ich zu dir in Liebesgluten funkele
Mehr, als auf Erden man zu schaun es pflegt,
So daß ich deiner Augen Kraft verdunkele,

So staune nicht! denn solche Glut erregt
Vollkommene Schau, die so, wie sie es findet,
In dem gefundenen Gut den Fuß bewegt.

Ich sehe wohl, wie sich bereits verkündet
In deiner Fassungskraft das ewige Licht,
Das, angeblickt, allein stets Liebe zündet;

Führt eure Liebe ab sonst ein Gesicht,
Liegt's an der Spur nur von des Lichtes Güte,
Das, schlecht erkannt, durch jede Hülle bricht.

Du fragst, ob man, wenn man nur andres biete,
Ein Fehlgelübde kompensieren kann
Und dadurch vor Konflikt die Seele hüte.«

So fing zu singen Beatrice an;
Und ohne daß sie auch nur ausgesetzt,
Fuhr fort sie mit dem heiligen Gange dann:

»Als höchste Gabe, damit Gott uns letzt
In seiner Milde, ihn zu offenbaren
Geeignet meist, die er am meisten schätzet,

Ließ er die Willensfreiheit sich uns paaren,
Damit vernünftige Wesen, ganz allein,
Doch allesamt, versehen sind und waren.

Nun tritt, und das muß draus die Folgerung sein,
Bedeutung des Gelübdes klar zutage,
Wenn ins von dir Bestimmte Gott stimmt ein.

In dem mit Gott geschlossenen Vertrage
Bringt ja der Mensch zum Opfer diesen Schatz
Durch seinen Willensakt, so wie ich's sage.

Was kann man also geben zum Ersatz?
Wohltun mit Dingen, die versprochen waren,
Will gutes Werk durch fremden Guts Versatz.

Du bist des Hauptpunkts wegen nun im klaren!
Doch weil die heilige Kirche löst vom Joch,
Entgegen, scheint's, dem dir enthüllten Wahren,

Mußt du bei Tisch ein Weilchen sitzen noch;
Die schwere Speise, welche du erhalten,
Braucht beim Verdauen Unterstützung doch!

Tu auf dich dem, was ich dir will entfalten,
Und halt es drin; das ist nicht Wissenschaft,
Wenn man verstanden und kann nicht behalten.

Zwei Dinge sind dem Opfer wesenhaft:
Als erstes das, wozu wir uns verpflichtet,
Als zweites der Vertrag, der ist in Kraft.

Dies letzte wird durch weiter nichts vernichtet
Als durch Erfüllung; und von diesem Schluß
Hat oben man so klar dich unterrichtet!

Drum war bei Juden zwingend der Entschluß
Des Opfers nur; der Inhalt ward gewandelt
Zuweilen, wie es dir bekannt sein muß.

Damit, wovon als Stoff ich dir gehandelt,
Kann's wohl so sein, daß man sich nicht geirrt,
Wenn man in andren Stoff ihn umverwandelt.

Doch daß nach Willkür nicht verwandelt wird
Der Schulter Bürde, ohne daß sich drehen
Die beiden Schlüssel bei dem Kirchenhirt!

Auch ist der Tausch als töricht anzusehen,
Wenn nicht die alte und die neue Pflicht
Wie vier zu sechs dann zueinander stehen.

Darum, hat irgend etwas solch Gewicht
Durch seinen Wert, daß jede Schal es senke,
Kann man mit andrem Aufwand genügen nicht.

Nehmt, Menschen, die Gelübde nicht als Schwänke!
Seid treu; doch schielt nicht, wenn ihr solches tut,
Wie Jephtha einst bei seinem Erstgeschenke,

Der besser wohl gesagt: ‚Das war nicht gut‘,
Als daß er durch Erfüllen Schlimmres wagte;
Schlimm auch des Griechenfürsten Übermut,

Drum Iphigenie ihren Reiz beklagte,
Und Klage scholl von jedwedem Geschlecht,
Sobald man ihm von solchem Kultus sagte.

Seid, Christen, nicht so schnell, wenn ihr versprecht!
Folgt nicht, wie Federn, jedem Wind in Eile,
Und glaubt nicht, daß euch jedes Wasser wäscht!

Ihr habt die Testamente, beide Teile,
Den Kirchenhirten auch, der eurer wacht!
Das laßt euch genügen denn zu eurem Heile!

Wenn böse Gier euch andere Sprüche macht,
Seid Menschen, die sie nicht wie Vieh verleitet,
Daß euer Jude über euch nicht lacht.

Gleicht nicht dem Lamme, das der Milch entgleitet
Der Mutter und, weil es ihm so gefällt,
Sich selber albern-mutwillig bestreitet.«

So Beatrice, wie ich dargestellt!
Dann wandte sie sich, schwellend vor Verlangen,
Zum Teil, wo am lebendigsten die Welt.

Ihr Schweigen und ihr neues Feuerfangen
Geboten meinem Geiste Stille dann,
In dem schon wieder neue Fragen rangen.

Und wie ein Pfeil, der an dem Ziel kommt an,
Bevor die Sehne wieder stillehält,
So flogen wir zum zweiten Reich hinan.

Dort sah ich meine Herrin so geschwellt,
Als sie in jenes Himmelslicht sich brachte,
Daß der Planet sich um so mehr erhellt.

Und wenn der Stern sich wandelte und lachte,
Was ward dann ich, den meine Art allein
So wandelbar in allen Stücken machte?

Wie Fische wohl im Teich, der still und rein,
Dem, was von außen kommt, entgegen stieben,
Da es ihr Futter ihnen scheint zu sein,

Sah ich, wie tausend Funken zu uns trieben,
Wobei von jedem ich den Ruf vernahm:
»Schau, der wird noch vermehren unser Lieben!«

Und so, wie da ein jeder zu uns kam,
Wies sich alsbald sein Schatten ganz voll Wonnen,
Im klaren Glanze, der davon entkam.

Bedenke, Leser, wenn, was hier begonnen,
Nicht weiter ginge! wie du wünschtest heiß,
Es flösse reicher noch des Wissens Bronnen;

Und du sähst selbst, wie mich in diesem Kreis
Nach den Geschicken mußte Lust erfassen
Der Seelen, die sich mir da gaben preis.

»Zum Heil Geborener, gnädig zugelassen,
Die Throne ewigen Triumphs zu sehn,
Bevor du noch den Kriegsdienst brauchst zu lassen,

Vom Licht, das rinnt durch alle Himmelshöhn,
Sind wir entbrannt; drum, willst du dich belehren,
So sättige dich nach Lust, uns zu verstehn!«

So ließ sich von den seligen Geistern hören
Da einer; Beatrice dann: »Sprich, sprich
Ganz frei und glaub, als ob sie Götter wären.«

»Ich sehe wohl es jetzt: du bettest dich
Im eigenen Licht, das deine Augen künden!
Denn wie du lachst, so funkelt es in sich!

Ich weiß nicht, wer du bist, aus welchen Gründen,
O würdge Seele, du zum Ball gekommen,
Der uns in fremden Strahlen pflegt zu schwinden.«

Dies sprach ich, hingewandt zum Licht des Frommen,
Der mir zuerst gegeben den Bericht:
Da ist es lichter als zuvor erglommen.

Gleichwie die Sonne, die in zuviel Licht
Sich selbst verbirgt, wenn in der Glut zerronnen
Der Dünste Flor, der sie umwogte dicht,

So barg sich mir da vor noch größeren Wonnen
In ihrem Strahl die heilige Gestalt,
Und gab mir Antwort dann, so eingesponnen,

Wie es im folgenden Gesang erschallt:

VI. GESANG

»Seit einstmals Konstantin den Adler führte
Dem Himmelslauf entgegen, dem entlang
Der Ahnherr bracht ihn, der Lavinia kürte,

Blieb mehr als zweimalhundert Jahre lang
Der Vogel Gottes an Europas Enden,
Den Bergen nah, daraus er einst entsprang.

Im Schatten, den die heiligen Schwingen spenden,
Regierte er die Welt von Hand zu Hand,
Bis er im Wechsel war in meinen Händen.

Caesar war ich, bin Justinian genannt;
Aus Kraft der ersten Liebe, die ich merke,
Nahm ich vom Rechte Schwulst und Unverstand.

Und eh ich mich beschäftigt mit dem Werke,
War Christ mir von Natur nur eins, nicht mehr,
Und solchen Glauben hielt ich noch für Stärke;

Der benedeite Agapitus, der
Zu meiner Zeit war Oberhirte, war es,
Der mir den reinen Glauben gab nachher.

Ich glaubte ihm, und nun seh ich so klar es,
Was seines Glaubens war, wie Menschensinn
Im Widerspruch sieht Falsches sowie Wahres.

Sobald ich mit der Kirche schritt dahin,
Gefiel's aus Gnade Gott, mich zu erküren
Fürs hehre Werk, dem ich mich ganz gab hin.

Und Belisar ließ ich die Waffen führen,
Der mit der Himmelshand so eins im Tun,
Daß mir's ein Wink war, mich nicht selbst zu rühren.

Der ersten Frage macht ein Ende nun
Die Antwort, die ich gab; jedoch ich dächte,
Es wäre noch ein Schritt hinzu zu tun,

Damit du siehst, mit welchem großen Rechte
Sich einer widers heilige Zeichen kehrt,
Ob er sich's nehme, ob er mit ihm fechte.

Schau, wieviel Kraft es unserer Ehrfurcht wert
Gemacht, und damals hat es angefangen,
Da, als Pallante starb, daß es geehrt.

Du weißt, daß es nach Alba hingegangen
Dreihundert Jahr und mehr, bis zu der Zeit,
Als drei mit drei darum noch einmal rangen.

Weißt, daß es vom Sabinerinnenleid
Bis zu Lucrezias Trauer hat geschlagen
Die Nachbarn, sieben Könige lang, im Streit.

Weißt, was es tat, von Römerkraft getragen,
Als Brennus, wie auch Pyrrhus, Gegner war,
Wie Fürsten und Verbände ihm erlagen;

Wie Quinctius mit dem zerzausten Haar,
Torquatus, Decier- und Fabierglieder
Sich Ruhm gewannen, den ich gern bewahr.

Auch schlug den Stolz der Araber es nieder,
Die doch einst zwangen, Hannibal gesellt,
Die Alpen, davon, Po, du rinnst hernieder.

Darunter siegten, noch ganz jung, im Feld
Pompejus, Scipio, sowie es grollte
Dem Hügel, drunter du kamst einst zur Welt.

Kurz ehe sich die Welt verwandeln sollte,
Nach Wunsch des Himmels, in sein friedlich Sein,
Ergriff es Caesar, da es Rom so wollte.

Und was es tat, vom Var bis an den Rhein,
Sahn der Isere, Loire und Seine Wogen,
Die Täler auch, die sich der Rhone weihn.

Und wie es von Ravenna losgezogen,
Den Rubicon durchschritt, in solchem Flug
Kommt ihm nicht Wort noch Feder nachgeflogen.

Gen Spanien wandte es dann seinen Zug,
Dann gen Durazzo, Pharsalus zu schlagen,
Daß man am heißen Nil drum Schmerzen trug.

Antandros, Simois, von wo's getragen,
Sah's wieder, und wo Hektor liegen soll,
Und brach dann auf, um Ptoleme'n zu plagen.

Dann blitzte es zu Juba hin voll Groll;
Drauf ist's zu euerm Westen hingeglitten,
Wo die Trompete des Pompejus scholl.

Wohin es mit dem Nächsten dann geschritten,
Heult in der Hölle Brutus, Cassius;
Perugia, Modena, hat drum gelitten.

Kleopatra beklagt's noch voll Verdruß;
Sie ließ sich auf der Flucht davor verführen
Durch Schlangenbiß zum jähen, finsteren Schluß.

Von ihm ließ es zum Roten Meer sich führen;
Mit ihm gab solchen Frieden es der Welt,
Daß sich versperrt des Janustempels Türen.

Doch was der Aar, der durch mich Reden hält,
Getan bereits und sollte tun für Stücke
Fürs Reich des Todes, das ihm unterstellt,

Ist klein und trüb, verglichen dem Geschicke,
Das unterm dritten Caesar kam nach vorn,
Sieht man's mit reiner Liebe, klarem Blicke.

Gerechtigkeit, lebendge, die mein Born,
Gab ihm in jenes Hand, von dem ich künde,
Die Glorie, um zu rächen seinen Zorn.

Nun wundere wohl dich dessen, was ich finde:
Mit Titus lief es aus zur Rache dann
Der Rache an der altererbten Sünde.

Als später biß der Longobardenzahn
Die heilige Kirche, nahm im Schutz der Schwingen
Sich Karl der Große siegreich ihrer an.

Nun kannst du urteilen, was sie begingen,
Die ich verklagte grad, und die Vergehn,
Aus denen eure Leiden all entspringen.

Der eine läßt dem Aar entgegen wehn
Goldlilien, der läßt der Partei ihn dienen,
So daß die größte Schuld ist schwer zu sehn.

O übt, übt eure Schliche, Ghibellinen,
Bei andrem Zeichen! niemand folgt ihm treu,
Der von Gerechtigkeit es trennt gleich ihnen.

Mit seinen Welfen habe vor ihm Scheu
Der jüngre Karl, er fürchte seine Krallen,
Die schon das Fell geschunden größerem Leu!

Oft mußten Söhne schon zum Opfer fallen
Des Vaters Schuld; und niemals wird dem Herrn
Der Tausch der Lilien mit dem Aar gefallen!

Versehen ist hier dieser kleine Stern
Mit guten Geistern, die aktiv im Leben,
Daß ihnen Ruhm und Ehre sei nicht fern.

Und wenn die Wünsche solches Ziel erstreben
Abseits vom richtigen Weg, muß sich das Loh'n
Der wahren Liebe minder stark erheben.

Darin, daß hier man wägt Verdienst und Lohn,
Liegt Teil der Wonnen bei den Merkurkindern,
Da keiner minder oder mehr davon.

Damit vermag Gerechtigkeit zu lindern
Den Trieb in uns, daß wir es fertigbringen,
Den Fall in eine Sünde zu verhindern.

Verschiedene Stimmen wirken süßes Singen;
Verschiedene Stufen auch in unserem Leben
Bewirken Harmonie in diesen Ringen.

Und in der Perle, die vor dir schwebt eben,
Scheint licht das Licht des Romeo, den man
Verkannt in seinem großen, schönen Streben.

Den Provenzalen, die's ihm taten an,
Verging das Lachen; der kann nichts gewinnen,
Dem's Schaden ist, wenn andre wohlgetan.

Vier Töchter hatte einst, vier Königinnen,
Raimondo Berengar; und von Rome'n,
Dem schlichten Fremdling, kam ihm solch Beginnen.

Dann ließen ihn die scheelen Worte gehn
Und vom Gerechten Rechenschaft verlangen,
Der sieben und fünf verschaffte ihm für zehn.

Dann ist er arm und alt davon gegangen!
Und wenn die Welt nur kennte seinen Geist,
Wie, Krum um Krum, er 's Betteln angefangen,

So priese sie ihn mehr, als sie ihn preist.«

VII. GESANG

»Hosanna, sanctus Deus sabaoth,
Superillustrans tua claritate
Felices ignes horum malacoth!«

So, drehend sich zu ihrer Lobkantate,
Sah ich ihr Lied dort singen die Substanz,
Die unterm Zwillingsglanze sich mir nahte;

Sie und die anderen zogen fort im Tanz,
Bis alle, wie die schnellsten Feuerfunken,
Sich mir verhüllt mit plötzlicher Distanz.

Ich zweifelte und sprach zu mir versunken:
O sag es, sag es meiner Meisterin,
Nach deren süßen Tropfen ich bin trunken;

Doch jene Ehrfurcht, deren Sklav ich bin,
Mit allen Fibern, schon bei Be und Ice,
Bog mich hinab, als sänk im Schlaf ich hin.

Nicht lang an mir ertrug dies Beatrice,
Und strahlte mich mit einem Lächeln an,
Das Trost uns schüfe selbst in Feuerhitze.

»Nach meiner unfehlbaren Ansicht sann
Dein Geist darüber, wie gerecht es wäre,
Daß rechte Rache Rache finden kann.

Schnell will ich lösen deines Geistes Schwere,
Und du hör zu, da meiner Rede Schritt
Dir nun wird spenden eine große Lehre!

Da sich zunutz er Willenszaum nicht litt,
Verdammte jener Mensch, der nicht geboren,
Sich selbst verdammend, alle Menschen mit;

Drum siechte hin, im Irrtum ganz verloren,
Durch viele hundert Jahre seine Saat,
Bis dann das Gotteswort sie auserkoren,

Drin die Natur, die von des Schöpfers Pfad
Gewichen war, es in Person sich einte,
Allein mit seiner ewigen Liebestat.

Nun richte deinen Blick auf das Gemeinte.
Diese Natur, wie sie aus Gottes Hand
Entstand, war rein und gut als Gottvereinte.

Doch durch sich selber wurde sie verbannt
Vom Paradiese, da sie sich vom Leben,
Vom Pfad und von der Wahrheit abgewandt.

Die Strafe also, die das Kreuz ließ heben,
Wenn sie die menschliche Natur nur meint,
Ward nie für etwas so gerecht gegeben;

Wie keine wiederum so unrecht scheint,
Schaust du auf die Person, die sie betroffen,
In welcher selbige Natur vereint.

Ein Akt war's, draus verschiedene Dinge troffen:
Gott wie den Juden sagte zu ein Tod,
Drob Erde bebte und der Himmel offen.

Von nun darf's dir bereiten keine Not,
Behauptet man, gerechte Rache wäre
Gerächt dann worden durch gerecht Gebot.

Doch seh ich, wie von der Gedanken Schwere
Dein Geist beengt durch einen Knoten ward;
Du wünschst, daß man ihn dich zu lösen lehre.

Du sagst: ‚Wohl faß ich, was mir offenbart;
Versteckt ist mir, warum Gott wollte haben,
Uns zu erlösen, gerade diese Art.'

Der Ratschluß, Bruder, ist noch ganz begraben
Den Blicken eines jeden, dessen Geist
Am Liebesbrand gereift nicht seine Gaben.

Doch da man oft auf dieses Zeichen weist
Und wenig es vermag zu unterscheiden,
Sag ich, warum die Art die beste heißt.

Die Gottesgüte, frei von jedem Neiden,
Erfunkelt, in sich brennend, so bewegt,
Daß sie versprüht die ewigen Augenweiden.

Was ohne Mittelglied sich aus ihr regt,
Das dauert ewig weiter ohne Ende,
Da unbewegt sein Abdruck, wenn sie prägt.

Was unvermittelt träufen ihre Hände,
Ist völlig frei, da nicht es unterstellt
Den Einflüssen der neuen Gegenstände.

Was ihr meist gleicht, ist, was ihr meist gefällt;
Die heilige Glut, die jedem zu Gefallen,
Ist in dem Ähnlichsten zumeist erhellt.

Bevorzugt ist mit diesen Gaben allen
Das menschliche Geschöpf; hat's eine nicht,
Muß es heraus aus seinem Adel fallen.

Allein die Sünde zwingt es zum Verzicht
Und macht es unähnlich der höchsten Zierde;
Drum glänzt es wenig nur in ihrem Licht.

Zurück kommt's wieder erst in seine Würde,
Wenn's ausgefüllt, was leer die Sünde ließ,
Mit rechten Strafen gegen die Begierde.

Eure Natur, als sie sich ganz verstieß
In ihrem Samen, hatte zu entweichen
Aus diesen Würden, wie vom Paradies;

Es konnte wieder sie, willst du's vergleichen
In deinem Geiste scharf, auf keiner Bahn
Als einer dieser Furten nur erreichen:

Gott hätte uns allein genug getan
In seiner Großmut, oder auch es machte
Selbst wieder gut die Menschheit ihren Wahn.

Nun neige du das Auge zu dem Schachte
Des ewigen Rats und laß es strikte ruhn
Auf dem, was ich dir mitzuteilen trachte.

Nicht konnte je der Mensch Genüge tun
In seinen Schranken; kann er sich doch neigen
Nie so in Demut durch Gehorsam nun,

Wie er in Ungehorsam wollte steigen
Und dies ist auch der Grund davon, weswegen
Die Menschen sich nicht selber fähig zeigen.

Es mußte also Gott auf seinen Stegen
Zu ihrem ganzen Leben ziehn die Welt,
Sag ich, auf einem oder beiden Wegen.

Da um so mehr vom Wirkenden gefällt
Das Werk, je mehr es uns kann wiedergeben
Von jener Herzensgüte, der's gesellt,

War Gottes Güte, die prägt alles Leben,
Bereit, auf einem jeden Pfad zu gehn,
Zum Zwecke, euch damit empor zu heben.

Und Größeres ist und wird auch nie geschehn,
Inzwischen letzter Nacht und erstem Tage,
Sei's durch das eine, sei's durchs andere Gehn;

Denn freigebiger war Gott, euch aus der Lage
Durch seine eigene Opferung zu befrein,
Als wenn vergeben er mit einem Schlage.

Dem Recht war jede andre Art zu klein,
Wenn nicht so demütig gewesen wäre
Der Gottessohn, in unserem Fleisch zu sein.

Auf daß ich ganz dir jeden Wunsch gewähre,
Und daß du siehst, so wie ich auch gesehn,
So kehr ich um, daß ich noch etwas kläre.

Du sagst: ‚Ich seh in Fäulnis übergehn
Luft, Wasser, Erde und die Feuerbrände
Und ihr Gemisch und wenig nur bestehn;

Und dennoch sind's geschaffene Gegenstände!
Ist wahr, was ich gesagt vom Werk der Einheit,
Sie müßten sicher sein vor diesem Ende.'

Die Engel, Bruder, und das Land der Reinheit,
In dem du bist, sind Schöpfungen benannt,
So wie sie sind, in ihrer ganzen Seinheit;

Die Elemente, die du mir genannt,
Und jene Dinge, die daraus entstehen,
Sind von geschaffener Kraft in Form gebannt.

Geschaffen ward der Stoff, draus sie bestehen!
Geschaffen ward die Kraft, um ihn zu stanzen,
In diesen Sternen, die um sie sich drehen.

Die Seele aller Tiere, aller Pflanzen
Erweckt aus ihrer Potentialität
Der heiligen Leuchten Strahlungskraft und Tanzen;

Doch euer Leben läßt die Majestät
Der Güte unvermittelt aus sich fließen,
So daß sein ganzes Sinnen nach ihr steht.

Und daher kannst du auch daraus noch schließen
Auf eure Auferstehung, nimmst du wahr,
Wie Gott das Menschenfleisch ließ einstmals sprießen,

Als er erschuf das erste Menschenpaar.«

VIII. GESANG

Zu ihrem Schaden glaubte einst die Welt,
Die schöne Cypris strahle brünstige Liebe,
Dem dritten Epicyclus zugesellt:

Es brachten deshalb nicht nur ihr zuliebe
Gelübde dar und Opfer ihr nicht bloß
Der alten Völker altverirrte Triebe;

Zur Ehre auch Diones, Cupidos,
Der Mutter und des Sohns der schönen Fraue,
Und sagten, daß er saß in Didos Schoß;

Von ihr, mit der ich hier den Anfang baue,
Ward auch der Name für den Stern entliehn,
Der Sol umschwärmt von Nacken und von Braue.

Ich merkte nicht, daß ich stieg auf in ihn;
Doch daß ich drinnen war, hat mir verkündet
Die Herrin, weil sie schöner mir erschien.

Und wie man in der Flamme Funken findet
Und Stimm in Stimme selbst kann unterscheiden,
Wenn eine dauert, eine kommt und schwindet,

Sah andre Leuchten ich im Kreise gleiten
In diesem Licht, minder und mehr geschwind,
Im Maß, glaub ich, der innern Augenweiden.

Aus kalter Wolke sah man nie den Wind,
Ob sichtbar oder nicht, so hurtig wehen,
Daß er nicht dem erschiene träg und lind,

Der diese Himmelsleuchten hier gesehen,
Wie sie uns nahten, lassend ihren Chor,
Zuvor begonnen in den Seraphshöhen;

In denen, die am meisten schienen vor,
Erscholl Hosianna so, daß voll Begehren
Danach von dieser Zeit an war mein Ohr.

Dann sah ich einen näher zu uns kehren,
Und er begann allein: »Wie dir's gefällt,
Sind alle wir bereit, dich zu bescheren.

Wir drehn, den Himmelsfürsten zugesellt,
Von einem Kreise, Kreisen, Durst erfaßt,
Von denen einst du sagtest in der Welt:

‚Die wissend dritten Himmel drehn ihr laßt!‘,
So voll von Liebe, daß, dich zu befrieden,
Nicht minder süß uns ist ein wenig Rast.«

Als ehrfurchtsvoll ich, daß ich sei beschieden,
Zur Herrin sah, und sie mich mit Bescheid
Versehen hatte und mit sich zufrieden,

Wandt ich mich zu dem Licht, das so bereit
Versprochen hatte; dann hab ich begonnen:
»Sag, wer du bist!« voll großer Innigkeit.

Wie hat an Glanz und Größe es gewonnen,
Vor neuer Freude, die sich beigesellt,
Kaum daß ich es gesagt, noch seinen Wonnen!

Sodann begann es: »Kurz sah mich die Welt!
Hätt ich gedauert mehr, geschäh zuleide
Gar vieles nicht, wovon die Erde gellt.

Verhüllt bin ich vor dir im Freudenkleide,
Das mich verbirgt und mich umstrahlt ganz rund,
So wie ein Wurm sich spinnt in seine Seide.

Du liebtest mich und hattest dazu Grund!
Wär ich noch unten, tät ich dir zum Lohne
Von meiner Liebe mehr als Blätter kund.

Und jenes linke Ufer, das die Rhone,
Wenn sie der Sorga sich vermischt hat, netzt,
Erharrte mich zur Zeit für seine Krone;

Wie jenes Horn Ausoniens auch, besetzt
Von Bari und Gaeta und Catone,
Von wo zum Meere Tront' und Verde hetzt.

Es blitzte mir schon auf der Stirn die Krone
Des Landes, drin die Donau dann sich taucht,
Wenn hinter sich sie läßt die deutsche Zone.

Und Schön-Trinacria, das düster raucht,
Zwischen Pachynum und Pelor gelegen,
Am Golf, wo Eurus so gewaltig faucht,

Nicht Typhoeus', nur des Schwefels Bildung wegen,
Es würde noch nach Königen, entstammt
Durch mich von Karl und Rudolf, Hoffnung hegen,

Wenn nicht durch schlechtes Regiment, verdammt
Von unterworfenen Völkern immer, wäre
Palermo zu dem Ruf ‚Tod, Tod!' entflammt.

Und nähme sich mein Bruder dies zur Lehre,
So würd er fliehen vor dem armen Geiz
Von Katalonien, daß er sie nicht sehre;

Denn vorsehn muß er sich vor diesem Kreuz,
Nebst anderen Leuten, auf daß man nicht lade
Noch weitere Fracht aufs Boot, bepackt bereits.

Und seinem Wesen, das von milder Gnade
Nur Geiz geerbt hat, täten Dienstleut gut,
Die weniger acht, zu stopfen in die Lade.«

»Daß du, mein Fürst, die hehre Freudenglut,
Die mir dein Wort erregt, in dieser Höhe,
Wo anfängt und auch endet jedes Gut,

In gleicher Klarheit schaust, wie ich sie sehe,
Freut mich unendlich; froh macht's mich sodann,
Daß du es siehst in Gott, was ich erflehe.

Du hast mich froh gemacht! so sage an,
Da Zweifel mich an deinem Wort bedrücken,
Wie süßer Samen Bittres tragen kann.«

Dies ich zu ihm; und er: »Sollt es mir glücken,
Wonach du fragst, in Wahrheit dir zu zeigen,
So steht's vor Augen dir, wie jetzt im Rücken.

Das Gut, das alles Reich, drin du sollst steigen,
Umdreht und stillt, gibt seiner Vorsicht Sehn
Als Kraft den großen Körpern hier zu eigen.

Und nicht die Wesen nur sind vorgesehn
Im Geiste, der von sich aus ist vollendet,
Nein, sie zugleich mit ihrem Wohlergehn.

Drum, was auch dieser Bogen noch entsendet,
Fällt disponiert zu vorbestimmtem Zweck,
So wie ein Pfeil, zu seinem Ziel gewendet.

Der Himmel sonst, wo du dich regst vom Fleck,
Er ließ' als seine Wirkungen entstehen,
Statt Kunstgebilden, Trümmerwerk und Dreck;

Die Geister, welche diese Kreise drehen,
Sie wären wie der erste stümperhaft,
Der sie nicht mit Vollkommenheit versehen.

Soll dieser Wahrheit geben ich mehr Kraft?«
Ich: »Nein, da als unmöglich ich es lehre,
Daß die Natur im Nötigen erschlafft.«

Drauf er noch: »Sprich, wenn er kein Bürger wäre,
Wär es das Schlimmste für den Erdenwicht?«
Ich: »Ja, wofür Beweis ich nicht begehre!«

»Und wär's, lebte man auf Erden nicht
Verschieden für verschiedene Berufe?«
»Nein! wenn die Wahrheit euer Meister spricht!«

So folgernd kam er bis zu dieser Stufe;
Dann schloß er so: »Verschieden müssen sein
Die Wurzeln eurer Folgen zum Behufe.

Man tritt als Solon, Xerxes in das Sein;
Muß Melchisedek oder jener werden,
Der seinen Sohn beim Fluge büßte ein.

Die kreisende Natur, fürs Wachs auf Erden
Das Siegel, wirkt in ihrem Element;
Doch nach Familien sucht sie nicht zu werten.

So kommt's, daß Esau schon im Keim sich trennt
Von Jakob; daß so niedrigen Vaters Lende
Quirin entstammt, daß Mars man Vater nennt.

Natur der Söhne nähme gleiches Ende,
Wie die Natur der Väter immerdar,
Wenn Gottes Vorsehung nicht überwände.

Du kannst nun vorne sehn, was hinten war!
Doch daß du weißt, wie gerne wir dich laben,
Will ich dir bieten noch ein Korollar.

Natur in Zwiespalt mit Fortunas Gaben
Gerät wie jeder andere Samen schlecht,
Den ferne seiner Zone man vergraben.

Und achtete die Welt dort unten recht
Aufs Fundament, das die Natur erkoren,
Geriete gut infolge das Geschlecht.

Wer aber zu dem Schwerte ist geboren,
Den zwingt ihr in ein Kloster, und ihr macht
Zum König, dran ein Prediger geht verloren:

Das hat euch auch vom Wege abgebracht!«

IX. GESANG

Nachdem dein Karl, Clemenza, holde Schöne,
Belehrt mich hatte, ließ er mich erfahren
Den Trug, den leiden sollten seine Söhne;

Doch sprach er: »Schweig und überlaß's den Jahren!«
Ich darf nur sagen noch: Gerechtes Beben
Wird euren Schäden nach sich offenbaren.

Schon hatte sich des heiligen Lichtes Leben
Der Sonne zugewandt, die es erfüllt,
Als jenem Gut, das sättigt jedes Streben.

Betrogene Seelen, gottloses Gebild,
Die euer Herz ihr kehrt von solchem Guten,
Und deren Stirn zum Eitlen nur gewillt!

Jetzt bog sich eine andere von den Gluten
Zu mir; den Willen, zu gefallen hier,
Ließ sie durch äußeres Glänzen zu mir fluten.

Aus Blicken Beatricens, die auf mir
Geruht, ersah ich klar, wie vordem liege
Einwilligung darin mit meiner Gier.

»Ach, tue meinem Wunsche bald Genüge,
Glückseliger Geist«, sprach ich, »zum Unterpfand,
Daß du kannst spiegeln meines Denkens Züge!«

Drauf sprach das Licht, das mir noch unbekannt,
Aus seinem Grunde, draus sein Sang erschollen,
Gleich einem, der zum Wohltun ist entbrannt:

»In jenem Teil italschen, sündenvollen
Gebietes, reichend vom Rialto her
Bis dort, wo Brenta und Piav' entquollen,

Ein Hügel ragt, doch ragt empor nicht sehr,
Wo eine Fackel kam von seinem Kamme,
Die auf die Gegend niederstürzte schwer.

Es waren sie und ich von einem Stamme;
Cunizza hieß ich, und hier glänzt mein Schein,
Da mich geblendet dieses Sternes Flamme;

Jedoch ich kann mir freudevoll verzeihn
Den Grund des Loses, wie ich mich nicht quäle;
Doch eurem Pack wird's unverständlich sein.

Von diesem lichten, köstlichen Juwele,
Das mir im Himmel hier am nächsten steht,
Blieb großer Ruhm auf Erden, und ich zähle

Fünfhundert Jahre noch, bis er vergeht!
Schau, soll man sich dafür nicht etwas plagen,
Damit ein zweites Leben noch entsteht?

Das müßte man dem Volk von heute sagen,
Das zwischen Etsch und Tagliamento Trumpf!
Noch zeigt es Reue nicht, wie auch zerschlagen.

Doch bald wird's sein, daß Padua am Sumpf
Das Wasser tauscht, das um Vicenza gleitet,
Weil die Bewohner in der Pflicht gar stumpf.

Wo der Cagnano in den Sile gleitet,
Herrscht einer, und er hält das Haupt noch hoch,
Den schon zu fangen man das Netz bereitet.

Des argen Hirten Schuld wird einst sich noch
An Feltro rächen, und für solche Wege
Kam wohl nach Malta keiner noch ins Loch.

Man brauchte dazu allzu große Tröge,
Darin das Blut Ferraras aufzuheben,
Und matt würd er, der Lot für Lot es wöge,

Das dieser Priester höflich einst wird geben,
Um sich Partei zu zeigen; mit dem Lohne
Bleibt man im Einklang mit des Landes Leben.

Oben sind Spiegel, und ihr nennt sie Throne,
Darin wir Gott als Richter nehmen wahr,
Daß gut davon das Reden dieser Zone.«

Hier schwieg sie und sie bot sich jetzt mir dar
An anderes denkend, da sie sich gesellt
Zu ihrem Reigen, drin sie vorher war.

Die andere Wonne, die mir vorgestellt
Als köstlich Ding, erschien mir voll Geflimmer,
Wie feiner Balas, drauf die Sonne fällt.

Aus Wonne zeugt dort oben sich der Schimmer,
Wie Lachen hier; doch unten wird der Schein
Des Schattens trüber, wie der Geist wird schlimmer!

»Gott schauet alles, und dein Schaun geht ein«,
So ich, »in Ihn, um so Ihn zu durchdringen,
Daß dir kein Wille kann verborgen sein.

Sprich, deine Laute, die im Himmel klingen
Vereint stets mit der Liebesfeuer Sang,
Die eine Kutte haben von sechs Schwingen,

Warum tun sie nicht Gnüge meinem Drang?
Säh ich in dir, so wie in mir du siehst,
So harrt ich deiner Fragen nicht so lang.«

»Das größte Tal, in das sich Wasser gießt«,
So fing er seine Worte an zu prägen,
»Nach jenem Meer, das um die Erde fließt,

Zieht durch ungleiche Küsten, Sonn entgegen,
So daß, wo erst der Horizont verweilt,
Am Ende ist der Meridian gelegen.

Am Strand des Tales hab ich lang geweilt,
Inzwischen Ebr' und Macra, die nicht lange
Den Genuesen und Toskaner teilt.

An einem Aufgang fast und Untergange
Liegt Buggea und auch mein Heimatland,
Des Blut zum Hafen floß im Waffengange.

Folco hieß jener Stamm mich, dem bekannt
Mein Name war; der Himmel, wo ich raste,
Prägt sich mit mir, wie er mich einst verbrannt,

Da nicht mehr Glut des Belus Kind erfaßte,
Sowohl zu Sichaeus' wie Creusas Schmerz,
Als mich, solange es zum Haare paßte;

Noch auch Rhodopes Maid, damit einst Scherz
Demophoon getrieben; den Alciden,
Als Iole geschlossen er ins Herz.

Doch hier bereut man nicht, man lacht zufrieden,
Nicht ob der Schuld, die uns im Geist nicht schiert,
Der Kraft jedoch, die Ordnung schuf und Frieden.

Hier schaut man in die Kunst hinein, die ziert
Ein solches Werk, und man erkennt das Gut,
Mit dem die obere Welt die niedere führt.

Daß in Erfüllung geh all deine Glut,
Die diese Sphäre hier in dir erzeugte,
Laß ich noch etwas kommen dir zugut!

Du wüßtest gern, wer lebt in dieser Leuchte,
Die du so sehr siehst funkeln neben mir,
Gleich wie ein Sonnenstrahl in klarer Feuchte.

So höre, daß im Innern ausruht hier
Rahab, zu unserem Reigen hier verwendet,
Der sich im höchsten Grade prägt mit ihr.

In diesen Himmel, wo der Schatten endet
Der Welt, ward sie bei Christi Siegeszug
Vor jeder andern Seele hergesendet.

Als Palme des erhabenen Siegs mit Fug
Kam sie hinein in eines Himmels Schranken,
Des Siegs, den man mit beiden Händen schlug,

Da Josua ihr hatte zu verdanken
Die erste Ruhmestat im Heiligen Land,
Das wenig nun berührt des Papsts Gedanken.

Und deine Stadt, die einst durch ihn entstand,
Der erst sich kehrte von des Schöpfers Ruhme
Und dessen Neid so großes Leid entbrannt,

Schafft und verbreitet die verruchte Blume,
Die Schaf und Lämmer weg vom Wege reißt,
Weil sie den Wolf setzt vor dem Heiligtume.

Darum sind Väter und die Schrift verwaist,
Und nur den Dekretalen gilt die Wahl
Der Leser, wie es sich am Rand erweist.

Darauf verstehn sich Papst und Kardinal,
Statt daß sie Nazareth im Auge hätten,
Wohin doch Gabriel sich schwang einmal.

Der Vatikan und Roms erwählte Stätten,
Die ehemals gedient zum Leichentuch,
Um drunter Petri Mannschaften zu betten,

Sie werden frei sein bald vom Ehebruch!«

X. GESANG

Es schuf, im Sohn beschauend mit der Liebe,
Die aus den Zwei in Ewigkeiten weht,
Die unsagbare Urkraft das Getriebe,

So weit's im Geiste und im Raum sich dreht,
In solcher Ordnung, daß sich alle weiden,
Die es beschaun in seiner Majestät.

Laß, Leser, denn mit mir dein Auge gleiten
Zum hohen Triebwerk, gerade hin zur Trift,
In der die zwei Bewegungen sich schneiden:

Und dort beginn, zu lesen in der Schrift
Des Meisters, der in sich liebt ihre Züge
Derart, daß immer sie sein Auge trifft.

Sieh, wie sich abzweigt dort von dem Gefüge
Der schiefe Kreis, der die Planeten hält,
Damit der Welt, die sie ruft, er genüge.

Wär ihre Straße nicht so schief gestellt,
Wär viele Kraft umsonst im Himmel droben,
Und tot fast jeder Stoff in unserer Welt;

Und wäre minder oder mehr verschoben
Die Abweichung, so wäre mangelhaft
Die Weltenordnung unten wie auch oben.

Nun bleib auf deiner Bank, o Leserschaft,
Und denk dem nach, was ich dir vorgegessen,
Wenn erst du lieber froh bist als erschlafft.

Dir setz ich's vor! du magst für dich nun essen;
Dreht sich doch alle meine Sorge nur
Um jenen Stoff, an dem ich mich will messen.

Der größte von den Dienern der Natur,
Der, unsere Welt zu prägen, sich gibt Mühe
Und uns mit seinem Lichte dient als Uhr,

Schwang sich mit jenem Teil, wie oben siehe,
In Konjunktion durch die Spiralenbahn,
Drin er erscheint in immer größerer Frühe;

Und ich war drin, nicht merkend, wie's getan,
Wie ja auch das Bewußtsein nicht begleitet,
Bevor des Denkens Anbeginn, sein Nahn.

Es ist ja Beatrice, die geleitet
Vom Guten hin zum Besseren so schnell,
Daß sich ihr Tun nicht in der Zeit verbreitet.

Wie mußte leuchtend sein aus eigenem Quell,
Was in der Sonne war, drin ich gegangen,
Des Lichtes, nicht der Farbe wegen hell!

Wie ich auch Geist, Kunst, Übung ließe prangen,
So sagt ich's nicht, daß man es je begriff'!
Doch glauben kann man und zu sehn verlangen,

So daß, sind unsere Phantasien zu tief
Für solche Höh, ihr nicht zu staunen braucht,
Da ob der Sonne noch kein Auge lief.

So war die vierte Sippe eingetaucht
Des hehren Vaters, der ihr ewige Speise,
Darlegend, wie er zeugt und wie er haucht.

Und Beatrice fing dann an: »O preise
Die Engelssonn, die aus Gefälligkeit
Zur sichtbarlichen lenkte deine Reise!«

Ein sterblich Herz war nie zur Frömmigkeit
So hingeneigt, nie, Gott sich hinzugeben
Mit ganzer Dankbarkeit, so sehr bereit

Wie ich, als dieses Wort mir kundgegeben,
Daß all mein Lieben sich für Ihn entfachte,
Und Beatrice ich vergaß daneben!

Doch ihr mißfiel es nicht, da sie so lachte,
Daß ihrer heitern Augen Strahlenkranz
Den erst geeinten Geist zur Teilung brachte.

Ich sah mehr Schimmer, blendend hell im Tanz,
Um uns als Zentrum sich zum Kranze winden,
An Stimmen süßer noch als licht an Glanz;

So ist auch um Latonens Kind zu finden
Der Ring zuweilen, wenn die Luft, ganz schwer,
Den Faden festhält, um den Gurt zu binden.

Des Himmels Hof, woher ich wiederkehr,
Ist voll von köstlich schimmernden Juwelen,
Die man nicht bringen kann vom Reich hierher!

So war der Sang daselbst der lichten Seelen,
Daß, wem's zum Höhenflug nicht leiht die Schwingen,
Der warte, daß die Stummen ihm's erzählen.

Nachdem die Glutensonnen unter Singen
Geschwungen sind dreimal um uns im Glanze,
Wie Sterne nah den festen Polen schwingen,

Erschienen sie wie Frauen, die im Tanze,
Doch, um zu lauschen, schweigend stehngeblieben
So lang, bis sie erfaßt die neue Stanze.

Aus einer hörte ich dann zu mir stieben:
»Da ja der Strahl der Gnade, draus entspringt
Die wahre Liebe, und die wächst beim Lieben,

Vervielfältigt in dir, so leuchtend blinkt,
Daß er auf dieser Treppe hoch dich leitet,
Wo ohne Wiederaufstieg niemand sinkt,

So wäre er, der deinem Durst bestreitet
Den Wein aus seiner Flasche, frei so weit
Wie Wasser, welches nicht zum Meere gleitet.

Du wüßtest gern, woraus der Kranz sich reiht,
Der dort umschwärmt mit liebenden Gebärden
Die schöne Frau, die dir hier Kraft verleiht.

Ich war ein Lamm von jenen heiligen Herden,
Die Dominikus läßt zur Weide ziehn,
Wo sie sich mästen, die nicht irre werden.

Am nächsten mir zur Rechten siehst du ihn,
Der Bruder mir und Meister war, den Weisen,
Albert von Köln; ich bin Thomas Aquin!

Soll ich dir so auch alle andern weisen,
Folg mit den Blicken meines Wortes Bahn,
Wie du's auf heiligem Gewind siehst kreisen.

Das andere Flammen lacht uns Gratian:
Er wußte beiderlei Gericht zu geben,
So daß im Paradies es wohlgetan.

Der, welcher unsern Reigen schmückt daneben,
War jener Peter, der, der Armen gleich,
Der heiligen Kirche seinen Schatz gegeben.

Der fünfte Glanz, an Licht vor allem reich,
Haucht solche Liebe aus, daß alle brennen
Nach Nachricht über ihn im Erdenreich.

Drin ist der Geist, so tief einst im Erkennen,
Daß, insofern vom Wahren Wahres stammt,
Kein zweiter kam, an Schaun ihm gleich zu nennen.

Daneben sieh der Kerze Licht entflammt,
Das einst im Fleisch zutiefst sah in den Schacht
Der englischen Natur, und in ihr Amt.

Und in dem andern kleinen Lichte lacht
Der Advokat der ersten Christenzeiten,
Aus dessen Buch sich Augustin bedacht.

Sofern du läßt des Geistes Auge gleiten
Von Licht zu Licht nach meines Lobes Sinn,
So wird dir schon das achte Durst bereiten.

Erkennend jedes Gut, freut sich darin
Die Seele, die den Trug der Erdengaben
Jedwedem offenbart, der gut hört hin.

Der Leib, draus man sie ausstieß, liegt begraben
Auf Erden in Cield'auro; Qual und Bann
Verließ sie, hier am Frieden sich zu laben.

Sieh überdies den Gluthauch flammen dann
Zu Isidorus', Bedas, Richards Ehren,
Der im Betrachten mehr war als ein Mann.

Und er, bei dem der Blick zu mir muß kehren,
Ist eines Geistes Leuchte, dem der Tod,
Bei ernstem Sinnen, schien zu lang zu währen;

Sigerius' ewiges Licht ist's, das so loht,
Der einstmals in der Streugaß Lehrbetriebe
Wahrheiten schloß, die ihn mit Neid bedroht.«

Drauf, wie die Uhr uns ruft mit dem Getriebe
Zur Morgenzeit, wo Gottes Braut lobpreist
Den Bräutigam, daß er sie wieder liebe,

Und dann ein Teil den andern stößt und reißt,
Und Glockenschlag erschallt mit solchem Klingen,
Daß dann vor Liebe schwillt der fromme Geist,

So sah ich das erlauchte Rad sich schwingen,
Voll Eifer Stimm an Stimme anzugleichen,
Voll Harmonie und Süße, wie sie singen

Im Himmel, wo die Freuden nie verstreichen.

XI. GESANG

O sinnlos Sorgen der dem Tod Geweihten,
Wie sind so mangelhaft die Syllogismen,
Die dir die Schwingen lassen niedergleiten!

Der ging dem Jus nach, der den Aphorismen,
Der ließ den Sinn auf einer Pfründe heften,
Auf Herrschaft durch Gewalt der, und Sophismen!

Der gab mit Raub sich ab, der mit Geschäften,
Der legte seine Hände in den Schoß,
Der brachte sich durch Fleischeslust von Kräften;

Indes ich aller dieser Dinge bloß
Mit Beatrice in der Himmelshalle
Gerad den glorreichen Empfang genoß!

Als jeder, der hier kreiste in dem Balle,
Zum Ausgangspunkte wieder sich gewandt,
Da standen, wie im Leuchter Kerzen, alle!

Dann sah ich ihn in jenem Feuerbrand,
Der schon zu mir gesprochen, sich erheilen,
Indem er lächelte, zu mir gewandt:

»Wie seinen Strahl du siehst sich mir gesellen,
So nehm ich, blickend in das ewige Licht,
Gedanken von dir wahr und ihre Quellen.

Du zweifelst jetzt und hältst es meine Pflicht,
Daß ich dich eingehend und klar bescheide,
So daß in deinem Geist es werde licht,

Als ich vorhin gesprochen von der Weide,
‚Wo sie sich mästen‘ und ‚Kein zweiter kam‘!
Hier ist es nötig, daß ich unterscheide.

Die Vorsicht, die die Welt lenkt wundersam
Mit solchem Rat, daran erschaffenes Schauen,
Bevor zum Grund es kommt, wird blind und lahm,

Hat, daß dem Freund sich möge anvertrauen
Die Braut von Ihm, der sich mit lautem Schrein
Mit ihr durchs benedeite Blut ließ trauen,

Und in sich fest und treuer möge sein,
Zwei Fürsten ihr bestellt zu ihrer Stütze,
Daß sie in dem und jenem Führer sei'n.

Der eine war seraphisch ganz an Hitze,
Der andre war durch seiner Weisheit Schein
Ein Strahl von einem cherubinschen Blitze!

Von einem sprech ich, denn man spricht von zwein,
Wenn einen, gleichviel wen, man bringt zur Sprache,
Da ja ihr Werk im Ziel stimmt überein.

Inzwischen dem Tupin und jenem Bache,
Der von des seligen Hucbald Höhe wallt,
Neigt sich ein Fruchtgefild in Bergesbrache;

Von dorther wird Perugia warm und kalt
An Porta Sol, und hinter ihr erbeben
Nocer' und Gualdo ob des Jochs Gewalt.

Von diesem Hang, wo er schon mehr ist eben,
Kam eine Sonne, die wie diese glimmt,
Die manchmal wir vom Ganges sehn sich heben.

Wem von dem Ort zu sprechen ist bestimmt,
Sag nicht Ascesi, was zu karge Kost!
Doch Aufgang sage, wer genau es nimmt!

Noch war er nicht zu weit entfernt von Ost,
Als schon die Erde unten sich gesogen
Aus seiner großen Tugend manchen Trost;

Jung ist er für die Frau zum Kampf gezogen
Mit seinem Vater, der, gleichwie dem Tod,
Das Tor zu öffnen keiner ist gewogen;

Vor seinem geistlichen Gerichtshof bot
Er coram patre seine Hand ihr an,
Drauf, Tag für Tag, er mehr für sie geloht.

Als ihr genommen war der erste Mann,
Blieb über tausend Jahr sie bis auf diesen
Verschmäht und dunkel, ohne Werbung dann;

Nicht half es ihr, daß sie sich fest erwiesen
Einst mit Amyclas, bei der Stimme Ton,
Von der sich alle sonst einschüchtern ließen;

Noch bracht ihr, fest und kühn zu bleiben, Lohn
So daß, wo Marie unten ist geblieben,
Sie an dem Kreuze litt mit deren Sohn.

Doch daß es zu verdeckt nicht sei geschrieben:
Als Armut und Franziskus sei dir kund
Der langen Rede Sinn von ihrem Lieben.

Sie ließen Frohsinn, ihrer Eintracht Bund,
Erstaunlich Lieben, sanfter Blicke Ruhe
Abgeben heiliger Gedanken Grund,

So daß der würdige Bernhard ohne Schuhe
Zuerst lief hinter solchem Frieden her,
Wobei's ihm schien, daß er zu spät es tue.

O unbekannter Reichtum, früchteschwer!
Egidius entschuht sich und Silvester,
Dem Bräutigam nach! die Braut gefällt so sehr!

Von da zieht fort mit ihr, der Frau und Schwester,
Der Vater und der Meister, samt dem Schwarm,
Den schon der schlichte Strick band fest und fester.

Nicht senkte er die Augen voller Harm,
Weil er der Sohn des Peter Bernadone,
Noch weil er aussah zum Verwundern arm;

Doch königlich, vor Innocenzens Throne,
Eröffnet er ihm seinen rauhen Plan,
Drauf ihm das erste Siegel ward zum Lohne.

Dann wuchs das arme Volk gewaltig an,
Ihm folgend, dessen wundersames Leben
Zur Himmelsglorie besser sänge man,

Und mit der zweiten Krone ward umgeben
Vom ewigen Hauche durch Honorium
Des Ordensoberhauptes heiliges Streben.

Als er, aus Durst nach dem Martyrium,
Vorm stolzen Sultan predigte in Züchten
Von Christus und vom Evangelium,

Und, da er zur Bekehrung dort mitnichten
Das Volk gereift fand, ohne Säumen lieber
Umging zu italienischen Krautes Früchten,

Nahm er am Fels, der Arno trennt vom Tiber,
Das letzte Siegel noch von Christi Macht:
Zwei Jahre trug er's und ging dann hinüber.

Als er, der ihn mit solchem Gut bedacht,
Zum Lohne ihn erhob nach seinem Sterben,
Ganz nach Verdienst, weil er sich klein gemacht,

Empfahl er dann, als den gerechten Erben,
Den Brüdern sehr sein allerliebstes Weib
Und hieß sie treu um seine Liebe werben;

Er wählte ihren Schoß sich zum Verbleib,
Auf daß aus ihm sein Geist zur Heimat kehre,
Und wollte diese Bahre nur dem Leib.

Nun denk, wie auch der andere wert der Ehre,
Zu führen Petri Schiff durch Sturm und Nacht
Zum rechten Ziele auf dem hohen Meere.

Er ward zu unserem Patriarch gemacht!
Drum kannst du, wer ihm folgt, wie er befiehlt,
Erkennen, was er führt für gute Fracht.

Jedoch da seine Herde lüstern schielt
Nach neuer Nahrung, deucht es sie gescheiter,
Wenn sie sich wohl auf andern Triften fühlt;

Und wie die Schafe gehen immer weiter
Von ihm zu fernen Wiesen auf Besuch,
Drehn um sie dann zum Stall mit leerem Euter.

Wohl gibt es welche, die noch scheun den Fluch
Und drum zum Hirten stehn: sie sind so selten,
Daß ihre Mäntel brauchen wenig Tuch!

Und wenn dir meine Worte etwas gelten
Und dein Gehör war achtsam; wenn du sinnst
Darüber nach, daß so ich mußte schelten,

Ist teils dein Wunsch erfüllt, und du beginnst
Zu sehn die Pflanze, die sie so gefährden;
Zu sehn, worauf die Mahnung ist gemünzt:

‚Wo sie sich mästen, die nicht irre werden.'«

XII. GESANG

Sobald die selige Flamme ließ verklingen
In Reden ihres letzten Wortes Klang,
Begann die heilige Mühle umzuschwingen;

Eh ihren Kreis sie sich gedreht entlang,
Ward sie von einer zweiten schon umwunden,
Die Schwung zum Schwunge stimmte, Sang zum Sang:

Gesang, der unsere Musen überwunden,
Unsere Sirenen, in den süßen Flöten,
Wie erster Strahl den, der von ihm entbunden.

Gleichwie durch eine zarte Wolke treten
Zwei Bogen, gleichgefärbt und gleichgebogen,
Wenn Juno ihre Magd darum gebeten,

Erzeugt vom inneren der äußere Bogen,
Dem Schall der Schönen gleich, die Liebesglut,
So wie die Sonne Nebel, aufgesogen,

Und für die Zukunft flößen ein uns Mut,
Nach dem Vertrag, den Gott und Noah schlossen,
Daß sich die Welt nie mehr bedeckt mit Flut,

So schaute ich, wie diese ewigen Rosen
Um uns sich schwangen rund im Doppelkranz,
Und so entsprach der kleinere dem großen.

Als nun das große Fest mitsamt dem Tanz,
Sowohl das Singen wie der Flammenreigen
Mit Kosen und Gejauchz von Glanz zu Glanz,

Zugleich und gleichen Willens kam zum Schweigen,
Gleichwie die Lider, nach des Eigners Lust,
Zugleich sich schließen müssen stets und steigen,

Erscholl aus eines neuen Lichtes Brust
Ein Ton, der mich, wie zu dem Stern die Nadel,
Verdrehen ließ, bis mir sein Platz bewußt.

Und es fing an: »Die Liebe, die mein Adel,
Treibt mich, zu sprechen von dem zweiten Herrn,
Darum man spricht von meinem ohne Tadel.

Wo dieser weilt, sei jener auch nicht fern,
So daß, wie sie gekämpft im gleichen Feuer,
Zugleich soll leuchten ihres Ruhmes Stern.

Die Heerschar Christi, die einst war so teuer
Neu zu bewaffnen, folgte träg und klein
Und voller Zaudern nur des Kreuzes Steuer,

Als jener Kaiser, der stets herrscht allein,
Versorgte die Miliz, die Zweifel plagte,
Aus Gnade nur, nicht nach dem Würdigsein;

Zwei Kämpen gab der Braut er, wie man sagte,
Bei deren Tun und Sagen sich gedreht
Das abgewichene Volk, das schon verzagte.

Im Land, aus dem der milde Zephir weht,
Dadurch das junge Laub pflegt auszuschlagen,
Aus dem Europas neues Kleid entsteht,

Nicht weit vom Strand, an den die Wellen schlagen,
Dahinter manches Mal die Sonne sinkt
Für alle Menschen, in den heißen Tagen,

Liegt Calaruega, dem das Glück gewinkt,
Im Schutz des großen Schilds, in dessen Ecken
Bezwungen wird der Löwe und bezwingt.

Geboren ward dereinst in diesem Flecken
Des Christenglaubens Buhle und Athlet,
Den Seinen gut, jedoch dem Feind ein Schrecken.

Als er erzeugt, hat Gottes Majestät
So starke Kraft in seinen Geist gesendet,
Daß jene, die ihn trug, ward zum Prophet.

Als Hochzeit mit dem Glauben er vollendet,
Den man im heiligen Quell zum Weibe nimmt,
Wo sie sich gegenseitiges Heil gespendet,

Da ward die Frau, die für ihn zugestimmt,
Im Schlaf der Frucht gewahr, der wundersamen,
Die ihm und seinen Erben ward bestimmt.

Und daß dem Sein entspreche auch der Rahmen,
Gab ihm von hier ein Geist das Possessiv
Des, dem er ganz zu eigen war, als Namen:

Dominikus, des Leben so verlief,
Daß er dem Ackersmanne gleicht, den Christus
Zur Hilfe in den Garten sich berief.

Wohl schien er Bote wie auch Freund von Christus,
Die erste Liebe, die in ihm entglommen,
Ging auf den ersten Rat, den einst gab Christus.

Oft ward er von der Amme wahrgenommen
Am Boden, schweigend und mit wachem Geist,
Als sagte er: ‚Dazu bin ich gekommen!'

O Vater, der du wahrhaft Felix heißt!
O Mutter, du, Johanna, Gottes Gnade,
Wenn unsere Übertragung wahr sich weist,

Nicht für die Welt, für die man sich dem Pfade
Des Ostiensers und Thaddeus weiht,
Fürs wahre Manna kam er zu dem Grade

Des großen Lehrers in ganz kurzer Zeit;
So zog er hin, daß er den Weinberg wartet,
Der schnell welkt bei des Winzers Schlechtigkeit.

Vom Stuhle dann, der milder einst gewartet
Der armen Guten, wovon er nicht Grund,
Doch jener, der drauf thront und ist entartet,

Erbat er nicht zu des Almosens Schwund,
Nicht zum Gewinn von freigewordenen Pfründen,
Zu Zehnten, quae pauperum Dei sunt,

Lizenz, doch wider eine Welt von Sünden
Zu kämpfen für die Saat, daraus entstammt
Die vierundzwanzig Pflanzen, die dich winden.

Dann zog er aus mit apostolischem Amt,
Voll Wissen und voll Eifer, im Gebaren
Gleich einem Sturzbach, der von oben flammt!

Und ins Gestrüpp der Ketzer ließ er fahren
Die Heftigkeit, die anwuchs um so mehr,
Als größer seine Widerstände waren.

Von ihm dann kamen mehrere Ströme her,
Die den katholischen Garten so durchrinnen,
Daß sein Gebüsch gewann an Leben sehr.

War so des Wagens eines Rad, darinnen
Die heilige Kirche einst imstande war,
Den Bürgerkrieg im Felde zu gewinnen,

So muß dir sein nicht minder offenbar
Des zweiten Trefflichkeit, in dessen Preisen
Vor meiner Ankunft Thomas war so wahr.

Doch niemand wandelt mehr auf den Geleisen,
Die seines Umfangs Außenrand gegraben,
So daß die Fässer Kahm statt Weinstein weisen,

Da seine Sippe, die gewohnt zu traben
Gradaus auf seiner Spur, den Weg verlernte,
So daß sie Zeh'n am Platz der Ferse haben.

Und bald wird man erblicken schon die Ernte
Des schlechten Anbaus, wenn zu klagen hat
Der Lolch, daß man vom Troge ihn entfernte.

Wohl sag ich, daß, sucht ab man Blatt für Blatt
In unserem Band, man fände manche Sparte,
Die: ‚Ich bin der, der ich stets war!‘ verbucht,

Doch nicht von Casal, noch von Aquasparte,
Von wo zur Regel solche sich begeben,
Für die sie die zu milde oder harte.

Ich selber bin Bonaventuras Leben,
Von Bagnoregio, der im hohen Amt
Hintan stets setzte das geringre Streben.

Illuminat nebst Augustin dort flammt,
Die als die ersten suchten Gott zu dienen,
Daß sie sich barfuß, arm zum Strick verdammt.

Sieh Hugo von Sankt Victor, der mit ihnen,
Und Peter Mangiador und Spaniens Peter,
Von dem zwölf Bücher unten sind erschienen,

Nathan und aus der Zahl der Kirchenväter
Chrysostom; Anselm, Donat, der gehabt
Den Namen als der ersten Kunst Vertreter.

Raban ist hier, und links siehst du den Abt,
Den Kalabresen Joachim, vertreten,
Der mit prophetischem Geiste war begabt.

Für solchen Paladin hier einzutreten,
Trieb an mich die entflammte Höflichkeit
Des Bruders Thomas und sein feines Reden,

Und trieb zugleich mit mir auch dies Geleit.«

XIII. GESANG

Nun stellt euch vor, wenn ihr genau wollt schauen,
Was ich hier sah, und haltet fest das Bild,
Solang ich spreche, wie in Fels gehauen,

An fünfzehn Sterne, deren Glanz erfüllt
So lebhaft die verschiedenen Himmelsenden,
Daß er durchdringt der Lüfte Nebelschild;

Den Wagen ferner, der es läßt bewenden,
Bei Tag und Nacht, bei unserem Himmelsgrund,
So daß er nichts verliert beim Deichselwenden;

Stellt euch noch vor von jenem Horn den Mund,
Das an der Achsenspitze sein Beginnen,
Darum die erste Sphäre wandelt rund,

Daß in zwei Himmelszeichen sie gerinnen,
Wie es des Minos Tochter einst getan,
Als Todesfrost sie fühlte Macht gewinnen,

Und eins im andren seine Strahlen dann,
Und beide in der Weise sich umkreisen,
Daß in verschiedener Richtung ihre Bahn:

Und euch wird sich doch kaum der Schatten weisen
Des wahren Sternbilds und des Doppeltanzes,
Der sich um meinen Standpunkt zog in Kreisen,

Da es so jenseits ist des Erdenglanzes,
Wie schneller als die Chiana durch die Flur
Der Lauf des allerschnellsten Himmelskranzes!

Dort sang man Bacchus nicht, nicht Päan! nur,
Daß drei Personen Gottnatur umschlingen
Und sie in einer mit der Menschnatur.

Sein Maß vollendete das Drehn und Singen;
Dann sahen uns die heiligen Lichter an,
Beglückt, vom Dienst zum Dienste sich zu schwingen.

Der einigen Götter Schweigen brach sodann
Das Licht, in dem vom wunderbaren Wagen
Des Armen Gottes der Bericht begann,

Und sprach: »Nachdem das eine Stroh geschlagen,
Und auch sein Korn bereits zur Scheuer kam,
Läßt süße Liebe mich das zweite schlagen.

Du glaubst, der Brust, draus Gott die Rippe nahm,
Aus ihr das schöne Antlitz zu gestalten,
Des Gaumen aller Welt bereitet Gram,

Und jener, die, vom Speere einst gespalten,
Genuggetan vorher wie auch sodann,
Um jeder Schuld das Gleichgewicht zu halten,

Sei alles, was an Lichtkraft fassen kann
Die menschliche Natur, ganz eingegossen
Von jener Kraft, die beide einst ersann;

Drum staunst du über meine obigen Glossen,
Als ich erzählt, nichts würde gleichgefunden
Dem Gute, das im fünften Licht verschlossen.

Die Augen auf, daß sie mein Wort erkunden;
Mein Wort und deinen Glauben wirst du sehen
Im Wahren, wie den Mittelpunkt im Runden!

Das, was nicht stirbt und was kann untergehen,
Ist nur ein Abglanz, der vom Urbild sinkt,
Das liebend unser Herr aus sich läßt gehen;

Denn das lebendige Licht, das so entspringt
Aus seinem Quell, daß es verläßt ihn nimmer,
Noch Liebe, die zur Dreiheit sich verschlingt,

Vereint durch seine Güte seinen Schimmer,
Gleichsam gespiegelt, in neun Wesenheiten,
Und trotzdem bleibt es in der Einheit immer.

Dann sinkt es zu den letzten Möglichkeiten
Von Tat zu Tat, bis so es muß erlahmen,
Daß es nur reicht noch zu Zufälligkeiten;

Und ich verstehe unter diesem Namen
Erzeugte Dinge, die des Himmels Drehn
Hervorbringt, sowohl mit als ohne Samen.

Ihr Wachs, und was aus ihm läßt Form entstehn,
Zeigt sich nicht immer gleich, und es durchgleißt
Dann mehr und minder das Urphänomen.

So kommt es, daß bald bessere Früchte weist,
Bald schlechtere die der Art nach gleiche Pflanze
Und ihr zur Welt kommt mit verschiedenem Geist.

Wär's Wachs im Zustand, drin man's bestens stanze,
Und wär des Himmels Stärke unzersplittert,
So schiene durch des Siegels Licht, das ganze.

Doch die Natur gibt's immer dunstumwittert,
Und ist verschieden von dem Künstler nicht,
Der Übung hat, doch eine Hand, die zittert.

Doch prägt die Liebesglut, die reine Sicht
Und Urkraft das Geschöpf, so wird das Wesen
Vollendet sein, das so erblickt das Licht.

So auch die Erde, welche wert gewesen,
Vollendung alles Lebenden zu sein;
So ist die Jungfrau auch des Sohns genesen:

So, daß in deine Meinung ich stimm ein,
Daß Menschentum nie war noch wird erreichen,
Was es gewesen ist in diesen zwein.

Jedoch, wenn ich zurück hier würde weichen,
So nähme ich schon deine Worte wahr:
‚Wieso war dieser denn ganz ohnegleichen?‘

Daß das, was dunkel scheint, erscheine klar,
Denk, wer er war, den Grund, der ihn ließ flehen,
Als einstmals: ‚Bitte!‘ er geheißen war.

Ich sprach nicht so, daß du nicht klar kannst sehen:
Der König bat um Weisheit im Beruf,
Daß er als König könne wohl bestehen;

Nicht bat um Wissen er zu dem Behuf
Der Zahl der Lenker hier, noch ob ‚necesse‘
Mit ‚zufällig‘ jemals ‚necesse‘ schuf,

Nicht, si est dare primum motum esse,
Noch, ob im Halbkreis sein ein Dreieck kann,
In dem kein Winkel einen Rechten messe.

Wenn du das, was ich sprach, und dies siehst an:
Der Königsweisheit, wirst du daraus saugen,
Gleicht jenes Schaun, auf das zielt hin mein Plan.

Und hebst du dann zu ‚kam‘ die klaren Augen,
Siehst du, daß es für Könige gilt dort,
Die zahlreich sind und selten etwas taugen.

Mit dieser Unterscheidung nimm mein Wort;
So kann's mit deinem Glauben auch bestehen
Vom ersten Vater und von unserem Hort.

Und dieses sei dir immer Blei beim Gehen,
Daß wie ein Müder du nur schwer kannst mit
Beim Ja und Nein, das du nicht klar kannst sehen:

Denn der hält mit den Toren selbst nicht Schritt,
Wer ja und nein sagt ohne Unterscheiden,
Sowohl beim einen wie beim andern Tritt!

Voreilige Meinung wird uns oft verleiten
Zum Falschen hin; ist dem man zugewandt,
Kann sich Verstand vom Vorurteil nicht scheiden.

Mehr als vergebens zieht hinweg vom Strand,
Da man nicht umkehrt, wie man zieht auf Reise,
Wer Wahrheit fischt, doch ohne Kunstverstand.

Der Welt sind dafür offene Beweise
Parmenides, Meliß, Bryson und viele,
Die gingen, unwissend, auf welche Weise!

Sabell und Arius kamen nicht zum Ziele,
Die Toren nicht, wie Schwerter heiligen Lehren,
Draus grad Gesicht erscheint, als ob es schiele.

O daß die Menschen nicht zu sicher wären
Im Urteil, dem gleich, der es sich erlaubt,
Im Feld zu schätzen ungereifte Ähren;

Den ganzen Winter sah ich erst entlaubt
Und eigensinnig einen Dornstrauch schlafen,
Der dann die Rose stolz trug auf dem Haupt!

Wie auf dem Meer wir manchmal Schiffe trafen,
Die gerad und schnell die ganze Bahn durchziehn
Und untergehn am Ziele vor dem Hafen.

Frau Bertha glaube nicht, noch Herr Martin,
Wenn den sie rauben sehn und jenen spenden,
Daß ihnen Gottes Ratschluß drin erschien!

Denn der kann steigen, jener schlimm noch enden!«

XIV. GESANG

Vom Mittelpunkt zum Rand, vom Rand nach innen
Bewegt das Wasser sich in runder Schale,
Je wie man's stößt, von draußen oder drinnen;

Im Geiste fiel mir ein mit einemmale
Dies Bild, und zwar, sobald nichts mehr gesagt
Des Thomas glorreich Leben dort im Strahle,

Auf Grund der Ähnlichkeit, die mir getagt
Aus seinem und aus Beatricens Sagen,
Der's, zu beginnen, so nach ihm, behagt:

»Er hat's noch nötig, ohne noch zu fragen,
Nicht mit der Stimme und noch nicht im Geist,
An einer Wahrheit Wurzel sich zu wagen.

Der Schimmer, der um euer Wesen kreist,
Sagt ihm, ob er euch stets wird so umhegen,
Wie er in diesem Augenblick sich weist!

Wenn ja, so sagt ihm ferner noch, weswegen,
Nachdem euch wieder Sichtbarkeit zu eigen,
Sein Glanz nicht schadet eurem Sehvermögen!«

Wie manchmal sie, die drehn im Ringelreigen,
Von einer größeren Freude Zug und Drang
Die Stimm erheben, frohere Gesten zeigen,

So zeigten bei dem eifrig frommen Klang
Die heiligen Kreise neuer Freude Regen,
Beim Tanzen und beim wundervollen Sang.

Wer klagt, weil unten wir zu scheiden pflegen,
Um hier zu leben, dem kam nie zur Sicht
Die Kühle, die uns taut der ewige Regen.

Der Eins und Zwei und Drei, der aufhört nicht,
Und stets regiert in Drei, Zwei, Eins; davon
Umflochten alles, und den nichts umflicht,

War dreimal im Gesang gepriesen schon
Von jedem Geiste in derartigen Noten,
Daß jeglichem Verdienst es genügt zum Lohn.

Aus jenen Flammen, die am hellsten lohten
Im kleinern Kreise, klang zu mir bescheiden,
So wie's wohl schallte von Marias Boten:

»Solange wir in Paradiesesfreuden,
Solange wird sich unserer Liebe Flut
Mit solcher Strahlenhülle rings bekleiden.

Sein Glanz entspricht in uns der Liebesglut,
Die Glut dem Schaun, und dieses ist so reich,
Wie zum Verdienst hinzu noch Gnade tut.

Sobald das ruhmgekrönte, heilige Fleisch
Uns neu umkleidet, wird hier unser Wesen
Gott lieber sein, da alles es zugleich;

Drum wird noch wachsen dann, was uns erlesen
Das höchste Gut an gnadenreichem Licht,
An Licht, das uns befähigt, drin zu lesen;

Daher muß wachsen noch die Kraft der Sicht;
Die Glut muß wachsen, die sich dran entzündet;
Der Strahl muß wachsen noch, der daraus bricht!

Der Kohle gleich, die Glut aus sich entbindet,
Und sie doch überstrahlt in hellem Schein,
So daß sie sichtbar bleibt und nicht verschwindet,

Wird einst den Strahl, der hier uns schon hüllt ein,
Das Fleisch durch seinen Glanz noch überwinden,
Das noch bedeckt ist von der Erde Schrein;

Nicht kann an solchem Lichte man erblinden!
Des Leibs Organe werden völlig reichen
Für alles das, woran wir Freude finden.«

Und schnell bereit hört ich, wie auf ein Zeichen,
Sodann die beiden Chöre »Amen« schrein,
So daß sie zeigten ihren Wunsch nach Leichen –

Für Mutter, Vater, nicht für sich allein,
Und für die andern wohl, die ihnen wert,
Bevor sie durften ewige Flammen sein.

Und schau, von gleicher Helligkeit verklärt,
Rings einen Glanz den früheren besiegen,
Gleichwie der Horizont, wenn er sich klärt.

Wie, wenn die Dämmerung kommt heraufgestiegen,
Am Himmel neue Lichter sich verbreiten,
So daß die Sicht scheint und scheint nicht zu trügen,

So sah ich dort jetzt neue Wesenheiten
Beginnen zu erscheinen, und sie schlugen
Den Kreis noch außerhalb der andern beiden.

Welch Funkeln heiligen Geistes konnt ich lugen!
Wie ward mir's vor den Augen jählings licht,
Daß sie's, geblendet so, nicht mehr ertrugen!

Doch Beatrice wies sich meiner Sicht
So schön und lächelnd, daß ich's bei dem Teile
Zu lassen habe, dem der Geist folgt nicht.

Von ihr ward meinen Augen Kraft zuteile,
Sich zu erheben, und ich kam empor,
Mit meiner Herrin nur, zu höherem Heile.

Wohl sah ich jetzt mich höher als zuvor,
Ob dem erglühten Lächeln des Planeten,
Der röter als gewöhnlich mir kam vor.

Mit ganzem Herzen und mit jenem Beten,
In allen eines, opfert ich dem Herrn,
Wie bei der neuen Gnade war vonnöten.

Und noch nicht war von meinem Herzen fern
Des Opfers Glut, als ich erkannte froh,
Daß es erhört und unterm guten Stern;

Sah ich doch da ganz rot und lichterloh
Im Innern von zwei Strahlen Funken gleißen,
So daß ich sprach: »O Helios, schmückst du so?«

Mit Sternen, die verschiedene Größe weisen,
Besetzt, glänzt weiß, von Pol zu Pol gespannt,
Galassia, die zweifeln läßt die Weisen:

So formten, in des tiefen Marses Brand,
Die Radien das verehrungswürdige Zeichen,
Die in dem Kreise der Quadranten Band.

Hier muß mein Geist vor der Erinnerung weichen!
Denn in dem Kreuze funkelte so Christus,
Daß ich nichts finde wert, ihm zu vergleichen.

Doch wer auf sich sein Kreuz nimmt und folgt Christus,
Wird mir verzeihn, daß ich es lassen muß,
Sobald er sieht im Schimmer blitzen Christus.

Von Horn zu Horn, vom Kopfe bis zum Fuß
Bewegten Lichter sich und glänzten mächtig
Beim sich Begegnen und Vorüberfluß.

So sieht man unten, eilig und bedächtig,
Bald grad, bald quer, stets wechselnd ihren Stand,
Die kleinsten Körperteilchen, lang und schmächtig,

Im Strahle blitzen, der des Schattens Rand
Manchmal verbrämt, wenn wir uns Schutz bereiten
Vorm Sonnenbrand mit Kunst und mit Verstand.

Wie Geig und Harfe, deren viele Saiten
Zart abgestimmt nur machen süß tin tin
Für den auch, der den Ton nicht weiß zu deuten,

Hat sich vom Lichtschwarm, der mir dort erschien,
Durchs Kreuz hin eine Melodie erhoben,
Die mich, obwohl unfaßbar mir, riß hin.

Wohl merkt ich, sie enthielt ein hehres Loben,
Da zu mir kam: »Steh auf!« und »Überwinde!«
Sonst hörte ich und faßte nichts da oben.

Von Lieb ergriffen ward ich so gelinde,
Daß bis dahin noch nichts mich je erfaßt,
Das mich gebunden mit so süßer Binde.

Vielleicht erscheint mein Wort zu kühn euch fast,
Als setzte ich hintan die schönen Augen,
In deren Schau mein Sehen findet Rast.

Wer weiß, daß höher desto besser taugen
Die Lebenssiegel aller Herrlichkeit,
Und noch ich nicht an jenen konnte saugen,

Verzeiht mir, dessen ich mich selbst gezeiht,
Mich zu entschuldigen, und sieht ein die Wahrheit;
Der heiligen Schönheit bleib ich stets geweiht,

Da sie beim Aufstieg annimmt größere Klarheit.

XV. GESANG

Die gütige Gesinnung, darin immer
Die Lieb erscheint, die sich pflegt recht zu neigen,
Sowie es die Begierde tut in schlimmer,

Bewirkte dieser süßen Leier Schweigen
Und ließ die heiligen Saiten Ruhe wahren,
Daran des Himmels Rechte pflegt zu geigen.

Wie werden rechtem Flehn sich taub gebaren
Die Wesen, die, zur Bitte mich beherzt
Zu machen, hier zu schweigen einig waren?

Nur recht ist's, daß es ohne Ende schmerzt,
Wenn man aus Liebe zu dem Wandelbaren,
Das schwindet, solche Liebe sich verscherzt!

Gleichwie in Nächten, stillen, sternenklaren,
Von Zeit zu Zeit ein jähes Feuer streicht,
Die Augen regend, die erst reglos waren,

Und einem Sterne, der den Platz tauscht, gleicht,
Nur, daß am Orte, wo es erst geblendet,
Nichts fehlt, und es in einem Nu verbleicht,

So lief vom Horn, das sich nach rechts hin wendet,
Zu jenes Kreuzes Fuß ein Stern, entsandt
Vom Sternbild, welches dort den Glanz entsendet.

Nicht schied der Edelstein von seinem Band
Und hat den Strahlenstreif zum Weg genommen,
Wie hinter Alabaster Feuersbrand:

So zärtlich hat Anchises sich benommen,
Wenn Glauben zukommt unserer größten Musa,
Als im Elysium er den Sohn sah kommen!

»O sanguis meus, o superinfusa
Gratia Dei, wem ward so wie dir
Bis unquam coeli janua reclusa?«

So jene Leuchte, drum schaut ich zu ihr;
Dann sah ich um zu meiner Herrin Pfade,
Und ward verwundert sowohl dort wie hier;

In ihrem Blicke brannt ein Lachen gerade,
So daß ich dachte, daß der meine rann
Zum Grund des Paradieses und der Gnade.

Zu schauen und zu hören froh, ersann
Der Geist an seinem Anfang noch Gedanken,
Zu tief, als daß ich sie verstehen kann;

Aus Wahl nicht ließ er mich im Dunkel schwanken!
Notwendig war's, daß seiner Rede Glanz
Hinweg sich setzte über Menschenschranken.

Und als der Bogen dann des Liebesbrands
Entspannt so war, daß seine Worte kamen
Zur Fassungskraft des menschlichen Verstands,

Da war das erste, was wir da vernahmen:
»O Drei und Einer, dir sei Lob und Preis,
Da du so huldreich bist in meinem Samen!«

Und noch dazu: »Die Sehnsucht, lang und heiß,
Erweckt vom Lesen in dem großen Bande,
Wo sich verändert nicht mehr schwarz noch weiß,

Hast du, mein Sohn, gelöst in diesem Brande,
In dem ich zu dir spreche, nur dank ihr,
Die dir die Schwingen lieh zum hohen Lande.

Du glaubst, daß dein Gedanke kommt zu mir
Aus jenem, der ist Erster, wie das Eine,
Wenn man's erkennt, entläßt die Drei und Vier;

Drum, wer ich sei, und weshalb ich dir scheine
Voll größerer Freude, fragtest du mich nicht,
Als sonstwer in der fröhlichen Gemeine.

Recht so! zum Spiegel wenden ihr Gesicht
Der Starke dieses Lebens und der Schwache,
Drin, eh du denkst, dein Denken kommt zur Sicht;

Doch daß die heilige Liebe, drin ich wache
In ständiger Schau, und die mir Durst erweckt
Zu süßem Sehnen, besser sich entfache,

So laß dein Wort froh, kühn und unverdeckt
Dein Wollen sagen, dein Verlangen sagen,
Drauf meine Antwort schon ist ausgeheckt.«

Und Beatrice, die gehört mein Fragen,
Bevor ich sprach, gab lächelnd mir ein Zeichen,
Das wachsen ließ die Flügel meinem Wagen;

Dann ich: »Gefühl und Sinn saht ihr erreichen,
Seitdem die Urgleichheit euch kam zur Sicht,
Bei jedem ein Gewicht in diesen Reichen;

Die Sonne, die mit Wärme und mit Licht
Euch leuchtete und wärmte, ist so gleich,
Daß jeglicher Vergleich davor erlischt.

Jedoch Verstand und Wille sind im Fleisch,
Aus einem Grunde, den ihr könnt durchdringen,
An ihren Schwingen ganz verschieden reich.

Mit dieser Ungleichheit muß ich noch ringen
Als Sterblicher; drum kann mein Herz allein
Den Dank dem väterlichen Willkomm bringen.

Wohl bitt ich dich, lebendiger Edelstein,
Besatz an diesem köstlichen Juwele,
Laß satt mich jetzt an deinem Namen sein.«

»Mein Laub, an dem sich freute meine Seele
Beim Harren schon, ich bin des Urahns Geist!«
Dies kam ihm erst zur Antwort aus der Kehle.

Dann fügte er hinzu: »Er, nach dem heißt
Dein Stamm, der mehr als hundert Jahre schon
Den Berg im ersten Simse hat umkreist,

War einst dein Urgroßvater und mein Sohn:
Mit deinen Werken sei nur auf der Lauer,
Ihm zu verkürzen seine lange Fron.

Florenz war innerhalb der alten Mauer,
Von der noch schlägt die Terze und die Non,
Voll Maß und keusch, sein Frieden war von Dauer.

Es kannte keine Kettchen, keine Kron,
Gestickte Röcke nicht, nicht Gürtelspangen,
Noch sehenswerter selbst als die Person.

Noch ließ, geboren, nicht die Tochter bangen
Den Vater, da die Mitgift und die Zeit
Noch hie und da das Maß nicht übersprangen.

Noch waren die Paläste nicht zu weit!
Noch war gekommen nicht Sardanapal,
Zu zeigen, was im Zimmer all gedeiht.

Noch war nicht überwunden Montemal
Von dem Uccelatojo; der wird sinken,
So wie er höher stieg, in tieferem Fall.

Bellincion Berti sah ich gut sich dünken
In Bein und Leder, und am Spiegel so
Sein Ehgemahl, ganz ohne sich zu schminken.

Die Nerli sah ich und del Vecchio
Bescheiden sich mit einem baren Felle,
Und ihre Fraun an Spul und Rocken froh.

Die Glücklichen, die ihrer Grabesstelle
Noch sicher waren! und für Frankreichs Pracht
Schlief keine einsam noch im Bettgestelle.

Die eine hielt noch an der Wiege Wacht,
Bedienend sich zum Troste noch der Brocken,
Wie's jungen Eltern solche Freude macht;

Die zweite, die die Fäden spann vom Rocken,
Sprach von Trojanern, Rom und Fiesole,
Zufrieden, im Familienkreis zu hocken.

Man hätte damals angestaunt voll Weh
Cianghellas, Lapo Saltorellos Streben,
Wie jetzt Cornelias, Cincinnatus' Näh.

Solch ruhevollem, schönem Bürgerleben,
Solch einer Bürgerschaft, an Treue reich,
Solch holder Freistatt hat mich übergeben

Maria, angerufen laut bei euch;
In eures alten Baptisteriums Rahmen
Ward Christ und Cacciaguida ich zugleich.

Moront' und Eliseo, Brüdernamen;
Mein Weib kam von dem Tal des Padus her;
Von ihr erhieltst du den Familiennamen.

Ich folgte später Kaiser Konrads Heer,
Der mich umgürtet mit dem Ritterdegen,
Weil er für Rechttun dankbar mir so sehr!

Der Bosheit des Gesetzes ging's entgegen,
Des Volkes, das sich anmaßt euer Recht,
Und zwar um eurer sündigen Hirten wegen.

Da ward ich von dem schändlichen Geschlecht
Aus jener Welt des Truges abgeschieden,
Zu der der Trieb macht viele Seelen schlecht:

Vom Martyrtod kam ich zu diesem Frieden!«

XVI. GESANG

Ach, du geringer Adel unseres Blutes,
Wenn man sich bildet etwas auf dich ein
Auf Erden, wo wir sind nur schwachen Mutes,

Wird es mir gar nicht wunderbar mehr sein;
Denn dort, wo sich der Trieb nicht mehr verirrt,
Ich sag, im Himmel, rühmte ich mich dein!

Du bist ein Mantel, der schnell kürzer wird,
So daß, setzt man nicht zu an allen Tagen,
Die Zeit herum mit ihren Scheren schwirrt!

Mit »Ihr«, das Rom zuerst hat angeschlagen,
In dem jedoch sein Volk nicht von Bestand,
Begannen meine Worte dann ihr Sagen!

Es lachte Beatrix, die abseits stand,
So daß sie jener, die gehustet, glich,
Beim ersten Fehl Ginevras, wie bekannt.

»Ihr seid mein Vater!« äußerte ich mich;
»Ihr gabt mir alle Kühnheit, hier zu sprechen;
Ihr hebt mich so, daß ich bin mehr als ich!

Mit Freude stillt sich aus so vielen Bächen
Mein Geist, daß er sich über sich noch freut,
Weil er es aushält, ohne zu zerbrechen.

So gebt, mein teurer Ahnherr, mir Bescheid
Von Euren Ahnen, ferner von den Jahren,
Die man notiert in Eurer Knabenzeit!

Laßt mich vom Stalle Sankt Johanns erfahren,
Wie groß er war und welche vom Gesinde
Darunter höherer Sitze würdig waren!«

Gleichwie die Kohle bei dem Wehn der Winde
Zur Flamme auflebt, sah ich dieses Licht
Bei meinen Schmeichelein erglühn geschwinde.

Und wie es schöner wurde meiner Sicht,
Sprach es in einem süßren, mildren Tone,
Jedoch in der modernen Mundart nicht:

»Seit Ave einst erklang in unserer Zone,
Bis meine Mutter, nun in seligen Flammen,
Von mir entbunden wurde, ihrem Sohne,

Kam schon fünfhundertachtzigmal zusammen
Dies Feuer hier mit seines Löwen Feld,
Um sich an seiner Sohle zu entflammen.

Wie meine Ahnen kam auch ich zur Welt,
Wo's letzte Sechstel anfängt grad von denen,
In welche euer jährlich Wettspiel fällt.

Von meinen Ahnen genüge dies Erwähnen!
Woher sie kamen, wer sie einst im Leben,
Verschweigt man besser, als es zu erwähnen.

Die Zahl der Waffenfähigen, die's gegeben
Zur Zeit inzwischen Mars und Sankt Johann,
War nur ein Fünftel derer, die jetzt leben.

Die Bürgerschaft, die sich vermischte dann
Mit Campi, mit Certaldo, mit Figlinen,
Erschien noch rein im letzten Handwerksmann.

Viel besser würde euch als Nachbar dienen
Ein solches Volk, statt innerhalb der Mauern,
Und Galluz' und Trespian' als Grenze ihnen,

Als drin zu haben den Gestank der Bauern,
Sowohl aus Signa als aus Aguglion,
Die scharfen Blicks schon auf den Schacher lauern.

Wenn nicht der Stand, zumeist entartet schon,
Stiefmutter so gewesen den Caesaren,
Statt einer Mutter, gut zu ihrem Sohn,

Gäb's manchen in Florenz mit Geld und Waren,
Der sich dafür gewandt nach Semifonti,
Wo seine Großväter Hausierer waren!

Es wäre Montemurlo noch den ‚Conti'!
Die Cerchi säßen im Aconerkreise,
Und wohl im Grevetal die Buondelmonti.

Stets war die Mischung der Personenkreise
Für eine Stadt des Übels Anbeginn,
Wie der des Leibs die zugefügte Speise!

Ein blinder Stier fällt ja noch schneller hin,
Als wie ein blindes Schaf! oft kann's geschehen,
Daß ein Schwert bringt noch mehr als fünf Gewinn.

Hast Lun' und Urbisaglia du besehen,
Wie sie verschwunden sind von ihren Gründen,
Wie Chius' und Sinigaglia auch vergehen,

So wirst du's nicht mehr neu noch schwierig finden,
Daß die Geschlechter ebenfalls bedroht,
Da ja die großen Städte auch verschwinden.

Wie ihr, gehn eure Dinge all zum Tod!
Doch bleibt's verborgen, falls es währt zu lange,
Da eines Menschen Leben bald verloht.

Wie rastlos von des Mondeshimmels Gange
Das Ufer sich entblößt und sich bedeckt,
Ist's durch Fortuna mit Florenz im Schwange.

Drum darf's nicht sein, daß es dir Staunen weckt,
Nenn ich dir jetzt die großen Florentiner,
Davon der Ruf ist in der Zeit versteckt.

Ich sah die Ughi, sah die Catelliner,
Filippi, Greci, Ormann', Alberiche
Im Niedergang, der Stadt erlauchte Diener!

Sah als so große Männer wie antike
Den von Sannella wie auch den von Arke,
Und Soldanieri, Ardinghi, Bostiche.

Am Tore, das zur Zeit die Last, die starke,
Des neuen Treubruchs so hat mitgenommen,
Daß bald hinauswirft den Ballast die Barke,

Gab es die Ravignan', davon gekommen
Graf Guido, und wen andres ihr noch trefft,
Der Bellincionis Namen angenommen.

Der Pressa hat verstanden das Geschäft
Des Herrschens schon, und golden war am Degen
In Galigaios Hause Knauf und Heft.

Groß war der Pfahl aus Feh, im Feld gelegen;
Sacchetti, Giuochi, Fifanti, Barucci
Und Galli, und wer rot des Scheffels wegen.

Der Strunk, aus dem entsprossen die Calfucci,
War groß bereits; ich sah schon, wie sich nahten
Den Sesseln Sizii und Arrigucci.

Wie sah ich jene, die bereits mißraten
Vor Hochmut, sah die goldenen Kugeln stehen
In Blüte in Florenzens großen Taten!

Die Väter jener hab ich so gesehen,
Die immer dann, wenn eure Kirche leer ist,
Sich mästen und ins Konsistorium gehen.

Der freche Stamm, der hinterm Flüchtling her ist
Gleich einem Drachen, doch, zeigt wer den Zahn
Und seinen Beutel, nur ein Lämmchen mehr ist,

Kam schon empor, doch von geringem Ahn;
Und nicht gefiel's dem Ubertin Donato,
Daß durch den Schwäher er verwandt sodann.

Schon war der Caponsacco zum Mercato
Von Fiesole gestiegen, und schon war
Ein guter Bürger Giuda und Infangato.

Ich sage, was unglaublich ist und wahr:
Durchs Tor ging man hinein zum kleinen Kreise,
Das man benannte nach den Pera gar.

Wer 's schöne Wappen als sein eigen weise
Des großen Freiherrn, dessen Nam und Ruhm
Das Thomasfest erneut, hielt gleicherweise

Von diesem Privileg und Rittertum,
Obwohl sich wußte der dem Volk zu paaren,
Der um das Wappen führt den Bord herum.

Die Gualterotti und Importuni waren
Schon groß; noch würde Borgo friedlich leben,
Wenn er die neuen Nachbarn nicht erfahren.

Das Haus, das Grund zu eurem Leid gegeben,
Als Folge rechten Zorns, der euch verzehrt,
Und das beendet euer heitres Leben,

War, selbst und die Genossen, noch geehrt;
Schlimm, Buondelmonte, war's, daß du der Ehe
Auf fremden Rat, den Rücken zugekehrt!

Gar viele wären froh, die jetzt so wehe,
Wenn Gott gewährt dich einst dem Emafluß,
Als du zuerst kamst in Florenzens Nähe;

Doch für Florenz war's des Geschicks Beschluß,
Dem an der Brücke stehnden, morschen Steine
Zu weihn ein Opfer, zu des Friedens Schluß.

Mit diesen und mit andren im Vereine
Sah ich Florenz in solcher Ruh und Kraft,
Daß es nicht Ursach, daß es Tränen weine!

Mit diesen sah ich die Einwohnerschaft
Geehrt und treu, so daß die Lilienblüte
Zu Boden nie verkehrt war mit dem Schaft,

Noch auch vor Zwietracht scharlachrot erglühte!«

XVII. GESANG

Wie zu Klymene kam, um zu erfahren,
Ob, was er über sich erlauscht, sei wahr,
Er, drum die Väter noch an Söhnen sparen,

So war ich, und so ward es offenbar
Für Beatrice und den heiligen Spiegel,
Der eben für mich hergekommen war.

Drum sagte meine Herrin dann: »Entriegel
Die Flamme deiner Sehnsucht, daß sie glänze
Wohl ausgeprägt von deinem innern Siegel!

Nicht, daß sich unsere Kenntnis noch ergänze
Durch deine Worte, daß du Übung hast,
Vom Durst zu sprechen, und man dir kredenze!«

»O teurer Grund, der du so hoch hältst Rast,
Daß, so wie irdische Geister es erspähen,
Daß nicht zwei Stumpfe je ein Dreieck faßt,

So du den Zufall, ehe er geschehen,
Erkennen kannst, zum Punkte eingestellt,
Vor dem die Zeiten gegenwärtig stehen!

Solange ich Virgil war beigesellt
Am Berge, der die Seelen nimmt in Pflege,
Und niedersteigend in die tote Welt,

Hört ich von meinem künftigen Lebenswege
Gar schwere Worte, glaub ich auch zu sein
Vierschrötig gegen alle Schicksalsschläge.

Drum werd ich mich auch sehr darüber freun,
Zu hören, welch Geschick heran wird rollen;
Vorausgesehener Pfeil schlägt träger ein!«

So sprach ich zu dem Licht, dem liebevollen,
Das mit der Kunde mich vorher beglückt;
So beichtet ich nach Beatricens Wollen!

Mit Floskeln nicht, darinnen sich verstrickt
Der Toren Volk, bevor dem Gotteslamme,
Das unsere Sünde trägt, der Tod geschickt,

Gab jene Vaterliebe, draus ich stamme,
Nein, klar und deutlich, folgenden Bescheid,
Umhegt und licht von ihrer eigenen Flamme:

»Der Zufall, der sich ausdehnt nur so weit,
Wie Eures Stoffes Heft die Blätter breitet,
Liegt bildhaft vor dem Blick der Ewigkeit:

Notwendigkeit wird draus nicht abgeleitet,
Wie auch vom Blick nicht, der das Fahrzeug spiegelt,
Für dieses, das den Strom hinuntergleitet.

Drin sah ich, wie zu unserem Ohr beflügelt
Das süße Brausen einer Orgel schallt,
Die Zukunft, wie sie sich für dich entsiegelt:

Wie Hippolytus von Athen gewallt,
Weil ihn die böse Stiefmutter vertrieben,
Genauso mußt Florenz du lassen bald!

Dies will man schon, und dies wird schon betrieben;
Und bald geschieht's durch den, der dort dran denkt,
Wo Christum alle Tage sie verschieben.

Der Ruf der Schuld folgt dem, den man gekränkt,
Wie üblich, nach; doch Rache großen Stiles
Ist Zeugnis für das Wahre, das sie schenkt.

Von dem, was du geliebt hast, mußt du vieles,
Das Liebste lassen! dies der erste Pfeil,
Den abschnellt einst der Bogen des Exiles!

Der Fremde bittres Brot wird dir zuteil,
Und spüren wirst du einst, wie fremde Stiegen
Dem, der sie auf und ab steigt, scheinen steil!

Am schwersten wird dir auf den Schultern liegen
Der Freunde böser Haufen in der Not,
Mit denen du in diesen Schlund wirst fliegen;

Denn töricht, undankbar und ganz verroht
Sind sie zu dir! doch wenig ist verflossen,
Wenn sie, nicht du, an ihrer Schläfe rot!

Von ihrer Dummheit werden ihre Possen
Einst Zeugnis geben, daß dir Ruhm es trägt,
Daß du für dich dich zur Partei geschlossen!

Die erste Zufluchtsstätte, die dich pflegt,
Ist an des mächtigen Lombarden Seite,
Der heiligen Vogel auf der Treppe hegt;

So sehr gibt acht auf dich der Hilfsbereite,
Daß dort vom Tun und Bitten bei euch zwein
Das Erste sein wird, was sonst ist das Zweite.

Bei ihm ist er, den so bestrahlt' der Schein
Des mächtigen Sterns hier, als er kam ins Leben,
Daß, was er tut, bemerkenswert wird sein.

Noch ist's den Völkern nicht bekanntgegeben,
Der Jugend wegen! denn erst seit neun Jahren
Sieht er um sich hier diese Sphären schweben;

Bevor Held Heinrich Baskertrug erfahren,
Erglänzen schon die Funken seiner Kraft,
Da er nicht Geld noch Mühe je wird sparen.

Die Großmut ist es, welche ihm verschafft
Solch einen Ruf, daß selbst die Feind erwarmen
Und ihre Zungen halten nicht in Haft.

Auf diesen harre und auf sein Erbarmen!
Den Stand zu ändern, bringt er einstmals fertig
Bei vielen, bei den Reichen und den Armen.

Und trag im Geist geprägt, was ihm gewärtig,
Doch sage nichts!« Und mir ward dann erschlossen
Unglaubliches für die, die gegenwärtig.

Dann fügte er hinzu: »Sohn, dies die Glossen
Zu dem Gesagten! dies die Hinterlist,
Die hinter wenig Kreisen ist verschlossen!

Daß auf die Nachbarn du nicht neidisch bist,
Da dauern wird noch deines Lebens Leuchte,
Wenn lange schon gerächt ihr Treubruch ist!«

Als mir durch Schweigen damit fertig deuchte
Die heilige Seele dann, in jenes Linnen
Den Einschlag zu verweben, das ich reichte,

Begann ich einem gleich, des zweifelnd Sinnen
Bei einem andern Rat zu holen drängt,
Der redlich ist im Wollen, Sehn und Minnen:

»Schon seh ich, Vater, wie auf mich zu sprengt
Die Zeit, um mir zu nehmen Glück und Ehre,
Die härter peinigt, wenn den Kopf man hängt!

Not tut es, daß ich mich mit Vorsicht wehre,
So daß, wenn ich den liebsten Platz muß missen,
Die andern ich durchs Lied nicht auch verlöre.

Tief unten in der Welt voll Bitternissen,
Und auf dem Berge, dessen schöner Sicht
Die Augen meiner Herrin mich entrissen,

Und dann im Paradies, von Licht zu Licht,
Erfuhr ich das, was, wenn ich's wiedersage,
Gar vielen deucht ein bitteres Gericht;

Und bin ich zu der Freundin Wahrheit zage,
Fürcht ich, daß ich verlöre meinen Sold
Bei solchen, denen alt sind diese Tage.«

Das Licht, darin mein Schatz erblinkte hold,
Den ich dort vorfand, funkelte vor Liebe,
Dem Lichtstrahl gleich im Spiegel, ganz von Gold;

Und dann gab er Bescheid: »Gewissen, trübe,
Weil eigene oder fremde Scham es drückt,
Wird sehr empfinden deiner Worte Hiebe.

Trotz dessen aber, jedem Trug entrückt,
Sollst völlig offenbaren du dein Schauen,
Und laß sich kratzen, wen die Krätze jückt!

Wenn deine Stimme auch beim ersten Kauen
Beschwerlich fallen wird, wird Lebensspeise
Sie später hinterlassen beim Verdauen.

Dein Ruf wird wirken nach der Winde Weise,
Die meistens um die höchsten Gipfel wehn;
Und dies dient sehr der Ehre zum Beweise!

Drum solltest du in diesen Himmelshöhn,
Am Berge und im schmerzenreichen Graben
Nur Seelen, welche Namen haben, sehn,

Weil nicht des Hörers Geist kann Ruhe haben,
Noch einem Beispiel schenken je Vertraun,
Des Wurzel unbekannt ist und vergraben,

Noch den Beweisen, die nicht zu durchschaun.«

XVIII. GESANG

Schon sah allein ich da sein Wort genießen
Den seligen Spiegel, und ich selber zehrte
An meinem, Bitteres mischend mit dem Süßen;

Und jene Herrin, die zu Gott mich kehrte,
Sprach: »Wechsle die Gedanken; denk, ich bin
Bei Ihm, der jedes Unrecht noch entschwerte.«

Ich wandte mich zu meiner Trösterin
Beim Liebeston; und welche Lieb ich schaue
In heiligen Augen dann, stell ich dahin;

Nicht nur, weil ich mich nicht zu sprechen traue:
Auch, weil's dem Geiste, ohne anzulehnen,
Unmöglich ist, daß so auf sich er baue.

Soviel kann ich von diesem Punkt erwähnen,
Daß, als ich sie beschaute, unbefleckt
Mein Streben war von jedem andern Sehnen,

Solang die ewige Freude, die direkt
Zu Beatrice strahlte, freun mich ließ
Am Abglanz, den der schöne Blick geheckt.

Mit eines Lächelns Licht mich blendend, stieß
Sie dies hervor: »Dreh dich und lausch statt dessen!
Nicht nur in meinem Blick ist Paradies!«

Wie manchmal man am Antlitz kann ermessen,
Was einer möchte, wenn so stark die Gier,
Daß ganz von ihr die Seele ist besessen,

So sah ich an des Blitzes Flammen hier,
Zu dem ich bog, daß er mir gebe Kunde,
Er wolle etwas sprechen noch mit mir.

Und er begann: »In dieser fünften Runde
Des Baums, der aus der Spitze zieht sein Leben,
Dem Laub stets sproßt und niemals geht zugrunde,

Sind Selige, die, bevor sie sich begeben
Zum Himmel hier, einst waren so bekannt,
Um jeder Muse reichsten Stoff zu geben.

Drum auf des Kreuzes Arm' den Blick gewandt!
Der, den ich nennen werde, wird sich schwingen,
Wie in der Wolke schnellen Blitzes Brand.«

Ich sah durchs Kreuz ein Licht dann beim Erklingen
Des Namens Josua, sobald's geschah;
Den Ruf hört ich zugleich mit dem Vollbringen.

Und bei des Makkabäers Namen sah
Ein andres ich, im Kreis sich drehend, tosen;
Und Freude war des Kreisels Peitsche da!

Auf »Roland« hin und dann bei »Karl dem Großen«
Verfolgt ich achtsam zwei auf ihrer Fahrt,
Gleichwie der Blick folgt seines Falken Stoßen.

Dann blitzte Wilhelm und der Rennewart,
Dann Herzog Gottfried an dem Kreuz entlang
Vor meinem Blick, und dann Robert Guiscard.

Vereint dann mit den andern Lichtern schwang
Die Seele, die vorher mir prophezeite,
Und wies als Künstler sich beim Himmelssang.

Ich wandte mich nach meiner rechten Seite,
Zu sehn in Beatrice meine Pflicht,
Ob sie durchs Wort mich, ob durch Zeichen leite,

Und schaute ihre Augen dann so licht,
So fröhlich, daß vor ihrem Glanz schien Dust
Ihr Aussehn sonst, selbst ihre letzte Sicht.

Und wie wir uns am Wachstum unserer Lust
An gutem Tun von Tag zu Tag erweisen
Des Fortschritts unserer Tugend mehr bewußt,

So auch bemerkte ich, daß da mein Kreisen
Mit dem des Himmels größeren Bogen nahm,
Weil jenes Wunder ich noch mehr sah gleißen.

Wie eine weiße Frau, der Röte gram,
Geschwind erbleicht, sobald sich ihre Wangen
Entladen haben vom Gewicht der Scham,

So hier das Schauspiel, das ich aufgefangen,
Als strahlend der gelinde Stern erschien,
Der sechste Stern, der mich bei sich empfangen.

Ich sah sodann in jenem Jovis-Kien
Der Liebe Funkeln, die darin am Leben,
Vor meinen Augen unsere Lettern ziehn.

Wie Vögel, die vom Flusse sich erheben,
Frohlockend gleichsam über ihre Fluren
In rundem oder langem Schwarme schweben,

So hier in Funken heilige Kreaturen:
Sie sangen flatternd, bildend beim Gesang
Bald D, bald I, bald L in den Figuren.

Erst sangen sie und drehten sich zum Klang;
Dann wurden sie zu einem dieser Zeichen
Und hielten kurz und schwiegen still nicht lang.

O Pegasea, Ruhm pflegst du zu reichen
Den Geistern und ein dauerhaftes Nennen,
Und sie mit dir den Städten und den Reichen:

Erleucht mich, daß, wie ich sie konnt erkennen,
Ich wiedergebe die Figuren drüben;
In diesen kurzen Versen zeig dein Können!

Sie zeigten also sich in fünfmal sieben
Vokal' und Konsonanten: ich merkt an
Die Teile so, wie ich sie sah geschrieben.

»DILIGITE IUSTITIAM«, so begann
Die Schrift mit Zeit- und Hauptwort aufzustieben;
»QUI IUDICATIS TERRAM«, kam sodann.

Als sie geordnet darauf stehn geblieben
Im M des fünften Worts, schien Jovis Strich
Gleichwie ein Silbergrund, mit Gold beschrieben.

Ich sah, wie mancher Funke abwärts strich
Zum Kulm des M, und dort sich nicht mehr regen,
Das Gut lobpreisend, das sie zieht zu sich.

Wie sich erhebt unzähliger Funken Regen,
Gibt man entflammten Scheiten einen Stoß,
Woraus die Toren wahrzusagen pflegen,

Sah über tausend Funken ich dann los
Von dort sich machen, mehr und minder steigen,
Wie Sol, der sie entzündet, warf das Los;

Als jeder stand am Platze, der ihm eigen,
Sah ich die goldenen Funken aufgereiht
Den Kopf und Hals von einem Adler zeigen.

Hier malet der, der selbst hat kein Geleit,
Doch leitet, und es bildet sich durch ihn
Die Kraft, die in den Nestern Form verleiht.

Die andere Seligkeit, der recht es schien,
Zuerst als Schmuck sich dort dem M zu einen,
Vollendete das Bild in schnellem Ziehn.

O holder Stern, aus was für Edelsteinen
Erkannt ich, daß Gerechtigkeit der Welt
Des Himmels Wirkung, dran ich dich sah scheinen!

Drum bitte ich den Geist, aus dem dir fällt
Der Anstoß und die Kraft, er möge schauen,
Woher der Rauch, der deinen Strahl entstellt,

So daß er zürne noch einmal vor Grauen,
Weil sie im Tempel kaufen und verkaufen,
Den man aus Zeichen und aus Qual gehauen.

O du, den ich betrachte, Himmelshaufen,
O bitt für jene, die auf falscher Fährte
Dem schlechten Beispiel nach auf Erden laufen!

Einst führte man die Kriege mit dem Schwerte!
Nun weigert man sich, hie und da zu geben
Das Brot, das unser Vater nie verwehrte!

Du, der du einzig schreibst, um aufzuheben!
Bedenke, Paul und Peter, hingegangen
Für jenen Weinberg, den du aufwühlst, leben!

Wohl kannst du sagen: »So hab ich Verlangen
Nach jenem, welcher einsam leben wollte,
Und der für einen Tanz den Tod empfangen,

Daß ich nicht Paul noch Fischer Achtung zollte.«

XIX. GESANG

Gezeigt hat sich vor mir mit offenen Schwingen
Das schöne Bild, drin im Genießen schien
Die Seelenschar sich fröhlich zu verschlingen.

Gezeigt hat jeder sich wie ein Rubin,
Von einem Sonnenstrahl so hell belichtet,
Daß er in meine Augen widerschien.

Und das, was ich zu sagen nun verpflichtet,
Sprach keine Stimme, schrieb nie Tinte hin,
Noch hat es jemals Phantasie erdichtet;

Den Schnabel sah und hört ich sprechen drin,
Und aus dem Laut sich »ich« und »mein« ergeben,
Wo »wir« und »unser« war allein der Sinn.

Und er begann: »Da fromm und recht mein Leben,
So bin ich hier zu jenem Ruhm erhoben,
Der höher ist als jedes Menschenstreben;

Mein Andenken ließ ich auf Erden oben,
Wenn auch der Menschen niederträchtige Gilde
Nicht der Geschichte folgt, obwohl sie's loben.«

So fühlt man eine Glut nur, ein Gebilde,
Aus vielen Kohlen, wie aus vielen Lieben
Ein einziger Ton heraus kam aus dem Bilde.

Und darauf ich: »Ihr ständigen Blüten hüben
Der ewigen Lust, die ihr, in eins verloht,
Laßt alle eure Düfte zu mir stieben,

Löst mir durch euren Hauch die Hungersnot;
Konnt ich doch lange nicht den Hunger stillen,
Da ich auf Erden fand für ihn kein Brot.

Zwar die Funktion des Spiegels zu erfüllen,
Erwählt Gerechtigkeit sich andere Sphäre;
Doch eure auch nimmt wahr sie ohne Hüllen.

Ihr wißt, wie aufmerksam ich mich bewehre,
Zu lauschen, wißt sodann, wie in mir lebt
Der Zweifel, welcher mir so alte Leere.«

Gleichwie der Falk, dem man die Kappe hebt,
Den Kopf bewegt und schlägt mit seinen Schwingen,
Sich brüstend, und die Lust zu zeigen strebt,

So auch das Zeichen, das man aus Lobsingen
Der Himmelsgnade ganz gewoben sieht:
Wer oben Lust daran, versteht sein Klingen.

Dann fing er an: »Er, der den Zirkel zieht
Zum Weltenende; der in ihren Wegen
Viel Offenes und Verborgenes unterschied,

Vermochte seine Kraft nicht einzuprägen
Dem Weltall so, daß seines Wortes Bolze
Sich ihm gezeigt nicht endlos überlegen.

Und dies beweist es, daß der erste Stolze,
Der einst der Gipfel aller Kreatur,
Des Lichts nicht harrend, unreif fiel vom Holze.

Dies zeigt, daß jede mindere Natur
Zu kurze Scheide nur für jenes eine,
Das endlos ist und sich mit sich mißt nur.

Daher kann unsere Sicht, die einem Scheine
Nur gleicht von jenes Geistes Strahlenregen,
Davon gefüllt sind aller Dinge Schreine,

Nicht von Natur aus haben solch Vermögen,
Daß nicht viel mehr dem Urquell deutlich wäre,
Als, was ihr als Erscheinung tritt entgegen.

In der Gerechtigkeit der ewigen Sphäre
Versinkt der Blick, der eurer Zone kund,
Gleichwie der Blick des Auges in dem Meere:

Sieht dieses an der Küste auch den Grund,
So nicht auf hoher See, desungeachtet,
Daß er dort ist, jedoch verhüllt vom Schlund.

Nur aus dem Glanz, der niemals sich umnachtet,
Ist alles Licht; sonst wird's als Finsternis,
Als Fleisches Schatten oder Gift geachtet.

Weit aufgetan ist dir nun das Verlies,
Darin sich Allgerechtigkeit verloren,
Danach dein Fragen oft blieb ungewiß.

Du sagtest ja: ‚Der eine wird geboren
Am Indusstrand; dort kann es keinen geben,
Von dem ihm etwas kommt von Christ zu Ohren,

Und all sein gutes Handeln und sein Streben,
Soweit es Menschenwitz zu sehn erlaubt,
Ist sündenlos in Worten und im Leben.

Wer ohne Taufe, ohne daß er glaubt,
Verscheidet, wer ist's, der den Stab ihm bricht,
Und wo ist seine Sünde überhaupt?'

Wer bist du denn, daß du sitzt zu Gericht,
Zu urteilen auf viele tausend Meilen?
Nur eine Spanne weit reicht dein Gesicht!

Wohl hätte, wer subtil bei mir will feilen,
Sofern die Schrift nicht wäre eure Hut,
Wunders wie lang im Zweifel zu verweilen.

O stumpfe Geister ihr, o Erdenbrut!
Der erste Wille, gut in sich, wird dringen
Niemals aus sich heraus, dem höchsten Gut.

Gerecht ist, was mit ihm vermag zu schwingen,
Den nicht erschaffenes Gut je an sich reißt,
Doch der es, strahlend, pflegt hervorzubringen.«

Wie über ihrem Nest die Störchin kreist,
Wenn sie gefüttert ihre kleinen Lieben,
Und diese sie beschaun, wenn sie gespeist,

So ward dort (so ließ meinen Blick ich stieben)
Das benedeite Bild, das seine Schwingen
Bewegte, von so vielen angetrieben.

Und kreisend fing es darauf an zu singen:
»Wie mein Gesang dir über den Verstand,
So euch, Gerechtigkeit je zu durchdringen.«

Nachdem dann still der lichte Feuerbrand
Des heiligen Geists, noch in des Zeichens Prangen,
Das Ehrfurcht einst den Römern zugewandt,

Fing er dann wieder an: »Nie ist gegangen
Zu diesem Reich, wer nicht geglaubt an Christus,
Eh und nachdem er an dem Holz gehangen.

Doch siehe: Viele rufen: ‚Christus, Christus!‘,
Die ferner ihm, kommt das Gericht zusammen,
Als mancher, welcher gar nichts kennt von Christus!

Und solche Christen wird der Mohr verdammen,
Wenn sie sich zu zwei Lagern werden schlagen,
Eins ewig reich, ein andres arm in Flammen.

Was können Perser euren Fürsten sagen,
Wenn einst man jenen Band wird offen sehn,
Drin alle ihre Schande eingetragen?

Dort wird man zwischen Alberts Taten spähn,
Was bald die Feder schon wird dort bewegen,
Darob dann Prags Gefild wird öde stehn.

Dort sieht man, welchen Schmerz es wird erregen
Am Seinefluß, weil falsches Geld er schlägt,
Der sterben wird einst an den Schwartenschlägen.

Dort wird man Hoffart sehn, die Gier erregt,
So daß die Engländer und Schotten tollen,
Und keiner es in seinem Land erträgt.

Man sieht dort üppig schöpfen aus dem Vollen
Den Spanierkönig wie auch jenen Böhm,
Der keinen Wert gekannt, hat kennen wollen.

Man sieht beim Lahmen von Jerusalem
Mit einem I benannt das an ihm Gute,
Den Gegensatz benannt mit einem M.

Man sieht die Habsucht nebst dem feigen Mute
Des, der die Feuerinsel hält im Zaum,
Wo, alt, Anchises dann im Grabe ruhte.

Und um zu zeigen, wie er eitel Schaum,
Wird abgekürzte Schrift es ihm einst lohnen,
Die künden wird gar viel auf engem Raum.

Und nicht wird man die Übeltaten schonen
Des Oheims und des Bruders, derentwegen
Solch ein Geschlecht geschändet und zwei Kronen.

Und den von Portugal, den von Norwegen
Wird man dort kennenlernen; Rascias Fürst,
Der, sich zum Nachteil, sah Venedig prägen.

Heil, Ungarn, wenn du nicht mißhandelt wirst!
Heil dir, Navarra, dem glückseligen Lande,
Wenn du mit dem Gebirge dich umschnürst!

Und jeder glaub es, daß des schon zum Pfande
Nicosia und Famagosta flennt
Um ihres Viehes willen, ihrer Schande,

Das von der andern Flanke sich nicht trennt.«

XX. GESANG

Wenn jene, die die ganze Welt entzündet,
Von unserer Hemisphäre niedersinkt,
So daß der Tag schon allenthalben schwindet,

Beginnt der Himmel, der von ihr geblinkt,
In neuem Glanze plötzlich sich zu zeigen
Von vielen Lichtern, darin eins erklingt.

Ich dachte gerad an diesen Himmelsreigen,
Als das Emblem der Welt und ihrer Herrn
Im benedeiten Schnabel kam zum Schweigen!

Durchbrach doch da, lebendig, jeder Stern
In hellerem Glanze mit Gesang die Stille,
Für mein Gedächtnis nur noch schwach und fern!

O süße Liebe, in des Lächelns Hülle,
Wie glänzest du so licht in jeder Kehle,
Die haucht nur heiliger Gedanken Fülle!

Nachdem die teuren, köstlichen Juwele,
Davon das sechste Licht uns gibt Genuß,
Beschlossen ihre englischen Choräle,

Da hört ich murmeln, schien mir, einen Fluß,
Der klar hinunterrauscht von Stein zu Steine,
Und vorweist seines Gipfels Überfluß.

Und wie der Ton am Hals der Zither seine
Gestalt erhält, und wie bei der Schalmei
Am Loch des Bläsers Atem annimmt eine,

So wurde, ohne Aufenthalt dabei,
Das Murmeln jenes Adlers hochgetrieben
Durch seinen Hals, als ob durchlocht er sei.

Es ward zur Stimme und begann zu stieben
Durch seinen Schnabel dann in Wortgestalt,
Wie sich's das Herz erharrt, drein ich's geschrieben.

»Der Teil in mir, der schaut und Sols Gewalt
Beim irdschen Aar erträgt«, hört ich ihn rufen,
»Soll deinen Blicken geben festen Halt,

Da von den Feuern, die die Form mir schufen,
Sie, davon mir im Kopf das Auge lacht,
Von allen nehmen ein die höchsten Stufen.

Und jenes Licht, das mir im Auge wacht,
War Sänger in der Welt vom Heiligen Geiste,
Der einst den Schrein von Stadt zu Stadt gebracht;

Nun weiß er, was sein Sang ihm alles leiste,
Soweit sein Rat die Ursache davon,
Da die Belohnung dementsprechend gleißte.

Von fünf, die in der Form der Wimper lohn,
Sprach er, der nächst dem Schnabel seinen Posten,
Der Witwe Trost zu über ihren Sohn:

Nun weiß er, was es uns macht große Kosten,
Nicht Christus nachzugehn; er durft erproben
Dies süße Leben und die Hölle kosten.

Und jener, der dann folgt am Bogen oben,
Im Kreis, davon ich gebe grad Bericht,
Hat Tod durch wahre Reue aufgeschoben:

Nun weiß er, daß das ewige Gericht
Sich ändert nicht, auch wenn durch würdiges Beten
Erst morgen wird, was heute sollt ans Licht.

Der folgt, mit mir und den Gesetztabletten,
Wo schlimme Frucht an guter Absicht hing,
Ward Grieche, um dem Hirten abzutreten.

Nun weiß er, daß das Übel, das sich fing
In seinem Guttun, ihm nicht schuld kann geben,
Wenn auch dabei die Welt in Trümmer ging.

Den an des Bogens Senkung du siehst schweben,
War Wilhelm, drob sich jenes Land betrübt,
Das Karl und Friedrich jetzt beseufzt, die leben.

Nun weiß er, wie der Himmel innig liebt
Gerechten König; und am Glanz des Scheines
Siehst du es noch, wieviel darauf er gibt.

Wer glaubte unten in der Welt des Scheines,
Daß Rhipeus, der Trojaner, hier im Rund
Von den fünf heiligen Lichtern wäre eines?

Nun weiß er vieles, was noch nicht uns kund
Von Gottes Gnade ist zu Lebenszeiten,
Wenn auch sein Blick nicht sehen kann zum Grund.«

Den Lerchen gleich, die durch die Lüfte gleiten
Und schweigen, wenn der Sang zu Ende ging,
Gesättigt von den letzten Süßigkeiten,

Erschien das Bild mir, weil es dort empfing
Den Stempel ewiger Lust, nach deren Neigen,
So wie es ist, auch wird ein jedes Ding.

Mocht ich mich auch für meinen Zweifel zeigen,
Wie für die Farbe, die es einschließt, Glas,
So litt's ihn nicht, zu warten noch im Schweigen,

Und preßte aus dem Mund mir: »Was ist das?«
Mit dem Gewichte seiner ganzen Schwere:
Drob ich es funkeln sah im Übermaß.

Dann gab mit funkelnderem Blick das hehre
Und benedeite Zeichen mir Bescheid,
Daß ich nicht länger in Verwunderung wäre:

»Ich sehe, dies zu glauben, dich bereit,
Weil ich's gesagt; wie, kannst du nicht erkennen;
Es ist geglaubt, doch in Verborgenheit;

Wie jene, die ein Ding beim Namen nennen,
Jedoch, sofern man ihnen sie nicht zeigt,
Die Wesenheit davon nicht sehen können.

Regnum Coelorum der Gewalt sich neigt
Lebendiger Hoffnung, liebendem Gemüte,
Da diesen sich der Wille Gottes beugt,

Nicht, wie ein Mensch den andern überbiete,
Sie siegt nur, weil er wünscht den Sieg davon!
Wenn auch besiegt, siegt er mit seiner Güte.

Der Braue erstes und ihr fünftes Loh'n
Bringt dich zum Staunen, weil du mit den beiden
Geschmückt hier siehst die englische Region.

Sie gingen aus dem Körper nicht als Heiden,
Wie du es glaubst, als gläubige Christen schon
An die zukünftigen und erlittenen Leiden.

Der eine kam aus jener Höllenfron,
Wo gutes Wollen tot ist, zum Gebein,
Und das war der lebendigen Hoffnung Lohn,

Lebendiger Hoffnung, welche Kraft gab ein
Gebeten, ihm zu lösen seine Ketten,
So daß bewegt sein Wille konnte sein.

Die hehre Seele, nun aus jenen Stätten
Gekehrt ins Fleisch, das ihr nur kurz gefiel,
Glaubte an ihn, der einzig konnte retten;

Und glaubend ward so feurig ihr Gefühl
Der wahren Liebe, daß sie von der Schwelle
Des zweiten Todes kam zu diesem Spiel.

Aus Gnade, welche aus so tiefer Quelle
Hervortropft, daß nie eine Kreatur
Den Blick gesenkt bis zu der ersten Welle,

Erstrebte Redlichkeit der zweite nur,
So daß von Gott er, Gnade über Gnade,
Von der zukünftigen Loskaufung erfuhr:

Drum glaubte er an sie in solchem Grade,
Daß ihn vorm Heidentum gepackt ein Grauen
Und er gerügt das Volk auf falschem Pfade.

Zur Taufe waren bei ihm die drei Frauen,
Noch über ein Jahrtausend vor dem Herrn,
Die du am rechten Rade konntest schauen.

O Vorbestimmung, wie ist gar so fern
Doch deine Wurzel jenen Ungezählten,
Die nicht den Urgrund schauen bis zum Kern!

O haltet euch zurück, ihr Todvermählten,
Im Urteil; denn selbst wir, die Gott sehn, sollen
Nicht einmal kennen alle die Erwählten:

Wir können auch dem Mangel drum nicht grollen,
Weil sich in diesem läutert unser Heil,
Daß, was Gott will, wir ebenfalls so wollen.«

So ward von Gottes Bild in diesem Teil,
Um meiner Kurzsicht Klarheit zu bereiten,
Mir solche süße Medizin zuteil.

Und wie der Zitherspieler beim Begleiten,
Um am Gesange mehr uns zu erfreun,
Dabei ist mit dem Zupfen seiner Saiten,

So, denk ich, als er sprach so auf mich ein,
Sah ich die beiden benedeiten Flammen,
Als blinzelten zwei Augen überein,

Die Flämmchen regen mit dem Wort zusammen.

XXI. GESANG

Schon lenk ich meine Augen wieder hin
Zu meiner Herrin Antlitz, und ich dachte
An sie nur, da nichts andres mir im Sinn.

Und jene lachte nicht; doch: »Wenn ich lachte,
So würdest du«, begann sie, »dem erliegen,
Das Semele dereinst zu Asche machte;

Denn meine Schönheit, welche auf den Stiegen
Des ewigen Schlosses strahlte um so mehr,
Wie du gesehn, je mehr wir hochgestiegen,

Erglänzte, dämpfte ich sie nicht, so sehr,
Daß deine Erdenkraft vor ihrem Blitze
Gleich Zweigen, die der Blitzschlag abstreift, wär.

Erhoben sind wir zu dem siebten Sitze,
Der an der Brust des glühend heißen Leun
Herabstrahlt jetzt, vermischt mit seiner Hitze.

Den Augen nach laß deinen Geist nun dräun
Und laß sie Spiegel sein für jedes Wesen,
Das dir im Spiegel hier wird sichtbar sein.«

Wer wüßte, wie die Weide süß gewesen
Der Augen in dem seligen Gesicht,
Als ich mich wandelte zu anderem Lesen,

Ermäße, wie genehm mir war die Pflicht,
Zu folgen meinem himmlischen Geleite,
Die Schalen haltend so im Gleichgewicht.

In dem Kristall, der sich benennt noch heute,
Die Welt umkreisend, nach dem Prinzipal,
Darunter keine Bosheit sie entweihte,

Sah ich, in Gold getaucht, darin ein Strahl
Erglänzt, so ragen einer Leiter Sprossen,
Daß, ihr zu folgen, war mein Licht zu fahl.

Ich sah auch auf die Stufen hingegossen
Solch Schimmern, daß ich dachte, alles Licht
Am Himmelszelte sei dorthin geflossen.

Und wie die Krähn aus angeborener Pflicht
Zusammenfliegen bei des Tags Entstehen,
Zu wärmen kalte Federn nur erpicht.

Dann ohne Wiederkehr die einen gehen,
Die andern dorthin, wo sie aufgestiegen,
Die dritten weiter sich im Kreise drehen,

So schien es auch an diesem Ort zu fliegen
In dem Gefunkel, das zugleich gekreist,
So wie's geprallt auf eine von den Stiegen.

Und jener, der uns nahe kam zumeist,
Erglühte so, daß ich dann bei mir sann:
Ich sehe wohl die Liebe, die du weist!

Doch sie, auf die ich harre, wie und wann
Ich sprech und schweige, stockt: drum wider Willen
Nicht anzufragen, tu ich gut daran.

Als sie mich sah mich so in Schweigen hüllen,
Im Schauen des, der alles schaut im Geist,
Sprach sie: »Dein heißes Sehnen magst du stillen!«

Und ich begann dann: »Mein Verdienst erweist
Mich zwar nicht wert, daß dein Bescheid ergehe,
Jedoch für sie, die mich zu fragen heißt,

Glückseliges Leben, das umhüllt ich sehe
Von deiner Wonne Schleier, tu mir kund
Den Grund, warum du kamst in meine Nähe;

Und sprich, warum denn schweigt in diesem Rund
Die süße Symphonie des Paradieses,
Die doch so fromm ertönt auf tieferem Grund?«

»Dein Ohr ist sterblich wie dein Auge!« hieß es
Als Antwort; »drum hält man den Mund verschlossen,
Wie Beatrice nicht gelacht um dieses.

Hinab stieg ich der heiligen Treppe Sprossen,
Um meine frohen Grüße dir zu weihn
Mit Wort und Licht, das sich um mich ergossen:

Nicht größere Liebe ließ mich schneller sein;
Denn hier glüht größeres und gleiches Minnen,
Wie es dir offenbart der Flammenschein.

Die hohe Liebe, die zu Dienerinnen
Uns macht, gehorsam unserm Weltenherrn,
Verteilt die Lose, wie du's siehst hierinnen.«

»Ich sehe wohl«, sprach ich, »o heiliger Stern,
Wie freier Trieb genügt in diesen Hallen,
Zu folgen ewiger Voraussicht gern;

Doch das hört noch nicht auf, mir schwer zu fallen,
Warum nur du allein bist vorgesehen
Zu diesem Amt von den Genossen allen.«

Es ließ, bevor mein letztes Wort geschehen,
Das Licht ein Zentrum seine Mitte sein,
Darum als schnelle Mühle sich zu drehen.

Dann gab Bescheid die Liebe in dem Schein:
»Das Gotteslicht wird auf mich hingegossen,
Durchdringend das, drin ich mich hülle ein;

Und seine Kraft, der meinen angeschlossen,
Hebt so mich über mich, daß ich erkenne
Das höchste Wesen, daraus sie geflossen.

Da kommt die Freude her, darin ich brenne,
So daß der Klarheit meiner Schau entspricht
Der Flammen Helligkeit, die mein ich nenne.

Die Himmelsseele mit dem meisten Licht,
Der Seraph, dem von Gott die größte Kunde,
Wird deiner Frage auch genügen nicht,

Da ja so weit entrückt ist in dem Schlunde
Des ewigen Statutes dieses Fragen,
Daß kein erschaffenes Auge dringt zum Grunde.

Wirst wieder du zur Todeswelt verschlagen,
Berichte dies, daß man erkühn sich nicht,
Zu solchem Ziel die Füße hinzutragen.

Auf Erden schwelt der Geist, der hier ist licht;
Drum ist nicht möglich in der Erdensphäre,
Wozu im Himmel selbst die Kraft gebricht.«

So sehr beschränkte mich dann seine Lehre;
Ich ließ die Frage und sprang von den Stelzen,
Zu fragen voller Demut, wer er wäre.

»Zwischen Italiens Küsten steigen Felsen,
Nicht sehr entfernt von deinem Vaterland,
So hoch, daß Donner selbst sich tiefer wälzen,

Den Buckel bildend, Catria genannt,
Darunter eingesegnet eine Öde,
Die nur der Gottesandacht zugewandt.«

So fing er wieder an die dritte Rede,
Und weiter sprach er: »Hier gewann ich Kraft
Im Gottesdienst für eine jede Fehde,

Daß nur mit Speisen in Olivensaft
Ich Kälte und auch Hitze leicht ertragen,
In freudige Betrachtung ganz entrafft.

Dies Kloster pflegte reichlich Frucht zu tragen
Den Himmeln hier, und nun ist's ödes Land,
So daß es sich enthüllt in wenig Tagen.

Dort ward ich Peter Damian genannt,
Der Sünder Peter aber in den Zimmern
Der Lieben Fraue an der Adria Strand.

Nur kurz noch sollte mir mein Leben schimmern,
Als man mich rief und zog zu jenem Hut,
Der nur vom Schlimmen kommt zu einem Schlimmern;

's kam Kephas, mager nur und unbeschuht,
Und auch des Heiligen Geistes großer Heger;
Die Speise jeder Herberge war gut.

Nun brauchen Stützen die modernen Pfleger
So hier wie dort! und Führung wird begehrt
– So schwer sind sie! dazu noch Schleppenträger!

Mit ihren Mänteln decken sie ihr Pferd,
So daß zwei Bestien hält ein Fell zusammen!
Geduld, was ist zu tragen dir beschert!«

Bei diesem Ruf sah ich noch viel mehr Flammen
Von Stuf zu Stufe sinken und sich drehn,
Und jedes Kreisen ließ sie heller flammen.

Um diese kamen sie und blieben stehn,
Um einen Schrei so dröhnend auszustoßen,
Daß nie auf Erden Gleiches ist geschehn,

Noch faßt ich's: so betäubte mich das Tosen!

XXII. GESANG

Vor Staunen starr, begann ich umzuschauen
Nach meiner Führerin, gleich einem Kind,
Das dorthin rennt, wo meist es kann vertrauen,

Und jene, wie die Mutter, die geschwind
Ihr blasses, keuchend Söhnchen kann verwandeln
Mit ihrer Stimme, bis es gut gesinnt,

Sprach: »Weißt du nicht, daß wir im Himmel wandeln
Und daß der Himmel heilig unentwegt
Und daß aus frommem Eifer fließt sein Handeln?

Wie der Gesang dich hätte erst bewegt,
Und auch mein Lachen, kannst du nun verstehen,
Da schon der Schrei so heftig dich erregt;

Und hättest du verstanden erst sein Flehen,
So hättest du die Rache schon erfaßt,
Die du vor deinem Tode noch wirst sehen.

Das Schwert hier oben schneidet nicht in Hast
Noch säumig: so will es nur dem erscheinen,
Dem Furcht – und Hoffnung – Warten macht zur Last.

Doch wende dich nun zu den anderen Reinen;
Du siehst erlauchter Geister große Zahl,
Führst du den Blick herum nach meinem Meinen.«

Die Augen wandte ich, wie sie befahl;
Und hundert Kugeln sah ich dort zusammen,
Verschönernd sich mit wechselseitigem Strahl.

Ich stand gleich dem, der des Begehrens Flammen
In sich bezwingt und wagt zu fragen nicht;
So nimmt er sich vor dem Zuviel zusammen.

Und die zuerst an Größe war und Sicht
Von jenen Perlen, sah ich vor mir stehen,
Mich zu befriedigen mit dem Bericht.

In ihr vernahm ich: »Könntest du nur sehen,
Wie ich, die Liebe, die uns glühen läßt,
Gesagt wär's schon, was du hast an Ideen.

Doch daß das Warten dich nicht halte fest
Vorm hohen Ziel, so will ich dich bescheiden
Schon beim Dran-Denken, da's so sehr dich preßt.

Die Höhe, der Cassino liegt zur Seiten,
Hatt auf die Spitze hingelockt voll Trug
Viel irrgeführte und verstockte Heiden;

Und ich bin der, der erstmals dorthin trug
Den Namen dessen, der zur Erde führte
Die Wahrheit, die uns hebt zum hohen Flug;

Da solche Gnade über mir sich schürte,
Zog ich die Städte, die den Umkreis säumen,
Vom Götzendienste, der die Welt verführte.

Kontemplative sind in diesen Räumen
Die andern Feuer all, von Glut durchwallt,
Aus welcher Blüt und heilige Früchte keimen.

Hier ist Macarius, hier Romuald;
Hier meine Brüder, die in Klosterhallen
Den Füßen und den Herzen gaben Halt.«

Und ich: »Die Liebe, die du läßt erschallen
In deinen Worten, und der Schein der Güte,
Den ich bemerkt an euren Feuern allen,

Ließ so Vertraun mir wachsen im Gemüte,
Gleichwie die Rose, welche Sol erfüllt,
So weit, wie sie nur kann, erschließt die Blüte.

Drum, Vater, sei zu sagen mir gewillt,
Ob je ich solche Gnade kann erlangen,
Daß ich dich sehe mit enthülltem Bild.«

Drum er: »O Bruder, dein erlaucht Verlangen
Erfüllt in letzter Sphär sich ganz und gar,
Wo alle sonst und meins ans Ziel gelangen.

Dort bietet reif, vollkommen, ganz sich dar
Ein jeder Wunsch; allein in ihrem Licht
Ist jeder Teil dort, wo er immer war,

Da dort kein Raum ist und auch Pole nicht;
Und unsere Leiter reicht zu den Gestaden,
So daß sie schwindet ganz aus deiner Sicht.

In ihren Höhen sah sich einstmals baden
Erzvater Jakob deren höchsten Teil,
Als er sie voll von Engeln sah beladen.

Den Fuß hebt keiner mehr, da sie zu steil,
Vom Boden auf; zurück blieb ohne Seele
Die Regel, nur 's Papier zu füllen geil.

Die Mauern sind nun eine Räuberhöhle,
Nicht mehr Abtei wie einst, und die Kapuzen
Sind Säcke jetzt, gefüllt mit schlechtem Mehle.

Doch schwerer Wucher kann so sehr nicht trutzen
Dem Wohlgefallen Gottes wie die Frucht,
Die so erfüllt der Mönche Herz mit Nutzen.

Denn, was die Kirche sich zusammensucht,
Ist denen, die um Gottes willen fragen,
Nicht den Verwandten und noch schlimmerer Zucht.

Das Fleisch der Sterblichen ist so voll Zagen,
Daß gut Beginnen nicht genügen kann
Vom Eichenanfang bis zum Eicheltragen.

Peter fing ohne Gold und Silber an,
Und ich allein, mit Fasten und Gebeten,
Wie Franz den Orden demütig begann.

Und siehst du, welchen Keim sie alle säten,
Und schaust sodann, was später draus entsproß,
So siehst du, daß aus Weiß ist Schwarz getreten.

Doch wunderbarer war's, daß rückwärts floß
Der Jordan, und geflohn des Meeres Wogen,
Wann Gott gewollt, als Hülfe für dies Los.«

So sprach er, und ich sah, wie er verzogen
Zu seinem Chor: der sammelte sich mehr
Und ist dann, wie ein Wirbel, aufgeflogen.

Die Herrin trieb mich hinter ihnen her
Auf jener Stiege, nur mit einem Zeichen;
Denn ihre Kraft zwang meine Art so sehr!

Noch nie beim Auf- und Abstieg war dergleichen
Geschwindigkeit in unserm Erdendust,
Daß man es könnte meinem Flug vergleichen.

So wahr ich, Leser, zu solch frommer Lust
Je wiederkehre, drum mir Tränen rinnen
Ob meiner Schuld, und ich mir schlag die Brust,

So schnell wär aus dem Feuer drauß und drinnen
Dein Finger nicht, als mir das Bild gegleißt,
Das auf den Stier folgt, und ich war darinnen.

Glorreiche Sterne, Leuchte, die du weist
So große Kraft in dir und deren Funken
Ich alles danke, was besitzt mein Geist,

Mit euch ist aufgegangen und versunken
Der Vater jeden Lebens, welches endet,
Als ich Toskanerluft zuerst getrunken;

Und dann, als mir die Gnade ward gespendet,
Zu gehn zur hohen Sphäre, die euch kreist,
Ward eure Region mir zugewendet!

Zu euch hin schickt ergeben auf mein Geist
Sein Seufzen, um die Kräfte zu bekommen
Zum schweren Thema, das ihn an sich reißt!

»Du bist dem letzten Heil so nah gekommen«,
Sprach Beatrice, »daß die Zeit tritt ein,
Für die dir klare, scharfe Augen frommen;

Darum nun, ehe du dringst mehr hinein,
Schau abwärts, und du siehst die Welten alle,
Die ich ließ unter deinen Füßen sein,

Auf daß dein Herz sich möglichst froh gefalle
Am Schwarme des Triumphes, der erfüllt
Mit Freude dieses runden Äthers Halle.«

Den Blick kehrt ich dann ab vom Sterngebild
Und sah durch sieben Sphären diesen Globen:
Ein Lächeln zwang mir ab sein elend Bild;

So wird sich jener Rat zumeist erproben,
Der ihn verachtet; wer an ihn denkt nicht,
Den kann man als wahrhaftig redlich loben!

Ich sah sodann Latonas Tochter licht,
Ganz ohne Schatten mehr, in ihrer Zone,
Darum ich glaubte sie einst dünn und dicht.

Den Anblick deines Sohns, Hyperione,
Ertrug ich hier und sah umkreisen ihn
Und ihm ganz nahe Maja und Dione.

Und zwischen Vater und dem Sohn erschien
Jupiters Mäßigung: dann ward mir klar,
Wieso sie so auf ihren Bahnen ziehn.

An allen sieben nahm ich ferner wahr,
Wie groß sie sind und wie sie schnell sich winden
Und wie der Abstand ihrer Schanzen war.

Die Scholle, drum wir uns so sehr entzünden,
Erblickt ich, mit den ewigen Zwillingssöhnen
Mich drehend, von den Hügeln zu den Schlünden.

Dann sah ich zu den Augen hin, den schönen.

XXIII. GESANG

Dem Vogel gleich, der auf geliebten Zweigen
In seiner teuren Kleinen Nest geruht,
Zur Nacht, in welcher uns die Dinge schweigen,

Und der, zu schauen wieder seine Brut,
Und sie zu füttern, wobei große Plage
Er willig auf sich nimmt mit frohem Mut,

Auf offenem Zweig zuvorkommt neuem Tage
Und auf die Sonne wartet, sehnsuchtsbang,
Das Köpfchen streckend, bis die Dämmerung tage,

So stand dort aufgereckt die Herrin lang
Und schaute unermüdlich zu der Stelle,
An der die Sonne säumt auf ihrem Gang.

Als ich gespannt und lüstern nach der Helle
Sie sah, tat ich wie der, den hält in Bann,
Was er nicht hat, doch dem die Hoffnung Quelle.

Doch wenig Zeit war zwischen beiden Wann,
Dem Warten, sage ich, und dem Gewahren,
Daß Glanz der Himmel mehr und mehr gewann.

Und Beatrice sprach: »Sieh dort die Scharen
Des Sieges Christi und der Früchte Kranz,
Vom Umschwung dieser Sphären eingefahren!«

Mir schien, als ob ihr Antlitz glühte ganz
Und ihre Augen solche Wonne zechten,
Daß ich muß übergehen solchen Glanz.

Wie Trivia in den klaren Vollmondnächten
Inmitten ihrer ewigen Nymphen lacht,
Die schimmernd stehn an allen Himmelsschächten,

So sah ich ob unzähliger Lichter Pracht
Die eine Sonne, die sie all entbrannte,
Wie unsere mit den Himmelslichtern macht.

Und durchs lebendige Licht hindurch entsandte
Solch eine Helligkeit der lichte Leib,
Daß ich geblendet weg die Augen wandte.

O Beatrice, liebes teures Weib!
Sie sagte mir: »Die so dich hält gefangen,
Ist eine Kraft, davor ist kein Verbleib.

Hier siehst die Weisheit und die Macht du prangen,
Die Brücken schlug vom Himmel zu der Welt,
Danach vorher schon lang man trug Verlangen.«

Gleichwie ein Feuer aus der Wolke schnellt,
Wenn es sich ausdehnt über ihr Erfassen
Und wider sein Gesetz zu Boden fällt,

So ging mein Geist, der bei derartigem Prassen
Viel größer wurde, ganz aus seinem Sinn,
Und die Erinnerung dran hat ihn verlassen.

»Tu auf die Augen! Schaue, wer ich bin!
Du sahest Dinge, die dich fähig machen,
Mein Lachen zu ertragen fürderhin!«

Ich war gleich einem, welcher beim Erwachen
Den Traum vergaß, und dann vergebens sucht,
Ihn in dem Geiste wieder zu entfachen,

Als ich vernahm, womit sie mich versucht,
Wert eines Danks, daß nie getilgt die Fährte
Im Buche, welches das Vergangene bucht.

Wenn man mir alle Zungen jetzt bescherte,
Die nebst den Schwestern Polyhymnia
Mit ihrer Milch, der süßesten, ernährte,

Zur Hilfe, käm ich nicht der Wahrheit nah
Ein Tausendstel, wollt ich das Lächeln singen,
Und wie ihr heiliges Antlitz strahlte da;

Ich muß, sprech ich von Paradiesesdingen,
Gleich dem, der auf der Straße findet Gräben,
In dem geheiligten Gedichte – springen!

Wer daran denkt, wie schwer der Stoff zu heben,
Und daß es Menschenschultern, drauf er thront,
Der rügte nicht, wenn sie darunter beben:

Kein Weg ist's, der für kleinen Kahn sich lohnt,
Auf dem der kühne Kiel die Wogen zieht;
Nichts für den Fährmann, der sich selber schont!

»Warum bist du so sehr für mich erglüht,
Daß du nicht drehst zum schönen Garten dort,
Der unter Christi Strahlen aufgeblüht?

Dort ist die Rose, darin Gottes Wort
Einst Fleisch ward, und die Lilien schauen nieder,
Bei deren Duft man schritt zum rechten Ort!«

So Beatrice! Ich, vertrauend wieder
Auf ihren Rat, ging, wie sie es befahl,
Jetzt in die Schlacht hinein der schwachen Lider.

Wie ich im Schatten schaute schon einmal
Im Glanze liegen eine Blumenwiese,
Wenn durch die Wolke bricht ein Sonnenstrahl,

So sah ich Sternenschwärm im Paradiese,
Von Strahlen aus der Höh beleuchtet prächtig,
Doch ohne daß sich ihr Prinzip mir wiese.

O gütige Kraft, von der sie sind so trächtig,
Du stiegst empor so hoch, auf daß mir freier
Die Augen, welche deiner noch nicht mächtig.

Der schönen Blume Nam, die ich beteuer
So früh wie spät, hat mich dazu gezwungen,
Den Geist zu heften auf das größte Feuer.

Und wie mir beide Augen hat durchdrungen
Des lebensvollen Sternes Was und Wie,
Der hier wie unten hat den Sieg errungen,

Sank durch den Himmel eine Fackel, die
In Kreisesform gleichwie ein Reif gestaltet
Um sie sich schwang und sich gedreht um sie.

Wie süß auch eine Weise sich entfaltet
Auf Erden und die Seele an sich zieht,
Sie schien' Gewölk nur, das der Donner spaltet,

Verglich ich sie mit jener Leier Lied,
Erklungen zu des schönen Saphirs Preise,
Darob der Himmel hier am klarsten glüht.

»Ich bin die Engelsliebe und umkreise
Die hohen Wonnen, die dem Leib entwehn,
Der Herberg war einst der ersehnten Speise,

Und will mich, Himmelsherrin, so lang drehn,
Bis du dem Sohne folgst, um zu verschönen
Durch deinen Einzug selbst des Himmels Höhn.«

So ging's mit den im Kreis sich drehnden Tönen
Zu Ende jetzt, und alle anderen Gluten
Hört ich sodann Marias Namen dröhnen.

Der Sphären Königsmantel, der sein Gluten
Und seine Kraft empfängt von Gottes Hand,
In seinem Atem und den Attributen,

War über mir mit seinem innern Rand
Zu weit entfernt, als daß mein Blick gedrungen
Zu ihm hin von der Stelle, wo ich stand.

Drum ist es meinem Auge nicht gelungen,
Der lichtgekrönten Flamme nachzukommen,
Die ihrem Samen nach sich aufgeschwungen.

Und wie ein Kind, wenn es die Milch genommen,
Die beiden Ärmchen zu der Mutter streckt,
Weil bis ins Äußere ihm 's Gemüt erglommen,

So hat hier jeder Glanz sich aufgereckt
Mit seiner Flamme, und wie sehr sie lieben
Die Muttergottes da, ward mir entdeckt.

Da sind vor meinem Blicke sie verblieben:
»Regina coeli« sangen sie so schön,
Daß mir die Lust daran noch nicht vertrieben.

Wie groß ist doch die Fülle anzusehn,
Die in den reichsten Truhen findet Platz,
Die gute Pflüger waren einst beim Sä'n!

Hier lebt man und erfreut sich an dem Schatz,
Den weinend man erwarb einst im Exile
Von Babylon, verlassenen Golds Ersatz.

Hier freut sich ferner am erreichten Ziele
Mit Gottes und Mariens hehrem Sohne,
Nebst älterem und neuerem Konzile,

Er, der die Schlüssel hält zu solchem Throne.

XXIV. GESANG

»O Bruderschaft, erwählt zum großen Mahle
Des benedeiten Lammes, das euch speist,
So daß ihr immer satt seid hier im Saale,

Wenn Gottes Gnade diesen kosten heißt
Von dem, was niederfällt von euren Bänken,
Bevor noch Tod ihm seine Stunde weist,

So wollt sein heißes Sehnen jetzt bedenken
Und tauet ihn: ihr dürft ja immer treten
Zur Quelle, daraus kommt euch all sein Denken!«

So Beatrice, und die Seelen drehten
Um feste Pole froh auf Kugelweise,
Aufflammend in der Weise der Kometen.

Gleichwie im Werk der Uhr die Räderkreise
Sich drehen so, läßt man den Blick drauf ruhn,
Als ob das erste steh, das letzte kreise,

So ließen diese, Ringelreihen nun
Verschieden tanzend, langsam oder schnelle,
In ihren Reichtum einen Blick mich tun!

Ihm, der an Reichtum stand an erster Stelle,
Sah ich entsprießen solchen seligen Brand,
Daß keinen er dort ließ in größerer Helle;

Sah, wie er sich um Beatrice wand
Dreimal mit einem solchen Engelssingen,
Daß es aus meiner Phantasie entschwand.

Drum schreib ich's nicht und laß die Feder springen!
Zu grell ist unser Wort und selbst der Geist,
Als daß ihm solche Falten je gelingen.

»O meine heilige Schwester, die du weißt
So fromm zu bitten, mit solch heißem Lieben,
Daß du mich aus der hohen Sphäre reißt!«

Als dann das selige Feuer stehngeblieben,
Ließ es zur Herrin hin die Stimme kehren,
Die so gesprochen, wie ich es beschrieben.

Und sie: »O ewige Leuchte du des Hehren,
Dem unser Herr die Schlüssel ließ, die er
Hinabtrug aus den seligen Wundersphären,

Prüf diesen hier und frag ihn leicht und schwer
Betreffend jenen Glauben, nach Belieben,
Kraft dessen du gewandelt übers Meer.

Ob recht er glaubt und hofft und recht kann lieben,
Ist dir verhüllt nicht, da du schaust nach dort,
Wo jedes Dinges Bild ist eingeschrieben.

Da Bürgerrecht verliehen dieser Ort
Kraft wahren Glaubens, mag er, ihm zum Preise,
Darüber kommen auch einmal zu Wort.«

Wie sich der Baccalaur bereitet leise,
Wenn ihm der Lehrer legt die Frage vor,
Nicht um sie zu entscheiden, zum Beweise,

So holt auch ich jetzt jeden Grund hervor,
Solang sie sprach, bereit zu sein zur Stunde
Für solch Bekenntnis und für solches Ohr.

»Sprich, gib als guter Christ davon mir Kunde:
Was ist der Glaube?« und zu jener Helle
Hob ich das Haupt, der dies kam aus dem Munde;

Zu Beatrice wandt ich mich, und schnelle
Gebot sie mir durch Mienenspiel zu schicken
Das Wasser jetzt aus meiner innern Quelle.

»Die Gnade, die zur Beichte mich läßt bücken«,
Begann ich, »vor dem Streiter für die Schrift,
Gestatte mir, mich klar jetzt auszudrücken«;

Und fuhr dann fort: »Wie der wahrhaftige Stift
Des teuren Bruders, Vater, legte offen,
Der mit dir brachte Rom auf gute Trift,

Ist Glaube die Substanz des, was wir hoffen,
Und ein Beweis des, was man sehn nicht kann,
Und damit scheint sein Wesen mir getroffen!«

Dann hörte ich: »Ganz recht siehst du es an,
Wenn richtig du verstehst, zu welchem Ende
Er ihn Substanz ließ sein, Beweis sodann.«

Und ich darauf: »Die tiefen Gegenstände,
Die hier gewähren jetzt mir ihren Glanz,
Sind so verborgen uns vor unserem Ende,

Daß dann ihr Sein ist nur im Glauben ganz,
Auf den sich gründet dann das hohe Hoffen,
Und darum nimmt er den Begriff ,Substanz'.

Und ohne daß noch andre Schau ist offen,
Ist's nötig, daß man aus dem Glauben schließt;
Drum wird er vom Begriff ,Beweis' getroffen.«

Dann hört ich: »Wenn ihr alles, was ihr wißt,
So gut begreift nach weltlicher Belehrung,
So hätte keinen Platz da ein Sophist.«

So ward mir aus dem Liebesbrand Gewährung;
Dann sprach er noch: »Genügend ist erfaßt
Legierung und Gewicht von dieser Währung;

Doch sprich, ob du sie in dem Beutel hast!«
Und ich: »Ich habe sie! so blank und rund,
Daß mich kein Zweifel am Gepräg erfaßt.«

Dann brach hervor noch aus des Lichtes Schlund,
Das dort erglänzte: »Dies Juwel, gelegen
Jedweder Tugend, die es gibt, zugrund,

Wo kam dir's her?« Und ich: »Der reiche Regen
Des Heiligen Geistes, welcher einst ergoß
Auf beide Pergamente seinen Segen,

Ist ein Vernunftschluß, der es mir erschloß
So scharf, daß, was man auch dagegen setze
Als Folgerung, erscheint ein stumpf Geschoß.«

Sodann: »Die alten und die neuen Sätze,
Die dich zu einer solchen Ansicht weisen,
Warum sind sie dir göttliche Gesetze?«

Und ich: »Beweis, der mir es kann beweisen,
Ist jener Werke Reihe, wo Natur
Nicht schlug den Amboß, noch geglüht das Eisen!«

Es ward mir Antwort: »Sprich, wer bürgt dir nur,
Daß jene Werke waren? Was es lehrte,
Ist's gleiche, das dir leistet auch den Schwur.«

»Sofern die Welt zum Christentume kehrte«,
Sprach ich, »ganz ohne Wunder, dies allein
Wär so, daß alles sonst für nichts ich werte.

Du tratest einstmals arm und niedrig ein
Ins Feld, zu säen jene gute Pflanze,
Die Reb einst war und Dorn nun pflegt zu sein.«

Dann sang der hehre, heilige Hof, der ganze,
Durch alle Sphären: »Herr, wir loben dich!«
Die Melodie tönt nur im Himmelsglanze.

Und jener Edle, der so prüfend mich
Von einem Ast zum andern weiter führte,
Daß er dem letzten Laube nahte sich,

Fing wieder an: »Die Gnade, die dich kürte
Zu ihrem Liebling, tat dir auf den Mund
Bisher, wie ihn zu öffnen sich gebührte,

So daß ich billige, was er mir tat kund.
Nun mußt du deinen Glauben mir erschließen
Und dann mir nennen deines Glaubens Grund.«

»O Vater, Geist, der du darfst hier genießen,
Was du so glaubtest, daß dem Grabe zu
Du vorgekommen bist noch jüngeren Füßen«,

Begann ich dann, »du willst, daß kund ich tu
Dir meines willigen Glaubens Wesenskern,
Und nach dem Grund davon auch fragtest du.

Und ich sag an: Ich glaub an einen Herrn,
Allein und ewig, der, selbst unbewegt,
Mit Lieb und Sehnen regt, was nah und fern.

Der Glaube wird von mir nicht nur belegt
Mit physischen und metaphysischen Gründen,
Der Wahrheit auch, die von hier niederschlägt,

Die Moses, Psalmen und Propheten künden,
Das Evangelium, euerer Federn Strich,
Als Geistes Glut in euch begann zu zünden.

Drei ewige Personen glaube ich!
Ein Wesen glaub ich, einig dreigestaltig,
Das ‚sind' und ‚ist' zugleich erträgt an sich.

Von dieser tiefen Gottnatur erhalt ich,
Die ich berühre jetzt, in meinem Geist,
Des Evangeliums Siegel mannigfaltig.

Der Anfang ist's, der sich als Funke weist,
Aus welchem die lebendigen Flammen kommen,
Und der, ein Stern am Himmel, in mir gleißt.«

Gleichwie ein Herr, der hört, was ihm willkommen,
Dem Knechte Dank dann für die Nachricht weiß
Und ihn umarmt, kaum daß er ihn vernommen,

So wand sich dreimal mir ums Haupt im Kreis,
Mich segnend im Gesang, als ich geschlossen,
Das apostolsche Licht, auf des Geheiß

Ich sprach: so sehr hatt es mein Wort genossen!

XXV. GESANG

Geschäh es, daß der heilige Gesang,
Dem Erd und Himmel standen an der Wiege,
So daß ich mager ward schon jahrelang,

Die Grausamkeit, die mich verbannt, besiege,
Vom schönen Schafstall, drin ein Lamm ich war,
Den Wölfen feind, die mit ihm stehn im Kriege,

Mit anderer Stimme dann, mit anderem Haar
Zög ich als Dichter heim, und an der Quelle,
Wo ich getauft, böt ich dem Kranz mich dar!

Zum Glauben kam ich ja durch ihre Welle,
Der Gott die Seelen kenntlich macht, und dann
Umwand drum meine Stirne Peters Helle.

Dann kam ein zweites Licht zu uns heran
Aus jener Sphäre, draus auch er gekommen,
Den Christus als Vikar zuerst gewann:

Und meine Herrin, ganz in Lust erglommen,
Sprach: »Schau, o schau, es kommt der Edle jetzt,
Darum Galicien suchen auf die Frommen!«

Wie sich der Tauber zur Gefährtin setzt,
Und beide gurrend umeinander kreisen,
Zu zeigen, wie den andern jeder schätzt,

So sah ich hier den Willkomm sich erweisen
Die beiden großen Fürsten wunderbar,
Dabei lobpreisend ihre Himmelsspeisen.

Doch als die Freude dann zu Ende war,
Da sah ich still sie vor mir stehenbleiben,
So feurig, daß mein Blick nichts mehr nahm wahr.

Und Beatrice lachte zu dem Treiben:
»Ruhmreiches Leben, dadurch Gott einst ließ
Die Großmut der Basilika beschreiben,

Schlag an der Hoffnung Klang im Paradies!
Du kennst sie, der sie darstellt so viel Male,
Wie Jesus Liebe mehr den drein erwies.«

»Erheb dein Haupt und fasse Mut zum Mahle!
Denn was hinaufkommt aus des Todes Schicht,
Muß reifen immerdar in unserem Strahle.«

Der Zuspruch kam mir aus dem zweiten Licht;
Dann hob ich auf die Augen, bis sie trafen
Die Berge, die mir erst zuviel Gewicht.

»Weil unser Kaiser dir vor dem Entschlafen
Aus Gnadenwahl gibt zu, daß du verkehrst
In dem geheimsten Saal mit seinen Grafen,

Auf daß du, sahst du diesen Hof hier erst,
Die Hoffnung, drin ihr unten recht erglühet,
In dir und auch in andern dadurch mehrst:

Sag, was sie ist und wie aus ihr erblühet
Dein Geist, und sag, woher sie dir gekommen!«
Das war's, was noch das zweite Licht gesprühet.

Darauf ward mir die Antwort von der Frommen,
Die mir die Schwingen hob zum hohen Thron,
Und zwar auf diese Weise, abgenommen:

»Die reisige Kirche hat nicht einen Sohn
Mit größerer Hoffnung, wie im Sonnenbrande
Vermerkt steht, der uns allen pflegt zu lohn;

Drum ist's erlaubt ihm, vom Ägypterlande
Zu gehen nach Jerusalem; zu sehn,
Bevor er mit dem Kriegsdienst ist zu Rande.

Die andern beiden Punkte, zum Verstehn
Gefragt nicht, sondern einzig zum Erzählen,
Wie diese Tugend dir erscheint so schön,

Laß ihm ich: denn sie werden ihn nicht quälen,
Noch Grund zum Prahlen sein; nehm er es wahr,
Und Gottes Gnade möge ihm nicht fehlen.«

Gleichwie bereit und willig der Scholar
Dem Lehrer pflückt von seines Wissens Garten,
Daß seine Güte werde offenbar,

So ich: »Die Hoffnung ist gewiß' Erwarten
Des Glückes in der Zukunft, insofern
Verdienst und Gnadenwahl gemischt die Karten.

Es kommt mir dieses Licht von manchem Stern;
Doch hat von ihm es erst mein Herz getroffen,
Der höchster Sänger war des höchsten Herrn.

Er sagt in seinem Lobgesang: ,Es hoffen
Auf dich sie all, die deinen Namen schaun!'
Und wem von meinem Glauben liegt's nicht offen?

Du tautest mich zugleich mit seinem Taun
Im Briefe dann, so daß ich aus es schwitze
Und euren Regen gieß auf andre Aun.«

Solang ich sprach, erbebte in der Hitze
Lebendigem Schoß ein Licht, als ob's erglänze
Sehr oft und plötzlich, ähnlich einem Blitze.

Dann hauchte er: »Die Liebe, drin ich glänze
Noch hier, zur Tugend, die mir in der Welt
Zur Palme folgte und des Schlachtfelds Grenze,

Heißt mich dir wehn, was dir an ihr gefällt,
Und wolle mit der Antwort mich erfreuen,
Was denn die Hoffnung dir in Aussicht stellt!«

Und ich: »Den alten Schriften und den neuen
Entnehm ichs Bild – und dies gibt's mir bekannt –
Der Seelen, die Gott hängen an in Treuen.

Jesaias sagt, daß doppeltes Gewand
Jedwede in der Heimat wird empfangen:
Dies süße Leben ist ihr Heimatland!

Dein Bruder, der ins einzelne mehr gegangen,
Läßt, wo er von den weißen Kleidern spricht,
Auch diese Offenbarung uns erlangen.«

Und schallen hört ich erst, nach dem Bericht,
»Sperent in te!«, und zwar von oben her:
Die Reigen säumten mit der Antwort nicht.

Ein Licht wuchs zwischen ihnen dann so sehr,
Daß, wenn der Cancer wäre so kristallen,
Ein Wintermond gleich einem Tage wär.

Und wie steht auf, eilt, hebt zum Tanz den Ballen
Ein fröhlich Jungfräulein, und sie es tut
Der Braut zu Ehren, nicht um zu gefallen,

Sah ziehn ich des erhellten Glanzes Flut
Zu jenen zwein, die sich zum Sang im Kreise
Gedreht, geziemend ihrer Liebe Glut.

Dann hat er anvertraut sich Tanz und Weise,
Und meine Herrin schaute starr sie an,
Wie eine Braut, so unbewegt und leise.

»Er ist es, der einst unserm Pelikan
An seiner Brust lag; es hat dieser dort
Am Kreuze einst das große Amt empfahn.«

So meine Herrin; doch sie bog nicht fort
Den Blick, den sie so achtsam hingewendet,
Dann weiter als vorher bei ihrem Wort.

Gleichwie, wer schaut und Mühe drauf verwendet,
Die Sonnenfinsternis sich anzusehen,
Jedoch nichts sieht, weil ihn das Sehen blendet,

So ist's beim letzten Feuer mir geschehen,
Bis dann gesagt ward: »Was siehst du dich blind,
Um etwas, das hier doch nicht zu erspähen?

Auf Erden Erde ist mein Leib: es sind
Bei ihm die anderen, bis einst unsere Zahl
Sich angleicht der, die Gottes Ratschluß sinnt.

Mit zwei Gewändern sind im seligen Saal
Nur die zwei Leuchten, die du auf sahst steigen,
Und davon gib der Welt Bericht einmal.«

Bei diesem Wort ward still der Flammenreigen,
Zusammen mit dem süßen Mischmotiv,
Das dem dreifaltigen Hauche war zu eigen;

Wie bei Gefahr und Müdigkeit im Schiff
Die Ruder, deren Schlag das Wasser teilte,
Ganz stille alle stehn, ertönt ein Pfiff.

Oh, wie mein Puls da vor Erregung eilte,
Als ich zu Beatrice schweifen ließ
Den Blick, und sie nicht sah, obwohl ich weilte

In ihrer Nähe und im Paradies!

XXVI. GESANG

Als des Gesichtes Schwinden mich erschreckt,
Drang aus dem Flammenglanz, dran es verdorrte,
Ein Ton, der meine Achtsamkeit geweckt,

Und sagte: »Bis dir auftut sich die Pforte
Der Sehkraft wieder, die in mir verloht,
Geziemt sich's, zu ersetzen sie durch Worte.

Beginn und sag, wo deiner Seele Lot
Sich hinsenkt! ferner nimm mein Wort zum Pfand,
Daß nur geschwächt dein Blick ist und nicht tot;

Die Frau, die dich entführt durchs Gottesland,
Vollzieht mit ihrem Blicke ohne Mühe,
Was einst vollbrachte Ananias' Hand.«

Ich sagte: »Nach Belieben spät und frühe
Komm Heilung diesen Augen, die ihr Tor,
Durch das sie mit dem Brand trat, drin ich glühe.

Das Gute, das befriedigt diesen Chor,
Kannst du als A und O der Schrift entdecken,
Die mir liest Liebe laut und leise vor.«

Ein und dieselbe Stimme, die den Schrecken
Vor jäher Blendung eben mir vertrieb,
Verstand die Lust zum Wort in mir zu wecken

Und sprach: »Fürwahr, in einem engeren Sieb
Mußt du es klären; dir geziemt's, zu künden,
Was deinen Pfeil zu solchem Ziele trieb!«

Und ich sodann: »Mit philosophischen Gründen
Und mit dem Zeugnis, das von hier entsandt,
Muß solche Liebe ich in mir begründen.

Das Gut', sobald als gut es wird erkannt,
Entzündet Liebe, und es läßt sie steigen,
Je größere Güte es in sich gebannt.

Zum Wesen drum, dem solcher Vorzug eigen,
Daß jedes außerhalb betroffene Gut
Ein Licht nur ist von seinem Strahlenreigen,

Muß mehr als sonstwohin in Liebesglut
Der Geist jedweden Wesens hin sich kehren,
Das einsieht, worauf der Beweis beruht.

In dieser Wahrheit gibt mir seine Lehren
Er, der die erste Liebe mir tut kund
Von allen Wesen, welche ewig währen.

Es zeigt dies des wahrhaftigen Schöpfers Mund,
Als seine Stimme Moses ist erklungen:
,Ich tue dir jetzt alles Gute kund!'

Du zeigst es, als im Anfang du gesungen
Den Preis, der das Geheimnis macht bekannt
Auf Erden über alle anderen Zungen.«

Und ich vernahm: »Aus menschlichem Verstand
Und Zeugnissen, die ihm gleichlautend schrieben,
Ist Gott dein höchstes Lieben zugewandt.

Doch sprich, ob du dich fühlst zu ihm getrieben
Von andern Stricken noch? Auf zum Geständnis,
Mit wieviel Zähnen dich zerbeißt dies Lieben!«

Ich hatte für den heiligen Plan Verständnis
Des Adlers Christi; auch ward ich gewiß,
Wohin er führen wollte mein Bekenntnis.

Drum fing ich wieder an: »Ein jeder Biß,
Der es vermag, das Herz zu Gott zu führen,
War richtiger Liebe ein Erfordernis;

Die Existenz der Welt, mein Existieren,
Der Tod, den er ertrug, auf daß wir leben,
Die Hoffnung, die gleich mir die Gläubigen spüren,

Hat einst mit der erwähnten Einsicht Leben
Dem Meer der falschen Liebe mich entführt,
Um zu dem Strand der rechten mich zu heben.

Das Laub, womit der Garten ganz sich ziert
Des ewigen Gärtners, liebe nach dem Heil ich,
Wozu von Gott sie alle auserkürt.«

Sobald ich schwieg, scholl holdster Sang erfreulich
Im Himmel wieder; mit dem Chor vermischt
Sang meine Herrin: »Heilig, heilig, heilig!«

Und wie man aufwacht bei zu grellem Licht
Des Geists der Sehkraft wegen, der sich wendet
Dem Schimmer zu, der dringt von Schicht zu Schicht,

Und der Erwachte trüb nur sieht, geblendet:
Ob jähem Wecken weiß er nicht Bescheid,
Solang die Urteilskraft nicht Hilfe spendet,

So trieb vom Auge alle Dunkelheit
Mir Beatrice mit dem Strahl der ihren,
Der mehr geglänzt als tausend Meilen weit!

So wuchs an Sehkraft ich, statt zu verlieren,
Und fragte, fast betroffen von der Pracht,
Nach einem neuen Licht, da sie zu vieren.

Die Herrin dann: »In diesen Strahlen lacht
Die erste Seele zu des Schöpfers Höhen,
Die je erschaffen hat die erste Macht.«

Gleichwie das Blattwerk in des Windes Wehen
Die Spitze beugt, und sie sich hebt danach
Aus eigener Kraft, die sie sich läßt erhöhen,

So tat auch ich in der Zeit, als sie sprach,
Vor Staunen stumm, und dann ward mir zur Kur
Ein Wunsch zu sprechen, dran ich fast zerbrach.

Und ich fing an: »O Apfel, einzig nur
Erschaffen reif, o ältester der Väter,
Dem Tochter jede Braut, zugleich auch Schnur,

Ich bitte dich als demutsvoller Beter,
Daß du mir sprichst; du siehst ja mein Verlangen;
Doch sag ich's nicht, sonst hörte ich dich später.«

Ein Tier regt manchmal sich, mit Stoff behangen,
So daß sein Streben sich nicht kann verhehlen,
Da nachgibt ihm der Stoff, der es umfangen;

So ließ mir auch die erste aller Seelen
Durch ihre Hülle scheinen ihre Lust,
Die sie empfunden, mir sich zu empfehlen.

Sie hauchte: »Ohne daß du's sagen mußt,
Kann deinen Willen besser ich erkennen,
Als etwas du, des du dir ganz bewußt;

Denn ich seh ihn im wahren Spiegel brennen,
Der allen Dingen völlig gleich sich setzt,
Die aber niemals gleich ihm werden können.

Du möchtest wissen, wann mich Gott versetzt
In den erhabenen Garten, wo sie sachte
Zur langen Stiege dich in Stand gesetzt:

Wie lang er mein Entzücken dann entfachte;
Den eigentlichen Grund des großen Grolls;
Die Sprache, die ich brauchte, die ich machte.

Mein Sohn, nicht das, daß ich geschmeckt am Holz,
War schon an sich der Grund zu dem Exil;
Nur weil die Schranke überschritt mein Stolz!

Am Ort, draus deine Herrin trieb Virgil,
Harrt ich viertausenddreihundertzwei Kreise
Der Sonne sehnsüchtig auf dies Konzil;

Sah sie durch jedes Sternbild ihrer Reise
Bis zu neunhundertdreißig Male kommen,
Und dann erst wurde ich der Würmer Speise.

Die Zunge, die ich sprach, war schon verglommen,
Bevor noch jene unmögliche Mauer
Die Völkerschaften Nimrods unternommen;

Denn da das Menschenherz stets auf der Lauer
Nach Neuem liegt, gemäß der Sterne Licht,
War nie die Wirkung der Vernunft von Dauer.

Werk der Natur ist's, daß die Menschheit spricht:
So oder so läßt euch Natur entscheiden,
Wie es euch zusagt, und sie zwingt euch nicht.

Bevor ich abstieg zu der Hölle Leiden,
Hieß auf der Erde I das höchste Gut,
Von dem die Wonnen stammen, die mich kleiden,

Und nannte später El sich, das ist gut;
Denn Menschensitte ist wie an den Zweigen
Das Laub, das kommt und geht und niemals ruht.

Am Berg, den aus der Flut man meist sieht steigen,
War ich, im reinen wie entehrten Stand,
Von früh bis zu der Stunde, die im Reigen

Der sechsten folgt, wenn Sol tauscht den Quadrant.«

XXVII. GESANG

»Dem Vater, Sohn und Heiligen Geiste« rauschte
Ein »Gloria« zu das ganze Paradies,
So daß der süße Hymnus mich berauschte.

Was ich hier sah, schien mir ein Lachen süß
Des Weltenalls, so daß mir Schaun und Hören
Die Trunkenheit ins Innere strömen ließ.

O Freude, unsagbare Lust der Sphären!
O Leben, friedvoll ganz und liebestrunken!
O sicherer Reichtum, ohne ein Begehren!

Vor meinen Augen sah ich die vier Funken
Entzündet lohn; und ihn, der mich zu lehren
Begonnen, sah ich dann lebendiger funken;

Und solchen Anblick sah ich ihn gewähren,
Wie, tauschte er mit Mars die Federn ein,
Wohl Jupiter, wenn beide Vögel wären.

Die Vorsehung, die immer hier teilt ein
Die Pflichtenfolge, ließ des Himmels Erben
Nach allen Richtungen hin stille sein,

Als ich vernahm: »Siehst du mich so verfärben,
Erstaune nicht! denn spreche ich davon,
Siehst alle diese du sich auch so färben.

Er, der sich unten anmaßt meinen Thron,
Den Thron, den Thron, den meinen, heutzutage,
Der leer steht vor dem Aug von Gottes Sohn,

Ließ werden meinen Friedhof zur Kloake
Voll Blut und Stank, und nicht hat der Gemeine,
Der hier hinunterstürzte, Grund zur Klage.«

Die Farbe, die vom Sonnenwiderscheine
Die Wolke abends und am Morgen zeigt,
Sah ich bedecken alle Himmelshaine.

Wie einem züchtigen Weib, das überzeugt
Von seiner Unschuld und vor fremd Vergehen
Bereits beim bloßen Hören Scham bezeigt,

Sah ich es Beatrice auch ergehen;
So finster bot sich wohl der Himmel dar,
Als einst der höchsten Macht soviel geschehen.

Sodann entströmte ihm der Worte Schar
In anderem Tone, als die erst gewährten,
Daß auch sein Aussehn nicht verschiedener war:

»Nicht wurde Christi Braut genährt auf Erden
Mit meinem, Linus' und des Cletus Blut,
Nur um zum Gelderwerb mißbraucht zu werden,

Nein, zum Erwerbe dieser Freudenglut;
Und Sixtus, Pius, Calixt und Urban
Vergossen Blut nach reicher Tränenflut.

Nicht haben wir's deswegen ja getan,
Daß rechts von unsern Amtsnachfolgern sitze
Ein Teil der Christen, links ein anderer Klan;

Noch, daß die Schlüssel, die ich zum Besitze
Erhielt, zum Zeichen würden im Panier,
Das den Getauften zeigte seine Spitze;

Noch, daß ein Siegelbildnis würd aus mir
Zu trügerisch erkauften Amtsbescheiden,
Davon ich oft erröt und funkele hier.

Im Hirtenkleid sieht man auf allen Weiden
Raubgierige Wölfe ihren Raub verschlingen:
O Abwehr Gottes, wie lang willst du's leiden?

Von unserem Blute rüsten sich zu trinken
Cahorser und Gascogner; Anfang froh,
Zu welchem schlimmen Ende mußt du sinken!

Die hohe Vorsicht, die mit Scipio
Zu Rom verteidigte die Weltenehre,
Wird Hilfe bringen bald! ich seh es so.

Und du, mein Sohn, der durch des Fleisches Schwere
Hinab du kehren wirst, tu auf den Mund
Und lehre unten das, was ich dich lehre!«

Wie frostger Dunst in Flocken fällt zum Grund
Durch unsere Lüfte, wenn zusammenkommen
Der Himmelsziege Horn, der Sonne Rund,

So sah ich ätheraufwärts hier entkommen
Der triumphiernden Dünste Flockenheer,
Das mit uns hier den Aufenthalt genommen.

Mein Blick zog hinter ihrem Anblick her
Und folgte, bis der Zwischenraum so breit,
Daß, nachzukommen, ihm nicht möglich mehr.

Die Herrin, die mich endlich sah befreit
Vom Aufwärtsschauen, sagte: »Nun gefällt
Den Blick, und sieh, wie du gedreht so weit.«

Seitdem ich erst hinabgesehn zur Welt,
Sah ich mich fortgerückt den ganzen Bogen,
Den von der Mitte zieht das erste Feld;

Ich sah dort hinter Gades noch die Wogen,
Die toll Ulyß befuhr, hier das Gestade,
Wo erst Europas süße Last gewogen.

Und mehr hätt ich gesehen noch die Pfade
Der Erdenscholle, schritt nicht unter mir
Die Sonne weiter mehr als dreißig Grade.

Mein liebend Herz, das meiner Herrin hier
Stets seine Huldigung bringt dar, erglühte
Jetzt mehr als jemals, hinzuschaun zu ihr;

Und wenn Natur nebst Kunst sich auch bemühte,
Den Geist zu fesseln mittels des Gesichts
In Menschenfleisch und ihrer Bilder Blüte,

Dies, allvereinigt, schien so gut wie nichts,
Verglichen mit dem himmlischen Gefallen,
Das mich durchzuckt beim Anblick ihres Lichts.

Die Kraft, die von dem Blick in mich gefallen,
Zog mich von Ledas schönem Neste fort,
Und stieß zum schnellsten Himmel mich von allen.

Die nächsten und die höchsten Teile dort
Sind eins dort so, daß ich's nicht kann erklären,
Was Beatrice mir erwählt zum Ort.

Doch diese, die erkannte mein Begehren,
Begann so heiter ihres Lachens Spiel,
Daß Gott in ihrem Antlitz schien zu währen:

»Der Welt Natur, durch die steht immer still
Die Mitte, drum sie alles andere wendet,
Beginnt von hier aus, wie von ihrem Ziel.

Und diesem Himmel ist kein Wo gespendet,
Als in dem Gottesgeist, in dem sich mischt,
Ihn kreisend, Liebe, Kraft, die er entsendet.

Ihn fasset eines Kreises Liebe, Licht,
Wie er die andern alle: seine Höhn
Versteht nur der allein, der ihn umflicht.

Von nichts wird abgemessen je sein Gehn,
Die andern werden nur an ihm gemessen,
So wie von einem halben Fünftel Zehn.

Und wie die Zeit läßt ihre Wurzeln nässen
In diesem Topf, das Laub an andern Stellen,
Kannst du von heute an nicht mehr vergessen.

Begierde, die du furchtbar kannst entstellen
Die Menschen, daß nicht einer bricht dein Joch
Und wendet ab den Blick von deinen Wellen!

Wohl blüht das Wollen in den Menschen noch;
Der ewige Regen wandelt um die Pflaume,
Daß sie zuletzt einmal verkrüppelt doch.

Es wachsen Glaub und Unschuld nur am Baume
Der Kindheit noch; jedoch sie währen nicht,
Bis daß die Wangen sind bedeckt vom Flaume.

Gar mancher fastet, wenn er stammelnd spricht,
Der sich mit loser Zunge pflegt zu laben
In jedem Mond an jeglichem Gericht!

Und stammelnd pflegt noch mancher liebzuhaben
Die Mutter, welcher, wenn er fließend spricht,
Den Wunsch nur hat: ‚Oh, wäre sie begraben!‘

So wird die weiße Haut, bei erster Sicht
Des schönen Kinds von ihr, in Schwarz verwandelt,
Die Abend läßt und bringt des Morgens Licht.

Du, daß du nicht bestaunst, was ich verhandelt,
Bedenke, keiner herrscht auf Erden weise,
So daß vom Wege ab die Menschheit wandelt.

Doch ehe Januar Abschied nimmt vom Eise,
Durchs Hundertstel, das man mißachtet hat,
Erstrahlen derart diese höchsten Kreise,

So daß das Achter an des Buges Statt
Das Schicksal dreht, drauf warten alle Frommen,
So daß die Flotte fährt auf rechtem Pfad,

Und nach der Blüte gute Frucht wird kommen.«

XXVIII. GESANG

Also verhehlte mir vom heutigen Leben
Der armen Menschen sie die Wahrheit nicht,
Die meinem Geist das Paradies gegeben;

Wie man im Spiegel eines Leuchters Licht,
Den man im Rücken von uns angezündet,
Erblickt, eh man's im Geist hat und Gesicht,

Und, um zu sehn, ob's Glas die Wahrheit kündet,
Sich umdreht, sieht, sie stimmen überein,
Wie mit dem Rhythmus der Gesang sich bindet,

So flüstert mir auch mein Gedächtnis ein,
Daß mir's beim Schaun der schönen Augen ging,
Die Amor, mich zu fesseln, Strick ließ sein.

Und wie ich wandte mich und dann empfing
In meine, was zu sehn auf dieser Schwelle,
Schaut man nur scharf sich um in ihrem Ring,

Sah einen Punkt ich, solchen Glanzes Quelle,
Daß ich die Augen, die er so erhellt,
Verschließen mußte vor der starken Grelle;

Und selbst der kleinste Stern am Himmelszelt
Erschiene wie ein Mond, gestellt daneben
So nah, wie sich ein Stern dem Stern gesellt.

Vielleicht so nah, wie manchmal scheint umgeben
Vom Hof das Licht, das ihn am Himmel flicht,
Je dichter jene Dünste, die ihn weben,

Lief um den Punkt ein Feuerkreis so dicht
In einer Schnelle über jener höchsten
Geschwindigkeit, die unsere Welt umflicht.

Und dieser war umschlossen von dem nächsten,
Und der vom dritten, der vom vierten dann,
Vom fünften vierter, fünfter von dem sechsten.

Darüber schloß der siebte dann sich an
In einer Breite, daß zu eng selbst ganz
Der Bote Junos, um ihn zu umfahn.

So auch der achte, neunte; jeder Kranz
Bewegte träger sich, je wie er war
An Zahl von eins in größerer Distanz.

Doch jene Flamme war besonders klar,
Die sich am nächsten fand dem reinen Funken,
Ich glaube, weil an ihm sie wird so wahr.

Da sie mich tief in Sorgen sah versunken,
Sprach meine Herrin: »Von dem Punkte hängt
Der Himmel ab, ist Allnatur ganz trunken.

Schau jenen Kreis, der ihm zunächst sich drängt,
Und wisse, daß so schnell ist sein Bewegen,
Weil ihn solch eine feurige Liebe sengt!«

Und ich zu ihr: »Säh ich die Welt sich regen
In jener Ordnung, drin die Räder gehn,
Genügte das mir, was mir vorgelegen;

Doch in der Welt der Sinne sind zu sehn
Um so viel göttlicher des Himmels Kränze,
Als sie vom Zentrum sich entfernter drehn.

Darum, auf daß mein Schauen sich ergänze,
Muß ich in dieses Engeltempels Pracht,
Der einzig Licht und Liebe hat zur Grenze,

Von dir erfahren noch, was es wohl macht,
Daß Ur- und Abbild sich nicht decken lassen,
Da ich aus mir es nicht herausgebracht.«

»Wenn deine Finger wollen gar nicht passen
Für solchen Knoten, ist's nicht wunderbar;
Er wurde ja so fest durch Nichtanfassen!«

So meine Herrin; dann sprach sie: »Nimm wahr
Mein Wort, auf daß es werde dir zu Speise,
Und schärf den Geist an dem, was ich leg dar.

Bald weit, bald enge sind die Körperkreise,
Der Kraft nach, die durch alle Teile rinnt,
Doch bald in stärkerer, bald in schwächerer Weise.

Größere Güte größeres Heil ersinnt,
Und größeres Heil den größeren Körper weist,
Wenn alle Teile gleich vollendet sind.

Er also, der das Weltall mit sich reißt
In allen seinen Teilen stets, entspricht
Dem Kreis mit größter Liebe, größtem Geist.

Drum, wenn du auf die Kraft nur legst Gewicht
Bei diesem Maß, und nicht auf das Erscheinen
Der Wesen, die sich weisen rund der Sicht,

Wird sie in völliger Entsprechung scheinen
Zu ihrer Wesenheit, in jedem Kranz,
Zur großen mehr, und minder nur zur kleinen.«

Gleichwie ganz heiter bleibt und voller Glanz
Das Luftgewölbe, wenn aus der der Wangen
Boreas bläst, wo er ist milde ganz,

Darob der Nebel, der die Welt verhangen,
Sich klärt und auflöst, und der Himmel lacht
Mit aller seiner schönen Teile Prangen,

So auch erging es mir, als mich bedacht
Die Herrin dann mit ihren klaren Weisen,
Und wie ein Stern erschien der Wahrheit Macht.

Und anders funkelt auch nicht siedend Eisen,
Als ihre Rede kam zum Stillstand,
Wie ich es funkeln sah in diesen Kreisen.

Und jeder Funken folgte seinem Brand;
Und zahllos sah ich sie in diesen Ringen,
Mehr als die Schachverdoppelung bringt zustand.

Ich hörte, Chor um Chor, Hosanna singen
Dem festen Punkte, der sie hält in Schranken,
Und halten wird, darin sie immer gingen.

Als dann sie sah die zweifelnden Gedanken
In meinem Geist, sprach sie: »In ersten Ringen
Sahst du Seraph' und Cherubim sich ranken.

So schnelle folgen sie dann ihren Schlingen,
Dem Punkt, so sehr sie können, gleich zu sein,
Und nach des Schauens Höhe will's gelingen.

Die andern Lieben, die darum sich reihn,
Sie heißen Throne, mit den Gottesblicken,
Und formten so den Schluß den ersten drein.

Und wisse, daß sie all so voll Entzücken,
Wie tief ihr Blick die Wahrheit schauen kann,
Die alle Geister pflegt so zu beglücken.

Hier kann man auch erkennen, daß fängt an
Der Stand des Seligseins mit einem Sehen,
Nicht mit der Liebe: diese folgt sodann;

Und das Verdienst ist Maß von diesem Spähen,
Das Gnad, nebst gutem Willen, uns gebärt:
So pflegt von Stuf zu Stufe es zu gehen.

Die andere Dreiheit, deren Laub so währt
In diesem Lenz, der niemals wird verklingen,
Daß es der Widder nicht des Nachts verzehrt,

Hört ewig man im Lenz Hosanna singen,
Drei Melodien, welche sich entfalten,
Wovon sie dreifach, in drei Freudenringen.

In dieser Hierarchie siehst du das Walten
Zuerst der Herrschaften, der Kräfte dann;
An dritter Stelle kommen die Gewalten.

In zwei vorletzten Reigen schauet man
Die Fürstentümer und Erzengel drin;
Dann schließen sich der Engel Spiele an.

Die Ordnungen schaun all nach oben hin;
Nach unten zwingen sie, daß alle Sphären
Zu Gott gezogen werden, alle ziehn.

So groß war einst des Dionys Begehren,
Die Ordnungen zu schaun, daß er begann,
Wie ich, sie zu benennen und zu lehren.

Doch Gregor unterschied von ihm sich dann,
Daß er, als er die Augen auf hier machte,
Sogleich ein Lachen über sich gewann.

Wenn solch geheime Wahrheit euch vermachte
Ein Erdenmensch, so staune nicht der Weise,
Da einer ihm, der oben sah, sie brachte

Mit noch manch andrer Wahrheit dieser Kreise.«

XXIX. GESANG

So lang, wie beide Kinder der Latone,
Dem Widder und der Waage Bild vermischt,
Umschlingt des gleichen Horizontes Zone

Und der Zenit sie hält im Gleichgewicht,
Bis daß das Paar, das dieser Gurt verbindet,
Die Hemisphäre tauschend, ihm entwischt,

Schwieg Beatrice, das Gesicht entzündet
Von Lachen, und sie starrte dabei an
Den Punkt, an dem die Augen mir erblindet.

»Ich sag, und frage nicht«, begann sie dann,
»Was du erwartest; denn ich sah's darin,
Wohin sich richtet jedes Wo und Wann.

Zwar nicht zu ihrem eigenen Gewinn,
Was sein nicht kann, jedoch, auf daß ihr Glänzen
Im Widerscheine sagen kann: ,Ich bin!',

In ihrer Ewigkeit, ganz ohne Grenzen,
Und zeitlos, schloß sich auf die ewige Glut,
Um sich in neuen Lieben zu kredenzen.

Nicht als ob sie vorher gleichsam geruht;
Denn kein Vorher noch Nachher hatte Weile
Vor Gottes Schweben auf der Wasserflut.

Gestalt und Stoff, teils rein, vermengt zum Teile,
Ging aus zu einem Sein, das ideal,
Wie von dreisaitigem Bogenschaft drei Pfeile.

Und wie ein Licht in Bernstein, Glas, Kristall
Erstrahlt derart, daß, wenn es fällt nach innen,
Zum vollen Drinsein ist kein Intervall,

So strahlte ihres Herrn dreiförmiges Sinnen
Zusammen ganz hinunter in sein Sein,
Und ohne Unterscheidung im Beginnen.

Zugleich schrieb Ordnung er und Aufbau ein
Den Dingen; an der Spitze wird gefunden
Das, wo die Tat hervorgebracht ward rein;

Die reine Möglichkeit entstand ganz unten;
Inmitten band sich Tat und Möglichkeit
In solchem Band, daß niemals es entbunden.

Schrieb auch Hieronymus, daß lange Zeit
Vorher die Engel schon geschaffen waren,
Bevor die andre Welt sich dran gereiht,

So füllten doch manch Blatt mit diesem Wahren
Die Schreiber in des Heiligen Geistes Wehn,
Und schaust du nur gut hin, wirst du's gewahren;

Und auch Vernunft läßt einiges uns sehn:
Sie ließ' nicht zu, daß die Beweger ruhten
So lange ohne ihren Zweck: zu drehn.

Nun tat ich, wo und wann hier diese Guten
Geschaffen wurden, und auch wie, dir kund;
Darum verlosch schon dreier Wünsche Gluten.

Nicht zählte wohl bis zwanzig unser Mund
So schnell, wie dann ein Teil der Engelmassen
Verstörte eurer Elemente Grund.

Der andre blieb, die Kunst hier zu erfassen,
Die du gewahrst, mit einer solchen Freude,
Daß er von diesem Reigen nie kann lassen.

Des Sturzes Urgrund war die maledeite
Hoffart des Stolzen, welchen du gesehn,
Wie ihn der Welt gesamte Last bedräute.

Die Schar hier war bescheiden, einzusehn
Ihr Sein als eine von der Güte Gaben,
Die sie erschaffen, solches zu verstehn;

Drum wurde ihre Schaukraft so erhaben
Aus Gnad und weil sie mit Verdienst betroffen,
So daß sie ganzen, festen Willen haben.

Du sollst nicht zweifeln und kannst sicher hoffen,
Daß es verdienstlich, Gnade zu erlangen,
Ganz je nachdem die Neigung für sie offen.

Nun magst du, ohne Hilfe zu empfangen,
Dem Rat nachsinnen, der hier aufgestellt,
Wenn meine Worte dir sind aufgegangen.

Doch da auf euren Schulen in der Welt
Man lehrt, daß die Natur der Engelwesen
Erinnerung, Willen und Verstand enthält,

So sprech ich noch, auf daß du kannst genesen
Vom Irrtum, der die untere Welt erfüllt,
Weil doppelsinnig solche Art zu lesen.

Seit diese Wesen wurden lusterfüllt
Vor Gottes Antlitz, ist nicht abgeglitten
Ihr Blick von Ihm, dem gar nichts bleibt verhüllt;

Drum wird ihr Schauen niemals abgeschnitten
Durch neue Dinge, und man denkt nicht nach,
Wie wenn dem Geist die Anschauung entglitten;

So daß man träumt auf Erden und ist wach,
Ob ja, ob nein dem Spruch sie Glauben schenken;
Doch bei dem letzten ist mehr Schuld und Schmach.

Nicht einen Pfad pflegt ihr den Schritt zu lenken,
Wenn ihr philosophiert; so reißt euch fort
Die Liebe zu dem Schein und das Dran-Denken.

Und doch erträgt man dies an diesem Ort
Mit mindrem Ärger, als wenn man treibt Possen,
Und übt Verdrehung an dem Gotteswort.

Nicht denkt ihr dran, wieviel des Bluts vergossen,
Zu sä'n es in die Welt; wie man geneigt
Dem, der voll Demut sich ihm angeschlossen.

Zu scheinen, müht sich jeder ab und zeigt
Den eigenen Witz; davon wird auch des langen
Gepredigt, und das Evangelium schweigt.

Der eine sagt, der Mond sei umgegangen
Beim Leiden Christi und schob so sich ein,
Daß dann die Sonnenstrahlen durch nicht drangen,

Und lügt: das Licht verhüllte sich allein!
Drum konnte auch für Spanier wie für Inder
Die Finsternis, wie für die Juden, sein.

Florenz zählt Lapi oder Bindi minder,
Als Fabeln lassen Jahr für Jahr entstehn
Durch Predigt von der Kanzel die Erfinder,

So daß die Schafe, welche nichts verstehn,
Von ihrer Weide drehn mit windiger Speise;
Für sie spricht nicht, daß Schaden sie nicht sehn.

Nicht sagte Christus seinem ersten Kreise:
,Geht hin und predigt Unsinn aller Welt!'
Zu legen wahren Grund, war seine Weise.

Nur Wahrheit hat in ihrem Mund gegellt,
So daß zum Kampfe für des Glaubens Frieden
Das Evangelium Schild und Lanze stellt.

Nur Späß und Sprüche hört man jetzt hienieden
Vom Prediger, und lacht man nur recht laut,
Schwillt die Kapuze und man ist zufrieden.

Doch wenn den Vogel, der im Zipfel baut
Sein Nest, die Menge sähe nur, sie sähe,
Wem zur Vergebung sie sich anvertraut.

Drum wuchs so Tollheit unten in die Höhe,
Daß man sich, ohne Zeugnis, das beweist,
Verlief' in jedes Sprüchemachers Nähe.

Davon wird auch das Schwein Sankt Antons feist,
Nebst andren auch, die noch viel schlimmere Schweine,
Und zahlt mit Geld, das keinen Stempel weist.

Doch da wir abgekommen sind, vereine
Die Augen wieder mit dem rechten Pfad,
Auf daß der Weg sich mit der Zeit verkleine.

Dies Wesen wächst in einem solchen Grad
An Zahl, daß keine Sprache je gewesen,
Noch sterblich Schauen, das erfaßt es hat.

Und siehst du noch auf das, was steht zu lesen
Bei Daniel, so merkst du, daß er meint
Mit Tausenden: an Zahl bestimmte Wesen.

Das Urlicht, das sie insgesamt bescheint,
Wird auf so viele Art davon empfangen,
Wie Leuchten da sind, denen es sich eint.

Und da dem Akte, der es aufgefangen,
Die Neigung folgt, wird Liebessüßigkeit
Bald heißen und bald lauen Grad erlangen.

Du schaust nun Fülle und Erhabenheit
Der ewigen Kraft, da sie sich hier erkor
So viele Spiegel, drin sie sich zerstreut,

Und doch in sich bleibt eins, ganz wie zuvor!«

XXX. GESANG

Sechstausend Meilen fern wohl unserer Stätte
Erglüht die sechste Stunde; diese Runde
Neigt schon den Schatten fast zum ebenen Bette,

Wenn sich der Raum am fernsten Himmelsschlunde
Zu wandeln anfängt, daß bereits verlischt
Gar mancher von den Sternen unserem Grunde;

Und wie die klarste Magd der Sonne licht
Sich weiter vorbewegt, so auch verschwindet
Am Himmel, bis zur hellsten, Sicht um Sicht.

So ist auch der Triumph, der stets umründet
Im Tanz den Punkt, der hier mich überwunden,
Umwunden scheinend, während er umwindet,

Für meine Augen nach und nach verschwunden;
Den Blick zu Beatrice hinzudrehn,
Zwang mich die Liebe und das Nichterkunden.

O würde das man, was bisher geschehn
Zu ihrem Lobe, in ein Loben schließen,
Wär's zu gering, es diesmal zu versehn.

Die Schönheit, die ich sah, würd überfließen
Nicht nur für uns, da ich glaub an die Lehre,
Daß nur ihr Schöpfer ganz sie kann genießen.

An diesem Punkt ich mich besiegt erkläre,
Mehr, als besiegt von seinem Thema je
Komödien- und Tragödiendichter wäre:

Gleich schwächstem Auge vor der Sonne Näh,
So muß vor der Erinnerung vergehen
Ans süße Lachen meines Geistes Schnee.

Vom Tag, dran erst ich ihr Gesicht gesehen
In diesem Leben, bis zu dieser Sicht
Ist nicht mein Sang gehemmt, ihr nachzugehen;

Jetzt muß jedoch verzichten mein Gedicht,
Noch ferner ihre Schönheit anzurufen,
Gleichwie der Künstler, kann er weiter nicht.

Wie ich so lasse sie jetzt mächtgerem Rufen
Als meinem Tubablasen, das umflicht
Den steilen Stoff bei seinen letzten Stufen,

Sprach sie, ein Führer, ledig seiner Pflicht:
»Vom größten körperlichen Paradiese
Ging's zu dem Himmel, der ist reines Licht,

Ist Geistes Licht, von Liebe voll, und diese
Ist wahren Gutes Liebe, voll von Freude,
Ist Freude, übertreffend jede Süße.

Hier wirst du sehn die Heereshaufen beide
Des Paradieses, einen in dem Glanz,
Der ihm vom Endgericht bestimmt zum Kleide.«

Dem jähen Blitz gleich, der erschüttert ganz
Die Geister des Gesichts, so daß genommen
Der Eindruck ihm des stärksten Gegenstands,

Hat dann mich ein lebendiges Licht umglommen
Und mich mit einem Schleier so umhüllt,
Aus Glanz gewebt, daß nichts ich wahrgenommen.

»Die Liebe, welche diesen Himmel stillt,
Entbietet immer hier solch ein Willkommen,
Auf daß der Docht zur Flamme sei gewillt.«

Nicht eher waren zu mir hingekommen
Die kurzen Worte, als ich schon verstand,
Daß mehr als eigene Kraft mich überkommen.

Und neue Sehkraft war mir da entbrannt,
So daß kein Licht so lauter sich erwiesen,
Daß meine Augen ihm nicht hielten stand.

Ich sah ein Licht in Stromesform sich gießen
Und flüssigen Glanzes voll im Bette ziehn
Und dran den wunderbarsten Frühling sprießen.

Vom Flusse sah ich lichte Funken sprühn
Und überall den Blumen sich gesellen,
Gleich dem von Gold umgebenen Rubin.

Dann wie gesättigt von der Düfte Quellen
Versanken wieder sie ins Stromgebild;
Wenn einer sank, stieg einer aus den Wellen.

»Der hehre Wunsch, der in dir flammt und quillt,
Du mögest zu des Schauspiels Deutung taugen,
Gefällt mir um so mehr, je mehr er schwillt.

Jedoch von diesem Wasser mußt du saugen,
Bevor du sättigst solchen Durstes Rasen!«
So sagte mir die Sonne meiner Augen.

Sie fügte bei: »Der Fluß nebst den Topasen,
Die ein und aus gehn, sind zur Wirklichkeit
Ein schattiges Vorspiel nur, wie auch der Rasen.

Nicht daß an sich sie sind noch nicht so weit;
Ein Fehler ist es, dran du schuldig bist,
Daß für so Stolzes du noch nicht gefeit!«

Kein Kind neigt jemals in so kurzer Frist
Das Köpfchen zu der Milch, wenn das Erwachen
Viel später, als es bei ihm üblich ist,

Als ich, um besseren Spiegel noch zu machen
Aus meinen Augen, mich gebeugt zum Grund,
Der herströmt, um zum Guten zu entfachen;

Und als der Lider Traufe dann vom Schlund
Getrunken hatte, konnt ich gleich entdecken,
Daß seine Länge dann geworden rund.

Dann, wie die Menschen, die in Masken stecken,
Sich ändern, wenn sie von den fremden Stoffen
Befreit sind, ihren früheren Verstecken,

So hab ich festlicher jetzt angetroffen
Die Blumen und die Funken, daß ich sah
Des Himmels beide Höfe vor mir offen.

O Gottes Abglanz du, daran ich sah
Den hehren Sieg, dem wahren Reich beschieden:
Gib Kraft zu sagen mir, wie ich es sah!

Ein Licht ist in den obersten Gebieten:
Es zeigt den Schöpfer jener Kreatur,
Die nur in seinem Anschaun findet Frieden.

Es dehnt sich aus in einer Kreisfigur
So mächtig, daß sein Umfang würde geben
Zu weiten Gürtel für die Sonne nur.

Sein ganzes Scheinen ist ein Strahlenweben,
Gespiegelt von des Urbewegten Reich,
Das davon Wirkungskraft empfängt und Leben.

Und wie ein Hang sich spiegelt in dem Teich
An seinem Fuße, seinen Schmuck zu proben,
Wenn er an Grün und an den Blümlein reich,

So sah ich, um das Licht ringsum erhoben,
Sie spiegeln sich in mehr als tausend Schwellen,
Die ihren Heimweg fanden schon nach oben.

Und wenn schon dort die tiefsten Stufen quellen
In solchem Licht, wie groß ist erst die Breite
Der Rose an der Blätter höchsten Stellen!

Mein Blick verirrte sich nicht in die Weite
Und Höhe, sondern sah in einem Nu
Das Wie und das Wieviel von jener Freude.

Dort nah und fern nichts nimmt, nichts fügt hinzu;
Wo ohne Zwischenglied Gott wirft die Lose,
Trifft das Naturgesetz auch nicht mehr zu.

Ins Gelb sodann der ewig frischen Rose,
Die sich verbreitet, stuft, daraus entsteigt
Ein Lobesduft ans Licht, das winterlose,

Zog mich, der etwas sagen will und schweigt,
Jetzt Beatrice und ließ dann ertönen:
»Schau, wie der weißen Kleider Rat sich zeigt!

Sieh unsere Stadt, wie sie sich scheint zu dehnen;
Schau unsere Bänke, wie sie voll sind meist,
Daß sie nur wenig Leute mehr ersehnen!

Und auf den Thron, auf den dein Auge weist
Der Krone wegen, die schon drauf sich spreitet,
Wird, ehe du auf dieser Hochzeit speis'st,

Die Seele, die einst Kaiser war, geleitet,
Des edlen Heinrichs, der Italien wagt
Zu richten eher, als es vorbereitet.

Die blinde Gier, die euch behext und plagt,
Stellt jenem Kinde euch ja an die Seiten,
Das Hungers stirbt, doch fort die Amme jagt.

Und Oberhaupt wird sein in jenen Zeiten
Am Hof des Herrn, wer offen und versteckt
Mit ihm auf einem Wege nicht wird schreiten.

Nicht lange mehr wird er von Gott gedeckt
Im heiligen Amt; hinunter wird er stieben,
Wo Simon Magus jetzt zum Lohne steckt,

Und wird den von Alagna tiefer schieben!«

XXXI. GESANG

In der Gestalt dann einer weißen Rose
Erblickte ich vor mir die heilige Schar,
Der Christus sich verlobt mit seinem Lose;

Die andere, die im Flug singt und nimmt wahr
Den Ruhm von ihm, der sie entzückt, die Güte,
Die sie erschuf so groß und wunderbar,

Sank wie ein Bienenschwarm, der bald zur Blüte
Herniedersinkt, bald wieder heimwärts eilt,
Wo er in Würze wandelt, was ihn mühte,

Zur großen Blume nieder, die sich teilt
In soviel Blätter, und erhob sich wieder
Nach dort, wo ihre Liebe ewig weilt.

Ihr Antlitz flammte lebhaft, ihr Gefieder
War lauteres Gold; sonst waren sie so weiß,
Daß nie auf Erden fällt solch Schnee hernieder.

Wenn sie zur Blume sanken, Kreis um Kreis,
Da gaben sie vom Frieden und vom Lieben,
Was sie im Fluge eingesammelt, preis.

Daß zwischen Gott und Blume sich einschieben
Solche beschwingten Wesen im Verein,
Vermochte Sicht und Glanz dort nicht zu trüben;

Denn Gottes Licht tritt überall hinein,
Wie je des Weltalls Werte es erheischen,
So daß ihm gar nichts kann entgegen sein.

In diesen sicheren, freudevollen Reichen,
Von altem und von neuem Volk erfüllt,
Hielt Aug und Liebe jeder auf ein Zeichen.

O dreifach Licht, das sie so völlig stillt,
In einem Sterne, funkelnd ihrem Throne,
O blick hinab auf unser Sturmgefild!

Wenn die Barbaren, kommend aus der Zone,
Wo täglich der Helike Sterne gleiten,
Sich drehend dort mit dem geliebten Sohne,

Beim Anblick Roms und seiner Herrlichkeiten
Vor Staunen starrten, als der Lateran
Noch überboten alles Werk der Zeiten,

Ich, der ich von der Erde himmelan
Und von der Zeit zur Ewigkeit gegangen,
Und von Florenz zum Volke ohne Wahn,

In welchem Staunen mußte ich da bangen!
Nichts hören, stumm zu stehn, hat mich erbaut
Inzwischen Staunen und dem heitern Prangen!

Und wie ein Pilger, welcher sich erbaut
In seinem Wallfahrtstempel, ihn besehend,
Und schon zu sagen hofft, was er geschaut,

So im lebendigen Lichte mich ergehend,
Ließ ich die Augen ziehn zu allen Graden,
Bald auf, bald ab, und bald im Kreis sie drehend.

Gesichter, die zur Liebe eingeladen,
Im Gotteslicht und ihrer Seligkeit;
Anblicke sah ich, würdigkeitsbeladen.

Des Himmels allgemeine Wirklichkeit
Hatt ich mit meinem Blick schon ganz umfangen;
Noch haftet ich an keiner Einzelheit,

Da wandt ich mich, entzündet vor Verlangen
Von neuem, jetzt zu fragen mein Geleit,
Worüber ich im Zweifel noch befangen.

Ich suchte eines; andres gab Bescheid:
Statt Beatrice sah ich einen Alten,
Und zwar in des verklärten Volkes Kleid.

Gegossen über Augen, über Falten
Lag milde Heiterkeit; fromm stand er dort
Und zeigte eines Vaters mild Verhalten.

Und: »Wo ist sie?« so fragte ich sofort.
Drauf er: »Um zu beenden dein Verlangen,
Trieb Beatrice mich von meinem Ort;

Läßt du den Blick zum dritten Kreis gelangen
Vom höchsten Grad, so siehst du sie erhoben
Am Thron, den ihre Taten ihr errangen.«

Ganz ohne Antwort blickte ich nach oben
Und sah sie dann umkränzt mit einer Krone,
Aus ewiger Strahlen Widerschein gewoben.

Von unserer allerhöchsten Donnerzone
Kann so entfernt kein Menschenauge sein,
Wenn's auch in größter Meerestiefe wohne,

Wie mein Gesicht von Beatricens Schein;
Mir macht es nichts; denn ihres Bildes Helle
Sank zu mir nieder unvermittelt rein.

»O Herrin, meiner Hoffnung Lebensquelle,
Die du geduldet für mein Wohlergehn,
Zu lassen deine Spuren in der Hölle,

Von so viel Dingen, die ich hab gesehn,
Kann ich durch deine Güte, deinen Halt
Die Gnade und die Kraft nun ganz verstehn.

Durch dich ward Freier ich aus Knechtsgestalt,
Auf alle Weise und auf jedem Pfade,
Darüber, dies zu wirken, du Gewalt!

Bewahre mir die Fülle deiner Gnade,
Daß meine Seele, die du eingeweiht,
Zur Freude dir, vom Körper sich entlade!«

So betet ich; sie lächelte so weit,
Wie sie erschien, den Blick zu mir gewendet;
Dann drehte sie zum Quell der Ewigkeit.

Der heilge Greis begann: »Daß sich vollendet
Bis zu dem Ziele hin dein Weg, der ganze,
Wozu Gebet und Liebe mich entsendet,

Flieg mit den Augen durch des Gartens Schanze!
Sein Sehn bereitet deinen Blick zur Feier,
Zu steigen höher in dem Gottesglanze.

Und von der Himmelsfürstin, drob in Feuer
Ich glühe, wird uns jede Gunst gereicht,
Da ich ja bin ihr Bernhard, ihr Getreuer!«

Wie einer von Kroatien kommt vielleicht,
An der Veronika sich zu erbauen,
Und seinen alten Hunger stillt nicht leicht

Und in Gedanken sagt, wenn sie zu schauen:
»Herr Jesus Christus, wahrer Gottessohn,
Wart einstmals wirklich Ihr so anzuschauen?«,

So ward ich, als ich sah die Liebe lohn
Des Mannes, der genoß in diesem Leben
Des Jenseits Frieden durch Betrachtung schon.

»O Sohn der Gnade, dieses selige Weben«,
Begann er dann, »wird nie dir kundgetan,
Wenn deine Augen nur am Boden kleben;

Sieh dir die Kreise bis zum fernsten an,
Bis daß sich dir der Thron der Fürstin zeiget,
Der dieses Reich getreu und untertan!«

Ich sah empor; wie, wenn der Morgen steiget,
Der Osten bei aufgehendem Gestirne
Den Teil besiegt, wo sich die Sonne neiget,

So, als ich gleichsam sah vom Tal zum Firne,
Schien mir ein Teil der obersten Region
An Glanz zu blenden rings die andre Stirne.

Wie der Punkt, wo beginnt der Deichsel Loh'n,
Die Phaethon verfuhr, in hellster Flamme,
Und schwächer jene links und rechts davon,

So zeigte diese Friedensoriflamme
Inmitten höchsten Glanz; an jedem Rand
Verminderte sich gleichmäßig die Flamme.

Der Mitte weihn, die Schwingen ausgespannt,
Wohl mehr als tausend Engel ein Gepränge,
Verschieden allesamt an Kunst und Brand.

Ich sah dann ihrer Spiele und Gesänge
Dort lachen eine Schönheit fort und fort,
Die Lust den Augen war der heiligen Menge.

Und hätt ich solchen Reichtum auch im Wort
Wie in der Phantasie, müßt ich verneinen
Die kleinste Probe ihrer Wonne dort.

Wie Bernhard meinen Blick sich sah vereinen,
Ganz starr und eifrig, seinem heißen Brand,
Bog er zu ihr mit solcher Inbrunst seinen,

Daß meiner heißer noch, zu schaun, entbrannt.

XXXII. GESANG

Der Seher nahm, gestört in seiner Minne,
Das Lehramt freiwillig auf sich, und sprach
Die heiligen Worte dann zum Anbeginne:

»Die Wunde, die Maria schloß hernach,
Sie, die dort liegt so schön zu ihren Füßen,
Sie war es, die sie öffnete und stach.

Im Range, den die dritten Sitze schließen,
Sitzt Rachel unter ihr und teilt die Sphäre
Mit Beatrice, die du dort siehst sprießen.

Rebekka, Sarah, Judith und die Hehre,
Die zur Urahne jener Sänger hat,
Der schuldbekümmert sagte: ,Miserere!',

Kannst derart sehen du von Grad zu Grad,
Dort miteinander, wie mit Namennennen
Ich sinke auf der Rose, Blatt um Blatt.

Vom siebten Grade ab kannst du erkennen,
Wie bis zu ihm hin, die Hebräerfraun,
Die alle Locken dieser Blume trennen;

Je nach dem Blick, damit einst durfte schaun
Der Glaub auf Christus, trennen sie die Frommen
Als Wand, die sie auf heiligen Stiegen baun.

Auf dieser Seite, wo zur Reife kommen
Der Blüte Blätter alle, kannst du sehn,
Wer einstmals glaubte, Christus werde kommen;

Zur andern Seite siehst du jene stehn,
Wo die Halbkreise manche Leere leiden,
Die zum gekommenen Christus hingesehn.

Und wie die Bank, voll Glorie und voll Freuden,
Der Himmelsherrin und die Bänke dann
Darunter hier auf solche Weise scheiden,

So gegenüber die des Sankt Johann,
Der, immer heilig, Wüste, Marter, Trauer
Ertrug, und dann zwei Jahre Höllenbann.

Und drunter bildeten solch eine Mauer
Franziskus, Benedikt und Augustin
Und, Kreis um Kreis bis unten, andere Schauer.

Nun schau auf Gottes hohe Vorsicht hin:
Die beiden Blicke, die am Glauben hangen,
Sie bringen gleichmäßig einst hier Gewinn.

Hör, daß, vom Range unten angefangen,
Der in der Mitte beide Reihen teilt,
Sie nicht durch eigenes Verdienst gelangen,

Durch fremdes nur, das ganz bedingt sie heilt!
Denn diese Geister all sind hier erschienen,
Eh ihnen wahre Freiheit zuerteilt.

Du kannst es wahrnehmen an ihren Mienen
Und an der Stimmen jugendlichem Stil,
Wenn du schaust gut und wenn du zuhörst ihnen.

Nun zweifelst du und zweifelnd schweigst du still,
Doch werd ich lösen dich aus starken Banden,
Drin das Erklügeln dich verstricken will.

In diesen ausgedehnten Himmelslanden
Kann Zufall haben eine Stelle nicht,
Wie Trauer, Hunger, Durst hier nicht vorhanden;

Bestimmt ist ja durch ewiges Gericht,
Was du auch siehst im Land der Überwinder,
Daß seinem Finger hier der Ring entspricht.

So kommt es, daß die eilige Schar der Kinder
Zum wahren Leben, grundlos hier nicht ist
Erhaben nach dem Range mehr und minder.

Der König, darum dieses Reich ersprießt,
In solcher Liebe, solchem seligen Frieden,
Daß niemals je ein Wille mehr erkiest,

Verleiht den Geistern allen ganz verschieden,
Die er mit seinem heitern Blicke prägt,
Beliebig seine Gnade: sei's zufrieden!

Und dies wird klar bereits euch dargelegt
Von Heiliger Schrift bei jenem Zwillingspaare,
Das in der Mutter schon vom Zorn bewegt.

Darum, gleichwie die Farbe dort der Haare,
Ist's recht, daß solcher Gnade höchstes Licht
Je nach dem Wert die Glorie offenbare.

Drum, ohne Lohn für die getane Pflicht,
Sind aufgestellt sie auf verschiedenen Breiten,
Verteilt nur nach der Schärfe erster Sicht.

Genügend war's, wenn in den ersten Zeiten
Zur Unschuld, als der Kinder Eigenschaft,
Der Eltern Glauben kam, zum Heil zu schreiten.

Als dann die erste Zeit der Welt entrafft,
Dann mußten aller Knaben Unschuldsschwingen
Durch die Beschneidung noch erlangen Kraft.

Doch als die Zeiten in Erfüllung gingen,
Blieb ohne die vollkommene Taufe Christi
Solch eine Unschuld in der Hölle Schlingen.

Blick nun zum Antlitz, das dem Bilde Christi
Am meisten ähnelt; denn dich kann versehen
Sein Glanz nur mit der Kraft der Schauung Christi.«

Ich sah dann solche Wonne zu ihr wehen,
Getragen in dem heiligen Geisterchor,
Erschaffen zum Durchfliegen solcher Höhen,

Daß, was gesehn ich hatte je zuvor,
Mich nie zu solchem Staunen konnte bringen,
Noch es mir je kam so gottähnlich vor.

Die erstgesandte Liebe hört ich singen:
»Ave Maria, plena gratia!«,
Dabei vor ihr entfaltend ihre Schwingen.

Bescheid gab Gottes Kantilene da
Der Hof der Seligen von allen Seiten,
So daß man jedes Antlitz klarer sah.

»O heiliger Vater, der du, mich zu leiten,
Hinunterstiegest von dem süßen Kranze,
Der dir erlost zum Sitz seit Ewigkeiten,

Wer ist der Engel, der in trunkenem Tanze
Die Augen anblickt unserer Königin,
Verliebt so, daß er gleicht dem Feuerglanze?«

So lief ich nochmals zur Belehrung hin
Des, der so schön ward an Marias Glut:
Aus Sol zieht so der Morgenstern Gewinn.

Und er zu mir da: »Grazie und Mut,
Wie mehr nie Seelen oder Engels Zierde,
Ist ganz in ihm, und so ist es auch gut,

Da er es ist, der in Marias Hürde
Die Palme trug, als Christus sich im Fleisch
Beladen wollte einst mit unserer Bürde.

Doch folge mit dem Blick dem Klange gleich
Von meinen Worten; Väter sind dort, große,
Von diesem allgerechten, frommen Reich.

Die zwei dort oben mit dem schönsten Lose,
Da an Augustas Seite ausgestreckt,
Sind gleichsam wie zwei Wurzeln dieser Rose.

Der von den zwein, der ihr zur Linken steckt,
Ist jener Ahn, durch dessen dreistes Kosten
Das menschliche Geschlecht so Bitteres schmeckt.

Zur Rechten sah ich jenen alten Pfosten
Der Kirche stehn, dem Christus einst geweiht
Der Blume Schlüssel und den Pförtnerposten.

Und er, der sah die ganze schwere Zeit
Der schönen Braut, eh er des Todes Beute,
Die man mit Speer und Nägeln hat gefreit,

Sitzt neben ihm; dem andern sitzt zur Seite
Der Führer, unter dem gelebt von Manna
Die störrschen, launschen, undankbaren Leute.

Dem Petrus gegenüber siehst du Anna,
So froh, sich an der Tochter zu erbauen,
Daß nie sie wegblickt, wenn sie singt Hosianna;

Dem Urahn gegenüber ist zu schauen
Lucie, die deine Herrin hat entsandt,
Als du gesenkt zum Sturze deine Brauen.

Doch da die Zeit flieht, die in Schlaf dich bannt,
So laß uns wie ein guter Schneider enden,
Der, wie er Tuch hat, schneidet das Gewand,

Und unsern Blick zur ersten Liebe wenden,
Auf daß du, sie betrachtend, soweit dringst,
Wie's möglich ist durch ihres Schimmers Blenden.

Jedoch, daß du dich ja nicht rückwärts schwingst,
Wenn du meinst vorzukommen mit den Schwingen,
Ziemt sich's, daß betend du um Gnade ringst,

Um Gunst von ihr, die dir kann Hilfe bringen;
Und folge mit dem Fühlen nicht zu spät,
Daß sich mein Sprechen und dein Herz verschlingen!«

Und er fing an dies heilige Gebet:

XXXIII. GESANG

»O Jungfrau, Mutter, Tochter deines Sohnes,
Gering und über jeder Kreatur!
Du vorbestimmtes Ziel des ewigen Thrones!

Du bist es, die du menschliche Natur
So adeltest, daß ihres Schöpfers Güte
Verschmähte nicht, Geschöpf zu werden nur!

In deinem Leib die Liebe neu erglühte,
Durch deren Glut auf ewigen Friedens Fluh
So mächtig aufgesprossen diese Blüte.

Für uns hier bist die Mittagsfackel du
Der Liebe; unten, wo der Tod ist mächtig,
Bist du der Quell der Hoffnung immerzu!

Du bist so groß, o Herrin, bist so prächtig:
Wer Gnade heischt und klopft nicht an dein Tor,
Will fliegen ohne Flügel, sehnsuchtsträchtig!

Aus Mitleid leihst du nicht nur dem dein Ohr,
Der darum bittet, nein, du kommst der Bitte
Aus eigenem Antrieb häufig schon zuvor!

In dir ist Mitgefühl, in dir ist Güte;
In dir ist Großmut auch, in dir wird kund,
Was Edles je in den Geschöpfen glühte!

Nun bittet dieser, dem vom tiefsten Schlund
Des Weltenalles bis zu dieser Steile
Die Geisteswelten wurden alle kund,

Aus Gnade werd ihm solche Kraft zuteile,
Daß es mit seinen Augen ihm geling,
Sich zu erheben bis zum letzten Heile.

Und ich, der nie für mich so Feuer fing,
Wie jetzt für ihn, erfleh aus ganzer Seele,
Und flehe, daß es dir nicht zu gering,

Daß er nunmehr sich aus dem Nebel schäle
Der Sterblichkeit auf deine Bitten hin,
Auf daß die höchste Lust sich ihm vermähle.

Auch möcht ich bitten dich, o Königin,
Die du kannst, was du willst, ihm zu erhalten
Nach solcher Schauung seinen ganzen Sinn.

Die irdischen Regungen besieg dein Walten!
Beatrice sieh für das, was ich begehrt,
Mit wieviel Seligen die Hände falten!«

Die Augen, welche Gott so liebt und ehrt,
Bewiesen uns, wie sie am Redner hingen,
Wie ihnen frommes Beten gar so wert!

Dann sah ich sie zum ewigen Licht sich schwingen:
Unmöglich, daß man noch Geschöpfe fände,
Die mit so hellen Augen es durchdringen!

Und ich, der ich mich aller Wünsche Ende
Genaht, vollendete, wie ich gesollt,
In meinem Herzen des Begehrens Brände.

Und Bernhard lächelte und nickte hold,
Ich möcht nach oben schauen; doch ich war
Schon ganz von selber so, wie er gewollt;

Denn mein Gesicht, das plötzlich hell und klar,
Lief immer weiter auf der Strahlenstraße
Des hehren Lichtes, das in sich ist wahr.

Mein Schauen übertraf fortan die Maße
Der Sprache, die vor solcher Schauung flieht;
Auch das Gedächtnis weicht dem Übermaße.

Wie wenn im Traume einer etwas sieht,
Und nachher nichts von dem, was er gesponnen,
Als das Gefühl davon, bleibt im Gemüt,

So geht es mir; denn fast ist ganz zerronnen
Mein Traumgesicht; noch träufelt mir von dort
Ins Herz die Süße, die ich draus gewonnen.

So schmilzt der Schnee auch vor der Sonne fort!
So ist auch vor dem Winde einst zerstoben
Auf leichten Blättern der Sibylle Wort.

O höchstes Licht, das du so sehr erhoben
Ob menschlichem Verstehn, wie wär's mir recht,
Gäbst etwas du dem Geiste dich wie oben,

Und stärktest meine Zunge zum Gefecht,
Daß einen Funken ich von deinem Ruhme
Kann lassen dem zukünftigen Geschlecht;

Kehrt ins Gedächtnis mir nur eine Krume,
Und klingt nur etwas mit an dieser Stelle,
Begreift man mehr von deinem Heiligtume!

Geblendet wär ich, glaub ich, von der Grelle
Lebendigen Strahles, den ich da ertragen,
Hätt ich mich abgewandt von seiner Helle!

Und ich erinnere mich, dies zu ertragen,
Ward ich dann kühner, bis es mir gewährt,
Zum ewigen Werte meinen Blick zu tragen.

O Gnadenfülle, drob ich es begehrt,
Den Blick zum ewigen Lichte aufzuschwingen,
So daß sich meine Sicht darin verzehrt,

In seiner Tiefe sah ich sich verschlingen
In einem Bande liebevoll das Sein,
Das sich im All zerblättert in den Dingen.

Substanzen, Akzidentien, ihr Verein,
Gleichsam geschweißt in einem solchen Kleide,
Daß meine Worte nur ein schwacher Schein.

Die allgemeine Form der Augenweide
Sah ich, glaub ich, so daß mich zu beglücken
Bei diesen Worten scheint noch größere Freude.

Ein Augenblick nur gibt mir mehr Entzücken,
Als zweieinhalb Jahrtausend, die versunken,
Seit Neptun staunte über Argos Rücken.

So schaute ich, ganz in die Sicht versunken,
Erstarrt und aufmerksam und unbeweglich,
Und mehr und mehr ward ich vom Schauen trunken.

Von diesem Lichte wird man so unsäglich,
Daß, danach je zu andrer Sicht zu kommen,
Ist zuzustimmen einem ganz unmöglich.

Das Gut, das Wollen sich zum Ziel genommen,
Vereint sich ganz in ihm, und mangelhaft
Ist außerhalb, was dort ist ganz vollkommen.

Mein Sprechen hat von jetzt geringre Kraft,
Nur die Erinnerung mir auszulösen,
Als eines Kinds, das von der Brust nimmt Saft.

Nicht weil mehr als ein Anblick ist gewesen
In dem lebendigen Strahl, der mich durchronnen;
Denn er bleibt immer, wie er war, im Wesen!

Nein, sondern weil mein Blick an Kraft gewonnen
Bei meiner Einschau, hat des einzigen Scheins –
Bei meiner Wandlung – Wandlung da begonnen.

Den Grund des tiefen ungetrübten Seins
Des hehren Lichts sah ich drei Kreise hegen,
An Farbe dreifach und an Umfang eins:

Der eine spiegelte, gleich Irisbögen,
Den andern Kreis; es schien der dritte Ring
Ein Feuer, das aus beiden schlägt entgegen.

Was ist das Wort ein klein armselig Ding
Vor dem Gedanken! und vergleichst ihn du
Der Schau, sagt man zu wenig durch »gering«!

O ewiges Licht, das du in dir nur Ruh,
Nur dich verstehst und nur von dir verstanden,
Dich liebst verstehend und dir lächelst zu!

Vom Kreis, der so mir schien in dir entstanden,
Gleichwie erscheint ein reflektiertes Licht,
Und den da meine Augen kurz umwanden,

Erschien mir da, von Färbung anders nicht,
Des Menschen Ebenbildnis ganz umründet,
Daß von ihm hingerissen mein Gesicht.

Gleichwie der Geometer sich entzündet,
Sucht er den Kreis zu messen, und den Satz,
Den er bedarf, wie er auch denkt, nicht findet,

So ging es mir bei diesem neuen Schatz:
Ich wollte sehn, wie überein zu bringen
Das Bildnis mit dem Kreis, und wo sein Platz.

Doch genügten nicht dazu die eigenen Schwingen:
Wenn nicht getroffen hätte meinen Geist
Ein Blitz, darin sein Wille fand Gelingen.

Die Kraft der hohen Phantasie hier spleißt!
Doch folgte schon mein Wunsch und Wille gerne,
So wie ein Rad, das ebenmäßig kreist,

Der Liebe, die bewegt die Sonn und Sterne!

FINIS

NACHWORT

Aus Dantes Leben

Dante Alighieri wurde im Mai des Jahres 1265 in Florenz geboren. Aus dem langobardischen Namen seines Vaters Alighiero darf man nicht auf germanischen Ursprung schließen; denn schon seit Jahrhunderten war es in Italien Mode gewesen, daß Langobarden römische, Altitaliener langobardische Namen für ihre Kinder bevorzugten. Dante konnte das väterliche Geschlecht bis zum Großvater des Großvaters zurückverfolgen, zu jenem Cacciaguida, mit dem er in den Gesängen 15–18 des »Paradieses« das vertraulichste Gespräch seiner ganzen Jenseitswanderung geführt hat. Dantes Mutter Bella starb bei der Geburt seiner Schwester. Weitere Geschwister scheint er nicht gehabt zu haben. Hinzu kamen jedoch ein Stiefbruder und eine Stiefschwester, da Dantes Vater sich ein zweites Mal vermählte.

Die Geburt des Dichters fällt in die Zeit heftigster Parteikämpfe in Florenz und in der ganzen Toskana. Seit 1215 standen sich infolge eines Familienzwistes in Florenz zwei Gruppen des städtischen Adels feindlich gegenüber (Paradies XVI 136–144). Ihr persönlicher Streit erweiterte sich bald zu einem politischen Gegensatz, in den die alte Fehde zwischen den Waiblingern (Hohenstaufen) und den Welfen hineingetragen und umgedeutet wurde. Daher kamen dann auch die Bezeichnungen der beiden Gruppen: Ghibellinen und Guelfen. Das Ideal der Ghibellinen war das alte Reich, die Verbindung Italiens mit Deutschland unter der politischen Führung des Kaisers. Die Guelfen dagegen hatten kein Vertrauen mehr zum Kaiser, fanden Italien vernachlässigt, wünschten sich ein geeintes Italien, losgelöst und unabhängig von Deutschland.

Als es nach dem Tode Konrads IV. 1254 zu keiner einheitlichen Kaiserwahl kam, war das ghibellinische Ideal aufs schwerste gefährdet und »die kaiserlose, die schreckliche Zeit« des Interregnums (1254–1273) hat denn auch den Untergang der letzten Stützen des Ghibellinentums gebracht. Noch jahrhundertelang freilich sollte der Reichsgedanke dahinsiechen, und erst im 19. und 20. Jahrhundert ist das guelfische Ideal in Italien verwirklicht worden.

Das Geburtsjahr Dantes liegt zwischen zwei entscheidenden Schlachten, die in der *Göttlichen Komödie* an vielen Stellen erwähnt werden. Im Jahre 1260 errangen die Ghibellinen ihren letzten großen Sieg unter der Führung des Farinata degli Uberti bei Montaperti an der Arbia, nahe bei Florenz. Die guelfischen Familien mußten die Stadt verlassen und in die Verbannung gehen. Im nahen Empoli beratschlagten die Ghibellinen über die völlige Zerstörung von Florenz: Farinata allein widersetzte sich dem Plan und rettete die Stadt vor Vernichtung (Hölle X). Nur sechs Jahre konnten die Florentiner Ghibellinen sich ihres Sieges freuen. Das Jahr 1266 brachte mit der Schlacht bei Benevent den vollen Zusammenbruch der ghibellinischen Macht: der Hohenstaufe Manfred, Kaiser Friedrichs II. außerehelicher Sohn, halb Italiener und Liebling des italienischen Volkes, der letzte Hort der Ghibellinen, wurde von dem Führer der Guelfen, dem Franzosen Karl von Anjou, besiegt und blieb tot auf dem Schlachtfeld (Läuterungsberg III 103–145). Vom Hohenstaufenhause war nur noch Konradin übrig, der bald darauf verraten, besiegt und in Neapel enthauptet wurde (1268), und der junge Enzo, der in der Gefangenschaft in Bologna leben mußte und sehnsüchtige Lieder dichtete (gest. 1272).

Dantes Familie gehörte zu den Guelfen, hatte also 1260 die Stadt Florenz verlassen müssen. Wie es kam, daß seine Mutter wieder zurückkehren durfte, weiß man nicht. Jedenfalls steht fest, daß Dante in Florenz, nicht in der Verbannung, geboren wurde. Zur Taufe brachte man ihn in die alte Taufkirche, gegenüber dem Dom. Sie stand an der gleichen Stelle, an der das heutige Baptisterium steht, und war, wie so viele Taufkirchen, nach Johannes dem Täufer benannt, der zugleich der christliche Patron von Florenz war (nach dem heidnischen Patron, dem Gotte Mars, Hölle XIII 143–150). Mit Liebe spricht Dante von diesem Heiligtum seiner Vaterstadt (Hölle XIX 17). Dort hofft er dereinst den Dichterlorbeer zu erlangen, falls ihm sein heiliges Gedicht die Tore der Stadt wieder sollte öffnen können (Paradies XXV 8–9).

Von Dantes Jugend und von seinen Studien weiß man nicht viel mehr, als was man aus seinen Werken entnehmen kann. Er hat den Bildungsgang des vornehmen Jünglings seiner Zeit durchgemacht, Unterricht in den sieben freien Künsten genossen, sich frühzeitig an den lateinischen Klassikern, besonders an Vergil, begeistert. Außer Latein hat er Provenzalisch und Französisch gelernt, so daß ihm die tonangebende lyrische und epische Dichtung Frankreichs bald vertraut und lieb wurde. Als einen seiner Lehrer nennt er uns selbst den Philosophen und Dichter Brunetto Latini (Hölle XV), der in lateinischer, französischer und italienischer Sprache geschrieben hat; er war Notar und leitete in Florenz wohl eine Schule der Rhetorik (gest. 1294). Starke Anregung erhielt der junge Dante durch die Schulen der Dominikaner und der Franziskaner. Beiden Orden stand der Dichter nahe, ihren Stiftern hat er herrliche literarische Denkmäler gesetzt (Paradies XI: Franziskus; Paradies XII: Dominikus). Beide Orden hatten zur Zeit von Dantes Jugend hervorragende Philosophen und Theologen: die Dominikaner den hl. Thomas von Aquin (1225–1274), die Franziskaner den hl. Bonaventura (1221–1274), die uns in Dantes Gedicht als Lehrer entgegentreten (Paradies X–XIII). Diesen zwei Philosophen, besonders dem Aquinaten, aber noch so manchem anderen Denker hat Dante für die Gestaltung seines philosophischen Weltbildes viel zu verdanken gehabt. Von Florenz aus ist er mit größter Wahrscheinlichkeit auch nach Bologna gekommen und hat an der damals weltberühmten Universität dieser Stadt seine Studien fortgesetzt. Daß er auch die Universität Paris besucht habe, ist dagegen nur eine unsichere Vermutung. Aus Dantes Gedichten hören wir auch von der frohen Schar seiner Jugendfreunde, die alle mit ihm in Versen wetteiferten: Cino da Pistoia, Dante da Maiano, Lapo Gianni und vor allem der um wenige Jahre ältere Guido Cavalcanti (Hölle X 52–72; Läuterungsberg XI 97).

Unversehens tritt in Dantes Leben eine Gestalt, die sein ganzes späteres Leben bestimmt hat und Ansporn für sein größtes Werk geworden ist, Beatrice. Man hat viel darüber gestritten, ob die Liebe zu Beatrice, die Dante in seinem Büchlein *Das neue Leben* verherrlicht hat, nur dichterische Fiktion oder Wirklichkeit gewesen ist. Manche Forscher glaubten in Beatrice ein Symbol erkennen zu sollen: für die Philosophie, für die kaiserliche Gewalt, für die tätige Intelligenz, für die Theologie. Unter denjenigen, die in dem Gegenstand von Dantes Liebe ein wirkliches Mädchen aus Florenz erblickten, vermuteten viele, der Name Beatrice (»Beglückerin«) sei nur ein Deckname, wie ihn die Dichter der Provence so gerne zu verwenden pflegten, dort »senhal« genannt. Heute neigt man eher dazu, den ältesten Berichten zu glauben, da sie vielfach durch archivalische Funde bestätigt werden. Einer von Dantes Söhnen und Boccaccio, sein erster Biograph, geben nämlich an, Beatrice sei keine andere gewesen als Bice, die Tochter des angesehenen Florentiner Bürgers Folco Portinari (gest. 1289). Diese Bice war verheiratet mit Simone di Geri de' Bardi, ein Umstand, der nicht auffällig ist, wenn man bedenkt, daß die ganze Troubadour-Lyrik an verheiratete Frauen gerichtet ist und daß jene Liebesdichtung, die Dante selbst den »süßen neuen Stil« nennt (Läuterungsberg XXIV 57), so durchgeistigt war, daß es keine Rolle spielte, ob die geliebte Frau verheiratet war oder nicht: sie war weniger Gegenstand solcher Liebe als vielmehr Führerin zur höchsten Liebe und Vollendung in Gott.

Sicher ist jedenfalls, daß Dante um 1285 eine ganz tiefe, läuternde Liebe zu einem Florentiner Mädchen gefaßt hat, das er Beatrice nennt und das er schon als Kind gesehen hatte. Er selbst war damals längst durch seinen inzwischen verstorbenen Vater nach mittelalterlichem Brauch mit einem anderen Mädchen aus Florenz verlobt worden, mit Gemma de' Donati, ein Verlöbnis, an dem Dante nicht zu rütteln wagte. Ob die neu erwachte Liebe zu Beatrice den jungen Dichter aus einem stürmischen Leben emporgerissen hat oder ob es damals überhaupt das erstemal war, daß die Frau entscheidend in sein Leben trat, darüber ist uns nichts bekannt, und man kann auch nach seinen Gedichten nur sehr unsichere Vermutungen hegen.

Vor das Auge und vor die Seele Dantes trat in Beatrice das Idealbild der Frau, und dieses scheint sich schon bald aus der Sphäre des Begehrens in das Reich der Genien erhoben zu haben und zum Inbegriff des Wahren, Schönen und Guten für den Dichter geworden zu sein. Oft sah er seine Herrin, grüßte sie, und sein Gruß wurde erwidert. Aber schon nach wenigen Jahren ist Beatrice gestorben, am 8. Juni 1290. Sosehr dieses Ereignis ihn erschüttert hat, sosehr sein Leben nun in Unordnung zu geraten droht, die Liebe zu Beatrice, zur verklärten Beatrice, bricht immer wieder siegreich durch. Dantes Vermählung, die im Jahre 1296 erfolgte, hat dem Bild der Erinnerung nicht Abbruch tun können. Längst ist diese Liebe, allem Irdischen entrückt, zur starken läuternden Kraft für Dantes Leben und Dichten geworden. Sie hat in den Gedichten und im *Neuen Leben* Gestalt angenommen und hat den Dichter schließlich in der *Göttlichen Komödie* bis zur Anschauung Gottes geführt.

Inzwischen hatte sich Dante bereits auch im Dienste seiner Vaterstadt ausgezeichnet. 1289 kämpfte er im Heere der Florentiner Guelfen in der siegreichen Schlacht bei Campaldino gegen das immer noch ghibellinische Arezzo.
Im gleichen Jahr war er bei einem Trupp, der den Pisanern das Schloß Caprona
wegnahm. Nun war aber im damaligen Florenz die in den Handwerkerzünften
organisierte Bürgerschaft im alleinigen Besitze der Macht. Dante, als Angehöri-
ger des Adels, hatte zwar Pflichten, aber keine Rechte, konnte Kriegsdienste
leisten, aber keines der wichtigen Ämter in der Verwaltung der Stadt erlangen.
Dieser Zustand wurde 1293 durch die *Gerechten Anordnungen (Ordinamenti di
Giustizia)* unter Führung des radikal demokratischen Giano della Bella nochmals
ausdrücklich als gesetzmäßig festgelegt. Doch kam es 1295 zu einer Milderung
des strengen Gesetzes: es sollte genügen, in ein Zunftregister eingetragen zu sein.
Davon konnten die Adeligen nun Gebrauch machen, wenn sie in den öffentlichen Dienst treten wollten. Dante ließ sich in die Zunft der Ärzte und Apo-
theker einschreiben und hatte nun den Weg zu den Ämtern frei. Sehr schnell
scheint er sich durch politische Begabung ausgezeichnet zu haben. Die höchsten
Vertreter der vollziehenden Gewalt waren im damaligen Florenz, ähnlich wie
in anderen Stadtstaaten, der Podestà und der Volkshauptmann; beide berief man,
um allen Intrigen vorzubeugen, von auswärts und nur auf ein halbes Jahr. Für
die Gesetzgebung und für die Verwaltung gab es verschiedene Ratsgremien.
Die Hauptverantwortung hatten die neun Prioren zu tragen, die alle zwei
Monate neu gewählt werden mußten. Schon gleich im Jahre 1295 begegnet uns
Dante unter den Sachverständigen, denen die Wahl der Prioren oblag. In den
nächsten Jahren bekleidete er mehrmals verschiedene Ämter. 1300 ging er als
Gesandter von Florenz in die Nachbarstadt S. Gimignano, vom 15. Juni bis
zum 15. August war er selbst unter den neun Prioren.

Jetzt aber wurde er in die Parteistreitigkeiten seiner Stadt hineingerissen. An
die Stelle des Gegensatzes zwischen Ghibellinen und Guelfen war ein neuer
Gegensatz in der Guelfenschaft selbst getreten: hier die Weißen, dort die
Schwarzen Guelfen. Auch dieser Unfriede war aus den persönlichen Streitig-
keiten zweier Familien entstanden, der Cerchi und der Donati; durch politische
Verbannte aus Pistoia war daraus ein politischer Zwist geworden. Das war 1293.
Die Bezeichnungen Weiße und Schwarze waren schon aus Pistoia gekommen
und hatten dort wohl ursprünglich ein blondes und ein schwarzes Familien-
oberhaupt gemeint. Die Florentiner Schwarzen, geführt von den Donati, stellten
die extreme Gruppe der Guelfen dar: sie unterstützten die Politik des Papstes
und des Anjou-Königs von Neapel, seines Lehensmannes. Die Weißen Guelfen,
zu denen Dante gehörte, gerieten dadurch in immer schrofferen Gegensatz zum
Papst und standen mit manchen ihrer Ideale den verbannten Ghibellinen nicht
allzu ferne. Der Zwist erreichte seinen Höhepunkt im Jahre 1300, gerade damals,
als Dante unter den Prioren war. Es kam zu blutigen Ausschreitungen, und die
Prioren sahen sich genötigt, die Häupter der beiden Familien und ihre wichtigsten Parteigänger aus der Stadt zu verbannen.

Mit der Verbannung der Rädelsführer war aber der Zwiespalt nicht beseitigt,
vielmehr verbreitete und vertiefte er sich. Die Familieninteressen traten zurück,
und immer mehr wurde aus dem Streit ein politischer Kampf. Auf dem Stuhle

Petri saß damals Papst Bonifaz VIII. (1294–1303; Hölle XIX 52–62). Auf Grund alter Ansprüche, die er auf die Toskana erhob, wollte er auch Einfluß auf die Verwaltung von Florenz gewinnen. Die Partei der Donati kam diesen Bestrebungen entgegen, die Partei der Cerchi betonte die Unabhängigkeit der Stadt.

Das Jahr 1301 brachte für Dante schwere Aufgaben. Im Frühjahr war er an der Wahl der Prioren beteiligt. Er selbst wurde in den Rat der Hundert gewählt, jenes Parlament, dem er schon einmal im Jahre 1296 angehört hatte. Es kamen nun Monate voll verantwortungsvoller Entscheidungen. Bonifaz VIII. hatte von den Florentinern eine militärische Abteilung zu seinen Diensten verlangt. Dante sprach im Rate gegen die Gewährung dieses Truppenkontingentes, das denn auch verweigert wurde. Schon einige Monate vorher hatte der Papst den Bruder des französischen Königs Philipp IV. des Schönen, Karl von Valois, einen in Kriegszügen bewährten Mann, mit Süditalien belehnt und mit der Befriedung der Toskana beauftragt. Dieser kam im Sommer nach Italien, umging Florenz, begab sich an den päpstlichen Hof nach Anagni bei Rom und rüstete sich nun zum Zug gegen die Toskana. Die Florentiner schickten, um den Papst zu versöhnen, eine Gesandtschaft, bei der sich wahrscheinlich auch Dante befand. Gleichwohl rückte Karl von Valois am 1. November in Florenz ein, als Friedensstifter ohne Waffengewalt vom Volke begrüßt. Damit war der Sieg der Schwarzen Guelfen in der Stadt besiegelt, und gegen die Weißen ergingen Verurteilungen und Bannbefehle. Am 27. Januar 1302 wurde auch Dante als politischer Betrüger verurteilt: er sollte eine Geldsumme zahlen, für zwei Jahre aus der Toskana verbannt sein, kein öffentliches Amt mehr bekleiden. Dante antwortete nicht, zahlte auch die Summe nicht. Wahrscheinlich war er von der Gesandtschaft nach Rom noch gar nicht zurückgekehrt. Jedenfalls wurde der Strafbefehl am 10. März wiederholt und Dante zu lebenslänglicher Verbannung verurteilt: sollte er es aber wagen, in die Stadt zurückzukehren, so werde er dem Feuertod überantwortet werden. Gleichzeitig wurden seine Güter eingezogen.

Seitdem bis zu seinem Tode lebte Dante, nahezu zwanzig Jahre lang, als armer Mann in der Fremde, angewiesen auf die Unterstützung von vermögenden Menschen, die seinen hohen Sinn und seine unbestechliche Rechtlichkeit besser zu würdigen wußten als seine undankbare Vaterstadt (Paradies XVII 55–60). Zunächst hoffte er noch zuversichtlich auf eine baldige Rückkehr nach Florenz. Die verbannten Weißen Guelfen wurden durch die gemeinsame Not zu einem Bündnis mit den verbannten Ghibellinen gedrängt. Aber alle ihre gemeinsamen Unternehmungen gegen Florenz mißlangen, nicht zuletzt wegen der Uneinigkeit und Feigheit im eigenen Lager. So trennte sich Dante 1303 von allen Parteien und ging künftig seinen eigenen Weg, immer nur auf das bedacht, was er in der Politik als richtig erkannte. Er bildete »eine Partei für sich allein«, ein Entschluß, den er sich in der Göttlichen Komödie (Paradies XVII 68–69) durch seinen Ahnherrn Cacciaguida anraten läßt. Dabei näherte er sich dem Kaiserideal, ohne sich jedoch an das Programm der Ghibellinen zu binden. Allzusehr hatte ihn Bonifaz VIII. enttäuscht. Dessen Nachfolger, Benedikt XI., ein Mann von lauterer Gesinnung und Tatkraft, von dem soviel Segen hätte erwartet werden können, starb schon nach einem knappen Dreivierteljahr. Fast ein Jahr war der päpstliche Stuhl unbesetzt, bis nach langen Überlegungen und Intrigen der neue Papst gewählt wurde, ein Franzose und Günstling des französischen Königs, Clemens V., von dem Dante nichts Besseres erwarten mochte als von Bonifaz VIII. Von dieser Seite also schien ihm eine Rettung Italiens unmöglich. Da konnte er seine Hoffnung nur noch auf den Kaiser setzen.

Zwischen 1302 und 1321 hat Dante das unruhige Wanderleben des politischen Flüchtlings geführt. Die Berichte und Urkunden reichen nicht aus, um diesen Weg lückenlos nachzuzeichnen. Immerhin ist uns sein Aufenthalt in verschiedenen Städten klar bezeugt. Zuerst fand er gastliche Aufnahme bei dem Herrn von Verona, Bartolomeo della Scala (Paradies XVII 70–93, zugleich Dantes Dank). Nach dessen Tod, 1304, weilte er kürzere Zeit in Treviso, in Venedig, in Bologna, 1306 war er gemeinsam mit seinem Freund Cino da Pistoia, dem Dichter und gelehrten Juristen, in der Lunigiana, dem Nachbarland der Republik Genua. Dort wurde den beiden Männern ehrenvolle Aufnahme bei dem Markgrafen Moroello Malaspina zuteil (Dantes Dank: Läuterungsberg VIII 121–139). In diplomatischen Diensten für ihn brachte Dante den Friedensvertrag mit dem Bischof von Luni zustande. Später findet man Dante im Casentino bei einem der Grafen Guidi, dann an der Riviera, ferner am Gardasee und im Venetianischen. Von Verona ist er wohl etschaufwärts ein gutes Stück in die Alpen hineingekommen (Hölle XII 4–9).

Das wichtigste Ereignis war für Dante in jenen Jahren der Verbannung die Ankunft des Königs und künftigen Römischen Kaisers Heinrich VII. von Lützelburg in Italien. Das geschah im Jahre 1310. Ein Jahr vorher hatte Clemens V. den Sitz des Papsttums nach Avignon verlegt, dem Drängen des französischen Königs nachgebend. In Italien sah es trostlos aus: Rom war verwaist, die Städte Mittel- und Norditaliens waren voll von Parteihader oder lagen miteinander im Streit, Süditalien stand unter einer französischen, Sizilien unter einer aragonesischen Dynastie. Ordnung und Friede konnten nur noch vom Kaiser erhofft werden. Endlich zog seit Friedrichs II. Tagen zum erstenmal wieder ein Kaiser über die Alpen. Selbst Clemens V. begrüßte den Zug von Avignon aus, indem er den Kaiser den »Arm und Verteidiger der Kirche« nannte.

Dante war im Innersten überzeugt, daß nun die Heilung und Rettung Italiens herannahe. Diese Zuversicht kommt in einem Brief zum Ausdruck, den er in lateinischer Sprache an alle Republiken und Monarchen Italiens richtete und worin er sie aufforderte, den Kaiser in Ehrfurcht und Freude zu empfangen. Im Bewußtsein seiner Unschuld bezeichnete er sich selbst im Kopf des Briefes als *exul immeritus*, »unverdientermaßen in Verbannung«. Eine unermeßliche Freude spricht sich in diesem Briefe aus, vielfach in Worte der Heiligen Schrift gefaßt: »Sehet, jetzt ist die willkommene Zeit, in der die Zeichen des Trostes und des Friedens erscheinen«, so beginnt Dante sein Manifest. Wie er für Italien Ruhe und Ordnung erwartet, so erhofft er für sich selbst die Rückkehr in die Vaterstadt. Aber er sollte sich schwer getäuscht haben. Die Zwistigkeiten hörten nicht auf. Ja, die Guelfenstädte kündeten dem Kaiser offenen Kampf an, und Mittelpunkt dieses Kampfes war Dantes Vaterstadt Florenz. Da wandelte sich des Dichters Zuversicht in furchtbaren Zorn. In einem neuen Brief voll schrecklicher Offenheit hält er den Florentinern ihr Verbrechen vor, daß sie dem Gesandten Gottes, dem Kaiser, zu widerstehen wagen: »Dante Alighieri aus Florenz, unverdientermaßen in Verbannung, an die verruchten Florentiner drinnen in der Stadt«, so lautet der Kopf des Briefes. Schwerste Strafgerichte Gottes werden der verblendeten Stadt angedroht. Dieser Brief vom 31. März 1311 zeigt schon in seiner feierlichen Datierung, als welch einschneidendes Ereignis Dante den Zug des Kaisers betrachtet: »Im Jahre 1 des glückhaften Zuges Kaiser Heinrichs nach Italien.« Etwa vierzehn Tage später richtet Dante einen Brief an den Kaiser selbst. Bereits zu Beginn des Italienzuges hat er ihn in Norditalien aufgesucht und ihm seine Huldigung dargebracht. Jetzt bittet er den Kaiser brieflich, er möge gegen das widerspenstige Florenz zu Felde ziehen; denn diese Stadt sei es, von der aller Widerstand gegen den Kaiser ausgehe.

Nachdem Heinrich VII. in Rom durch einen Legaten des Papstes die Kaiserkrone erlangt hatte, zog er nun tatsächlich gegen Florenz und belagerte die Stadt: er mußte unverrichteterdinge wieder abrücken. Er rüstete sich jetzt zu einem entscheidenden Zug gegen Robert von Anjou, den König von Neapel. Mitten in diesen Vorbereitungen wurde der Kaiser durch ein Malariafieber dahingerafft, in Buonconvento bei Siena, am 24. August 1313, im 52. Lebensjahr. Sein Leib ruht im Dom zu Pisa, wo der Kaiser immer die herzlichste Aufnahme gefunden hatte. Dante hat dem bewunderten und geliebten Kaiser eine Stätte im Himmel bereitet, während er zugleich den Papst Clemens V., der im Jahre darauf starb, der Hölle überlieferte (Paradies XXX 133–148).

Mit dem Tode Heinrichs VII. brach Dantes Hoffnung, wenn nicht für die Zukunft Italiens, so doch für seine eigene baldige Rückkehr endgültig zusammen. Inzwischen war 1311 vielen Verbannten Begnadigung zuteil geworden: Dante war davon ausgenommen worden. 1315 wurde eine allgemeine Amnestie erlassen, auch für die schwersten Verbrecher – zu denen man Dante rechnete –, jedoch unter der Bedingung, daß sie eine hohe Strafsumme zahlten und sich im Baptisterium S. Giovanni öffentlich dem heiligen Patron der Stadt als reuige Sünder vorstellen ließen. Dante brachte es nicht übers Herz, diese unverdiente Demütigung auf sich zu nehmen, sosehr ihn auch seine Florentiner Freunde dazu drängten. Einem von ihnen hat er darüber entrüstet nach Florenz geschrieben: »Ist das der begnadigende Widerruf, womit ein Dante Alighieri in die Heimat zurückgeholt werden soll, nachdem er beinahe fünfzehn Jahre die Verbannung ertragen hat? Hat das seine Unschuld verdient, die allen offenbar ist? Das die fortgesetzte mühevolle Beschäftigung mit den Studien? Ferne sei einem Manne, der mit der Philosophie vertraut ist, eine solch törichte Demütigung des Herzens, daß er wie irgendein Cioli oder andere schmähliche Gesellen sich gleichsam gefesselt vorführen lasse! Ferne sei es einem Manne, der die Gerechtigkeit predigt, daß er nach der Erduldung des Unrechts denen, die ihm das Unrecht zufügen, wie verdienten Männern sein Geld hinzahle! Mein väterlicher Freund, das ist nicht der Weg zur Rückkehr in die Vaterstadt. Doch wenn von Euch jetzt oder von anderen später ein Weg gefunden wird, der dem Ruhm und der Ehre eines Dante keinen Abbruch tut, so will ich ihn mit schnellen Schritten annehmen. Kann aber durch keinen solchen Weg Florenz wieder betreten werden, so werde ich Florenz eben niemals wieder betreten. Was tut's auch? Kann ich nicht überall den Glanz der Sonne und der Sterne erblicken? Kann ich nicht unter jedem Himmel die süßesten Wahrheiten durchdenken, wenn ich mich wenigstens nicht zuvor vor den Augen des Volkes und der Stadt Florenz in Ehrlosigkeit und Schmach bringe? An Brot wird es mir wahrlich auch nicht fehlen.«

Ähnliche schmachvolle Begnadigung hat Dante auch in der Folgezeit abgelehnt. So wurde dann am 15. Oktober 1315 das Todesurteil über ihn ausgesprochen. Dante wurde für vogelfrei erklärt. Wer ihm auf den Straßen Italiens begegnete, sollte ihn straffrei erschlagen dürfen. Das gleiche Urteil traf seine beiden Söhne. Das unstete Leben geht also weiter. Eine Zeitlang fand der Dichter sein Asyl in Lucca bei einer Edelfrau Gentucca, von der wenig bekannt ist (Läuterungsberg XXIV 37–48). Wiederum führte ihn dann der Weg nach Verona, wo seit 1311 der junge Cangrande della Scala die Herrschaft angetreten hatte, ein Mann, auf den Dante große Hoffnungen setzte und der auch sonst ein Schirmherr der Wissenschaften und der Dichtung gewesen ist. Die letzte Heimstätte ward dem Dichter in Ravenna zuteil: 1317 wurde er von dem Herrn der Stadt, Guido Novello da Polenta, aufs herzlichste aufgenommen. Dort war er auch wieder mit seinen Söhnen Pietro und Jacopo und mit seiner Tochter Antonia vereint. Er war bald der Mittelpunkt eines Kreises von Gelehrten und Dichtern, die in ihm ihren unerreichten Meister verehrten. Gelegentlich scheint er von dort auch wieder zu seinen Freunden nach Verona gereist zu sein. So weiß man, daß er daselbst im Jahre 1320 in der S. Elena-Kapelle vor einem gelehrten Publikum einen wissenschaftlichen Vortrag über die Beziehungen zwischen der Landfläche und der Wasserfläche auf der Erdkugel gehalten hat. Auch die Bewunderer Dantes in Bologna versuchten den Dichter zu sich einzuladen, wollten ihn zum Dichter krönen, erbaten sich jedoch von ihm ein Epos in lateinischer Sprache. Das war das Anliegen einer lateinischen Versepistel, die Giovanni del Virgilio, Professor an der Universität Bologna, an Dante richtete. Dante antwortete in lateinischen Versen und lehnte das Ansinnen ab. Nochmals gingen solche Versepisteln zwischen den beiden Männern hin und her. Aber Dante ist nicht nach Bologna übergesiedelt.

Noch in Ravenna ist Dante auch politisch tätig gewesen. Zur Schlichtung von Grenzstreitigkeiten zwischen Ravenna und der Nachbarstadt Venedig schickte ihn Guido Novello als seinen Bevollmächtigten im Spätsommer 1321 nach Venedig. Dort erkrankte der Dichter, kehrte mit Fieber nach Ravenna zurück und starb wenige Tage später, wahrscheinlich am Abend des 13. September, am Vigilabend des Festes Kreuzerhöhung, im Alter von 56 Jahren.

Als Mitglied des Dritten Ordens vom hl. Franziskus wurde Dante in der Franziskanerkirche von Ravenna beigesetzt. Guido Novello und die ganze Stadt Ravenna gaben ihrem Schmerz in ergreifenden Trauerfeiern Ausdruck. Guido Novello wollte dem Dichter ein eigenes Mausoleum errichten, starb aber, bevor er den Plan verwirklichen konnte. Erst 1483 wurde das Grab durch ein Porträt-Relief von Pietro Lombardi geschmückt. 1692 hat man die Grabkapelle errichtet, die 1780 umgebaut wurde und heute noch die Grabstätte Dantes auszeichnet. Mehrmals, zuletzt 1865, hat Florenz Schritte unternommen, um Dantes Gebeine in seine Geburtsstadt zu überführen. Ravenna hat sich diesem Bemühen immer mit Erfolg widersetzt.

Dantes kleinere Werke

Im Vergleich zur *Göttlichen Komödie* bezeichnet man mit Recht Dantes übrige Schöpfungen als seine »kleineren Werke«. Es sind die folgenden: *Das neue Leben (Vita nuova)*, *Gedichte (Rime)*, *Das Gastmahl (Convivio)*, *Von der italienischen Hochsprache (De vulgari eloquentia)*. *Die Monarchie (Monarchia)*, *Abhandlung über Wasser und Land (Quaestio de aqua et terra)*, *Briefe*, *Versepisteln*.

Unter diesen Werken ist für das Verständnis der *Göttlichen Komödie* am wichtigsten das Büchlein *Das neue Leben*. Es ist die Darstellung und dichterische Gestaltung der Liebe Dantes zu Beatrice. Bald nach dem Tode der jungen Frau (1290) hat der Dichter damit begonnen, vor 1292 wurde das Werk abgeschlossen. Dante schreibt sich darin einerseits den Schmerz von der Seele, andrerseits schreibt er sich immer tiefer in diese Liebe hinein. Immer strahlender wird die Gestalt der Geliebten, und am Schluß dieser Apotheose ist es dem Dichter, wie wenn er erst am Anfang stünde, und er kündigt an, daß er von dieser Frau dereinst nochmals und dann in würdigerer Weise sprechen wolle. So knüpft die *Göttliche Komödie*, als Erfüllung dieses Vorsatzes, unmittelbar an das *Neue Leben* an, wenn auch Planung und Durchführung des großen Werkes den Dichter noch sein ganzes späteres Leben, dreißig Jahre lang, beschäftigt haben.

Das neue Leben ist ein Bericht in italienischer Prosa, von der ersten Begegnung mit Beatrice bis zu ihrem Tod. Dazwischen sind längere und kürzere Gedichte, Kanzonen und Sonette, eingefügt, die der Dichter schon früher, unter dem unmittelbaren Eindruck seines Erlebnisses, geschrieben hat. Die Gedichte sind also der eigentliche Kern des Werkes, der Prosabericht will nur die Gedichte erklären und die Situation angeben, aus der sie entstanden sind. Es mag sogar sein, daß einzelne Gedichte schon viel früher und nicht unter dem Einfluß der Beatrice entstanden und erst jetzt auf sie umgedeutet worden sind. Andrerseits hat der Dichter einige der letzten Gedichte erst damals verfaßt, als er den Prosatext schrieb. Übrigens haben auch nicht alle Gedichte, die dem Beatrice-Erlebnis entsprungen sind, Aufnahme in das *Neue Leben* gefunden. Im ganzen treffen wir hier 25 Sonette, 4 Kanzonen und 2 andere Gedichte. Im Anschluß an jedes Gedicht gibt Dante nach der Interpretationsart seiner Zeit eine sogenannte »divisio«, d. h. er analysiert die einzelnen Strophen und gibt in Prosa ihren Inhalt und ihre teils wörtliche, teils allegorische Bedeutung wieder. Dann erst geht der Bericht weiter, als Überleitung zum nächsten Gedicht. Man darf hier also nicht eine zusammenhängende Erzählung von Dantes Liebeserlebnis erwarten: es sind vielmehr nur einzelne Ereignisse festgehalten, jene eben, die zum Anlaß eines Gedichtes geworden sind.

Wie stark das ganze Erlebnis auf den Dichter gewirkt hat, will schon der Titel des Werkes bekunden. Und Dante beginnt: »An jener Stelle im Buche meines Lebens, vor der es nur wenig zu lesen gäbe, befindet sich eine rote Überschrift: INCIPIT VITA NOVA (Hier beginnt ein neues Leben). Unter dieser roten Überschrift finde ich die Worte geschrieben, die ich in diesem Buche als Beispiele anführen möchte.« Dann erzählt Dante im geheimnisvollen Ton des Sehers, der alles Weltgeschehen in unbegreiflichen Zusammenhängen verknüpft sieht, wie ihm zum ersten Male »die glorreiche Herrin seiner Seele« in rotem

Gewand vor die Augen trat: er, Dante, stand am Ende, sie am Anfang des neunten Lebensjahres. Die Zahl 9 wird nun für Dante zum heiligen Symbol im Leben dieses Mädchens und besonders in den Beziehungen zwischen ihnen beiden. Wieder vergehen neun Jahre, da begegnet ihm die aufgeblühte Jungfrau, weiß gekleidet, auf der Straße. Ihre Augen treffen die seinigen, und sie erwidert dem Dichter seinen Gruß. Es ist um die neunte Stunde des Tages. Hier beginnt des Dichters wundersame Liebe zu Beatrice. Er fühlt sich ganz verwandelt: ein neues Leben fängt an. Ihn erfaßt eine große Liebe zu allen Wesen, auch zu seinen Feinden. Und je mehr jemand in innigen Beziehungen zu Beatrice steht, desto mehr umfängt ihn die Liebe des Dichters. Als heiliges Geheimnis aber verwahrt er den Namen der Geliebten. Ja, er geht so weit, daß er, um die Neugierigen irrezuleiten, anderen Mädchen den Hof macht und sie im Liede feiert – ein »Schirm für die Wahrheit«. Solche Verstellung wurde denn auch für Ernst genommen, vielleicht sogar von Beatrice selbst. Oder ist ihr Ungünstiges über Dantes Lebenswandel zu Ohren gekommen? Jedenfalls verweigert sie dem Dichter künftig ihren Gruß. Aus dieser schmerzvollen Erfahrung ringt sich Dantes Liebe zu jener hohen Auffassung durch, wie sie schon vor ihm besonders Guido Guinizelli, noch vor Guido Cavalcanti, in einer damals berühmten programmatischen Kanzone dargestellt hat, zur Haltung des »süßen neuen Stils« (Läuterungsberg XI 97–98; XXIV 57). Ist bisher sein ganzes Glück am Gruß der Geliebten gehangen, so schickt er sich nun darein, auf diesen Gruß zu verzichten. Aber seine Liebe wird darin nur tiefer und echter. Sie wohnt, wie Guido Guinizelli ausgedrückt hat, »im edlen Herzen«, sie wird mehr und mehr unabhängig von äußeren Eindrücken. Diese Liebe richtet sich nicht mehr auf die Erscheinung der geliebten Beatrice, wie sie ihm begegnet und wie sie ihn grüßt, sondern viel mehr auf den Adel ihrer Seele, die dem Dichter in reiner, himmlischer Verklärung erscheint. So wird die Liebe zur stillen, heiligen Anbetung.

Inzwischen war Beatrice verheiratet worden. Auf eine solche Liebe mußte dieses Ereignis ohne Einfluß bleiben. Nur vor einem zittert der Dichter dennoch: wie, wenn Beatrice sterben müßte? Bei diesem Gedanken überfällt es ihn mit unheimlicher Angst. Und als das vorausgeahnte Ereignis dann wirklich eintritt, da ist der Dichter bis ins Tiefste erschüttert: daß doch der Tod nun auch ihn hinwegnähme, der Tod, der durch Beatrice geadelt worden ist! Auch den Tod der Geliebten versucht Dante mit der Zahl 9 in Beziehung zu bringen, und da sich dem der gewöhnliche Kalender nicht bequemen will, so gibt Dante die Todesstunde und den Todestag seiner Herrin nach anderen Kalendern an: nach dem arabischen starb Beatrice in der ersten Stunde des neunten Monatstages, nach dem syrischen im neunten Monat des Jahres. Das Jahr selbst umschreibt Dante durch die Angabe, Beatrice sei in jenem Jahre des Jahrhunderts gestorben, in dem die vollkommene Zahl (10) neunmal vollendet worden sei (90). Aus diesen Anhaltspunkten ließ sich der 8. Juni 1290 als Todestag errechnen. Im Anschluß an diese Zeitbestimmung spricht Dante von dem Wesen der Zahl 9 und vermutet schließlich – nach Art mittelalterlicher Zahlenmystik –, Beatrice sei selbst diese Zahl 9 gewesen, deren Wurzel die heilige 3 der Göttlichen Dreifaltigkeit sei.

In dem Büchlein vom *Neuen Leben* ist nicht zu scheiden, was Wahrheit und was Dichtung ist. Aber darauf kommt es auch nicht an. Der ergreifende, starke Eindruck, der von der Lektüre dieser zweiundvierzig Kapitel zurückbleibt, ist die vollkommene Verklärung, ja beinahe Vergöttlichung der Geliebten. Am Ende des Buches ahnt Dante bereits die hohe Würde, die er in späterem Dichten dieser Geliebten zuteil werden läßt, wenn sie als Selige des Himmels ihm Führerin zu Gott sein darf. Denn die letzten Sätze lauten: »Da hatte ich ein wundersames Gesicht, das mir Dinge kundtat, die mich den Entschluß fassen ließen, nichts mehr von dieser Gebenedeiten zu sagen, bis ich es in würdigerer Weise tun könnte. Dahin zu gelangen, mühe ich mich nach Kräften ... Wenn es Demjenigen, durch den alles lebt, gefallen mag, daß mein Leben noch eine Weile dauern wird, dann hoffe ich von ihr zu sagen, was niemals von einer Frau gesagt worden ist. Dann möge es Ihm, der der Herr aller Gnaden ist, gefallen, daß meine Seele hinscheide, um die Herrlichkeit meiner Herrin zu sehen, der gebenedeiten Beatrice, die in der Glorie schaut das Angesicht Dessen, qui est per omnia saecula benedictus. Amen.«

Die *Gedichte*, die uns außer denjenigen des *Neuen Lebens* und des *Gastmahls* als Werke Dantes überliefert sind, an Zahl etwa achtzig, Sonette, Kanzonen und andere Formen, hat man dem Lebenslauf Dantes einzufügen versucht. Freilich sind viele dieser Gedichte in ihrer Urheberschaft umstritten. Mit voller Bestimmtheit lassen sich Dante überhaupt nur jene Gedichte zusprechen, die sich entweder in die beiden erwähnten Werke eingebaut finden oder die er in seinem Büchlein *Von der italienischen Hochsprache* unter Angabe des ersten Verses als von ihm stammend bezeugt hat. Eine Anzahl der Gedichte sind dem Beatrice-Erlebnis entsprungen, ohne daß wir sagen könnten, warum sie nicht Aufnahme in das *Neue Leben* gefunden haben. Andere behandeln philosophische Gegenstände und entstammen wohl jenen Jahren nach dem Tode der Beatrice, als Dante sich bei den alten Schriftstellern Trost suchte, in des Boethius Buch *Vom Trost der Philosophie* und in Ciceros Dialog *Von der Freundschaft*, und als er sich mehr und mehr mit den Werken des Aristoteles, aber auch mit der Philosophie seiner eigenen Zeit und der letzten Jahrhunderte beschäftigte, mit Thomas und Bonaventura, mit Averróes und Sigér von Brabant, nicht zuletzt auch mit Bernhard von Clairvaux. Aber auch sehr persönliche Gedichte der Freundschaft und der Liebe sind uns erhalten. Die wichtigste Gruppe daraus sind die sogenannten Steinkanzonen oder Casentino-Kanzonen, zwischen dem Sommer 1307 und dem Frühjahr 1308 entstanden, als Dante sich im Casentinotal aufhielt. Da packte ihn eine heftige Leidenschaft zu einer »donna pietrosa«, einer »steinharten Frau« – oder hieß sie wirklich Pietra? –, das Wort pietra (Stein) geistert durch diese Gedichte. Dante hat, wie man an ihnen verfolgen kann, die hoffnungslose Liebe zu der Unbekannten überwunden und sich nach heißen Kämpfen um so inniger, im Lieben und im Dichten geläutert, der Aufgabe zugewandt, die er im Dienste der verklärten Beatrice damals längst übernommen hatte. Aus ihrem Munde aber läßt er sich in der *Göttlichen Komödie* zur Reinigung seines eigenen Gewissens herbe Worte der Rüge und beschämende Vorwürfe entgegenrufen (Läuterungsberg XXX 55, XXXI 90).

Als Dante sein *Gastmahl* zu schreiben begann, wohl 1304 während seines Aufenthalts in Bologna, da schwebte ihm das Ziel vor, ein Handbuch der Philosophie zu verfassen, das sich nicht nur an den Fachphilosophen, sondern an alle Wissensdurstigen wenden sollte. Daher entschied er sich für die italienische statt der lateinischen Sprache, was damals noch ganz ungewöhnlich war. Den seit Platon beliebten Rahmen eines Gastmahls wollte er dadurch ausfüllen, daß er bei diesem geistigen Mahl den Hungrigen seine eigenen philosophischen Kanzonen »als Fleisch«, seinen Kommentar dazu »als Brot« vorzusetzen gedachte. Vierzehn philosophische Kanzonen sollten auf solche Weise besprochen werden: daraus konnte dann eine ganze Enzyklopädie der Philosophie entstehen. Jeder Kanzone sollte ein eigener Traktat gewidmet sein. Zusammen mit einem Einleitungstraktat hätte das Werk also fünfzehn Teile umfaßt. Doch ist es nach dem vierten Traktat abgebrochen worden, so daß nur die Einleitung und der Kommentar zu drei Kanzonen fertig geworden sind. Dante hat auf eine Fortsetzung verzichtet und das Bruchstück, so wie es war, aus der Hand gegeben. In der Erklärungsweise folgt Dante der Interpretationstechnik des Mittelalters. Man pflegte einen Text nach vier verschiedenen Bedeutungen zu untersuchen, eine Methode, die sich in der Bibelexegese entwickelt hatte. In ausführlichster Betrachtung, mit immer schärferen Unterscheidungen wird der *wörtliche* Sinn besprochen. Unter diesem wörtlichen Sinn wird aber ein verborgener tieferer, ein *allegorischer* Sinn gesucht. Gelegentlich führt Dante noch in den dritten, den *moralischen* Sinn hinein, der die Anwendung auf den Leser enthüllt. Daraus erwächst dann die *anagogische* Deutung, worin der Leser zur Schau tiefster heilsgeschichtlicher Zusammenhänge emporgeführt wird.

Um die gleiche Zeit, ebenfalls 1304 in Bologna, hat Dante in lateinischer Sprache sein Buch *Von der italienischen Hochsprache* zu schreiben begonnen. Es war auf vier Bücher berechnet, bricht aber im zweiten Buch mitten im Satze ab. Das Bruchstück wird erst nach Dantes Tod bekannt geworden sein; nur drei Handschriften sind überliefert. Dante holt im ersten Buch weit aus, spricht vom Ursprung der Sprache überhaupt, von der Einteilung aller ihm bekannten Sprachen, dann besonders vom Lateinischen und vom Italienischen. Nicht weniger als vierzehn italienische Dialekte unterscheidet er, belegt sie durch Stellen aus der Literatur oder durch volkstümliche Redensarten, versucht sie zu beiden Seiten des Apennin in Gruppen zusammenzufassen. Bei dieser Sichtung hat er aber kein anderes Ziel, als die beste Form der italienischen Sprache herauszufinden. Er begegnet ihr schließlich am Hofe der Staufer in Sizilien und Unteritalien, einer Sprache, die sich über die Mundarten emporgehoben hat und die in ihrer Veredelung das Ausdrucksmittel italienischer Dichtung und Prosa sein darf. Das zweite Buch sollte die Dichtungsformen der Lyrik behandeln, nach ihrem Verwendungsbereich und nach ihrem metrischen Bau. Mitten in der Behandlung der Kanzone, der höchsten Dichtungsform, bricht das Werk ab. Aber schon das Bruchstück enthüllt uns in Dante auch einen Philologen, der seiner Zeit um fünf Jahrhunderte vorausgeeilt ist.

Über die Entstehungszeit des lateinisch geschriebenen Buches über die *Monarchie* ist viel gestritten worden. Auch heute ist man sich darüber noch nicht einig, hat freilich die frühe Datierung auf das Jahr 1300 oder gar vorher allgemein aufgegeben. Man schwankt jedoch immer noch, ob das Werk in der Zeit des Italienzugs Heinrichs VII., also zwischen 1310 und 1313, oder erst in den letzten Lebensjahren Dantes entstanden ist. Wie sehr der Gegenstand Dante am Herzen lag, zeigt der Umstand, daß dieses Werk von ihm zu Ende geführt worden ist. Es umfaßt drei Bücher. Im ersten Buch spricht Dante von der Notwendigkeit einer Weltmonarchie. Er stellt sie als gleich wichtig neben das Papsttum, weltliche und geistliche höchste Macht nebeneinander. Gottes Vorsehung hat dem Christentum einen weltlichen Rückhalt gegeben. Der seelischen Erneuerung in der Erlösungstat Christi ging eine weltliche Vorbereitung vorher. Gegen beide hat sich der Satan erhoben, um sie zu vereiteln, dem göttlichen Ratschluß zum Trotz. Julius Cäsar sollte nach Gottes Willen das römische Imperium zubereiten, auf daß es die weltliche Grundlage des Christentums sein könne: gegen Cäsar erhoben sich die Mächte der Finsternis ebenso wie später gegen Christus. Aus solchem Verstehen der Geschichte hat Dante in seiner *Göttlichen Komödie* den Cäsar-Mördern die gleiche Bestrafung zuteil werden lassen wie dem Christus-Mörder Judas (Hölle XXXIV 55–69). Dieser geistlich-weltliche Parallelismus geht durch das ganze politische Denken Dantes, worin Geschichtsphilosophie und Theologie miteinander verschmelzen. Im zweiten Buch der *Monarchie* zeigt Dante, daß zum Träger dieser Weltmonarchie durch göttliche Vorsehung das Römerreich, die Stadt Rom, bestimmt sei. Hier wendet er sich besonders gegen die französischen Guelfen, die von einem Kaisertum überhaupt nichts wissen wollten, und gegen die Überheblichkeit des französischen Königtums. Das dritte Buch richtet sich gegen die italienischen Guelfen, zumal gegen die Schwarzen Guelfen, die dem Kaisertum zwar eine gewisse Daseinsberechtigung einräumen, es aber völlig dem Papsttum unterordnen wollen. Dante betont demgegenüber die Gleichberechtigung der beiden gottgesetzten Gewalten. Dantes politische Gedanken sind nicht durchaus neu, aber sie kommen aus seinem eigenen Erlebnis und aus hoffnungsvoller Überzeugung.

Die kurze *Abhandlung über Wasser und Land*, in lateinischer Sprache, ist wahrscheinlich nichts anderes als eine Zusammenfassung dessen, was Dante in seinem Vortrag in Verona genauer ausgeführt hat (vgl. oben S. 468). Man hat die Urheberschaft Dantes für diese Notizen bestritten.

Auch einige der überlieferten dreizehn *Briefe* Dantes sind in ihrer Echtheit angezweifelt worden. So vor allem der lange Brief in lateinischer Sprache, den Dante an Cangrande von Verona gerichtet hat und worin er ausführlich über Sinn und Deutung seiner *Göttlichen Komödie* spricht. Daß der Brief schon sehr früh von den Erklärern der Dichtung herangezogen wurde (schon im 14. Jh.), beweist noch nicht, daß er wirklich von Dante stammt. Manches spricht dagegen. Jedenfalls ist er für das Verständnis der *Göttlichen Komödie* von einigem Wert. – Zu den Briefen Dantes müssen auch die zwei *Versepisteln* gerechnet werden, vielfach als Eklogen bezeichnet, mit welchen Dante auf die beiden Episteln des Bologneser Professors Giovanni del Virgilio geantwortet hat (vgl. oben S. 468).

Die göttliche Komödie

Die Entstehungsgeschichte der *Göttlichen Komödie* erstreckt sich über dreißig Jahre, von dem ersten Gedanken daran, wie er vor 1292 sich im Schlußkapitel des *Neuen Lebens* ausspricht (vgl. oben S. 471), bis zum Tode des Dichters. Über die Entstehungszeit der einzelnen Teile sind wir freilich auf unsichere Nachrichten und auf Vermutungen angewiesen. In der ersten Lebensbeschreibung Dantes, die wir Boccaccio verdanken, wird angegeben, die ersten sieben Gesänge der »Hölle« seien schon in Florenz, noch vor der Verbannung Dantes, also vor 1302, entstanden. Wahrscheinlich ist die ganze »Hölle« in den Jahren vor dem Italienzug Heinrichs VII. vollendet worden, also vor 1310. Aus inneren Kriterien darf man vermuten, daß der Hauptteil des »Läuterungsberges« vor dem Tode des Kaisers (1313) gedichtet worden ist (vgl. VI 97 ff.) und daß dieser zweite Teil der Dichtung bald nachher abgeschlossen wurde (vgl. XXXIII 37 ff.). Um diese Zeit scheint Dante die beiden ersten Teile des Werkes aus der Hand gegeben, also »veröffentlicht« zu haben. Das »Paradies«, das der Dichter dem von ihm bewunderten Cangrande von Verona zu widmen gedachte (vgl. den Brief), ist wohl erst ganz kurz vor Dantes Tod fertig geworden. Dantes Söhne haben diesen dritten Teil der Öffentlichkeit übergeben.

Die *Göttliche Komödie* ist eine große Vision, eine Wanderung des Dichters durch die drei Jenseitsreiche. Aus den Verirrungen seines Lebens, die allegorisch durch einen wilden Wald dargestellt werden, wird der Dichter abgeholt durch Vergil, seinen Lieblingsdichter, dem über Maria und Lucia durch Beatrice – gleichfalls eine Heilige des Himmels – der göttliche Auftrag geworden ist, den verirrten Dichter durch den Abgrund der Hölle und dann auf die Höhe des Läuterungsberges zu geleiten. Von dort aus übernimmt dann Beatrice selbst die Führung durch die Sphären des Himmels bis unmittelbar zum Sitze Gottes, wo sie schließlich durch den Mystiker, den heiligen Bernhard von Clairvaux, und durch Maria abgelöst wird, die ihm die letzte Schau in Gottes Wesenstiefe vermitteln.

Die Hölle hat bei Dante die Gestalt eines Trichters, der mit seinem weitesten Umfang unterirdisch unter der nördlichen Halbkugel liegt und sich nach dem Erdmittelpunkt hin verengert. Durch acht konzentrische, nach abwärts aufeinander folgende Ringstraßen oder Ringflächen wird die Hölle in Räume gegliedert; hinzu kommt als tiefster, neunter Bereich eine Eisfläche, in deren Mittelpunkt, also im Mittelpunkt der Erde, Luzifer eingefroren ist. Der Streifen des siebenten Höllenringes ist in drei konzentrische Ringstreifen untergegliedert. Der achte Höllenring wird von zehn konzentrischen Gräben gebildet, den »Malebolge«, die von Felsklippen überbrückt werden. – Ein Höllentor eröffnet den Zugang von der Erde aus (Ges. III). Es folgt der Bereich der »Vorhölle«, in dem sich, ohne Leiden, die Frommen des vorchristlichen Heidentums aufhalten und in dem sich bis zu Christi Abstieg zur Hölle auch die Seelen der alttestamentlichen Heiligen befanden. In den obersten Höllenkreisen ist die Stätte jener Verdammten, die den Sünden der menschlichen Schwäche und Maßlosigkeit so sehr nachgegeben haben, daß Gott sie verwerfen mußte. Ein neues Eingangstor führt zu den Sündern, die sich durch Werke der Bosheit, nicht nur der Schwäche, die Verdammnis bereitet haben: im siebenten Kreis büßen die Sünder der Gewalttat, im achten die Sünder der Heimtücke, im neunten die Sünder des Treuebruchs – jeweils in verschiedene Gruppen aufgeteilt.

Durch einen Kanal, der am Leibe Luzifers vorbeiführt, gelangt Dante mit Vergil auf die südliche Halbkugel, an den Strand einer Insel, auf der sich der Berg der Läuterung erhebt. Als Luzifer nach seinem Aufruhr durch Gott aus dem Himmel gestürzt wurde, fuhr er unter Jerusalem in die Erde, um in deren Mittelpunkt auf ewig steckenzubleiben. Entsetzt darüber wich die Erde nach der anderen Seite aus, und so entstand eine Insel mit dem Berg der Läuterung, zu dem von Rom, von der Tibermündung her, die Seelen der Geretteten durch Engel gefahren werden, damit sie, auf dem Berge letzte Sündenmakel hinwegsühnend, den Aufstieg zu Gott vollziehen können. Nach den sieben Hauptsünden sind die Büßer auf sieben Straßen verteilt, die von unten nach oben konzentrisch den Berg umgeben und von denen schwierige Felspfade zur nächsthöheren emporführen. Die Reihenfolge der Sünden ist hier umgekehrt: zuunterst kommen die Büßer, die die verhältnismäßig schwerste Schuld noch wegzubüßen haben; weiter oben sühnen die Sünder aus menschlicher Schwäche. Wohl ist es Leid, dem sie unterworfen sind; aber sie leiden alle gern und freudig, sind alle glücklich darüber, gerettet zu sein: sie können nicht mehr sündigen, und jeder Schritt bringt sie näher zu Gott. Auf der Höhe des Läuterungsberges befindet sich das Paradies (von Dante »irdisches Paradies« im Gegensatz zum Himmel, dem »himmlischen Paradies«, genannt), das, in Dantes dichterischer Vorstellung, Gott nach dem Sündenfall der Stammeltern hierher entrückt hat.

Von der Höhe des Läuterungsberges aus beginnt Dante unter Führung von Beatrice den Flug durch die neun Sphären des Himmels bis zu Gott. Hier mußte sich Dante anders helfen als in der Hölle und auf dem Läuterungsberg: während in diesen zwei Bereichen die Seelen ihre Stätte dort haben – in der Hölle ewig, auf dem Berg vorübergehend –, wo sie Dante begegnen, werden im Himmel die Seelen der Heiligen, die sich alle in Gott befinden, für Dante dadurch sichtbar, daß sie ihm in den einzelnen Sphären erscheinen, nur erscheinen, ohne daß sie etwa dort ihre Sitze hätten. Erst zum Schluß sieht sie Dante alle vereint in der himmlischen Rose, deren Mittelpunkt das Licht Gottes selber ist. Die sieben ersten Sphären werden von den sieben Planeten regiert; diese sieben Gestirne, die man zu Dantes Zeit als Planeten bezeichnete, sind der Reihe nach, von unten nach oben: Mond, Merkur, Venus, Sonne, Mars, Jupiter, Saturn. Ihnen schließt sich als achter Himmel der Fixsternhimmel an. Diese acht Himmel muß man sich als konzentrische Kugeln vorstellen, die, mit immer weiterem Radius, um die Erde als Mittelpunkt gelegt sind. Der neunte Himmel schaltet die Beziehung aus dem Körperlichen ins Geistige um: hier, im »Primum Mobile«, ist der Sitz der von Gott kommenden Urbewegung, die von da in die acht Sphären hinunterwirkt, die aber auch sichtbar macht, daß der eigentliche Mittelpunkt des Alls nicht die körperliche Erde, sondern Gott, das reine Geistwesen, ist, Gott, der aber bereits seit der Himmelfahrt Christi die körperliche Welt in sich aufzunehmen begonnen hat (Christus kehrt mit dem verklärten Leib zurück!). Der zehnte Himmel ist Gott selbst und in ihm die Heiligen alle, der Lichthimmel, das Empýreum. In den himmlischen Sphären erscheinen vor

Dante die Seelen derjenigen, die entweder gleich nach dem Tode würdig waren, in Gottes Licht einzugehen, oder die auf dem Berg der Läuterung letzte Schlakken ausgetilgt haben. Im Empýreum darf Dante einen Blick in Gottes tiefstes Wesen tun: in die Dreifaltigkeit des einen Gottes in drei Personen – durch drei gleich große Feuerkreise von drei verschiedenen Farben in ihrer Gleichheit und in ihrer persönlichen Eigentümlichkeit dargestellt – und in die Hypostatische Union, d. h. in die Verbindung der göttlichen Natur mit der menschlichen in der zweiten Göttlichen Person, in Christus, dargestellt durch das Aufleuchten des Menschenantlitzes im mittleren Feuerkreis. In dem suchenden Blick nach dem Wie solcher Verbindung muß die große Vision zu Ende gehen: Dante wird mit hineingerissen in die lobpreisende Bewegung um Gott.

Die Vision ist durch Dante auf einen ganz besonderen Zeitpunkt seines Lebens verlegt, in das Jahr des Jahrhunderts, das Jahr 1300, für das der Papst zum erstenmal ein großes Pilger- und Gnadenjahr ausgeschrieben hatte, ein »Anno Santo«. In diesem Jahr wählt Dante die begnadeten Tage, da das Hauptfest des Kirchenjahres mit dem Frühlingsbeginn zusammentrifft, die Kar- und Osterwoche. Die Wanderung beginnt am Morgen des Karfreitags und endet am Donnerstag der Osterwoche, wobei beständig aus den liturgischen Texten der Tage und der Stunden Beziehungen zu Dantes Wanderung aufleuchten. Zwei Tage und die dazwischenliegende Nacht steigt Dante in den Trichter der Hölle hinunter. Vier Tage und drei Nächte befindet er sich auf dem Berge der Läuterung. Der Flug durch den Himmel ist ein einziger Tag in Gottes zeitloser Sabbatstille.

Die Schwierigkeiten dieser Dichtung sind nicht gering. Über manches Unverstandene wird der Leser beim ersten Lesen hinweglesen müssen, um die große Schau auf das Ganze nicht zu verlieren. Der mittelalterliche Mensch war mehr vertraut mit der Welt der Bibel und mit den Fragen des Jenseits, auch mehr mit Theologie und Philosophie als der heutige Leser. Historische Gestalten aus der jüngsten Vergangenheit oder aus der europäischen Zeitgeschichte, vor allem aus der Geschichte von Florenz, waren für den Leser oder Hörer der Dantezeit lebendige Begriffe, während wir Heutigen uns solche Personen erst mühsam aus den Berichten jener Zeit ins Leben zurückrufen müssen. Nicht selten ist uns über eine Seele aus Dantes Dichtung nichts weiter überliefert, als was wir aus Dantes eigenen Versen erschließen können. Für alle aufgewandte Mühe aber entschädigt den Leser die Großartigkeit des Ganzen und die Schönheit der Einzelnen. So mächtig auch außerhalb des Zusammenhangs einige Episoden der Dichtung uns immer wieder packen und begeistern, so darf man doch nie den Blick auf das Ganze vergessen: nur aus dem Zusammenhang der ganzen Dichtung ist auch für die einzelnen Episoden der richtige Standort der Beurteilung zu gewinnen.

Dante war nicht der erste Dichter, der eine Jenseitsvision dargestellt hat. Mit Bienenfleiß hat die Forschung nachgewiesen, wo bereits vor Dante dieses oder jenes Motiv zu finden wäre. Im Grunde ist damit nur so viel gewonnen, daß man die unvergleichliche dichterische Gewalt erkennt, mit der Dante nun etwas ganz Neues geschaffen hat. Dabei ist mit dem Fortschreiten der Dichtung die Aufgabe immer schwieriger geworden. In der Hölle treten uns die

Verdammten entgegen wie aus Stein gemeißelt, bis zum Greifen anschaulich, farblos, aber plastisch in ewigem Düster. Die stimmungsvolle Welt des Läuterungsberges zieht in malerischer Mannigfaltigkeit an uns vorüber; dieser zweite Teil steht unserer Erde am nächsten, unserem Meer und unseren Bergen, unseren Wäldern und unseren Gärten, unserem Wechsel von Tag und Nacht und unserem Frühling. Im »Paradies« hat Dante das Größte geleistet, was je einem Dichter gelungen ist: bewußt verzichtet er hier auf eine Anschaulichkeit, die es in dieser höchsten Welt nicht mehr geben kann; er beschränkt sich auf die Mittel des Lichtes, der Farbe, der Rede und des Klanges. Wie es Dante fertiggebracht hat, uns in dieser musikalischen Welt des »Paradieses« überirdische Luft atmen zu lassen und höchste geistige Erlebnisse zu vermitteln, bleibt sein künstlerisches Geheimnis.

Hans Rheinfelder

ANMERKUNGEN

Die folgenden Anmerkungen, die sich auf das Notwendigste beschränken, sollen das Verständnis der *Göttlichen Komödie* erleichtern. Insbesondere werden alle weniger bekannten Gestalten aus Geschichte und Mythologie erläutert, sofern es der Textzusammenhang erfordert. Auch die früheren Zeiten viel geläufigeren Stilmittel rhetorischer Art, wie die im Mittelalter so beliebten geheimnisvollen oder feierlichen Umschreibungen, machen oft eine Erklärung nötig. Außerdem wollen die Anmerkungen über manche sprachliche Schwierigkeiten des Textes hinweghelfen. Werden Fragen erläutert, die in der Dante-Forschung noch umstritten sind, werden sie entsprechend kenntlich gemacht. – Bei Anspielungen aus der klassischen Literatur ist gelegentlich auf die betreffende Stelle verwiesen, bei biblischen Anspielungen fast immer, wobei die Psalmen nach der Zählung der Vulgata (und damit der katholischen Bibeln) zitiert werden, die von Psalm 10 bis Psalm 146 hinter der hebräischen Zählung, der auch Luthers Übersetzung folgt, um eine Nummer zurückbleibt.

Nachtrag zur Ausgabe 1978: Die Anmerkungen entstanden wie das Nachwort im Jahr 1956. Sie können hier unverändert wieder abgedruckt werden, da sich durch die neuere Forschung keine wesentlichen Verschiebungen ergaben. Umstrittene Stellen wurden schon damals als solche gekennzeichnet. Neu sind die Literaturhinweise am Schluß sowie die vom Verlag erstellte Zeittafel. Das Nachwort von Professor Rheinfelder (1898–1971) hat auch nach mehr als zwanzig Jahren nichts an Frische eingebüßt. Es ist eine der klarsten Einführungen in Dantes Leben und Werk, die es in deutscher Sprache gibt. Der Dank, den der Unterzeichnete damals seinem Lehrer Rheinfelder für die »wertvollen Ratschläge bei der Abfassung dieser Anmerkungen« abstattete, darf heute ausgedehnt werden auf all das Gute in fachlicher wie menschlicher Hinsicht, das mir von ihm im Laufe vieler Jahre zuteil wurde.   Peter Amelung

Die *kursiv* gesetzten Stichworte weisen auf die entsprechende Textstelle hin. Häufig gebrauchte Abkürzungen sind: B. = Beatrice, D. = Dante, V. = Virgil, DC. = Göttliche Komödie, H. = Hölle, L. = Läuterungsberg, P. = Paradies, AT = Altes Testament, NT = Neues Testament, Aen. = Aeneis, Met. = Metamorphosen Ovids, m.a. = mittelalterlich, M.A. = Mittelalter, frz. = französisch, it. = italienisch.

Form und Titel der Göttlichen Komödie

Die *Göttliche Komödie* besteht aus drei Teilen *(cantiche)* von je 33 Gesängen, zu denen ein Einleitungsgesang hinzukommt, der die Exposition zur Jenseitsreise gibt. Die insgesamt 100 Gesänge enthalten 14233 Verse, die sich fast gleichmäßig auf die drei Jenseitsreiche verteilen (Läuterungsberg und Paradies sind um wenige Verse länger als die Hölle). Die Verse der *Göttlichen Komödie* sind *endecasillabi* (Elfsilbner), die in Terzinenketten aneinandergereiht sind. Die Form der Terzine ist eine eigene Schöpfung Dantes – obwohl es in der altfranzösischen Dichtung schon ähnliche Strophengebilde gab –, die vorzüglich geeignet ist, Gedanken und Bilder fortzuspinnen und miteinander zu verknüpfen. Sie ist durch die Dreizahl ihrer Verse für Dante ein vollkommenes Gebilde, gewissermaßen ein metrisches Abbild der göttlichen Dreieinigkeit. Das Reimschema der Terzine ist folgendes: a – b – a; das ohne Ergänzung gebliebene Versende b wird in der nächsten Terzine als Reim weitergeführt: b – c – b usw. Am Ende einer Terzinenkette folgt ein einzelner Vers als Abschluß, der mit dem mittleren Vers der letzten Terzine reimt: y – z – y | z. Die vorliegende Übersetzung behält die Terzinenform bei, was eine erhebliche Erschwerung der Übersetzerarbeit bedeutet; sie verzichtet jedoch auf die durchgehend genaue Nachbildung des italienischen Elfsilbners, bedingt durch die andere Natur der deutschen Sprache im Verhältnis zur italienischen.

Der heute geläufige Titel *Göttliche Komödie – Divina Commedia –* findet sich zuerst in der Ausgabe von Lodovico Dolce (Venedig 1555). Als erster gab Boccaccio in seiner Biographie Dantes dem Werk den Beinamen *divino*, was dort aber soviel wie »herrlich«, »großartig« bedeutet. Vorher sprach man nur von der *Commedia*, im Anschluß an zwei Textstellen in der Hölle (XVI 128 und XXI 2), wo Dante seine Dichtung *comedìa* nennt. Im Paradies aber nennt er sie *sacrato poema* (XXIII 62) und *poema sacro* (XXV 1), d. h. »geheiligtes, heiliges Gedicht«. Dante hatte wahrscheinlich nicht den Titel *Commedia* im Sinn. Die vielberufene Briefstelle, wo er seinem Gönner Cangrande in Verona auseinandersetzt, weshalb er sein Gedicht *Komödie* genannt habe, ist nicht als echt erwiesen; vielleicht handelt es sich um eine nachträgliche Hinzufügung.

Hölle

1. GESANG. D. findet sich verirrt in einem dunklen Wald, dem Wald der Sünde. Am Ende eines Tals erblickt er einen sonnigen Hügel (= Symbol der von Gottes Gnade erleuchteten Tugend), der ihm Rettung bietet. Bevor er ihn erreicht, versperren ihm drei Tiere den Weg, die drei Laster verkörpern. Der Pardel stellt die Wollust dar, der Löwe den Hochmut und die Wölfin die Habgier (die Zusammengehörigkeit der drei Tiere wird im It. durch die gleichen Anfangsbuchstaben unterstrichen: lonza, leone, lupa; über die literarische Herkunft dieser Tiere s. Jer. 5, 6, wo sie ebenfalls in allegorischem Sinne verwendet werden). In höchster Not erscheint der Dichter V. als Beistand. Er repräsentiert die menschliche Vernunft, die der sündige Mensch in sich zum Verstummen

gebracht hat. V. verheißt der Welt und vor allem Italien einen Befreier von den drei Tieren. Zur Rettung D.s stellt er ihm eine Reise durch die drei Jenseitsreiche in Aussicht. Durch Hölle und Läuterungsberg wird V. der Führer sein. Für das himmlische Paradies, das er als unerlöste Seele nicht betreten darf, wird er die Führung an Beatrice abgeben. V. und D. brechen auf am Morgen des Karfreitags im Jahre 1300.

Das Stilmittel, von dem D. mit den Bildern des Waldes, des Hügels etc. Gebrauch macht, ist die Allegorie, die in der m.a. Dichtung sehr beliebt ist. Dabei können wirkliche und allegorische Bedeutung nebeneinander herlaufen: so ist V. in der D. C. nicht nur ein Symbol der menschlichen Vernunft, sondern stets auch der Dichter Virgil.

Als unseres Lebens Mitte: Im Convivio bemißt D. die durchschnittliche Lebensdauer mit 70 Jahren. Des Lebens Mitte = 35. Da D. 1265 geboren ist, verlegt er also die Jenseitsreise in das Jahr 1300, das erste Jubiläumsjahr der Kirche. | *Des Guten wegen:* Die Erlebnisse in diesem Wald wiesen ihn auf die Jenseitsreise. | *schlafbenommen:* durch die Sünde vernebelt. | *des Planeten:* der Sonne; allegorisch: die Gnade Gottes. D. liebt es, die göttliche Gnade durch das Licht darzustellen (siehe P.); Finsternis (Nacht) = Stand der Ungnade. | *das durchzogene Land:* nämlich der Sünde. | *So, daß der feste Fuß:* Umschreibung des Steigens. | *Die Sonne stieg empor:* Die Stellung der Gestirne war an jenem Karfreitagmorgen (8. April 1300 – nach anderen begann die Reise am 25. März) dieselbe wie bei Erschaffung der Welt, die nach m.a. Vorstellung im Frühling stattfand, als die Sonne im Zeichen des Widders stand. Diese Konstellation galt als überaus günstig. | *Wölfin:* vgl. Vers 97 ff. *(Verderbt und böse ist es in dem Maße),* wo auf die Habgier direkt hingewiesen wird. | *Erschien ein Anblick mir:* erschien mir jemand, den langes Schweigen stumm gemacht zu haben schien, nämlich V. | *»Kein Mensch bin ich«:* V., der große römische Dichter, war geboren *sub Julio,* d. h. zu Lebzeiten Julius Cäsars (100–44 v. Chr.), genau 70 v. Chr., in dem Dorf Andes bei Mantua. Das M. A. verehrte in V. den größten Dichter des Abendlands. Darüber hinaus sah man in ihm, wegen einiger Stellen in seinem 4. Hirtengedicht, einen Propheten, der die Ankunft Christi vorausgesagt hatte. Dem Volk galt V. auch als Zauberer. Für D. ist V. das dichterische Vorbild, mit dem er wetteifert (vgl. Vers 82 ff.). Als Verherrlichung der römischen Geschichte liebt er besonders die Aeneis, das eigentliche römische Nationalepos. Die Reise des Aeneas in die Unterwelt (im 6. Buch) gab die Anregung zu seiner Jenseitsreise. | *Laren:* im Original »Dei« = Götter. Die Laren, die der Übersetzer des Reimes wegen einführt, waren die römischen Hausgötter. | *Anchises Sohn:* Aeneas, der der Dichtung den Namen gab. | *das Vieh:* die Wölfin. | *Gar zahlreich:* wörtlich: vielen Tieren vermählt sie sich, d. h. Habgier ist die Mutter vieler Laster. | *bis einst der Veltro:* Veltro wörtl. = Jagdhund. D. bleibt bei dem Bild der Tiere: der Jagdhund wird die lasterhaften Tiere verjagen. Keine Frage hat die Dante-Forschung stärker bewegt als die nach dem Veltro; aber schon der älteste öffentliche Erklärer D.s, Boccaccio, der seit 1373 im Auftrag der Stadt Florenz in der Kirche S. Stefano D.s DC. öffentlich interpretierte, hat sie unentschieden lassen müssen. Möglicherweise dachte D. an gar keine bestimmte Persönlichkeit, sondern wollte nur seine Sehnsucht nach einem Retter Italiens ausdrücken. | *zwischen Feltr'*: »*tra Feltro e Feltro*« kann im It. nicht bloß zwei Ortsnamen bedeuten, sondern auch: zwischen Filz und Filz, was soviel hieße wie: er ist armer Herkunft." | *Camilla usw.*: Personen der Aen., die im Kampf um Italien, die neue Heimat der Trojaner, fallen. | *Petri Tor*: den Eingang zum L.

II. GESANG. D. zaudert, V. aber weiß ihn umzustimmen, indem er ihm erzählt, auf wessen Geheiß er gekommen ist. Drei hohe Frauen, Maria, die sizilische Heilige Lucia (Lucia = Leuchtende; Symbol der erleuchtenden Gnade Gottes) und B., haben im Himmel D.s Rettung beschlossen.

Des Silvius Vater: Aeneas, der in der Unterwelt seinen Vater Anchises aufsuchte. | *der Gegner alles Bösen*: Gott. | *die Wirkung*: Aeneas galt als Stammvater Roms und folglich des Imperiums. | *quis und qualis*: wer und wie beschaffen: scholastische Fachausdrücke. | *im höchsten Äther*: im Empýreum, dem äußersten aller Himmel und Sitz Gottes. | *des größten Peter*: des Apostels Petrus, des ersten Oberhaupts der Kirche. | *erfuhr er vom italischen Gestade*: Von seinem Vater Anchises erfuhr Aeneas die Zukunft Roms. Dieses Wissen verhalf ihm zum Sieg über seine Feinde und legte dadurch den Grund zur späteren Entwicklung Roms. | *das Gefäß der Gnade*: der Apostel Paulus (nach einem Ausdruck der Apg. 9, 15). Nach m.a. Glauben, gestützt auf eine vage Aussage des Paulus in 2. Kor. 12, 1 ff. und auf die apokryphe Paulusapokalypse, soll Paulus eine Fahrt ins Jenseits unternommen haben. | *des Edlen Schatten*: V. | *in der Sehnsuchtsvollen Grad*: in der Vorhölle, wo die weilen, die von Gott noch nichts wußten. | *da rief ein Weib*: D.s Jugendliebe Beatrice, die im Himmel weilt. Die mit B. verknüpften Fragen behandelt das Nachwort. Sie verkörpert in der D. C. die theologische Weisheit. | *Mein Freund, der nicht*: wörtl.: Mein, doch nicht des Glückes Freund. | *O Weib, an Tugend reich*: Die Gotteserkenntnis, die B. verkörpert, erhebt den Menschen über alle Erdendinge. | *Mittelpunkt*: Die Hölle, eigentlich der Sitz Luzifers, befindet sich im Mittelpunkt der Welt. | *Ein Weib, so lieblich*: die Jungfrau Maria. | *der antiken Rachel*: Im P. sitzt B. neben Rachel, der Gestalt aus dem AT, die für D. das Abbild der vita contemplativa, des betrachtenden Lebens, ist (vgl. L. XXXII 104ff.). | *Auf jenem Fluß*: dem Fluß der Sünde. | *das kurzem Weg*: wörtl.: das dir den kurzen Weg zum schönen Berg abschnitt.

III. GESANG. Die beiden Wanderer schreiten durch das Höllentor in einen Bezirk, der die Lauen und Gleichgültigen beherbergt. Am Ufer des Unterweltflusses Acheron empfängt sie der Fährmann Charon mürrisch. Ein plötzliches Erdbeben läßt D. in Ohnmacht sinken.

Durch mich gelangt: Überschrift des Höllentors. | *Mich schuf die Kraft*: Gott Vater; das höchste Wissen: Gott Sohn; die erste Liebe: der Heilige Geist. | *Vor mir ward nichts*: Die H. wurde vor den Menschen geschaffen. | *der Erkenntnis Gut*: die Erkenntnis Gottes. | *den Schatten dessen*: wahrscheinlich Papst Coelestin V., der schon nach fünf Monaten abdankte (1294) und so D.s größtem Feind, Papst Bonifaz VIII., den Weg frei machte. | *Das Acherons Ge-*

wässer: Der A. ist einer der Unterweltsströme in der antiken Mythologie. D. übernimmt aus den antiken Unterweltsvorstellungen, was ihm brauchbar erscheint, und gestaltet es in seinem Sinne um. So wird aus dem Fährmann Charon ein Teufel. | *leichtrer Kahn:* das Schiff zum L. | *da man ja dort es will:* D. steht hier nach Gottes allmächtigem Willen. | *So daß die Angst:* Die Einsicht in Gottes Gerechtigkeit läßt die sündigen Seelen nach der Strafe verlangen.

IV. GESANG. Ein Donnerschlag weckt D. aus der Betäubung. Er befindet sich im ersten Höllenkreis, dem sogenannten Limbus, in dem sich die tugendhaften Ungetauften aufhalten: sie sind nicht verdammt, können aber auch nicht erlöst werden. Unter ihnen trifft D. die berühmtesten heidnischen Dichter, Gelehrten und Helden.

Des Urahns Schatten: Adam. | *O ehrt den größten Dichter:* V. | *Lucanus:* römischer Dichter des 1. nachchristlichen Jhs., Verfasser der »Pharsalia« (eigentlich »De bello civili«), eines Epos', das den von Cäsar entfesselten Bürgerkrieg behandelt und im M. A. viel gelesen wurde. | *Da jeder sich mit mir:* Jeder verdient den Titel Dichter, den die einzelne Stimme (Homer) dem nahenden V. gab. | *Des Fürsten vom erhabensten Gesang:* Homer | *zwischen solchem Sinn:* unter soviel Geist. | *Elektra* usw.: Gestalten der griechischen und trojanischen Sage. | *Brutus:* L. Junius Brutus, der den letzten röm. König Tarquinius Superbus stürzte und danach der erste röm. Konsul wurde; nicht zu verwechseln mit dem Mörder Cäsars. | *Lucrezia:* erstach sich selbst, als sie ein Sohn des Tarquinius Superbus vergewaltigt hatte, und gab damit den Anstoß zu dessen Sturz. | *Julia:* Cäsars Tochter. | *Marzia:* Gattin des Cato Uticensis (vgl. L I). | *Cornelia:* Mutter der Gracchen. | *Saladin:* der wegen seiner Weisheit auch im Abendland berühmte Sultan des 12. Jhs. | *Avicenna:* berühmter arabischer Arzt (10./11. Jh.), dessen Schriften im M. A. von großer Bedeutung für die Schulmedizin waren. | *Averroes:* arabischer Philosoph (1126–1198), mit dessen Kommentar vor allem man im späteren M. A. die Werke des Aristoteles studierte (Komm. u. Arist. in lat. Übersetzung). | *Die Schar der Sechs:* d. h., D. und V. haben sich wieder von den vier anderen Dichtern getrennt.

V. GESANG. Beim Eintritt in den zweiten Höllenkreis treffen V. und D. auf den Höllenrichter Minos, der jedem Sünder den Ort der Strafe zuweist. Im zweiten Kreis werden die Sünder der Fleischeslust von einem Wirbelwind rastlos durch die Lüfte getrieben. D. unterhält sich mit Francesca da Rimini über ihre unselige Liebe zu Paolo Malatesta und bricht aus Mitleid ohnmächtig zusammen.

»*ersten Kammern*«: wörtl.: vom ersten Kreis. | *der weniger Raum:* die Trichterform der H. bewirkt, daß jeder nächsttiefere Kreis enger ist als der vorhergehende (vgl. Nachwort S. 474), während die Strafen zunehmen. | *Minos:* wieder eine in einen Teufel verwandelte Gestalt aus der antiken Unterwelt: ein sagenhafter König von Kreta (Sohn des Zeus und der Europa), der wegen seiner weisen und gerechten Gesetzgebung nach seinem Tod zum Richter in der Unterwelt berufen wurde. | *Er hält den Schweif:* Minos umwindet sich sovielmal mit seinem Schweif, wie der Verurteilte Stufen hinab muß. | *Man will es dort:* D.s Reise ist gottgewollt. Dasselbe hat V. schon (H. III 95/96) dem Fährmann Charon entgegengehalten. | *die Felsentrümmer:* vermutlich der steinige Abhang zum nächsten Kreis, der die Sünder daran erinnert, daß sie in ihrem Kreis ewig eingeschlossen sind. | *Die erste dort:* Semiramis, sagenhafte assyrische Königin (14. Jh. v. Chr.), folgte ihrem von ihr beseitigten Mann in der Herrschaft über vielerlei Völker; in ihren eigenen Sohn verliebt, soll sie die Blutschande gesetzlich erlaubt haben. | *dem Sultan spendet:* Zur Zeit D.s herrschte der Sultan über Ägypten; eine dortige Stadt Babylon wird hier mit dem Babylon der Semiramis verwechselt. | *Die zweite:* Dido, nach V.s Aen. Gründerin Karthagos, verliebte sich in Aeneas, obwohl sie ihrem verstorbenen Gatten Sichäus ewige Treue geschworen hatte. | *Kleopatra:* ägyptische Königin, Freundin Cäsars und des Antonius, nach dessen Tod sie sich vergiftete. | *Helena:* die schöne Tochter des Zeus und der Leda, wurde zum Anlaß des zehnjährigen Trojanischen Krieges, da sie sich von dem Trojaner Paris ihrem Gatten Menelaos entführen ließ. | *Achill:* der Held der Ilias, soll sich in die Tochter des Priamos, Polyxena, verliebt haben und ihretwegen von Paris getötet worden sein. | *Paris:* Sohn des Trojanerkönigs Priamos, Liebling der Aphrodite, weil er ihr vor Hera und Athene den Preis der Schönheit zuerkannt hatte, entführte Helena und ließ ihr zuliebe seine Gattin Oinone im Stich. | *O Wesen:* D. wird angesprochen. | *Es liegt die Ortschaft:* Francesca da Rimini, geb. in Ravenna als Tochter des Guido da Polenta, Herrn von Rimini, 1276 mit dem häßlichen, groben Gianciotto Malatesta verheiratet, verliebte sich in dessen Bruder Paolo. Als der Gatte den Ehebruch entdeckte, tötete er beide (1286). Bei Francescas Neffen Guido Novello da Polenta verbrachte D. seine letzten Lebensjahre. | *Caina harret des:* Caina ist der Teil des untersten Höllenkreises, in dem die Verwandtenmörder büßen. | *Von Lanzelot:* in einem frz. m.a. Ritterroman einer der zwölf Ritter aus der Tafelrunde des Königs Artus und der Geliebte seiner Frau Ginevra. | *uns verschlungen:* d. h. die beiden sahen sich öfters in die Augen. | *Galeotto war das Buch:* Das Buch und sein Verfasser spielten die Rolle des Galeotto, der im Lanzelot-Roman zwischen Lanzelot und Ginevra die Fäden knüpfte.

VI. GESANG. Aus der Ohnmacht erwacht, findet sich D. im dritten Höllenkreis, in dem die Schlemmer, vom Höllenhund Cerberus bewacht, unter ewigem eisigem Regen liegen. Der Florentiner Ciacco gibt D. Auskunft über das Schicksal der Florentiner Parteien.

Cerberus: der dreiköpfige Höllenhund der antiken Unterwelt, ein Urbild der Gefräßigkeit. | *Daß eine Seite:* der Regen peitscht so hart auf die Sünder nieder, daß sie sich unablässig drehen müssen, um bald die eine, bald die andere Seite etwas zu entlasten. | *der Wurm:* hier nur Schimpfname. | *Nahm Erde auf:* Anklang an V.s Aen. (VI 417 ff), wo die cumäische Sibylle, die Führerin des Aeneas, dem Cerberus, um ihn zu besänftigen, einen Honigkuchen hinwirft. Es ist nicht ganz einleuchtend, weshalb sich Cerberus hier durch einen Wurf Erde beruhigen läßt, wo er doch seine Gier an den Sündern befriedigen kann. | *durch den Weisen:* = Zusatz, nicht im Original. | *ihre Nichtigkeit:* Die Schatten haben zwar die Form von Körpern, sind aber ohne Substanz (vane = nichtig) und setzen dem Schritt keinen Widerstand entgegen. | *Du warst geschaffen:* D. war geboren, ehe dieser Sünder starb. | *Ciacco:* ein anscheinend stadtbekannter Schlemmer in Florenz (vgl. Boccaccio Decameron IX 8). Ciacco kann »Schwein« oder »Behälter allen Unrats« bedeuten, wäre dann also ein Spitzname, kann aber auch eine Koseform zu Giacomo sein. | *der parteizerrissenen Stadt:* über die inneren Zwistigkeiten in Florenz vgl. Nachwort S. 461 ff. Da D. seine Jenseitswanderung in das Jahr 1300 zurückverlegt, kann er viele Aussagen über bereits Geschehenes in die Form von Prophezeiungen kleiden | *Gelangen sie zum Blut:* kommt es zu blutigem Kampf. | *die Waldpartei:* La parte selvaggia bedeutet eigentlich Partei der vom Land Zugereisten (um einen modernen Ausdruck zu gebrauchen), d. h. die Weißen Guelfen, deren Führer, die Familie der Cerchi, keine alteingesessenen Florentiner, sondern erst in jüngerer Zeit vom Lande zugewandert waren (vgl. P. XVI 65). | *innerhalb von drei:* ergänze: Sonnenumläufen; vom Jahr 1300 (dieses eingeschlossen) an gerechnet also 1302. | *Die andere wird:* Die Schwarzen werden sie mit Hilfe Papst Bonifaz' VIII. schlagen, der im Jahre 1300 noch zwischen Schwarzen und Weißen schwankte, Anfang 1302 aber Karl von Valois nach Florenz schickte mit dem geheimen Auftrag, die Weißen niederzuschlagen. | *Gerecht sind zwei:* Ciacco beantwortet die zweite Frage D.s. Wer die beiden Gerechten sind oder ob »zwei« nur für eine unbestimmte Anzahl steht (vgl. deutsch: »es sind bloß fünf Schritte« für »wenige Schritte«) ist nicht klar. | *Sind Habsucht:* Antwort auf D.s dritte Frage (vgl. auch die allegorischen Tiere in Ges. I). | *Tegghiaio,* usw.: florentinische Patrioten des 13. Jhs. | *im schwärzesten Gericht:* Farinata finden wir im sechsten Kreis, Tegghiaio und Rusticucci im siebenten, Mosca im neunten, Arrigo wird sonst nicht mehr erwähnt. | *zum süßen Grunde:* in die irdische Welt. | *was wird ewig widerhallen:* das Urteil Gottes. | *zu deiner Lehre:* der Lehre des Aristoteles. | *Pluto:* der antike Gott des Reichtums. In der Antike schon wurde er vom Herrn über die irdischen Schätze auch zum Herrn über die Toten. Bei D. Symbol des Geizes.

VII. GESANG. V. weist Pluto zurecht. Abstieg zum vierten Kreis, in dem die Geizigen und Verschwender schwere Lasten gegeneinander wälzen. Dies gibt V. Anlaß, D. das Wirken der Fortuna zu erklären. Dann steigen sie hinab in den fünften Kreis, wo sich die Zornigen und Verdrossenen im Sumpf Styx bekämpfen.

Pape Satan: Der Sinn dieser Worte, die D. erschrecken sollen, ist nicht geklärt. Der ital. Dante-Forscher M. Porena meint, sie seien in der m.a. Kirchensprache gebildet und bedeuteten: »Feind, erster Feind des Papstes« (Bonifaz' VIII.). | *Dort oben:* im Himmel, wo der Erzengel Michael den Aufstand der Engel unter Luzifer niedergeschlagen hat (vgl. Offb. 12, 7–9). | *Warum vergiftet:* Warum wirft uns die Sünde so tief nieder. | *Charybdis:* ein gefährlicher Strudel in der Meerenge von Messina; wie dort die Strömungen des Tyrrhenischen und des Jonischen Meeres aufeinanderstoßen, so prallen hier die Geizigen und die Verschwender aufeinander. Diese rufen dem Gegenüber zu: Warum hältst du fest? jene dagegen: Warum läßt du los? | *So drehten sie sich:* Jede der beiden Sündergruppen bewegt sich auf einem Halbkreis der andern zu; wo sie sich begegnen, machen sie kehrt und ziehen in entgegengesetzter Rich-

tung zum andern Ende ihres Halbkreises, wo sie abermals aufeinanderprallen. |
in des ersten Lebens: des irdischen Lebens. | *Des Haupthaars Decke:* sie hatten eine
Tonsur. | *die Klimax einst erklommen:* den Höhepunkt erreichte. | *Den beiden*
Stößen: Ewig prallen die beiden Scharen aufeinander. | *Die Fäuste zu:* die
Geizigen mit geschlossenen Fäusten, die Verschwender ohne Haar, weil man
von ihnen sprichwörtlich sagte, sie verschwendeten auch noch ihr Haar. | *Das*
so versteckt ist: D. läßt V. einen berühmten Vers seiner Bucolica zitieren (III
93). | *Sie sagt, beurteilt:* Fortuna. | *Styx:* einer der Unterweltflüsse aus der antiken
Mythologie (vgl. Aen. VI 323). | *ein träger Schwaden:* Die Gefühlsträgen, die
keiner Aufwallung des Gemüts fähig waren, büßen gemeinsam mit ihrem
Gegenbild, den Zornigen. D. stellt gern Laster zusammen (Geiz – Verschwendung), die von einer gemeinsamen Mitte abweichen. Auch die Strafen sind alle
irgendwie dem Laster gemäß. D. nennt diese Anpassung contrapasso = Wieder-
vergeltung (vgl. H. XXVIII die letzten vier Verse).

VIII. GESANG. Durch ein Feuersignal gerufen, kommt Phlegias, der Fährmann
des Styx, herbei und setzt die Wanderer über. Unterwegs entspinnt sich ein
Wortgefecht zwischen D. und seinem Landsmann Filippo Argenti. Phlegias
setzt die beiden am Tor der Höllenstadt Dite ab, wo ihnen eine riesige Schar
höhnender Teufel den Eingang sperrt.

zu aller Weisheit: V. | *Phlegias:* Urbild des rächenden Zorns, weil er der
Sage nach, um die Verführung seiner Tochter durch Apollo zu rächen, dessen
Tempel in Delphi in Brand steckte (vgl. Aen. VI 619). | *Gepriesen sei:* V. lobt D.
wegen seiner Hartherzigkeit. Hier ist Mitleid fehl am Platz, da Gottes Strafen
gerecht und verdient sind. | *Philipp Argenti:* ein eitler, jähzorniger Feind D.s,
aus der Familie der Adimari, wurde wegen der silbernen Beschläge seiner
Pferde Argenti (it. argento = Silber) genannt (vgl. Bocc. Dec. IX 8). | *Dis:*
(it. Dite) Höllenstadt, die die untersten Kreise der Hölle (6–9) umfaßt. Sie ist
benannt nach dem röm. Gott des Reichtums und der Unterwelt Dis pater, der
dem griech. Hades und Plutos entspricht (vgl. Aen. VI 269 und 397). | *großer*
Garnison: die teuflische Bewachungsmannschaft. | *siebenmal:* viele Male. |
jener Herr: V. | *Aus seinen Brauen:* im Original heißt es sogar: »jede Kühnheit
war den Brauen abrasiert«, um V.s Verzagtheit recht packend zu schildern. |
an bekannterer Pforte: am Höllentor, als Christus in die Vorhölle hinabstieg. |
Von ihr steigt: Ein Engel wird ihnen zu Hilfe kommen.

IX. GESANG. Zur Beruhigung D.s erzählt V. von seiner ersten Höllenfahrt.
Auf einem Turm erscheinen die Furien und Medusa mit dem versteinernden
Blick. Ein Himmelsbote beendet den Spuk und öffnet die Pforte, durch die sie
zum sechsten Höllenkreis gelangen. Dort büßen in Flammensärgen die Ketzer.

Ließ seine neue: V. versucht, seine Bestürzung zu verbergen, die sich in der
Farbe des Gesichts ausdrückt. | *Wenn nicht:* V. will einen Zweifel aussprechen,
fährt dann aber zuversichtlich fort: *Mir ward.* | *Steigt je:* D. will eigentlich
wissen, ob V. schon einmal in der unteren Hölle war und somit wegkundig ist. |
Der welke Hoffnung: aus der Vorhölle, wo keine Hoffnung auf die Seligkeit
besteht. | *Von furchtbarer Erichtho:* Lucan berichtet in seiner Pharsalia, die thes-

ANMERKUNGEN

salische Zauberin Erichtho habe die Seele eines gefallenen Soldaten aus der
Unterwelt holen lassen, um dem Pompeius den Ausgang der Schlacht von
Pharsalos zu verkünden. D. unterstellt nun, Erichtho habe ein andermal V.
beauftragt, eine Seele aus dem untersten Höllenkreis, der Judashölle, zu holen;
damit wird V.s Kenntnis der Hölle erklärt. | *mein Fleisch verloren:* d. h. ich war
noch nicht lang tot. | *Drei Furien:* antike Rachegöttinnen (Erinyen): Megäre,
Alekto und Tisiphone. | *Hydern:* Hydra: neunköpfige Wasserschlange, von
Herkules erlegt. | *Dienerinnen der Königin:* Die Furien dienen in der antiken
Mythologie der Göttin der Unterwelt, Persephone. | *Medusa:* mythol. Gestalt,
die gefährlichste der drei Gorgonen; ihr Anblick versteinert. | *Theseus:* Er
wollte mit seinem Freund Peirithoos die Göttin Persephone (röm. Proserpina)
aus der Unterwelt rauben, wurde von Plutos festgehalten, aber später von Herku-
les befreit. | *O ihr, die ihr:* D. macht den Leser auf den verborgenen Sinn des
Erzählten aufmerksam. Medusa verkörpert vielleicht die tödliche Verzweiflung
des Sünders oder, als Wächterin des sechsten Kreises aufgefaßt, den versteinernden
Glaubenszweifel. | *im alten Schaum:* in den Dünsten des Styx. | *Dem Cerberus:*
Cerberus wurde, als er sich dem Eintritt des Herkules in die Unterwelt widersetzte, von diesem gefesselt aus der Unterwelt geschleift und trägt noch die
Spuren dieser Bändigung (H. VI 16 ist er allerdings mit stattlichem Bart ge-
schildert worden!). | *von anderer Not besessen:* wie einer, der noch Wichtigeres
zu tun hat, als einem aus der Verlegenheit zu helfen. | *bei Arles:* Bei Arles an
der Rhone und bei Pola in Istrien befinden sich uralte Gräberfelder.

X. GESANG. In Flammengräbern liegen Ketzer und Gottlose. D. trifft zwei
Florentiner, Farinata degli Uberti und den Vater seines Freundes Guido Cavalcanti.

von Josaphat: Tal bei Jerusalem, wo sich die Seelen, mit ihren Körpern be-
kleidet, zum Jüngsten Gericht versammeln werden. | *Mit Epikur:* Dieser griech.
Philosoph (341–270 v. Chr.) galt dem M.A. als Begründer des Atheismus; er
glaubte nicht an die Unsterblichkeit der Seele. | *Toskaner:* D. wird aus einem der
Flammensärge angesprochen von Farinata degli Uberti (vgl. oben VI 79), dem
Führer der Ghibellinen um die Mitte des 13. Jhs. Als durch den Tod des Staufers
Friedrich II. († 1250) seine Partei geschwächt war, wurde er verbannt. Mit Hilfe
der ghibellinischen Sienesen siegten die vertriebenen florentinischen Ghibellinen
über die Guelfen bei Montaperti (1260) und wollten Florenz einäschern, aber
Farinata widersetzte sich diesem Plan. Darum sieht D. trotz der Parteigegner-
schaft in ihm den florentinischen Patrioten. | *Die ich vielleicht:* durch den Sieg
bei Montaperti. | *So daß ich zweimal:* Zweimal schickte Farinata die Guelfen
in die Verbannung: 1248 und, nachdem sie 1251 zurückgekehrt waren, 1260
nach dem Sieg von Montaperti. | *Doch zweimal:* 1251 und 1267 nach dem Tod
König Manfreds, während die Familie Farinatas von da an im Exil bleiben
mußte. | *Da hob sich:* der Geist des Cavalcante dei Cavalcanti, dessen Sohn, der
Dichter Guido C., D.s Freund war. | *Auf ihn gab:* Umstritten ist, weshalb Guido
V. nicht geschätzt haben soll. Vielleicht war Guido zu stolz, sich überhaupt von
jemandem leiten zu lassen, vielleicht hatte er als Liebesdichter kein Verhältnis
zu V. | *Sowohl die Rede:* D. erkennt Cavalcante an der Frage nach seinem Sohn

und an der Strafe als Gottloser. C. war anscheinend als Freigeist bekannt. |
Wenn diese Kunst: Farinata knüpft an das früher Gesagte an (vgl. Vers 51);
diese Kunst = die Rückkehr in die Vaterstadt. | *Doch keine fünfzigmal:* Keine
fünfzig Monde werden vergehen, bis D. selbst vergeblich versuchen wird, aus
der Verbannung zurückzukehren. In der antiken Mythologie wurde die Mond-
göttin Luna oft mit der Göttin der Unterwelt gleichgesetzt; darum nennt sie D.
hier die *Herrin dieser Kufe.* – Die astronomisch-mythologische Umschreibung
von Zeitbestimmungen ist eine in Antike und M.A. weitverbreitete poetische
Sitte, die von den Dichtungslehren als Redeschmuck empfohlen wurde. | *zur
süßen Stufe:* wörtl.: zur süßen Welt; die Verdammten sehnen sich alle nach
dem irdischen Leben zurück. | *Das Blutbad:* die Schlacht bei Montaperti (1260),
in der Nähe des Flusses Arbia. | *in dem Tempel:* Der Rat der Stadt Florenz ver-
sammelte sich in der Kirche S. Giovanni. | *Doch da war ich allein:* Farinata
widersetzte sich als einziger dem Plan seiner Genossen, Florenz zu vernichten
(vgl. Nachwort S. 461f.). | *Dem sich mein Urteil:* d. h. worüber ich mir nicht klar
werden kann. D. hat beobachtet, daß die Verdammten zwar die fernere Zukunft, nicht aber – im Gegensatz zu den Seligen im Paradies – die Gegenwart
und nähere Zukunft erkennen können, sonst hätte ihn Cavalcante nicht nach
seinem Sohn Guido zu fragen brauchen. | *das höchste Weggeleit:* Die fernere
Zukunft wird ihnen noch durch Gottes Licht erhellt. | *in jener Stunde:* wenn
die Menschheitsgeschichte abgeschlossen ist. | *Der zweite Friedrich:* Kaiser
Friedrich II. (1194–1250), Gegner der Päpste und Schutzherr Farinatas. | *der
Kardinal:* Ottaviano degli Ubaldini († 1273) soll, wie die ältesten Dante-
Kommentare berichten, nicht an die Unsterblichkeit der Seele geglaubt haben. |
Das Wort bedenkend: Farinatas Prophezeiung der Verbannung D.s | *Triffst du:*
Von B. soll D. noch mehr über sein künftiges Leben erfahren. Doch enthüllt
ihm im P. nicht B., sondern sein Ahnherr Cacciaguida die Zukunft (P. XVII).

XI. GESANG. Um sich langsam an den Gestank zu gewöhnen, der aus der
unteren Hölle aufsteigt, ziehen sich die Wanderer hinter das Grab des Papstes
Anastasius zurück. V. erklärt D. den Aufbau der unteren Hölle und die We-
sensunterschiede ihrer Insassen: im ersten Kreis der unteren H. (also im siebenten
von oben an gerechnet) büßen die Gewalttäter, und zwar in seiner ersten Unter-
abteilung (Ring, it. girone) die Gewalttäter gegen den Nächsten, in der zweiten
die gegen sich selbst (Selbstmörder und solche, die sich die Lebensgüter vergällt
haben), in der dritten die gegen Gott, die Natur und gegen das Menschenwerk.
Der achte und der neunte Höllenkreis endlich (= der zweite und der dritte der
unteren H.) enthält die Betrüger und Verräter.

Papst Anastasius: Zu D.s Zeit glaubte man irrtümlich, Anastasius II. (5. Jh.)
sei von dem Diakon Photin aus Thessaloniki zur Häresie verführt worden. |
des Menschen sondrer Fleck: Betrug setzt Überlegung voraus, die nur der Mensch
besitzt; gewaltsam können auch Tiere sein. | *Ich sage, ihnen:* man kann den
Personen oder ihrem Hab und Gut Gewalt antun. | Vers 39: *Im ersten Kreise,*
Vers 41: *im zweiten Feld,* Vers 49: *Der kleinste Kreis:* gemeint sind die drei Unter-
abschnitte des siebenten Höllenkreises. | *Sodom und Cahors:* Die Städte stehen
für die Übel, die darin blühten: S. wurde wegen widernatürlicher Unzucht

vertilgt, Cahors, Stadt in Südwestfrankreich, war im M.A. wegen ihrer Wucherer berüchtigt. / *Betrug, darum sich:* Man kann Betrug üben an solchen, mit denen uns ein besonderes Vertrauensverhältnis verbindet, und an Fremden. Diese zweite Art bricht nur das Band der Nächstenliebe, das von Natur zwischen allen Menschen besteht; sie wird *im zweiten Ringe* (der unteren H., also im achten Höllenkreis) gesühnt. *Die andere Art* bricht auch das besondere Band der Freundschaft oder Verwandtschaft; diese Verräter büßen *im kleinsten Kreis*, dem neunten der H., der gleichzeitig den Mittelpunkt des Weltalls bildet. / *sie, die vom zähen Schlamm:* D. fragt, warum die bisher besuchten Sünder des zweiten bis fünften Kreises außerhalb der Höllenstadt Dis bestraft werden, wenn sie doch Gottes Zorn erregt haben; haben sie das aber nicht getan, warum werden sie überhaupt bestraft? / *in deiner Ethik:* d. h. in der des Aristoteles, wo drei Sündenstufen unterschieden sind. Die Sünde der Unmäßigkeit wird von Gott am geringsten bestraft. Betrachtet man die Sünden der Verdammten des zweiten bis fünften Höllenkreises, dann läßt sich leicht feststellen, daß sie alle auf Unmäßigkeit zurückzuführen sind: z. B. Schlemmerei = maßloser Genuß. / *O Sonne:* V. der alles so gut erklärt, daß *Zweifeln Freude macht.* / *Philosophie:* Aristoteles in seinen Schriften, vor allem der *Physik.* / *Wo sich die Kunst:* it. arte, bedeutet hier wie das lat. ars: Kunstfertigkeit jeder Art, mithin alles, was der Mensch durch seiner Hände Arbeit schafft. Die menschliche ars folgt der Natur wie der Schüler dem Lehrer; da die Natur Gottes Tochter ist, ist die ars also die Enkelin Gottes. / *Der Genesis:* wo gesagt ist, daß der Mensch sein Brot aus der Natur durch Arbeit (ars) gewinnen soll. Der Wucherer aber lebt von anderer Leute Arbeit. Er schmäht Gottes Gebot. / *Die Fische glitzern:* Umschreibung für den nahenden Morgen. *Caurus:* Wind aus Nordnordwest.

XII. GESANG. Über einen Felsensturz, der von dem Stiermenschen Minotaurus bewacht wird, gelangen die Wanderer in den siebenten Kreis; in dessen erstem Ring kochen die Gewalttäter gegen den Nächsten in einem Blutstrom, an dessen Ufern Kentauren wachen.

Kretas Schande: Minotaurus, der Stier- und Menschengestalt vereint, ist hervorgegangen aus dem ehebrecherischen Umgang der Frau des Minos (siehe Gesang V), Pasiphae, mit einem Stier und verkörpert die Gewalttätigkeit. / *falschen Kuh:* Um sich dem Stier zu vereinen, war Pasiphae in eine hölzerne Kuh geschlüpft. / *Herrscher von Athen:* Theseus, der den Minotaurus mit Hilfe von dessen Halbschwester Ariadne erlegte. / *Das erstemal:* vgl. H. IX 22 ff. / *Derjenige kam:* Christus, als er in die Vorhölle stieg. / *Dis:* hier nicht die Stadt, sondern Luzifer. / *Empfände Liebe:* Der sizil. Dichter und Philosoph Empedokles (5. Jh. v. Chr.), den D. in den Limbus versetzt, lehrte, der Kosmos werde durch die gegenseitige Abneigung der Elemente zusammengehalten; wenn sich diese in »Liebe« verwandle, so entstehe das Chaos, was schon mehrmals vorgekommen sei. / *Chiron:* ein weiser, heilkundiger Kentaur, Erzieher vieler Helden des Altertums: Achill, Theseus, Jason usw. / *Nessus:* ungestümer Kentaur, von Herkules mit einem Pfeil getötet, als er sich an dessen Frau Deianira vergriff, die er über einen Fluß setzen sollte. Nessus rächte sich, indem er sein blutiges

Gewand Deianira gab mit dem Hinweis, es enthalte einen Liebeszauber. Deianira läßt Herkules das Gewand anziehen, als er ihr untreu wird; es verbrennt ihn jedoch am ganzen Leib (Met. IX 101ff.). / *Pholus:* einer der Kentauren, die am Kampf mit den Lapithen (thessal. Bergvolk) bei der Hochzeit des Peirithoos teilnahmen (Met. XII 210ff.). / *jener hintere:* D. / *die zwei Naturen:* wo Menschen- und Pferdeleib verwachsen sind. / *Vom Hallelujasang:* Umschreibung für B. / *bei jener Kraft:* im Namen Gottes. / *Alexander:* wahrscheinlich Alexander d. Gr.; *Dionysus:* Tyrann von Syrakus. / *Ezzelin:* Ezzelino III. da Romano (1194–1259), Parteigänger Kaiser Friedrichs II., grausamer Herrscher der Mark Treviso und Eroberer der umliegenden Städte und Landschaften. / *Obizzo d'Este:* Herrscher von Ferrara und der Mark Ancona († 1293), soll von seinem Sohn Azzo VIII., den D. für illegitim hielt, ermordet worden sein. / *Er durchstieß:* Guido von Monforte ermordete *in Gottes Schoß,* d. h. während der Messe in einer Kirche in Viterbo, den Vetter des engl. Königs Eduard I., um seinen Vater zu rächen, der von den Engländern umgebracht wurde. Alte Kommentatoren berichten, man habe das Herz des ermordeten Heinrich in einer goldenen Kapsel auf einer Themsebrücke in London aufgestellt. / *Pyrrhus:* der grausame König von Epirus (319–272 v. Chr.), sprichwörtlich wegen seiner verlustreichen Siege über die Römer. / *Sextus:* der altrömische Tyrann Sextus Tarquinius oder Sextus, der Sohn des Pompeius, ein berühmter Seeräuber. / *Dem Corneter:* Rinier da Corneto, berüchtigter Straßenräuber in den Maremmen, Zeitgenosse D.s. / *Pazzo:* Rinier Pazzo, Raubritter aus der berühmten Familie der Pazzi, von Papst Clemens IV. exkommuniziert wegen Raubüberfalls auf einen Bischof (1267).

XIII. GESANG. D. und V. durchschreiten im zweiten Ring des siebenten Kreises den Wald der Selbstmörder. Ein Baum, an dem D. einen Zweig bricht, beherbergt die Seele des Kanzlers Pier della Vigna, der sich gegen den Vorwurf der Untreue verteidigt. Die wilde Jagd derer, die sinnlos ihr Hab und Gut zerstörten und von Hunden gehetzt werden, braust vorüber. Ein unbekannter florentinischer Selbstmörder spricht von der traurigen Geschichte seiner Heimatstadt.

zwischen Cornet und Cecin: Landstrich in den Maremmen, zu D.s Zeit äußerst unfruchtbar. / *Sie zwangen einst:* Aeneas und seine Gefährten mußten die strophadischen Inseln wieder verlassen, weil ihnen die vogelartigen Harpyien den Aufenthalt durch ihren Schmutz und Gestank verleideten. Eine der Harpyien prophezeit ihnen künftige Leiden (Aen. III 209ff.). / *Die wohl den Glauben:* die D. nicht geglaubt hätte, wären sie ihm von V. bloß erzählt worden. / *was darbot meines Reimes:* In der Aeneis schildert V. ein ähnliches Erlebnis (III 22ff.): Um den Opferaltar mit Laub zu schmücken, reißt Aeneas Sträucher aus; diesen entrinnt Blut, und eine Stimme aus dem Boden verkündet, sie gehöre zu Polydorus, der an dieser Stelle schnöden Geldes wegen ermordet und dann in dieses Gesträuch verwandelt worden sei. / *Ich hielt die beiden Schlüssel:* den des Hasses und den der Liebe. Es spricht Pier della Vigna, Kanzler und vertrauter Ratgeber Friedrichs II., 1248 des Verrats angeklagt und eingekerkert. Er gab sich im Kerker selbst den Tod. Ob er schuldig war oder nicht, ist bis heute nicht entschieden; D. hält ihn für unschuldig. | *um Schlaf und Pulse:* Er verzehrte sich im Dienst des Kaisers. | *Die feile Metze:* der Neid. | *August:* den Kaiser. | *Denn man soll nicht:* Wer sich selbst entleibt, soll zur Strafe ewig seines Leibes entbehren. | *eile, Tod:* Die Seelen wünschen sich den endgültigen Tod als Erlösung von ihren Qualen. | *Lano:* ein gewisser Ercolano Maconi aus Siena, fiel 1287 in der Schlacht zwischen Aretinern und Sienesen bei Toppo, in der Nähe von Arezzo. Die ironische Antwort seines Leidensgefährten will sagen: Damals hättest du dem Tod entfliehen sollen. | *Jacob von Sankt Andrea:* ein stadtbekannter Verschwender aus Padua (13. Jh.). | *Was half dir's:* Der Verschwender suchte hinter dem Selbstmörder-Strauch Deckung vor den Hunden. | *Der Stadt entstammt ich:* Florenz. Ihr antiker Schutzpatron war Mars; weil er durch Johannes den Täufer ersetzt wurde, wird er die Stadt immer mit »seiner Kunst« (dem Kriegführen) bedrohen. Auf dem Ponte vecchio stand eine Marsstatue, die – solange sie vorhanden war – nach altem Aberglauben die Stadt vor dem Schlimmsten bewahren sollte. | *Attila zurückließ:* Die Zerstörung des alten Florenz durch Attila ist eine Legende. | *zu einem Galgen:* Er erhängte sich zu Hause. Wer dieser Selbstmörder ist, weiß man nicht genau.

XIV. GESANG. An den Wald grenzt eine Sandwüste, in der die Gewalttäter gegen Gott und die Natur unter einem ewigen Flammenregen büßen. Schmährede des Riesen Kapaneus. Der Blutfluß Phlegethon gibt V. Gelegenheit, den Ursprung der drei Höllenflüsse zu erklären.

zu des zweiten Kreises: eigentl. Ringes, an den sich die *dritte Runde* des siebenten Höllenkreises anschließt. | *Wo des Gerichtes:* wörtl.: wo man furchtbare Künste der Gerechtigkeit sieht. | *Catos Füße:* Lucan berichtet (Pharsalia IX), daß Cato Uticensis mit dem Heer des Pompeius die Libysche Wüste durchquerte. | *in Indiens Glutregion:* Anklang an die im M.A. weitverbreiteten Alexandersagen, die auf spätantike Quellen zurückgehen. | *Die bei dem Tore:* am Eingang der Höllenstadt Dis. | *Der Große:* der Riese Kapaneus, einer der sieben Könige, die an der Strafexpedition des Polyneikes gegen Theben teilnahmen. Als Verächter der Götter forderte er selbst Jupiter heraus und wurde von diesem, als er gerade eine Sturmleiter erklommen hatte, durch einen Blitzstrahl zerschmettert. D kannte diese Geschichte aus dem im M.A. weit verbreiteten Epos »Thebais« des Statius (X. 827 ff.). | *Mongibel:* volkstümlicher sizilianischer Name für Ätna, unter dem die Schmiede Vulkans liegt. | *bei Phlegra:* Dort schlug Jupiter die Giganten zurück, als sie versuchten, den Olymp zu erstürmen. | *Bulicam:* ein kleiner See aus sprudelndem heißem Wasser bei Viterbo (in Umbrien); ihm entfloß ein Bächlein, in dessen Wasser sich einige dort ansässige Huren teilten. | *das Mahl mir schnitte:* bildlich für: daß er das mitteilte, worauf er D. neugierig gemacht hatte. | *Sein König:* Das war im Goldenen Zeitalter Saturn (griech. Kronos). Er fraß seine Kinder auf, weil ihm geweissagt war, sein Sohn werde ihn stürzen. Seine Gemahlin Rhea aber verbarg ihr jüngstes Kind Jupiter auf dem Berg Ida, wo sie das Schreien des Kindes durch Waffenlärm übertönen ließ. | *Ein hoher Greis:* Anlehnung an den Traum des Nebukadnezar (Daniel 2, 31 ff.), wo ein ähnliches Standbild den Verfall des assyrisch-babylonischen Weltreichs darstellt. D. will entweder die verschiedenen Weltzeitalter darstellen

– dafür spräche die Lokalisierung der Greisenstatue auf Kreta, wo die Zeitalter mit dem Goldenen unter Saturns Regierung ihren Anfang nahmen – oder die Entwicklung des römischen Imperiums bis ins M.A. Sicher bedeutet der unterste Teil der Statue das Kaiser- und das Papsttum, dieses wegen seiner Verderbtheit durch den tönernen Fuß verkörpert. | *gen Damiette:* gen Ägypten. | *Acheron, Styx, Phlegethon:* Die drei Höllenflüsse werden also aus den Tränen der zerrissenen Greisenstatue gebildet und fallen höllenabwärts, bis sie in der *untersten Region*, dem Sitz Luzifers, den Eissumpf Cocytus bilden. | *Wenn von dem Bache:* Da der Bach seinen Ursprung auf der Erde hat, hätte ihn D. beim Abstieg doch schon irgendwo sehen müssen und nicht erst hier. | *Die Lethe:* Den Strom des Vergessens verlegt D. auf die Spitze des L.

XV. GESANG. Die Sandwüste entlangschreitend, treffen V. und D. auf die Sodomiten..Einer darunter ist D.s verehrter Lehrer Brunetto Latini, der ihm Prophezeiungen macht und einige Leidensgenossen nennt.

Ser Brunetto: Brunetto Latini (ca. 1220–1294), der gebildetste Florentiner seiner Zeit, nahm als Notar an der Politik Anteil und hatte hohe Staatsämter inne. Als Guelfe nach 1260 im Exil (bis 1266) in Frankreich, schrieb er sein Hauptwerk in frz. Prosa, eine gelehrte Enzyklopädie des Wissens: Li Livres dou Tresor. Auf ihr gründet sein Ruhm. In it. Sprache hinterließ er ein unvollendetes Werkchen in Versen allegorisch-moralischen Inhalts: Il Tesoretto. | *deinen Sternen:* dem Sternbild der Zwillinge, in deren Zeichen bei D.s Geburt die Sonne stand und das als günstig für die Entwicklung intellektueller Gaben galt (vgl. P. XXII 112–117). | *schnöde Brut:* die Florentiner. Florenz wurde vor alters von Fiesole, dem antiken Faesulae, aus gegründet. | *Der Berg und Felsgesteine:* deren Rauheit noch nach den Bergen riecht. | *dein Wohltun:* D.s Verdienste um Florenz. | *jegliche Partei:* Weiße wie Schwarze Guelfen hassen ihn schließlich, und darin besteht seine Ehre. | *der Pflanze:* D., der sich – ohne Berechtigung – für einen Sprößling Roms hält. | *solcher Bosheit Schanze:* Florenz. | *Wenn meine Bitte:* Wenn D.s Wunsch in Erfüllung ginge, wäre Latini noch unter den Lebenden. | *Die Frau, die weiß:* B., von der sich D. weitere Belehrung über seine Zukunft erhofft. | *Priscian:* von Cesarea, berühmter lateinischer Grammatiker und Schriftsteller (um 500 n. Chr.). Obwohl eine große Autorität im M.A., begann sein Ruf allmählich zu sinken. Die falsch verstandene Widmung eines seiner Werke ließ ihn sogar als Apostaten erscheinen. Möglicherweise aber meint D. einen in Bologna 1294 urkundlich bezeugten gleichnamigen Lehrer der Grammatik, von dem allerdings die alten Kommentatoren nichts berichten. | *Franz von Accorso:* Francesco d'Accorso, Sohn des berühmten Rechtsgelehrten Accursio, lehrte als Jurist in der zweiten Hälfte des 13. Jhs. in Bologna und Oxford. | *So sähst du ihn:* Bischof Andrea dei Mozzi, der wegen allerlei Verfehlungen im Amt von Bonifaz VIII. – die Päpste pflegen sich selbst »Knecht der Knechte Gottes« zu nennen – von Florenz (vom Arno) nach Vicenza (zum Bacchiglion) versetzt wurde, wo er 1296 starb. | *mein ‚Schatz‘:* das oben genannte Hauptwerk des Brunetto: Li Livres dou Tresor = Schatzbuch. | *ums grüne Tuch:* alljährlich fand in Verona ein Wettlauf statt, dessen Preis ein grünes Tuch war.

XVI. GESANG. D. unterhält sich mit drei flor. Feldherren über Florenz. Danach gelangen die Dichter an den Absturz des Phlegethon, wo V. dem Drachen Geryon mit einem Seil ein Zeichen gibt.

Von unserer bösen Stadt: Florenz. | *Und wären hier nicht:* Wäre nicht der Feuerregen, so solltest du ihnen entgegengehen, so verehrungswürdig sind sie. | *des lockeren Stalls:* der weichen Sandwüste. | *Ein Enkel war's:* Guido Guerra aus dem Geschlecht der Grafen Guidi, das von seiner Großmutter Gualdrada (Waltraud) begründet wurde, war ein hervorragender Führer der Guelfen. Nach der Schlacht bei Montaperti (1260) verbannt, kehrte er nach der Schlacht bei Benevent (1266) nach Florenz zurück, wo er 1272 starb. | *Tegghiaio Aldobrandi:* aus dem vornehmen Geschlecht der Adimari, Guelfe (gest 1266), hatte vergeblich die Florentiner vor dem Kriegszug gegen Siena gewarnt, der mit der Niederlage bei Montaperti (1260) endete. Nach ihm und dem folgenden Jacopo Rusticucci, gleichfalls einem Guelfen, hatte sich D. schon früher erkundigt (H. VI 79–80). | *Die Galle laß ich:* Mein Weg geht von der Sünde zur Tugend. | *Wilhelm Borsier:* nach den alten Kommentatoren ein vielgeschäftiger Höfling, kurz vor 1300 gestorben. | *zu den schönen Sternen:* zur Erde. | *Dem Fluß gleich:* Der Montone, der am Monviso im Apennin entspringt und damals noch als erster Fluß südlich des Po nicht diesem, sondern dem Meer zufloß, hieß im Oberlauf bis Forlì Acquacheta, während heute nur einer seiner Zuflüsse so genannt wird; oberhalb der kleinen Ortschaft S. Benedetto bildete der Montone einen Wasserfall. Einer der alten Kommentatoren, Benvenuto da Imola, erzählt, daß ein Herrscher dieser Gegend dort ein Kastell zur Aufnahme von 1000 Bewohnern errichten wollte, doch sei der Plan gescheitert. | *Ach, welche Vorsicht:* V. liest in D.s Gedanken. | *Der Wahrheit, welche:* Ganz unwahrscheinliche Wahrheiten soll man besser verschweigen, um nicht als Lügner angesehen zu werden. Doch D. kann hier nicht schweigen.

XVII. GESANG. Während V. den Drachen Geryon zu bewegen sucht, D. auf seinem Rücken in den achten Kreis hinabzutragen, spricht D. mit einer Gruppe von Wucherern, die in der Sandwüste büßen. Dann schweben beide auf dem Rücken Geryons in die Tiefe.

das Untier: Geryon, ein dreileibiger Riese aus der antiken Mythologie, Enkel der Medusa, bewachte auf der Insel Erytheia eine riesige Rinderherde und wurde von Herkules getötet. D. gestaltet ihn zum Symbol der Falschheit um, zusammengesetzt aus dreierlei Art: Mensch, Löwe und Schlange, freundlich im Antlitz, schaurig am Körper. | *Arachnen:* mythol. Gestalt, berühmt wegen ihrer Kunstfertigkeit im Teppichweben. Pallas Athene (Minerva) verwandelte sie in eine Spinne, weil sie im Wettkampf mit ihr, Minerva, auf einem Teppich die Liebesabenteuer der Götter dargestellt hatte. | *Wie manchmal teils am Land:* Die Vergleiche in den beiden folgenden Terzinen besagen, daß Geryon seinen Schwanz in den Abgrund hängen ließ. | *wo jene, deren Herzen:* zur letzten Gruppe der Gewalttätigen, den Wucherern, die sich an Natur und Menschenwerk vergangen haben. | *am Hals ein Sack:* Die Wucherer haben Beutel mit ihren Familienwappen darauf um den Hals hängen. Die von D. beschriebenen

Wappen gehören florentinischen und paduanischen Familien. | *Vitalian:* paduanischer Wucherer; die meisten alten Kommentatoren nennen ihn Vitalian del Dente. | *der Fürst der Ritter:* ironischer Titel für den ghibellinischen Adeligen Giovanni Buiamonte aus der Familie der Becchi (daher die drei Böcke = ital. Becchi als Wappen), den größten Wucherer seiner Zeit. | *Phaethon:* erhielt von seinem Vater Helios die Erlaubnis, einen Tag den Sonnenwagen zu lenken; doch entglitten ihm dabei die Zügel, und der Wagen stürzte aus der Bahn, wobei ein Teil des Himmels verbrannte. | *Ikarus:* Daedalus verfertigte für sich und seinen Sohn Ikarus Flügel, um aus der Knechtschaft des Minos auf Kreta zu entfliehen. Ikarus kommt beim Flug der Sonne zu nahe, so daß das Wachs der Flügel schmilzt und er ins Meer stürzt. | *Gleichwie der Falk:* Die Falkenjagd war im M.A. weit verbreitet (vgl. Kaiser Friedrichs II. Buch über die Falknerei) und wird daher von D. gern zu Vergleichen benutzt.

XVIII. GESANG. Beschreibung des achten Höllenkreises, Malebolge genannt, der in zehn Gräben eingeteilt ist. Im ersten sehen sie Kuppler und Verführer, im zweiten Schmeichler und Dirnen.

Malebolge: wörtl.: böse Taschen, weil dieser Kreis in zehn taschenartige Gräben untergeteilt ist. | *Segmente:* wörtl.: Täler. | *die Römer:* Im Jubeljahr 1300 mußten die Römer wegen der großen Zahl von Pilgern auf der Engelsbrücke den Verkehr regeln. | *zu dem Berg:* zum Monte Giordano, der Engelsburg gegenüber. | *Venedico Caccianimico:* aus edler bolognesischer Familie, soll seine Schwester Ghisolabella veranlaßt haben, sich einem Herrscher aus dem Haus Este (Obizzo oder Azzo VIII.) hinzugeben. | *von sipa tönte:* die Bolognesen werden durch ein Merkmal ihrer Mundart umschrieben: schriftital. sia = bolognesisch sipa (heute sepa). Ihr Gebiet liegt zwischen den Flüssen Savena und Reno. | *keine Weiber mehr:* Hier läßt sich mit Weibern kein Geschäft mehr machen. | *Der andern auf dich:* der Verführer, die mit den Kupplern im selben Graben weilen, aber in entgegengesetzter Richtung getrieben werden. | *Jason:* Führer auf der Argonautenfahrt nach Kolchis. | *zur Insel Lemnos:* Die Frauen der Insel Lemnos hatten alle Männer umgebracht; nur die Königstochter Hypsipyle rettete heimlich ihren Vater Thoas, hatte also die andern hintergangen. | *Medeas wegen:* Medea hatte Jason geholfen, das Vlies zu erringen, und war von ihm geheiratet worden. Später verstieß er sie einer anderen Frau zuliebe. | *Alex Interminei:* ein Weißer Guelfe aus Lucca, sonst unbekannt. | *Thais:* Hurengestalt aus der Komödie »Eunuchus« des Terenz. Als ihr der Soldat Thraso eine Sklavin als Geschenk überreichen ließ, fragte er, ob sie ihm dafür dankbar sei. Die Antwort, die er erhielt, wird von Cicero in seiner Schrift »De amicitia« als Beispiel der Schmeichelei angeführt. Aus ihr schöpft D. Bei Terenz gibt diese Antwort übrigens nicht Thais selbst, sondern einer ihrer dienstbaren Geister.

XIX. GESANG. Im dritten Graben des achten Höllenkreises stecken die Simonisten mit dem Kopf nach unten in Felslöchern, aus denen ihre brennenden Fußsohlen herausragen. D. spricht mit Papst Nikolaus III. und geißelt die Habgier und Verweltlichung der Kirche. Dann trägt ihn V. auf den Steg, der den vierten Graben überspannt.

Simon Magus: ein Zauberer in Samaria, der von den Aposteln gegen Geld die Macht über den Heiligen Geist erwerben wollte (Apg. 8, insb. 18–21). Nach ihm nennt man den Handel mit geistlichen Ämtern Simonie. | *Sankt Johanne:* das Baptisterium von Florenz, worin D. getauft wurde. Um ein großes Taufbecken zu ebener Erde waren vier Löcher für die Taufpriester in den Boden eingelassen, damit sich diese auf gleicher Höhe mit dem Täufling befanden. | *Eins brach ich auf:* D. spielt darauf an, daß er ein Kind, das in eines dieser Löcher fiel, rettete. Wahrscheinlich wollte er durch diese Erwähnung Legenden begegnen, die über diesen Vorfall umliefen. | *Des Meuchelmörders:* Mörder, die bei lebendigem Leib mit dem Kopf nach unten eingegraben wurden, begehrten wohl, schon im Loch steckend, noch nach einem Beichtvater, um das Ende hinauszuschieben; dieser mußte sich dann hinabbeugen, wie es D. hier tut. Der Vergleich ist besonders ironisch, denn im Loch steckt ein Papst, dessen »Bekenntnis« ein Laie abnimmt. | *Bonifaz:* Papst Bonifaz VIII., den D. so sehr haßte, starb erst 1303. Papst Nikolaus III. (1277–1280), der hier spricht, erwartet ihn und hält deshalb D., den er nicht sehen kann, für Bonifaz. | *Das schöne Weib:* die Kirche. | *von der Bärin:* Nikolaus III. stammte aus der Familie der Orsini, deren Sprößlinge sich gern »figli dell' Orsa«, Söhne der Bärin, nannten. Mit den *Bärlein* meint er seine Verwandten (Nepoten), die er auf Kosten der Kirche begünstigte. | *unter meinem Kopf:* Vor Nikolaus staken schon andere in diesem Loch; jeder Neuankömmling schiebt den bisher obersten hinunter. | *Ein Hirt von Westen:* Clemens V. (Papst v. 1305–1314) aus der Gascogne. Er verlegte den Sitz der Päpste nach Avignon und war der Helfer des von D. gehaßten Königs Philipp IV. des Schönen von Frankreich. Auf dem Konzil zu Vienne hob er den Templerorden auf. Den Italienzug Kaiser Heinrichs VII., von dem D. soviel erhoffte, versuchte Clemens zu stören. | *Ein neuer Jason:* Jason, ein Hohepriester der Juden, der sein Amt durch die mit Geld erkaufte Gunst des Königs Antiochus von Syrien erlangte (2. Makk., bes. 4). Wörtlich lautet die Stelle: Er wird ein neuer Jason sein . . . und wie diesem sein König milde war, so wird ihm (dem Papst) der milde sein, der über Frankreich herrscht. | *Matthias:* der für Judas neu hinzugewählte Apostel (Apg. 1, 15–26). | *gegen Karl:* Karl von Anjou, den er haßte, weil dieser die Heirat mit einer Nichte des Papstes ausschlug. | *Vor jenen höchsten Schlüsseln:* vor dem Papsttum als Institution im Gegensatze zu seinen sündigen Repräsentanten. | *Sankt Johannes:* D. unterstellt, daß mit der Hure, die mit den Königen der Erde buhlt (Offb. 17), die Kirche gemeint sei. | *Ihr waren sieben Köpfe:* sieben Köpfe und zehn Hörner hat in der Offb. das Tier, das die Hure trägt; D. schreibt sie dieser selbst zu und denkt dabei vielleicht an die sieben Sakramente und die zehn Gebote, die die Kirche stark machten, *bis ihr Gemahl* (die Päpste) entartete. | *Konstantin:* Zu D.s Zeit glaubte man noch an die Konstantinische Schenkung als Grundlage der weltlichen Macht des Papsttums. Der Sinn dieser Terzine ist demnach: Wieviel Übel hat die Mitgift, die Konstantin d. Gr. dem Papst hinterließ, gestiftet, so segensreich auch sein Übertritt zum Christentum war.

xx. GESANG. Im vierten Graben der Malebolge büßen die Wahrsager und Zauberer, indem sie unter Verrenkung des Leibes ewig nach rückwärts schauen.

Der Anblick Mantos, der sagenhaften Gründerin Mantuas, veranlaßt V., von seiner lombardischen Heimat zu sprechen.

unser Bild: den nach Gottes Bild geschaffenen Menschen. | *Amphiaraus:* einer der Sieben gegen Theben, wußte voraus, daß er vor Theben umkommen werde, konnte aber dem Geschick nicht entrinnen: Jupiter ließ ihn mitsamt seinem Streitwagen in einem Abgrund versinken, der bis zur Unterwelt reichte. | *Tiresias:* berühmter thebanischer Seher. Er wurde in eine Frau verwandelt, als er zwei sich paarende Schlangen mit einem Stab trennte, und wurde erst wieder zum Mann, als er die gleichen Schlangen nach sieben Jahren mit dem gleichen Stab berührte. | *Arun:* etruskischer Zauberer, der in der Nähe der antiken Stadt Luni in den Apuanischen Alpen, dem nordwestlichsten Teil der Toskana, hauste. Er tritt als Seher in Lucans Pharsalia auf (I 586). | *Manto:* Tochter des Tiresias; nach dessen Tod verließ sie Theben *(des Bacchus Stätte)* und kam nach Italien, wo sie Mantua gründete. | *Benacus:* der Gardasee. | *Apennin:* hier einfach eine Bezeichnung für Gebirge. | *Wo Brescias:* wo die drei Diözesen zusammenstoßen, d. h. in der Mitte des Sees. | *Peschiera:* ein Bollwerk der Veroneser gegen Brescia und Bergamo. | *Governo:* heute Governolo. | *Nicht lange fließt's:* Der Mincio fließt in die Poebene, wo er bei Mantua einen Sumpf bildet. | *Pinamonte:* Pinamonte dei Bonaccorsi riet dem Herren von Mantua, Grafen Albert von Casalodi, viele adelige Familien zu verbannen; als sich Albert so fast allen Beistands gegen die Volkspartei beraubt hatte, setzte sich Pinamonte an deren Spitze und vertrieb Albert samt den restlichen Adligen, von denen viele getötet wurden. Diese Ereignisse bewirkten die Abnahme der Bevölkerung Mantuas im 13. Jh. | *Drum lehr ich dich:* V. gab in der Aeneis einen anderen Bericht von der Gründung Mantovas (Aen. X 198ff.): Oknus, der Sohn Mantos, soll M. gegründet haben. | *als von Männern Hellas:* zur Zeit des trojanischen Krieges. | *mit Kalchas:* Der hier beschriebene Eurypylus und Kalchas gaben das Zeichen zur Abfahrt des ersten Schiffes der griechischen Troja-Expedition. Eurypylus ist Aen. II 114f. erwähnt. | *Michel Scotus:* schottischer Astrolog am Hof Friedrichs II. | *Bonatti:* berühmter Astrolog des 13. Jhs., aus Forlì, im Dienst des Guido da Montefeltro, des Herrn der Romagna (siehe H. XXVII). | *Asdente:* ein Schuster aus Parma, der durch Wahrsagerei berühmt wurde. | *Kain mit den Dornen:* m.a. Deutung der Mondflecken, so wie wir vom »Mann im Mond« sprechen. Der Mond versinkt am westlichen Horizont (bei Sevilla): es ist 6.30 Uhr morgens.

XXI. GESANG. Im fünften Graben sind die Betrüger in öffentlichen Ämtern in kochendes Pech getaucht. Sie werden von Teufeln überwacht, die Malebranche heißen und mit Bratspießen bewaffnet sind. Ein Neuankömmling wird ins Pech geworfen. Eine zerstörte Brücke versperrt den Weg. Der Oberteufel Malacoda (»Schlimmschwanz«) stellt den Wanderern ein Geleit bis zur nächsten Brücke, die aber gleichfalls zerstört ist.

Kulm: Scheitelpunkt eines Brückenbogens (it. colmo). | *Malpranken:* it. malebranche, wörtl. Bösklauen, wohl wegen der langen Spieße. | *Sancta Zitas:* Durch ihre Schutzpatronin wird die Stadt Lucca umschrieben. | *Bis auf Bontur:*

ironisch, denn gerade Bonturo Dati, Führer der Volkspartei von Lucca, war einer der übelsten Ämterschacherer. | *das heilige Angesicht:* Das Santo Volto ist ein uraltes Kruzifix in der Kirche S. Martino in Lucca, das noch heute verehrt wird. | *im Serchio:* Fluß in der Nähe Luccas. | *Caprona:* ein Kastell der Pisaner, das sich nach der Schlacht von Campaldino (1289), an der D. teilnahm, dem florent. Guelfenheer ergab. Der Besatzung mag bei ihrem freien Abzug bang zumute gewesen sein, als sie an ihren Feinden vorbei mußte. | *Fünf Stunden:* durch das Erdbeben beim Tode Christi, der durch die Zeitangabe umschrieben ist.

XXII. GESANG. Die Wanderer gehen mit den Teufeln den Pechsee entlang. Ein Sünder, Ciampolo Navarrese, wird von einem Teufel herausgezogen und erzählt seine Geschichte. Durch eine List gelingt es ihm, den Teufeln zu entkommen, von denen sogar zwei ins Pech fallen. Während sie geborgen werden, gehen D. und V. weiter.

auf euren Flächen: bei Campaldino, wo die Aretiner besiegt wurden. D. nahm, wie schon gesagt, an diesem Gefecht teil. | *Bolge:* des Grabens. | *Delphine:* Dieser Glaube war seit der Antike im Mittelmeerraum verbreitet. | *Vom Königreich Navarra:* Die alten Kommentatoren berichten, dieser Ämterschacherer habe Ciampolo geheißen und im Dienst König Thibauts II. von Navarra (1253–1270) gestanden (als Graf der Champagne Thibaut V.), den D. in seiner Schrift De vulgari eloquentia mehrmals erwähnt. | *Lateinische Sünder:* Sünder aus Italien. | *Fra Gomita:* nach alten Kommentatoren Kanzler und Stellvertreter seines Herrn, des Nino Visconti von Pisa (vgl. L. VIII 47ff.), in Gallura, dem nordöstlichen der vier Gerichtsbezirke Sardiniens. | *Michel Zanche:* zuerst Statthalter König Enzos (eines illegitimen Sohnes Kaiser Friedrichs II.) in Logodoro im NW Sardiniens, nach Enzos Tod sogar Herrscher dieses Teils. | *Drauf jener:* Ciampolo. | *der zuerst:* Hundsrachen (vgl. Vers 106). | *ihm zumeist:* Schwinghupf (vgl. Vers 112). | *gierig, er entweiche:* wünschend, Ciampolo möge entrinnen und so Anlaß zum Streit geben.

XXIII. GESANG. Um der Verfolgung durch die Teufel zu entgehen, lassen sich V. und D. in den sechsten Graben hinabgleiten, wo die Heuchler, mit schweren vergoldeten Bleimänteln bekleidet, mühsam einherschreiten. Gespräch mit zwei Bolognesen vom Orden der ‚frati godenti'. Kaiphas, der Hohepriester, liegt gekreuzigt am Boden.

von Frosch und Maus: Ein Frosch bot einer Maus an, sie über ein Gewässer zu bringen, band sie mit einem Bein an das seine und schwamm los. Unterwegs wollte er tauchen, um die Maus zu ersäufen. Doch da stieß ein Raubvogel auf die Maus herab, zog mit ihr den Frosch heraus und fraß beide. Die Fabel stammt aus einer m.a. Fabelsammlung, die unter dem Namen des Aesop lief. | *Wenn man Beginn:* D. sieht die Teufel als betrogene Betrüger; doch geht der Vergleich, genauer betrachtet, nicht ganz auf. | *aus glasbedecktem Blei:* wäre ich ein Spiegel. V. errät sofort die Vorgänge in Dantes Innerem. | *höchste Weisheit:* Gott. | *Ein übertünchtes Volk:* die Heuchler, die schwere, vergoldete Bleimäntel tragen. | *Daß Friedrich:* Kaiser Friedrich II. soll, wie seine Feinde behaupteten, Majestätsverbrecher in Bleimänteln dem Feuer überantwortet haben. D. will sagen: jene Mäntel waren leicht im Vergleich zu denen der H. | *bei dem tuszischen Akzente:* bei D.s toskanischer Mundart. | *an denen Rinnen:* denen vor Schmerz Tränen die Wangen herabrinnen. | *Die Wagen:* die Sünder gleichen überbeladenen Waagen, die in ihren Angeln ächzen. | *lustige Brüder:* Mitglieder des Ordens der »frati godenti«, eines Laienordens, 1261 in Bologna gegründet, mit dem löblichen Ziel, überall Frieden zu stiften; seine Mitglieder gaben sich aber bald dem Wohlleben hin, daher der Spitzname. | *Catalano, Loderingo:* Catalano dei Malavolti, ein Guelfe; Loderingo degli Andalò, ein Ghibelline; beides Bolognesen. Sie wurden nach der Schlacht von Benevent (1266) als Oberste der Justiz nach Florenz berufen, um Frieden zwischen den Parteien herzustellen, begünstigten aber auf heuchlerische Weise die Guelfen. | *das einer nur:* Entgegen der Regel beriefen die Florentiner im Krisenjahr 1266 nicht einen, sondern zwei Fremde für ihr höchstes Amt, um die Überparteilichkeit zu gewährleisten, einen Guelfen und einen Ghibellinen (vgl. Nachw. S. 464). | *Die Straßen am Gardingo:* Die Begünstigung der Guelfen ging so weit, daß die beiden Bolognesen zusahen, wie man die Häuser der ghibellinischen Familie der Uberti im Stadtviertel Gardingo zerstörte. | *Er gab den Pharisäern:* der Hohepriester Kaiphas, der mit dem heuchlerischen Hinweis auf das höhere Wohl des Volkes für den Tod Christi stimmte (Joh. 11, 46–53). Sein Schwiegervater ist Annas. Sie waren bei V.s erster Höllenwanderung noch nicht dagewesen. | *Er, der die Sünder:* Schlimmschwanz hatte aus Bosheit nur von einer zerstörten Brücke gesprochen, während alle zerstört sind.

XXIV. GESANG. Bei den Trümmern der nächsten Brücke steigen die Wanderer auf den Damm und dann auf die Brücke, die den siebenten Graben überspannt. In diesem befinden sich die Diebe, die, von Schlangen gebissen, unablässig zu Asche werden und wieder neu erstehen. Der Räuber Vanni Fucci prophezeit D. schlimme Vorgänge in Florenz.

Zu jener Zeit: zwischen dem 21. Januar und 21. Februar, wenn die Sonne (= Sol) im Zeichen des Wassermanns steht. | *So setzte mich:* V. tat wie der Bauer, der zuerst in Klagen ausbricht, weil er den Reif für Schnee hält, dann aber zu hoffen beginnt, wenn er seinen Irrtum erkennt. | *Der Antwort Licht:* wörtl.: Das Handeln ist meine einzige Antwort. | *Auf Loch und Heliotrop:* Kein Schlupfwinkel und kein Heliotrop gewährte vor den Schlangen Schutz. Im M.A. schrieb man den Edelsteinen geheime Kräfte zu; der Heliotrop machte unsichtbar und schützte vor dem Schlangenbiß. | *von den großen Weisen:* von den vielen antiken Schriftstellern, die vom Vogel Phönix sprachen. D. folgt hier in den Einzelheiten Ovids Met. (XV 392ff.). | *Vanni Fucci:* aus Pistoia, natürlicher Sohn (daher: *Ich Maultier:* it. mulo = Bezeichnung für Bastard) des edlen Fuccio dei Lazzeri, als schwarzer Guelfe in die politischen Kämpfe in seiner Vaterstadt verwickelt, mehrmals wegen Mordes und Diebstahls verurteilt; der Beiname bestia = *Tier* wurde ihm wahrscheinlich von seinen Mitbürgern gegeben. | *der Sakristei:* Ob Vanni Fucci wirklich am Raub des Domschatzes von Pistoia teilgenommen hat, wie die alten Kommentatoren auf Grund dieser Stelle bei D. berichten, ist nicht sicher; mit angeklagt war er nicht. Da jedoch

D. Vanni selbst sagen läßt, ein anderer sei an seiner Stelle fälschlich angeklagt worden, kann man bei ihm genauere Kenntnisse vermuten. | *Pistoja wird zuerst:* Aus Bosheit sagt Vanni Fucci D. das Mißgeschick seiner Partei voraus: im Mai 1307 wurden zwar die Schwarzen aus Pistoia vertrieben, im November aber in Florenz die Weißen gestürzt. Der Kriegsgott Mars schickt vom Magratal (in der nordwestl. Toskana) den Grafen der Lunigiana, Malaspina, der die Weißen an *Picenos Feld* (eine zu D.s Zeit gelegentlich gebrauchte falsche Bezeichnung für das Gebiet von Pistoia) schlagen wird. Welcher Kriegszug des Moroello Malaspina gemeint ist, ist umstritten.

XXV. GESANG. Vanni Fucci lästert Gott. Der Rinderdieb Cacus. Unglaubliche Verwandlungen anderer Sünder, die von Schlangen gebissen werden.

die beiden Feigen: obszöne Geste. | *als die Saat:* Pistoia soll von den versprengten Haufen des römischen Verschwörers Catilina gegründet worden sein. | *von Thebens Mauern:* Kapaneus (vgl. H. XIV 46ff.). | *Maremme:* eine einst unfruchtbare Sumpflandschaft Italiens (vgl. H. XIII 9). | *Cacus:* Sohn des Vulkan, hauste in einer Grotte des Aventin (einer der sieben Hügel Roms), von wo aus er seine Raubzüge unternahm. Am bekanntesten sein Raub an Herkules' Herde, wofür ihn dieser erschlug. D. macht einen Kentauren aus ihm und schildert seinen Tod durch V.s Mund so, wie ihn Ovid erzählt. Nach der Aen. (VIII 193–261) wird Cacus erwürgt. D. hat wahrscheinlich die beiden Fassungen verwechselt. | *Cianfa:* berüchtigter Dieb aus der Familie der Donati oder (nach Dantes Sohn Pietro) der degli Abati. | *Agnel:* Agnello Brunelleschi, ebenfalls ein Dieb aus Florenz, verschmilzt durch Cianfas Biß mit diesem. | *Durch jenen Teil:* den Nabel. | *Es schweige still Lucan:* Lucan berichtet in seiner »Pharsalia«, daß zwei Soldaten aus dem Heer Catos, Sabellus und Nassidius, beim Zug durch die Libysche Wüste von Schlangen gebissen wurden, so daß der eine zu Asche zerfiel, der andere so anschwoll, daß sein Panzer platzte. Ovid beschreibt in seinen Metamorphosen, wie Cadmus in eine Schlange, Arethusa in eine Quelle verwandelt wurden. | *Buoso:* der vom Menschen zur Schlange Gewordene, ein florentinischer Dieb aus der Familie der degli Abati oder Donati. | *siebten Haufen:* die Sünder des siebenten Grabens. | *Puccio Sciancato:* Dieb aus der Familie der Galigai. | *und um den andern:* um den, der den Buoso gestochen hat und an seiner Stelle wieder zum Menschen geworden ist. Es ist Francesco Cavalcanti, der in Gaville bei Florenz ermordet wurde. Die blutigen Racheakte seiner Familie gaben Gaville Grund zum Weinen.

XXVI. GESANG. Nach einer Strafpredigt D.s gegen Florenz begeben sich die Wanderer zum achten Graben, wo die falschen Ratgeber von Flammen umschlossen schweben. Ulysses (Odysseus) erzählt D. von seiner Fahrt in den Tod.

Prato: eine feindliche Nachbarstadt. Florenz muß darunter leiden, daß es allein steht. | *Zur Zeit, da sie:* im Sommer, wenn die Sonne am kräftigsten scheint. | *Und gleichwie er:* Elisa *(dem Bären Rächer waren,* vgl. 2. Könige 2, 23ff.) war Zeuge, wie der Prophet Elias in einem feurigen Wagen in den Himmel entrückt wurde (2. Könige 2,11f). | *Und keine zeigt:* Keine dieser Flammenkugeln läßt den Sünder (= *den Raub*) in ihrem Innern sehen. | *Eteokles:* Auf dem Scheiterhaufen, auf dem die Söhne des Ödipus, Eteokles und Polyneikes, die sich gegenseitig getötet hatten, verbrannt wurden, spaltete sich die Flamme in zwei Teile, so den Haß der beiden Brüder widerspiegelnd. | *Ulyß und Diomedes:* die berühmten griech. Helden des Trojafeldzuges, in dem sie viele listenreiche Unternehmungen gemeinsam bestanden. Mit Hilfe des hölzernen Pferdes wurde Troja erobert, was wiederum zur Flucht des Aeneas nach Italien und damit zur Gründung Roms führte. Durch eine List machten sie Achilles ausfindig, der sich in Frauenkleidern bei dem König Lykomedes, dessen Tochter Deidamia er heiratete, verborgen hielt, weil ihm geweissagt war, er werde vor Troja·fallen. Das Palladium war eine Statue der Pallas Athene, die Troja uneinnehmbar machte, bis U. und Diomedes sie mit List entführten. | *Das größere Flammenhorn:* Ulysses, der bedeutendere der beiden. | *Kirke:* die Ulysses be‚circt' hatte, so daß er ein Jahr lang bei ihr blieb. | *Gaeta:* von Aeneas nach seiner verstorbenen Amme Caieta benannt. | *Penelope:* Gattin des Ulysses. | *zur Meeresenge:* von Gibraltar, wo Herkules durch zwei Berge (die Säulen des Herkules) den Menschen Grenzen gesetzt haben soll. | *Zum Osten hin:* sie fuhren nach Westen. | *Die Ruder:* wurden zu Flügeln für das tolle Unternehmen. | *Am andern Pol:* am Südpol. | *Das Licht des untern:* d. h. des Teils, den der Mond der Erde zuwendet. Fünfmal war der Mond auf und untergegangen. | *ein Gebirge:* der L., den sich D. auf dieser Seite der Erde denkt.

XXVII. GESANG. Die Wanderer gehen weiter im achten Graben. Gespräch mit Guido von Montefeltro, dem einstigen Herrn der Romagna. D. gibt ihm Auskunft über die politischen Verhältnisse in seiner Heimat.

sizilische Stier: Phalaris, Tyrann von Agrigent, erhielt von einem griech. Erzgießer einen hohlen bronzenen Stier, dazu bestimmt, mit Übeltätern in seinem Innern ins Feuer gestellt zu werden. Die Schmerzensschreie der Gequälten klangen dem Brüllen eines Stieres ähnlich. Phalaris soll den Stier an seinem Erbauer erprobt haben. | *dran ich mich gewendet:* V., der soeben auf lombardisch die Flamme des Ulysses verabschiedet hat (vgl. Vers 3). | *Von jenen Bergen:* Aus dieser Flamme spricht Guido von Montefeltro, der in Montefeltro zwischen Urbino und den Tiberquellen (am Berg Fumaiuolo) geboren wurde. Er war Herrscher der Romagna und ein berühmter Heerführer der Ghibellinen, für die er viele Siege errang. Voll List versöhnte er sich zum Schein mehrmals mit dem Papst, brach aber immer wieder den Frieden, so daß er zweimal gebannt wurde. 1296 beendete er plötzlich seine politische Laufbahn und trat in ein Franziskanerkloster ein. Im Convivio (IV 28) lobt D. diese Wandlung, hier in der D.C. aber vertritt er die Ansicht, Guido habe sein Seelenheil doch noch verspielt, weil er Papst Bonifaz VIII. einen trügerischen Rat gab. | *Polentas Aar:* Die Familie der Polenta (vgl. H. V: Francesca), die einen Adler im Wappen trägt, herrscht in Ravenna und südlich davon bis nach Cervia. | *Die Stadt, drum:* Forlì, das zwei Jahre lang von den Franzosen belagert, aber durch Guido von Montefeltro aus ihrer Hand befreit wurde. In Forlì herrschte um 1300 Scarpetta aus der Familie der Ordelaffi, die einen grünen Löwen im Wappen trug. | *Der alte Fleischerhund:* Malatesta, Herr des Kastells Verrucchio (siehe H. V), und sein erstgeborener Sohn Malatestino herrschten grausam über Rimini. *Montagna,* Ghibellinenführer aus Rimini, wurde von ihnen eingekerkert und dann ermordet. | *Die Städte am Santerno und Lamone:* Imola und Faenza, regiert durch Maghinardo Pagani, der einen blauen Löwen auf weißem Grund als Wappen führte. Er soll sich in der Toskana als Guelfe, in der Romagna als Ghibelline ausgegeben haben. | *Und sie, der Savio:* Cesena, an einem Ausläufer des Apennin, war seiner Verfassung nach zwar noch eine freie Gemeinde, aber Galasso da Montefeltro hatte sich darüber hinweggesetzt, indem er nach Ablauf der Amtszeit weiterhin Podestà, also Herr der Stadt blieb. 1300 herrschte er schon vier Jahre. | *den Strick:* des Franziskanerordens. | *der Großpfaff:* Papst Bonifaz VIII. | *quare:* warum. | *Als ich zum Alter:* Der alternde Mensch sollte wie ein den Hafen suchendes Schiff das Ende der Fahrt vorbereiten. D. hat diesen Vergleich, wie er im Convivio (IV 28) sagt, von Cicero übernommen. | *Der Fürst jedoch:* Bonifaz VIII., der nicht gegen Heiden und Abtrünnige Krieg führte, sondern gegen Christen in Rom: die Familie der Colonna. | *Acri:* Bei der Eroberung Akkons (Acri), des letzten christlichen Bollwerks im Hl. Land, durch die Türken (1291) halfen abgefallene Christen mit. | *Konstantin Silvester:* Eine Legende berichtet, Kaiser Konstantin sei an Aussatz erkrankt und habe den im Verborgenen lebenden Papst Silvester I. um Heilung angefleht; dieser habe ihn geheilt und getauft. Wie Konstantin vom Aussatz, wollte Bonifaz *von dem Hochmutsfieber* befreit sein, d. h. die Colonna gedemütigt sehen, und fragte darum Guido, wie er ihrem Stützpunkt Penestrino (Palestrina) beikommen könne. | *der, der vor mir war:* Coelestin V., der freiwillig abdankte (vgl. H III 60). | *Versprich nur lang:* Der Rat Guidos war: Versprich viel und halte wenig! Daraufhin versprach Bonifaz volle Amnestie, zerstörte dann aber Palestrina bis auf den Grund. | *daß Logiker ich bin:* der Teufel bemerkt den Widerspruch zwischen Reue und Wollen, der die Reue unwirksam macht.

XXVIII. GESANG. Im neunten Graben werden Zwietrachtstifter und Glaubensspalter unablässig von einem Teufel zerhauen. Hier trifft D. u. a. Mohammed und den provenzal. Trobador Bertran de Born.

nebst jenem: fehlt im Original, wo der Trojerkampf und alle sonst noch aufgezählten Kriege auf Apulien als Schauplatz bezogen sind. | *Trojerkampf:* Kämpfe des Aeneas auf italienischem Boden. | *in dem langen Kriege:* Livius berichtet in seiner röm. Geschichte, daß die Karthager nach der Schlacht bei Cannae drei Scheffel Ringe von den gefallenen Römern erbeuteten. | *Das Volk dazu:* die Gefallenen aus den Kämpfen gegen den Normannenherzog Robert Guiscard, der die letzten byzantinischen Besitzungen in Unteritalien eroberte. | *Ceperan:* Bei Ceperano wurde zwar keine Schlacht geschlagen, aber die apulischen Barone ließen dort das Heer Karls von Anjou ohne Schwertstreich vorüberziehen, was die Niederlage Manfreds bei Benevent zur Folge hatte. | *Allard siegte:* In der Schlacht bei Tagliacozzo (1268) gab Alard de Valéry, ohne selbst am Kampf teilzunehmen, die Ratschläge, welche seinem Herrn Karl von Anjou zum Sieg verhalfen. | *Mahomet:* Mohammed, Begründer des Islams, und sein Schwiegersohn *Ali,* der den Islam in zwei Sekten spaltete, hier aber wahrscheinlich nur als Fortsetzer und Vollender Mohammeds aufgefaßt wird, weshalb ihm auch noch das Gesicht gespalten ist. | *Berede Fra Dolcin:* Führer

der Sekte der »Apostolischen Brüder«, die eine Art Güter- und sogar Frauen-
gemeinschaft predigte und in Oberitalien so viele Anhänger fand, daß Papst
Clemens V. einen Kreuzzug gegen sie einleitete. Zuletzt verschanzte sich Fra
Dolcin mit seinen Anhängern auf dem Berg Rebello (oft fälschlich Zebello
genannt), nordwestlich von Novara, mußte sich aber im Winter 1306/07
ergeben, weil ihn der starke Schneefall von der Lebensmittelzufuhr abschnitt.
Darum rät ihm Mohammed hier, sich mit viel Proviant zu versehen. Die Anspielung auf das Ereignis vom Winter 1306/07 beweist, daß dieser Teil des
Inferno später geschrieben sein muß. | *Latierland:* wörtl.: lateinische Erde =
Italien. Lateinisch bedeutet bei D. fast immer »italienisch«. | *Peter Medicin:* Piero
aus Medicina, südöstlich von Bologna, soll unter den Herren und Städten
seiner Gegend Zwietracht gestiftet haben. | *den süßen Auen:* zur Poebene. |
Fanos: Fano, Stadt an der Adria, südlich von Pesaro. | *Messer Guido:* Guido
del Cassero und Angiolello di Carignano sollen von dem einäugigen Mala-
testino von Rimini (vgl. H. XXVII 46–48) auf die beschriebene Art umgebracht worden sein. Vielleicht hat Pier da Medicina diese Übeltat nur erfun-
den, um neue Zwietracht zu stiften. | *Majolica:* die spanische Insel Mallorca. |
Argiver: die griechischen Seefahrer. | *Viel lieber hätte nicht:* Rimini, wo Curio
(s. u.) den ihm verderblichen Rat gab. | *daß, wenn Focara windet:* Wenn das
Schiff bei Focara an die Stelle kommt, wo die Schiffer wegen der gefährlichen
Winde um Gottes Beistand flehen, sind sie schon tot. | *Wer denn das Sehen:*
wem der Anblick Riminis so bitter ist. | *Der ist es:* Nach Lucan (Pharsalia I)
gab der aus Rom vertriebene Tribun Curio, ein von Pompeius Abgefallener,
Cäsar in Rimini den Rat, den Rubico zu überschreiten, was den Bürgerkrieg
auslöste. | *Mosca:* Mosca dei Lamberti, der den Amidei mit den Worten: »Die
Oberhand hat, wer rasch handelt« riet, den Buondelmonte dei Buondelmonti
zu ermorden, weil dieser die Verlobung mit einer Amidei löste. Dieser Mord
eröffnete die Parteizwiste, die Florenz und die Toskana im 13. Jh. erschütterten
(vgl. Nachwort S. 461). | *Und für dein Haus:* Die Lamberti wurden aus Florenz
ausgewiesen und in alle Länder zerstreut. | *Bertran de Born:* provenzalischer
Trobador († 1215), der den Sohn König Heinrichs II. von England gegen diesen
aufwiegelte (vgl. Uhlands Ballade).

XXIX. GESANG. D. sieht bei den Zwietrachtstiftern seinen Großvetter Geri del
Bello, über den er sich mit V. unterhält. Dann schauen die Wanderer in den
zehnten Graben, in dem die mit ekelhaften Krankheiten behafteten Fälscher
büßen. Gespräch mit zwei Sieneser Alchimisten.

liegt der Mond: Der Mond ist auf der anderen Seite der Erdkugel, d. h. es ist
kurz nach 1 Uhr mittags. | *den Tort:* wörtl.: das Unrecht. | *Geri del Bello:* als
Zwietrachtstifter bekannt, ermordete einen Sacchetti und wurde dann von
einem Mitglied dieser Familie umgebracht. | *Der Altaforte:* Autafort, das Schloß
Bertran de Borns in Südwestfrankreich. | *letzter Klosterbau:* ironisch: der zehnte
Graben. | *Aus Valdichianas:* Gegenden, in denen es zu D.s Zeit viele Malaria-
kranke gab. | *Der Magd des Herrn:* der Gerechtigkeit Gottes. | *Aegina:* Juno
schlug die Bewohner der Insel Aegina mit einer Pest, der alle *(Bis auf den
Wurm)* erlagen, außer einem, auf dessen Bitte Jupiter die Ameisen zu Men-

schen machte, damit sich die Insel wieder bevölkerte (Met. VII 528ff.). | *Als uns es schuf:* Anknüpfung an *Daß größeres Leid es schuf.* | *des Blei'n:* Fischart. | *von Arezzo:* nach den alten Kommentatoren ein Alchimist Griffolino, der von einem Albert von Siena als Ketzer angezeigt und verbrannt wurde, weil er ihm vorgegaukelt hatte, er könne ihn fliegen lehren. In die H. jedoch brachte ihn, wie er sagt, die Alchimie. | *den Stricca:* ironisch, denn gerade dieser scheint ein gewaltiger Verschwender gewesen zu sein. | *Nikolaus:* ein sienesischer Feinschmecker. | *die Gesellschaft:* it. brigata spendereccia, ein Verein von zwölf reichen jungen Verschwendern in Siena, in der zweiten Hälfte des 13. Jhs. gegründet. | *Caccia d'Ascian:* aus der Familie der Scialenghi, verkaufte einen Weinberg und einen riesigen Wald, um das Geld der brigata zufließen zu lassen. | *Abbagliato:* wahrscheinlich Spitzname des sienesischen Staatsmanns Bartolomeo Folcacchieri, der der brigata mit seinem Witz diente. | *Capocchio:* Falschmünzer aus Florenz oder Siena, 1293 in Siena verbrannt; D. soll ihn gekannt haben.

XXX. GESANG. Weiterer Aufenthalt im zehnten Graben. Der Falschmünzer Adamo spricht über sich und führt zwei berühmte Lügner vor: Potiphars Weib und den Griechen Sinon, mit dem er Streit bekommt.

Als Juno: Juno war eifersüchtig auf die thebanische Königstochter Semele, eine Geliebte Jupiters, und ließ das die Stadt Theben entgelten. | *Athamas:* König von Theben, tötete im Wahnsinn seinen Sohn Learchos; seine Gattin stürzte sich daraufhin mit ihrem andern Sohn ins Meer (Met. V 512–562). | *Hekuba:* Gemahlin des Königs Priamos von Troja, von Ulysses als Sklavin nach Griechenland mitgeführt. Als die Griechen ihre Tochter Polyxena am Grab des Achill opferten und sie deren Leiche am Strand wusch, fand sie dort auch ihren Sohn Polydor tot. Darüber wurde sie wahnsinnig, rächte sich am Mörder ihres Sohnes und wurde dann in einen Hund verwandelt (vgl. Met. XIII 439–575). | *Der Myrrha:* Myrrha, Tochter des Königs Cinyas von Zypern, die sich ihrem Vater unter der Gestalt einer Fremden hingab (Met. X 298–487). | *Wie jener:* Gianni Schicchi aus der Florentiner Familie Cavalcanti, der andere täuschend nachahmen konnte, wurde beim Tod des Buoso Donati von dessen Neffen Simone Donati herbeigerufen, um vor einem Notar den sterbenden Buoso zu spielen und ein Simone günstiges Testament zu diktieren, wobei er sich selbst nicht unbedacht ließ; insbesondere vermachte er sich *des Gestütes Herrin:* das schönste Maultier aus Buosos Stall. | *Wenn man die Leiste:* wenn er ohne Beine gewesen wäre. | *Meister Adams:* Falschmünzer, der 1281 lebendig verbrannt wurde, weil er für die Grafen Guidi da Romena florentinische Gulden fälschte. | *Casentino:* Landschaft am Oberlauf des Arno, wo Adamo seine Fälscherwerkstatt hatte. | *Benutzt den Ort:* Die Erinnerung an jene wasserreiche Gegend verursacht ihm mehr Qualen als die Wassersucht selbst. | *für Brandas Quell:* Das Vergnügen, die drei Guidi (nur Alexander und Guido werden mit Namen genannt) in der H. zu sehen, gäbe er nicht einmal auf, wenn man ihm die Branda-Quelle, seinerzeit eine Quelle in Romena, anböte. | *Die Falsche ist's:* Potiphars Weib (1. Mose 37, 7–18). | *Sinon:* ein Grieche, der sich von den Trojanern gefangennehmen ließ, um sie zur Aufnahme des hölzernen Pferdes zu überreden. | *den Spiegel des Narziß:* das Wasser. | *größere Sünde:* Objekt; *geringere Scham:* Subjekt.

XXXI. GESANG. Über den Rand des neunten Höllenkreises ragen turmhohe Riesen. Einer, Antäus, setzt die beiden auf den vom Eissee Cocytus gebildeten Höllengrund.

Die gleiche Zunge: V. | *die Lanze des Achill:* ein Erbe seines Vaters Peleus, konnte die Wunden, die sie schlug, auch wieder heilen. | *Niederlage:* Als die Nachhut des Frankenheers auf dem Rückzug aus Spanien bei Roncevaux überfallen wurde (778), blies Roland, um Hilfe herbeizurufen, so mächtig in sein Horn, daß ihm die Adern platzten. | *Montereggion:* sienesisches Kastell im Val d'Elsa. | *das Werkzeug des Verstands:* Ungeschlachte Tiere sind minder gefährlich als Riesen, bei denen sich Kraft mit Verstand paart. | *Sankt Peters Zapfen:* ein riesiger Bronzezapfen, der einst vor der Peters-Basilika in Rom stand. | *drei Friesen:* Diese hielt man für besonders hochgewachsen. | *Raphel may:* unverständliche Worte Nimrods, des Gründers des babylonischen Reiches (1. Mose 10, 8–10). In der Bibel heißt es nur, daß er ein großer Jäger vor dem Herrn gewesen sei (daher das Horn). Nach späterer christlicher Auffassung ließ er den Turm zu Babel bauen; die so verschuldete Sprachverwirrung büßt er, indem er keine Sprache versteht und von keinem verstanden wird. | *Ephialtes:* Sohn des Neptun, faßte den Plan, den Sitz der Götter zu stürmen. | *Briareus:* in der antiken Mythologie ein Riese mit hundert Armen und fünfzig Köpfen, weshalb D. gerade ihn sehen möchte. V. jedoch sagt ihm, Briareus unterscheide sich nicht von den andern Riesen, entgegen seiner Beschreibung in der Aen. (z. B. VI 287). | *Antäus:* lebte in der Libyschen Wüste, wo Scipio (202 v. Chr.) bei Zama die Karthager besiegte. Ihm schmeichelt V., damit er sie in den neunten Kreis hinabsetze. Die Argumente stammen aus Lucans Pharsalia (IV 598ff.). | *im großen Kriege:* beim Sturm der Giganten auf den Olymp. | *Titius und Typhon:* andere Riesen. | *Wodurch er Herkules:* Antäus lieferte dem Herkules einen erbitterten Kampf, bis ihn dieser von der Erde aufhob, von der er seine Kraft empfing. | *Garisenda:* schiefer Turm zu Bologna, der sich noch mehr zu neigen scheint, wenn man von unten sieht, wie eine Wolke gegen die Richtung seiner Neigung über ihn hinwegzieht. | *war die Stunde:* Der Augenblick war so fürchterlich, daß D. lieber auf andere Weise in den neunten Kreis gelangt wäre.

XXXII. GESANG. Im neunten Höllenkreis sind die Verräter in den eisigen Cocytus eingefroren. In der ersten Zone (Caina) büßen die Verräter an Verwandten mit gesenktem Kopf, in der zweiten (Antenora) die politischen Verräter mit erhobenen Köpfen. D. erblickt zwei, die in einem Loche stecken, von denen der eine den andern benagt.

Die Frauen mögen helfen: die Musen, welche dem Amphion solche Kunst der Leier gaben, daß sich die Steine beim Bau Thebens von selbst zusammenfügten. Der Musenanruf ist dem M.A. aus der antiken Dichtung überkommen (vgl. H. II 7ff., L. I 7ff. u. P I 13ff.). | *Tanais:* der Don. | *Tambernic und Pietrapana:* Berge, wahrscheinlich beide in den Apuanischen Alpen. | *Bisenzio:* ein Flüß-

chen aus dem Apennin, das bei Prato in den Arno mündet. | *War ihrem Vater:*
In diesem Tal herrschte im 13. Jh. Alberto degli Alberti, Graf von Mangona.
Seine beiden Söhne lagen miteinander in Streit und brachten sich schließlich
gegenseitig um. | *Artus einst:* König Artus erschlug, wie der Lanzelot-Roman
berichtet, seinen verräterischen Sohn Mordrec mit einem einzigen Lanzenstoß. |
Focaccia: ein Verwandtenmörder aus Pistoia. | *Sassol Mascherone:* ein Florentiner,
ermordete einen Verwandten um einer Erbschaft willen. | *Camicion dei Pazzi:*
ein Verwandtenmörder. | *Carlin:* gleichfalls aus der Familie der Pazzi, lud noch
größere Verbrechen auf sich. 1302 verriet er für Geld das Kastell Piantravigne,
in dem sich viele Weiße Guelfen befanden, an die Schwarzen. | *Antenor:* Die
zweite Zone des Cocytus; benannt nach A., dem trojanischen Unterhändler
bei der Belagerung Trojas, der nach einer nachhomerischen Tradition der Ver-
räter Trojas war. | *Bocca:* Bocca degli Abati, aus Florenz, Verräter der eigenen
Partei in der Schlacht von Montaperti. | *den von Duera:* Buoso da Duera war
von den lombardischen Ghibellinen beauftragt, mit einem Heer Karl von
Anjou den Übergang über den Apennin zu sperren, ließ sich aber von den
Franzosen bestechen. | *Beccheria:* Tesauro di B., Abt von Vallombrosa, päpst-
licher Legat in der Toskana, wurde von den florentinischen Guelfen hingerichtet, weil er angeblich mit den vertriebenen Ghibellinen über ihre Rückkehr
nach Florenz verhandelt hatte. | *Soldanier:* florentinischer Ghibelline, der 1266
zu den Guelfen übertrat. | *Ganellon:* der Verräter im Heer Karls des Großen.
| *Telbaldello:* degli Zambrasi, Ghibelline aus Faenza, öffnete dessen Tore den
Guelfen aus Bologna, um sich für einen Streich zu rächen, den ihm bologne-
sische Ghibellinen in Faenza gespielt hatten. | *Tydeus:* einer der Sieben gegen
Theben: selbst zu Tode getroffen, ließ er sich das Haupt seines getöteten Geg-
ners Menalippos bringen und biß wütend hinein.

XXXIII. GESANG. Ugolino della Gherardesca erzählt die Geschichte seines
Hungertodes, dessentwegen er jetzt am Kopf seines Gegners nagt. In der dritten
Zone, der Ptolemäa, liegen die Verräter an Gastfreunden rücklings mit ver-
eisten Augenhöhlen. Gespräch mit Alberigo Manfredi und Branca d'Oria.

Graf Ugolino: errettete Pisa vor den verbündeten Florentinern und Lucchesen,
indem er diesen einige pisanische Kastelle abtrat, und schwang sich dadurch
zum Herrn Pisas auf. Doch erwuchs ihm in seinem Enkel Nino Visconti ein
starker Rivale. Mit geheimer Hilfe des Erzbischofs Ruggieri degli Ubaldini
gelang es ihm, Nino aus Pisa zu vertreiben. Dann aber fiel Ruggieri von ihm
ab und hetzte das Volk gegen ihn auf, weil er jene Kastelle verräterisch abge-
treten habe. Man warf ihn mit zwei Söhnen und zwei Enkeln in den Turm der
Gualandi (1288), wo man sie nach einigen Monaten verhungern ließ. | *Als
Jagdherrn:* Ruggieri. | *Wolf und Wölflein:* Ugolino und seine Söhne und Enkel. |
an dem Berg: der sich zwischen Pisa und Lucca erhebt und so die Aussicht sperrt. |
Gualanden usw.: ghibellinische Familien, mit denen Ruggieri im Bund war. |
Dann ward das Fasten: Der Hunger nahm ihm die Kräfte, weiter zu rufen. |
Capraia und Gorgona: Inseln in der Nähe der Arnomündung. | *neues Theben:*
Theben war in der antiken Sage berüchtigt als Schauplatz gräßlicher Taten. |
Wir gingen weiter: in die Ptolemäa, wahrscheinlich benannt nach dem jüdischen

Feldherrn Ptolemäus, der seinen Schwiegervater Simon und dessen Söhne beim Mahl umbrachte (1. Makk. 16, 11–16). / *ihr verruchten Tiere:* Der Eingefrorene hält D. und V. für Sünder, die sich an den Strafort begeben. / *Fra Alberich:* Alberigo dei Manfredi aus Faenza, ein ‚frate godente', lud zwei Verwandte, mit denen er im Streit lag, zu einem Versöhnungsmahl und ließ sie dabei umbringen (1285). Das Stichwort für die Mörder war: »Man bringe die Früchte!« Die »Früchte des Fra Alberigo« wurden beinahe sprichwörtlich, weshalb D. unter ihrem Bilde Tat und Strafe Alberigos vergleicht (*Feigen* = böse Tat; *Datteln* = die härtere Strafe). / *Solch Privileg:* In der Ptolemäa befinden sich Seelen, deren Körper noch lebendig auf Erden weilen. / *Atropos:* die Parze, die den Lebensfaden abschnitt. / *Branca d'Oria:* Genuese, ließ seinen Schwiegervater Michele Zanche bei einem Mahl in seinem Kastell ermorden, um dessen Herrschaft anzutreten (1275). Vgl. H. XXII 88. / *Romagnolengeiste:* Fra Alberigo.

XXXIV. GESANG. Durch die vierte Zone des neunten Kreises, die Giudecca, gelangen die Wanderer zu Luzifer, der im Mittelpunkt der Erde steckt und in seinen Mäulern die drei Erzverräter zermalmt. An Luzifers Körper entlang klettern sie am Erdmittelpunkt vorbei und kommen durch einen Höhlengang auf die südliche Erdhalbkugel. Hier erhebt sich, Jerusalem entgegengesetzt, inmitten des Ozeans der Läuterungsberg als Insel.

Vexilla inferni regis prodeunt: Die Banner des Höllenkönigs schreiten voran. Gemeint sind die Flügel Luzifers, obwohl natürlich D. und V. auf sie zuschreiten. Die Worte sind eine parodistische Erweiterung des ersten Verses aus dem Kreuzhymnus von Venantius Fortunatus (6. Jh.). / *Die Kreatur:* Luzifer, der ursprünglich ein Engel war. Gleich darauf benennt ihn V. mit dem Namen des römischen Unterweltgottes Dis. / *Als der zum Arm:* wie ein Gigant zu Luzifers Armen. / *drei Gesichter dran:* Luzifer ist das genaue Gegenteil Gottes, die drei Gesichter sind das negative Abbild der Dreieinigkeit Gottes. / *wie wer vom Nil:* schwarz wie ein Neger. / *Brutus:* Freund Cäsars und zugleich einer seiner Mörder, ebenso Cassius. Diesen Verrat bewertet D. deshalb so schwer wie den des Judas, weil Cäsar für ihn der Begründer und die Verkörperung der höchsten weltlichen Autorität ist: des Kaisertums. / *Als wir bis dort:* Im Erdmittelpunkt dreht V. seinen Körper um 180 Grad. / *die halbe Terze:* Die Stundenzählung des Tages begann um 6 Uhr morgens, die Terz ist die dritte Stunde = 9 Uhr, die halbe = 7.30. / *Den Wurm:* Luzifer. / *Nun kamst du:* D. befindet sich jetzt unter der Erdoberfläche der südlichen Halbkugel. Nur die nördliche ist nach D.s Meinung von Festland bedeckt, ihr Scheitelpunkt (Kulm, it. colmo) ist Jerusalem, wo Christus starb. / *am kleinen Kreise:* Der Giudecca bei Luzifers Oberkörper entspricht ein ähnlicher Raum an seinen Füßen. / *er, der Stiege:* Luzifer, dessen Behaarung den beiden als Leiter diente. / *Was hier erscheint:* Das einzige Land auf der südlichen Halbkugel, der L., ist gebildet durch die Erde, die unter Luzifers Füßen nach oben drängte. / *Vom Bächlein:* Vom L. fließt ein Bächlein herab ins Erdreich hinein.

Läuterungsberg

I. GESANG. In der Morgendämmerung des dritten Tages der Wanderung stehen V. und D. am Fuß des L. D. ruft wieder wie vor der Schilderung der H. die Musen an. Cato, der greise Wächter des L., fährt die Wanderer hart an, weist sie aber dann zum schilfbewachsenen Strand, wo V. D.s Gesicht mit dem Tau der Reinheit wäscht und ihn mit dem Schilf der Demut gürtet.

Kalliope: Muse der epischen Dichtung. Anspielung auf Ovid Met. V 294–676: Die neun Töchter des Königs Pierus in Mazedonien forderten die Musen zum Wettstreit heraus, wurden von K. besiegt und in Elstern verwandelt. / *Der schöne Stern:* Venus. Die Liebe im höchsten Sinn ist auf dem L. die treibende Kraft; daher wird hier als erstes der Stern der Liebe erwähnt. / *vier Sterne:* Symbol der vier Kardinaltugenden, die nach dem Sündenfall von den Menschen gewichen sind. Nur Adam und Eva sahen die Sterne der südlichen Halbkugel, weil hier das irdische Paradies lag. / *einen Alten:* Cato von Utica kämpfte im Bürgerkrieg gegen Cäsar, und als dieser siegte, nahm er sich das Leben, um den Untergang der republikanischen Freiheit nicht zu überleben. Er ist für D. der Verteidiger der politischen Freiheit, deshalb hat er ihn als einen der wenigen Heiden zum Heil erkoren. / *vom letzten Abend:* dem (geistigen) Tod. / *Das Kleid:* der Körper. / *Marzia:* Gemahlin des Cato, mit V. in der Vorhölle; Cato hatte sie einem andern als Gatten überlassen, aber nach dessen Tod kehrte sie zu ihm zurück. / *sieben Reiche:* die sieben Ringe des L.

II. GESANG. Ein Engel führt die zu läuternden Seelen in einem Schifflein zum L. Unter den Neuangekommenen befindet sich D.s Freund, der Musiker Casella. Auf D.s Bitte trägt er eine von ihm vertonte Canzone D.s vor, der alle gebannt lauschen. Cato treibt die Seelen auseinander.

Da schon am Horizont: Umschreibung des Sonnenaufgangs. Jerusalem und der L. liegen sich auf einem Meridian antipodisch gegenüber, so daß die Sonne, wenn sie hier aufgeht, dort untergeht. Gleichzeitig ist nach D.s Vorstellung am Ganges Mitternacht. / *Vom Alter schon vergilbt:* wörtl.: vergoldet; die Morgenröte in ihrem letzten Stadium. / *Als Israel:* Ps. 113. Er verherrlicht die Befreiung des jüdischen Volkes aus der ägyptischen Knechtschaft. In der allegor. Bibelinterpretation bedeutete sie die Befreiung des Menschen aus der Knechtschaft der Sünde, und insofern paßt dieser Psalm wunderbar zu der Situation dieser Seelen, die der Läuterung zustreben. / *Steinbock:* Der Steinbock ist um 90 Grad vom Widder entfernt, in dem die Sonne zum Zeitpunkt der Reise D.s stand. Bei Sonnenaufgang steht der Steinbock schon im Zenit und sinkt dann in dem Maße, wie die Sonne steigt. / *Dreimal versucht ich:* D.s Arme finden keinen Halt. Anklang an Aen. VI 700ff., wo Aeneas in der Unterwelt seinen Vater dreimal vergeblich zu umarmen sucht. / *seit drei Monden:* An Weihnachten 1299 wurde von Bonifaz VIII. das erste Jubeljahr der Kirche eröffnet, das allen Sündern Ablaß gewährte. / *Wo sich mit Salz:* Die für den L. bestimmten Seelen werden nach D.s Auffassung an der Tibermündung gesammelt und von dort abgeholt. / *Die Liebe, die im Geiste:* Anfang der zweiten im Convivio besprochenen Canzone D.s. / *würdigen Alten:* Cato.

III. GESANG. Am Fuß des Berges fragen die Wanderer eine träge Schar von
Seelen nach dem Weg. Es sind die Seelen solcher, die im Kirchenbann starben
und erst nach längerer Wartezeit zum L. zugelassen werden. Unter ihnen
König Manfred von Sizilien, der sein Schicksal erzählt.

solch kleiner Fehltritt: daß er D. beim Gesang des Casella verweilen ließ. /
Neapel hat ihn: V. starb in Brindisi, Augustus ließ die Leiche nach Neapel überführen. / *Lerici und Turbia:* Lerici bei La Spezia und Turbia bei Nizza bezeichnen
in etwa den östlichen und westlichen Endpunkt der oft steilen und zerklüfteten
Felsenküste Liguriens. / *Manfred:* natürlicher Sohn Kaiser Friedrichs II., suchte
das staufische Erbe in Italien festzuhalten, scheiterte aber an der Politik der frz.
Päpste Urban IV. und Clemens IV., die Karl von Anjou, den Bruder des französischen Königs, ins Land riefen; in der Schlacht von Benevent (1266) verlor
Manfred das Leben. / *Konstanzens Enkelkind:* Kaiserin Konstanze, Gemahlin
Heinrichs VI., Mutter Friedrichs II. Manfred nennt wahrscheinlich sie, weil sie
sich im Gegensatz zu seinem Vater unter den Seligen befindet. / *Zur schönen
Tochter:* Manfreds Tochter, ebenfalls Konstanze mit Namen, Gemahlin Peters III. von Aragon, Mutter des späteren Königs von Sizilien, Friedrich, und
des aragonesischen Thronfolgers Jakob. / *Cosenzas Hirt:* Erzbischof Bartolomeo
Pignatelli, von Clemens IV. wegen seines Hasses gegen Manfred Karl von Anjou
an die Seite gegeben. Er ließ Manfreds Leichnam, dem Karl von Anjou wenigstens einen Steinhaufen als Grabmal gegönnt hatte, unter diesem hervorziehen
und in der Nähe des Verde (wahrscheinlich der heutige Garigliano in Kam-
panien) aufs freie Feld werfen. / *zu diesem Fels:* dem eigentlichen L.

IV. GESANG. Beschwerlicher Aufstieg zwischen den steilen Felswänden. V.
erklärt bei einer Ruhepause die Lage des L. Sie treffen eine Schar von Büßern,
die aus Trägheit ihr Seelenheil erst in letzter Minute sicherstellten, unter ihnen
einen Freund D.s namens Belacqua.

eine unserer Kräfte: Wenn eine der Seelenkräfte (virtù) durch einen Reiz von
außen, sei es Lust oder Schmerz, angesprochen wird, dann konzentriert sich die
ganze Seele auf diese eine Kraft, so daß ihre anderen Kräfte solange aussetzen.
So war hier durch die Rede Manfreds D.s Zeitgefühl völlig ausgeschaltet. Diese
Erörterung D.s wendet sich gegen die Platoniker, die den einzelnen Seelenkräf-
ten ein Eigenleben zuwiesen, und gegen die Lehre der Manichäer von zwei
autonomen Seelen im Menschen, die miteinander im Widerstreit liegen. /
fünfzig Grade: Die Sonne verändert sich um 15 Grad in der Stunde; da sie an
jenem Ostermorgen gegen 6 Uhr aufging, ist es ungefähr 9.20. / *Hier ist eure
Frage:* Hier ist der Weg, nach dem ihr gefragt habt. / *San Leo:* D. vergleicht
den Felsenpfad mit den steilsten ihm bekannten Wegen Italiens: sie sind immer
noch zu erklimmen, hier aber müßte man fliegen können. / *Die Grade geht:*
Die Gerade, die ein Kreisviertel halbiert, steht unter einem Winkel von 45 Grad./
Zum Zwillingspaare: Wenn die Sonne schon im Zeichen der Zwillinge stünde,
d. h. im Juni, dann verliefe die Sonnenbahn noch weiter nördlich *(den Bären
genaht).* / *Zion:* Jerusalem. / *die Au:* Die Sonnenbahn, die Phaethon nicht einzuhalten vermochte (vgl. H. XVII 107), erscheint in den beiden Hemisphären
auf entgegengesetzten Seiten. / *Belacqua:* ein florentinischer Musikinstrumenten-

händler. Die frühen Kommentatoren berichten von seiner Trägheit. / *zu der Qual Genuß:* zur Läuterung auf dem eigentlichen L. / *Da sich der Himmel:* Er muß so viele Jahre im Vorpurgatorium zubringen, wie er gelebt hat, wenn ihm nicht Fürbitte zuteil wird. / *Am Meridian:* Am L. ist es Mittag, am Rand der bewohnten Welt, halbwegs zwischen L. und Jerusalem, ist es 6 Stunden später.

V. GESANG. Begegnung mit einer anderen Schar säumiger Büßer, die gewaltsamen Todes starben, aber noch ihren Frieden mit Gott machen konnten. Sie bestürmen D. mit Fragen. Drei von ihnen erzählen ihr Schicksal.

es glänzt der Strahl: D. wirft einen Schatten. / *Miserere:* der berühmte Bußpsalm (50). / *Feuerdust:* ital. vapori accesi, in der Physik zu D.s Zeit Sammelbezeichnung für Sternschnuppen und Blitze. / *Und einer fing:* Jacopo del Cassero aus Fano am Adriatischen Meer (südlich Pesaro). Als Podestà (Bürgermeister) von Bologna (1296/97) bekam er Streit mit Azzo VIII. d'Este, Herrn von Ferrara, der ihm fortan nach dem Leben trachtete. 1298 wurde Jacopo zum Podestà von Mailand gewählt. Obwohl er auf der Fahrt dorthin das ferraresische Gebiet mied, erreichten ihn die Meuchelmörder Azzos in Oriago auf paduanischem Boden. / *Von Karl begrenzt:* die Marken zwischen der Romagna und dem Königreich Neapel, dessen Herrscher 1300 Karl II. von Anjou war. / *Antenoren:* So nannte man die Paduaner, die die Gründung ihrer Stadt dem Trojaner Antenor (vgl. H. XXXII 88) zuschrieben. / *Mira:* ein anderer Ort im Paduanischen. / *Montefeltro:* Buonconte da Montefeltro, Sohn des Guido da M. (vgl. H. XXVII), Anführer der Aretiner in der Schlacht von Campaldino gegen die Guelfen aus Florenz (1289), fiel in dieser Schlacht, doch wurde seine Leiche nie gefunden. / *Giovanna:* Seine Frau betet nicht für ihn. / *Das Ewige:* wörtl.: Du entführst ihm (Luzifer) das Ewige (die Seele). / *Pratomagno:* westlicher Ausläufer des Apennin. Der Casentino liegt zwischen ihm und dem eigentlichen Apennin. / *Königsstrom:* Arno. / *Pia:* Pia dei Tolomei aus Siena, die ihr Mann auf einem seiner Schlösser in den Maremmen umbringen ließ, wahrscheinlich, weil er sich mit einer anderen verheiraten wollte.

VI. GESANG. Andere Seelen aus der Schar der gewaltsam Gestorbenen. D. und V. gehen weiter. Begegnung mit dem Trobador Sordello aus Mantua, der seinen Landsmann V. umarmt. Dieses Schauspiel bewegt D. zu einer Strafrede auf Italien und Florenz.

der Aretiner: Der Jurist Benincasa aus Laterina bei Arezzo wurde von dem adligen Strauchdieb Ghino di Tacco aus Siena ermordet, weil er als Richter einen von dessen Verwandten verurteilt hatte. / *Und er, der:* Guccio oder Ciacco dei Tarlati ertrank im Arno bei der Verfolgung eines Feindes. / *Friedrich Novello:* aus dem Geschlecht der Grafen Guidi (vgl. H. XXX 73 ff.), von einem Gegner aus Arezzo ermordet. / *Pisas Kinde:* ein Sohn des Marzucco degli Scornigiani, der bei den inneren Kämpfen in Pisa (vgl. H. XXXII) ermordet wurde. Sein Vater erwies sich stark, indem er den Mördern verzieh. / *Graf Orso:* O. degli Alberti: (vgl. H. XXXII 57) von seinem Vetter Albert ermordet. / *Peter von Brosse:* Vertrauter Philipps III. des Kühnen von Frankreich, beschuldigte

dessen zweite Gemahlin, Maria von Brabant, des Giftmordes an ihrem Stief-
sohn und wurde auf ihr Betreiben gehängt. / *An einer Stelle:* Aen. VI 376, wo
die Sibylle zu Palinurus, dem toten Steuermann des Aeneas, sagt: »Hoffe du
nimmer, die Beschlüsse der Götter durch Bitten zu wenden.« / *Liebesfeuer:* Fürbitte der Lebenden. / *du Lombardengeist:* Die Seele, die D. in Erinnerung noch
einmal anruft, ist Sordello aus Goito bei Mantua, ein berühmter oberitalieni-
scher Trobador des 13. Jhs., der der Mode entsprechend in Provenzalisch dichtete. / *Justinian:* Kaiser Justinian (482–565) ließ das römische Recht im Corpus
iuris civilis sammeln, das gleichsam der Zaum für das unbändige Roß Italien
sein könnte. / *Stand:* das Papsttum, das dem Kaiser die weltliche Herrschaft
lassen sollte. / *Albert:* Albrecht I. (1298–1308), der wie sein Vater Rudolf von
Habsburg nie in Italien erschien. / *Montecchi, Capulets:* wahrscheinlich Beispiele
heruntergekommener ghibellinischer Familien; doch könnte D. die Namen
auch als Muster der vielen Familienfehden in den italienischen Städten gewählt
haben. / *Santafior:* Grafschaft in den sienesischen Maremmen, deren Inhaber um
1300 in heftigem Streit mit Siena lagen. / *Rates Schacht:* Gottes unergründliche
Ratschlüsse. / *Marcell:* wahrscheinlich der Konsul C. Claudius Marcellus, ein
erbitterter Feind Cäsars. / *der Schütze:* Der besonnen sprechende Mensch wird
mit einem Schützen verglichen. / *die gemeine Fracht:* Viele Leute lehnen öffent-
liche Ämter ab.

VII. GESANG. V. gibt sich Sordello zu erkennen und fragt nach dem weiteren
Aufstieg. Da die Nacht hereinbricht, geleitet Sordello die Dichter in ein an-
mutiges kleines Tal, wo sich die Fürsten, die auf Erden lange Zeit ihr Seelenheil vernachlässigt haben, auf den L. vorbereiten.

Und faßte ihn: unklar. Auf jeden Fall handelt es sich um eine feierliche Um-
armung. / *nicht die heilige Drei:* nicht die drei theologischen Tugenden: Glaube,
Liebe, Hoffnung, nur die menschlichen Tugenden. / *Salve Regina:* Berühmter
Marienhymnus, der vom Aufseufzen aus dem Tal der Tränen spricht. / *Ursprung
der Gewässer:* Böhmen. / *Ottokar:* Ottokar II. von Böhmen, im Leben Rudolfs
härtester Gegner, im Jenseits sein Gefährte auf dem Pfad der Läuterung. Er
habe, meint D., schon *in den Windeln* mehr Verstand und Anstand gehabt als
sein ausschweifender Sohn Wenzel IV. im Mannesalter. / *Die Stumpfnas:*
Philipp III. von Frankreich starb auf dem Rückzug aus Katalonien, der nach
D.s Meinung dem Lilienwappen Schande brachte. Er ist zusammen mit Heinrich I. von Navarra, dessen Fettleibigkeit den Eindruck der Güte hervorruft.
Philipp war der Vater, Heinrich der Schwiegervater Philipps IV. des Schönen,
den D. haßte (vgl. L. XX 85–93). / *Der Starke:* Peter III. von Aragon, Gemahl der
Tochter Manfreds (vgl. L. III 143). / *der kühnen Mannesnase:* Karl I. von Anjou,
Besitzer einer stattlichen Nase; im Leben war er Gegner Peters. / *der Jüngling:*
wahrscheinlich der jüngste, frühverstorbene Sohn Peters, nicht, wie meist behauptet wird, Alfons III., der nicht als Jüngling starb. Wäre dieser Sohn nicht
vorzeitig gestorben, dann hätte sich der Wert des Vaters im rechten Gefäß fortgesetzt. / *Als mehr denn Beatrix:* Der Sohn Karls I. von Anjou ist um soviel
schlechter als sein Vater, wie dieser (hier durch seine zwei Gemahlinnen bezeichnet) schlechter war als Peter III. von Aragon (Gemahl der Konstanze). /

Den König simpeln: Heinrich III. von England, den sein Sohn Eduard aus den Händen der Aufrührer befreite. / *Wilhelm der Marchese:* Wilhelm VII., Herrscher von Monferrat (1254–1292), kämpfte als Ghibelline erbittert gegen die umliegenden guelfischen Städte, vor allem Asti und Alessandria. Er starb als Gefangener Alessandrias, gegen das seine Söhne einen langen, verlustreichen Rachekrieg führten. / *Montferrat und Canavese:* die Landschaften beiderseits des Po bei Turin.

VIII. GESANG. Bei einbrechender Nacht singen die Seelen das »Te lucis ante« (Ambrosianische Hymne, die bei der Abendandacht gesungen wird). Ankunft zweier Schutzengel. Sordello führt die Wanderer zu den Fürstenseelen hinab. Gespräch D.s mit seinem Freund Nino Visconti. Der Versucher will in Gestalt einer Schlange in das Tal eindringen, die Engel vertreiben ihn. Mit D. spricht Corrado Malaspina, dessen Familie ihm dereinst in der Not beistehen wird.

Zwar war die Stunde: Es war noch nicht so dunkel, daß man sich nicht von Angesicht zu Angesicht erkennen konnte. / *Richter Nin:* Nino Visconti, Enkel Graf Ugolinos, auf dessen Betreiben aus Pisa vertrieben (vgl. H. XXXIII), Herr Galluras auf Sizilien (vgl. H. XXII 81 Fra Gomita), † 1296. / *Konrad:* Corrado Malaspina, s. u. / *Urwarum:* Gott verbirgt uns die letzten Gründe seines Handelns. / *Hanna:* Giovanna, einzige Tochter Ninos, 1300 noch ein neunjähriges Kind, weshalb ihre Fürbitte besonderes Gehör findet. / *die Mutter:* Ninos Gemahlin, Beatrice d'Este, hatte 1300 bereits die weißen Bänder der Witwenschaft abgelegt und sich mit Galeazzo Visconti aus Mailand neu verheiratet. Als D. schrieb, waren die Visconti schon aus Mailand vertrieben, so daß er Nino eine böse Prophezeiung in den Mund legen konnte. / *Mit keinem solchen:* Als Gattin eines Mailänder Visconti (Wappen: Viper mit einem Kind im Rachen) wird Beatrice kein so schönes Grab bekommen, wie sie es als Witwe Ninos (Wappen: Hahn von Gallura) bekommen hätte. / *Viergestirn:* vgl. L. I 23. / *die Himmelsfalken:* die beiden Schutzengel. / *Find solches Wachs:* Die göttliche Gnade möge D.s Willen so fügsam finden, wie es nötig ist, um zum Himmel aufzusteigen. / *Valdimagra:* im nordwestlichsten Teil der Toskana, der Lunigiana, wo die Malaspina ihre Herrschaft hatten. / *Konrad Malaspin:* Sohn des Federigo M. und Enkel eines Corrado. D. war in der Verbannung eine Zeitlang (1306) Gast der M., daher die rühmenden Worte. / *die Liebe:* das übermäßige Familieninteresse. / *von der Börse:* durch Freigebigkeit und Tapferkeit – für D. die zwei wesentlichsten Eigenschaften eines Edelmanns. / *Natur und Brauch:* Ihre natürlichen Anlagen und der Gebrauch, den sie davon machen, heben die Malaspina heraus. / *Ins Bette siebenmal:* Keine sieben Jahre werden vom März (Widder) 1300 an vergehen, bis diese gute Meinung dem Dichter durch die Erfahrung statt durch die Erzählung eingehämmert werden wird.

IX. GESANG. Gegen Morgen wird D. im Schlaf von Lucia zum Eingang des eigentlichen L.s getragen. Er schreitet mit V. durch die Pforte, wo ihn ein Engel als Wächter mit dem Zeichen der sieben Hauptsünden bezeichnet.

des alten Tithon Buhle: Aurora (griech. Eos), die Morgenröte, erhebt sich jeden Morgen vom Lager ihres gealterten Gemahls Tithon. / *Die Stirne:* it. la sua fronte, hier wahrscheinlich die ihr am Himmel gegenüberliegende Stelle am westlichen Horizont. / *des kalten Tieres:* Sternbild des Skorpions. / *Die Nacht war:* Während in der bewohnten Welt gerade die Morgenröte naht, sind am L. von den 6 Nachtstunden bis Mitternacht etwa $2^1/_2$ vergangen. / *aufs alte Weh:* Anspielung auf die Geschichte der Prokne, die, in eine Schwalbe verwandelt, den von ihrem Gemahl Tereus an ihrer Schwester begangenen Frevel und seine Folgen beklagt (Met. VI 426–674). / *Ganymed:* wurde durch einen Adler in den Olymp entführt, weil ihn Jupiter wegen seiner Schönheit als Mundschenk haben wollte. / *Achill am Strand:* Nach der Achilleis des Statius (I 247–250) brachte Thetis ihren Sohn Achill, während er schlief, auf die Insel Skyros zu König Lykomedes, um ihn an der Teilnahme am Trojanischen Krieg zu hindern (vgl. H. XII 71 und H. XXVI 61 f.). / *meine Lehre:* V. / *Lucia:* vgl. H. II 97; Symbol der erleuchtenden Gnade Gottes. / *Du siehst nun:* Dieser Anruf soll den Leser auf eine jener Allegorien vorbereiten, in denen das M. A. eine höhere Kunst sah. / *bis zu dem ersten Steine:* Unter dem Bild der Stufen ist der Verlauf der Buße nach dem Schema des Thomas von Aquin dargestellt. Der Engel bedeutet die Autorität der Kirche. Erste Stufe = Gewissenserforschung; zweite Stufe = Reue; dritte Stufe = Gelöbnis der Wandlung. Der Diamant, auf dem der Engel steht = die Erlösungstat Christi als unerschütterliches Fundament der Kirche. Das Aufschließen der Tür = die Absolution. Der Kniefall und das dreimalige Schlagen der Brust = öffentliches Bekenntnis der Sünden. Die sieben P (= peccatum, Sünde) und der Auftrag, sie nach und nach abzuwischen = die Sühne. / *Erde oder Asche:* Das erd- oder aschfarbene Kleid des Engels symbolisiert Demut und Armut der irdischen Vertreter Gottes, wie sie D. vorschwebt. / *Zwei Schlüssel:* Der goldene symbolisiert die Vollmacht des Priesters, Sünden zu vergeben, der silberne das Erforschen des Sünders durch den Priester, ob seine Reue aufrichtig ist. Das Erschließen mit dem silbernen Schlüssel muß dem endgültigen Aufschließen vorangehen. / *Tarpeia:* Als Cäsar beim Beginn des Bürgerkriegs in Rom einzog, raubte er den Staatsschatz, der im tarpeischen Felsen aufbewahrt und von Caecilius Metellus bewacht wurde. Lucan berichtet, bei diesem Raub habe die Pforte geächzt, als wolle sie sich der Gewalttat widersetzen.

X. GESANG. Aufstieg durch eine Felsspalte in den ersten Ring. Die Felswände tragen Reliefdarstellungen berühmter Beispiele von Demut. Die Seelen der Stolzen schleppen zur Buße schwere Quadersteine.

Polyklet: griech. Bildhauer im 5. Jh. v. Chr., Zeitgenosse des Phidias, doch im M. A. viel bekannter als dieser. / *Der Engel:* Gabriel, der Maria die Geburt Christi verkündete. / *Ecce ancilla Dei:* Siehe, ich bin die Magd Gottes! / *Das Rindsgespann:* das die Bundeslade der Juden mit den mosaischen Gesetzestafeln nach Jerusalem überführte, wobei König David vor ihr tanzte (2. Samuel 6). *Da waren Nas:* Die Augen halten das Gesehene für wirklich, aber die Nase riecht den Weihrauch nicht. / *Des Römerfürsten:* Kaiser Trajan (98–117 n. Chr.), gerühmt wegen seiner Gerechtigkeit. Das M. A. überlieferte die Legende, Papst

Gregor d. Gr. sei durch die hier von D. wiedererzählte Geschichte von der Witwe so gerührt worden, daß er Gott mit Erfolg bat, Trajan vom Tod zu erwecken, damit er in einem zweiten Leben Christ werde. D. hat Trajan ins P. versetzt unter die gerechten Fürsten (P. XX 106 ff.).

XI. GESANG. Die Seelen der Stolzen beten eine Paraphrase des Vaterunsers. Zwei Seelen, Umberto Aldobrandeschi und Oderisi da Gubbio, weisen den Weg und erzählen von ihrem Leben. Die zweite spricht von der Vergänglichkeit menschlichen Ruhms und erwähnt als Beispiel den Sienesen Provenzan Salvani.

Lateiner bin ich: Umberto Aldobrandeschi, Sohn Guglielmos, Graf von Santafiore. Als den benachbarten Sienesen sein Hochmut zu arg wurde, zogen sie gegen ihn ins Feld und töteten ihn auf seinem Kastell in Campagnatico bei Grosseto (1259). / *unser aller Mutter:* wörtl.: So wenig dachte ich an die gemeinsame Urmutter, daß ich alle Menschen verachtete. / *Oderis:* von Gubbio, berühmter Miniaturenmaler des 13. Jhs., seit 1295 an der päpstlichen Bibliothek beschäftigt. / *Franco:* aus Bologna, jüngerer Zeitgenosse Oderisis, gleichfalls Miniaturenmaler an der päpstlichen Bibliothek. / *Cimabue:* berühmter florentinischer Maler, Vorläufer und Lehrer Giottos. / *Ein Guido:* Guido Cavalcanti überschattete als Dichter den Ruhm des Bolognesen Guido Guinizelli. / *trägsten Himmelreiche:* Der Fixsternhimmel, von dem D.s Zeit annahm, daß er sich in 36000 Jahren einmal drehe. / *Er, der vor mir:* Provenzano Salvani, Ghibelline aus Siena, war nach der Schlacht von Montaperti ein berühmter Mann. Als er aber 1269 in der Schlacht am Colle di Valdelsa gegen die Florentiner umgekommen war und die Guelfen in Siena die Herrschaft an sich rissen, wurden alle Spuren von ihm getilgt, und er geriet bald in Vergessenheit. / *Als er im Ruhme:* Um einen Freund aus der Gefangenschaft Karls von Anjou loszukaufen, erbettelte Provenzano auf dem Campo in Siena das hohe Lösegeld, das er selbst nicht besaß. / *dunkel bin:* Seine Gefühle *(Und jede Fiber)* wirst du erst ganz begreifen, wenn du selbst aufs Betteln angewiesen bist.

XII. GESANG. D. betrachtet die Beispiele bestraften Hochmuts, die auf dem Boden in Reliefs dargestellt sind. Der Engel, der über diesen Ring wacht, weist ihnen den Weg zum nächsten, wobei er eines der sieben P auf D.s Stirn auslöscht.

Ich sah ihn: Luzifer. / *Briareus:* den von den Göttern mit dem Blitz *(vom Himmelsscheite)* erschlagenen Riesen (vgl. H. XXXI 98 ff.). / *Thymbreer:* Name Apollos, nach einem seiner Tempel in Thymbra bei Troja. / *Nimrod:* vgl. H. XXXI 77. / *Sennahar:* Ebene, wo der babylonische Turm stand. / *Niobe:* Tochter des Tantalus, brüstete sich mit ihren Ahnen und ihrem Kinderreichtum gegenüber der Göttin Latona, die nur zwei Kinder besaß. Zur Strafe ließ Latona die 14 Kinder der Niobe durch ihre beiden Kinder Apollo und Artemis töten. Niobe erstarrte zu Marmor, der Tränen vergoß (vgl. Ovid Met. VI 146–312). / *Saul:* Der hochmütige König Israels wurde, da ihm Gott nicht mehr beistand, von den Philistern am Berg Gilboa besiegt und stürzte sich darauf in sein eigenes Schwert (1. Samuel 31). / *Der Tau:* weil ihn David verfluchte (2. Sam. 1, 21). / *Arachne:* vgl. H. XVII 18 (Ovid Met. VI 1–145). / *Rehabeam:* Nachfolger König

Salomos, wies die Bitten des Volkes um mildere Behandlung höhnisch zurück, mußte dann aber vor dem Volkszorn nach Jerusalem fliehen (1. Kön. 12, 1–19). / *Alkmäon:* tötete seine Mutter Eriphyle, um seinen Vater Amphiaraus (einen der Sieben gegen Theben, vgl. H. XX 34) zu rächen, der von seiner Gattin um ein kostbares Halsband verraten wurde. / *Sanherib:* vgl. 2. Kön. 19, 11–37; die Hybris des Assyrerkönigs Sanherib wurde von Gott zuschanden gemacht: sein Heer wurde von einem Engel auf einen Schlag vernichtet, er selbst von seinen Söhnen umgebracht. / *Tomyris:* Die Skythenkönigin Tomyris ließ dem besiegten Perserkönig Kyros den Kopf abschlagen und ihn in Blut tauchen, weil Kyros einst ihren Sohn getötet hatte. / *Holofernes:* Judith tötete den assyrischen Feldherrn H. in seinem Feldlager und befreite so Israel (siehe Judith 8–15). / *zu dem Hügel:* D. vergleicht den Aufstieg zum zweiten Ring mit der Treppe, die in Florenz *(die fest am Zügel)* zur Kirche San Miniato hinaufführt, die oberhalb der Rubaconte-Brücke (heute Ponte alle Grazie genannt) thront. / *in den Zeiten:* als man in Florenz noch nicht Urkunden fälschte und mit geeichten Fässern Schwindel trieb. Anspielung auf allerlei Skandalaffären. / *Beati pauperes spiritu:* Selig sind, die da geistig arm sind (Matth. 5, 3). Jedesmal beim Verlassen eines Ringes singt der zugehörige Wachengel jene der acht Seligpreisungen aus der Bergpredigt, die am besten zu dem dort gesühnten Laster paßt.

XIII. GESANG. Im zweiten Ring büßen die Neidischen mit vernähten Augen. Unsichtbare Stimmen erzählen Liebestaten und mahnen zur Nächstenliebe. Gespräch mit der Sieneserin Sapia.

Wenn man hier: V. scheint zu wissen, daß die Seelen in diesem Ring nicht umherwandern. / *Vinum habent non:* »Sie haben keinen Wein«, sagte Maria zu ihrem Sohn auf der Hochzeit zu Kana (Joh. 2, 1 ff.). / *Orest:* Orest und Pylades waren das treueste Freundespaar der antiken Sage. Als Orest wegen Mordes angeklagt ist, will Pylades die Strafe auf sich ziehen, indem er beteuert: »Ich bin Orest.« / *Liebt sie:* Matth. 5, 44. / *Der Zaum verlangt:* Den Neid zügelt man durch Beispiele bestraften Neids. / *der Vergebung Gang:* Aufstieg in den nächsten Ring. / *dem Schroffen:* dem schroffen Gestein. / *wahren Stadt:* der Stadt Gottes, des P.s / *Ich war von Siena:* Sapia Salvani aus Siena, Tante des Provenzano Salvani (L. XI 121 ff.), betrachtete mit Schadenfreude die Niederlage ihrer Landsleute durch die Florentiner beim Colle di Valdelsa (1269), wo ihr Neffe umkam. / *Sapia:* bedeutete spätlateinisch auch »weise«. / *Pier Pettinaio:* ein in Siena ansässiger Kammacher (= pettinaio), der im Ruf der Heiligkeit stand. Er war Mitglied des franziskanischen Dritten Ordens. / *Vorm Schmerze unten:* Der Hochmut, der im unteren Ring gebüßt wird, ist eher D.s Schwäche. / *Narrenvolke:* Die Florentiner sagten den Sienesen allerlei Narrheiten nach. D. weist auf zwei unnütze Unternehmungen der Sienesen hin: erstens den Bau eines eigenen Hafens in Talamone in den sienesischen Maremmen, der wegen des mörderischen Malariaklimas aufgegeben werden mußte, und zweitens das vergebliche Forschen nach einem unterirdischen Fluß namens Diana, der die Trinkwasserversorgung der Stadt Siena sicherstellen sollte. / *Admiralen:* Gemeint sind wahrscheinlich jene, die sich schon als Admirale der künftigen Flotte Sienas in Talamone sahen.

XIV. GESANG. Weitere Gespräche mit büßenden Neidischen. Heftige Worte über die Entartung der Bewohner des Arnotals und der Romagna. Unsichtbare Stimmen erzählen Beispiele bestraften Neides.

Von seinem Ursprung: Die nächsten sechs Verse besagen nur: Von der Quelle bis zur Mündung des Arno. / *Pelorum:* Dieser Berg an der Nordostspitze Siziliens soll einst die Fortsetzung des Apennin gewesen sein, wurde aber durch eine Naturkatastrophe vom Festland getrennt (vgl. Aen. III 414 ff.). / *Kirke:* verwandelte Menschen in Tiere (vgl. Aen. VII 15–20). / *Schweinen:* die rauhbeinigen Bewohner des Casentin. / *Kläffer:* die händelsüchtigen und anmaßenden Aretiner. / *Wölfen:* die habgierigen Florentiner. / *Füchse:* die hinterlistigen Pisaner. / *deinen Neffen:* Guido del Duca, ein weiter nicht bekannter Edelmann aus der Romagna, prophezeit seinem Gefährten Rinieri die Schandtaten seines Neffen Fulcieri da Calboli, der 1303 als Podestà nach Florenz gerufen wird und seine Macht ausnutzt, um gegen die Weißen zu wüten. / *Warum, o Mensch:* Diese Verse erläutert V. im nächsten Gesang. / *Rinier:* Rinieri dei Paolucci, Herr des Kastells Calboli, aus Forlì, hatte hohe Ämter in verschiedenen Städten, wurde 1296 in Forlì ermordet. / *Inzwischen Reno:* die Grenzen der Romagna. / *Lizio* usw.: lauter treffliche Edelleute der Romagna der Generationen vor 1300. / *Guido Prata* und *Ugolin d'Azzo:* ein edles Freundespaar. / *O Bertinoro:* Von hier an werden Orte der Romagna aufgezählt, um deren Herrschaft es jetzt (1300) schlecht bestellt ist. / *Pagani:* Die Herren von Faenza werden ihren guten Ruf nicht mehr wiederherstellen, auch wenn ihr böser Familiengeist Maghinardo gestorben ist (vgl. H. XXVII 49–51). / *Ugolin dei Fantolin:* ein ehrenwerter Edelmann aus der Nähe von Faenza, brauchte für seinen Namen nicht zu fürchten, denn sein Geschlecht starb bald nach ihm aus. / *Ein jeder wird mich töten:* Die Worte, die Kain in der Verzweiflung sagte (s. 1. Mose 4,14). Die unsichtbaren Stimmen berichten Beispiele bestraften Neides. / *Ich bin Aglauros:* Tochter des ersten Königs von Athen, beneidete ihre Schwester um die Liebe Merkurs und wurde zur Strafe in einen Stein verwandelt (Met. II 708–832).

XV. GESANG. Leichterer Aufstieg zum dritten Ring, wo sich die Zornigen läutern. V. erklärt D. unterwegs den Unterschied zwischen himmlischen und irdischen Gütern. D. schaut in einer Vision Beispiele von Sanftmut.

Vers 1–6: Auf dem L. ist es 3 Uhr nachmittags (drei Stunden vor Abend), in Italien bereits Mitternacht. / *Beati misericordes:* Selig sind die Barmherzigen (Matth. 5, 7 – vgl. L. XII 110). / *die Romagnolenseele:* Guido del Duca. Vgl. L. XIV 86 f.: *Warum, o Mensch.* / *weil sie schmerzen:* Die Wundmale werden nur getilgt, weil D. dafür mit Schmerzen büßt. / *In einem Tempel:* s. Luk. 2, 41–48: den zwölfjährigen Jesus finden seine Eltern nach dreitägiger Suche im Tempel. / *Dann sah ich eine Frau:* die Frau des Pisistratus, des Herrn von Athen (6. Jh. v. Chr.); sie wollte, daß ihr Gemahl einen jungen Mann bestrafe, der ihre Tochter aus Liebe öffentlich geküßt hatte, doch Pisistratus vergab dem jungen Mann. / *der Götter Schwarm:* Athene und Poseidon wollten der Stadt Athen ihren Namen geben. / *Dann sah ich Volk:* die Steinigung des Stephanus, s. Apg. 7, 56 ff. / *Sbirren:* Folterknechte. / *Dann fing die Seele an:* D. erwacht aus der visionären Ekstase.

XVI. GESANG. Die von Rauch verhüllten Seelen der Zornigen singen das Agnus Dei. Marco Lombardo, ein lombardischer Edelmann aus der Generation vor D., spricht über den menschlichen Willen und die Verderbtheit der Welt, für die er Beispiele anführt.

Ein Zweifel: D. beschäftigt die Frage, ob die moralische Verkommenheit der Welt, auf die ihn schon Guido del Duca (L. XIV) aufmerksam gemacht hat, im Einfluß der Gestirne oder im Menschen selbst begründet ist. / *Den Turm der Stadt:* die Gerechtigkeit, die eine der Grundlagen des Paradieses ist. / *Der Hirte:* Der Papst, der heutzutage auch den weltlichen Dingen vorsteht, hat zwar die rechte Kenntnis der Hl. Schrift *(kann wiederkäun),* aber er kann Gut und Böse nicht unterscheiden *(hat Hufe ohne Spalt).* Die Verschlüsselung dieser Aussage in das Bild des Wiederkäuens und der Hufe geht auf die Auslegung einer Bibelstelle (3. Mose 11, 3–7) durch Thomas von Aquin zurück. / *zwei Sonnen:* die weltliche und die geistliche Gewalt, die getrennt waren. / *Friedrich:* Friedrichs II. Streit mit den Päpsten spaltete Oberitalien in Parteien. / *Drei Alte:* drei Edelleute alten Schlags: Currado da Palazzo aus Brescia, Gherardo da Camino aus Treviso, von 1283 bis zu seinem Tod (1306) im höchsten Amt seiner Stadt, und Guido da Castello aus Reggio Emilia. Die beiden letztgenannten lobt D. auch im Convivio (IV 14 und 16). / *Die Söhne Levis:* die zum Priesteramt bestimmt waren (4. Mose 18, 20). / *Gaia:* Tochter Gherardos da Camino, vielleicht wegen ihrer Tugend, vielleicht aber auch wegen ausschweifenden Lebens berühmt. Die Meinungen darüber gehen auseinander.

XVII. GESANG. Neue Visionen von Beispielen bestraften Zornes. Der Engel dieses Ringes löscht das dritte P und weist den Weg. Im vierten Ring angelangt, erklärt V. die Einteilung des L.

Vom Frevel jener: Die Geschichte der Prokne (vgl. L. IX 15). / *Von einem, der am Kreuz:* s. Esther 3–7. / *Sah ich ein Mädchen:* vgl. Aen. XII 54 ff. und 595 ff. Die Latinerkönigin Amata wollte ihre Tochter Lavinia dem Rutulerfürsten Turnus zur Frau geben. Als sie glaubt, Turnus sei im Kampf gegen Aeneas gefallen, hängt sie sich auf. / *Beati pacifici:* Selig sind die Friedfertigen (Matth. 5, 9 – vgl. L. XII 110). / *Natur und Geist:* Nach Auffassung der Scholastik ist die eine Art der Liebe allen Geschöpfen von Natur aus ohne ihr Zutun eingesenkt, die andere wird von der Wahl des Menschen bestimmt. Solange diese *aufs erste Gut,* auf Gott, gerichtet ist und mit Maß auf zweitrangige, irdische Güter, erwächst daraus keine Sünde; richtet sie sich aber auf die irdischen Güter in allzu großem und auf die himmlischen in zu geringem Grad, so tritt sie in Widerspruch zu Gott. / *Daraus kannst du entnehmen:* Diese Terzine enthält den Leitgedanken D.s, mit dem auch die D.C. schließt: die Liebe als das Urprinzip allen Handelns. / *vom ersten Wesen:* Gott. / *Daß Liebe zu des Nächsten:* Als einzige Liebe zum Bösen bleibt nach der vorausgegangenen Betrachtung die übrig, die sich an des Mitmenschen Unglück nährt. Von ihr gibt es drei Arten, deren Vertreter in den drei ersten Ringen des L.s büßen. / *zu jener Liebe Spiel:* der Liebe, die im Streben nach den Gütern das rechte Maß vermissen läßt. / *Verworren hat ein Gut:* die Liebe zu den himmlischen Gütern. / *Dann gibt's ein Gut:*

Die übermäßige Liebe zu den irdischen Gütern, die dreierlei Gestalt haben kann (Geiz, Schlemmerei, Wollust), wird im fünften bis siebenten Ring gebüßt.

XVIII. GESANG. V. fährt fort, D. das Wesen der Liebe und die Verantwortung des Menschen für ihre Richtung zu erklären. Eine Schar von Trägen rast vorüber und sagt Beispiele eifrigen Handelns auf. Eiliges Gespräch mit der Seele eines Abtes. Andere Träge verkünden Beispiele bestrafter Trägheit. Dann schlummert D. ein.

Wenn Liebe nur von außen: Wenn sich die Liebe von außen her die Seele gefügig macht, dann trifft die Seele keine Verantwortung. Wo bleibt dann die Willensfreiheit? / *Jedwede Wesensform:* Substantielle Form: scholastischer Ausdruck für die Seele, die mit der Materie verbunden und doch auch von ihr geschieden ist. Ihre natürliche Kraft, zu lieben, zeigt sich nur in ihren Wirkungen, wie die Kraft des Baums in den Blättern, die er treibt. / *Wollen an der Quelle:* Das instinktive Wollen unterliegt weder Lob noch Tadel. Um die bewußten Neigungen der natürlichen Liebe zum Guten anzupassen, hat der Mensch die Urteilskraft; mit ihrer Hilfe kann er sich für die eine oder andere Liebe entscheiden. Nach dieser freien Entscheidung wird er von Gott beurteilt. / *Beatrice:* Hier wie überall in der D.C. verkörpert B. die Theologie. / *Dem Eimer gleichend:* einem Glutbecken. / *Und eilte dann:* Der Mond kreist auf der Bahn, die die Sonne im Spätherbst zurücklegt. / *Pietola:* das antike Andes bei Mantua, wo V. geboren wurde. / *Ismenus und Asopus:* An den Ufern dieser Flüsse feierten die Thebaner ihre Bacchanalien. / *Maria lief:* vgl. Luk. 1, 39 ff. / *Caesar lief:* Anspielung auf Cäsars Eilmarsch von Brindisi nach Gallien und Spanien (Lucan, Pharsalia III). / *Mailand:* wurde von Friedrich Barbarossa 1162 zerstört. / *Mit einem Fuß:* Alberto della Scala von Verona († 1301) setzte seinen illegitimen, verkrüppelten und dabei noch zügellosen Sohn Giuseppe als Abt von San Zeno ein. / *Das Volk, vor dem:* siehe 2. Mose 14 und 5. Mose 1, 26–36. / *Und jenes:* Ein Teil der Gefährten ließ den Aeneas in Sizilien im Stich (Aen. V).

XIX. GESANG. Im Morgengrauen träumt D. von einer häßlichen, aber schön scheinenden Frau, deren böses Wesen ihm durch eine himmlische Erscheinung enthüllt wird: das Symbol der irdischen Güter, die die Liebe in die Laster entarten lassen, die in den drei oberen Ringen gebüßt werden. Aufstieg in den fünften Ring, wo die Geizigen am Boden liegen. Gespräch mit Papst Hadrian V.

Vers 1–6: astronom. Umschreibung der Stunde vor Sonnenaufgang. / *Ich sah sie an:* Die irdischen Güter erscheinen schön, wenn man sie mit Verlangen anblickt. / *in der Mark des Todes:* auf Erden. / *Qui lugent:* die Leid tragen (Matth. 5, 4). / *Adhaesit pavimento:* Die Seele klebte am Boden (s. Ps. 118, 25). / *So haltet auswärts:* Der Abhang soll stets rechter Hand liegen. / *Scias:* lat.: sollst du wissen. / *Petri Erbe:* Papst Hadrian V. aus dem Geschlecht der Fieschi, Grafen von Lavagna. Er hatte das päpstliche Amt kaum einen Monat lang. / *Siestri* und *Chiaveri:* Ortschaften an der Riviera di Levante bei Genua. Zwischen ihnen fließt die Lavagna, mit deren Namen die Fieschi ihren Grafentitel schmückten. / *neque nubent:* Sie heiraten nicht (s. Matth. 22, 28–30). Wie Jesus den Sadduzäern antwortet, im Himmel gebe es keine Verwandtschaftsgrade mehr, so will Hadrian sagen, im Jenseits sind alle irdischen Würden beseitigt.

XX. GESANG. Eine Stimme verkündet Beispiele von Tugenden, die der Habgier entgegengesetzt sind. Hugo Capet, Stammvater der französischen Könige, hält eine Strafrede auf seine Nachkommen und nennt Beispiele bestrafter Habgier. Ein Erdbeben erschüttert den L., dann wird das ,Gloria in excelsis Deo' gesungen.

Vorm bessern Willen: D. geht nach dem Wunsch Hadrians weiter, obwohl sein Wissensdurst noch nicht gestillt ist. / *die tropfenweis:* In Tränen wird nach und nach das Übel der Habgier abgebüßt. / *alte Wölfin:* = die Habgier, s. H. I. / *O Himmel:* aus dessen Kreisen die Astrologen den Wechsel der irdischen Verhältnisse herleiten. / *Guter Fabricius:* Der Römer Fabricius (3. Jh. v. Chr.) wies alle Geschenke der Feinde Roms zurück, die ihm für den Frieden danken wollten, und lebte und starb in äußerster Armut. / *Nikolaus:* Der hl. Nikolaus von Bari schenkte heimlich drei armen Mädchen eine Mitgift, damit sie sich ehrbar verheiraten konnten. / *Die böse Pflanze:* Hugo Capet, Stammvater des frz. Königshauses. / *Douai, Lille* etc.: die bedeutendsten Städte Flanderns, das um 1300 seine Unabhängigkeit gegen Philipp IV. den Schönen von Frankreich verteidigen mußte. / *Sohn eines Fleischers:* m.a. Legende. In der Genealogie der Fürstenhäuser erweist sich D. als unsicher. / *den alten Königen:* den Karolingern. Den letzten Karolinger, Karl von Lothringen, hielt Hugo Capet gefangen, bis er starb; wahrscheinlich verwechselt ihn D. mit dem letzten Merowinger, der wirklich *grau sich kleiden ließ*, d. h. Mönch wurde. / *provenzalische Lehen:* Die Provence kam im 13. Jh. durch eine erlistete Heirat an die frz. Königshaus. Von da an nahm die Hausmachtpolitik immer rücksichtslosere Formen an. / *zur Buße:* ironisch (es wird dreimal im Reim wiederholt). / *Karl kam:* Karl I. von Anjou kämpfte in Italien die letzten Staufer nieder. Nach einem damaligen Gerücht hätte er den Thomas von Aquin, der auf dem Weg zum Konzil von Lyon starb, vergiften lassen, weil er ihm auf dem Konzil gefährlich werden konnte. / *ein zweiter Karl:* Karl von Valois, Bruder Philipps des Schönen, wurde von Bonifaz VIII. nach Italien gerufen, um in Florenz den Schwarzen Guelfen zum Sieg zu verhelfen (1301). / *Die Lanze:* der Verrat. / *Hierfür wird Sünd:* Karl von Valois versuchte vergeblich, den Aragonesen Sizilien zu entreißen. Seine Sündenlast wiegt um so schwerer, weil er sich nicht um sie kümmert. / *Noch einen:* Karl II. von Anjou, bei einer Seeschlacht gegen Peter III. von Aragon in Gefangenschaft geraten (von 1284–88), verschacherte später (1305) seine blutjunge Tochter Beatrice an den alten Azzo d'Este in Ferrara. / *Es wird, daß bleicht:* Doch eine Schuld wird alle anderen Schandtaten überschatten: die Verhaftung Papst Bonifaz' VIII. durch Mittelsmänner Philipps IV. Sie weissagt Hugo Capet in der Form: Frankreichs Lilienwappen werde in Anagni (damals Alagna), der Heimatstadt Bonifaz' VIII., einziehen und Christus in Gestalt seines Statthalters noch einmal gefangennehmen. D. verabscheute gerade diesen Papst (vgl. P. XXVII 22–24), aber er unterschied streng zwischen Person und Amt. / *ohne Rechtsbescheid:* Philipp der Schöne, der neue Pilatus, löste auch auf unbewiesene Anklagen hin den Templerorden auf, um sich zu bereichern. / *Was von der einzigen Braut:* (= Maria); Hugo Capet antwortet jetzt auf D.s Fragen (siehe Vers 28 ff. u. 34 ff.) / *Pygmalion:* Bruder der Dido, tötete aus Habgier seinen Schwager (siehe Aen. I 340–366). / *Midas:* König

Midas erbat sich von Bacchus, daß alles, was er berühre, zu Gold werde, und wäre dann beinahe verhungert, weil sich Gold nicht essen läßt (Ovid Met. XI 100 ff.). / *Achan:* siehe Josua 7, 1 ff. / *Saphira:* siehe Apg. 5, 1–10. / *Heliodor:* siehe 2. Makk. 3, 23–27. / *Polymnestor:* erschlug den ihm anvertrauten Polydor, den Sohn des Priamus von Troja, um seine Schätze zu bekommen. / *Crassus:* Der sprichwörtlich reiche Römer fiel im Kampf gegen die Parther; deren König soll der Leiche flüssiges Gold in den Mund gegossen haben. / *Delos:* Die Insel soll auf dem Meer getrieben haben, bis die verfolgte Latona dort eine Heimstatt fand, um Apoll (Sonne) und Diana (Mond) zu gebären.

XXI. GESANG. Der Dichter Statius gesellt sich zu den Wanderern, erklärt D. das Erdbeben, gibt sich dann zu erkennen und preist V. als seinen Meister.

Die von Natur: der Wissensdurst. / *Die Samariterin:* siehe Joh. 4, 6–15. / *nach meinem Stabe:* V. / *Lukas:* Luk. 24, 13 ff. (Gang nach Emmaus). / *Da sie, die Tag:* die Parze Lachesis; Sinn: da D. noch lebt. / *Thaumas Kind:* der Regenbogen. / *Das fähig:* Erst nach vollendeter Reinigung wird die Seele fähig, sich vom L. ins P. zu wünschen; vorher hält sie ein anderer Wille (ital. talento = Trieb), der mit der göttlichen Gerechtigkeit übereinstimmt, zur Buße an. / *der gute Titus:* Sohn Kaiser Vespasians, zerstörte im J. 70 n. Chr. Jerusalem und erfüllte so den Fluch, den die Juden bei Christi Verurteilung auf sich herabgerufen hatten. / *Den Namen, der:* den Namen Dichter. Es spricht Papinius Statius (ca. 45–96 n. Chr.), dessen zwei Epen: die »Thebais« und die unvollendete »Achilleis« im M. A. viel gelesen wurden. Seine lyrischen Gedichte (Silvae) waren zu D.s Zeit noch nicht wieder aufgefunden; aus ihnen ergibt sich, daß Statius aus Neapel stammte, nicht aus Toulouse in Südfrankreich, wie D. meint, der ihn dabei mit einem Rhetor Lucius Statius verwechselt. / *mit der zweiten Bürde:* Statius starb, während er an der »Achilleis« schrieb.

XXII. GESANG. Gemeinsamer Aufstieg der drei Dichter. Unterwegs erzählt Statius von seiner Sünde und Bekehrung zum Christentum, V. berichtet von seinen Gefährten im Limbus. Im sechsten Ring, wo die Schlemmer büßen, treffen sie einen Baum, aus dessen Gezweig eine Stimme Beispiele der Mäßigkeit aufzählt.

sitiunt: Sie dürsten. Ein Wort aus der 4. Seligpreisung Christi (s. Matth. 5, 6 und L. XII 110). / *Juvenal:* römischer Satiriker, Zeitgenosse und Freund des Statius. / *Für dieses Übermaß:* Statius büßte für Verschwendung. / *Warum nicht zügelst du:* Die Stelle bei V. lautet wörtlich: Wozu treibst du doch sterbliche Herzen, verfluchter (sacra) Hunger nach Gold! (Aen. III 56–57). D. aber macht daraus einen heiligen Hunger nach Gold, also die rechte Einstellung zu den irdischen Gütern (vgl. sacro egoismo = hlg. Egoismus). / *Ihr Grün hier:* sich zusammen läutern müssen. / *Als du besangst:* in der »Thebais« den Zug der Sieben gegen Theben. / *Sprach er:* V. / *Klio:* Muse der Geschichte. / *des Fischers:* des Apostels Petrus, der Fischer gewesen war. / *Du hast mich:* V. hat ihn zuerst zur Dichtkunst und dann zum Christentum geführt, obwohl er selbst nicht Christ war. / *Die Welt wird neu:* Stelle aus V.s 4. Hirtengedicht, die im M. A.

allgemein als Ankündigung Christi gedeutet wurde. / *Domitian:* röm. Kaiser (81–96); seine Christenverfolgung war jedoch keine der schlimmsten. / *Wo unser Alter ist:* Statius erkundigt sich nach anderen röm. Dichtern. / *jenem Griechen:* Homer. / *der Bergregion:* dem Parnaß, wo die Musen wohnen. / *die gezeigt Langia:* Hypsipyle zeigte einem der gegen Theben Ziehenden die Quelle Langia. In seinem Eifer, Gestalten aus den beiden Epen des Statius aufzuzählen, scheint D. vergessen zu haben, daß er die Tochter des Tiresias, Manto, nach Malebolge versetzt hat. / *Vier Sonnenmägde:* Vier Stunden sind vorbei, die fünfte ist angebrochen: es ist zwischen 10 und 11 Uhr. / *der Würdige:* Statius. / *Die Kost wird nicht:* richtet sich an die büßenden Schlemmer, die die Früchte des Baumes entbehren müssen. / *Maria:* auf der Hochzeit zu Kana (Joh. 2,1ff.). / *Daniel:* siehe 1, 5–20. / *Das erste Alter:* das Goldene Zeitalter.

XXIII. GESANG. Begegnung mit den zu Skeletten abgemagerten Schlemmern. Unter ihnen Forese Donati, der von seinem Leben und dann von den sittenlosen florent. Frauen spricht. D. gibt sich Forese zu erkennen und erklärt ihm seine Jenseitsreise.

Labia mea, Domine: Herr, öffne meine Lippen (daß mein Mund deinen Ruhm verkünde); Ps. 50, 17. / *Erysichthon:* hatte einen der Ceres heiligen Hain entweiht und wurde deshalb von ihr mit unersättlichem Hunger geplagt, so daß er seine eigenen Glieder benagte (Ovid Met. VIII 738ff.). / *Die von Jerusalem:* Als Titus Jerusalem belagerte (70 n. Chr.), soll der Hunger so groß geworden sein, daß eine Frau namens Maria ihr eigenes Kind aß. / *OMO:* ital. = Mensch; nach volkstümlicher Anschauung konnte man im Gesicht des Menschen seinen Namen lesen: die beiden Augen = die beiden O; Augenbrauen und Nasenbein = M. / *Forese:* Forese Donati aus Florenz († 1296), Freund D.s und entfernter Verwandter seiner Frau Gemma Donati, wechselte mit D. streitbare Gedichte, wobei Dante auf seine Schlemmerei anspielte. / *Eli:* Als Christus in seiner schlimmsten Stunde am Kreuz schrie: Eli, Eli lama asabthani (Mein Gott, warum hast du mich verlassen; Matth. 27, 46), leitete ihn der Wunsch nach Sündenvergebung; er treibt auch die Büßenden. / *in den Sphären:* bei den Trägen im Vorpurgatorium. / *Nella:* seine Frau. / *Barbagia:* wilde Berggegend auf Sardinien, zu D.s Zeit wegen der Lasterhaftigkeit ihrer Frauen berüchtigt; Florenz aber, meint er, sei schlimmer. / *eh der Flaum:* noch ehe aus den jetzigen Kleinkindern Jünglinge geworden sind. / *die Schwester dieser:* der Mond.

XXIV. GESANG. Forese zeigt einige Büßer des sechsten Ringes, unter ihnen den Dichter Bonagiunta aus Lucca, der Dante die Gastfreundschaft einer Lucchesin voraussagt und dann von der neuen toskanischen Liebesdichtung spricht. Forese prophezeit das böse Ende seines Bruders. Aus einem zweiten Baum verkündet eine Stimme Beispiele bestrafter Schlemmerei.

zweimal toten Dingen: Die Schlemmerskelette sehen aus, als wären sie auch im Jenseits tot. / *Es scheint, daß er:* Statius, der V.s Unterhaltung genießen will. / *Piccarda:* Schwester Foreses. D. trifft sie im P. / *Bonagiunta:* von Lucca, ein Dichter der Generation vor Dante, sklavischer Nachahmer der provenzal. Dichtung. / *die Kirche als Gemahl:* Papst Martin IV. (1281–1285), frz. Abkunft.

ließ als Feinschmecker die Aale aus dem See von Bolsena in Wein kochen. /
Ubaldin: de la Pila, Vater des Erzbischofs Ruggieri (vgl. H. XXXIII), Bruder
des Kardinals Ottaviano (H. X 120) und des Ugolino d'Azzo (L. XIV 105). /
Bonifaz: dei Fieschi, Erzbischof von Ravenna; der Rochen ist vielleicht eine
Anspielung auf die besondere Form des Bischofsstabs in Ravenna und zugleich
auf seine Gastmähler. / *Marchese:* Trinker aus der Familie der Argugliosi in
Forlì. / *wo er gefühlt:* aus dem Mund, an dem er gestraft wird. / *Es lebt ein Weib:*
Gentucca, die wahrscheinlich später D. Gastfreundschaft gewährt hat. Wer sie
war, ist unbekannt. / *Fraun, die ihr wisset:* Beginn der ersten Kanzone in Dantes
Vita Nuova. / *den Notar:* Giacomo da Lentini aus der älteren sizilianischen
Dichterschule, Notar von Beruf. / *Guitton:* del Viva; Dichter aus Arezzo
(2. Hälfte des 13. Jhs.), der zwischen der sizilianischen Dichterschule und der
Schule des »süßen neuen Stils« steht, jener Richtung, die von Guido Guinizelli
aus Bologna begründet und von D. selbst und seinem Freund Guido Cavalcanti
zur Vollendung geführt wurde. Sie verzichteten auf die sklavische Nachahmung
der provenz. Dichtung und pflegten eine verfeinerte Liebesauffassung, die sich
auch in veredelter Sprache äußerte. / *den, der vorspricht:* Amor. / *den, der meist
gefehlt:* Corso dei Donati, Bruder Foreses, Haupt der Schwarzen Guelfen in
Florenz, wurde, nachdem die Weißen aus Florenz verbannt waren, seiner Partei
durch seine Herrschaftsgelüste verdächtig. Sie machte ihm den Prozeß. Er floh
zu Pferde, wurde eingeholt und starb auf dem Rückmarsch nach Florenz durch
einen – wahrscheinlich absichtlichen – Sturz vom Pferd (1308). / *Geschlechts
der Wolke:* Die Kentauren, aus der Verbindung des Ixion mit einer Wolke hervorgegangen, begannen im Rausch auf der Hochzeit des Peirithoos einen
Streit um die Braut, in dem sie Theseus besiegte. / *Und der Hebräer:* s. Ri. 7,
1–8. / *Selig, wer:* vgl. Matth. 5, 6.

XXV. GESANG. Beim Aufstieg in den siebenten Ring, in dem sich die Wollüstigen in Flammen läutern, erklärt Status die Beschaffenheit der Schattenleiber
im Jenseits und die scholastische Theorie von der Erschaffung von Leib und
Seele. Die Büßer singen eine Hymne und verkünden Beispiele der Keuschheit.

Vers 1–3: Der Tag ist seit Mittag um etwa 2 Stunden vorgerückt, ebenso die
Nacht in der bewohnten Welt. / *Paare reißt:* Sie mußten hintereinander gehen. /
Meleager: Er sollte nach dem Willen der Parzen nur solange leben, bis ein Stück
Holz, das sie bei seiner Geburt ins Feuer legten, verbrannt sei. Seine Mutter
nahm es damals heraus, entzündete es aber später aus Rachsucht, so daß M. starb
(vgl. Ovid Met. VIII 451–525). / *Vollkommenes Blut:* wird dem Kreislauf vor-
enthalten und zur Samenbildung verwendet. / *Nochmals verdaut:* in Sperma verwandelt. / *Zur Seele wird:* Die Lebenskraft wird zur vegetativen Seele (der nie-
dersten der drei Seelenstufen, die man im Menschen annahm), die sich aber von
der vegetativen Seele der Pflanzen dadurch unterscheidet, daß sie sich weiter-
entwickelt zur sensitiven Seele, wie sie den fühlenden Lebewesen eigen ist.
/ *Seeschwamm:* Beispiel aus der Tierwelt. / *Ihm, welcher:* Averroes, der arabische
Aristoteles-Kommentator. / *möglichen Verstande* = it. il possibile intelletto,
ein philosophischer Ausdruck, der die Fähigkeit der Erkenntnis bezeichnet, die
den Menschen von den Tieren unterscheidet. Diese dritte Seelenstufe verschmilzt

mit den beiden anderen Seelen zu einer einzigen. Averroes leugnet diese Einheit. / *daß mein Wort:* Um Dante die Vereinigung der so ungleichen Seelen glaubhaft zu machen, verweist er auf den Wein, in dem sich gleichfalls Materielles (Saft) und Immaterielles (Sonnenglut) verbinde. / *Lachesis:* wenn die Parze L. den Lebensfaden versponnen hat. / *einem der Gestade:* zum Acheron (H. III) oder zum Tiber (L. II 100ff.). / *So strahlt:* Die Formkraft der Seele schafft ihr einen neuen Leib, der alle Funktionen eines irdischen Leibes erfüllt, aber ohne Substanz und Gewicht ist. / *Wie affiziert:* Je nach der Art der Lüste des Menschen formt sich der Schattenleib; daher z. B. die große Abmagerung bei den Schlemmern. / *letzte Platten:* den siebenten Ring. / *Summae Deus:* leicht veränderter Beginn eines Hymnus, der eine Bitte um Befreiung von Wollust enthält. / *Virum non cognosco:* Wie soll das zugehen, sintemal ich von keinem Manne weiß? sagt Maria zum Verkündigungsengel (Luk. 1, 34). Das erste Beispiel von Keuschheit. / *Diana:* Die jungfräuliche Göttin verstieß ihre Nymphe Helike, die sich von Jupiter verführen ließ.

XXVI. GESANG. Zwei Scharen von Wollüstigen ziehen in entgegengesetzter Richtung, küssen sich beim Begegnen und rufen einander Beispiele bestrafter Unkeuschheit zu. Der Dichter Guido Guinizelli erklärt die Einteilung dieses Rings. D. spricht mit dem provenz. Trobador Arnaut Daniel.

Pasiphae: siehe H. XII 12. / *Riphäens Höhn:* von den antiken Geographen irgendwo im hohen Norden angenommene Berge. / *Der Sünde halb:* der Homosexualität wegen, die (nach Suetons Behauptung) Cäsar mit dem König Nikomedes von Bithynien verband und ihm den Spitznamen »regina« = Königin eintrug. / *Hermaphroditisch:* hier: auf das andere Geschlecht gerichtet, dabei aber maßlos wie bei Tieren oder bei Pasiphae. / *den Namen nennen:* Pasiphae. / *Guido Guinizelli:* s. o. L. XXIV. / *Lykurgens Trauer:* Lykurg verlor seinen kleinen Sohn durch eine Unachtsamkeit der Wärterin Hypsipyle, die dafür zum Tode verurteilt wurde. An der Richtstätte begegnete sie ihren beiden Söhnen, die sie befreiten. / *Mein Vater:* sein dichterischer Vorläufer. / *den du siehst:* Arnaut Daniel, einer der größten provenzalischen Minnesänger (12. Jh.). / *Limousiner:* Giraut de Bornelh, gleichfalls ein Trobador, aus dem Limousin in SW-Frankreich. / *Guittone:* siehe L. XXIV 56.

XXVII. GESANG. Aufgefordert von einem Engel durchqueren die Dichter das Feuer. Die Nacht bricht herein. D. träumt gegen Morgen von der blumenpflückenden Lea. Nach dem Erwachen folgt D.s Aufstieg zum irdischen P., wo sich V. von seinem geläuterten Schützling verabschiedet und ihn seinem freien Willen überläßt.

Vers 1–5: Am L. geht die Sonne unter, in Jerusalem auf, in Spanien ist Mitternacht, am Ganges Mittag, da nach D.s Vorstellung zwischen den einzelnen Punkten je 90° liegen. / *Beati mundo:* Selig, die reinen Herzens (Matth. 5, 8). / *Geryone:* H. XVII 1 ff. u. 79 ff. / *Thisbe:* Pyramus glaubte Thisbe von einem Löwen zerrissen und erstach sich, wobei sein Blut einen Maulbeerbaum rot färbte. Als Thisbe hinzukam, öffnete er nur noch einmal die Augen beim Klang ihres Namens (Ovid Met. IV 55 ff.). / *Venite, benedicti:* Kommt, ihr

Gesegneten des Vaters (Matth. 25, 34). / *des Berges Wesen:* vgl. die Worte
Sordellos L. VII 53–57. / *Cytherens:* Cytherea = Venus. / *Lea:* Labans Töchter
Lea und Rachel, Jakobs erste und zweite Frau (1. Mose 29 u. 30.), verkörpern
nach der allegorischen Bibelauslegung des M.A. das aktive und das kontempla-
tive Leben. / *Je minder weit:* je näher sie (bei der Rückkehr) der Heimat sind. /
Die süße Frucht: die Glückseligkeit.

XXVIII. GESANG. D. wandert durch den Wald des irdischen Paradieses bis
zum Lethefluß. Jenseits sieht er eine blumenpflückende Frau (Matelda), die ihm
die Natur des irdischen Paradieses und seine Gewässer erklärt.

erster Schatten: (bei Sonnenaufgang): nach Westen. / *Chiassis Strande:* das
heutige Classe bei Ravenna. / *Aeolus:* Herr der Winde. / *ein Bach:* Lethe, in der
antiken Mythologie der Strom des Vergessens, macht bei D. nur die Sünden
und ihre Strafen vergessen, nicht das ganze irdische Leben. / *Ein einsam Weib:*
D. nennt sie später mit dem Namen Matelda, weshalb, ist eine Streitfrage der
Gelehrten. Wahrscheinlich Symbol der irdischen Glückseligkeit oder (wegen
ihrer Ähnlichkeit mit der geträumten Lea) der tätigen Liebe. / *Proserpina:*
Tochter des Jupiter und der Ceres, von Pluto in die Unterwelt entführt, als sie
gerade Blumen pflückte (Met. V 391 ff.). / *der Venus:* Von ihrem Sohn Cupido
zufällig geritzt, entbrannte Venus in Liebe zu Adonis (Ovid Met. X 525 ff.). /
Leander: schwamm täglich über den Hellespont von Abydos nach Sestus zu
seiner Geliebten Hero, bis er eines Tages ertrank. / *Delectasti:* Ps 91, 5 (ein
Psalm zum Lob Gottes). / *den ersten Ringen:* wörtl.: dem ersten Kreis =
dem Primum Mobile, das, von Gottes Sitz im Empyreum aus gesehen, der
erste Himmel ist; von ihm geht alle Bewegung aus, auch die der Erdatmosphäre, die den Wind auf dem L. bewirkt.

XXIX. GESANG. D. schreitet den Lethe entlang, da erscheint auf der anderen
Seite aus den Lüften ein gewaltiger Triumphzug, eine Allegorie der Kirche.
Ein Donnerschlag bringt den Zug zum Stehen.

nach diesen Data: wörtl.: nach ihren Worten. / *Beati, quorum:* Selig, denen ihre
Sünden bedeckt sind (Ps. 31, 1). / *Schleier tragen:* den Schleier der Unwissenheit;
sonst lebte der Mensch noch im irdischen Paradies. / *Helikon:* Am Sitz der Musen
entspringen zwei Quellen, Sinnbilder der dichterischen Eingebung. / *Urania:*
Muse der Himmelskunde. / *Gemeinobjekt:* scholastischer Fachausdruck für einen
Gegenstand, der von verschiedenen Sinnen (z. B. Auge und Ohr) erfaßt werden
kann und deshalb leicht die Sinne täuscht. / *Leuchter:* die sieben Gaben des Hl.
Geistes. / *das Prachtgerät:* die sieben Leuchter. / *eine Gilde:* 24 Greise (wie
Offb. 4, 4), die bei D. die Bücher des AT darstellen, folgen den sieben Leuch-
tern, deren Flammen in der Luft fahnenartige Streifen in den Farben des Regen-
bogens hinterlassen. / *Hof der Delia:* Hof des Mondes. / *Lilienkränzen:* Sinnbilder
der Messiaserwartung. / *vier Tiere:* Symbole der vier Evangelien. / *Ezechiel lies:*
Ezechiel (Hesekiel) 1, 4 ff. ist neben der Offenbarung des Johannes hier die
Hauptquelle D.s. Bei Ezechiel haben die Tiere bloß vier Flügel, in Offb. 4, 8
dagegen sechs. / *ein Triumphgefährt:* die Kirche, zwischen den vier Evangelien-
tieren, gezogen von einem Greifen, einem Fabeltier (halb Löwe, halb Adler),

dessen Doppelnatur die zwei Naturen Christi vorstellt. / *Durch Mittelstreif:* Der Greif hielt seine beiden Flügel so, daß sie den mittleren der sieben Farbstreifen einschlossen und auf jeder Seite drei außerhalb ließen. / *Sein Leib war Gold:* Was am Greif vom Adler stammt, war Gold = göttliche Natur Christi; das übrige glich Fleisch und Blut = menschliche Natur Christi. / *Nicht nur bot Rom:* Weder die Triumphwagen der Römer noch der Sonnenwagen der Mythologie waren diesem vergleichbar. / *Drei Fraun:* die drei theologischen Tugenden: Liebe (rot), Hoffnung (smaragdgrün), Glaube (weiß). Glaube oder Liebe müssen der Hoffnung immer vorausgehen. / *Zur Linken sah ich:* die vier Kardinaltugenden: Gerechtigkeit, Stärke, Mäßigung und Klugheit. Die Klugheit (lat. providentia = Voraussicht, daher dreiäugig) führt den Zug an. / *Der eine schien:* Der wie ein Jünger des Hippokrates aussehende Greis verkörpert die Apostelgeschichte, deren Verfasser Lukas von Beruf Arzt war; der mit dem Schwert stellt die Paulusbriefe dar, die vier folgenden die Briefe des Petrus, Johannes, Jakobus und Judas. Der Greis, der als letzter folgt, ist Symbol der Joh.-Offenbarung. / *Mit Rosen:* Sinnbild der Liebe, die im NT der Grundton ist.

XXX. GESANG. Beatrice erscheint in einer Blumenwolke, V. ist plötzlich verschwunden. B. hält D. seine Verirrungen vor, so daß er Tränen der Reue vergießt, und erzählt den mitleidigen Engeln seine Geschichte.

Vers 1–6: vergleicht die Leuchter des Hl. Geistes, die sich bei Gott im *ersten Himmel* befinden, mit den sieben Sternen des Kleinen Bären *(das untere Sternbild).* / *Gehalten:* führt Vers 1 fort. / *die Wahren:* die 24 Sinnbilder des AT. / *Veni, sponsa de Libano:* Komm vom Libanon, meine Braut (Hohelied 4, 8) singt der Vertreter des Hohenlieds. / *ad vocem tanti senis:* auf die Stimme eines solchen Greises. / *Benedicta, qui venis:* Gesegnet seist du, die da kommst. D. hat den Ruf der Juden beim Einzug Christi in Jerusalem auf B. umgeformt. / *Manibus:* Gebt Lilien mit vollen Händen, ein Vers aus der Aeneis (VI 883). / *Ein Weib:* Verkörperung der Theologie, angetan mit den Farben der drei theologischen Tugenden und dem Olivenkranz der Weisheit (weil der Olivenbaum der Göttin der Weisheit Minerva heilig ist). / *die Knabenzeit verflossen:* In der Vita Nuova berichtet D., daß er mit neun Jahren B. zum erstenmal sah. / *So viel galt nicht:* Die Anwesenheit im irdischen Paradies konnte nicht verhindern, daß sich die taugewaschenen (vgl. L. I 127ff.) Wangen wieder durch Tränen beschmutzten. / *unterm anderen Schwerte:* wegen anderer Dinge. / *meines Namens Ton:* Im Convivio (I 2) vertritt D. die Ansicht, daß ein Autor in seinem Werk nur dann von sich sprechen dürfe, wenn ihn eine höhere Notwendigkeit dazu zwingt. / *In te speravi, Domine:* Auf Dich, o Herr, vertraue ich! (Ps. 30) Die Engel singen nur bis Vers 9. / *Italiens Kamme:* dem Apennin. / *Je nach den Sternen:* D.s Leben stand unter dem günstigen Zeichen der Zwillinge. / *Des zweiten Alters:* B. starb mit 25 Jahren, wo nach D.s Meinung die zweite Lebensstufe beginnt. / *Da wählte er sich:* da wandte er sich von der Theologie ab und weltlichen Dingen zu.

XXXI. GESANG. B. verlangt von D., daß er beichtet. D. wird vor Reue ohnmächtig. Beim Erwachen findet er sich im Lethe, wo ihn Matelda untertaucht. Sie führt ihn zu B., die sich ihm nun in ihrer ganzen Schönheit enthüllt.

Der Schneid entgegen: dann wird das Schwert des Urteils abgestumpft. / *als den ersten Pfeil:* als B. durch den Tod den irdischen Dingen entrückt war. / *Ein Vogeljungs:* Leichter lernt ein junger Vogel die Gefahr meiden als du! / *von Jarbas Land:* aus Afrika (Jarbas, libyscher König aus der Aen.). / *das Gift, das sie:* die Sünden, die D. als erwachsener Mann noch beging. / *jene ersten Kreaturen:* die Engel. / *Als mir das Herz:* als er erwachte. / *Die Einsame:* Matelda. / *Asperges me:* Besprenge mich (Ps. 50, 9). / *Am Himmel sind wir Sterne:* Die vier Kardinaltugenden glänzen als Viergestirn über dem L. (s. L I 23). Die drei theologischen Tugenden werden D. tiefer in die Glaubensgeheimnisse einführen. / *die Smaragden:* die Augen. B.s

XXXII. GESANG. Der Triumphzug zieht in entgegengesetzter Richtung weiter. Der Greif bindet den Wagen an den entblätterten Baum der Erkenntnis, der dadurch wieder aufblüht. D. schläft ein. Als er erwacht, sieht er, wie sich die Prozession in den Himmel erhebt; nur B., die sieben Tugenden, Matelda und der Wagen bleiben zurück. Es folgt eine schaurige Allegorie der Entartung der Kirche: Tiere greifen den Wagen an, dieser verwandelt sich in ein Ungeheuer und verschwindet schließlich im Wald.

Zehnjähriges Dürsten: seit B.s Tod 1290. / *sich rührte keine Feder:* Der Greif bewegt sich nicht, obwohl er den Wagen zieht. / *hinterm Rad:* dem rechten Rad, das bei der Wendung den geringeren Weg machen mußte. / *öden Hochwald:* öd seit dem Sündenfall. / *der Bäume einen:* den Baum der Erkenntnis, wahrscheinlich zugleich das Symbol irdischer Macht, auf die Christus ganz verzichtete. / *Zur Deichsel hin:* Die Verbindung des Papsttums mit dem Kaisertum (Deichsel + Baum) soll die Gerechtigkeit auf Erden befestigen. / *wenn, mit jenem Glanze:* Umschreibung des Frühlings. / *Die harten Augen:* Der hundertäugige Wächter Argus wurde von Merkur durch die Erzählung von Paris und der Nymphe Syrinx eingeschläfert und dann getötet (Met. I 601 ff.). / *Wie, um zu sehn:* D. vergleicht sein Erwachen mit dem der Jünger bei der Verklärung Christi (Matth. 17, 1–8); Christus ist gemeint mit dem Apfelbaum, nach dem die Engel verlangen. / *auf seiner Wurzel:* Die Wurzel des Baums, der die weltliche Herrschaft darstellt, bedeutet wohl Rom. / *auf bloßer Erde:* Anspielung auf die ursprüngliche Armut der Kirche. / *Jovis Vogel:* der Adler, hier Symbol der spätrömischen Kaiser, unter denen das Christentum zu leiden hatte. / *einen Fuchs:* Sinnbild der Irrlehrer, die, *jeder guten Speise* (= Wahrheit) leer, die Kirche spalten wollten; es ist vor allem an Arius zu denken (4. Jh.). / *Und ließ darin:* d. h. etwas von der weltlichen Macht blieb an der Kirche hängen, besonders durch die Konstantinische Schenkung (s. H. XIX 115 ff. und P. XX 55 ff.). / *ein Drache:* vielleicht Mohammed, der so weite Gebiete vom Christentum löste (s. H. XXVIII). Sicher bedeutet der Drache nicht, wie manche meinen, den Teufel im allgemeinen, da D. in dieser Allegorie nur historische Ereignisse, und zwar einigermaßen chronologisch, anführt. / *der Flaum:* der zunehmende Besitz der Kirche. / *So umgeformt:* aus dem Wagen entsteht das Tier der Offenbarung (17, 3–4), das für D. das verweltlichte Papsttum darstellt (s. H. XIX 107 ff.). / *eine lose Dirne:* die verderbte Kurie. / *ein Riese:* das frz. Königshaus, vor allem Philipp IV. der Schöne, der sich an Bonifaz VIII. vergriff (vgl. L.

XX 86ff.). / *band er das Gebilde:* verlegte er den Sitz der Päpste nach Avignon 1309.

XXXIII. GESANG. B. weissagt einen baldigen Retter, der die Dirne und den Riesen züchtigen werde. Sie wirft D. noch einmal seinen Lebenswandel vor. Man gelangt zur Quelle der Paradiesesflüsse Lethe und Eunoe. Das Bad im Eunoe ruft D. die Erinnerung an seine guten Taten zurück.

Deus, venerunt gentes: Ps. 78: Klage wider die Zerstörer Jerusalems, hier auf die Könige von Frankreich usw. bezogen. / *Modicum et non:* Joh. 16, 16: Worte Christi an seine Jünger: »Über ein kleines, so werdet ihr mich nicht sehen, und aber über ein kleines, so werdet ihr mich sehen.« B. deutet an, daß der jetzige Zustand der Kirche bald enden werde. / *Wisse, der Wagen:* nach Offb. 17, 8: die Kirche ist abgestorben. / *fürchtet Suppen nicht:* läßt sich nicht aufhalten. Nach altem Aberglauben war ein Mörder vor Blutrache sicher, wenn es ihm gelang, an neun Tagen auf dem Grab des Ermordeten eine Suppe zu essen. / *Nicht immer erblos:* Das Kaisertum wird nicht immer machtlos bleiben. / *ein Fünfhundert:* Deckzahl des geweissagten Retters. Man nimmt heute an, daß D. Kaiser Heinrich VII. meinte, den er in den höchsten Himmel versetzte (s. P. XXX 133ff. und Nachwort S. 466f.). / *Sphinx und Themis:* berühmte Rätselstellerinnen der Mythologie. Die Ereignisse werden aber die Rätsel lösen wie es (Met. VII 759ff.) der Laiade (= Sohn des Laius = Ödipus) bei der Sphinx tat. D. benutzte eine der vielen m.a. Ovidhandschriften, die statt Laiades Naiades (= Quellnymphen) hatten. Bei Ovid wird dann erzählt, die durchschaute Rätselstellerin habe aus Rache einen raubgierigen Fuchs in die Gegend von Theben geschickt; D. aber sagt, hier seien von der Lösung des Rätsels keine solchen Folgen zu fürchten. / *zweimal man gerupft:* zuerst Adam, dann der Adler. / *Verkehrt am Gipfel:* zum Gipfel breiter werdend, damit niemand hinaufsteigen kann. / *wie vom Elsafluß:* Das Wasser der Elsa (Nebenfluß des Arno) überzieht die Gegenstände, die man hineintaucht, mit einer harten Kalkschicht. / *Nicht Lust daran:* Hätte nicht die Lust am eitlen Denken deinen Geist überzogen wie des Pyramus Blut (s. L. XXVII 37ff.) den Maulbeerbaum, dann sähest du ein, wie gerecht Gottes Verbot war, den Baum anzutasten. / *umpalmten Stab:* Wie die Pilger einen mit Palmzweigen umwickelten Pilgerstab als Zeugnis ihrer Fahrt heimbringen, sollst du diese Vision als Erinnerung mitnehmen. / *die Schule:* die weltlichen Wissenschaften.

Paradies

I. GESANG. Vorspruch und Anrufung Apolls. Unmerklicher Aufstieg D.s und B.s in den Himmel. B. erklärt ihm Ordnung und Triebkräfte des Weltalls.

mit einem Joch: wo die Musen wohnen; jetzt muß er auch den zweiten Gipfel des Parnaß (Vers 36: *Cirrhas Joch*) anrufen, auf dem Apoll seinen Sitz hat. / *Marsyas:* wurde von Apoll im Sängerwettstreit besiegt und dann geschunden. / *zum geliebten Baume:* zum Lorbeer (Vers 32: *Peneische Blätter*). / *Das Licht der Welt:* die Sonne. Wenn sie an dem Punkt aufgeht, wo sich vier Kreise schneiden und so drei Kreuze bilden, dann herrscht eine glückliche Konstellation. Dies ist der Fall im Frühling zur Zeit der Tag- und Nachtgleiche, wenn die Sonne im Widder steht (s. H. I 38 ff.). Die vier Kreise sind dann Äquator, Ekliptik, Horizont und der Meridian des Äquinoktialpunkts. / *Kein Adler:* Der Adler galt als das einzige Lebewesen, das in die Sonne blicken kann. / *Und wie ein zweiter Strahl:* Wie ein Lichtstrahl von einem Spiegel an seinen Ausgangspunkt zurückgesandt wird und dabei dem hergesandten genau gleicht, so entspricht die Haltung D.s genau der Haltung B.s. / *Glaucus:* böotischer Fischer, der durch ein Kräutlein in ein Meerwesen verwandelt wurde und es im neuen Element sogar zum Gott brachte (Met. XIII 904–968). / *Entwerden:* it. trasumanare: hinüberwechseln in ein anderes Sein. / *im Letztgeschaffenen:* der Seele. D. kann nicht sagen, ob er mit dem Körper oder nur mit der Seele in den Himmel gehoben wurde. / *Als das Getriebe:* als die Himmelssphären durch ihren Klang, den die Bewegung erzeugt, D. fesselten, da durchquerte er die Feuersphäre, die zwischen der äußersten Erdatmosphäre und dem untersten Himmel, dem Mondhimmel, eingeschaltet ist. / *In Ordnung:* Durch seine genaue Ordnung (griech. Kosmos) ist das Weltall dem Wesen Gottes ähnlich. Alle erschaffenen Dinge streben Gott, ihrem Ursprung, zu, von dem sie mehr oder weniger entfernt sind. / *Nicht die Geschöpfe nur:* Nicht bloß die unvernünftigen Lebewesen werden vom Instinkt getrieben, sondern auch die Menschen. Er zieht ihn zum Sitz Gottes, dem Empyreum, wenn ihn nicht der freie Wille ablenkt. Dieses Empyreum hält Gottes Vorsehung in Ruhe; unter ihm befindet sich der Kristallhimmel (Primum Mobile), der sich von den neun Himmeln am schnellsten dreht.

II. GESANG. Alle, die ihm nicht mehr folgen können, fordert D. auf, sich zu bescheiden. Ankunft im Mondhimmel. B. erklärt D. die Ursache der Mondflecken.

Minerva hauchet: Die Inspiration kommt von der Göttin der Weisheit, die Musen weisen die Richtung = der Große Bär, nach dem sich die Seefahrer richten. / *Brot der Engel:* Gottesweisheit. / *den Jason blickten:* Um das Goldene Vlies zu erwerben, mußte Jason u. a. einen Acker mit zwei feuerschnaubenden Stieren pflügen. / *ein Pfeil:* der Pfeilschuß wird hier vom Ziel zum Abschuß zurückverfolgt. / *Die ewige Perle:* der Mond. / *Zu sehen jenes Sein:* Christus, in dem sich menschliche und göttliche Natur einten. / *Dort wird man schaun:* im P. / *die dunklen Flecken:* Die Mondflecken wurden vom Volk gern als Gestalt des Kain gedeutet (s. H. XX 126), wissenschaftlich aber von der verschiedenen Dichte des Stoffes abgeleitet. / *Die achte Sphäre:* der Fixsternhimmel. / *Verschiedene Kräfte:* Verschiedene Kräfte können nur das Werk verschiedener Formprinzipien sein. Wenn D. annimmt, in den Sternen sei nur eine Kraft wirksam, dann heißt das, daß die Sterne auch nur ein Formprinzip aufweisen. / *wenn Dünne Grund:* Der Mond müßte entweder an manchen Stellen durch und durch so dünn sein, daß er durchsichtig wird (das würde sich aber dann bei Sonnenfinsternissen bemerkbar machen), oder er müßte fette (dichte) und magere (dünne) Schichten übereinander haben, und wo eine magere Schicht an der Oberfläche läge, erschiene ein Fleck, weil dann das Sonnenlicht erst von der tiefer liegenden fetten Schicht zurückgeworfen würde, wie ein Farbstrahl von einem mit Blei hinterlegten Glas (= Spiegel) reflektiert wird, nachdem er die »magere« Schicht, das Glas, passiert hat. / *Dreht sich ein Körper:* Die Kraft des Kristallhimmels liegt allem Sein in den von ihm umschlossenen Kreisen zugrunde. Dieses Sein pflanzt sich von einem Kreis zum andern fort, aber in jeder Sphäre werden die von der nächsthöheren empfangenen Kräfte ihrem eigenen Wesen angepaßt und zu den von Gott bestimmten Aufgaben verwendet. / *Von seligen Bewegern:* Jede Himmelssphäre untersteht einer Schar von Engeln (vgl. P. XXVIII 98 ff.). / *Wie man in eurem Staub:* Wie die menschliche Seele ihrem Körper die vielfältigsten Fähigkeiten verleiht und dennoch sie selbst bleibt, so bleibt sich auch die Schar der Engel (der Geist = intelligenza), die den Fixsternhimmel regiert, immer gleich, obwohl sie so verschiedenartige Sterne lenkt. Nur die Art der Bindung (= Legierung) der Engel mit dem Stoff der Sterne bringt bei diesen verschiedene Kräfte hervor. / *dem Körper:* dem Stern. / *Licht hat vom Licht:* Die Verschiedenheit jener Legierung macht auch die Sterne heller oder trüber, ja auch innerhalb des einzelnen Sterns kann der Grad der Verbindung verschieden sein: daher die Mondflecken.

III. GESANG. Im Mondhimmel zeigen sich die Seelen derer, die an der Erfüllung eines Gelübdes verhindert wurden; sie sind aber trotz dieser untersten Himmelssphäre nicht weniger glücklich als alle anderen Seelen im P. Dies erläutert die Seele der Piccarda Donati, die D. auch noch andere Seelen zeigt.

Die Sonne: B. / *Wie eine Perle:* Es war eine verbreitete Frauenmode, Perlen auf der Stirn zu tragen. / *des Irrtums Gegenteil:* Narziß verliebte sich in sein Spiegelbild im Wasser. D. hält die wirklichen Gestalten für Spiegelbilder. / *Die sich will:* Die Liebe Gottes will, daß alles ihr gleich wird. / *Piccarda:* Schwester des Forese Donati (s. L. XXIII 48) und des Corso Donati (s. L. XXIV 82 ff.), der sie aus ihrem Kloster entführte und zur Heirat mit einem Rossellino della Tosa zwang. D. hatte sich (L. XXIV 10) nach ihr erkundigt. / *Um Freunde mehr:* um bei Gott mehr Freund zu werden. / *necesse:* notwendig; *esse:* Sein. / *was mit dem Gespinste:* welches Gelübde sie nicht bis zum Schluß gehalten hat (durch ein Bild vom Weben ausgedrückt). / *ein Weib, des Schleier:* Die hl. Clara, die von Franz von Assisi zur Gründung des Clarissen-Ordens angeregt wurde./ *Beim Freier:* Christus. / *Konstanze:* Gemahlin Kaiser Heinrichs VI., Mutter Friedrichs II. Im 13. Jh. lief das Gerücht um, sie sei zur Heirat aus dem Kloster geholt worden.

IV. GESANG. B. beantwortet D.s Frage nach dem eigentlichen Wohnsitz der Seligen und nach der Rolle des freien Willens, wenn einem Menschen Gewalt angetan wird.

Drum kann ich mich: D. schwieg, weil er zwischen zwei Fragen wählen sollte. / *wie Daniel:* wie Daniel, Nebukadnezars Traum deutend, ihn besänftigte (s. Dan. 2). / *Dauert ohne Unterlaß:* D.s erste Frage: Weshalb haben die Seelen, die ein Gelübde nur unter Zwang gebrochen haben, geringere Seligkeit als andere? / *nach Platos Schrift:* Im Timaios vertritt Platon die Ansicht, die Seelen hätten ihren Wohnsitz in den Sternen und verließen ihn nur für die kurze Zeit, die sie in einem irdischen Körper zubrächten. Diese Lehre widersprach der kirchl. Lehre von der Zeugung der Seele (vgl. L. XXV). / *velle:* lat. Wollen. / *Der Seraphine:* B. macht an den höchsten Seelen des P.s deutlich, daß Grad und Dauer ihrer Seligkeit nicht von der anderer abweicht. / *des ersten Kreises Höhen:* das Empyreum. / *fürs ewige Wehen:* den Hl. Geist. / *den Gabriel:* die Erzengel Gabriel, Michael, Raphael. / *Sofern er diesen Sphären:* Wenn Platon vielleicht meint, daß nach dem Tod die den betreffenden Menschen beeinflussenden guten oder bösen Sternenkräfte zu den Sternen zurückkehren, dann trifft er allerdings ins Schwarze. / *Der Grundsatz:* Der Einfluß der Gestirne wurde in alter Zeit fälschlich den in den Gestirnen angenommenen Göttern, wie Merkur, Mars etc. zugeschrieben, anstatt den göttlichen Intelligenzen (den Engeln). / *Der andere Zweifel:* Die Frage der Gelübde kann das Gemüt nicht so leicht von der Theologie *(von mir)* wegführen: scheinbare Ungerechtigkeit im P. sollte den Menschen nur noch stärker zum Glauben hinwenden, weil Ungerechtigkeit mit Gottes Wesen nicht vereinbar ist. / *Folgt der Gewalt:* Der Wille der Seelen im Mondhimmel setzte der Gewalt keinen Widerstand entgegen wie etwa die Märtyrer. / *Laurentius:* der sich lieber auf dem Rost verbrennen ließ, als daß er nachgab, oder der Römer C. *Mucius* Scaevola, der seine Hand in die Glut legte, ohne seine Mitverschworenen zu nennen. / *Der reine Wille:* Der reine (absolute) Wille Konstanzens wollte nichts Böses, sondern war dem Guten zugetan, aber der Wille der Selbsterhaltung ließ sie der Gewalt nachgeben.

V. GESANG. B. beantwortet D.s Frage über die Umwandlung von Gelübden und mahnt die Menschen, Gelübde einzuhalten. Aufstieg in den Merkurhimmel mit den Seelen derer, die um der Ehre willen Gutes taten. Eine dieser Seelen spricht mit D.

Wohltun mit Dingen: Wer das Gott versprochene Gut zurücknimmt, um es dann zu guten Taten zu gebrauchen, verwendet gleichsam gestohlenes Gut zu Wohltaten. / *Drum war bei Juden:* 3. Mose 27. / *ohne daß sich drehen:* ohne Erlaubnis des Papstes (vgl. L. IX 117ff.). / *Wie vier zu sechs:* Der Ersatz muß größer sein als das Gelobte. / *Jephthah:* Ri. 11, 21ff. / *Iphigenie:* Ihr Vater Agamemnon wollte sie den Göttern opfern, um für die Fahrt nach Troja günstigen Wind zu erhalten. / *wo am lebendigsten:* wo sich die Welt schneller bewegt, d. h. zum nächsthöheren Himmelskreis. / *den Kriegsdienst:* den Kampf des irdischen Lebens. / *zum Ball:* in den Kreis des Merkur, der durch die Strahlen der nahen Sonne verschleiert wird.

VI. GESANG. Kaiser Justinian berichtet von seinem großen Gesetzeswerk, dem Corpus iuris, und gibt dann einen Überblick über die Geschichte des röm. Imperiums. Lob des gottgewollten Kaisertums. Justinian beschreibt die Seelen im Merkurhimmel und nennt als Beispiel Romieu de Villeneuve.

Konstantin: verlegte (330 n. Chr.) die Hauptstadt des röm. Reiches nach Byzanz (Konstantinopel, gegr. 326), also nach Osten, von wo einst Aeneas kam, der Gemahl der Lavinia, den D. als Stammvater des Imperiums ansieht. / *mehr als zweimalhundert:* bis Justinian (527 n. Chr.) zur Regierung kam. / *der ersten Liebe:* des Hl. Geistes. / *War Christ(us) mir:* Historiker des M.A. berichten, Justinian habe zu den Monophysiten gehört, die Christus nur die göttliche Natur zuschrieben. / *Belisar:* Justinians Feldherr im Kampf gegen Vandalen, Ostgoten und Perser, später in Ungnade, was D. anscheinend nicht wußte. / *Der ersten Frage:* P. V 127ff. *(Ich weiß nicht wer du bist* etc.). / *mit welchem großen Rechte:* wie unrecht es ist, sich gegen das Kaisertum zu stellen. / *Pallante:* ital. Form von Pallas, Sohn des Königs von Latium, fiel als Verbündeter des Aeneas in den Kämpfen um Italien. / *Alba:* Alba Longa, der Sage nach von einem Sohn des Aeneas gegründet, Rivalin Roms bis zum Kampf der drei Curiatier mit den drei Horatiern, die für Rom siegten. / *vom Sabinerinnenleid:* vom Raub der Sabinerinnen bis zum Selbstmord der Lucrezia, der zum Sturz des siebenten, letzten Königs (s. H. IV 127f) führte. / *Brennus:* Anführer der Gallier, die im 4. Jh. v. Chr. Rom bedrängten. / *Pyrrhus:* König von Epirus, der im 3. Jh. die Tarentiner im Kampf gegen Rom unterstützte. / *Wie Quinctius* etc.: berühmte Helden und Feldherren der frühen röm. Geschichte. / *Der Araber:* der Karthager. / *sowie es grollte:* Zur Zeit der Catilinarischen Verschwörung soll Fiesole auf dem Hügel über Florenz zerstört worden sein. / *Kurz ehe sich die Welt:* Ehe Christus geboren werden konnte, mußte, meint D., die ganze Welt unter röm. Herrschaft vereint und befriedet sein. / *Ergriff es Cäsar:* Nun werden in Stichworten Cäsars Taten aufgezählt (bis Vers 72); *»es«* = das Zeichen des Imperiums, der Adler. / *mit dem Nächsten:* Augustus. / *Brutus* und *Cassius:* die Mörder Cäsars, waren in Dantes Augen Verräter am Imperium, weshalb sie über dessen Aufblühen unter Augustus heulen (vgl. H. XXXIV 64 ff.). / *Perugia, Modena:* Dort besiegte Augustus seine Gegner und richtete große Blutbäder an. / *Von ihm ließ es:* Augustus dehnte die röm. Herrschaft bis ans Rote Meer aus. / *des Janustempels Türen:* Sie wurden nur geschlossen, wenn völliger Friede herrschte. / *Reich des Todes:* die Erde. / *unterm dritten Cäsar:* Unter Tiberius gewährte Gott dem röm. Reich den Ruhm, als göttliches Werkzeug Christi Kreuzigung zu vollstrecken, die den Zorn Gottes auf die Menschheit tilgte. / *Mit Titus:* Titus rächte durch die Zerstörung Jerusalems (70 n. Chr.) die Freveltat der Juden an Christus. / *Als später biß:* Karl d. Gr. (eigentl. schon sein Vater Pippin) besiegte, vom Papst zu Hilfe gerufen, die Langobarden in Oberitalien. Er wird von D. als legitimer Erbe des röm. Imperiums betrachtet. / *Die ich verklagte grad:* die Ghibellinen und Guelfen Italiens (s. Vers 31–33: *ob er sich's nehme:* die Ghibellinen, die den Namen des Kaisers für ihre Zwecke ausnutzten; *ob er mit ihm fechte:* die Guelfen, die gegen die Kaiser standen). / *Goldlilien:* Die Guelfen spielen Frankreich gegen den Kaiser aus. / *Der jüngere Karl:* Karl II. von Anjou. / *dieser kleine Stern:* Merkur, den D. für noch kleiner als den Mond hält. / *Romeo:* Romieu de Villeneuve, Minister Raimund Berengars IV., Grafen der Provence, nach dessen Tod Vormund seiner jüngsten Tochter. Nach einer Legende, die sein Name (ital. Romeo = Rompilger) bekräftigte, soll R. als Pilger an Berengars Hof gekommen und zu hohen Ehren gelangt sein. Er habe die vier Töchter Berengars an Könige verheiratet und den Wohlstand seines Herrn gemehrt, bis ihn Verleumdungen aus seinem Amt trieben und er sich arm wie zuvor wieder auf die Pilgerschaft machte. / *Der sieben und fünf:* der aus zehn Geldstücken zwölf herauswirtschaftete.

VII. GESANG. B. erklärt, weshalb die Verurteilung Christi und die Rache für diese Verurteilung an den Juden ein doppeltes Ruhmesblatt Roms darstellen: die Kreuzigung Christi war Notwendigkeit und Verbrechen zugleich. Dem Zweifel D.s wegen der Vergänglichkeit mancher Schöpfungen Gottes begegnet B. mit der Unterscheidung zwischen mittelbar und unmittelbar geschaffenen Dingen.

Hosanna: Gelobt seist du, heiliger Gott der Heerscharen, der du von oben mit deinen Strahlen die seligen Feuer dieser Reiche erleuchtest. / *die Substanz:* Justinian, der den doppelten Ruhm des großen Herrschers und des weisen Gesetzgebers hat (Deutung umstritten!). / *bei Be und Ice:* schon wenn er Anfang oder Ende des Namens B. hört. / *Daß rechte Rache:* D. grübelt über P. VI 88–93: *Gerechtigkeit, lebendge ...* / *jener Mensch:* Adam, der nicht geboren, sondern geschaffen war. / *Die Strafe also:* Der Kreuzestod war insofern gerecht, als Christus die sündige menschliche Natur annahm, die wegen ihres Abfalls von Gott Strafe verdiente, aber ungerecht hinsichtlich der göttlichen Natur Christi. Er gefiel Gott als Bestrafung der Menschheit, den Juden als Beseitigung eines lästigen Widersachers. / *Was ohne Mittelglied:* Was von Gott unmittelbar geschaffen ist. / *Einflüssen der neuen Gegenstände,* d. h. der erst nach den Engeln geschaffenen Gestirne. / *Was ihr meist gleicht:* Was Gott am meisten gleicht, gefällt ihm am besten; die von ihm unmittelbar geschaffenen Dinge gleichen ihm am meisten, weil sie »frei« und »ewig« sind. / *auf einem oder beiden Wegen:* durch Barmherzigkeit oder durch Barmherzigkeit und Gerechtigkeit. / *Die Elemente:* Die vier Elemente, die Seele der Pflanzen (vegetative Seele) und die der Tiere (sensitive S.) wurden nur mittelbar durch Gott geschaffen und sind deshalb vergänglich. / *Auf eure Auferstehung:* d. h. auf die leibliche A., denn Gott schuf auch den Leib des Menschen direkt.

VIII. GESANG. D. und B. im dritten oder Venushimmel, der die Geister der Liebenden umfaßt. Gespräch mit Karl Martell, dem Sohn Karls II. von Anjou, der erklärt, wie Verschiedenheit zwischen Vätern und Söhnen möglich wird.

Cypris: Venus. / *daß er saß in Didos Schoß:* vgl. Aen. I 657ff. / *von Nacken und von Braue:* hinter und vor der Sonne. / *weil sie schöner:* In jedem Himmel, der sie näher zu Gott bringt, strahlt B.s Gesicht mehr. / *den Himmelsfürsten:* den sog. »Principati«, der Engelsschar, die den dritten Himmel leitet. / *Die wissend:* Beginn einer Canzone Dantes, die er im Convivio kommentiert. Dort weist er allerdings dem Venushimmel die »Troni« genannte Engelschar zu (Conv. II 5, 13). / *Sodann begann es:* Es spricht Karl Martell (1271–1295), erstgeborener Sohn Karls II. von Anjou und der Margarete von Ungarn, dessen frühen Tod D. als großen Verlust ansieht. Anscheinend hat er ihn 1294 in Florenz kennengelernt. / *jenes linke Ufer:* die Grafschaft Provence, das Erbe seines Vaters. / *jenes Horn Ausoniens:* das Königreich Neapel (Ausonien: poetischer Name für Italien). / *Des Landes, drin die Donau:* Ungarn, das Erbe seiner Mutter, das er seit 1290 besaß. / *Trinacria:* poetischer Name für Sizilien, das auch noch geographisch umschrieben wird. / *Nicht Typhoeus:* Der Ätna (und mithin Sizilien) raucht nicht durch das Schnauben des Riesen Typhoeus, der von Jupiter mit dem Ätna zugedeckt worden sein soll, sondern wegen Schwefeldämpfen aus dem Erdinneren. / *Es würde noch nach Königen:* Wären die Anjous nicht wegen der schlechten Herrschaft Karls I. durch die Sizilianische Vesper (1282; in den Straßen Palermos rief man: Tod den Franzosen) vertrieben worden, so erwartete Sizilien heute die Söhne Karl Martells, der mit einer Tochter Rudolfs von Habsburg verheiratet war, als Herrscher. Nähme sich doch Robert von Anjou in Neapel die bittere Erfahrung in Sizilien zu Herzen, dann ließe er seinen raffgierigen katalanischen Freunden nicht freie Hand. Aber die Großzügigkeit des Vaters Karl II. hat sich bei ihm in Geiz verwandelt. / *Wie süßer Samen:* wie aus einem guten Vater ein schlechter Sohn hervorgehen kann. / *Das Gut:* Gott legt die Kraft in die Gestirne, aber deren Einfluß auf die Welt ist ein Teil der göttlichen Vorsehung. / *wenn er kein Bürger:* wenn der Mensch nicht innerhalb einer Gesellschaft lebte. Gesellschaft bedingt aber, daß in ihr jeder Mensch eine andere Aufgabe bekommt. / *euer Meister:* Aristoteles mit seiner Lehre vom Menschen als »zoon politikon«. / *Man tritt als Solon:* Man ist zum Gesetzgeber, Krieger, Priester oder Erfinder begabt. / *Melchisedek:* s. 1. Mose 14, 18–20. / *Der seinen Sohn:* Daedalus, verlor beim Flug übers Meer seinen Sohn Ikarus (vgl. H. XVII 109ff. und H. XXIX 116). / *Esau:* 1. Mose 25, 21–27: die grundverschiedenen Zwillinge Jakob und Esau. / *Quirin:* Romulus, der so niedriger Abkunft war, daß die Legende Mars als Vater bemühte. / *Du kannst nun vorne:* Jetzt ist alles klargelegt. / *Korollar:* Zugabe. / *Natur in Zwiespalt:* die natürlichen Anlagen in ungünstiger Umgebung.

IX. GESANG. Gespräch mit Cunizza da Romano, Schwester des Tyrannen Ezzelino, die der Niedergang ihrer Heimat betrübt. Der provenzalische Trobador Folquet von Marseille erzählt von seinen irdischen Liebesbanden und zeigt D. die Seele der biblischen Rahab; dann bricht er in eine Strafrede auf die Kirche aus, die sich mehr ums Geld als um das Hl. Land kümmert.

Clemenza: Gemahlin und Tochter Karl Martells hießen so. Wahrscheinlich meint D. die Gemahlin († 1301). / *Den Trug:* Nach dem Tod Karls II. von Anjou wurde der Sohn Karl Martells, Karl Robert, übergangen und die Herrschaft in Neapel an Karl Martells Bruder Robert gegeben, wie es zwischen Karl II. und Bonifaz VIII. abgekartet war. / *In jenem Teil:* In der Mark Treviso, im Hinterland Venedigs, stand auf dem Colle di Romano das Stammschloß Ezzelinos III. (vgl. H. XII 109–110). *Fackel* wird er genannt in Anlehnung an die Legende, seine Mutter habe vor seiner Geburt geträumt, sie gebäre eine Fackel, die die ganze Mark Treviso verbrenne. Seine Schwester *Cunizza* zog sich nach einem ziemlich leichtsinnigen Leben (wie die alten Kommentatoren berichten) nach Florenz zurück, wo sie durch Taten der Nächstenliebe die Sünden ihrer Jugend beglichen haben soll. Sie starb nach 1279. / *Von diesem lichten, köstlichen Juwele:* der provenz. Trobador Folquet von Marseille, den D. schon in »De vulgari eloquentia« (II 6) lobt. Er wurde schließlich Mönch und dann Bischof von Toulouse († 1231). / *Das zwischen Etsch:* in der Mark Treviso. / *Doch bald wird's sein:* Vermutlich ist die Niederlage gemeint, die die rebellischen Paduaner in der Nähe Vicenzas bei den Sümpfen des Bacchiglione durch Cangrande della Scala erlitten (1314). Das Bild: *daß Padua am Sumpf* . . . hieße dann: sie färbten

mit ihrem Blut das Wasser. / *Wo der Cagnano:* In Treviso herrschte (seit 1306)
Rizzardo da Camino, Sohn des trefflichen Gherardo (vgl. L. XVI 124); er wurde
1312 von einem Verwandten ermordet. / *Des argen Hirten:* Alessandro Novello,
Bischof von Feltre, lieferte 1314 ghibellinische Flüchtlinge aus Ferrara, die sich
in Feltre aufhielten, an ihre Heimatstadt aus, wo sie enthauptet wurden. /
Malta: wahrscheinlich ein Gefängnis für Geistliche am Bolsener See. / *Spiegel:*
Engelscharen, eine davon sind die Throne (ital. Troni). / *Die andre Wonne:*
Folquet von Marseille (it. Folco). / *Balas:* eine Art Rubin. / *der Liebesfeuer Sang:*
die Seraphim, die sechs Flügel haben (siehe Jesaia 6, 2). / *Das größte Tal:* das
Mittelmeer. Nach m.a. Auffassung dehnte es sich genau 90 Längengrade von
Westen nach Osten aus, so daß der Meridian von Jerusalem für die »Säulen des
Herkules« östlicher Horizont ist. / *Macra:* ein Fluß, der eine Zeitlang die Grenze
zwischen genuesischem Gebiet und Toskana bezeichnete. / *Buggea:* in Algerien,
liegt auf dem gleichen Meridian wie Marseille, das zu Cäsars Zeiten eine blutige
Schlacht erlebte (vgl. L. XVIII 102). / *des Belus Kind:* Dido (siehe H. V 85)
fügte durch ihre Liebe zu Aeneas sowohl ihrem toten Gemahl Sichäus als auch
der toten Gattin des Aeneas, Creusa, Schmerz zu. / *Rhodopes Maid:* Anspielung
auf zwei Liebespaare der antiken Sage, deren Geschichte Ovid in fiktiven Briefen
dargestellt hat (Heroides): Phyllis (Rhodopes Maid) und Demophoon, Iole
und Herkules (der Alcide). / *Rahab:* s. Josua 2. / *wo der Schatten endet:* Im M.A.
glaubte man, der Schattenkegel der Erde reiche bis in den Venushimmel. D. hat
dies allegorisch ausgedeutet, indem er den Seelen der drei untern Himmel noch
gewisse menschliche Schwächen anhaften läßt. / *mit beiden Händen:* Christus errang den Sieg, der die Gerechten aus der Vorhölle befreite (H. IV 52ff.), indem
er sich mit beiden Händen ans Kreuz nageln ließ. / *Und deine Stadt:* Florenz,
hier boshaft als Gründung des Teufels bezeichnet. / *die verruchte Blume:* ital.
il maledetto fiore: ironisches Wortspiel mit »fiorino«, der florentinischen
Goldmünze. / *Weil sie den Wolf:* wörtl.: weil sie (die Blume = das Geld) aus
dem Hirten (Papst) einen Wolf (Habgierigen) gemacht hat. / *nur den Dekretalen:*
Man studiert nur noch die Erlasse der Päpste (wie die abgenutzten Ränder
zeigen), d. h. das Kirchenrecht, weil es die Kleriker lehrt, wo Geld zu holen ist. /
Der Vatikan: die Grabstätten der alten Märtyrer *(Petri Mannschaften).* / *Sie werden
frei sein:* wie die Prophezeiung des Veltro (H. I 101ff.) ein Ausdruck der allgemeinen Sehnsucht D.s nach einem Mann, der alle Mißstände beseitigt.

X. GESANG. Der Aufstieg in den vierten oder Sonnenhimmel, der die Seelen der
großen Kirchenlehrer birgt, veranlaßt D., die Ordnung des Weltalls zu bewun-
dern. Aus einer Schar von zwölf leuchtenden Seelen gibt sich eine als Thomas
von Aquino zu erkennen. Er stellt seine elf Begleiter vor.

Die aus den Zwei: Gott Vater und Sohn sind ewig durch das Band wechsel-
seitiger Liebe verbunden. / *hin zur Trift:* zu dem Punkt, wo sich Himmels-
äquator und Tierkreis (Ekliptik), die die Bewegung der Himmel und der einzelnen Planeten vorstellen, schneiden: am Punkt der Tag- und Nachtgleiche. /
Der schiefe Kreis: der Tierkreis, der gegenüber dem Äquator um 23,5 Grad
geneigt ist. / *der Welt, die sie ruft:* Die Erde braucht nach m.a. Auffassung zu
ihrem Gedeihen die Einflüsse der Sterne, nicht nur die Kraft der Sonne. / *Der*

größte von: Die Sonne hatte den Frühlingspunkt durchschritten, und die Tage begannen länger zu werden. / *Und ich war drin:* im Sonnenhimmel. / *nicht in der Zeit verbreitet:* nicht in Zeitmaßen ausdrücken läßt. / *Die Engelssonn:* Gott, der ihn zur wirklichen Sonne geführt hat. / *Latonens Kind:* Der Mond hat zuweilen einen Hof *(Gurt),* wenn dunstige Luft die Strahlen *(den Faden)* zurückhält. / *So war der Sang:* Nur wer selbst im Himmel war, kann sich ein Bild davon machen. / *Wo ohne Wiederaufstieg:* Thomas deutet damit an, daß D. einst ins P. einziehen wird. / *So wäre er:* Nur der könnte sich D.s Wissensdurst versagen, der in seiner Freiheit beschränkt ist. / *Ich war ein Lamm:* Thomas von Aquin (1226–1274) aus dem Geschlecht der Grafen von Aquino, Dominikaner, der größte Vertreter der Scholastik, Magister an den Hochschulen in Köln, Paris und Neapel. Sein Hauptziel war, die Aristotelische Philosophie mit der christl. Theologie zu verschmelzen und so den Gegensatz zwischen Philosophie und Theologie zu beseitigen. Sein Hauptwerk, die »Summa theologica«, wurde von D. fleißig studiert. Er starb (1274) auf dem Weg zum Konzil von Lyon (siehe L. XX 69). / *Albert von Köln:* Albertus Magnus (1193–1280) aus Lauingen in Schwaben, gleichfalls Dominikaner, Magister in Paris und Köln, einer der größten Gelehrten des M. A., Lehrer des Thomas. / *Gratian:* Camaldulenser-mönch im Kloster S. Felice zu Bologna. Begründer des Kirchenrechts in Bologna im 12. Jh. In seinem Hauptwerk »Concordia discordantium canonum« versuchte er, einander widersprechende Rechtssätze in Einklang zu bringen. / *jener Peter:* Petrus Lombardus († 1160) aus Novara, von armer Herkunft, Bischof von Paris, berühmter Theologe des 12. Jhs., Magister sententiarum genannt wegen seiner vier Sentenzenbücher, mit denen er der Dogmatik eine wissenschaftliche Grund-lage gab. Im Vorwort vergleicht er sich selbst mit der Witwe, die ihr Scherflein gibt (Luk. 21, 1–4); darum: *der Armen gleich.* / *Der fünfte Glanz:* König Salomon, Schöpfer des Hohenlieds. / *der Kerze Licht:* Dionysius Areopagita (siehe Apg. 17, 34), galt fälschlich als Verfasser eines Werks über die Engelshierarchien (De coelesti hierarchia), dessen wahren Verfasser man heute als Pseudo-Areopagita bezeichnet. / *Der Advokat:* wahrscheinlich Paulus Orosius (5. Jh.), der auf Ver-anlassung Augustins in einer »Weltgeschichte« die Christen gegen den Vorwurf verteidigte, sie seien am Niedergang Roms schuld. / *das achte:* Boethius, der im Kerker seinen berühmten »Trost der Philosophie« (De consolatione philosophiae) schrieb; von Theoderich d. Gr. unter dem falschen Verdacht des Hochverrats eingesperrt und (525) enthauptet, beigesetzt in Pavia in der Kirche S. Pietro in Ciel d'auro. / *Isidorus:* Isidor von Sevilla († 636), hinterließ dem M. A. in seinen »Etymologiae« eines der meistgelesenen Handbücher des Wissens. / *Beda:* B. Venerabilis (674–735), englischer Mönch und Gelehrter. Sein Hauptwerk ist eine Kirchengeschichte Englands. / *Richard:* Richard von St. Victor (12. Jh.), englischer Herkunft, Prior des berühmten Chorherrnstiftes St. Victor in Paris. / *Sigerius:* Siger von Brabant († 1282 in Orvieto), Gegenspieler des Thomas von Aquino, Hauptvertreter des Averroistischen Aristotelismus, weshalb er bittere Anklagen auf sich nehmen mußte; er scheint sich aber gegen Ende seines Lebens den Lehren Thomas' zugewandt zu haben, deshalb rechtfertigt ihn D., indem er ihn ins P. versetzt. / *in der Streugaß:* In der rue de la Fouarre in Paris befanden sich damals Universitätsgebäude.

XI. GESANG. Thomas erwähnt die Heiligen Franziskus und Dominikus, preist als Dominikaner das Leben und Wirken des hl. Franziskus und tadelt die Verweltlichung seiner eigenen Ordensgenossen.

den Aphorismen: des Hippokrates, d. h. er studierte Medizin. / *seinen Strahl:* Gottes Licht. / *Wo sie sich mästen:* vgl. P. X 96 und 112–114. / *mit lautem Schrein:* am Kreuz. / *Zwei Fürsten:* die Hl. Franziskus (1182–1226) und Dominikus (1170–1221), jener ganz Liebe, dieser voll Weisheit. / *Inzwischen dem Tupin:* Hier wird die Lage Assisis in einer Weise umschrieben, die man am besten an Hand einer Karte Italiens verfolgt. / *jenem Bache:* Der Chiascio fließt vom Colle di Gubbio herab, wo der spätere Bischof von Gubbio Hucbald eine Zeitlang als Einsiedler lebte. / *An Porta Sol:* Stadttor gegen Sonnenaufgang. / *Sag nicht Ascesi:* ein Wortspiel: in der altertümlichen Schreibung Ascesi bedeutet der Ortsname Assisi zugleich »Aufstieg«; dies sei aber noch zu wenig gesagt, man müsse von »Sonnenaufgang« (Oriente) sprechen. / *Noch war er nicht zu weit:* noch in seiner Jugend. / *für die Frau:* die Armut, die sonst jeder wie den Tod fürchtet. / *Mit seinem Vater:* der Kaufmann war und den Sohn gern als Nachfolger gesehen hätte. / *geistlichen Gerichtshof:* Bischof von Assisi. / *coram patre:* vor seinem Vater. Franziskus verzichtete nicht nur auf sein Erbe, sondern gab dem Vater sogar die Kleider zurück; diesen Akt bezeichnete die Nachwelt als die Hochzeit des hl. Franz mit der »Frau Armut«. / *der erste Mann:* Christus. / *Amyclas:* ein illyrischer Fischer, der wegen seiner Armut niemanden zu fürchten hatte, nicht einmal Cäsar, als dieser eilig nach Italien übergesetzt werden wollte. / *Bernhard:* B. da Quintavalle, reicher Bürger aus Assisi, wurde der erste Jünger des hl. Franz. / *Egidius und Silvester:* andere Jünger. / *Peter Bernadone:* Vater des Franziskus. / *vor Innocenzens Throne:* Bei Innozenz III. erwirkte Franziskus (1210) die erste mündliche Bestätigung seiner Ordensregel; die endgültige, schriftliche Bestätigung erteilte Honorius III. (1223). / *Vorm stolzen Sultan:* Franz versuchte den Sultan von Ägypten zu bekehren. / *Nahm er am Fels:* Auf dem La Verna-Berg im Casentino empfing Franziskus die Wundmale Christi, gewissermaßen als dritte Bestätigung seines Ordens (1224). / *wie auch der andere:* Dominikus. / *Wo sie sich mästen:* vgl. P. X 96.

XII. GESANG. Aus einem zweiten Kranz von Seelen löst sich der Franziskaner Bonaventura und preist Leben und Werk des hl. Dominikus, um anschließend die Mißstände in seinem eigenen Orden zu tadeln. Dann stellt er seine elf Gefährten vor.

die heilige Mühle: der Kranz von zwölf Seelen. / *Wie erster Strahl:* wie der direkte Strahl den reflektierten übertrifft. / *Juno ihre Magd:* Iris, die Götterbotin, repräsentiert den Regenbogen. / *wie zu dem Stern:* wie die Magnetnadel zum Polarstern. / *jener Kaiser:* Gott. / *Calaruega:* Geburtsort des Dominikus in Altkastilien. / *des großen Schilds:* des Wappens der Könige von Kastilien mit zwei Löwen und zwei Burgen, die sich über Eck gegenüberstehen. / *dem Feind ein Schrecken:* Dominikus bekämpfte vor allem die Albigenser. / *ward zum Prophet:* Die Mutter soll geträumt haben, sie gebäre einen schwarz-weiß gemusterten Hund (die Farben der Dominikaner, die ihren Namen oft als domini canes =

Hunde des Herrn gedeutet fanden), der mit einer Fackel im Maul die Welt verbrenne. / *Hochzeit mit dem Glauben:* Taufe. Die Patin sah im Traum ihr Patenkind mit einem Stern auf der Stirn, mit dem es die Welt erleuchten sollte. / *Dominikus:* »dem Herrn zu eigen«. / *den ersten Rat:* der Demut oder der Armut. / *Felix:* Vater des Dominikus; felix lat. = glücklich. / *Des Ostiensers:* Enrico di Suso, Kardinalbischof von Ostia, Verfasser eines Dekretalenkommentars (13. Jh.). / *Thaddeus:* d'Alderetto (13. Jh.), berühmter florent. Arzt. / *wovon er nicht Grund:* Nicht das päpstliche Amt als solches trägt die Schuld an den Mißständen, sondern die einzelnen Inhaber. / *quae pauperum:* die den Armen Gottes gehören. / *Die vierundzwanzig Pflanzen:* die vierundzwanzig Heiligen, die D. hier umgeben. / *Die seines Umfangs:* die sein Rad hinterlassen hat. / *So daß die Fässer:* Wo früher guter Weinstein war, ist jetzt Schimmel. / *nicht von Casal:* Von Casale und Acquasparta kamen zwei Ordensmitglieder, die die Regel ändern wollten. / *Bonaventura:* von Bagnorea – damals noch Bagnoregio –, 1221–1274, bedeutender Mystiker, Ordensgeneral, schließlich Kardinal, Verfasser einer Biographie des hl. Franziskus (Legenda maior). / *Illuminat nebst Augustin:* zwei der ältesten Anhänger des hl. Franziskus. / *Hugo von St. Viktor:* aus Flandern (1096–1141), Mystiker und Gelehrter, verfaßte eine Einführung in das Studium der Wissenschaften (Didascalicon) und machte das Stift St. Viktor in Paris zu einem Zentrum der Gelehrsamkeit. / *Peter Mangiador:* Petrus Comestor (12. Jh.) aus Troyes (Champagne), Magister an der Pariser Universität, Verfasser der »Historia scholastica«, einer Zusammenstellung aller Geschichten der Bibel nebst Kommentar. / *Spaniens Peter:* Petrus Hispanus († 1277) aus Lissabon, Verfasser eines weitverbreiteten Lehrbuchs der Logik, Professor, Kardinalbischof von Tusculum und schließlich Papst (Johannes XXI.). / *Nathan:* der Prophet (s. 2. Sam. 12, 1ff.). / *Chrysostom:* griech. Kirchenvater aus Antiochia, Patriarch von Konstantinopel (seit 398), bekannt wegen seiner Redekunst (Chrysostomus = Goldmund). / *Anselm:* A. von Canterbury (1033–1109), gebürtig aus Aosta, Begründer der Scholastik; er versuchte Glauben und Wissen zu verschmelzen. / *Donat:* Aelius Donatus (4. Jh.), Lehrer des Hieronymus, schrieb die im M. A. meistbenützten lat. Grammatiken. / *der ersten Kunst:* Die Grammatik steht bei Aufzählung der sieben »freien Künste« an der Spitze. / *Raban:* Hrabanus Maurus (776–856) aus Mainz, Lehrer und Abt in Fulda, ab 847 Erzbischof von Mainz, »Praeceptor Germaniae« genannt als Bahnbrecher der Wissenschaft im östlichen Teil Frankens. / *Joachim:* J. de Fiore († 1202) aus Celico bei Cosenza, seit 1190 Abt in Fiore (Calabrien), wirkte auf die Franziskaner durch mystische Auslegung der Menschheitsgeschichte und kirchliche Reformpläne.

XIII. GESANG. Tanz der beiden Kränze von Seligen. Thomas von Aquin erläutert die Stufen der Weisheit am Beispiel König Salomons und warnt vor übereilten Urteilen.

An fünfzehn Sterne: Um sich das Kreisen der zweimal zwölf Seelen auszumalen, soll sich der Leser die aufgezählten Sternbilder vorstellen. / *Den Wagen ferner:* Die Sterne des Wagens oder »Großen Bären« sind Circumpolarsterne, d. h. sie bleiben immer in der nördlichen Himmelssphäre sichtbar. / *von jenem Horn:* Der »Kleine Bär« wird einem Horn verglichen, dessen Spitze der Polarstern bildet; um ihn dreht sich *die erste Sphäre,* von Gott aus gesehen (korrekterweise hätte Dante den Fixsternhimmel angeben müssen). Den Mund des Horns bilden zwei Sterne. Sie, die sieben Sterne des Wagens und fünfzehn Sterne erster Ordnung soll man sich um den Polarstern kreisend vorstellen, und zwar in zwei Kränzen, die sich in entgegengesetzter Richtung drehen. / *Wie es des Minos:* Bacchus verwandelte die Blumenkrone der Ariadne in das Sternbild der Krone (Ovid Met. VIII 174–182). D. ist der Ansicht, Ariadne selbst sei in das Sternbild verwandelt worden. / *Wie schneller als die Chiana:* Wie der äußerste Himmel schneller als die Chiana (träges Flüßchen bei Arezzo, heute kanalisiert) läuft. / *Bacchus nicht, nicht Päan:* (= Apollon) wie bei den bacchantischen Tänzen der Antike. / *Das Licht, in dem:* Thomas, der vorher das Leben des hl. Franz *(des Armen Gottes)* erzählt hatte. / *Nachdem das eine Stroh:* Nachdem D.s einer Zweifel gelöst ist. / *vorhin entflossen:* s. P. X 109–114 u. P. XI 26. / *im fünften Licht:* des ersten Kranzes: König Salomon, dessen Weisheit unvergleichlich war. / *lebendige Licht:* Gottes Sohn. / *neun Wesenheiten:* die neun Engelchöre. / *den letzten Möglichkeiten:* den noch nicht geformten Stoffen. / *Zufälligkeiten:* vergängliche Schöpfungen, die nicht notwendig bestehen. / *Erzeugte Dinge:* durch das Wirken der Himmel geschaffene Dinge *(mit Samen:* Pflanzen und Tiere, *ohne Samen:* unbelebte Dinge). / *in diesen zwein:* Adam und Christus. / *dieser denn:* Salomon. Er bat (1. Kg. 3, 5 ff) nicht um philosophisches Wissen, wie es die vier folgenden Fragen veranschaulichen, sondern um Herrscherweisheit. / *Der Zahl der Lenker:* wieviel Engelsränge es gebe (theologische Frage). / *ob ‚necesse‘:* ob aus einer notwendigen und einer zufälligen Voraussetzung eine notwendige Wahrheit entspringen könne (logische Frage). / *si est dare:* ob man eine von nichts verursachte Urbewegung annehmen dürfe (physikalische Frage). / *ob im Halbkreis:* geometrische Frage. / *zu ‚kam‘:* s. P. X 114 *(kein zweiter kam).* / *Parmenides* usw.: irrende griechische Philosophen. / *Sabell und Arius:* widersprachen im 3. und 4. Jh. der kirchl. Lehre vom Wesen der Dreieinigkeit. / *wie Schwerter:* sie verstümmelten die Hl. Schrift. / *Frau Bertha – Herr Martin:* Hinz und Kunz.

XIV. GESANG. Eine Seele erklärt D. die Verklärung des Leibes nach der Auferstehung. Dann steigen D. und B. in den fünften oder Marshimmel, wo die großen Glaubensstreiter und Märtyrer ein riesiges Strahlenkreuz bilden.

wieder Sichtbarkeit: nach der Auferstehung des Leibes. / *Die Kühle:* die Erfrischung durch Gottes Liebe. / *Der Eins:* der dreieinige Gott. / *nach Leichen:* nach dem Anblick der auferstandenen Leiber all derer, die ihnen lieb waren. / *des Planeten:* des Mars, der rotes Licht hat (s. L. II 14). / *Helios:* Sonne = Gott. / *Galassia:* die Milchstraße. / *das verehrungswürdige Zeichen:* das Kreuz mit vier gleichlangen Armen, wie vier Radien eines Kreises. / *Von Horn:* von der Spitze des einen bis zu der des andern Arms. / *So sieht man:* Ähnlich schwirren die Stäubchen in einem Sonnenstrahl, der in einen abgedunkelten Raum fällt. / *die schönen Augen:* die Augen B.s. / *Die Lebenssiegel:* die Himmel.

XV. GESANG. Eines der Lichter gibt sich D. als sein Urahn Cacciaguida zu erkennen. Er preist das Leben im alten Florenz und gibt D. Auskunft über seine Familie.

wie hinter Alabaster: Der *Strahlenstreif* hatte ein Aussehen wie ein Licht, das man durch Alabaster durchscheinen läßt. / *Anchises:* der Vater des Aeneas bei dessen Besuch in der Unterwelt (Aen. VI). / *O sanguis meus:* O Blut von meinem Blut, o überströmende Gnade Gottes, wem ward je so wie dir zweimal die Pforte des Himmels aufgeschlossen (vor dem Tod und nachher)? / *in dem großen Bande:* im Buch der Vorsehung Gottes. / *wie das Eine:* Dein Denken kommt aus Gott, wie alle Zahlen aus der Zahl Eins kommen, d. h. sich von ihr ableiten lassen. / *zum Spiegel:* zu Gott. / *dieses Lebens:* im P. / *Urgleichheit:* Gott. / *Jedoch Verstand:* Bei den Sterblichen sind Verstand und Wille ungleich verteilt; darum kann D. sein Gefühl nicht in Worte fassen. / *Mein Laub:* mein Abkömmling. / *Er, nach der heißt:* Cacciaguidas Sohn erhielt den Familiennamen seiner Mutter als Taufnamen: Alighiero. Dann nahm ihn D.s Familienzweig als Beinamen an. Alighiero hatte zwei Söhne: Bellincione und Bello. Bellinciones Sohn Alighiero II. wurde D.s Vater. Von Bello stammt jener Verwandte, Geri del Bello, den D. in der H. (XXIX 20ff.) sieht. / *mehr als hundert:* D. wußte anscheinend nicht genau, wann Alighiero I. starb, denn dieser lebte noch im Jahre 1201. / *im ersten Simse:* mit den Stolzen. / *der alten Mauer:* Die alte Stadtmauer bestand noch mit der Badiakirche am östl. Ende, deren Läuten die offizielle Zeit anzeigte. / *Sardanapal:* Der Name des sagenhaften Assyrerkönigs bedeutet hier »Luxus«. / *nicht überwunden:* Noch hatte sich der Prunk der Florentiner (*Uccellatoio*, eine Anhöhe bei Florenz) nicht über den Roms (*Montemala*, ein Hügel bei Rom) erhoben. / *Bellincion Berti:* aus der vornehmen Familie der Ravignani (12. Jh.). / *Nerli und del Vecchio:* alte florent. Familien. / *für Frankreichs Pracht:* Noch keine Frau mußte damals auf ihren Gemahl verzichten, weil er in Frankreich dem Geldgewinn nachjagte. / *Cianghella:* zügelloses Weib, *Saltorello:* aufgeblasener Rechtsgelehrter und Reimeschmied; Zeitgenossen D.s, denen aus dem alten Rom Cincinnatus (s. P. VI 46) und Cornelia, die Mutter der Gracchen, als Muster der Schlichtheit gegenübergestellt werden. / *Moront' und Elisio:* die Brüder Cacciaguidas. / *Padus:* lat. Po. / *Kaiser Konrads Heer:* D. glaubt, sein Ahne habe unter dem Staufer Konrad III. auf dem zweiten Kreuzzug sein Leben gelassen, verwechselt aber wahrscheinlich Konrad II. mit Konrad III.

XVI. GESANG. Betrachtungen D.s über die Vergänglichkeit des Adels. Cacciaguida schildert das Florenz seiner Zeit und die Ursachen des Sittenverfalls.

Mit »Ihr«: Nach m.a. Überlieferung hatten die vornehmen Römer bei der Anrede des siegreichen Cäsars den Höflichkeitsplural eingeführt. / *jener, die gehustet:* der Kammerzofe Malehaut im Lanzelotroman (s. H. V 127ff.), die bei der Liebeserklärung Lanzelots an Ginevra vor sich hin hustete. / *Stalle Sankt Johanns:* Baptisterium in Florenz. / *Seit Ave einst:* Von Gabriels Gruß an Maria bis zur Geburt Cacciaguidas trat der Mars (*dies Feuer*) 580mal ins Sternbild des Löwen; rechnet man jeden Marsumlauf mit 687 Tagen, so ergibt sich 1091 als Geburtsjahr. / *Wo's letzte Sechstel:* Das Geburtshaus lag im Stadtviertel (Sesto = Sechstel) der Porta San Piero, das beim jährlichen Wettlauf am Johannesfest als letztes durchquert wurde. / *Verschweigt man:* D. verdeckt hier seine Unwissenheit über seine Ahnen. / *inzwischen Mars:* zwischen der Marsstatue auf dem Ponte Vecchio (s. H. XIII 143ff.) und dem Baptisterium. / *mit Campi* usw.: mit eingewanderten Familien. / *Galluz' und Trespian'*: zwei Orte südl. und nördl. Florenz. / *aus Aguglion:* richtet sich gegen Baldo von Aguglione, der im Amt Verfehlungen beging und die Amnestie von 1311 veranlaßte, die D. ausschloß. / *der Stand:* der Klerus. / *den Cäsaren:* dem Kaisertum. / *gäb's manchen:* D. zählt vom Land zugezogene Familien auf, die sich in Florenz Reichtum erwarben. / *Wie der des Leibs:* wie körperliche Krankheiten von den hineingestopften Speisen herrühren. / *Luni, Urbisaglia* usw.: einst blühende Städte, die zu D.s Zeit entweder schon verschwunden oder im Niedergang begriffen waren. / *Wie rastlos:* Wie der Mond Ebbe und Flut hervorruft, so die Fortuna Auf- und Abstieg. / *Ich sah:* lauter um 1300 ausgestorbene, verbannte oder heruntergekommene Familien. / *Am Tore:* An der Porta S. Piero wohnten um 1300 die Cerchi (die Führer der *Weißen* Guelfen). Auf welchen *Treubruch* angespielt ist, steht nicht fest. / *Bellincionis Namen:* s. P. XV 111ff. / *der Pfahl aus Feh:* die Familie der Pigli, die einen senkrechten Pelzstreifen auf rotem Grund im Wappen trug. / *wer rot:* die Chiaramontesi, die in Betrügereien verwickelt waren (vgl. L. XII 105). / *die bereits mißraten:* die Uberti (s. H. X 83–84). / *die goldenen Kugeln:* Wappen der Lamberti (s. H. XXVIII 109). / *Die Väter jener:* die Visdomini und Tosinghi, die die bischöflichen Einkünfte verwalten durften, wenn gerade der Bischofssitz leer war. / *Der freche Stamm:* die Adimari. / *Caponsacco* usw.: nach Florenz Eingewanderte. / *Das man benannte:* Die Familie der Peruzzi (della Pera) war noch so mächtig, daß man ein Stadttor nach ihr benannte. / *Wer's schöne Wappen:* Alle, die das Wappen Hugos von Toscana († 1001), des Statthalters Kaiser Ottos III., führen, haben schon von ihm ihre Ritterschaft; Giano della Bella, der dieses Wappen mit einem Rand umgab, schlug sich 1293 zur Volkspartei. / *Das Haus, der Grund:* die Amidei, die durch die Ermordung Buondelmontes (s. H. XXVIII 106–108) die Parteikämpfe in Florenz entfesselten, weil Buond. statt der ihm versprochenen Amidei eine Donati heiratete. / *Wenn Gott gewährt:* wenn du im Emafluß (zwischen Florenz und Buondelmontes Schloß Montebuono) ertrunken wärst. / *morschen Steine:* der Marsstatue (s. H. XIII 43ff.); dort wurde Buondelmonte ermordet. / *Zu Boden nie:* d. h. das Lilienbanner war von keinem siegreichen Feind zur Schmach umgekehrt am Schaft befestigt worden. / *scharlachrot erglühte:* Das alte Wappen von Florenz, die weiße Lilie in rotem Feld, wurde 1251 von den Guelfen in eine rote Lilie auf weißem Grund verwandelt.

XVII. GESANG. Von D. gebeten, ihm sein künftiges Leben zu enthüllen, sagt ihm Cacciaguida die Verbannung voraus, aber auch die Aufnahme am Hof der Scaliger und ewigen Nachruhm. Er fordert ihn auf, schonungslos die Wahrheiten zu verkünden, die er im Jenseits erfahren hat.

Wie zu Klymene: Phaethon, dessen Mißgeschick (s. H. XVII 106ff.), wie D. meint, alle Väter mißtrauisch gegen die Wünsche ihrer Söhne macht, befragte seine Mutter Klymene, ob er wirklich der Sohn des Sonnengottes sei. / *den heiligen Spiegel:* Cacciaguida. / *daß du Übung:* daß du deinen Wissensdurst äußern lernst. / *Gar schwere Worte:* H. X 79ff. und 127ff., L. VIII 133ff. / *Wie Eures Stoffes:* nur auf Erden. / *Notwendigkeit wird:* Die Voraussicht Gottes bedeutet nicht Zwang für den Menschen; Gott bleibt nur Zuschauer. / *Wie*

Hippolytus: wies die Liebesanträge seiner Stiefmutter Phädra ab, wurde deshalb von ihr bei ihrem Gemahl Theseus verleumdet und von diesem aus Athen verbannt (Met. XV 500ff. und Ovid, Heroides). / *durch den, der dort:* Bonifaz VIII., der Karl von Valois den »Schwarzen« zu Hilfe schickte. / *für das Wahre:* für Gott, der sie übt. / *Daß du für dich:* daß du deine eigene Meinung gewahrt hast. / *des mächtigen Lombarden:* Bartolomeo (oder Alboino) della Scala, der den Kaiseradler über einer Leiter (ital. scala) im Wappen führte. / *Bei ihm ist:* Cangrande della Scala, unter dem Gestirn des Mars geboren, Anhänger Kaiser Heinrichs VII., der von Papst Clemens V. baskischer Herkunft (s. H. XIX 82) hintergangen werden wird. / *in jenes Linnen:* in die Prophezeiungen, die D. in H. und L. empfangen hat. / *Bei solchen, denen:* bei der Nachwelt.

XVIII. GESANG. Cacciaguida nennt einige seiner Gefährten. Aufstieg in den sechsten oder Jupiterhimmel. Die Seelenlichter der gerechten Fürsten setzen sich zu einer Leuchtschrift zusammen, die dann in einen Adlerkopf umgeformt wird. D. fleht Gott an, der Verderbtheit der Päpste Einhalt zu gebieten.

Schon sah allein: Cacciaguida ist wieder in die Betrachtung Gottes versunken. / *des Blitzes:* Cacciaguida. / *Des Baums:* des himmlischen P.s. / *Josua:* führte die Juden nach Moses' Tod ins Gelobte Land. / *bei des Makkabäers:* Judas Makkabäus leitete die Erhebung der Juden gegen den Tyrannen Antiochus Epiphanes von Syrien (1. Makk. 3–8). / *Wilhelm und der Rennewart:* (Rainouart) in altfrz. Ritterepen Streiter gegen die Sarazenen in Südfrankreich. / *Herzog Gottfried:* von Bouillon, Führer des ersten Kreuzzugs (1096–1099). / *Robert Guiscard:* Normannenherzog, kämpfte gegen die Sarazenen in Süditalien. / *Jovis-Kien:* Jupiterfackel. / *O Pegasea:* Muse (nach dem Musenroß Pegasus). / *Diligite Justitiam:* Liebt die Gerechtigkeit, die ihr die Welt richtet! / *Jovis Strich:* Die Buchstaben hoben sich wie Gold vom silbernen Hintergrund des Jupiter ab. / *Kulm des M:* Gipfel des M. / *Woraus die Toren:* Abergläubische zogen aus Zahl und Art der Funken, die von einem brennenden Scheit wegsprühten, Schlüsse auf die Zukunft. / *Hier malet:* Gott. / *Die andere Seligkeit:* die anderen Seligen. / *Woher der Rauch:* Die Habgier der Päpste bewirkt, daß die Gerechtigkeit auf Erden verdunkelt wird. / *Nun weigert man:* Man exkommuniziert, um den Bann gegen Geld wieder aufheben zu können. Vielleicht schrieb D. diese Stelle im Jahr 1317, als Cangrande von Johannes XXII. gebannt wurde. / *Verlangen nach jenem:* Johannes dem Täufer, dem der Tanz der Salome den Tod brachte (Matth. 14,1–11). Sein Bild trugen die florentinischen Goldstücke, und nach diesem Johannes hatte der Papst Verlangen.

XIX. GESANG. Der Adlerkopf erklärt die Seligkeit gerechter Heiden, indem er auf die Unzulänglichkeit menschlichen Urteils hinweist. Glaube ohne gute Werke zählt bei Gott weniger als die gerechten Taten Ungläubiger. Viele ungerechte christliche Herrscher werden als Beispiel genannt.

Den Schnabel sah: Der Adler spricht mit einer einzigen Stimme für alle Seelen, aus denen er besteht – ein Symbol der Einheit der Welt unter dem Kaisertum. / *die Hungersnot:* einen Zweifel. / *andere Sphäre:* die Engel. / *Wer oben Lust:* wer im P. genießt. / *seines Wortes Bolze:* Gottes Weisheit. / *der erste Stolze:* Luzifer. /

Sofern die Schrift: wenn euch die Hl. Schrift nicht zur Seite stünde. / *Der erste Wille:* Gott widerspricht sich nicht selbst. Was mit seinem Willen übereinstimmt, ist gerecht: er wird nicht von guten Dingen angezogen, sondern seine Hinwendung macht die Dinge gut. / *der Mohr:* steht wie *Perser* für Heiden (s. Matth. 12, 41). / *Alberts Taten:* Unter Albrechts I. Taten (s. L. VI 115 ff.) wird hier besonders die Verwüstung Böhmens (1304) gerügt. / *Am Seinefluß:* Philipp IV. von Frankreich verschlechterte aus Geldmangel die Münze. Er starb auf der Jagd, als ein Eber sein Pferd zu Fall brachte. / *so daß die Engländer:* Eduard I. und II. von England kämpften erbittert mit den Schotten. / *Spanierkönig:* Ferdinand IV. von Kastilien (1295–1312). / *jenen Böhm:* König Wenzel (s. L. VII 101 f.). / *Lahmen von Jerusalem:* Karl II. von Anjou, der den Titel »König von Jerusalem« und den Beinamen »ciotto« = der Lahme führte (über ihn s. L. VII 124 ff. und XX 79–84). Seine guten Taten sind I = 1, seine schlechten M = 1000. / *die Feuerinsel:* Sizilien, damals von Friedrich II. von Aragon (1272–1337) regiert (s. L. VII 119). / *abgekürzte Schrift:* um seine Missetaten alle unterzubringen. / *Des Oheims:* Jakob von Mallorca, der seinen Bruder Peter III. von Aragon, den Vater Friedrichs II., bekriegte. / *des Bruders:* Jakob II. von Aragon (s. L. VII 119–120). / *Rascias Fürst:* Stephan Uros II. Milutin, König im Gebiet des heutigen Jugoslawien, prägte auf minderwertige Weise die venezianischen Münzen nach. / *Heil, Ungarn:* Bald (1307) wird aus den Erbfolgestreitigkeiten Karl Robert, Sohn Karl Martells (s. P. VIII 49 ff.), siegreich hervorgehen. / *Navarra:* Du tätest gut daran, dich durch die Pyrenäen gegen Fremde zu wappnen. Navarra wurde 1304 Frankreich einverleibt. / *daß des schon zum Pfande:* Gleichsam zum Beweis, daß Navarra unter den Franzosen viel leiden wird, klagen heute schon die Bewohner Zyperns unter dem Franzosen Heinrich II. von Lusignan, der von den anderen wenig absticht.

xx. GESANG. Der Adler nennt die sechs Fürsten, die sein Auge bilden. D. ist erstaunt, darunter zwei Heiden zu finden; der Adler erklärt ihm dies und preist Gottes unergründliche Gnadenwahl.

Wenn jene: die Sonne, von der nach m.a. Auffassung alle Gestirne ihr Licht erhalten. / *das Emblem der Welt:* der Adler. / *das sechste Licht:* der Jupiterhimmel. / *Sols Gewalt:* das Auge, das beim wirklichen Adler, wie man im M.A. glaubte, den Anblick der Sonne erträgt (s. P. I 48). / *War Sänger:* David (s. L. X 55 ff.), der die Bundeslade *(Schrein)* nach Jerusalem brachte (2. Sam. 6). / *Sprach er:* Trajan (s. L. X 73 ff.), der H. und P. kennt. / *Und jener:* Ezechia (Hiskia), König von Israel (2. Kg. 20, 1–11 und Jes. 38, 1–22). Von Reue steht dort allerdings nichts, sondern nur von Gebet. / *Ward Grieche:* Konstantin d. Gr. verlegte den Sitz des röm. Kaisers nach Byzanz, wie D. glaubte, um Rom den Päpsten zu überlassen; daraus aber erwuchs ihre verhängnisvolle weltliche Macht (vgl. H. XIX 115–117; L. XXXII 124 ff.). / *War Wilhelm:* Wilhelm II. der Gute, König des südital. Normannenreiches (1166–1189); seines Todes wegen seufzt jetzt Sizilien unter Friedrich II. von Aragon (vgl. L. VII 119 und P. XIX 130 ff.), Neapel unter Karl II. von Anjou (vgl. L. XX 79 ff. und P. XIX 127 ff.). / *Rhipeus:* (man liest auch Ripheus): Gefährte des Aeneas, den D. ins P. versetzt, weil ihn V. »der gerechtesten einer unter den Trojanern und treuester Diener

des Rechts« nennt (Aen. II 426–427). Eine Huldigung an V., den selbst er nicht
ins P. bringen konnte, weil er ihn als Begleiter auf der H.- und L.-Wanderung
brauchte. / *Mocht ich mich auch:* Obwohl D. weiß, daß sein Zweifel erkennbar
ist wie Farbe durch Glas, hält er doch seine Frage nicht zurück. / *Regnum Coelorum:* das Himmelreich (vgl. Matth. 11,12). / *Der Braue erstes:* Trajan und
Rhipeus. Rh., der vor Christi Geburt lebte, glaubte an dessen künftiges Leiden. /
aus jener Höllenfron: aus der Vorhölle zurück ins Leben (über die m.a. Trajan-
legende: Anm. zu L. X 73 ff.). / *die drei Frauen:* die drei theologischen Tugenden
(s. L. XXIX 121–129).

XXI. GESANG. Aufstieg in den siebenten oder Saturnhimmel. Auf einer goldenen Himmelsleiter steigen solche Seelen auf und nieder, die sich in der Be-
schaulichkeit bewährt haben. Petrus Damianus spricht über die unerforsch-
lichen Ratschlüsse Gottes und schildert dann sein Leben. Seine Klage wider
die Verweltlichung der Geistlichkeit begleiten die anderen Seelen mit einem
wilden Schrei.

Das Semele: Semele verbrannte zu Asche am Glanz ihres Liebhabers Jupiter,
den sie in seiner göttlichen Gestalt zu sehen begehrte. / *des glühend heißen Leun:*
im Sternbild des Löwen steht, dem D. eine besonders wärmende Wirkung zuschreibt (s. P. XVI 38 f.). / *Die Schalen:* das Anschauen B.s und den Gehorsam
gegen sie. / *In dem Kristall:* Stern. / *dem Prinzipal:* Saturn, unter dem die Menschheit, nach antik-heidnischer Auffassung, ihr Goldenes Zeitalter verlebte. / *einer
Leiter Sprossen:* vgl. 1. Mose 28,12 ff. die Himmelsleiter in Jakobs Traum. Die
Leiter symbolisiert das beschauliche Leben (vita contemplativa), das den Menschen in Stufen zur reinen Anschauung Gottes führt. / *Catria:* Bergkegel bei
Gubbio in Umbrien, an dessen Nordosthang das Camaldulenserkloster Fonte
Avellana lag. / *Speisen in Olivensaft:* Fastenspeisen. / *Peter Damian:* (1006–1072)
aus Ravenna, Mönch in Fonte Avellana, seit 1058 Kardinalbischof von Ostia;
in seinem »liber Gomorrhianus« geißelte er die Laster der Geistlichkeit. / *Sünder
Peter:* Petrus Peccator soll er sich im Kloster S. Maria in Porto bei Ravenna
genannt haben. / *zu jenem Hut:* dem Kardinalshut, der in immer schlechtere
Hände kommt. / *Kephas:* der Apostel Petrus (s. Joh. 1, 40–42). / *großer Heger:*
Paulus.

XXII. GESANG. B. ermuntert den durch den Schrei der Seelen wie betäubten
D. Aus der Himmelsleiter tritt der hl. Benedikt hervor, berichtet von seiner
Ordensgründung und beklagt den Verfall seines Ordens. Aufstieg in den Fixsternhimmel, wo er vom Zeichen der Zwillinge aus die winzige Erde unter
sich sieht.

wie der Gesang dich: vgl. P. XXI 4–12 u. 61–63. / *die Rache:* Gottes an den
entarteten Päpsten. / *Die Höhe, der Cassino:* Auf dem Monte Cassino stand einst
ein Apollotempel, den Benedikt von Nursia (480–543) bei der Gründung seines
Klosters (529) zerstörte. / *Macarius:* Die kath. Kirche verehrt zwei Heilige
dieses Namens: M. Alexandrinus und M. von Ägypten, beide Schüler des
Einsiedlers Antonius und berühmte Mönche der östlichen Kirche. / *Romuald:*
aus Ravenna († 1027), aus der adeligen Familie der Onesti, gründete den

Camaldulenserorden (nach dem Stammkloster Camaldoli im Casentino). / *in letzter Sphär'*: im Empyreum. / *Ist denen, die*: gehört den Armen. / *Das Fleisch der Sterblichen*: Die Menschen sind so anfällig, daß ein guter Anfang (wie eine Ordensgründung) noch keine guten Früchte verbürgt. / *Das auf den Stier folgt*: das Sternbild der Zwillinge im Fixsternhimmel, unter dem D. geboren ist. / *Der Vater jeden Lebens*: die Sonne. / *diesen Globen*: die Erde. / *So wird sich jener*: Die Auffassung ist die vorzüglichste, die die Erde verachtet. / *Latonas Tochter*: Mond. / *Hyperione*: Vater der Sonne. / *Maja*: Mutter Merkurs, *Dione*: Mutter der Venus; sie stehen für ihre Kinder. / *zwischen Vater*: zwischen Saturn, dem Vater, und Mars, dem Sohn Jupiters.

XXIII. GESANG. Erscheinung Christi in einer riesigen Schar von Seelen. D. kann seinen Anblick noch nicht aushalten und wendet sich zu B. Nachdem Christus wieder entschwunden ist, betrachtet D. die verbliebenen Lichter und erblickt darunter das Bild Marias, umgeben von einer Engelskrone, das langsam unter dem Gesang der Seligen emporsteigt.

zu der Stelle: Von der Sonne nahm man im M.A. an, sie laufe langsamer, wenn sie am höchsten stehe; obwohl sie schon tief unter D. und B. steht, gebraucht sie der Dichter hier, um den Begriff »hinauf« zu umschreiben. / *Trivia*: Göttin der Straßenkreuzungen, hier mit Diana (= Mond) gleichgesetzt. / *Die eine Sonne*: Christus. / *wider sein Gesetz*: Nach m.a. Anschauung müßte der Blitz eigentlich nach oben zur Feuersphäre (s. P. I) streben. / *alle Zungen*: die Zungen aller Dichter, die je von den Musen genährt wurden. / *die Rose*: Maria; *die Lilien*: die Apostel, die den Weg zum Glauben wiesen. / *Der schönen Blume, Des lebensvollen Sternes, des schönen Saphirs*: Maria. / *Der Sphären Königsmantel*: das Primum Mobile, das alle anderen acht Himmel umschließt und bewegt. / *ihrem Samen*: ihrem Sohn, Christus. / *Regina coeli*: Marienhymnus, der in der Osterzeit gesungen wird. / *in den reichsten Truhen*: in den Heiligen. / *im Exile von Babylon*: Das Erdenleben wird der babylonischen Gefangenschaft der Juden verglichen. / *Nebst älterem*: Seligen des Alten und des Neuen Bundes. / *Er, der*: Petrus.

XXIV. GESANG. D. wird von Petrus im Glauben, der ersten der drei theologischen Tugenden, geprüft. Er legt sein Glaubensbekenntnis ab und wird von Petrus gesegnet.

zum großen Mahle: s. Offb. 19,9. / *Als ob das erste steh*: verschieden schnell. / *Ihm, der an Reichtum*: Petrus (vgl. Matth. 16,19). / *Wie sich der Baccalaur*: der Kandidat bei einer m.a. Universitätsprüfung. / *Streiter für die Schrift*: Petrus. / *Wie der wahrhaftige*: im Hebräerbrief (11,1), den man damals fälschlich Paulus zuschrieb. / *Substanz*: weil aus dem Glauben die Hoffnung hervorgeht. / *ein Sophist*: einer, der durch Scheingründe zu überzeugen sucht. / *von dieser Währung*: vom Glauben. / *beide Pergamente*: AT und NT. / *jener Werke Reihe*: die göttlichen Wunder. / *Was es lehrte*: Die Hl. Schrift, die von den Wundern berichtet, soll ja durch sie erst als wahr erwiesen werden. / *ganz ohne Wunder*: Wenn sich die Welt zum Christentum bekehrt hätte, ohne daß die biblischen Wunder echt wären, so wäre das selbst das größte Wunder: ein Argument

Augustins. / *daß dem Grabe zu:* Nach Joh. 20, 1–10, erreichte dieser als erster das Grab Christi, Petrus betrat es nur als erster. D. aber schrieb dem Petrus die frühere Ankunft zu und deutet sie als Beweis seines übermächtigen Glaubens. / *Der Anfang ist's:* Die Dreieinigkeit Gottes ist der Ursprung seines Glaubens.

XXV. GESANG. D.s Sehnsucht nach ehrenvoller Heimkehr in seine Vaterstadt. Der Apostel Jakobus prüft ihn in der zweiten theologischen Tugend, der Hoffnung. Das strahlende Licht des Evangelisten Johannes raubt D., der darin die körperliche Gestalt sucht, das Augenlicht. Johannes sagt ihm, er sei nicht, wie das M.A. im Anschluß an Joh. 21, 20–23 annahm, mit Leib und Seele in den Himmel aufgenommen, sondern sei reiner Geist bis zum Jüngsten Tag.

der heilige Gesang: die D. C.; s. P. XXIII 62. / *Vom schönen Schafstall:* Florenz, wo D. seine Jugend verbrachte. / *dem Kranz:* dem Dichterlorbeer. / *der Edle jetzt:* der Apostel Jakobus d. Ä., dessen Grab in Santiago de Compostela im galizischen Spanien einer der besuchtesten Wallfahrtsorte des M.A. war. / *ihre Himmelsspeisen:* s. P. XXIV 1 und XXX 135. / *dadurch Gott einst ließ:* wahrscheinlich Anspielung auf den Jakobusbrief, den man heute allerdings Jakobus dem Jüngeren zuschreibt. / *der sie darstellt:* Nach der allegorischen Auslegung der Bibel stellen die drei Lieblingsjünger Jesu (Matth. 17, 1; Luk. 8, 51) die drei theologischen Tugenden dar. D. gab übrigens seinen drei Söhnen ihre Namen. / *Die Berge:* die Apostel. / *unser Kaiser:* Gott; *seinen Grafen:* den Aposteln. / *im Sonnenbrande:* in Gott. / *vom Ägypterlande:* von der irdischen Welt zum P. (vgl. zu dem Bild P. XXIII 134). / *dem Kriegsdienst:* dem Erdenleben. / *Die Hoffnung ist:* wörtliche Übertragung der Definition des Petrus Lombardus (vgl. P. X 107–108). / *höchster Sänger:* David, Ps. 9, 11. / *Im Briefe dann:* im Jakobusbrief (s. o.). / *Zur Palme:* zum Martyrium (s. Apg. 12, 2). / *des Schlachtfelds Grenze:* den Tod. / *Jesaias sagt:* Jes. 61, 7. / *Dein Bruder:* Johannes (s. Offb. 7, 9–17). / *Sperent in te:* Ps. 9, 11. / *wenn der Cancer:* Vom 21. Dez. bis 21. Jan. steht die Sonne im Zeichen des Steinbocks; das genau gegenüberliegende des Krebses (Cancer) geht auf, wenn der Steinbock und damit die Sonne untergeht. Wäre der Krebs so hell wie das Licht, das D. jetzt erscheint, dann wäre es in jenem Wintermonat dauernd Tag: tags durch die Sonne, nachts durch den Krebs. / *Er ist es, der einst:* Johannes (vgl. Joh. 13, 23). / *unserm Pelikan:* Symbol Christi, weil m.a. Tierbücher berichteten, er nähre seine Brut mit seinem eigenen Blut. / *Mit zwei Gewändern:* Mit Leib und Seele sind nur Christus und Maria im P.

XXVI. GESANG. Johannes prüft D. in der Liebe; er erhält das Augenlicht zurück. Zu den drei Aposteln tritt Adam, der D. über das irdische Paradies und die erste Sprache der Menschen Auskunft gibt.

Ananias' Hand: s. Apg. 9, 10–18. / *Durch das sie:* B. / *Das Gute, das befriedigt:* Umstritten. Vielleicht: Alle Liebe hat letzten Endes ihren Ursprung in Gott. / *in einem engeren Sieb:* mit sorgsamer durchdachten Worten. / *Zum Wesen:* zu Gott. / *Er, der die erste Liebe:* Wer gemeint ist, steht nicht fest: vielleicht Aristoteles oder Platon. / *Als seine Stimme:* s. 2. Mose 33, 19. / *Du zeigst es:* s. Offb. 1, 8 oder Joh. 1. / *Des Adlers Christi:* Der Adler ist das Symbol des Evangelisten Johannes. / *jeder Biß:* jeder Anstoß. / *Das Laub:* die Geschöpfe Gottes. / *Die erste Seele:* Adam. | *Schnur:* altertümliches Wort für Schwiegertochter. | *Ein Tier regt manchmal sich:* Ein Tier in einem Sack verrät sich durch dessen wechselnde Form. | *In den erhabenen Garten:* ins irdische P., wo D. von B. auf den Himmelsflug vorbereitet wurde. | *geschmeckt am Holz:* am Apfel. | *Am Ort, draus deine Herrin:* in der Vorhölle (s. H. IV 53 ff.). | *Und dann erst:* Adam ward 930 Jahre alt (s. 1. Mose 5,5). | *Die Zunge, die ich sprach:* Hier widerruft D. Anschauungen aus seinem Traktat »De vulgari eloquentia«: Adam habe hebräisch gesprochen und seine Sprache sei, da von Gott eingegeben, bis zum Turmbau von Babel unverändert geblieben. | *jene unmögliche Mauer:* den Turmbau zu Babel (s. H. XXXI 77–78 u. L. XII 33 ff.). | *I das höchste Gut:* Gottes Name lautete in höchster Vereinfachung I, im Hebräischen El. | *Am Berg, den:* Im irdischen P. befand sich Adam, die Zeit nach dem Sündenfall eingerechnet, nach D.s Meinung nur von der ersten bis zur siebenten Stunde des Tages.

XXVII. GESANG. Petrus hält eine gewaltige Strafrede gegen das entartete Papsttum. Darauf entweichen die Seelen ins Empyreum. Aufstieg D.s in den neunten oder Kristallhimmel, das Primum Mobile, wo B. die verirrte Menschheit anklagt und einen baldigen Retter ankündigt.

die vier Funken: die drei Apostel und Adam. | *Und solchen Anblick:* Das Licht des Petrus rötete sich, wie wenn Jupiter sein weißes Licht mit dem roten des Mars vertauscht hätte. | *Er, der sich unten:* Papst Bonifaz VIII. wird hier von Petrus für illegitim erklärt; dennoch sieht D. (L. XX 86 ff.) in seiner Verhaftung eine Beleidigung des päpstlichen Amtes. | *meinen Friedhof:* Rom. | *der Gemeine:* | Luzifer. | *Linus, Cletus* usw.: Nachfolger Petri, die als Märtyrer starben. | *Ein Teil der Christen:* Hinweis auf die Parteiergreifung der Päpste gegen die Ghibellinen, die doch auch Christen waren. | *im Panier:* in den päpstlichen Heerbannern, mit denen man gegen Christen ins Feld zog (s. H. XXVII 85 ff.). | *Im Hirtenkleid:* im geistlichen Gewand (vgl. Matth. 7, 15). | *Cahorser und Gascogner:* Johann XXII. war aus Cahors (s. P. XVIII 130 ff.); Clemens V. war Gascogner (s. H. XIX. 82–87, L. XXXII 148 ff. und P. XVII 82). | *mit Scipio:* im 2. Punischen Krieg gegen Hannibal. | *Der Himmelsziege Horn:* wenn die Sonne im Zeichen des Steinbocks steht, d. h. im Winter. | *Seitdem ich erst:* (s. P. XXII 151–154). Seit D. von den Zwillingen aus das erstemal auf die Erde hinabschaute, ist er mit diesen nach Westen weitergerückt, so daß sich sein Blickpunkt um 90° von der Länge Jerusalems an die westliche Grenze (*Gades* = Cadiz) der bewohnten Welt verschoben hat. | *Die toll Ulyß:* s. H. XXVI 124 ff. | *Wo erst Europas:* das Gestade von Phönikien, wo Europa von Zeus entführt wurde. | *von Ledas:* die Zwillinge (Castor und Pollux), die Leda in einem Ei zur Welt brachte, das ihr aus dem Umgang mit Jupiter erwuchs. | *Der Welt Natur:* Die Antriebskraft, die alle Himmel um die unbewegliche Erde herum in Bewegung setzt, hat hier ihren Ursprung. | *Als in dem Gottesgeist:* Gemeint ist wohl die Engelsschar dieses Himmels, in der die Antriebskraft dieser Sphäre ihren Sitz hat. | *So wie von einem:* so wie Zehn an Eins (halbes Fünftel von Zehn). | *Und wie die Zeit:* Der Ursprung (*Wurzeln*) der Zeit in allen Teilen der Welt liegt in der unsichtbaren Bewegung des Kristallhimmels (*Topf*). | *Der ewige Regen:* Die böse Umwelt oder die schlechten Vorbilder lassen die gute Frucht verdorren. / *Gar mancher fastet:* Diese und die folgende Terzine schildern die innere Wandlung vieler Menschen von der Kindheit zum Erwachsenenalter. / *So wird die weiße Haut:* wahrscheinlich: So wird die ursprünglich weiße Haut dunkel durch die direkte Einwirkung des Sonnenlichts *(des schönen Kinds von ihr).* / *Doch ehe Januar:* Umschreibung für einen nicht zu fernen Zeitpunkt. / *So daß das Achter:* so daß sich die Geschicke der Menschheit um 180° wenden.

XXVIII. GESANG. D. sieht, wie sich in B.s Augen Gott und die neun ihn umkreisenden Engelchöre spiegeln. B. erklärt D. die Engelshierarchien.

einen Punkt: Gott, neben dessen Unfaßbarkeit auch der kleinste der uns sichtbaren Sterne so groß wie der Mond erschiene. / *das Licht, das ihn:* so nah, wie der Mond, der den Hof bildet, von ihm umschlossen ist. / *Der Bote Junos:* der Regenbogen (Iris, s. L. XXI 50) als ganzer Kreis genommen. / *Bewegte träger sich:* Die Schnelligkeit nahm vom innersten zum äußersten ab. / *Doch in der Welt:* it. mondo sensibile: In den wahrnehmbaren Himmeln bewegt sich gerade umgekehrt der kleinste Kreis am langsamsten, der größte am schnellsten. / *Ur- und Abbild:* das Urbild: das Kreisen der neun Engelscharen um Gott; das Abbild: das Kreisen der neun Himmelskreise um die Erde. / *Er also, der das Weltall:* Der Kristallhimmel entspricht der gottnächsten Engelschar. / *Boreas:* Personifikation der Nordwinde; deren mildesten, den NW-Wind, bläst er gewissermaßen nur mit einer Backe. / *die Schachverdoppelung:* Der Erfinder des Schachspiels soll als Lohn soviel Getreidekörner verlangt haben, wie sich ergäben, wenn man auf das erste Feld eines und auf jedes folgende das Doppelte legte wie auf das vorhergehende; die Endzahl ist zwanzigstellig. / *der Widder:* steht für den Herbst, in dem er kulminiert. / *des Dionys:* B. folgt in ihrer Aufzählung der neun Engelchöre und ihrer Einteilung in drei Hierarchien dem Schema des Dionysius Pseudo-Areopagita (vgl. P. X 115 ff.). Die Namen der neun Engelscharen sind der Bibel entnommen: Seraphim, Cherubim, Engel finden sich schon im AT, Erzengel im NT, die übrigen in den Paulusbriefen (Eph. 1, 21 und Kol. 1, 16). Im Convivio (II 5) hatte sich D. an die Auffassung Gregors d. Gr. († 604) gehalten, die aber B. für so irrtümlich erklärt, daß Gregor selbst im Himmel über sie gelacht habe.

XXIX. GESANG. B. erzählt von Wesen, Erschaffung und Aufruhr der Engel und führt Klage über die Verbreiter von Irrlehren und die eitlen Prediger.

Vers 1–6: B. schwieg nur so lange, wie Sonne und Mond (die Kinder der Latone) brauchen, um vollends auf- bzw. unterzutauchen, wenn sie einander genau gegenüberstehen, jedes halb über den Horizont schauend. / *Zwar nicht zu ihrem:* Der Hauptsatz dieses Satzkomplexes steht in Vers 17: *schloß sich auf die ewige Glut* (=Gott). / *in neuen Lieben:* in den Engeln. / *Gestalt und Stoff:* Gestalt (forma) und Stoff (materia) sind scholastische Fachausdrücke. Anima forma corporis – die Seele ist die forma des Körpers lautet ein scholastischer Satz, der die Bedeutung des Begriffs »forma« anschaulich macht. Gott schuf in einem Atem (das besagen die Bilder vom dreifachen Bogen und von der sofortigen Ausbreitung eines Lichtstrahls in Glas) drei vollkommene Dinge:

1. reine forma (Gestalt) = die Engel, 2. reine materia (Stoff) = die Natur, 3. forma und materia gemischt = den Menschen. / *Das, wo die Tat:* Da nach scholastischer Lehre forma = actus (Tat), so sind die Engel, weil sie reine forma sind, auch reine Tat. Die reine materia heißt *reine Möglichkeit* (it. pura potenza), weil sie nicht selbst handeln kann. Nur der Mensch umfaßt *Tat und Möglichkeit.* / *daß die Beweger:* Die Engel wären ohne Aufgabe gewesen, wenn die Welt erst lange nach ihnen geschaffen worden wäre. / *des Stolzen:* Luzifer, der im Mittelpunkt der Erde die ganze Materie auf sich lasten hat (s. H. XXXIV). / *So daß man träumt:* Manche Leute träumen sich bei offenen Augen die Dinge zurecht und geben sie mit oder (was noch schlimmer ist) ohne Überzeugung für wahr aus. / *Schwillt die Kapuze:* vor Eitelkeit. / *den Vogel:* der Teufel. / *das Schwein Sankt Antons:* Antonius der Einsiedler (3./4. Jh.) wurde immer mit einem Schwein dargestellt, das die Versuchungen symbolisierte. Hier sind darunter seine Ordensjünger verstanden. / *mit Geld, das keinen:* d. h. mit unberechtigten Ablässen. / *Dies Wesen:* die Gesamtheit der Engel. / *Bei Daniel:* Dan. 7,10. / *auf so viele Art:* Jeder Engel nimmt Gottes Licht auf eigene Art auf, und danach ist auch die Liebe zu Gott gestuft.

XXX. GESANG. Die Engelchöre entziehen sich D.s Blicken. Aufstieg ins Empyreum. Ein Lichtstrom, umgeben von Blumen und Funken, verwandelt sich nach und nach in eine riesige Himmelsrose, den Sitz der Seligen. B. zeigt D. den künftigen Platz Kaiser Heinrichs VII. (1308–1313), dessen Zug nach Italien bereits durch seinen frühen Tod gescheitert war, als D. diese Stelle schrieb.

Vers 1–6: wenn auf Erden die Morgenröte *(die klarste Magd)* aufsteigt und Stern um Stern *(Sicht um Sicht)* schwindet. / *der Triumph:* die Engelchöre, die Gott umfassen und doch von ihm umfaßt sind. / *Wie ich so lasse:* So wie ich sie ... überlasse, tat auch sie. / *Vom größten körperlichen:* vom Kristallhimmel. / *die Heereshaufen beide:* Engel und Selige, diese bereits im Zustand wie nach dem Jüngsten Gericht. / *der Docht:* daß die Seele für Gottes Gnade empfänglich sei. / *von diesem Wasser:* von Gottes Gnade. / *von des Urbewegten:* Das vom Kristallhimmel zurückgeworfene Licht Gottes durchstrahlt die Himmelsrose. / *der weißen Kleider:* vgl. P. XXV 95 und Offb. 7,9ff. / *ehe du auf dieser Hochzeit:* ehe D. gestorben sein wird (zu dem Bild vgl. L. XXXII 75; P. XXIV 1ff., P. XXV 24). / *Und Oberhaupt:* Clemens V. (1305–1314), der sich den Gegnern Heinrichs verband (vgl. H. XIX 82–87; P. XVII 82) und bald nach ihm starb. Er wird im dritten Graben des achten Höllenkreises bei den Simonisten *den von Alagna* (Bonifaz VIII.) in den Schacht hinabdrücken.

XXXI. GESANG. Während D. in den Anblick der Himmelsrose versunken ist, kehrt B. an ihren Sitz zurück. An ihre Stelle tritt Bernhard, der D. auf den Sitz Marias hinweist.

Die andere: die Engel. / *Von altem:* von Seligen des Alten und des Neuen Bundes. / *der Helike Sterne:* der Große Bär, ursprünglich eine Nymphe, die mit ihrem Sohn an den nördl. Sternhimmel versetzt wurde. / *der Lateran:* vielleicht als damaliger Sitz der Päpste genannt, vielleicht aber auch nur für Rom über-

haupt. / *zum dritten Kreis:* vom Sitz Marias aus gerechnet. / *Widerschein:* vgl.
P. XXX 106 ff. / *Bernhard:* von Clairvaux (1091–1153), Zisterzienser, seit 1115
Abt von Clairvaux, Mystiker und glühender Marienverehrer, verkörpert hier
die mystische Gottesschau, die nach D.s Meinung die theologische Weisheit
ergänzen muß, weshalb er auf dieser höchsten Stufe B. ablöst. / *der Veronika:*
Schweißtuch der Veronika mit dem vermeintlichen Abbild Christi, damals in
einer Kapelle in St. Peter in Rom aufbewahrt. / *der Deichsel Loh'n:* der Sonne,
die mit der Fabel von Phaethon umschrieben wird (vgl. H. XVII 106–108
und L. IV 71 f.). / *Friedensoriflamme:* Die Oriflamme ist eigentlich das Kriegs-
banner der frz. Könige, steht aber hier wohl nur in der Bedeutung »Gold-
flamme«.

XXXII. GESANG. Bernhard zeigt D. die bekanntesten Seligen in der Himmelsrose und erklärt ihm ihre Verteilung. Der Sitz der seligen Kinder im untersten Teil der Rose. Alle Insassen des P. verherrlichen Maria.

Sie, die dort liegt: Eva. / *Rachel:* die zweite Frau Jakobs (s. 1. Mose 29,21–35),
Symbol des kontemplativen Lebens (s. H. II 102 u. L. XXVII 104), sitzt neben
B. / *Rebekka:* Frau Isaaks (s. 1. Mose 24). / *Sarah:* Frau Abrahams (s. 1. Mose
11,29 f. und 1. Mose 17,15 ff.; vgl. auch Hebräer 11,11). / *Judith:* die Bethulia
von Holofernes befreite. / *die Hehre:* Ruth, Urgroßmutter Davids, der seinen
50. Psalm mit »Miserere« beginnt, *schuldbekümmert* über seinen Ehebruch mit
Bathseba (s. 2. Samuel 11). / *Vom siebten Grade:* Von dort bis zum Grund des
Rosenkelchs sitzen weitere Frauengestalten aus dem AT. Sie bilden mit den
vorgenannten den einen Abschnitt einer Mauer, die die Himmelsrose halbiert:
im einen Teil sitzen die Seligen des Alten Bundes (sie glaubten an den künftigen
Christus), im anderen Teil, der noch leere Plätze aufweist, die des Neuen (sie
glaubten an den bereits gekommenen Christus). Den Abschnitt der Mauer auf
der Marias Sitz gegenüberliegenden Seite bilden Johannes der Täufer und berühmte Ordensstifter. / *wo zur Reife kommen:* wo alles besetzt ist. / *Sankt Johann:* Er war nur die zwei Jahre in der Vorhölle, die er früher als Christus
starb. / *Franziskus:* vgl. P. X. / *Benedikt:* vgl. P. XXII 37 ff. Er ist D. schon
im Saturnhimmel begegnet, aber B. hat ja (P. IV 37–48) erklärt, daß die Verteilung der Seligen auf die Himmelskreise nur der Veranschaulichung diene. /
Augustin: der größte der latein. Kirchenväter (354–430), Verfasser des »Gottes-
staats« und der »Bekenntnisse«. / *Die beiden Blicke:* Am Tag des Jüngsten Ge-
richts werden es ebenso viele Selige des Alten wie des Neuen Bundes sein. /
Von Heiliger Schrift: aus 1. Mose 25,21 ff.: Die Zwillinge Jakob und Esau
lassen schon durch ihre verschiedene Haarfarbe erkennen, daß sie Gott zu
Verschiedenem erwählt hat. Ähnlich Röm. 9,10–16. / *in den ersten Zeiten:* von
Adam bis Abraham; von dann an bis zu Christus war die Beschneidung
Pflicht. / *zum Antlitz:* zu Maria. / *der in Marias Hürde:* der Verkündigungsengel
Gabriel. / *Die zwei dort oben:* Adam und Petrus neben Maria, der Himmels-
kaiserin (= Augusta). / *Und er, der sah:* Johannes, der in der Offb. das Los
der Kirche voraussah, mit der sich Christus am Kreuz vermählte. / *Der Führer:*
Moses (vgl. 2. Mose 16,15–35). / *Anna:* Mutter der Maria. / *Lucie:* siehe H. II
97–100; L. IX 55 ff.

XXXIII. GESANG. Bernhard fleht zu Maria, D. die völlige Anschauung Gottes zu gewähren. D. dringt in das Licht Gottes ein und vermag das Wesen der Dreieinigkeit Gottes und der zwei Naturen Christi zu erahnen. Sein Sehnen ist erfüllt, seine Fahrt durchs Jenseits beendet.

der Sibylle Wort: die cumäische Sibylle schrieb ihre Orakel auf Blätter, die sie dem Spiel des Windes überließ (Aen. III 443–451). / *Substanzen, Akzidentien:* Wesenseigenschaften und zufällige Erscheinungsformen eines Dings. / *Ein Augenblick nur:* Ein Augenblick brachte mir größeres Entzücken, als die Menschheit in zweieinhalb Jahrtausenden über die Unternehmung der Argonauten empfand, deren Schiff Argo, das erste Schiff überhaupt, sogar Neptun in Bewunderung versetzte. Vgl. dazu E. R. Curtius: »Das Schiff der Argonauten« in: »Kritische Essays zur europäischen Literatur«. / *sah ich drei Kreise:* Vision der Dreieinigkeit und der zwei Naturen in Christus.

1265	Zwischen 18. Mai und 17. Juni: Dante da Alighiero di Bellincione d'Alighiero in Florenz geboren.
1274	Nach Dantes *Vita Nuova* als Neunjähriger erste Begegnung mit Beatrice, Tochter des reichen Handelsherrn Folco dei Portinari.
1289	Beteiligung am Kriegszug der Guelfen gegen die Aretiner und an der Einnahme der pisanischen Festung Caprona.
1290	Nach der *Vita Nuova* Todesjahr von Beatrice. Beginn der Arbeit an dieser dichterischen Prosa über seine Liebe zu ihr.
1292	Nach der *Vita Nuova* Anfänge der *Göttlichen Komödie*, deren Entstehungszeit sich bis zu seinem Tod erstreckt.
1295	Dante schreibt sich in die Zunft der Ärzte und Apotheker ein, um sich politisch betätigen zu können. Bis April 1296 Mitglied des Consiglio del Capitano.
1296	Vermählung mit Gemma Donati. Mitglied im Rat der Hundert.
1297	Im Rat des Bürgermeisters (Consiglio del Podestà).
1300	Gesandter der Stadt Florenz in San Gimignano. Höhepunkt der Auseinandersetzung zwischen »weißen« (Familie Cerchi) und »schwarzen« Guelfen (Familie Donati). Dante Anhänger der antipapistischen Weißen.
1301	Wieder im Rat der Hundert. Sieg der Schwarzen und Beendigung der Familienkämpfe durch den von Papst Bonifaz VIII. veranlaßten Einzug Karls von Valois.
1302	Im Rahmen der Prozesse gegen die unterlegenen Weißen Verurteilung Dantes zu einer Geldstrafe und lebenslänglicher Verbannung. Bündnis der ausgewiesenen Weißen mit den Ghibellinen gegen Florenz; Dante Mitglied im Zwölferrat. Von nun an bis zu seinem Tod urkundlich wenig belegte Wanderschaft (Verona, Treviso, Venedig, Bologna u.a.), teilweise in diplomatischen Missionen.
1304	Vermutlich Niederschrift des *Gastmahls* in Bologna. Beginn der Abhandlung *Von der italienischen Hochsprache*.
1307–1308	Entstehung der Casentino-Kanzonen (wichtigste Gruppe der Freundschafts- und Liebesgedichte).
1310–1313 (?)	Entstehung des Buches über die *Monarchie* (möglicherweise auch erst in den letzten Lebensjahren verfaßt).
1315	Allgemeine Amnestie für die aus Florenz Verbannten; die an ein öffentliches Reuebekenntnis geknüpfte Rückkehr lehnt Dante ab. Im Oktober wird Dante in Abwesenheit zum Tod verurteilt und für vogelfrei erklärt.
1321	13. September: Dante stirbt in Ravenna.

LITERATURHINWEISE

Bibliographien

Paul Colomb de Batines: Bibliografia dantesca. 2 Bde. Prato 1845–1846.

Cornell University Library: Catalogue of the Dante Collection presented by Willard Fiske. Comp. by Theodore Wesley Koch. 2 Bde. Ithaca / N.Y. 1898–1900; Ergänzungsband: Additions 1898–1920. Comp. by Mary Fowler. Ithaca / N.Y. 1921.

Giuliano Mambelli: Gli annali delle edizioni dantesche. Bologna 1931; Neudruck: Turin 1965.

Dante Alighieri 1265–1965. Rom 1965 (= Primo Catalogo collettivo delle biblioteche italiane. Sonderband).

Theodor Ostermann: Dante in Deutschland. Bibliographie der deutschen Dante-Literatur 1416–1927. Heidelberg 1929; Nachträge und Fortsetzung 1928–1930: Ders. in: Deutsches Dante-Jahrbuch 17 = N.F. 8, 1935, S. 102 bis 186.

Th. Ostermann: Die deutsche Danteforschung zwischen den Dantejubiläen 1921 und 1965. In: Mitteilungsblatt der Deutschen Dante-Gesellschaft 1965, Nr. 1 (April), S. 3–28.

Peter Amelung: Deutsche Dante-Bibliographie 1970–1972. In: Deutsches Dante-Jahrbuch 48, 1973, S. 175–184. Fortsetzung: 1973–1975. In: Deutsches Dante-Jahrbuch 51/52, 1976/77, S. 170–177.

Deutsches Dante-Jahrbuch. Registerband 1867–1974/75 (Band 1–49/50). Bearb. von Marcella Roddewig und Giuliana Attolini. Köln/Wien 1976.

L'Alighieri. Rassegna bibliografica dantesca. Rom 1960ff. [Periodische Bibliographie].

Ausgaben

La Comedia di dante alleghieri. Foligno 11.IV.1472 [Erstausgabe]. Faks.: Hrsg. von Emanuele Casamassima und Armando Petrucci. Rom 1965.

La Divina Comedia. Hrsg. von Lodovico Dolce. Venedig 1555. [Erste Ausgabe mit dem heute gebräuchlichen Titel ›Divina Commedia‹.]

La Divina Commedia. Hrsg. von Leonardo Olschki. Heidelberg 1918, ²1922. [Mit deutschem Kommentar und Glossar.]

La Divina Commedia. Hrsg. von Natalino Sapegno. Florenz 1964 (Edizione del VII Centenario dantesco).

La Commedia secondo l'antica vulgata. Hrsg. von Giorgio Petrocchi. 4 Bde. Mailand 1966–1968 (= Le Opere di Dante Alighieri. 7) [Kritische Nationalausgabe hrsg. von der Società Dantesca Italiana. Der erste Band enthält die Einführung. 1975 erschienen in Turin noch ein ›Rimario‹ und eine Konkordanz.]

Deutsche Übersetzungen:

Dante Alighieri von der Hölle; ... von dem Fegfeuer; ... von dem Paradiese. Übers. v. Lebrecht Bachenschwanz. 3 Bde. Leipzig 1767–1769 [Erste deutsche Übersetzung].

Dante Alighieris Göttliche Komödie. Übers. v. Philalethes [d. i. König Johann von Sachsen]. 3 Bde. Dresden u. Leipzig 1849 [Erste Gesamtausgabe].
Rudolf Borchardt, München und Berlin 1930; Stuttgart [2]1967.
Karl Vossler, Berlin 1942 u.ö., zuletzt München 1977.
Hermann Gmelin, 3 Bde. Stuttgart 1949-1951, [2]1968-1975 [ital.-deutsch; die deutsche Übers. inzwischen auch in Reclams Universal-Bibliothek Nr. 796-800/800a, Stuttgart 1954 u.ö.].
Ida und Walther von Wartburg, Zürich 1963.

Zu Leben und Werk

Friedrich Schneider: Dante. Sein Leben und sein Werk. Weimar 1935, [5]1960.
Renato Piattoli: Codice diplomatico dantesco. Florenz 1940, [2]1950; Ergänzungen dess. in: Studi danteschi 30, 1951, S. 203-206; 42, 1965, S. 393-417; 44, 1968, S. 223-268 und in Archivio storico italiano 127, 1969, S. 3-108.
Michele Barbi: Dante. Leben, Werk und Wirkung. Übertr. v. Georg Englhardt. Regensburg 1943.
Hermann Gmelin: Dantes Weltbild. Urach 1948.
August Vezin: Dante. Seine Welt und Zeit, sein Leben und sein Werk. Dülmen i. Westf. 1949.
Walter Goetz: Dante. Gesammelte Aufsätze. München 1958.
Atti del congresso internazionale di studi danteschi (20-27 aprile 1965). Florenz 1965.
Dante Alighieri. Mit Beiträgen von Hans Rheinfelder, Bruno Migliorini, Gerhard Rohlfs [u.a.]. Würzburg 1966.
Kurt Leonhard: Dante Alighieri in Selbstzeugnissen und Bilddokumenten. Reinbek bei Hamburg 1970, [2]1976.
Hans Rheinfelder: Dante-Studien. Hrsg. v. Marcella Roddewig. Köln/Wien 1975.

Zur Göttlichen Komödie

Edward Moore: Contributions to the textual criticism of the Divina Commedia. Cambridge 1889.
Paul Schubring: Illustrationen zu Dantes Göttlicher Komödie. Italien, 14. bis 16. Jahrhundert. Zürich/Leipzig/Wien 1931.
Theophil Spoerri: Einführung in die Göttliche Komödie. Zürich 1946.
Mario Apollonio: Dante. Storia della Commedia. 2 Bde. Mailand 1951, [3]1964-1965 (= Storia letteraria d'Italia).
Giorgio Siebzehner-Vivanti: Dizionario della Divina Commedia. Hrsg. v. Michele Messina. Florenz 1954.
Hermann Gmelin: Die Göttliche Komödie. Kommentar. 3 Bde. Stuttgart 1954-1957, [2]1966-1970.
Dante Alighieri. Aufsätze zur Divina Commedia. Hrsg. u. eingeleitet v. Hugo Friedrich. Darmstadt 1968 (= Wege der Forschung 159).

INHALT

Das 20. Jahrhundert in der Winkler Weltliteratur Dünndruckbibliothek

Alfred Döblin
Berlin Alexanderplatz
Die Geschichte vom Franz Biberkopf.
Roman. Mit Nachwort, Anmerkungen und Zeittafel von Helmuth Kiesel. 588 Seiten.
»Ein Höhepunkt der deutschen Literatur.«
Marcel Reich-Ranicki

Henry Miller
Wendekreis des Krebses
Roman. Mit Nachwort, Anmerkungen und Zeittafel von Willi Winkler.
448 Seiten
»Ein Kunstwerk von Gewicht. Diesen Roman zu kennen ist notwendig.«
Die Welt

Günter Grass
Hundejahre
Roman. Mit Nachwort, Anmerkungen und Zeittafel von Volker Neuhaus.
766 Seiten mit 1 Frontispiz.
»Ein gespenstisches Buch. Barocker Höllensturz unseres Jahrhunderts.«
Rolf Michaelis

Günter Grass
Die Blechtrommel
Roman. Mit Nachwort, Anmerkungen und Zeittafel von Volker Neuhaus.
760 Seiten
»Ein Meisterwerk der Zeitkritik, ein Monumentalwerk. Ein groß angelegtes Epos.«
F.A.Z

Artemis · Winkler &

Artemis & Winkler Verlag, München, Zürich, London

Theodor Mommsen:
Römische Geschichte

Vollständige Ausgabe in 8 Bänden

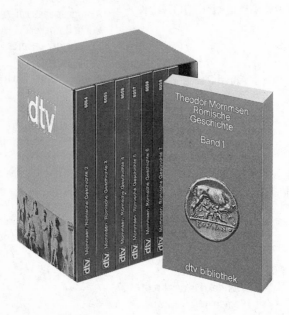

Eine Meisterleistung der Geschichtsschreibung und noch immer die umfassendste Darstellung der Geschichte der römischen Republik in deutscher Sprache. Ein Werk von souveräner Gelehrsamkeit und zugleich ein Werk der Weltliteratur, für das der Autor 1902 den Nobelpreis für Literatur erhielt.
»Dieses Werk begeisterte uns, als wir es in unserer Jugend kennenlernten; es behält, da wir es in älteren Tagen wieder lesen, seine Gewalt über uns. So groß ist die Kraft der historischen Wissenschaft, wenn sie zugleich große historische Kunst ist.«
(C.D. af Wirséns)

8 Bände in Kassette
dtv 5955 / DM **98,—**

Klassiker der deutschen Literatur

Ludwig Bechstein:
Sämtliche Märchen
Mit 187 Illustrationen
von Ludwig Richter
Hrsg. v. Walter Scherf
2 Bände in Kassette
dtv 2207

Georg Büchner:
Werke und Briefe
Neuausgabe
Hrsg. und kommentiert
von Karl Pörnbacher,
Gerhard Schaub,
Hans-Joachim Simm
und Edda Ziegler
dtv 2202

Theodor Fontane:
Effi Briest
Hrsg. v. Walter Keitel u.
Helmuth Nürnberger
dtv 2117

Der Stechlin
Kommentierte Ausgabe
Herausgegeben von
Walter Keitel und
Helmuth Nürnberger
dtv 2184

**H. J. Chr. v.
Grimmelshausen:**
Der Abenteuerliche
Simplicissimus Teutsch
Hrsg. v. Alfred Kelletat
dtv 2004

Wilhelm Hauff:
Sämtliche Märchen
dtv 2050

Gottfried Keller:
Der grüne Heinrich
(Erste Fassung)
dtv 2034

Heinrich von Kleist:
Sämtliche Erzählungen
und Anekdoten
Herausgegeben von
Helmut Sembdner
dtv 2033

Heinrich von Kleist:
Sämtliche Werke und
Briefe in zwei Bänden
Herausgegeben von
Helmut Sembdner
dtv 5925

**Des Knaben
Wunderhorn**
Alte deutsche Lieder
Gesammelt von
L. Achim von Arnim
und Clemens Brentano
Dreibändige Gesamt-
ausgabe in Kassette
dtv 5939

**Lenz, Jakob Michael
Reinhold:**
Werke
Dramen, Prosa, Gedichte
Aufgrund der Erstdrucke
herausgegeben und
kommentiert von
Karen Lauer
Mit einem Nachwort
von Gerhard Sauder
dtv 2296

Moritz, Karl Philipp:
Anton Reiser
Ein psychologischer
Roman
Mit den Titelkupfern
der Erstausgabe
Herausgegeben und
erläutert von
Ernst-Peter Wieckenberg
dtv 2286

**Johann Gottfried
Seume:**
Spaziergang nach Syrakus
Vollständige Ausgabe
Herausgegeben von
Albert Meier
dtv 2149

Georg Trakl:
Das dichterische Werk
Hrsg. v. Walther Killy
und Hans Szklenar
dtv 2163

Klassische Autoren in dtv-Gesamtausgaben

Georg Büchner:
Werke und Briefe
Neuausgabe
Hrsg. und kommentiert
von Karl Pörnbacher,
Gerhard Schaub,
Hans-Joachim Simm
und Edda Ziegler
dtv 2202

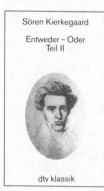

Sören Kierkegaard

Entweder – Oder
Teil II

dtv klassik

Heinrich von Kleist
Sämtliche
Werke und Briefe
in zwei Bänden

Herausgegeben von Helmut Sembdner

**Johann Wolfgang
von Goethe:**
Werke
Hamburger Ausgabe
in 14 Bänden
Herausgegeben von
Erich Trunz
dtv 5986

Goethes Briefe und
Briefe an Goethe
Hamburger Ausgabe
in 6 Bänden
Herausgegeben von
Karl Robert Mandelkow
unter Mitarbeit von
Bodo Morawe
dtv 5917

**Ferdinand
Gregorovius:**
Geschichte der Stadt
Rom im Mittelalter
Vom V. bis
XVI. Jahrhundert
Vollständige Ausgabe
in 7 Bänden
Herausgegeben von
Waldemar Kampf
Mit 234 Abbildungen
dtv 5960

Sören Kierkegaard:
Entweder – Oder
Deutsche Übersetzung
von Heinrich Fauteck
Unter Mitwirkung von
Nils Thulstrup und
der Kopenhagener
Kierkegaard-Gesell-
schaft herausgegeben
von Hermann Diem
und Walter Rest
Zwei Bände
dtv 2194

Heinrich von Kleist:
Sämtliche Werke und
Briefe in zwei Bänden
Herausgegeben von
Helmuth Sembdner
dtv 5925

Theodor Mommsen:
Römische Geschichte
Vollständige Ausgabe
8 Bände in Kassette
dtv 5955

Friedrich Nietzsche:
Sämtliche Werke
Kritische Studien-
ausgabe in 15 Bänden
Hrsg. v. Giorgio Colli
und Mazzino Montinari
dtv/de Gruyter 5977

Sämtliche Briefe
Kritische Studien-
ausgabe in 8 Bänden
Hrsg. v. Giorgio Colli
und Mazzino Montinari
dtv/de Gruyter 5922

Georg Trakl:
Das dichterische Werk
Hrsg. von Walther Killy
und Hans Szklenar
dtv 2163

Johann Wolfgang von Goethe
Die vollständige ›Hamburger Ausgabe‹ in zwanzig Bänden

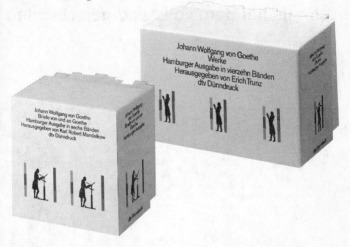

Die ›Hamburger Ausgabe‹ von Goethes Werken nimmt unter den modernen Goethe-Editionen einen herausragenden Platz ein: Keine abgeschlossene Goethe-Ausgabe bietet eine solche Materialfülle zur Entstehungs- und Wirkungsgeschichte der Werke, zur Interpretation, zu Wortdeutungen, Personen und Anspielungen. Zu ihren Vorzügen gehört die Aktualisierung: Jeder Band wurde bei Neuauflagen gründlich durchgesehen und auf den neuesten wissenschaftlichen Stand gebracht.
Als Ergänzung der berühmten 14bändigen ›Hamburger Ausgabe‹ von Goethes ›Werken‹ erschienen ›Goethes Briefe und Briefe an Goethe‹, eine Auswahl in 6 Bänden,

textkritisch durchgesehen und kommentiert von Karl Robert Mandelkow und Bodo›Morawe.

Johann Wolfgang von Goethe
Werke
Hamburger Ausgabe in 14 Bänden
Herausgegeben von Erich Trunz
Dünndruck-Ausgabe
dtv 5986

Goethes Briefe und
Briefe an Goethe
Hamburger Ausgabe in 6 Bänden
Herausgegeben von
Karl Robert Mandelkow
und Bodo Morawe
Dünndruck-Ausgabe
dtv 5917

Friedrich Nietzsche
Sämtliche Werke
in 15 Dünndruck-Bänden

Erstmals mit dem vollständigen Nachlaß

Kritische Studienausgabe sämtlicher Werke und unveröffentlichter Texte Friedrich Nietzsches nach den Originaldrucken und Originalmanuskripten auf der Grundlage der ›Kritischen Gesamtausgabe‹ (KGW), erschienen im

Verlag Walter de Gruyter. Herausgegeben von Giorgio Colli (†) und Mazzino Montinari.

15 Bände in Kassette, insgesamt 9592 Seiten, dtv/de Gruyter 5977 / DM 298,–